질적 분석을 활용한

# 가족치료 사례연구

## 매트릭스와 네트워크를 중심으로

박태영 · 김태한 · 김혜선 · 문정화 · 박소영
박진영 · 신원정 · 은선경 · 조지용 · 하태선
공저

학지사

# 머리말

대표 저자는 2009년에 Miles와 Huberman(1994)의 저서 *Qualitative Data Analysis*를 『질적자료분석론』(공역, 학지사, 2009)이라는 제목으로 번역하였고, 같은 해에 위의 책을 활용하여 가족치료사례를 분석한 내용의 책인 『가족치료사례와 질적 분석』(공저, 학지사, 2009)을 출간하였다. 질적 연구를 하는 교수, 대학원생 그리고 임상가들은 실제로 질적 분석을 어떻게 하는가에 대해서는 여전히 막연하게 느끼고 힘들어하는 경우가 많은 것 같다. 그런데 Miles와 Huberman이 제시하고 있는 질적 분석방법은 일반적으로 알려진 민속학적 방법론, 근거이론, 현상학적 분석방법, 담화분석, 이야기분석 등과 상당히 차별화되어 있는 방법이라고 볼 수 있다.

기본적으로 Miles와 Huberman이 보여 주는 질적 분석방법은 어떤 면에서는 상당히 양적 연구와 유사한 분석이라고도 볼 수 있다. 그럼에도 불구하고 매트릭스와 네트워크를 활용한 그들의 분석방법은 질적 연구의 결과를 단순하고 일목요연하게 잘 보여 주는 장점이 있다. 따라서 저자들은 매트릭스와 네트워크를 활용한 논문으로서 2009년부터 2012년까지 학회지에 게재된 16편을 선정하여 한 권의 사례집으로 묶었다. 이 책의 제1부는 가족치료 단일사례연구 13개를, 제2부는 가족치료 다중사례연구 3개를 포함하고 있다.

가족치료 사례와 질적 분석을 연구하고 있는 저자는 많은 임상가들과 연구자들이 새로운 치료 이론과 분석방법을 찾아 끊임없이 노력하고 있는 것을 목격한다. 그런데 새로운 것을 찾는 이러한 노력이 분명히 필요함에도 불구하고 중요한 자신의 것을 찾고 다지는 작업은 다소 소홀히 하고 있지 않나 하는 느낌이 든다. 어떤 가족치료 모델이 됐든, 아니면 질적 분석방법이 됐든 끊임없이 새로운 것을 찾아 헤매는 시간도 필요하지만, 자신의 것으로 소화하기 위해 자신이 적용하고 있는 기존의 치료 이론과 분석방법을 계속해서 끈기 있게 반복적으로 적용함으로써 차별화되고 조금은 새로운 자신만의 치료 이론과 질적 분석방법을 찾기를 간절히 바라는 마음이다.

Malcolm Gladwell은 『아웃라이어(*Outliers: The Story of Sucess*)』라는 책에서 한 분야에서 아웃라이어가 되기 위해서는 최소한 1만 시간이 필요하다고 하였다. 어느 분야가 되었든 그 분야의 아웃라이어, 즉 성공한 사람이 되기 위해서는 불필요하게 새로운 것을 계속해서 찾아다니기보다는 자신이 선택한 치료 이론과 분석방법을 매일 3시간씩 10년간 꾸준히 연구하면서 1만 시간을 채우게 되면서 그 분야의 대가가 될 수 있다고 볼 수 있다. 얼마 전에 모 신문에서 요리 분야의 대가가 되기 위해서는 끊임없이 반복 적용하고 실패하는 가운데 인내를 가지고 계속해서 반복하고 또 반복하라는 내용의 기사를 본 적이 있다. 여러분도 질적 연구에서 아웃라이어가 되기 위해서는 사례에서 계속해서 같은 분석방법을 적용하면서 좀 더 단순하면서도 깊이 있는 분석방법을 터득하시기를 진심으로 바란다.

대표 저자

박태영

# 차례

## 제2부 다중사례연구

제1부

# 단일사례연구

제1장

# 마리화나 피는 아들에 대한 가족치료 사례연구*

박태영

본 연구는 유학하면서 학업성적이 저조하고 학교생활에 적응을 못하고 있으며, 2007년 여름부터 마리화나를 상습적으로 피고 있는 고등학생인 아들에 대하여 어머니가 본 연구자에게 상담을 의뢰한 사례다. 연구자는 총 4회기의 모자가족상담을 통하여 아들에게 나타나고 있는 증상과 아들의 증상에 영향을 주었던 요인들과 아들의 증상에 영향을 주었던 요인들을 완화 또는 감소시키기 위하여 치료자가 사용했던 개입방법들에 대하여 발견하고자 하였다. 또한 모자관계의 변화에 영향을 미친 요인들과 아들의 스트레스에 대한 대처방법을 변화시키기 위한 치료자의 개입기법과 모자의 변화과정을 살펴보았다. 분석방법으로는 코딩을 통해 개념과 상위범주를 설정하고 범주들 간의 관계를 네트워크를 활용하여 나타냈으며, 모자의 변화과정에 대해서는 상담회기에 따른 효과 매트릭스를 활용하였다.

---

* 제1장은 한국가족치료학회지(2009) 제17권 1호, 57-96페이지에 게재된 논문을 일부 수정한 것임.

# I. 서론

마리화나는 미국과 전 세계에서 가장 광범위하게 사용된 불법 마약이다. 비록 마리화나의 상대적인 의존성에 대한 잠재성이 다른 남용의 물질보다는 덜 의존적이라 할지라도 마리화나를 사용하는 많은 사람들이 마리화나에 더 의존하게 될 것이다(Anthony, Warner, & Kessler, 1994). 더군다나, 비록 전반적인 마리화나 사용에 대한 유행이 지난 10년 동안 안정화된 상태이지만, 마리화나를 처음 사용하는 연령은 낮아지고 있으며(Johnston, O'Malley, & Bachman, 2003), 마리화나 남용 혹은 의존은 현저하게 증가하고 있는 추세인데, 이것은 아마도 마리화나를 구할 수 있는 가능성이 증가하였기 때문이다(Compton, Grant, Colliver, Glantz, & Stinson, 2004).

일반 사람들에게는 마리화나가 다른 마약에 비해 덜 심각하게 생각되나 그것은 많은 심리적 · 행동적 그리고 사회적 문제들과 관련되어 왔다. 마리화나 사용은 주요한 기분, 불안 그리고 성격장애를 포함한 다른 정신장애를 가진 개인들에게 공통적이며 문제가 될 수 있다(Agosti, Nunes, & Levin, 2002; Aharonovich et al., 2005; Tims et al., 2002). 마리화나 사용 혹은 의존은 다른 물질에 의존할 가능성을 높이는 것으로 나타났다(Degenhardt, Hall, & Lynskey, 2001). Arenofsky(2001)는 마리화나가 뇌세포를 파멸시키고, 학습을 방해하며, 뇌에 피가 흐르는 것을 낮추고 또한 나중에는 암의 유발을 증가시킨다고 하였다.

일반인들과 전문가들 사이의 일반화된 신념과는 반대로 마리화나 의존에 대한 치료는 일반적으로 필요하지 않거나 추구되고 있지 않으나, 미국 내에서 1992년과 1998년 사이에 물질사용장애 프로그램에서 있어서 치료에 대한 요구가 두 배로 증가하였다. 마리화나를 위한 불법 마약남용치료에 대한 승인율은 23%, 코카인은 27%, 헤로인은 23%에 달하고 있다(McRae, Budney, & Brady, 2003). 이와 같은 상황에도 불구하고, 마리화나 남용과 의존에 대한 치료는 현재까지 비교적 연구되지 않은 영역이다(Kleber et. al, 2007). 한편, 실제로 청소년 물질남용 치료에 관한 연구들은 상대적으로 매우 적은 편이다(William & Chang, 2000).

지난 100여 년간에 걸쳐 코카인 사용을 포함한 자극물의 남용에 대하여 몇 가지의 주기가 있다. 미국 내의 코카인 남용은 점차적으로 1970년대 이래로 증가하였고(Manschreck, 1993), 1980년대 중반에는 크랙코카인(crack cocaine) 사용이 정점을 이루었다(National Institute on Drug Abuse[NIDA], 1993). 그다음 해에 실시한 마약남용 국가연구소(National Institute on Drug Abuse[NIDA])의 몇몇 조사에서 고등학교 학생들(Johnston, O'Malley, &

Bachman, 1994a), 대학생들과 젊은 성인들(연령이 19세부터 29세까지) (Johnston, O'Malley, & Bachman, 1994b) 사이에 1993년에 안정화와 함께 1980년 중반부터 1992년까지 코카인의 사용감소를 보여 주었다. 그럼에도 불구하고 1992년에는 12세 이상의 사람들 중 805,000명이 크랙코카인을 사용하였고, 4,900,000명이 작년 한 해 동안 코카인을 사용한 것으로 나타났다(U.S. DHHS, 1993). 미국 성인 중 25세 이상 34세 미만의 성인 중 약 25%가 코카인을 사용하였고(Manshreck, 1993), 그리고 28세 미만의 연령에 있는 사람들 중 33%가 코카인을 시도해 보았다고 추정된다(Johnston et al., 1994b). 코카인 사용이 다소 감소되고 있다 할지라도 수백만 명의 미국인이 코카인을 사용하고 있으며, 다양한 종류의 개입방법이 필요할 수 있다(Bordrnick, Schmitz, & Bordnick, 1999).

오늘날 관련 서비스를 필요로 하는 대부분의 청소년들은 물질 사용문제와 정신건강진단뿐만 아니라 많은 사회적 · 행동적 그리고 가정적 문제를 지니고 있는 것으로 보이며, 이중적으로 진단된 청소년들이 실제로 전체 청소년 중의 특별한 하위인구가 아니라 일반적이라고 한다(Roberts & Corcoran, 2005). 약물남용에 앞서서 처음엔 술과 담배를 사용하다가 중독성 높은 기타 약물에 빠져드는 경향이 있으므로 중고생들이 사용하는 술과 담배는 습관적인 약물남용의 전 단계라는 점에서 주의가 요구된다고 하겠다(김숙경, 소희영, 1993).

본 연구에서는 유학생활 중 학교에서 받은 스트레스로 인하여 학교부적응과 학습에 대한 무관심, 거짓말, 폭력성, 외로움, 우울증, 흡연, 음주, 마리화나 및 코카인 복용 등을 나타내고 있는 청소년에 대한 가족치료 사례에 대한 과정과 결과를 보여 주고자 한다.

## Ⅱ. 물질남용과 관련된 가족치료에 관한 선행연구

가족성원들 사이의 손상된 의사소통, 그리고 적절한 한계선을 세우고 행동의 규범을 유지할 수 없는 가족성원들의 무능력에 의하여 특정지어지는 역기능적인 가족은 물질남용 장애를 가진 환자들에게 불충분한 단기 · 장기 치료결과와 상호관련성이 있다(McKay, Longgabaugh, Beattie, Maisto, & Noel, 1992). 그런데 가족치료는 공식적이며 지속적인 치료관계 안에서 혹은 주기적인 접촉을 통하여 전달될 수 있다. 가족치료의 목적에는 물질남용에 대한 환자의 현재 태도에 대한 정보 수집, 사회적 그리고 직업적인 적응, 물질을 사용하는 동료들과의 접촉 수준 확인, 절제의 정도 확인, 절제를 위하여 가족지지를 북돋워 주는 것, 가족관계를 유지하는 것과 치료를 준수하고 장기간의 결과를 향상시키는 것 등이 포함된다(Fals-Stewart, Birchler, & O'Farrell, 2001; McCrady, Epstein, & Sell, 2003). 최근의 연구들에서는 메타돈(진통제)을 복용하는 환자를 포함한 여성이나 남성들 모두에게 약물사용장애 치료 시 가족이 관련될 경우 치료 효과가 더욱 높아지는 것으로 나타났다(Fals-Stweart, Birchler, & O'Farrell, 1997; Winters, Fals-Stewart, O'Farrell, Birchler, & Kelley, 2002). 최근에는 다른 접근법들과 병행한 가족치료가 광범위하게 연구되어 왔으며, 청소년들에게 있어서 효과가 있다는 좋은 증거를 보여 주었다(Latiner, Winters, D'Zurilla, & Nichols, 2003; Liddle, Rowe, Dakof, Ungaro, & Henderson, 2004; Santisteban, Suarez-Morales, Robbins, & Szapocznik, 2006; Waldron, Slesnick, Brody, Turner, & Peterson, 2001). 물질사용장애를 치료하기 위하여 사용된 가족치료의 많은 타입들 중 행동적이며 전략적인 접근법이 임상적으로 우세하다는 것을 보여 주었고(Stanton & Shadish, 1997), 특히 행동주의적 부부치료에 대한 효과가 높게 나타났다(O'Farrell & Farls-Stewart, 2002).

Liddle과 Dakof(1995)는 마약남용 치료를 위한 가족 기반의 접근법에 대하여 포괄적인 검토를 하였는데, 그들은 '가족에 기반을 둔 치료방식이 청소년과 성인들의 마약남용을 치료하는 데 가능성은 있으나 명확하지는 않다'라고 결론을 지었다. 그러나 그 후 10년이 채 안 되어서 특히 청소년들의 마약남용문제를 치료하는 데 있어서 가족에 기반을 둔 접근법이 현저하게 효과적인 것으로 나타났으며, 현재 청소년 마약남용에 대한 가장 효과적인 접근법으로서 인정받았다(Rowe & Liddle, 2003). Willams와 Chang(2000)은 치료가 치료를 받지 않는 것보다는 훨씬 효과적이나 치료 타입의 효과성을 비교하는 데 있어서는 증거가 불충분하다고 하였다. 이것에 대한 예외는 외래환자 가족치료가 외래환자를 위한 다른 형태의 치료보다는 우세한 것으로 나타났다는 것이다(p. 159). 청소년 마약남용 치료의 또 다른 연구에서 Waldon(1997)은 "청소년 마약남용에 대한 대안을 비교했을 때, 가족을 포함하지 않은 개입방법보다는 가족치료가 더 우수한 치료로 보인다."고 하였다.

Kleber 등(2007)은 마약에 대한 환자의 절제가 이전에는 잘 유지되었지만 가족의 상호작용이 문제가 되는 상황과 다른 가족성원들이 새롭게 설정한 개인과 가족의 목표와 태도 그리고 행동에 적응하는 데 도움이 필요한 상황에서 가족개입이 필요하다고 하였다. 또한 그들은 갈등을 야기시키거나 혹은 행동을 유발시키는 개인 간 그리고 가족 간의 상호작용을 설명하는 가족치료는 높은 수준의 가족 관련성을 가진 환자들에 대한 재발의 위험을 감소시킬 수 있다고 하였다. 가족과 부부 개입을 위한 중요한 역할은 물질남용 행동을 변화시키려는 동기화되지 않은 가족성원들 안에서 치료를 추구하고 유지하는 데 관련된 중요한 다른 사람들에게 협력을 구하는 것이다(Kleber et al., 2007).

부부치료 및 가족치료는 가족성원들의 심리적인 분화를 촉진시키고, 치료계획에 대한 정보와 아이디어의 교환을 위한 토론을 제공하며, 계속적인 가족지지를 위한 행동적인 관리와 토대가 되는 규칙을 발전시키고 재발을 방지하고 회복을 위한 전망을 증진시키는 행동을 강화시키기 위하여 유용하다. 한편, 이러한 가족치료 접근법이 심리사회적인 기능을 향상시키고, 알코올 혹은 다른 물질을 남용하고 있는 부모와 함께 살고 있는 어린이들에게 물질사용의 가능성을 감소시킬 수 있다는 증거가 있다(Catalano, Gainey, Fleming, Haggerty, & Johnson, 1999; Kelley & Fals-Stewart, 2002).

Bender, Springer와 Kim(2006)은 물질남용과 정신건강진단을 통하여 진단을 받은 청소년들에 대한 효과적인 치료를 확인하는 연구에서 집단 간 효과크기(effect-size)와 집단 내 변화를 살펴보았는데, 치료욕구의 특별한 면들을 향상시키는 데 있어서 여러 개의 치료형태의 효과성이 나타났으나 이중으로 진단된 청소년들에게 있어서 물질남용 결과와 외재화, 내재화를 넘어선 더 큰 효과크기를 보여 줌으로써 가족행동치료와 개인의 인지적 문제해결치료를 강조하였다.

한편, 청소년의 물질남용을 치료하는 데 있어서 단기전략적 가족치료(Brief Strategic Family Therapy: BSFT)는 경험적으로 지지된 치료방법들 중에서 가족에 근거한 몇 가지 탁월한 접근법들의 중의 하나다(Sexton, Robbins, Holliman, Mease, & Mayorga, 2003). 단기전략적 가족치료의 가장 두드러지는 특징은 구조적 가족치료 이론의 '합류(joining)'(각각의 가족성원과의 연합을 하는 것과 변화를 촉진하기 위하여 리더십을 취하는 것), '가족패턴 진단'(가족성원 간의 충분하지 못한 연대성과 다른 존재하는 문제들과 관련된 가족상호작용을 파악하는 것), 재구조화(restructuring), 탈삼각화, 그리고 청소년과 가족이 도움받는 것을 방해하는 가족의 상호작용을 변경시키기 위한 개입방법을 사용하고 있으며(Szapocznik & Williams, 2000), 전략적 가족치료 이론과 원리를 통합한 모델이며 청소년들의 반사회적 동료들과 마리화나 사용과 관련된 품행문제를 치료하기 위하여 유일하게 경험적으로 타당성이 입증된 가족치료 모델이라는 것이다(Santisteban et al., 2006). 또한 여러 연구에서는 단기전략적 가족치료의 연대성 전략들이 가족들을 보존하는 효과를 나타낸 여러 사례를 제시했으며, 가족성원들 간의 연대성에 영향을 미치는 문화적 요인들을 탐색하였다(Coastworth, Santisteban, McBride, & Szapocznik, 2001; Santisteban et al., 1996). Miller와 Prinz(1990)는 가족에 근거한 개입방법에 대한 복합체계적이고, 폭넓은 연대성에 초점을 증진시키는 이러한 종류의 방법들이 물질남용을 치료할 가능성이 높다고 하였다.

한편, Hawkins, Catalano와 Miller(1992)는 청소년이 물질사용의 위험에 처해 있는지를 나타내는 많은 위험요소들이 있다고 밝히고 있다. 이러한 많은 위험요소들은 가족의 마약사용, 가족상호작용 패턴, 그리고 경계선과 같은 가족구성과 역동성으로부터 발전한다(Smith & Springer, 1998). 따라서 물질남용의 청소년을 치료하는 데 있어서, 가족은 개입의 주요목표가 된다. 복합적 가족치료집단(multifamily therapy group)은 물질남용을 하는 청소년들을 위한 개인 및 가족치료를 연합하여 사용하고 있다(Meezan & O'Keefe, 1998). 복합적 가족치료집단 모델은 해결중심 단기가족치료, 구조적 가족치료, 상호작용적 그리고 상호원조접근법의 4가지 모델로부터 기술과 개입방법을 통합한 모델이다(Springer & Orsbon, 2002).

가족생활과 가족관계의 특별한 면들이 마약문제의 시작과 악화 그리고 재발과 매우 일치하고 있었다. 가족구조와 같은 요인 못지않게(Friedman, Terras, & Glassman, 2000), 건강하지 못한 부모-청소년 관계와 같은 관계요인들이 끊임없이 문화와 시대를 넘어서 청소년 마약사용을 예측할 수 있는 요인이다(Brook, Brook, Arenibia-Mireles, Richter, & Whiteman, 2001). 비록 부모양육방식은 마약남용과 관련된 문제들의 시작을 예측하는 데 있어서 다른 여러 사회적 · 정서적 요인들과 상호작용한다고 할지라도(Dishion & Kavanagh, 2000), 부모의 소홀한 감독, 비효과적인 훈육방식, 그리고 서투른 대화방식을 포함한 부모양육방식이 또한 청소년들의 마약남용 문제를 유발시키고 유지시키는 중요한 요인이었다(Liddle, Rowe, Dakof, & Lyke, 1998; McGillicuddy, Rychtarik et al., 2001). 결과적으로 마약남용과 관련된 행동 문제를 가진 청소년들은 전형적으로 학교에서 성적이 좋지 못하고 학교에 참여하지 않고 유대감이 없는 경향이 있다(Chatlos, 1997; Hawkins, Catalano, & Miller, 1992).

국내에서는 청소년 물질사용과 관련된 원인, 증상, 및 사용종류 등이 문헌상으로 제시되어 있으나(박충선, 은종영, 정미영, 1999; 주왕기 외, 1991), 실제 물질을 사용한 청소년을 중심으로 면담 및 관찰을 통하여 제반사항을 탐색한 연구결과는 없는 실정이다(이경호, 1999). 따라서 이경호(1999)는 물질남용을 하고 있는 우리나라 청소년을 대상으로 그들이 사용한 물질의 종류와 특성, 사용하게 된 동기, 증상, 느낌, 생각 등을 탐색하여 분석하였다. 또한 물질남용에 관한 가족치료사례연구로는 오랫동안 마약과 알코올 남용을 하는 석방된 기결수 아빠에 대한 해결중심 단기치료에 대한 사례연구(Klar & Berg, 1995; 박태영, 김현경, 2011)와 마리화나와 코카인과 관련된 사례 등 정신장애 사례연구가 있다(김청송, 2002).

본 연구에서는 치료자이자 연구자가 마리화나를 상습적으로 피고 간혹 코카인도 복용하는 청소년과 이혼한 어머니를 MRI 모델과 Murray Bowen의 가족체계 이론을 적용하여 치료한 과정과 결과를 살펴보고자 한다.

# Ⅲ. 치료에 대한 이론적 준거틀

## 1. MRI의 의사소통 이론

MRI 모델은 의사소통과 체계개념에 기반을 두고 있으며, 내담자에게 나타나는 증상에 초점을 맞춘 단기치료 접근법이다. 치료의 목적은 내담자가 생활을 잘해 나갈 수 있도록 가능한 한 빨리 그리고 효과적으로 내담자가 제시하고 있는 불평을 해결하는 데 그 목적이 있다(Shoham, Rohrbaugh, & Patterson, 1995). MRI 모델에 따르면, 가족의 문제는 문제를 해결하려는 가족의 시도에 의해 오히려 유지되고 있다고 할 수 있다. MRI 모델은 문제를 둘러싸고 있는 상호작용의 과정을 강조하고 일반적인 시각에서 모든 행동은 사회체계 내에서 더 폭넓게 진행되는 의사소통의 교류 가운데 설명할 수 있는 것으로 본다(Duncan, Solovey, & Rusk, 1992). MRI 모델은 인간이 두 가지 방법으로 '문제'를 발달시키는 것으로 본다. 첫째, 어려움을 잘못 다루는 것이다. 둘째, 문제를 해결하려는 시도의 실패와 똑같은 문제해결방식의 계속적인 적용이다(Watzlawick, Weakland, & Fisch, 1974). MRI 모델은 '문제'란 오랫동안 그 문제를 변화시키려고 계속해 온 바람직하지 못한 행동들로 이루어진 것으로 본다. 그러한 문제행동들이 지속되는 것은 일차적으로 사람들이 그 문제행동들을 변화시키려고 행하여 왔던 방법, 즉 사람들의 '시도된 해결'에 있다고 본다. 또한 사람들이 자신들의 문제를 감소시키려고 시도해 온 해결책이 종종 문제를 유지시키거나 혹은 그 문제를 더욱 악화시키기까지 한다(Goldenberg & Goldenberg, 2007). 따라서 치료자의 일차적인 임무는 새로운 또는 다른 행동을 기존의 행동과 대체하거나, 본래의 문제행동을 '하찮은 문제'로 재평가하는 것에 의하여 내담자에게 지금까지 시도해 온 해결책을 소개하는 것이다(Weakland, 1993). 또한 문제를 유지시켜 왔던 차례를 변화시키기 위하여 MRI 모델에서는 가족들에게 상식과는 반대되는 일들을 하게 하거나 혹은 믿을 수 있도록 하게 한다(Nichols & Schwartz, 2007).

## 2. Murray Bowen의 가족체계 이론

Bowen의 가족체계치료 모델에서는 부모, 특히 어머니와 자녀 사이의 미분화된 정서적 관계를 중시하였으며, 이러한 관계는 가족투사 과정을 통해서 전수된다고 보았다. 또한 치료목표를 미분화된 가족자아집합체로부터 분화되는 것에 두었다(Goldenberg & Goldenberg,

2007). 특히 자아분화가 낮을수록 삼각관계 형태는 심하고 관계가 중요할수록 그 형태가 강하다. 두 사람의 정서체계는 긴장이 없을 때는 안정되지만 불안이 증가하면 삼각관계를 형성하게 된다. 이때 인간관계의 갈등과 불안을 객관적으로 평가하지 못하고 제3자와의 의존적 관계(융합)를 통해 불안을 극복하려 하고, 이 불안한 부부 정서관계에 자녀를 끌어들여 속죄양을 만들기도 한다. Bowen은 삼각관계를 가장 불완전한 관계체계로 보았고, 삼각관계가 일시적으로 불안이나 스트레스 감소에 도움을 줄 수 있으나 오히려 가족의 정서체계를 더욱 혼란스럽게 하여 증상을 나타나게 한다고 주장하였다(Goldenberg & Goldenberg, 2007). 또한 자아분화가 안 된 경우에 나타나는 인간관계의 추구형은 너무 지나치게 친밀한 관계 유형을 추구하거나 또는 지나치게 거리감을 두는 관계 유형을 추구하는 형태를 띠게 된다(박태영, 김현경, 2004).

역기능적인 가족일수록 '분화(differentiation)' 수준이 낮아 가족원들이 지나친 결속을 하게 되어 서로에 대하여 집착을 하게 됨으로써 각자의 개별성을 찾기가 어렵다. 또한 부모로부터 정서적으로 독립하지 못하고 부모 사이에서 갈등이 심한 자녀들은 부적응적 행동이나 증상을 나타내게 된다(Fleming & Anderson, 1986; Hoffman & Weiss, 1987). 반면에, 원가족과 정서적으로 단절된 사람은 대인관계에서 건강한 관계를 맺는 데 어려움을 겪는다(Framo, 1981). 따라서 자아분화 수준이 낮을수록 역기능적 행동이나 증상이 많이 발생하며(제석봉, 1989), 정신건강 수준 역시 낮은 것으로 나타났다(유은희, 전춘해, 1995). 유은희와 전춘애(1995)는 어머니의 자아분화 수준은 모-자녀 간의 갈등을 통해 자녀의 문제행동 발생에 영향을 줄 수 있다고 하였다.

# Ⅳ. 연구질문, 방법 및 분석

## 1. 연구질문

첫째, 아들의 증상은 무엇인가?

둘째, 아들의 증상에 영향을 미친 요인은 무엇인가?

셋째, 아들의 증상완화를 위한 치료자의 개입기법은 무엇인가?

넷째, 모자관계의 변화에 영향을 미친 요인들은 무엇인가?

다섯째, 모자의 변화과정이 어떻게 나타나는가?

## 2. 연구대상 및 상담기간

상담에 참여한 가족은 아들(18)과 어머니(48)였으며, 아들의 제한된 국내 체류기간으로 인하여 2008년 6월부터 7월 동안 4차례가 진행되었으며, 1회기에는 어머니 상담, 2회기에는 아들 상담, 3~4회기에는 모자 상담이 진행되었다.

## 3. 신뢰도 검증

본 연구에서는 연구의 신뢰성을 높이기 위해 1회부터 4회기 까지 나타나고 있는 반복되는 개념들에 대한 지속적인 비교의 방식과 전문가 집단에 의한 삼각화(triangulation)를 실시하였다. 개념들의 지속적인 비교의 방식은 1회부터 4회기까지 진행되는 상담 과정 속에서 반복되는 개념들을 지속적으로 비교하여 개념들의 의미를 정확하게 파악하고자 하였다.

Patton(2002)에 따르면, 삼각화(triangulation)에는 데이터의 삼각화, 조사자의 삼각화, 이론의 삼각화 그리고 방법론적인 삼각화가 포함된다. 본 연구에서는 자료의 신뢰성을 높이기 위하여 데이터의 삼각화 방법으로서, 상담의 축어록과 치료자가 상담을 하면서 기록했던 메모, 그리고 치료과정에서 애매모호했던 상담 부분에 대해서는 내담자에게 직접 물어보거나 이후에 상담 축어록에 관하여 내담자의 의견을 타진하는 방식을 취하여 자료의 신뢰성을 높였다.

## 4. 분석방법

본 연구는 단일사례연구로서 가족상담 축어록상에서 나타나고 있는 아들의 학교생활 부적응과 마리화나 복용에 영향을 미친 요인들과 아들의 스트레스에 대한 대처방법을 변화시키기 위한 치료자의 개입기법과 모자관계의 변화에 영향을 미친 요인들을 찾기 위하여 질적인 분석방법을 사용한다. 다양한 질적인 연구방법들 중 연구 목적에 적합한 방법으로 단일사례연구의 방식을 사용하며, 상담 축어록과 상담 시에 기록된 메모를 원자료로 하여 아들에게 나타나고 있는 증상과 아들의 증상에 영향을 미친 요인들, 아들의 증상완화를 위한 치료자의 개입기법, 그리고 모자관계의 변화에 영향을 미친 요인들을 네트워크를 활용하여 살펴보겠다. 마지막으로, 시간변화에 따른 효과 매트릭스(Time-ordered Effects Matrix)(Miles & Huberman, 1994)를 활용하여 상담회기별 엄마의 의사소통 수준과 자아분화 수준의 변화과정과 아들의 의사소통 수준과 의사소통의 양적인 변화량을 살펴보고자 한다.

# V. 상담내용 분석

## 1. 가계도

가족은 어머니(48)가 아들이 돌 때부터 별거를 하여 아들이 6세 때 남편(59)과 이혼을 하였다. 어머니는 친정어머니와 밀착관계를 가지고 있었고, 친정부모님의 사이는 안 좋은 것으로 나타났다. 친정어머니는 전에 이혼한 경험이 있고, 친정아버지는 친정어머니와 두 번째 결혼을 한 사이였다. 전남편의 시부모는 모두 외도를 경험하였고 이혼을 하였으며, 전남편을 포함한 세 남매 모두 이혼을 하였다.

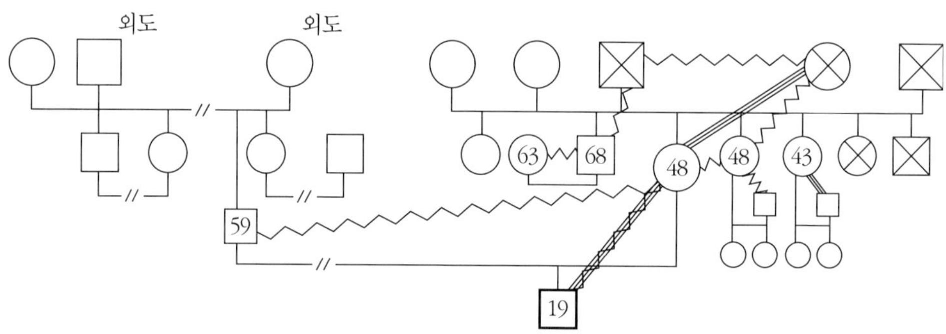


[그림 1-1] 가계도

## 2. 전체적인 내용분석

[그림 1-2]에서 나타나듯이, 아들의 증상으로는 7가지가 나타났으며, 특히 아들은 스트레스를 받게 될 때 외로움과 우울증을 겪고 있었으며 이러한 감정을 경험하게 될 때 마리화나와 코카인을 복용하는 것으로 나타났다. 아들의 증상에 영향을 미친 요인들로 아들의 문제, 문제를 해결하려고 시도했던 엄마의 역기능적인 방식, 엄마의 미분화, 남편의 원가족 문제, 그리고 모자의 역기능적인 의사소통방식을 발견할 수 있었다. 이러한 5가지의 요인들 각각의 하위요인들로는 아들의 문제를 개인적 문제와 환경적 문제로 나눌 수 있었고, 문제를 해결하려고 시도했던 엄마의 역기능적인 방식에는 7가지의 하위요인들, 엄마의 미분화에는 4가지의 하위요인들, 그리고 남편의 원가족 문제에는 2가지 하위요인들이 포함되

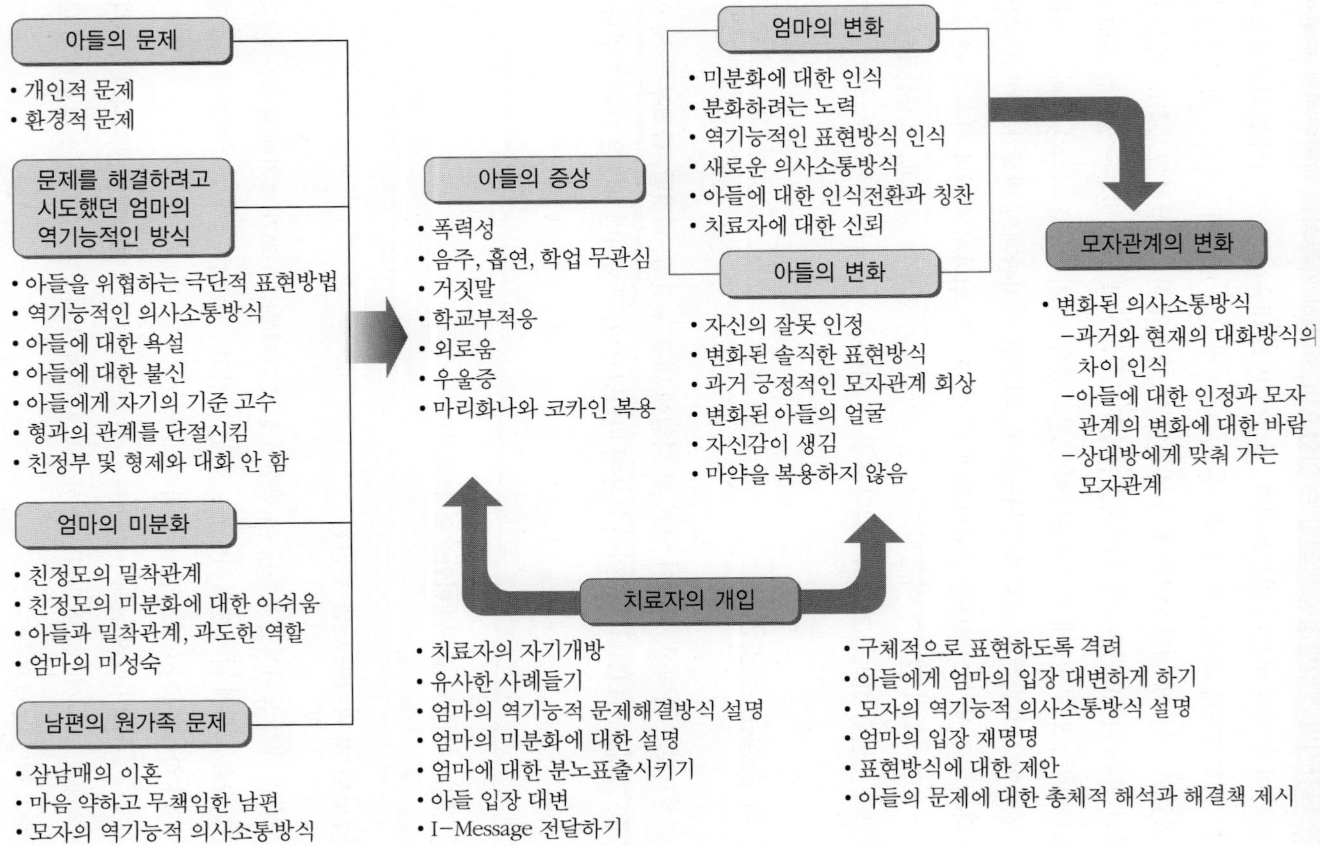


[그림 1-2] 전체적인 분석의 네트워크

었다.

아들의 증상에 영향을 미친 요인들을 감소 또는 제거하기 위하여 치료자가 사용한 개입방법으로는 14가지의 개입방법을 발견할 수 있었으며, 이러한 가족치료 개입방법과 모자의 노력으로 인하여 엄마와 아들이 변화하였다. 엄마의 변화 내용에는 6가지의 하위요인들이 발견되었고, 특히 6가지 하위요인 중 새로운 의사소통방식은 또다시 5가지의 하위개념을 포함하고 있었고, 아들에 대한 인식전환과 칭찬은 두 가지의 하위개념을 포함하고 있었다. 한편, 아들의 변화라는 요인은 6개의 하위요인들을 포함하였고 그중 변화된 솔직한 표현방식의 하위요인에는 또다시 6개의 하위개념이 포함되었다. 마지막으로 이러한 엄마와 아들의 변화로 인하여 모자관계의 변화가 일어났으며, 이러한 모자관계의 변화가 엄마와 아들의 변화를 더욱 촉진시키는 결과를 낳았다고 볼 수 있다. 즉, 엄마의 변화와 아들의 변화가 서로 맞물려 돌아가듯이 엄마와 아들의 변화가 모자관계의 변화를 낳았고, 모자관계의 변화 역시 엄마와 아들의 변화를 가속화시켰다고 볼 수 있다.

## 3. 아들의 증상은 무엇인가

아들의 증상으로는 폭력성, 음주와 담배 및 학업에 대한 무관심, 거짓말, 학교부적응, 외로움, 우울증, 그리고 마리화나와 코카인 복용이 나타났으며, 구체적인 내용은 다음과 같다.

### 1) 폭력성

어머니: 애가 14살부터 폭력적이었어요. (1회기)

### 2) 음주와 흡연 및 학업에 대한 무관심

어머니: 근데 애가 도대체 공부하는 데 관심이 없고 그때부터… 제가 보기엔 담배를 한 것 같고 술은 그렇게 밝히진 않지만 술도 하는 거 같고… 문제는 그래서 그 학교에서 졸업을 해야 하는데 F가 나오니깐…. (1회기)

어머니: 제가 들어오자마자 전화가 온 거예요. 학교 주차장에서 애들이랑 술 먹다가 걸렸다는 거예요. 그래서 거기서 신고되어서 초범이긴 하지만 몇 주 몇 시간 알코올 수업 들으라고 했대요. (1회기)

아들: 그때 8학년인가… 담배 피다가 열 몇 번 걸리고… 구두 닦아야 되는데 안 닦고 몰래 나가다 걸리고 술 먹다가 들키고…. (2회기)

### 3) 거짓말

어머니: (아들은) 맨날 거짓말이죠. 머리가 아주 비상해요. 선생님도 하는 말이 애가 스마트한데 노력을 안 한다고 해요. 항상. 저는 더 속상하죠. (1회기)

### 4) 학교부적응

아들: 제가 (학교에서) 잘못했죠. 학교에서는 제가 쫓겨난 거였는데 그때 8학년인가… 담배 피다가 열 몇 번 걸리고… 구두 닦아야 되는데 안 닦고 몰래 나가다 걸리고 술 먹다가 들키고…. (2회기)

### 5) 외로움

어머니: 아들이 성격이 여려서 외로움을 타는 거 같아요. 맨날 외롭다고 하고 친구를 깊게 사귀기엔 뭐랄까… 남을 배려한다든지 그런 게 없어요. 지가 맘대로 휘두를 수 있는 애들과 놀기를 좋아하는 것 같아요. (1회기)

어머니: 아들이 눈에 띄는 말썽을 피우는 건 아니지만 외로우면 약도 했다가…. (1회기)

어머니: 과외를 붙여 놨는데 과외 선생님한테 상담을 했는데 자기가 그렇게 외로운데 마리화나 하는 애들을 만나면 그렇게 따뜻하게 해 준대요. (1회기)

아들: 그나마 믿었던 형인데 엄마가 그 형이랑 그딴 식으로 얘기하니깐 정떨어지는데 엄마는 끝까지 자기가 잘났대요. (그 후 형을) 몰래 몇 번 만나고 솔직히 외로우니깐… 근데 …. (2회기)

### 6) 우울증

아들: 지금도 친구 사귀는 건 문제 없는데요. 내 속에 있을 게 없었어요. 다 말할 수 있고… 불편을 안 주고 즐겁게 할 수 있었지만 지금 들어서는 생각하면서 얘기하고 자신이 없어진 것도 있고 그런 게 생겼어요. 우울증도 생기고….

아들: (제가) 좀 감정의 기복이 심해요.

치료자: 대인관계 문제는 없었다는 거죠?

아들: 지금도 없다고 봐요. 좀 감정의 기복이 심해요. (2회기)

### 7) 마리화나와 코카인 복용

어머니: 근데 문제는 얘가 어디서 마리화나를 얻어서 피는 거 같아요. (1회기)

아들: 제가 사실 호스트 패밀리 집에서 코카인 가루약… 그 집 가기 전에요. 호기심으로 2번 해 봤었는데 남은 봉지를 모르고 안 버리고 계속 갖고 있었어요. 근데 그 집에서 그걸 찾은 거예요. (2회기)

아들: 6개월 전에 기숙사 학교 다니면서 (코카인을) 2번 해 봤어요. 학교 많이 옮겨 다녔어요. (2회기)

## 4. 아들의 증상에 영향을 미친 요인은 무엇인가

위에서 언급하였다시피 아들의 증상으로는 폭력성, 음주와 담배 및 학업에 대한 무관심, 거짓말, 학교부적응, 외로움, 우울증, 마리화나와 코카인 복용이 나타났다. 특히 이러한 증상에 영향을 미친 요인들은 아들의 문제, 문제를 해결하려고 시도했던 엄마의 역기능적인 방식, 엄마의 미분화, 남편의 원가족 문제, 그리고 이러한 영향으로 인한 모자간의 역기능적인 의사소통방식이 나타났다. 아들은 어려서부터 엄마와 대화가 원활하게 되지 못하였으며, 이러한 모자간의 의사소통 문제, 그리고 엄마가 친정어머니와 분화가 되지 못한 문제와 그로 인한 어머니의 양육방식이 모자간 충돌을 야기시켰다. 또한 어머니는 어려서부터 친정아버지나 형제들과 대화를 해 본 적이 거의 없는 것으로 나타났다.

한편, 어머니는 전남편(아들의 아빠)과의 관계에서 전남편의 무책임함에 대하여 질려 있는 상태에서 아들의 생활 속에서 나타나는 무책임한 모습 속에서 전남편의 모습을 보게 되었을 때 아들에게 매우 민감하게 반응하게 되었다. 따라서 아들의 무책임한 생활을 바꾸려고 노력을 하였는데 엄마의 이러한 방식이 아들을 더욱 부정적으로 자극하는 결과를 낳았다. 이와 같은 요인들로 인하여 아들은 어려서부터 역기능적인 표현방식으로 인하여 대화상대자가 없었고 외국에서 생활하면서 유해한 학교환경으로 인하여 자연스럽게 술, 담배 및 마리화나 또는 코카인을 접하게 되었다. 더군다나 아들은 학교에서 스트레스를 받았을 때 스트레스를 풀 수 있는 대상이 거의 없었으며 또한 어머니의 역기능적인 의사소통방식으로 인하여 어머니와 대화를 할 수 없을 뿐만 아니라 어머니의 아들을 변화시키려는 방식이 오히려 아들에게 스트레스를 가중시키는 결과를 낳았다. 아들은 스트레스를 풀 수 있는 대화상대자가 없음으로 인하여 외로움을 경험하였고 이러한 외로움은 우울증을 발생하게 하였으며 이러한 외로움과 우울증을 달래는 방법으로 마리화나 또는 코카인을 복용하는 결과를 낳았다.

### 1) 아들의 문제

#### (1) 개인적 문제

##### ① 대화상대자 부재

치료자: 제가 단도직입적으로 말씀드리면 애가 대화할 상대자가 어릴 때부터 없었을 거예요.

어머니: 없죠. 당연히 없죠.

어머니: 엄마는 지 대화상대도 아니고 엄마는 좀 부담스러운 거죠. 몰라주는 거 같고 말해도 안 통하고 지 또래 애들한테 집착을 하는데….

치료자: 그게 핵심이에요. (1회기)

##### ② 역기능적인 표현방식

어머니: 쌍욕은 못하지만 걔(아들)가 이제는 저한테 욕을 한다니까요. 정말 말할 때 한 번씩 나오기도 하고. F자 들어가는 말도 하고… 저는 기가 막힌 거죠. (1회기)

아들: 내가 (엄마한테) 뭐라고 했더니(소리를 질렀더니) 자기도 같이 소리 질러요. 왜 나한테 그러냐면서 더 이상 (나한테) 뭘 더 뺏어가려고 하냐고…. (2회기)

아들: (엄마랑 대화가 된 적은) 거의 없다고 봐요. 나의 어떤 마음을 완전히 전달하는 건 거의 없다고 봐요. 뭔가 어색하고요. 안 맞아요. 생각하는 자체도 다르고요. (2회기)

#### (2) 환경적 문제

##### ① 유해한 학교분위기

아들: 학교에서 쫓겨나거나 약 하거나 감옥을 가냐 이 학교를 오냐 근데 공부 잘하고 부자인 애들도 있지만 60퍼센트가 술 담배에 약은 기본이고 40퍼센트는 돈 많고 좀 더 좋은 학교에 가려고 하는 애들…. (2회기)

아들: 마리화나는 중독성이 없거든요. 사람들이 있다고 하지만 그거 하면 기분이 편안해지고 걱정이 없어지고 처음에 한 게 8학년인가 7학년인가 교회 형이랑 했고요. 그러고 나서 군대 학교 가서는 거의 안 하고 그 뒤 학교에서도 안 했고 그 뒤 학교에서는 5번 정도 하고요. 그 뒤에 학교에서는 주말 때 가끔씩 했었고 여기 와서는 이모 집에 들어가고 나서 6번 정도 했어요. 힘들어서… 그게 막 매일 한 게 아니에요. 그냥. (2회기)

치료자: 근데 아들이 왜 약을 했을까요?

어머니: (아들이) 답답하고 외롭고 적응 안 되고 하니깐 했겠죠. (3회기)

## 2) 문제를 해결하려고 시도했던 엄마의 역기능적인 방식

### (1) 아들을 위협하는 극단적인 표현방법

어머니: 니가 거기 있어서는 마음으로는 안 그래도 어느 정도 그게 됐기 때문에 유혹을 떨치기 힘드니깐 군에 가라고 했어요. 거기 가서 네가 좀 규칙적인 생활을 하고, 돈도 주고 주말에 나갈 수도 있고… 근데 자기는 죽어도 안 가겠대요. (1회기)

어머니: 너 18살이니깐 너 알아서 해라 손 뗀다 했더니 싹싹 빌고 도와달라고 해서…. (1회기)

아들: 두세 달 동안 (저는) 1불도 없이 지냈어요. 아무데도 안 가고요. 그때 정신병이 들 뻔 했어요. 휴대폰 끊고 형이랑 관계 끊어 버리고 (엄마가 저에게) 용돈 아예 안 주고 그나마 과외 선생님이 저를 이해해 주시면요…. (2회기)

아들: 엄마가 나는 코카인 중독자다 하면서 그전부터인가 용돈 1불도 없이 지냈었고… 전화만 하면 전화 받자마자 잔소리를 하고 설명을 못하겠어요. 정말 말이 안 통하게 말해요. (2회기)

아들: 엄마가 그러니깐 말없이 저를 영어학원에 알바를 해 놨어요, 강사 선생님 하라고 한국에서…. (2회기)

아들: 내 생각에는 한국에 온 김에 쉬면서 엄마랑 시간 지내고 친구랑도 시간 지내고 쉬고 싶었는데 엄마는 내가 그 말만 하니깐 대답도 안 하려고 하고 솔직히 저한테 물어보지도 않았잖아요. 그거를 너무 당연히 하니깐요. (엄마한테) 할 말이 없는 거 있죠. 내가 이런 놈이구나. 그렇게 생각되니깐 (내가) 다운되고 휴…. (엄마랑은) 성격이 안 맞아요. (2회기)

아들: 그(엄마가 나를 통제하려고 있다는) 생각도 들어요. (내가) 아예 자유를 못 가지게… 솔직히 (엄마가) 너무하잖아요. 또 (엄마한테) 이번 주 토요일에 서울에 한 번 갈게 했더니 돈을 이제 안 줄 거래요. 교통비 그런 것도 안 주고요. 학원에서 알바 하라고 하고…. (2회기)

아들: 자기 멋대로. 너는 성적도 이따위고 마약하는 애니깐 내가 하라는 대로 해라. 저도 18살이니깐 한 달에 호스트 패밀리한테 돈 내는 거 어느 정도 내라고… 그건 아니라고 했더니 대답이 없어요. (2회기)

### (2) 역기능적인 의사소통방식

아들: 내가 뭐라고 했더니 자기(엄마)도 (저에게) 같이 소리 질러요. 왜 나한테 그러냐면서 더 이상 뭘 더 뺏어가려고 하냐고….

아들: 야 이 생각 없는 놈아 과외가 얼마짜리인데… 내 과거 얘기 다 나오고….

아들: (엄마는) 내게 말할 기회도 안 주고요. 나는 이런 얘기도 못했어요.

치료자: 근데 엄마하고 전화하거나 만나면 짜증나고?

아들: 네. 그 마음(엄마에 대한 미안함 마음)이 갑자기 사라져요. 징글징글해요.

아들: 어제 밤에 애들한테 전화하고 싶어서… 한국에 친구 꽤 있어요. 초등학교 애들… 엄마 핸드폰을 제가 가지고 있었어요. 엄마 방에 들어가서 (엄마한테) 밤에 내가 (핸드폰) 쓸게 하고 내일 줄게 했는데 엄마는 (핸드폰을) 자기가 가지고 있어야 된대요. 생각해 보니깐 그럴 수 있겠구나 했다가 내가 엄마! 애들이랑 연락 좀 하고 싶어서 문자 올까 봐 그랬더니 갑자기 대놓고 싫어하는 거 기분 전환하면서 사람이 돌발하는 거예요. (엄마가 나에게) 인상 찌푸리면서 열 받는 거 나보고 막 찡그리면서 핸드폰 달라고…. (핸드폰을) 던져 버리고 싶었는데 엄마한테 미안한 게 많아서 이불에 놔두고 들어갔어요.

아들: (엄마랑 대화가 된 적은) 거의 없다고 봐요. 나의 어떤 마음을 완전히 전달하는 건 거의 없다고 봐요. 뭔가 어색하고요. 안 맞아요. 생각하는 자체도 다르고요.

아들: (엄마랑) 대화를 해도요. 좀 가식이 섞여져 있는 게 느껴져요.

치료자: 무슨 말인지 생각나는 대로 구체적으로 상황을 말해 주세요.

아들: 솔직히 행복하다보다는 일반적으로 대화할 때도 엄마가 아직도 나한테 바라는 게 더 많고 실수하는 게 많은데 마음에 쏙 진심에서 우러나는 게 아니라는… 아직 자리도 못 잡았고 엄마가 하고 싶어서 하는 것도 아닌 것 같고….

아들: (엄마가 내 얘기를 끊지 않고 들어 준 적이) 거의 없어요. 들어도 내 느낌상은 다시 자기(엄마)만의 세상으로 돌아가는 거 같은… 내 말을 거의 개소리로 듣는 거 같아요. 솔직히… 특히 막 무슨 말만 하면 존중을 1퍼센트도 안 하는 거 같고….

치료자: 엄마한테 무시당하는 느낌 받겠네?

아들: 요즘 들어서 많이 그래요.

아들: 솔직히 한국 온 이유가 거의 상담 받으려고 온 거거든요. 상담 받고 엄마랑 같이 미국 들어가야지 그나마 같이 있을 수 있겠다 해서 엄마가…. (내가 상담) 안 받고 들어가면 (엄마랑) 싸울 거 같아서요. 솔직히 한국도 오랜만에 왔는데 내가 엄마였으면…. 저 생일이었어요. 온 날요. (엄마가 저에게) 생일 축하 그런 소리도 없고요. 카드 하나 없고요. 근데 내가 그나마 엄마 보고 엄마 나 18살 됐어 생일이었어 했더니… 생일 축하해

하고 끝이었어요. 그래서 제가 엄마한테 엄마 생일 때 바라지도 말라고 전화도 안 한다고 했는데도 별 반응이 없었어요. 정말 실망이었어요. (2회기)

아들: (엄마한테) 할 말이 없어요. 엄마가 다 했죠.

치료자: 지금 엄마가 학원 강사로 일하게 하는 거 본인(아들)은 따르려고 해요?

아들: 어쩔 수 없죠. 제가 아무리 말해 봤자….

아들: 엄마가 대화가 안 돼요. 불가능하다고 봐요.

치료자: (아들에게) 엄마랑 협상할 수 있는 방법이 어떤 게 있을까?

아들: 없다고 봐요.

치료자: 어떻게 하면 두 분이 협상이 가능할 수 있을까요?

어머니: 글쎄 말이에요.

어머니: (엄마가 저에게) 여기 내 집이야 내가 하라는 대로 해 그런 식으로 말하니깐… 그렇게 나쁘게 말한 건 아닌데. 내가 들어야죠.

아들: (한국) 집에 와서 TV 좀 늦게까지 볼 수 있는 거 아니에요?

치료자: 당연하지.

아들: 그렇지 않아요? 못 보던 TV프로도 많고. 상황이 어떠냐면요. (엄마가 방에서) 나와요. 나 잔다고 하고 인상을 엄청 써요. 그러고 나서 내가 들어가서 한번 (TV를) 더 보잖아요. 그러면 (엄마가) 소리 지르기 시작해요. (3회기)

### (3) 아들에 대한 욕설

어머니: (아들에게) 욕도 하겠죠. 이놈의 새끼 나쁜 놈 하고… 제일 제가 못 마땅하게 하는 게… 걔는 근데 잘해 주면 더 엄마를 갖고 놀려고 하고 더 이용하려고 하고…. (1회기)

어머니: 엄마 돈 좀 주세요. 놀다 올게요. 몇 시까지 올래? 하면 몇 시까지 올게라고 하는데 안 들어와요. 그러면 저는 (아들에게) 계속 문자 보내고 죽여 버린다고 하죠. (1회기)

### (4) 아들에 대한 불신

어머니: 그래 너(아들)도 힘들겠지… 그러면 애가 엄마 그럼 돈 좀 주지 이러고… 돈을 갖고 좋은 일에 쓰겠어요? 애에 대한 부정적인 생각으로 꽉 차 있죠. (1회기)

어머니: (아들을) 전혀 못 믿죠. 걔는 엄마를 못 믿고…. (아들은) 엄마가 나를 또 해롭게 할까. 나를 또 못 놀게 하려고 하나… 이러고 있고… 다 알겠어요. 제가 미국에 가잖아요. 그럼 애는 이럴 거라고요. 엄마 돈 좀 주세요. 하면 저는 속으로 약 사는 거 아닌가 그럴 때…. (1회기)

아들: (엄마는) 내 생각을 1퍼센트도 안 하는 거 같아요. (2회기)

치료자: 엄마가 (아들을) 믿어 주질 않아?

아들: 1퍼센트도요. 저한테 어떤 그게 없죠. 이제는 아예 (엄마가) 지금 (나에게) 원하는 게요. 독립해라 이런 거 같은데요. 그러면 아예 (내가) 나가는 게 나을 거 같아요. 할 수만 있으면 이럴 바에야 엄마랑 연락도 끊고 완전 너무 자기 맘대로 컨트롤하려는 거 같아요. (3회기)

#### (5) 아들에게 자신의 기준을 고수

어머니: 한동안 애들 흑인 바지 있잖아요. 허리 크게 입고, 엉덩이 다 나오고 그런 거만 입고 다녔어요. 금 번쩍한 거 달고… 아이고. 그것도 못 사게 말리고 말려도 또 사고 하여튼 지 한 허리도 가는데 그런 거 입고 다니고 엄마가 싫은 거지. 지 하고 싶은 거 못하게 하지…. (1회기)

#### (6) 형과의 관계를 단절시킴

어머니: 그 형이 마리화나를 하는 거예요. 얘가 걔를 데리고 가면 그거 하고 또 무슨 짓을 하는지 모르죠. 그래서 제가 끊어놨죠. 우리 애한테 좀 만나지 말라고… 그랬더니 이것 때매 난리가 났죠. 하나밖에 없는 친구인데 그래놨다고…. (1회기)

아들: (그 형이 저에게) 전화해서요. 자기는 정말 (내 엄마 때문에) 기분이 나쁘다고. 너희 엄마는 내가 맨날 너랑 놀고 싶어 하고 너랑 더 이상 얘기하기 싫다고 하고… 엄마는 끝까지 자기가 잘났대요. 휴…. (2회기)

아들: 그나마 믿었던 형인데 엄마가 그 형이랑 그딴 식으로 얘기하니깐 정떨어지는데 엄마는 끝까지 자기가 잘났대요. 몰래 몇 번 만나고 솔직히 외로우니깐…. 근데…. (2회기)

#### (7) 친정부와 형제와 대화를 안 함

어머니: 아버지와 대화를 거의 안 했죠. 할 필요가 없었고요. (1회기)

어머니: 저는 어려서부터 형제랑 대화를 했다든지 그런 게 없어요. (1회기)

### 3) 엄마의 미분화

#### (1) 친정모와 밀착관계

어머니: 저랑은 굉장히 밀착되어 있었죠. 그럴 수밖에 없는게요. 아버지하고도 부부관계 잘

모르겠지만… 저에 대해서 굉장히 집착하시고 저도 밀착해 있고… 제가 거의 뭐 꼭두각시처럼… 거의 그렇게 하셨죠. 저는 항상 엄마 손아귀에 있었어요. (1회기)

어머니: 저는 엄마한테 한 번도 노 한 적 없어요. 저는 무조건 엄마를 좋아했어요. (1회기)

### (2) 친정모의 미분화에 대한 아쉬움

어머니: 엄마가 지금은 돌아가셨는데 엄마를 비난하고 싶은 마음은 없지만 나를 일찍 독립을 시켰으면 좋지 않았을까… 결혼시켰을 때도 너무 그렇지 않고 나를 좀 내 나름대로 눈을 키워주고 했으면 좋지 않았을까 하죠. (1회기)

### (3) 아들에 대한 밀착관계 추구와 과도한 역할

어머니: 저는 엄마가 저한테 헌신하고 봉사하고 사랑 많이 했다고 생각하거든요. 물론 반대급부적인 부정적인 것도 있지만… 저는 엄마로부터 받은 거랑 똑같이 애한테 했지만 얘는 나같이 안 받아들이고 다르게 받아들이니깐 나는 나대로 해 주고 화가 나는 거고 얘는 지가 원하지 않는 걸 하니깐 (나로부터) 멀어지는 거 같고…. (1회기)

어머니: 애를 위해서라면 뭐든지 해 주겠는데… 저는 먹이는 것도 다 먹이고 싶어요. 그러면 애가 안 먹는 거예요. 그것도 화가 나고… 과외도 한꺼번에 이것도 가르쳐야겠고 저것도… 제 마음은 그런데 돈을 엄청 들여서 과외 보내면 담배피고 사고치고 그러니깐… 너무 화가 나고…. (1회기)

아들: (엄마가) 아빠가 없잖아요 남편이요. 그래서 약간 이런 것… 스트레스를 나한테 다 푸는 거가 있는 거 같아요. 내가 못하면 자기가 만약 힘든 일이 있으면 내 못한 거 가지고 더 할 거 같기도 해요. 제가 그러거든요 엄마한테. 내가 기분 나쁘면 엄마한테 괜히 화풀이하고… 엄마도 같을 거예요. 누구한테 화풀이하겠어요. 나한테 너무 집착하는 거 같아요.

치료자: 엄마가 간섭이 지나치다고 보세요?

아들: 제 프라이버시가 없죠. 1퍼센트도… 자기가 아예 저를 완전히 통제하려는 거 같아요. (2회기)

어머니: 근데 지(아들)가 원하는 거랑 저(엄마)랑 다른 거예요. 최소한의 것은 지켜 줬으면 하는 게 있고 얘처럼 (내가) 청소년기를 안 보냈기 때문에 저랑 너무 다른 거예요. 저는 일단 미국에서 한국에 왔으면 엄마랑 시간을 보내고 나는 지를 위해서 처음에는 미국에서 머물 수 없을지 모른다는 생각 때문에 한국에서 다 돌아다니면서 기차 타고 대안학교 알아보고 다녔어요. (3회기)

어머니: (엄마가 저에게) 여기 내 집이야 내가 하라는 대로 해 그런 식으로 말하니깐… 그렇게 나쁘게 말한 건 아닌데. 내가 들어야죠. 그렇게 사고를 치고 온 건데 엄마를 위해서 해야겠다 해서 잤어요. 엄마가 약을 먹여서 약 먹고 잤어요. (3회기)

아들: 네. (엄마가 약을) 계속 먹으래요. 약 같은 거 별로 안 좋아하는데, (저는) 약 먹고 나아지는 걸 별로 안 좋아해요. (3회기)

(4) 엄마의 미성숙

어머니: 저는 엄마를 기쁘게 해 주고 싶었고… 엄마가 제 말이라면 다 들어줬으니깐. 지금도 하나 치울 줄을 몰라요. (엄마가 저를) 꼼짝도 못하게 하고… 저는 무슨 일이 일어나면 누가 도와줄 것만 같지 제 일이라는 생각이 잘 안 나요. 그게 없어요. (1회기)

### 4) 남편의 원가족 문제

(1) 삼남매의 이혼

어머니: (남편의) 삼남매가 다 이혼을 했어요. (1회기)

(2) 마음 약하고 무책임한 남편

어머니: 애(아들)가 그 남자를 닮은 거 같다는 걸 느끼죠. 마음 약한 거 책임 못 지는 거… 그런 거네…. (1회기)

### 5) 모자의 역기능적인 의사소통방식

어머니: 우리는 얘기를 별로 안 하고 나는 속으로 (아들에게) 섭섭하게 생각하고 애는 막 지 요구를 일방적으로 저한테 강요할까 봐 거의 뭐 대화다운 대화는 안 하는 거죠. (3회기)

## 5. 아들의 증상완화를 위한 치료자의 개입기법은 무엇인가

아들의 증상을 완화시키기 위하여 치료자는 근본적으로 아들과 어머니의 관계를 개선하는 데 목표를 두었고, 이러한 목표를 달성하기 위하여 사용한 가족치료 개입기법은 다음과 같다.

### 1) 치료자의 자기개방

치료자: 저희 집이 사 형제인데 다 의처증이 있어요, 큰형 둘째 형 모두. 그리고 둘 다 도박중독이에요. 큰형은 알코올중독까지 있고요. 큰형은 폐병으로 죽을 뻔했는데 살려 놨어요. 근데 마마보이가 된 거예요. 지금도 우리 엄마가 큰형에게 돈 다 대주고 아버지 돌아가셨는데 형이 노름을 해서 돈 날렸는데 둘째 형도 도박으로 돈 다 날리고… 도박중독이 우리 외가 쪽에서 왔더라고요. 우리 외할머니가 세컨드인데 그 자식이 우리 엄마예요. 우리 아버지 쪽으로는 알코올중독이 있어요. 큰아버지가 젊었을 때 간암으로 죽고 우리 엄마 쪽은 정신분열증이 내려오고 도박이 내려오고…. (1회기)

### 2) 유사한 사례를 예로 들기

치료자: 어떤 케이스가 있어요. 아빠는 교수고 엄마는 의사예요. 어느 정도냐면… 애가 엄마 아버지 출근하시니깐 할머니가 길러요. 자기가 화가 나니깐 집에 있는 유리창을 싸그리 다 깨는 거예요. 그러면 그것도 분이 안 풀리는 거예요. 엄마하고 관계에서 엄마가 식탁에서 물을 먹고 있는데 애가 뭐를 물어보니깐 욕을 했대요. 그러니깐 엄마가 물을 갖다가 애한테 부은 거예요. 애가 일어나더니 서랍을 뒤지는 거예요. 식칼을… 중 3 남자애인데요. 근데 엄마가 아차 싶은 거예요. 아빠가 질려 가지고 온 건예요. 예전에 안식년 갔는데 엄마 아버지가 사사건건 참견하고 쪼아버려서 어린 나이에… 초등학교 4학년 때 그게 너무 힘들고 집에서 엄마 아빠 대화가 안 되고… 엄마 얘기를 들어 봤더니 남편이 워낙 잘 나가니깐 판검사네 변호사네 교수네 이런 사람들과 매일 술 마시는 거예요. 부부관계는 모양새는 버젓해요. 애엄마는 실제는 불만이 너무너무 많아요. 그 불만이 애한테 가는 거예요. 애를 사사건건 간섭하는 거예요. 여기는 애가 엄마하고 대화하는 게 안 되는 거예요. (1회기)

치료자: 애가 고 2인데 거식증이에요. 30킬로 나가요. 부부관계가 걸려 있고 엄마가 완벽주의라서 엄마 방식대로 해야 되고… 언니는 부딪히면서 자기 방식대로 하는데 동생은 소심하고 거역을 하면 안 될 거 같고, 아빠는 대화가 안 돼요. 근데 욕하거나 그런 거 없는데 엄마는 완벽주의자 그런 부모 밑에서 둘째 딸은 자기 욕구 충족이 안 되니깐 애가 거식증이 생긴 거예요. 그 둘째 딸은 불안이 오거나 욕구 불만 있을 때 거식증이 온 거고 아드님은 욕구 불만이 오면 마리화나가 될 수도 있고 어쩌다 한 번이니깐… 근데 이제 엄마랑 관계가 편안해지시고 며칠간의 경험이지만 아 나도 내 나름대로 역할을 할 수 있구나 하면서 나름대로 자존감이 서서히 올라가기 시작했다는 거죠. 근데 이제

엄마랑 대화만 잘 되면 훨씬 아드님의 변화가 가속화가 될 것이라는 거죠. 이제 엄마랑 대화된다는 거 조금은 느껴요?

아들: 네. 신기해요. (4회기)

### 3) 엄마의 역기능적인 문제해결방식에 대한 설명

치료자: 저 같으면 (엄마가 아들을 형으로부터 떨어뜨리려는) 그 방식 가지고는 아들한테 안 먹히고… 오히려 아이가 형이랑 끊어지겠냐 이거예요.

치료자: 그때 엄마는 어떤 행동 취하세요? 문자 보내고 그러겠죠?

어머니: 그러면 저는 계속 문자 보내고 죽여 버린다고 하죠.

치료자: 그렇죠! 그러면 그 방식으로 애를 더 끊어 버리게 되죠. 그건 아니죠. 물론 엄마가 아들을 믿지는 않죠. 그러나 일단은 못 믿어서 계속 전화하는 방식이 애를 더 돌게 하는 거죠.

치료자: 좋아요. 하지만 휘청거리는 아들을 일으키기 위하여 지금까지 썼던 방법이 통했냐 이거죠. 안 통했죠. 그런데 왜 또 쓰시냐 이거예요. 저는 아들을 변화시키는 방법은 일단 내 표현방식을 바꿔 보자라는 거예요. 아들이 금방 엄마 신뢰 안 해요. 엄마는 나를 테스트 하고 있다는 거죠. 저랑 얘기했을 때 어떤 일이 일어나는지 보세요. 아들을 통해서 엄마를 파악하고 스트레스 받는 거랑 그게 어디에 걸리고 있는지 표현 못하고 있는 거를 보고 그게 마리화나로 가게 되지 않았겠냐….

어머니: (아들이) 선생님한테 그러더래요. 엄마가 다그칠 때 외로울 때 마리화나가 생각난다고 했대요.

치료자: 아드님은 엄마로 인해서 얼마나 죄책감도 있겠어요.

어머니: 네, 맞아요. (1회기)

치료자: 어머니가 아드님에게 구체적으로 이야기는 하지 않으신 채로 어머니의 방식을 보면 아드님이 안쓰러워서 변화시키고자 하셨죠. 근데 그 방식이 아드님에게 안 먹혔죠. 이번에는 오히려 반대 방식으로 아들을 놔 버리고 하시죠. 그런데, 얘는 두렵죠. 미국에서 18세 됐어. 부모로서 나는 이제 안 해 줘도 나는 하자는 없죠. 근데 방식이 극과 극을 달리고 있는 거죠. 근데, 아드님이 어머니가 사용하신 방식들이 나를 정말 사랑해서 이렇게 한다는 것은 못 느끼고 있다는 거죠. 어때요? 엄마 방식이?

아들: 저 그냥 지겨운 걸로 느껴져요. 저 솔직히 털어놓는데 돈만 있고 일자리만 있으면 엄마랑 연락 끊고 싶고요. 내가 이때까지 살았으니깐… 이해가 돼요. 그런 거예요. (3회기)

치료자: 지금 어머님이 표현하는 것 자체에서도 아들관계에서도 대화를 이끌어 나가시기보다는 엄마는 엄마 나름대로 다 했기 때문에 아들 입장에서는 엄마가 때로 내가 잘못한 거 비난하지 않나 이거죠. 근데 비난이 애를 일으키기보다는 주저앉게 하는 거죠. 근데 지금 이런 표현방식이 먹히잖아요. 근데 어머니가 이런 표현방식을 지속적으로 보여주셔야만 아드님이 인간에 대한 신뢰감이 회복된다는 거죠. (4회기)

### 4) 엄마의 미분화에 대한 설명

치료자: 어머니가 과도한 역할을 하니깐 미흡한 역할 하신 거잖아요. 무능력하게… 아들도 지금 엄마가 과도한 역할을 하고 아들은 무능력한 역할 하고… 자기 능력 있는데 다 무시당하고….

어머니: 그렇죠. (제가) 그런 면이 있죠. (1회기)

치료자: (아들에게) 엄마가 이혼하셨잖아. 엄마는 할머니하고 너무 관계가 너무 좋고… 할머니로부터 분리가 안 됐어. 엄마는 할머니가 하라는 대로 다 했어. 엄마가 뭐가 걸려 있냐면 엄마가 분리가 안 돼 있고 자기화가 되어 있지 않아. 아빠랑 이혼하는 가운데서도 상처가 많아. 엄마는 (할머니가) 하란 대로 해서 성공했는데 엄마가 아들을 봤을 때는 뭐 하라고 했을까 아니야 엄마도 아들을 위해서 하라고 하는데 안 하니깐 납득이 안 되는 거야. 본인(아들)도 나이가 있잖아 그치? 요즘 6살짜리도 고집 내세우는데… 엄마 입장에서는 내가 이렇게 고생 고생하는데 너는 왜 안 하냐 이거야. 그래서 잔소리하지만 본인(아들)은 학교에서 대인관계로 열 받고 누구한테 얘기 좀 해야 되는데 엄마는 잔소리를 해 그러면 자기(아들)가 엄마에게 욕을 해, 그러면 엄마한테 죄책감을 느끼면서도 만나면 짜증나 이렇게 되는 거야 이해돼?

아들: 바로 그건데요. (2회기)

### 5) 엄마에 대한 분노감정 노출시키기

치료자: 이년아!(엄마) 너 때문에 내 인생 망쳤어 이런 거 쓰거든… 그런 느낌 못 받아?

아들: (엄마한테 그런 감정을) 종종 (받아요).

치료자: 돌겠네. 엄마랑 대화 자체가 싫겠네요?

아들: 네. 좀 그래요. (2회기)

### 6) 아들의 입장을 대변하기

치료자: 엄마의 계획은 아들을 위해서 계획적으로 생활을 그간 못했으니깐 그간 뭐 잠시 보름이라도 규칙적으로 한번 해라 하는 생각에서 엄마는 스케줄을 짜 주신 거 같아. 근데 제가 아들이라면 엄마가 짜준 스케줄이 나를 위해서라기보다는 엄마를 위한 스케줄이지 않냐 이거죠. 내 의견을 존중하지 않고… 그 이면에는 나는 아무 생각도 없이 사는 어떻게 보면 찌질이로 보고 계시지 않냐 이거죠… 제가 이 아이라면. 그러면 나에 대한 존중감이란 건 하나도 없고… 나를 개무시하는….

치료자: 지금 아드님은 좌절감 무기력감을 느끼는 거 같아요. 근데 그 배경에는 엄마한테 굉장히 죄송스럽고 자책감… 엄마가 저렇게 어려운 상황에서 날 교육시켜 주시는데 근데 할 때마다 뭐가 걸린단 말이야. 마리화나까지 걸리고… 호스트가 발견하고. 그런 게 엄마 눈에 비쳐질 때는 공부 안 하고 쓸데없는 거에나 신경 쓰는 거 같고… 얘(아들)도 답답하고 대화할 사람이 없대요. 그나마 그 형하고 대화를 했는데 엄마가 그 형을 작살내신 거 같고… 그 형이 그래도 아드님의 유일한 대화 상대였는데 엄마는 내막은 모르고 마리화나 해서 그 형 때매 내 아들을 더 못되게 한 것이라 생각하고 얘는 그나마 의지할 수 있었던 형을 엄마가 떨어뜨려 버린 거예요. 형과의 관계가 깨져 버린 거죠. 아드님 입장에서는 엄마는 나를 도와준답시고 뭐를 하는데 엄마는 오히려 나를 더 힘들게 만들고… 엄마 입장에서는 최소한 학생 입장으로서는 이러한 건 해야 되지 않냐 하는데 … 저는 보는 게 뭐냐면 엄마가 아드님을 최소한 4년제 대학… 정 안 되면 스스로 일을 하는 미국 시민으로서… 니 나름대로 살아갈 수 있는 정도는 갖춰야 된다고 쓰시는 방식 자체가 아드님을 올리는 것보다는 (아드님의) 자존심을 깔아뭉개는 게 아닌가… 아드님은 그렇게 느낄 거라는 거죠. 물론, 엄마 말이 맞아요. 그런데, 엄마는 여기서도 안 통한다는 거죠. 이 자리에서까지 엄마가 옳다고 내(아들)가 잘못하고 있다는 메시지거든요. 상담이고 나발이고 관둬. 맞아요?

아들: 네.

어머니: 코카인은 폐해가 심각하대요. 머리가 다 망가진다고 하더라고요.

치료자: 그런 애들 보면 가정 문제가 심각하고 대화상대자가 없는데 그 그룹에서는 대화가 가능하다는 거죠. (아들이 친한) 그 형도 보면 가장 (자신을 지지해 주는) 지지자라는 거… 엄마가 생각하는 것만큼 인간쓰레기 또는 폐인이 아니라는 거죠. 자기한테는 너무너무 좋다는 거죠. 마리화나 때문에 그 형도 피해를 봤다는 거죠. 자기는 그런 사람은 아닌데, 엄마 때문에 형과 인연이 끊어졌는데, 그건 아니라는 거죠. (3회기)

### 7) 아들에게 표현하도록 독려

치료자: 직접 얘기해 엄마한테. 엄마 보면서 말해.

아들: (엄마를) 못 보겠어요. 어떻게 쳐다봐요.

치료자: 그냥 말해 봐요.

아들: 그냥 학원 가는 게 좋을 거 같아요. 내가 생각해도. (내가 학원을) 안 간다고 하면 (엄마는) 아무것도 못하게 할 사람이에요. (3회기)

### 8) I-message 전달하기

치료자: 근데 엄마 입장을 일단 생각하지 말자 이거야. 학원에 안 간다면 엄마가 어떤 방식으로도 괴롭힐 거란 거지. 내가 원하는 거 절대 안 해 줄 거라는 거야. 나는 지금 엄마의 입장을 접자는 거야. 학원 가기 싫으면 가지 말라 이거야. 내가 3시간 강의 하면 하지만 나머지 시간은 내가 시간 관리 하겠다 이거야. 학원 강사비가 나와서 용돈으로 쓰면 좋지만 그게 안 된다면 엄마한테 본인이 요구하란 말이야. 그 얘기가 안 나오면 엄마는 모르니깐 엄마 의사대로 한다고. 그러니까 얘기해 봐. (3회기)

### 9) 구체적으로 표현하도록 격려

아들: 제가 지금 돈이 하나도 없어요. (엄마가 저에게) 돈 주기 싫겠죠,… 놀만큼… 하루에 나 … 싫다면 할 수 없죠.

치료자: 구체적으로 하루에 얼마? 일주일치 얼마 엄마가 줬으면 좋겠다. 구체적으로…. (3회기)

### 10) 아들에게 엄마의 입장을 대변하게 하기

치료자: 엄마는 직접적으로 아드님한테 나도 나름대로는 (아들을 위하여) 열심히 여러 가지 모양으로 했어. 단 그게 아드님이 엄마의 사랑을 전달할 수 있는 효과적인 방식은 아니었지만 본인이 아까 무슨 말했냐면… 엄마를 생각하면 미안함과 죄책감이 있다고 했어요. 그거에 대해서 말해 보세요.

아들: 엄마에 대해서요?

치료자: 네.

아들: (엄마가 저 때문에) 얼마나 힘들겠어요. 제가 7학년 때 유학 가서부터 이때까지 (제가 엄마에게) 보여 준 게 없다고 봐요. 성적 잘 나온 적 딱 한 번, 대부분 미국 올 때마다

내가 사고치고 쫓겨나고… 맨날 한국에 혼자 계시고, 아빠도 없는데 혼자 이래 가면서 그런데 성적은 이렇고, 그래서 엄마가 해 주기 싫구나 이런 느낌도 들고요. 충분히 이해도 돼요. (3회기)

### 11) 모자의 역기능적인 의사소통방식에 대한 설명

아들: 다 제 잘못이죠.

치료자: 그게 아니지. 본인이 조금 전에 엄마를 상처 입히는 표현을 했다고. 왜냐하면 (엄마하고) 대화가 안 되니깐, 엄마 내가 능력만 생기면 엄마 안 보고 싶다 이거야.

아들: 왜냐면 서로 너무 힘드니깐. 그거 때매 제일 문제이고요. 엄마가 싫어서가 아니라 너무 힘든 거 같아요. 이럴 바에야… 진심은 아니죠. 답답해서 그런 거죠. (엄마랑) 1퍼센트도 안 맞으니깐 내가 봐도 아! 이렇게 상담해서도 이 정도인데 평소에는 어떨까?

치료자: 아드님은 엄마하고 1퍼센트도 안 맞는다는 거는 대화가 안 통한다는 거거든요. 근데 표현방식에서 보면 교환이 안 되잖아요. 시기적으로 가장 앞에 있는 문제는 엄마랑 어떻게 협상하는 게 좋을까요?

### 12) 엄마 입장에 대한 재명명

치료자: 사실 엄마는 돈이 중요한 게 아니고… 본인(아들)이 좀 규칙적인 생활을 하라는 거야. 쓸데없이 헤매지 말고 아침에 제대로 일어나서 생활하고 습관을 조금이라도 바꿔 보라는 거지… 그거 아닙니까?

어머니: 그렇죠.

치료자: 제 해석은요, 엄마의 이면의 메시지는 본인이 학생으로서 공부를 열심히 한다면 엄마가 얼마든지 서포트 하실 수 있을 것 같아. 그런데 본인이 학생 본분으로 보여 준 거는 학업 성적에서 학교 옮겨 다니는 거… 믿을 수가 없어. 근데 더 이면에 보면 아빠가 무책임하신 분이였어. 아들의 장래를 위해서 본인이 책임감이 있는 사람이 되라 이거야. 그런 차원에서 공부를 열심히 한다면 얼마든지 오케이… 별 문제가 안 돼. 사람들은 얼마든지 변할 수 있어. 근데 엄마가 지금 염려하시는 건 본인이 혹시 이혼한 니 아빠처럼 무책임하게 살아가면 그게 너무 어머니는 한스럽고 두려울 거 같아. 엄마는 그런 스타일이 아니시거든. 엄마는 엄청나게 노력하시고 책임감이 있으시거든. 근데 아들이 내 모습이 아니더라도 공부가 아니더라도 니 나름대로 열심히 살아가라는 것이거든. 그래서 엄마는 아들이 주말에 아르바이트 해서 렌트비라도 기여하라는 거거든. 꼭

돈 때문은 아니고.

어머니: 그렇죠 그렇죠. (3회기)

치료자: 근데 엄마가 이 자리까지 오시기까지 엄마 입장에서 볼 때는 아들은 너무 노력을 안 한다는 거지. 엄마가 안타까운 것은 그전까지만 해도 내 아들이 유학가서 명문대는 아니더라도 대학 가서 앞가림이라도 했으면 하는 거지. 엄마는 그래서 이래라 저래라 했는데 아들에게는 안 먹혔어. 근데 지난번에도 얘기했듯이 아들의 인생이 앞길이 한심한 거지. 지금 상황을 보면 일주일 전까지. 또 하나는 혹시 애가 자기 친아버지 또는 친가 쪽의 삶을 살아가지 않을까 하는 염려가 있으시다는 거지. 엄마가 그러니깐 더 강하게 아들을 챙기려고 하셨을 거라는 거지. 나는 이번 기회에 만약에 엄마랑 대화만 잘 되고 조금만 노력하면 할 수 있거든. (아들에게) 자신 있어요? 엄마한테 보여 주면 엄마는 서포트를 기분 좋게 하실 거예요.

어머니: 그럼요 자식이 애 하나인데…. (4회기)

### 13) 표현방식에 대한 제안

치료자: 근데 저는 그게 아드님이 얘기하는 거를 엄마가 자진해서 100프로 수용해 줄 수 있는 거고 아니야 70프로가 될 수도 있고 50, 30프로가 될 수도 있어요. 근데 아들의 눈치를 보셔서 대화를 이어가기 위하여 오로지 아들이 요구하는 걸 또 들어줘야 되는 것은 아니고. 아들이 이걸 요구했는데 엄마가 논리적으로 이러해서 나는 니 요구를 다 들어주고 싶지만 나는 이 정도만 들어줄 수밖에 없다. 그럼 아들이 근데 엄마가 조금만 더 고려해 주셨으면 좋겠어요. 근데 중요한 건 내용보다도 표현이 변화돼서 이어질 수 있다는 게 핵심이에요. 단 아드님의 요구에 대해서 어떻게 할까요? (3회기)

### 14) 아들문제에 대한 총체적 해석과 해결책 제시

치료자: 근데 저는 이제 아드님이 그나마 마리화나에서 멀어지고 학교에 적응하게 할 수 있는 가장 빠른 방법이 엄마하고 대화하는 방식이 변하라고 하는 거거든요. 근데 아드님은 엄마와의 관계에서 딱 걸린 거죠. 어머니는 친정어머니가 이렇게 하라고 할 때 어머니는 아무 말 없이 순종했고 아들이 또한 당연히 순종할 줄 알았지만 안 먹히고. 그 저변에는 친정어머니랑 분리가 안 되었고, 또 다른 저변에는 애 아빠가 문제가 많은 집안에서 자란 배경도 있고, 아들에게 어머니가 원하는 방식을 요구하지 않았나 싶죠. 중요한 건 애하고 엄마하고 걸린 문제가 어머니하고 친정어머니 패턴 플러스… 애 모습 속

에서 혹시 애 아빠가 보였던 무책임한 모습이 보이지 않았나 싶어요.

어머니: 가끔 느끼죠. 애가 그 남자를 닮은 거 같다는 걸 느끼죠. 마음 약한 거 책임 못 지는 거… 그런 거, 네…. (3회기)

## 6. 모자관계의 변화에 영향을 미친 요인들은 무엇인가

모자관계의 변화에 영향을 미친 요인들로는 세 개의 영역으로 나눌 수 있다. 첫째, 엄마의 변화로서 엄마는 자신이 지금까지 친정모로부터 분화되지 못한 관계로 인하여 자신이 아들을 자신의 틀에 맞춰 변화시키려 했던 면을 인식하게 되었으며, 이러한 인식과 더불어 아들과의 관계 변화를 위한 노력과 행동의 변화가 나타났다. 또한 엄마는 자신이 지금까지 사용하였던 역기능적인 표현방식에 대하여도 비효과적이라는 점을 인식하게 됨으로써 새로운 의사소통방식으로, 즉 단어와 단어 사이 또는 문장과 문장 사이에서 생략된 언어를 구체적으로 말하는 방식, 그리고 자신의 속마음을 솔직하게 털어놓고 자신이 한계를 가지고 있는 사람이라는 점을 인정하는 표현을 하였다. 한편, 엄마는 아들이 무한한 가능성을 지니고 있다는 면과 그릇이 크고 의리가 있는 남자라는 긍정적인 표현을 함으로써 아들에 대한 부정적인 인식에서 긍정적인 인식으로 전환하게 되었다. 마지막으로 엄마는 치료자의 권위를 인정하였고 치료자를 매우 신뢰하여 치료자의 제안에 따라 주어 좀 더 빠른 변화가 있었다고 볼 수 있다.

둘째, 아들의 변화로는 근본적으로 엄마의 변화로 인하여 아들 자신의 잘못에 대한 면을 인정하였고, 지금까지 시도하지 않았던 솔직한 표현방식을 사용하게 되었다. 아들은 엄마에 대한 미안한 마음과 자신을 위한 엄마의 노력에 대한 인정, 자신의 의견을 구체적으로 제시하였고, 자신의 입장이 아닌 엄마의 입장을 대변하였으며, 엄마에 대한 감사를 표시하였다. 한편, 과거에 있었던 모자관계의 긍정적인 면을 회상하였고, 궁극적으로는 짜증 많았던 얼굴에서 때때로 웃음을 짓는 얼굴로 변화되었다. 이러한 엄마와 아들의 변화와 더불어 모자관계의 변화가 파생되었다. 이러한 변화된 모자관계의 이면에는 모자간 의사소통방식이 변화하였는데, 예를 들어 모자는 자신의 과거와 현재에 사용하고 있는 의사소통방식에 있어서 차이점을 인식하게 되었고, 모자간 긍정적인 표현방식과 서로 상대방을 맞춰 주는 표현방식을 사용하게 되었다.

## 1) 엄마의 변화

### (1) 미분화에 대한 인식

치료자: 어머니는 철저히 분화가 안 되신 분이네요. 그러면 애를 상당히 힘들게 할 수 있는 방식이라는 거죠?

어머니: 애가 제 손아귀 안에 안 쥐어지는 게 저는 너무너무너무 화가 나요. 나는 내가 (아들을 위해) 해 줄 거 다 해 주는데 내가 원하는 방향으로 하지 않는 애가 너무너무 안타깝고 속이 상한 거예요. 지금은 하도 사고치고 하니깐 이제는 내가 마음을 내려놓아야겠구나. (아들이) 살아 있는 것만 해도 감사해야겠구나. 인제는 (그런 생각이) 드는데 여태까지는 애를 악착같이 공부시켜서 대학교도 보내고 싶었고 해서… 그런데 제 방법이 안 먹힌다는 걸 알고 인제는 내려놔야겠다고….

어머니: 그 분화 안 되는 사람들의 모든 공통점이 간섭을 지나치게 한다는 건가요?

치료자: 둘 중에 하나예요. 분화 안 된 사람은 과도한 역할을 한다거나….

어머니: 자식을 너무 많이 휘두른다는 거예요?

치료자: 네. 자기 방식대로. 안 따라 주면 너를 위해서 하는데 너는 왜 내 맘을 몰라주고… 안 따라 줬을 때 여기서 분노가 일어나거든요, 배신감을 느끼고. 근데 저는 제가 누구한테 배신감을 느꼈다는 거는 그만큼 내가 너를 위해서 했다는 게 있다는 거예요. 그게 없으면 배신감도 못 느끼죠. 그러면 사람을 보호하는 것도 중요하지만 내가 덜 느낄 수 있는 방법이 그 사람한테 관여를 덜 하면 돼요. 자식도 마찬가지죠.

치료자: 분화가 안 된 어머니가 아드님과 밀착된 관계를 추구했거든요. 그러면 아드님은 어머니와 거리감을 두는 거예요. 그러면 어머니는 아들에게 과도한 역할을 하거나 그것으로 인하여 아드님은 미흡한 역할을 하게 되는데 두 사람 모두 분화 안 된 거라는 거예요.

어머니: 내가 확실히 알겠어요. 분화라는 단어를. (1회기)

### (2) 분화하려는 노력

어머니: 그럼 분화가 지금이라도 되려면 어떤 노력을 해야 하죠? (1회기)

어머니: 그러니깐 제가 뭘 할 의욕이 없는 거예요. 돈 줘봤자 안 되겠다. 이렇게 되는 거죠. 이제 애에 대한 마음이 닫혔어요. 굉장히 냉장해지고… 예전에는 못 먹으면 어쩌나 했는데 이제는 그래봤자 니 인생이다. (3회기)

어머니: 내가 (아들을) 용납을 못하더라도 애의 뜻을 존중해야겠다고 느꼈어요. (3회기)

어머니: 저는 제 생각에 꽉 차 있었고 제 목적이 있었고 애에 대한 생각이 꽉 차 있었는데 근데 이제는 반반인 거 같아요. 선생님께서 이론적인 근거가 다 있는 거잖아요. 이제는 얘에 대해서 어느 정도 놔야 될 시점도 온 거 같아요. 두 개가 믹스 된 거 같아요. 더 이상 (아들을) 공부시켜서 대학을 보내야겠다 이런 게 많이 내려놔지고요. 선생님께서 아이가 변화하는 거를 내 고집에 의해서 변화하는 게 아니고 자기의 욕구가 충족되고 엄마가 허용하고 해서 (아들의) 자존감이 높아지면 행동이 달라진다는 선생님의 말을 믿기로 한 거죠. 그래서 될 수 있으면 잔소리 끊고 내 마음에 안 들어도 지가 하고 싶다고 하면 허용하고 그렇게 했어요. 그러니깐 확실히 지가 좀 저한테… 예전에는 잔소리 할 케이스 많았죠. 근데 참았죠. 넘기고 넘기고… 그러니깐 얘 자체가 터프한 게 부드러워지더라고요. (4회기)

어머니: 이게 뭐냐면요. 저는 얘를 갖다가 인간이기 이전에 작품으로 어떻게 해야 되는… 본연의 인간이 있잖아요. 그거는 알아서 하고 너는 내가 이렇게 해야 된다 제 숙제처럼… 안 되니깐 너무 힘들고 끌고 가려니깐 얘가 어떻게 느낄까 여유가 없는 거예요. 졸업을 시켜야 되겠고 대학을 보내야겠는데 그게 미운 거예요. 근데 뒤에서 얘가 상처받거나 이런 건 생각 안 한 거죠. 근데 그걸 내려놓으니깐 공부 안 해서 대학 못 가면 뭐… 예를 들어서 요리사가 되거나 이발사가… 그런 거 못했죠. 예전엔, 그래도 너는 어느 정도 이거는 돼야 한다. 근데 그걸 내려놓으니깐 깨닫는 거죠. 그 여름을 몇 번을 보내도 나아지는 게 없는데 그래도 안 되더라… 이제 내려놓자 못 가면 못 가지 하니깐 내 마음의 여유가 생기는 거예요. 그게 보이는 거죠. 내가 이렇게 했을 때 못 따라가는 지도 답답하고 어차피 안 되는 건데, 너무 나 혼자 못 살게 굴었구나. 둘이 다 편하려면 얘가 어떻게 살아가든 받아들이지 하니깐 기대를 좀 없애니깐 그게 좀 가능해진 거 같아요. (4회기)

### (3) 역기능적인 표현방식에 대한 인식

어머니: 여태까지는 애를 악착같이 공부시켜서 대학교도 보내고 싶었고 해서… 그런데 제 방법이 안 먹힌다는 걸 알고 인제는 내려놔야겠다고…. (1회기)

어머니: 그러니깐 제가 뭐를 하려고 해도 겁이 나는 거예요. 이렇게 하니깐 이러더라. 한도 없는 거죠. 저로서는… 이렇게 해도 안 되고 돈을 써 봐도 안 되고 협박을 해도 안 되고 달래도 안 되고…. (3회기)

어머니: 제가 굉장히 미숙하게 말하고 있는데요. 제 말을 따라서 애가 오는 건 힘들다고 봐요. 대화를 하자 하면 제가 얘 얘기를 들어 주는 것밖에 없어요. 들어 주는 것만이 대화

를 이어가는 방법으로 남아 있죠. (3회기)

어머니: 애(아들)도 저한테 어려움을 느끼는 거예요. (제가 아들 말을) 잘 안 들어 주니깐 그러니깐 무조건 엄마를 해 보려고 계속 하는 거… 이런 거 저는 좀 싫었고 지는 지 나름대로 좋은 말로 해도 안 통하니깐 밀고 들어가려고 했고, 저는 밀려서 해 준 것도 있고. (3회기)

어머니: (제가) 애가 잘못되었다는 것만 지적하고 잘못된 거 알면 바로 될 줄 알고… 이제는 그거 안 되는 거 아니깐. 그건 맞는 거 같아요. 비난해서 돌아올 게 없다는 거. (4회기)

#### (4) 새로운 의사소통방식

##### ① 생략된 언어를 말하기

어머니: (아르바이트(학원 강사)에 대하여 아들에게) 물어보지 않았어요. 그렇게 할 여유가 없었고… 난 인제 금연 학교도 생각했어요. 근데 시간이 잘 안 맞고 레귤러한 생활을 해야 되니깐… 와서 뭐 달리 시간도 없고 해서 나는 그게 제일 좋다고…. (3회기)

##### ② 속마음 털어놓기

어머니: 애는 길을 자기가 어렵게 만들면서 어려워지는 거를 엄마한테 자꾸만 밀라고 해서 섭섭한 게… 애가 여기 오면 엄마가 왜 안 해 주고 싶겠어요. 자식도 하나밖에 없는데. (아들이) 몇 달 전에 들어왔었어요. 6개월도 안 됐죠. 근데 그때만 해도 제가 그냥… 좀 나이도 먹고 했으니깐 돈도 좀 주면서 그렇게 했거든요. 근데 결과가 아니더라고요. (3회기)

어머니: (아들한테) 학원 강사를 하라는 거는 의미 있게 시간을 보내라는 거 외에는 아무 것도 없어요. 근데 지는 서울 형 만나러 가겠다 하면 제가 돈을 주면 지가 흡족하겠죠. 그러면서 제 마음은 편치 않은 거예요. 들어주면서도. 근데 안 들어줄 때 애가 느끼는 반감… 저도 알죠. 애가 친구 만나는 건 좋은데 밖에서 자고 집에 오는 건 싫어요. 지가 저번에 그 형 만나러 ○○도 가고 ○○도 갔으니깐 그 형이 ○○에 와서 만날 수도 있고 지가 돈이 필요하니깐 10만 원을 주겠어요. 당장. 영어 강사하면 돈을 받겠지만 제가 그걸 받을 것도 아니고, 하지만 지가 원하는 거 다 해 줄 수도 없어요. 그동안 솔직히 돈을 안 줬었어요. 미국에서 돈 있으면 약 사니깐. 안 준 게 아니라 못 준 거죠. (3회기)

##### ③ 자신의 한계에 대한 인정

치료자: 생각해 보세요. 토요일 날 ○○을 가요. 물론 당장 무슨 일이 있으면 집으로 와야 돼

요. 상식적으로 ○○에서 ○○로 오는데 그다음 날 급한 일 없으면 그 집 가서 밤새 얘기하면서 잘 수 있는 거 아닙니까?

어머니: 저의 한계예요. (3회기)

④ 아들의 솔직한 표현에 대한 인정

치료자: 오늘도 (아드님이) 그런 방식이라고 느끼셨어요?

어머니: 그렇진 않아요. 오늘은 지(아들)가 느끼는 거 솔직하게 말하고…. (3회기)

⑤ 부드러워지고 구체적인 표현방식

아들: (엄마가) 부드러워지셨어요.

치료자: 구체적으로 예를 들어 주세요.

아들: 이렇게 말을 할 때 자기(엄마) 뜻을 말하려는데 표현을 구체적으로 해 주고….

아들: 예전 같으면 (엄마가) 혼자 말하다가 툭 하고 가고 그랬는데 이제는 천천히 얘야 느껴져요. 나한테 별로 기분 안 나쁘게 말하려는 게 느껴져요. 담배랑 술 몸에 안 좋다. 이런 말도 했어요. 지금 약간 늦은 감은 있지만 엄마가 느끼는 건 지금도 대학 가는 걸 손에 놨지만 엄마가 원하는 건 니가 대학 가는 거 알지 하면서 아침에 일어날 때도 예전 같으면 한 번만에 안 일어나면 혼자 막 씨부렁거리다가 던지고 그랬는데 이제는 내가 일어날 때까지 얘야 하고 한번은 아이스크림 먹을래 하면서 신나게 일어난 적도 있고요. 얘야 일어나 하는 (엄마의) 부드러움에 반해서 아 일어나야겠다 그리고…. (4회기)

(5) 아들에 대한 인식전환과 칭찬

① 인식전환

어머니: 얘가 아직 어린데 저는 그 세월이 너무 길고 힘드니깐 아 18살 되니깐 이제는 무슨 수를 내야겠다 했다가 (아들이) 잘 하니깐 아직 무한한 가능성이 있는 아이구나. 저는 저대로 그렇게 돼요. (4회기)

② 칭찬

어머니: 저는 얘가 좀 사고는 치고 그랬지만 남자애들 잘 모르지만 저는 남자애들 중에서도 (아들의) 그릇이 크다고 생각해요. 남자답고 의리도 있고 실력만 있으면 진짜 되는데 스스로 조절이 안 되는 거예요. 너무 외롭다고 이해는 해요. (4회기)

(6) 치료자에 대한 신뢰

어머니: 제 친구가 이렇게 해 봐 하면 안 했겠죠. 근데 (선생님이) 학자이시잖아요. 어렵게 근데 교수님을 뵙고, 근거 없이 말씀하시지 않을 것이고… 하면 될까 했지만 어차피 그런 거 많이 됐죠. (아들이) 시기적으로 18살 됐고 묘하게 돼서… 근데 이제 애도 좀 예전처럼 무대포로 그렇지 않고 서로 잘된 거 같아요. 두렵죠. 얼마나 갈까.

치료자: 지금 아드님이 마리화나를 하게 된 거에는 대화상대자가 없어서 불안하고 스트레스 받았을 때 그걸(마리화나)로 풀지 않았냐 이거죠. 근데 엄마가 아드님의 스트레스를 풀어 주기보다는 거기에다가 더 스트레스를 주지 않았냐 이거죠. 방식에 있어서요, 근데 그 방식은 안 먹혔다는 거죠. 근데 다행스럽게 어머니가 인식이 변하신 거 같아요.

어머니: 뼈저리게 느끼니깐… 교수님이 많이 공부를 하시니깐 권위를 믿는 거죠. 근데 속은 터지죠. 저도 욕심이 있고 어떻게 해야 되는 거 아닌데 전혀 안 하고 있으니깐. 말이 됩니까. 와서 밤마다 나가서 술 먹고 고 3이 다른 애들 전화해도 안 만나죠. 시험 기간이라고…. (4회기)

2) 아들의 변화

(1) 자신의 잘못에 대한 인정

아들: 솔직히 제가 잘못한 게 많아요. 솔직히 코카인 그것만 해도 어디예요. 나는 중독자가 아닌데…. (2회기)

아들: 근데 이러한 상황을 만든 게 다 저인 거 같아요. 내가 만약 미국에서 공부 잘한 건 아니지만 일반적으로 에이 비 받고 가정에서 솔직히 약 들킨 것만 해도 어디예요. 어떤 부모들은 자기 자식 버릴 거 같기도 하거든요. 근데 평범하게 지냈으면 호스트 패밀리에서 잘 있다 하고 한국 왔으면 어땠을까 정말 그런 생각 많이 해요. 훨씬 나을 거 같다 교회도 다니고…. (2회기)

(2) 변화된 솔직한 표현방식

① 엄마에 대한 미안한 마음

아들: 제가 사고칠 때마다 (엄마가) 한국에서 왔다 갔다 하시고 힘드셨을 거예요.

치료자: 엄마한테 미안하나요?

아들: (엄마한테 미안한 마음이) 많죠.

아들: 제가 (엄마한테) 너무 잘못했어요. 내가 자격이 안 되는 거 같아서… 내 자리를 못 쓰는 거 같아서 뭐를 이렇게 막 자격이 없는 거 같고 괜히 그거 때매 내가 이 말을 하면 되겠나 안 되겠나 고민하게 되고 (엄마한테) 자유스럽게 말 못하겠고요 엄마는 내가 싫겠죠? (2회기)

아들: (엄마가 저 보고) 야! 이러면서, 뭐라 뭐라 하면 그 과정을 가기가 싫어져요. 내가 그냥 조용히 하고 자는 거예요. 그리고 무엇보다 (엄마한테) 미안한 걸 표현하고 싶어서 이렇게라도 보여 주고 싶어서…. (2회기)

② 엄마의 노력에 대한 인정

아들: (엄마는) 저 위해서 맨날 학교 알아주시고 해 주실 만큼 해 주셨죠. 맨날 사고칠 때마다 미국 들어와서 기회 주시고… 결국 5번 넘기고 이 자리에 서 있는 거예요. (2회기)

③ 엄마방식에 대한 솔직한 표현방식

아들: 근데 엄마는 자기 말로는 내가 생각이 없다 이거죠. 무조건 놀고 싶다 하고… 근데 (엄마는) 저한테 물어 본 적이 한 번도 없어요. 저를 병신 취급하는 거예요. 이 새끼는 미국에서 맨날 마약이나 하고 성적도 진짜 안 좋고… 얘는 말할 자격도 없다. 친구도 만나서는 안 된다. 알바만 하고 상담하고 그냥 미국 들어간다 이거죠. 나름대로 진짜 생각할 나이였어요. (흑흑흑) 믿기 힘들겠지만 너무 사고친 게 많으니깐 미국에서… 그 자체가 엄마도 말했다시피 자기가 잘난 거잖아요 나한테 안 물어보고 자기가 무조건 옳잖아. 나는 그냥 무조건 따르는 게 정상이고 안 따르면 인제 완전 나한테 말 안 하겠다. 니가 알아서 해라 독립해라 아무리 내가 안 좋았어도 성적이. 자기가 찬스를 주겠다 했어요. 그러면 어느 정도는 친구들 가끔씩 매일 만나는 게 아니고… 그냥 내려간다는 건데… 더 이상은 안 된다면서 나보고 친구를 아예 만나지 말라 이거잖아요. (흑흑흑…) 내가 아빠였더라도요. 자식이 아무리 성적 안 좋고 사고 쳤어도 저 같으면 그래도 알바 같은 거 안 하고 쉬게 할 거 같아요. 모르겠어요. 이런 소리 해 봤자 내 과거 얘기하겠죠. (나를) 못 믿는다 하고… 엄마가 대화가 안 돼요. 불가능하다고 봐요. (3회기)

④ 구체적으로 의견을 제시

아들: 일주일에…. 2주 있으니깐… 10만 원 15만 원? 다 쓰는 게 아니라 친구들 만나서 제가 사 주고 싶어요. 동창회도 해 보고 싶고 만약 내가 거기서 월급 받으면 엄마에게 그 정도는 갚을 용의도 있어요. 나름대로 제 혼자서 돌아다니면서 생각할 수 있다고 생각해

요. 엄마가 내가 어떤 상황에 처해 있는지… 그 교장한테 전화를 했대요. 어느 정도 약간 그래도 안전한 편이거든요. 그러면 가서 어떻게 생활을 하고… 어떻게 하면 유혹을 차단할 수 있을지 F 안 받고 C라도 받을 수 있을지 생각해 보고 싶고. 무조건 학원 강사만 해서 될 게 아니라고 봐요. 나도 사람이고 근데 엄마가 반대하면 (제가) 들을 의무도 있어요. 제가 자격이 없다고 봐요. 너무 저지른 일도 많고… 그래도 만약 (친구를) 절대 만나지 말라고 하면 할 말 없어요. 그럼 어쩔 수 없는 거죠.

치료자: 또 다른 건?

아들: 한국에 있을 때는… 일단 그 정도. (3회기)

### ⑤ 엄마의 입장을 대변하는 새로운 의사소통방식

아들: (엄마가 저 때문에) 얼마나 힘들겠어요. 제가 7학년 때 유학 가서부터 이때까지 (제가 엄마에게) 보여 준 게 없다고 봐요. 성적 잘 나온 적 딱 한 번, 대부분 미국 올 때마다 내가 사고치고 쫓겨나고… 맨날 한국에 혼자 계시고, 아빠도 없는데 혼자 이래가면서 그런데 성적은 이렇고, 그래서 엄마가 해 주기 싫구나! 이런 느낌도 들고요. 충분히 이해도 되요. (3회기)

### ⑥ 엄마에 대한 감사와 건강의 변화

치료자: 아드님은 당연히 자신감이 있는 거 같아요. 졸업하고 그런 거… 여기서 엄마가 어떻게 해 주셨으면 좋겠어요? 여기 와서 일주일 동안 엄마에 대한 고마움은?

아들: (엄마가 저를) 먹여 주고 소화약도 주고 챙겨 주시고 그것만 해도 충분해요.

치료자: 한국 와서 일주일 동안 속은 좀 어땠어요?

아들: 많이 나아졌어요. (4회기)

### (3) 과거 긍정적인 모자관계에 대한 아들의 회상

아들: (엄마랑 대화를 했던) 기억은 안 나는데 확실한 대화라기보다는 지금같이 이런 상황보다는 백배 좋았죠.

치료자: 엄마 잔소리는?

아들: 거의 없었죠. 다투긴 했어도 행복했던 거 같아요. 미국 유학 가면서 점점 멀어진 거 같아요. (2회기)

#### (4) 변화된 아들의 얼굴

치료자: 아드님 얼굴이 눈이 훨씬 나아졌다. 내 느낌은 아드님을 처음 봤을 때보다는 눈에서 느껴지는 게 있어….

어머니: (아들의 눈에서) 살기가 없어졌어요? 호호호호. (4회기)

#### (5) 자신감이 생김

아들: 자신감이 생겼어요. 아! 나도 할 수 있겠다. 조금만 노력하면 선생님 할… 애들이 날 무척 좋아해서요. 생각보다 잘 따라오고 하니깐…. (4회기)

#### (6) 마약을 복용하지 않음

아들: (마리화나를) 안 해요. 과외 선생님도 제가 한 걸 알아요. 근데 그 선생님이 굉장히 영리하시고요. 경찰과의 연결도 있고 선생님이랑 안 하겠다고 약속을 하고 호스트 패밀리가 나가라고 했는데 선생님이 그나마 한 번 더 기회를 주신 거예요. 근데 약속하고 한 번 어겼어요. 그것도 불구하고 했었는데 선생님이 그걸 찾아내셨어요. 그러고 나서 두 달 동안 제가 약속하고 한 번 더 찬스를 주셔서 두 달 동안 안 하고 들어온 거예요. 정말 별로 안 힘들었고 생각보다 선생님 말대로 하니깐 충분히 할 수 있었어요. (2회기)

### 3) 모자관계의 변화

#### (1) 변화된 의사소통방식

##### ① 과거와 현재의 대화방식에 대한 차이점을 인식함

치료자: 아까에 비해서 (아드님의) 눈 표정이 많이 편안해졌어. 아까는 눈을 확 이러더니 눈이 지금 약간 풀렸어요. 오늘 엄마하고 대화하면서 그전에 사용했던 표현방식하고 여기 하고 어떤 차이를 느꼈어요?

아들: 이런 대화 처음이에요.

치료자: 이런 대화라는 건 어떤 거죠?

아들: 솔직히 다 말하고 서로의 의견을 다 말하고 느낀 거 말하고 나서 얘기하는 거….

치료자: 순차적으로 아드님 말할 때 엄마가 안 끊고 말했어요. 그쵸?

아들: 네.

치료자: 어머니 말씀하실 때 아드님이 안 끊었어. 솔직하게 자신의 생각과 감정을 얘기하셨

어. 이전에 집에서 이렇게 해본 적 없으세요? 한 번도?

아들: 네.

치료자: 오늘 엄마하고 그나마 제가 물론 가운데 있지만 대화는 그래도 전과는 다르게 통한다는 건 느꼈어요?

아들: 이십 퍼센트.

치료자: 어머니는 어떠셨어요? 물론 집에서나 여기서 대화 내용은 비슷하셨을 거예요. 하지만 어떤 차이가 있으셨어요?

어머니: 이런 생각이 들었어요. 저는 제가 아는 게 다니깐 주변에 도움도 없고 내가 하는 방식으로 하면 될 거라고 했는데 안 됐잖아요. 그게 안 된 게 애가 학교적으로나 그렇게 성공하지 못한 이유가 거기에 있나 처음으로 생각을 하게 됐어요. 오히려 내가 너무나 집착하니깐 그 집착이 일을 그르치는 동기가 됐나 이런 생각을 좀…. (3회기)

치료자: 이거 기적이야 정말… 분명히 지난주에 왔을 때는 표정이 굳어서 엄마랑 대화가 안 된다. 영 프로라고… 본인이 분명히 그랬죠? 그날 상담하면서 대화 어느 정도 되요? 하니깐 0프로에서 20프로 올라가고… 일주일 동안 대화하면서 어땠어요? 퍼센트로… 어느 정도?

아들: 80프로 정도.

치료자: 80프로나?

아들: 85퍼센트.

치료자: 엄마가 무진장 노력하셨네.

아들: 저도 (엄마를) 잘 맞춰주었고…. (4회기)

② 아들에 대한 인정과 모자관계의 변화에 대한 바람

어머니: 그럼 지금까지 제가 한 것이 애가 실행하는 데 부족했잖아요. 저도 성공적으로 못했잖아요. 그럼 앞으로 다르게 하고 싶다는 데에서 애가 어떻게 할 건지에 대해서 알고 싶어. 너가 엄마가 여태까지 했던 방법으로 했는데 너도 성공적으로 못했고 엄마도 잘 안 됐는데 지금에 와서는 너도 컸으니깐 독립하는 쪽으로 생각하고 예전과 다르게 끌고 나가고 싶다. (3회기)

아들: (엄마가) 말을 할 때 애 취급을 안 하고요. 오히려 이런 말… 나이가 많으니깐 생각할 것도 있고 니가 나아가야 할 길 좋아하는 걸 찾아라. 이런 얘기를 자주 들으면서 잔소리처럼 안 들리고 필요한 말처럼 들려요. 그런 것도 좋고 뭐 얘기하고 있었죠. (4회기)

③ 모자의 긍정적인 표현방식

어머니: 니가 공부를 좋아하는 스타일은 아니야. 그치? 공부만 하는 게 세상을 살아가는 방법은 아니라는 걸 (나도) 깨달았어. (물론) 다른 방법으로 살 수도 있어. 다른 방법으로 살아간다고 할 때 너 공부는 포기했는데 엄마는 예전처럼 계속 너를 붙잡고 너를 이렇게 뒷바라지해 주면 너는 공부 아닌 다른 방법으로 살아가는 것도 잃게 돼. 그러니깐 너가 공부가 아니고 다른 쪽으로 갈 때는 어느 정도 엄마한테 독립을 해서 너 자신을 서포트 하는 방법을 쓰면서 나가야 된다는 거야, 응?

치료자: (아들에게) 이해됐어요?

아들: 처음으로. 태어나서 처음으로 (엄마 말을) 이해했어요. (3회기)

④ 상대방을 맞춰 주는 모자관계

아들: (엄마랑 관계가) 많이 나아졌어요.

치료자: 어떻게 많이 나아졌어요?

아들: 엄마랑 얘기하면서 서로 의견을 많이 말하고 한 번도 안 다투고….

치료자: 이런 적 처음이셨어?

아들: 처음이죠. 원래 하루도 못 갔는데….

치료자: 예를 들어 줘 봐. 기적이네… 어떻게 해서 이랬을까?

아들: 글쎄요. 내가 하고 싶은 대로 한 것도 엄마가 하고 싶은 대로 한 것도 아닌데 (서로) 반반 맞춰 가면서….

아들: 한번 동네에서 놀고 있었는데 엄마가 12시까지 한계라 했어요. (그래서 제가) 바로 집에 간 적도 있었고, 어제는 근데 학원 선생님들이랑 밥 먹고 놀았어요. 선생님이 부탁을 해서 엄마가 허락을 해 주셨죠. 집에 두시쯤에 들어가고….

어머니: 그래서 될 수 있으면 (내가) 잔소리 끊고 내 마음에 안 들어도 지가 하고 싶다고 하면 허용하고 그렇게 했어요. 그러니깐 확실히 지가 좀 저한테… 예전에는 잔소리할 케이스 많았죠. 근데 참았죠 넘기고 넘기고… 그러니깐 얘 자체가 터프한 게 부드러워지더라고요.

어머니: 제가 잔소리하거나 강요 안 하니깐 지(아들)도 이제 거기에 따라서 상대적인 거니깐….

어머니: 근데 저는 거기까지는 생각을 안 하고 있는 게 항상 하고 있는 거지만 한계라는 그거 때문에 저는 이렇게 생각하는 거죠. 이제는 사람의 인생에 있어서 타임 테이블이 있잖아요. 지금 졸업을 시키기 위해서 한 학년을 낮췄어요. 근데 이번에 F가 나온 거예

요. 근데 아직도 얘가 지금 자기 마음은 그럴 거예요. 고등학교 졸업하고 대학교 가고 싶은 거 저는 그거 백프로 믿어요. 하지만 지가 외롭거나 스트레스 받거나 하면 또 다른 데로 갈 수 있다는 것도 보이는 거예요. 영원히 할 수는 없죠. 또 낮추고 그거는 안 되는 거죠. 그러니깐 이번에는 제 마음은 기회를 주되 다음 학기에 F 나오거나 마리화나 얘기 나오면 군대를 가라는 거죠. 지도 썼고… 군대 가면 일단은 지가 그런 모든 걸로부터 차단이 되고 어쨌든 20살 되면 먹고 살아야 하니깐 스킬도 다 배울 수 있고 하다못해 중장비 기사라도 하고 건전한 몸과 마음을 만들고 페이 받으니깐 생활도 해 보고, 이제 더 이상 또 학년 낮추는 거는 안 하겠다는 거예요.

치료자: 아드님은 어때요 엄마의 견해에 대해서?

아들: (엄마 말이) 맞아요. (저도) 그렇게 각서 썼어요. (4회기)

## 7. 모자의 변화과정이 어떻게 나타나는가

### 1) 엄마의 변화과정

〈표 1-1〉에서 상담회기에 따른 엄마의 의사소통 수준과 자아분화 수준의 변화를 살펴보았을 때 상담1회기에서 엄마는 아들에게 욕을 하는 표현방식을 사용하였고 친정모와 분화가 되지 못하였으며, 이러한 친정모와의 미분화로 인하여 아들과도 분화가 되지 못하였다. 2회기의 아들 상담에서도 엄마는 아들과의 대화에서 아들에게 소리를 지르고 아들의 말을 전혀 경청하지 않은 표현방식을 사용하였으며, 이러한 엄마의 표현으로 인해 아들은 엄마를 가식적이라고 보았다. 엄마는 아들을 늘 통제하려고 하였으며, 아들을 전적으로 불신하고 있었기 때문에 아들의 의견을 늘 무시하고 아들과 관련된 모든 일에서 엄마 마음대로 진행하였다.

3회기에서는 의사소통 수준에서 엄마가 경청의 중요성을 깨닫게 되었고 그전에 사용하지 않았던 솔직한 표현방식을 사용하게 되었다. 자아분화 수준에서는 엄마는 아들의 인생에 대하여 자신이 지금까지 간섭했던 방식에서 벗어나 자신의 삶과 아들의 삶이 다르다는 것을 인식하고 아들의 뜻을 존중하게 되었다. 마지막 4회기에서 엄마의 표현방식은 훨씬 부드러워졌고 아들이 무한한 가능성이 있다는 점과 아들을 인정하고 칭찬하는 표현방식으로 변화하였다. 한편, 자아분화 수준 면에서는 아들이 원하는 면을 인정함으로써 아들이 엄마에 대한 방식이 매우 부드러워졌다고 하였고 아들에 대한 기대를 내려놓음으로써, 엄마의 마음에 여유가 생기게 되었다.

〈표 1-1〉 ■ 상담회기에 따른 엄마의 의사소통 수준과 자아분화 수준의 변화과정

| 회기 | 의사소통 수준 | 예시 | 자아분화 수준 | 예시 |
|---|---|---|---|---|
| 1<br>(엄마 상담) | –아들에게 욕을 함 | "(제가 아들에게) 욕도 하죠. 이놈의 새끼 나쁜 놈 하고."<br>"저는 (아들에게) 계속 문자 보내고 죽여 버린다고 하죠." | –친정모와의 미분화<br>–아들과의 미분화 | "(친정어머니와) 저랑은 굉장히 밀착되어 있었죠. 제가 뭐 꼭두각시처럼… 저는 항상 엄마 손아귀에 있었어요."<br>"저는 엄마로부터 받은 거랑 똑같이 애한테 했지만 애는 나같이 안 받아들이고 다르게 받아들이니깐 나는 나대로 해 주고 화가 나는 거고 애는 지가 원하지 않는 걸 하니깐 (나로부터) 멀어지는 거 같고…." |
| 2<br>(아들 상담) | –아들에게 소리를 지름<br>–가식적인 엄마<br>–아들의 말을 경청하지 않음 | "내가 뭐라고 했더니 자기(엄마)도 (저에게) 같이 소리를 질러요. 왜 나한테 그러냐면서 더 이상 뭘 더 뺏어가려고 하냐고…."<br>"(엄마랑) 대화를 해도요, 좀 가식이 섞여 있는 게 느껴져요."<br>"(엄마가 내 얘기를 끊지 않고 들어준 적이) 거의 없어요. 내 말을 거의 개소리로 듣는 것 같아요." | –통제하려는 엄마<br>–아들에 대한 불신<br>–아들의 의견을 무시함<br>–엄마 멋대로 함 | "제 프라이버시가 없죠. 1퍼센트도… 자기(엄마)가 아예 저를 완전히 통제하려는 거 같아요."<br>"(엄마는) 내 생각을 1퍼센트도 안 하는 거 같아요."<br>"엄마가 그러니깐 말없이 저를 영어학원 강사 선생님 하라고."<br>"(엄마가) 자기 멋대로… 너는 성적도 이따위고 마약 하는 애니깐 내가 하라는 대로 해라. 저도 18살이니깐 한 달에 호스트 패밀리한테 돈 내는 거 어느 정도 내라고… 그건 아니라고 했더니 대답이 없어요." |
| 3<br>(모자 상담) | –경청의 중요성을 깨달음<br>–솔직한 표현 방식 | "제가 굉장히 미숙하게 말하고 있는데요. 제 말을 따라서 애가 오는 건 힘들다고 봐요. 대화를 하자 하면 제가 애 얘기를 들어 주는 것밖에 없어요."<br>"그동안 솔직히 (아들에게) 돈을 안 줬었어요. 미국에서 돈 있으면 약 사니깐. 안 준 게 아니라 못 준 거죠." | –아들 인생에 대한 인정<br>–아들에 대한 존중 | "그러니깐 제가 뭘 할 의욕이 없는 거예요. 돈 줘 봤자 안 되겠다. 이렇게 되는 거죠. 이제 애에 대한 마음이 닫혔어요. 굉장히 냉정해지고… 예전에 못 먹으면 어쩌나 했는데 이제는 그래 봤자 니 인생이다."<br>"(아들을) 용납을 못하더라도 애의 뜻을 존중해야겠다고 느꼈어요." |
| 4<br>(모자 상담) | –부드러워진 표현방식<br>–아들의 가능성에 대한 인정과 칭찬 | "예전 같으면 (엄마가) 혼자 말하다가 툭하고 가고 그랬는데, 요즈음은 나한테 별로 기분 안 나쁘게 말하려는 게 느껴져요. 한번은 '아이스크림 먹을래?' 하면서 신나게 일어난 적도 있고요. 얘야, 일어나 하는 (엄마의) 부드러움에 반해서 아 일어나야겠다 그리고…."<br>"(아들이) 잘하니깐 아직 무한한 가능성이 있는 아이구나 하고 생각했고, 저는 (아들이) 남자애들 중에서도 그릇이 크다고 생각해요." | –분화에 대한 노력 | "이제는 애(아들)에 대하여 어느 정도 놔야 될 시점도 온 거 같아요. 그래서 될 수 있으면 잔소리 끊고 내 마음에 안 들어도 지가 하고 싶다고 하면 허용하고 그렇게 했어요. 그러니깐 확실히 애가 터프했던 게 부드러워지더라고요."<br>"이제 (아들에 대한 공부를) 내려놓자 못 가면 못 가지 하니깐 내 마음의 여유가 생기는 거예요. 그게 보이는 거죠. 너무 나 혼자 (애를) 못살게 굴었구나! 둘이 다 편하려면 애가 어떻게 살아가든 받아들이자 하니깐, (아들에) 대한 기대를 좀 없애니깐 그게 좀 가능해진 거 같아요." |

### 2) 아들의 변화과정

〈표 1-2〉에서 상담회기에 따른 아들의 의사소통 수준과 의사소통의 양적인 변화량을 살펴보았을 때, 2회기 상담에서 아들은 엄마와 말이 전혀 통하지 않았고 엄마가 일방적으로 말을 함으로써 말할 기회가 없다고 하였으며, 엄마는 아들에 대하여 전혀 고려를 해 주지 않은 것 같고 대화가 전혀 안 되고 있다고 하였다.

3회기에서는 아들은 엄마의 입장을 이해할 수 있고 모자간에 처음으로 솔직한 대화를 해 보았다고 하였고, 현재는 엄마하고 이십 퍼센트 정도 대화가 가능하다고 하였다. 마지막

〈표 1-2〉 상담회기에 따른 아들의 의사소통 수준과 양적인 변화량

| 회기 | 의사소통 수준 | 예시 | 의사소통의 양적인 변화량 | 예시 |
|---|---|---|---|---|
| 2 (아들 상담) | -말이 안 통함<br>-말할 기회가 없음 | "(엄마가) 전화만 하면 (내가) 전화 받자마자 잔소리를 하고 설명을 못하겠어요. 정말 말이 안 통하게 말해요."<br>"(엄마는) 내게 말할 기회도 안 주고요… 나는 이런 얘기도 못했어요." | 1% 미만 | "(엄마는) 내 생각을 1퍼센트도 안 하는 거 같아요."<br>"엄마랑 대화가 0퍼센트도 안 돼요." |
| 3 (모자 상담) | -엄마의 입장을 이해함<br>-처음으로 솔직한 대화를 해 봄 | "(엄마가 저 때문에) 얼마나 힘들겠어요. 제가 7학년 때 유학 가서 이때까지 보여 준 게 없다고 봐요. 맨날 한국에 혼자 계시고, 아빠도 없는데 혼자 이래 가면서 그런데 성적은 이렇고, 그래서 엄마가 해 주기 싫구나! 그런 느낌도 들고요. (엄마가) 충분히 이해돼요."<br>"이런 대화 처음이에요. 이렇게 솔직히 서로의 의견을 다 말하고 느낀 거 다 말하고 나서 얘기하는 거." | 20% | "그 오늘 엄마하고 그나마 제가 물론 가운데 있지만 대화는 그래도 전과는 다르게 통한다는 건 느꼈어요?" (치료자)<br>"(엄마하고 대화가) 20퍼센트…" (아들) |
| 4 (모자 상담) | -의사소통이 됨 | "(엄마가) 말을 할 때 (나를) 애 취급을 안 하고요. 오히려 이런 말… 나이가 많으니깐 생각할 것도 있고 니가 나아가야 할 길, 좋아하는 걸 찾아라. 이런 얘기를 자주 들으면서 잔소리처럼 안 들리고 필요한 말처럼 들려요. 그런 것도 좋고 뭐 얘기하고 있었죠."<br>"엄마랑 얘기하면서 서로 의견을 많이 말하고 한 번도 안 다투고…"<br>"(엄마 말이) 맞아요. (저도) 그렇게 각서 썼어요." | 80~85% | "이거 기적이야 정말… 분명히 지난주(2회기)에 왔을 때는 표정이 굳어서 엄마랑 대화가 안 된다. 0프로라고 본인이 분명히 그랬죠? 그날(3회기) 상담하면서 '엄마랑 대화는 어느 정도 돼요?' 하니깐 0프로에서 20프로 올라가고, 일주일 동안 엄마랑 대화하면서 어땠어요? 퍼센트로 어느 정도?" (치료자)<br>"80~85퍼센트 정도." (아들) |

4회기에서는 아들이 엄마가 잔소리도 하지 않았고 엄마와 서로의 의견을 말하고 한 번도 싸우지 않았다고 하였으며, 엄마의 의견에 동조를 하였다고 하였고 80에서 85퍼센트 정도 대화가 가능하다고 하였다.

# Ⅵ. 결론 및 제언

## 1. 결론

본 연구에서는 마리화나와 코카인을 복용하는 아들과 그 어머니에 대한 모자가족상담을 통하여 아들에게 나타나고 있는 증상들과 이러한 증상들에 영향을 미친 요인들, 아들의 증상을 완화시키기 위한 치료자의 개입방법, 모자관계의 변화에 영향을 미친 요인들을 살펴보았다.

첫째, 아들이 학교에서 받는 스트레스를 풀 수 있는 방법이 차단이 되어 있었으며, 어머니의 지나친 간섭과 직선적인 표현으로 인하여 아들은 폭력성, 음주, 흡연, 학업 무관심, 거짓말, 학교부적응, 외로움과 더불어 이러한 스트레스를 풀기 위하여 마리화나와 코카인을 복용하고 있는 것으로 나타났다. 이와 같은 결과는 서론에서도 언급했듯이 마약을 사용하고 있는 청소년들은 정신건강과 더불어 많은 사회적 · 행동적 그리고 가정적 문제를 지니고 있다(Roberts & Corcoran, 2005)는 연구결과와 일치하고 있다고 볼 수 있다.

둘째, 아들의 증상에 영향을 미친 요인들로서는 아들의 개인적 문제와 학교를 비롯한 주위 환경문제가 있었으며, 아들의 문제를 해결하려고 시도했던 엄마의 역기능적인 표현방식, 엄마의 표현방식 이면에 있는 엄마의 원가족과의 미분화 문제, 그리고 무책임했던 남편의 문제와 남편의 원가족 문제가 있었다. 이와 같은 결과는 가족성원들 사이의 손상된 의사소통방식과 적절한 한계선을 가지고 있지 못한 역기능적인 가족이 물질남용을 할 수 있다(McKay et al., 1992)는 연구결과와 유사한 결과였다.

셋째, 치료자의 개입방법으로는 치료자 자신의 자기개방, 유사한 사례를 예로 들기, 엄마의 역기능적인 문제해결방식과 엄마의 미분화에 대한 설명하기, 엄마에 대한 아들의 분노 표출시키기, 아들입장을 엄마에게 대변하기, 아들에게 직접적으로 자신의 감정을 엄마에게 I-message 방식으로 전달하기, 아들에게 엄마의 입장을 대변하기, 모자의 역기능적인 의사소통방식에 대하여 설명하기, 엄마의 입장에 대한 재명명하기, 모자에게 새로운 표현방식에 대하여 제안하기, 마지막으로 아들문제에 대한 총체적 해석과 해결책 제시하기 등을 사용하였다. 결국에 치료자가 사용한 핵심적인 기술은 엄마를 아들로부터 분화하기와 모자 간에 지금까지 문제를 해결하려고 시도했던 역기능적인 의사소통방식에서 효과적이고 기능적인 의사소통방식의 변화라고 할 수 있다.

마지막으로 이러한 치료개입으로 인하여 엄마는 자신의 미분화에 대하여 인식을 하게 되면서 분화하려는 노력을 하게 되었고, 자신의 역기능적인 의사소통방식을 인식하고 나서부터 새로운 의사소통방식을 구사하면서 엄마의 구체적인 변화로 아들에 대한 인식전환과 더불어 아들에 대한 칭찬을 하게 되었다. 아들 또한 자신의 잘못에 대하여 인정을 하는 모습을 보여 주었고, 솔직한 표현방식을 통하여 과거 긍정적이었던 엄마와의 관계를 회상하는 표현을 하였다. 이러한 아들의 표현방식의 변화로 인하여 아들은 자신감이 높아지면서 마약을 복용하지 않게 되었다. 이러한 두 사람 간의 상호작용적인 변화로 인하여 모자관계는 변화하게 되었으며, 모자관계의 변화로 인하여 아들이 물질중독에서 벗어나게 되는 계기가 되었다고 볼 수 있다.

## 2. 제언

본 연구는 어려서 부모가 이혼한 가운데 아동기 중 잠시 엄마와 함께 동거하고 이후에는 외국에서 친척 혹은 아는 사람 집에서 하숙, 그리고 나중에는 기숙사에 생활하면서 학교에서 겪는 스트레스로 인하여 담배, 음주, 마리화나 그리고 코카인을 복용하는 청소년에 대한 가족치료의 결과를 보여 주었다. 치료자는 마약을 복용하는 청소년에 대하여 MRI의 상호작용주의적 모델에서의 문제를 해결하려고 시도했던 역기능적인 의사소통방식을 찾고 새로운 의사소통방식으로 변화시켰고 Murray Bowen의 가족체계 이론 중 모의 미분화로 인하여 자녀와 어머니의 불명확한 경계선 문제를 중심으로 치료를 한 과정을 보여 주었다.

아들이 귀국하여 2주간의 짧은 치료기간으로 인하여 일주일에 2번씩 상담을 할 수밖에 없었음에도 불구하고 짧은 치료시간에 비해서 모자관계에 많은 변화가 있었다고 볼 수 있다. 이러한 상담과정 전반에 대하여 네트워크를 통하여 전체적인 상담내용을 나타내었고, 상담회기에 따른 매트릭스를 활용하여 4회기 동안의 엄마의 분화과정과 의사소통방식의 변화 그리고 아들의 의사소통의 변화를 내용과 더불어 수량적으로도 보여 주었다.

그러나 이 한 가지의 사례에 대한 가족치료로 인하여 MRI의 의사소통 이론과 Bowen의 가족체계 이론이 마약중독자에 대한 개입방법으로 가장 좋은 모델이라고는 말할 수 없다. 그럼에도 불구하고 차후의 연구에서는 어떤 가족치료 모델이 되었든 지속적으로 마약사용 또는 중독자들에 대한 가족치료의 적용의 결과를 보여 주는 연구들이 이어지기를 간절히 바라며, 분석방법에서도 또 다른 방법으로 마약중독자 가족치료사례를 분석한 연구들이 나오기를 기대한다.

## : 참고문헌


김숙경, 소희영(1993). 청소년의 약물사용과 비행실태: 충청남도 일부 고등학교 3학년 학생을 중심으로. 한국보건간호학회지, 7(1), 49-65.

김청송(2002). 정신장애 사례연구. 서울: 학지사.

박충선, 은종영, 정미영(1999). 청소년약물남용의 의식실태 및 예방전략에 대한 연구. 대한간호학회지, 29(1), 127-138.

박태영, 김현경(2011). 가족치료 사례집. 서울: 센게이지러닝코리아.

박태영, 김현경(2004). 친밀한 가족관계의 회복: Murray Bowen의 가족체계 이론의 적용. 서울: 학지사.

유은희, 전춘애(1995). 母의 자아분화 수준과 母子간의 갈등이 청년기 자녀의 문제행동에 미치는 영향. 한국가족치료학회지, 3, 137-153.

이경호(1999). 한국청소년의 물질남용에 대한 탐색적 연구. 정신간호학회지, 8(2), 237-255.

제석봉(1989), 자아분화와 역기능적 행동과의 관계: Bowen의 가족체계 이론을 중심으로. 부산대학교 대학원 박사학위논문.

주왕기, 오수일, 전완주, 김수희, 주진형, 김형춘(1991). 고등학교 3학년 학생들의 약물남용과 비행경험 실태. 강원대학교 논문집(사회과학연구), 31.

Agosti, V., Nunes, E., & Levin, F. (2002). Rates of psychiatric comorbidity among US residents with lifetime cannabis dependence. *American Journal of Drug Alcohol Abuse, 28*, 643-652.

Aharonovich, E., Liu, X, Samet, S., Nunes, E., Waxman, R., & Hasin, D. (2005). Postdischarge cannabis use and its relationship to cocaine, alcohol, and heroin use: A prospective study. *American Journal of Psychiatry, 162*, 1507-1514,

Anthony, J. C., Warner, L. A., & Kessler, R. C. (1994). Comparative epidemiology of dependence on tobacco, alcohol, controlled substances and inhalants: Basic findings from the National Comorbidity Survey. *Exp Clin Psychopharmacol, 2*, 244-268.

Arenofsky, J. (2001). Know the dangers of marijuana. *Current Health, 24*(8), 1-6.

Bender, K., Springer, D. W., & Kim, J. S. (2006). Treatment effectiveness with dually diagnosed adolescents: A systemic review. *Brief Treatment and Crisis Intervention, 6*, 177-205.

Bordnick, P. S., Schmitz, J., & Bordnick, J. R. (1999). Cocaine abuse. In B. A. Thyer & J. S. Wodarski (Eds.), *Handbook of empirical social work practice,* Vol. 1 (pp. 205-222). New York: John Wiley & Sons.

Brook, J. S., Brook, D. W., Arenibia-Mireles, O., Richter, L., & Whiteman, M. (2001). Risk factors for adolescent marijuana use across cultures and time. *Journal of Genetic Psychology, 162*(3), 357-374.

Catalano, R. F., Gainey, R. R., Fleming, C. B., Haggerty, K. P., & Johnson, N. O. (1999). An experimental intervention with families of substance abusers: One-year follow-up of the Focus on Families Project. *Addiction, 94,* 241-254.

Chatlos, J. (1997). Substance use and abuse and the impact on academic difficulties. *Child and Adolescent Psychiatric Clinics of North America, 6,* 545-568.

Coastworth, J. D., Santisteban, D. A., McBride, C. K., & Szapocznik, J. (2001). Brief Strategic Family Therapy versus community control: Engagement, retention, and an exploration of the moderating role of adolescent symptom severity. *Family Process, 40*(3), 313-332.

Compton, W. M., Grant, B. F., Colliver, J. D., Glantz, M. D., & Stinson, F. S. (2004). Prevalence of marijuana use disorders in the United States: 1991-199 and 2001-2002. *JAMA, 291,* 2114-2121.

Degenhardt, L, Hall, W., & Lynskey, M. (2001). The relationship between cannabis use and other substance use in the general population. *Drug Alcohol Dependence, 64,* 319-327.

Dishion, R. J., & Kavanagh, K. (2000). A multilevel approach to family-centered prevention in schools: Process and outcome. *Addictive Behavior, 25*(6), 899-911.

Duncan, B. L., Solovey, A. D., & Rusk, G. S. (1992). *Changing the rules: A client-directedapproach to therapy.* New York: The Guilford Press.

Fals-Stewart, W., Birchler, G. R., & O'Farrell, T. J. (1997). Behavioral couples therapy for male methadone maintenance patients: Effects on drug-usingbehavior and relationship adjustment. *Behavior Therapy, 32,* 391-411.

Fals-Stewart, W., Birchler, G. R., & O'Farrell, T. J. (2001). Behavioral couples therapy for male substance-abusing patients: A cost outcomes analysis. *Journal of Consulting and Clinical Psychology, 65,* 789-802.

Fleming, W. M., & Anderson, S. A. (1986). Individuation from the family of origin and personal adjustment in late adolescence. *Journal of Marital and Family Therapy, 12*(3), 311-315.

Framo, J. L. (1981). The integration of marital therapy with sessions with family of origin. In A.

S. Gurman & D. P. Kniskern (Eds.), *Handbook of family therapy*. New York: Brunner/Mazel.

Friedman, A. S., Terras, A., & Glassman, K. (2000). Family structure versus family relationships for predicting to substance use/abuse and illegal behavior. *Journal of Child and Adolescent Substance Abuse, 10*(1), 1-16.

Goldenberg, I., & Goldenberg, H. (2007). *Family therapy: An overview* (5th ed.). Pacific Grove, CA: Brooks/Cole.

Hawkins, J. D., Catalano, R. E., & Miller, J. Y. (1992). Risk and protective factors for alcohol and other drug problems in adolescence and early adulthood: Implications for substance abuse prevention. *Psychological Bulletin, 112,* 64-105.

Hoffman, J. A., & Weiss, B. (1987). Family dynamics and presenting problem in college students. *Journal of Counseling Psychology, 34*(2), 157-163.

Johnston, L. D., O'Malley, P. M., & Bachman, J. G. (1994a). National survey results on drug use from the monitoring the future study, 1975-1993: Vol. 1. *Secondary school students.* Washington, DC: National Institute on Drug Abuse.

Johnston, L. D., O'Malley, P. M., & Bachman, J. G. (1994b). National survey results on drug use from the monitoring the future study, 1975-1993: Vol. 2. *College students and young.* Washington, DC: National Institute on Drug Abuse.

Johnston, L. D., O'Malley, P. M., & & Bachman, J. G. (2003). Monitoring the Future National Survey Results on Drug Use, 1975-2002. Bethesda, MD, National Institute on Drug Abuse.

Kelly, M. L., & Fals-Stewart, W. (2002). Couples-versus individual-based therapy for alcohol and drug abuse: Effect on children's psychosocial functioning. *Journal of Consulting Clinical Psychology*, *70*, 417-427.

Klar, H., & Berg, K. (1995). Solution-focused brief therapy. In D. M. Lawson & F. F. Prevatt (Eds.), *Casebook in family therapy* (pp. 232-258). Pacific Grove, CA: Brooks/Cole.

Kleber, H. D., Weiss, R. D., Anton, R. F Jr, George, T. P., Greenfield, S. F., Kosten, T. R., O'Brien, C. P., Rounsaville, B. J., Strain, E. C., Ziedonis, D. M., Hennessy, G., & Connery, H. S. (2007). *Treatment of patients with substance use disorders* (2nd ed.). *The American Journal of Psychiatry*, 164, 4, Academic Research Library.

Latiner W. W., Winters, K. C., D'Zurilla, T., & Nichols, M. (2003). Integrated family and cognitive-behavioral therapy for adolescent substance abusers: A stage I efficacy study. *Drug Alcohol Depend, 71*, 303-317.

Lawson, D. M., & Prevatt, F. F. (2005). 가족치료사례집(박태영, 김현경 역). 서울: 시그마프레스.

Liddle, H. A., & Dakof, G. A. (1995). Efficacy of family therapy of drug abuse: Promising but not definitive. *Journal of Marital and Family Therapy, 21*, 511-544.

Liddle, H. A., Rowe, C. L., Dakof, & Lyke, M. (1998). Translating parenting research into clinical interventions for families of adolescents. *Clinical Child Psychology and Psychiatry, 3*, 419-443.

Liddle, H. A., Rowe, C. L., Dakof, G. A., Ungaro, R. A., & Henderson, C. E. (2004). Early intervention for adolescent substance abuse: Pretreatment to posttreatment outcomes of a randomized clinical trial comparing multidimensional family therapy and peer group treatment. *Journal Psychoactive Drugs, 36*, 49-63.

MacRae, A. L., Budney, A. J., & Brady, K T. (2003). Treatment of marijuana dependence: A review of the literature. *Journal of Substance Abuse Treatment, 24*, 369-376.

Manschreck, T. C. (1993). The treatment of cocaine abuse. *Psychiatric Quarterly, 64*, 283-197.

McCrady, B. S., Epstein, E. E., & Sell, R. D. (2003). Theoretical bases of family approaches to substance abuse treatment. In F. Rotgers, J. Morgenstern & S. T. Walters (Eds.), *Treating substance abuse* (pp. 112-139). New York: Guilford.

McGillicuddy, N. B., Rychtarick, R. G., Duquette, J. A., & Morsheimer, E. T. (2001). Development of a skill training program for parents of substance-abusing adolescents. *Journal of Substance Abuse Treatment, 20*, 59-68.

McKay, J. R., Longgabaugh, R., Beattie, M. C., Maisto, S. A., & Noel N. E. (1992). The relationship of pretreatment family functioning to drinking behavior during follow-up by alcoholic patients. *Am I Drug Alcohol Abuse, 18*, 445-460.

Meezan, W., & O'Keefe, M. (1998). Evaluating the effectiveness of multifamily group therapy in child abuse and neglect. *Research on Social Work Practice, 8*, 330-353.

Miles, M. B., & Huberman A. M. (1994). *Qualitative Data Analysis.* Thousand Oaks, CA: Sage.

Miller, G. E., & Prinz, R. J. (1990). Enhancement of social learning intervention for childhood conduct disorder. *Psychological Bulletin, 108*, 291-307.

National Institute on Drug Abuse. (1993). *Capsules cocaine abuse* (pp. 1-5). Washington, DC: National Institute of Health.

Nichols, M. P., & Schwartz, R. C. (2007). *Family therapy: Concepts and methods* (4th ed.). Boston: Allyn and Bacon.

O'Farrell, T. J., & Fals-Stewart, W. (2002). Behavioral couples and family therapy for substance abusers. *Current Psychiatry Rep, 4*, 371-191.

Patton, M. Q. (2002), *Qualitative research & evaluation methods.* Thousand Oaks, CA: Sage Publications.

Roberts, A. R., & Corcoran, K. (2005). Adolescents growing up in stressful environments, dual diagnosis, and sources of success. *Brief Treatment and Crisis Intervention, 5,* 1-8.

Rowe, C. L., & Liddle, H. A. (2003). Substance abuse. *Journal of Marital and Family Therapy, 29*(1), 97-120.

Santisteban, D. A., Suarez-Morales, L., Robbins, M. S., & Szapocznik, J. (2006). Brief strategic family therapy: Lessons learned in efficacy research and challenges to blending research and practice. *Family Process, 45*(2), 259-271.

Santisteban, D. A., Szapocznik, J., Perez-Vidal, A., Kurtine, W. M., Murray, E. J., & LaPerriere, A. (1996). Efficacy of intervention for engaging youth and families into treatment and some variables that may contribute to differential effectiveness. *Journal of Family Psychology, 10,* 35-44.

Sexton, T. L., Robbins, M. S., Holliman, A. S., Mease, A., & Mayorga, C. (2003). Efficacy, effectiveness, and change mechanism in couple and family therapy. In T. L. Sexton, G. Weeks & M. S. Robbins (Eds.), *Handbook of family therapy: The science and practice of working with families and couples* (pp. 229-262). New York: Brunner-Routledge.

Shoham, V., Rohrbaugh, M., & Patterson, J. (1995). Problem-and solutions-focused couple Therapies: The MRI and Milwaukee models. In N. S. Jacobson & A. S. Gurman (Eds.), *Clinical handbook of couple therapy* (pp. 142-163). New York: The Guilford Press.

Smith, T. E., & Springer, D. W. (1998). Treating chemically dependent children and adolescents. In C. A. McNeece & D. M. DiNitto (Eds.), *Chemical dependency: A systems approach* (2nd ed., pp. 213-228). Needham Heights, MA: Allyn & Bacon.

Springer, D. W., & Orsbon, S. H. (2002). Families helping families: Implementing a Multifamily Therapy Group with substance-abusing adolescents. *Health & Social Work, 27*(3), 204-207

Stanton, M. D., & Shadish, W. R. (1997). Outcome, attrition, and family-couples treatment for drug abuse: A meta-analysis and review of the controlled, comparative studies. *Psychological Bulletin, 122,* 170-191.

Szapocznik, J., & Williams, R. A. (2000). Brief strategic family therapy: Twenty-five years of interplay among theory, research and practice in adolescent behavior problems and drug abuse. *Clinical Child and Family Psychology Review, 3*(2), 117-134.

Tims, F. M., Dennis, M. L., Hamilton, N., Buchan, J, Diamond, G., Funk, R., & Brantley, L. B. (2002). *Characteristics and problems of 600 adolescent cannabis abusers in outpatiient treatment. Addiction, 97*(1), 46-57.

U.S. Department of Health and Human Service. (1993). *National household survey on drug abuse: Population estimates 1993* (DHHS Publication No. 94-2080). Rockville, MD: Author.

Waldron, H. B. (1997). Adolescent substance abuse and family therapy outcome: A review of randomized trials. In T. H. Otlendick & R. J. Prinz (Eds.), *Advances in clinical child psychology* (Vol. 19, pp. 199-234). New York: Plenum Press.

Waldron H. B., Slesnick, N., Brody J. L., Turner, C. W., & Peterson T. R. (2001). Treatment outcomes for adolescent substance abuse at 4-and 7-month assessments. *Journal Consult Clinical Psychology, 69*, 802-813.

Watzlawick, P., Weakland, J., & Fisch, R. (1974). *Change: Principles of problem formation and problem resolution.* New York: W. W. Norton.

Weakland, J. H. (1993). Conversation-but what kind? In S. Gilligan & R. Price (Eds.), *Therapeutic conversations* (pp. 136-145). New York: Norton.

Williams, R. J., & Chang, S. Y. (2000). A comprehensive and comparative review of adolescent substance abuse treatment outcome. *Clinical Psychology: Science and Practice, 7*, 138-166.

Winters, J., Fals-Stewart, W., O'Farrell T. J., Birchler, G. R., & Kelley, M. L. (2002). Behavioral couples therapy for female substance-abusing patients: Effects on substance use and relationship adjustment. *J Consult Clin Psychol, 70*, 344-355.

제2장

# 대인관계 갈등을 경험하고 있는 여고생에 대한 가족치료 사례연구*

박태영 · 신원정

본 연구는 대인관계에 어려움을 경험하고 있는 내담자(여고생)를 둔 가족에 대한 가족치료 사례를 통해 가족치료의 개입방법과 치료 후 가족의 변화를 살펴보고자 하였다. 본 연구는 9회기 동안 이루어진 가족치료를 바탕으로 상담 축어록과 비디오테이프, 상담 시 기록한 메모를 중심으로 부호화를 통해 개념을 범주화시켰으며, 이러한 범주들은 Miles와 Huberman(1994)이 제안한 매트릭스와 네트워크를 통해 제시하였다. 분석결과 내담자는 가족, 또래, 교사와의 관계에서 어려움을 겪고 있었으며, 이러한 대인관계 갈등에 영향을 미친 요인으로는 가족 내 부정적 감정들, 역기능적 의사소통, 부정적 양육태도, 부모의 원가족 배경 등으로 나타났다. 치료자의 개입으로는 치료적 동맹, 새로운 의사소통방식의 지도, 부모의 양육태도 변화 요구, 반복되는 패턴의 조명, 비유법 등을 사용하였으며, 이러한 과정을 통해 가족들은 지금까지 시도되지 않았던 새로운 의사소통방식을 사용할 수 있게 되었다. 가족치료 초기부터 의사소통 변화의 필요성을 느낀 부모는 지속적 변화노력을 통해 가족의 변화를 가져왔으며, 특히 치료과정에서 갈등 상황에 있던 자매들은 협상을 하는 긍정적인 변화가 나타났다.

---

* 제2장은 한국가족치료학회지(2011) 제19권 3호, 233-265페이지에 게재된 논문을 일부 수정한 것임.

# I. 서론

청소년기는 자아정체감 확립과 더불어 성인으로서의 선택과 적응이 요구되면서 친구 및 이성과 성숙한 인간관계를 형성하고 자신을 확장하며 자신과 타인과의 관계를 맺는 발달과업을 수행해야 하는 시기다(남영자, 박태영, 2009). 그러나 아동기와 성인기의 과도기적 위치에 있는 청소년들은 자아의식과 현실적응 사이에서 긴장과 소외, 혼돈을 경험하기도 하고, 심리적 격동기로서 수많은 갈등을 겪기도 한다(고정자, 2003). 특히 2007년도에 실시된 서울시 청소년의 학교적응에 관한 실태연구 및 욕구조사를 살펴보면 18.3%의 청소년이 학교에서의 전반적인 대인관계에 어려움을 겪는다고 응답한 것으로 나타나(서울특별시 청소년 상담지원센터, 2007), 상당수의 청소년들이 대인관계로 인한 갈등으로 학교에서 부적응을 경험하고 있는 것으로 보인다.

이러한 대인관계는 개인적인 삶뿐만 아니라 사회생활의 적응에 매우 중요한 요소로 개인이 다른 사람들을 대하는 보편적인 심리적 지향성으로서 내적 특성과 외적 행동의 관계를 말한다(남상철, 유영달, 2007). Thomas(1977)는 가족 내에서 부모-자녀관계를 강화시키기도 하고 약화시키기도 하는 매개체 중 가장 중요한 것은 의사소통으로 보았다. 의사소통은 태도, 생각, 애정, 사상 등을 전달해 주는 인간관계의 핵심적인 요소이기 때문에 문제가 있는 자녀의 가족을 보면 가족구성원 상호간의 의사소통이 가장 공통된 문제라고 하였다(문영숙, 2008에서 재인용). 특히 부모-자녀관계는 부모와 자녀 사이의 관계에서 벗어나 다른 인간관계로 확대되므로(박영신, 김의철, 2008), 부모-자녀관계에서의 긍정적인 경험은 청소년이 건강한 성인으로 성장하는 데 매우 중요한 요인이 된다.

이렇듯 가장 기본적인 인간관계로서 부모-자녀관계는 어떤 사회적 관계보다 의사소통을 통해 직접적인 영향을 받는다. 부모와의 언어습관은 사회성 훈련에 중요한 영향을 미치며, 이러한 의사소통은 가족구성원과의 인간관계에서뿐만 아니라 사회성 발달에도 영향을 미친다(최유진, 유계숙, 2007). 그러므로 대인관계 갈등을 경험하는 청소년의 문제를 개인적인 문제로 보기보다는 가족 안에서의 상호작용의 맥락에서 살펴보는 것은 매우 중요하다.

따라서 본 연구에서는 대인관계 갈등을 경험하는 청소년기 자녀를 둔 가족에 대한 가족치료 사례를 분석함으로써 여고생(내담자)이 경험하고 있는 대인관계 갈등이 무엇인지를 살펴보고, 이러한 여고생(내담자)의 대인관계 갈등에 영향을 미친 가족 요인을 살펴보고자 하였다. 또한 이에 대한 치료자의 개입기법과 상담 후 가족의 변화를 살펴봄으로써 청소년기 대인관계 갈등에 대한 가족치료의 효과성을 규명하고 최근 증가하는 청소년의 대인관계 문제에 대한 가족치료적인 준거틀을 제공하고자 한다.

## Ⅱ. 선행연구

가정은 인간이 사회화 과정을 경험하는 최초의 장소이며, 가정의 물리적 · 심리적 환경과의 상호작용이 평생에 걸쳐 한 인간의 습관이나 지능 · 행동 · 정서 · 성격발달에 영향을 미칠 뿐만 아니라 가정환경 안에서의 인간관계는 사회에서의 대인관계 형성에도 중대한 영향을 미치고 있다(고연숙, 2005). 즉, 부모-자녀관계가 중요한 것은 부모와 자녀의 관계 내에서만 그 관계양식이 작용하는 것이 아니라, 부모와 자녀를 벗어난 다른 인간관계로 확대되기 때문이다(박영신, 김의철, 2008).

또한 부모-자녀관계에서의 부모의 양육태도는 자녀의 성장발달에 중요한 요인으로 작용하며 특히 양육태도를 의사소통의 큰 범주라 볼 때, 부모와 자녀 간의 의사소통은 언어를 통한 보다 직접적인 양육행동으로서 특히 중요하다고 볼 수 있다. 이는 의사소통이 부모와 자녀 간 상호작용의 매개체인 언어를 통해서 언어에 내포된 의미와 행동양식을 내면화하며 자녀의 인격형성과 사회화 및 정서적 안정에 중요한 기능을 담당하기 때문이다(최유진, 유계숙, 2007). 따라서 부모와 자녀 간의 역기능적 의사소통은 자녀의 정서교육에 지장을 주고 부모-자녀 간의 갈등을 일으키는 요인으로 이러한 갈등으로 인한 욕구불만이 외적으로 표현될 때 다른 여러 환경과 결탁하여 문제행동을 촉진하기도 한다(정유미, 김득성, 1998). 즉, 가족 의사소통 패턴은 자녀의 사회화 과정에서 자녀들의 성격 및 의사소통능력과 밀접한 관련이 있는 것으로, 가정이 어떤 환경을 제공해 주느냐에 따라 자녀의 성격과 의사소통능력이 달라질 수 있으므로, 가족관계에서 의사소통의 중요성이 강조되고 있다(한주리, 허경호, 2005).

이렇듯 부모-자녀 간 긍정적이고 개방적인 의사소통은 신뢰감을 형성하여 공통적 이해를 도모할 수 있지만(노윤옥, 전미경, 2005), 효과적으로 이루어지지 못할 경우 대상과의 관계에서 혹은 자신과의 관계에서 바람직하지 못한 상태가 발생할 수 있다(제석봉, 1989). 즉, 부모-자녀 간 원활하고 개방적인 의사소통은 청소년의 문제행동을 감소시키지만(권재환, 이은희, 2006; 문영숙, 2008), 부모-자녀 간 역기능적인 의사소통의 경우 청소년의 문제행동의 증가를 가져오기도 한다(박희숙, 하정희, 2007). 그러므로 부모-자녀 간 기능적인 의사소통은 청소년의 인간관계 발전과 아울러 올바른 인간으로서의 성장발달을 가져오게 한다(국길숙, 2003).

한편 자녀의 대인관계 갈등이나 문제행동에 대한 가족치료의 효과성을 입증하는 연구가 이루어지고 있는데, 김희정(2007)의 연구에서는 학업성적과 대인관계 문제, 가정 및 학교에서의 문제행동을 보이는 아동들의 부모와 가족들을 대상으로 한 가족치료를 통해 아동들의 변화가 나타났으며, 이러한 아동들의 변화는 다른 가족구성원들의 갈등을 경감시키는 작용을 하였다고 함으로써 가족치료의 효과성을 입증하였다. 임원선(2009)의 연구에서는 또래집단 압력으로 학교부적응을 보이던 청소년가족을 대상으로 한 가족상담을 통해 또래의 압력을 극복하고 학교생활에 임하는 긍정적인 변화를 보였다. 박태영과 문정화(2010)의 연구에서도 친구와 교사와의 관계에서의 어려움과 다양한 문제행동을 경험하던 아동의 가족을 대상으로 한 가족치료를 통해 관계에서의 어려움과 문제행동이 감소하는 변화를 보였다. 이와 같이 자녀들의 대인관계 갈등이나 문제행동을 감소하기 위해서 가족치료의 중요성이 강조되고 있으므로 본 연구와 같은 사례연구를 통해 실천현장에서의 적용방법을 모색하는 것은 매우 중요하다고 볼 수 있을 것이다.

## Ⅲ. 사례개입을 위한 이론적 준거틀

### 1. MRI의 상호작용적 가족치료 모델

MRI 모델은 의사소통과 체계개념에 기반을 둔 단기치료 접근법으로 내담자에게 나타나는 증상에 초점을 맞추며 가족체계 내에서 관찰할 수 있는 현재의 상호작용에 초점을 둔다(박태영, 2001). MRI 모델에 따르면, 가족의 문제는 문제를 해결하려는 가족의 시도에 의해 오히려 유지되고 있으며 문제를 둘러싸고 있는 상호작용의 과정을 강조하고 일반적인 시각에서 더 폭넓게 진행되는 의사소통의 교류 가운데 가족문제를 설명할 수 있다고 본다(Duncan, Solovey, & Rusk, 1992). 즉, 사람들이 자신들의 문제를 감소시키려고 시도해 온 해결방법들이 오히려 문제를 유지시키거나 혹은 그 문제를 더욱 악화시키기까지 한다는 것(Goldenberg & Goldenberg, 2007)으로, MRI 모델의 초점은 결과적으로 문제를 지속시키게 된 시도된 해결책들을 저지하는 것이며 치료과정은 문제를 탐색하고 확인하기, 시도한 해결책들과 그 해결책의 결과를 확인하기, 구체적인 목표를 공식화하기, 활용한 MRI 기법들과 내담자의 언어를 조명하기로 볼 수 있다(Watzlawick, Weakland, & Fisch, 1974).

본 연구의 사례에서 치료자는 내담자 가족성원들로 하여금 MRI의 상호작용적 가족치료 모델을 바탕으로 대인관계 갈등을 경험하고 있는 내담자가족의 문제 관련 요인들을 탐색하고, 문제를 지속시키게 된 시도된 해결책을 찾고자 하였으며, 새로운 문제해결 방법을 습득하도록 하였다. 이러한 과정을 통해 가족 내 의사소통의 변화를 가져왔으며, 이로 인해 가족관계의 갈등이 해소되기 시작하였고, 가족관계의 변화는 추후 내담자로 하여금 다른 대인관계에서도 변화의 가능성을 가져올 수 있는 중요한 출발점이라 볼 수 있을 것이다.

## 2. Bowen의 가족체계 이론 모델

Murray Bowen의 가족체계 이론은 정신역동적인 접근법과 체계론적 관점을 연결시킨 것으로서 이론적인 근거와 함께 임상으로부터 탄생된 이론이다(박태영, 2001). Bowen의 가족체계치료 모델에서는 부모, 특히 어머니와 자녀 사이의 미분화된 정서적 관계를 중시하며, 이러한 관계는 가족투사 과정을 통해서 전수된다고 보았고, 치료 목표를 미분화된 가족 자아 집합체로부터 자녀를 분화하는 것에 두었다(Friedman, 1991; Papero, 1995; Goldenberg & Goldenberg, 2007).

자아분화 수준의 투사과정은 다세대에 걸쳐 세대 간에 가족들의 분화 수준과 기능을 연결하는 행동양식을 의미하는 것으로 다세대 간 전수과정에서 중요한 요인은 자아분화 정도와 만성불안 정도로 외부자극에 대해 반응하는 정도에 따라 결정되며 외부자원이 적을수록 한 자녀에게 역기능적 초점이 모아진다(정은, 1996). 또한 역기능적인 가족일수록 '분화' 수준이 낮아 가족들이 지나친 결속을 하게 되어 서로에 대하여 집착을 하게 됨으로써 각자의 개별성을 찾기 어렵다. 이렇듯 부모로부터 정서적으로 독립하지 못하고 부모 사이에서 갈등이 심한 자녀들은 부적응적 행동이나 증상을 나타낸다(Fleming & Anderson, 1986; Hoffman & Weiss, 1987). Bowen은 삼각관계를 가장 불완전한 관계체계로 보았고, 삼각관계가 일시적으로 불안이나 스트레스 감소에 도움을 줄 수 있으나 오히려 가족의 정서체계를 더욱 혼란스럽게 하여 증상을 나타나게 한다고 주장하였다(Goldenberg & Goldenberg, 2007).

따라서 본 연구의 사례에서는 Bowen의 가족체계 이론을 통해 대인관계에 어려움을 갖는 내담자의 문제를 개인의 문제로 이해하기보다 부모의 원가족 경험이 가족 내 의사소통 패턴과 자녀양육태도에 미친 영향을 살펴봄으로써 가족 내에서의 가족관계 갈등과 자녀의 대인관계 문제의 관련성을 이해하는 이론적 틀을 제공하였다.

# Ⅳ. 연구방법

## 1. 연구대상

연구대상은 아빠(51), 엄마(47), 내담자(18), 여동생(15)으로 구성된 가족으로 가족 내 갈등과 내담자(여고생)의 대인관계 갈등으로 인해 내담한 사례로 상담은 2008년 1월부터 4월까지 총 9회기가 진행되었다. 상담은 개별상담, 부모와 자녀를 포함한 가족상담으로 이루어졌으며 아빠(5, 8, 9회기), 엄마(1, 2, 7, 9회기), 내담자(3, 6, 7, 8, 9회기), 여동생(4, 6, 7, 8회기)이 참여하였다. 이러한 회기별 가족상담의 가족구성은 치료자가 가족에 대한 개입의 필요성에 의해 의도된 것이다.

## 2. 연구질문

본 사례의 치료목표는 내담자의 대인관계 갈등을 개선하기 위한 가족관계의 변화로서, 치료자는 이러한 치료목표를 달성하기 위해 지금까지 시도해 왔던 의사소통 방법과 양육태도가 아닌 새로운 방법으로의 전환이 필요하다고 보았다. 따라서 본 연구에서는 다음과 같은 연구질문을 통해 치료자의 치료기법과 효과성을 입증하고자 하였다.

첫째, 내담자가 경험하는 대인관계 갈등은 무엇인가?

둘째, 내담자의 대인관계 갈등에 영향을 미친 가족의 특성은 무엇인가?

셋째, 대인관계 갈등을 경험하는 내담자 가족에 대한 치료자의 개입기법은 무엇인가?

넷째, 가족치료 후 가족의 변화는 무엇인가?

## 3. 분석방법 및 신뢰도 검증

본 연구자는 상담 축어록과 상담 시 기록한 메모, 녹화한 비디오테이프를 원자료로 하여 지속적인 비교분석을 통해 유사한 개념들끼리 분류하고 개념들의 상위범주를 발견하였으며 결과는 Miles와 Huberman(1994)이 제안한 매트릭스와 네트워크를 활용하였다. 질적 자료 분석에서는 한눈에 모든 데이터를 볼 수 있을 정도로 충분히 초점을 맞추고 유용한 질문에 대답할 수 있게 체계적으로 정리된 디스플레이가 필요하다. 질적 자료에서 개념 간의 상세한 비교와 대조, 패턴과 주제 분석 그리고 자료에 대한 경향성을 보여 주기 위한 디스플레이는 매우 중요하면서 영향력이 막강하다고 볼 수 있다. 디스플레이는 한 자리에서 데이터와 분석을 보여 주고, 분석가가 어디에 더 깊은 분석이 필요한지를 알게 하고, 다른 데이터의 분석을 가능하게 하며, 마지막으로 연구의 결론을 쓰는 데 직접 활용할 수 있게 된다. 질적 데이터를 디스플레이하는 방법으로는 배열된 줄과 열로 이루어진 매트릭스와 선들로 연결된 점들의 집합인 네트워크를 활용하는 방법이 있으며, 네트워크는 동시에 여러 변인에 초점을 맞출 때에 유용하다.

한편 본 연구는 신뢰성을 높이기 위해 축어록, 상담 시 기록한 메모, 녹음 및 비디오테이프 등을 활용하여 자료의 삼각화를 추구하였으며, 치료자와 연구자, 전문가 집단의 토론을 통해 연구자의 삼각화를 실시하였다. 또한 연구의 윤리적 측면을 고려하여 본 상담 자료의 사용에 대해 내담자에게 동의를 얻었으며, 내담자 가족의 사생활보호를 위해 실명이나 신분이 노출될 수 있는 내용은 삭제하였다.

## 4. 사례에 대한 맥락적 이해

본 사례는 가족이 함께 있으면 불안하고 꼭 무슨 일이 생긴다는 어머니의 의뢰로부터 시작되었다. 현재 대인관계 갈등을 경험하고 있는 내담자는 2녀 중 장녀로 고등학교에 재학 중이었으며, 가족 내에서의 갈등과 함께 또래와 교사와의 관계에서 어려움을 겪고 있었다. 특히 자매간 갈등은 매우 심각하였으며, 가족구성원들은 역기능적인 의사소통으로 인해 갈등을 겪고 있었다. 첫 상담에서 어머니는 큰딸의 대인관계 갈등문제를 털어놓았고 상담이 진행되면서 가족 내 역기능적인 의사소통 패턴이 자녀들에게로 전수되고 있음을 인식하게 되었다. 내담자(큰딸)는 중학교 3학년 때 친구들의 집단따돌림을 경험하였으며 그로 인한 만성두통과 대인기피 증상을 보였었다. 작은딸의 경우 언니를 따돌렸던 언니의 친구들과의 좋은 관계로 인해서 내담자(언니)와의 사이가 더욱 나빠졌으며, 내담자는 학교와 학원을 때때로 결석하고 있었다. 이러한 관계에 있는 자녀들에게 아빠는 자녀들의 이야기를 들어 주는 것이 아니라 이유도 설명하지 않은 채 화를 내는 등의 반응을 보임으로써 자녀들과 불편한 관계에 있었다. 또한 엄마의 경우 자녀들의 행동을 감싸 주기 위해 아빠와의 사이에서 중재자 역할을 함으로써 자녀들과 아빠와의 사이에서 과도한 역할을 하고 있었고, 이러한 중재자 역할이 자녀와 아빠의 관계에 더욱 부정적인 영향을 미치고 있었다. 내담자의 아빠의 경우 어려서 일찍 아버지가 돌아가시고 어머니가 가정이 있는 의붓아버지의 후처로 들어가자 외조부모의 손에서 성장하였으며, 성장한 후 어머니와 함께 살기 시작한 후에도 의붓아버지를 아버지로 인정하지 않았으며, 자신의 감정을 표현하지 않고 성장하였다. 현재 아빠

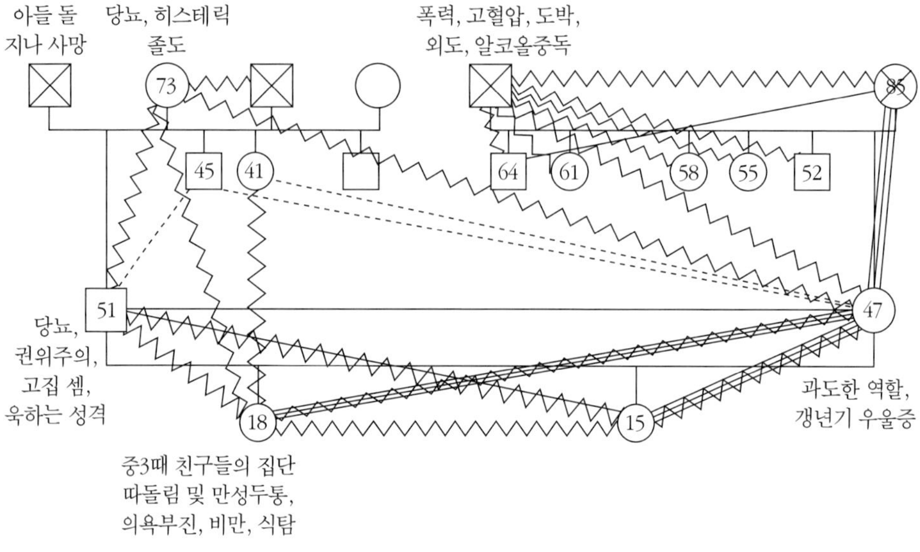


[그림 2-1] 가계도

는 자신의 어머니와 함께 거주하고 있지만 거의 대화를 하지 않으면서 생활하고 있다. 내담자 엄마의 경우 어려서부터 부모의 갈등 상황에서 불안을 경험하며 성장하였는데, 친정아버지의 경우 가정에 소홀하였으며 외도와 도박으로 인해 친정어머니와의 사이가 좋지 않았고, 아버지가 집에 계시는 날이면 더욱 불안함을 느꼈었으며, 과도한 역할을 하는 친정어머니와 밀착관계를 형성하였었다. 또한 결혼 후 남편과 시어머니 사이에서 중재자 역할을 하는 등 모자간의 관계를 회복하기 위한 역할을 하였으나 시어머니로부터 인정을 받지 못함으로써 시어머니에 대하여 서운한 감정을 갖고 있었다.

# V. 연구결과

## 1. 내담자 가족에 대한 상담과정

총 9회기 동안 이루어진 상담과정을 살펴보면 〈표 2-1〉과 같다.

〈표 2-1〉 ■ 상담과정

| 회기 | 참여자 | 상담의 주요내용 |
|---|---|---|
| 1 | 엄마 | 상담에 의뢰된 문제 탐색: 가족관계뿐만 아니라 대인관계에서도 어려움을 겪는 내담자(큰딸)의 문제로 상담을 의뢰함, 엄마가 바라본 가족의 역기능적 상호작용 패턴을 확인(가족관계 확인), 자녀의 문제 발생 시 엄마의 대처방식 확인 |
| 2 | | 엄마의 원가족 배경과 성장 배경 파악, 아빠(남편)의 원가족 배경과 성장 배경 파악 |
| 3 | 내담자 | 내담자가 본 가족과의 상호작용 패턴 확인, 대인관계 문제 발생 시 부모의 대처방식 확인 |
| 4 | 여동생 | 여동생이 본 가족과의 상호작용 패턴 확인 |
| 5 | 아빠 | 아빠가 본 가족과의 상호작용 패턴 확인, 아빠의 원가족 배경과 성장 배경 탐색, 엄마(아내)의 원가족 배경과 성장 배경 탐색, 자녀의 문제 발생 시 대처방식 확인 |
| 6 | 자매 | 대처방식의 변화 탐색, 관계 변화 탐색, 자매간 의사소통방식의 변화 시도 |
| 7 | 엄마와 자매 | 자매간 의사소통방식의 변화 확인, 자매와 엄마의 상호작용 관계 확인, 관계개선을 위한 새로운 해결책 시도 |
| 8 | 아빠와 자매 | 아버지의 변화 확인, 자매와 아빠의 상호작용 관계 확인, 관계개선을 위한 새로운 해결책 시도(아빠와 자매들 간 엄마를 통한 우회적 대화가 아닌 직접적 대화의 필요성 강조) |
| 9 | 부모와 내담자 | 가족관계의 변화됨을 확인, 관계개선을 위한 지속적 노력의 필요성 강조 |

## 2. 내담자가 경험하는 대인관계 갈등은 무엇인가

〈표 2-2〉는 내담자가 경험하는 대인관계 갈등으로 내담자의 경우 모든 가족구성원과 갈등을 경험하고 있었다. 내담자는 할머니의 언행불일치로 인해 갈등관계에 있었으며, 최근 할머니와의 갈등 상황에서 개입한 고모의 폭력적인 행동으로 인해 고모에 대한 신뢰가 무너졌다. 또한 내담자와 아빠와의 관계에서는 불명확한 표현방식과 일방적이고 상처 주는 아빠의 대화방식으로 인해 대화가 거의 이루어지지 않았으며, 엄마의 경우 자녀의 입장을 이해해 주고 지지적이기보다는 지나치게 간섭하고, 훈계하는 양육태도로 인해 딸들은 더욱 스트레스를 받고 있었다. 특히 내담자는 가족 내에서 동생과 갈등이 매우 컸는데 서로 상대편을 이해해 주지 않고 자극하는 표현방식으로 갈등관계에 있었고, 자녀 사이에서 부모의 중재자 역할이 오히려 역기능적으로 작용하여 자매간의 갈등을 더욱 증폭시키고 있었다.

학교생활에서도 내담자의 경우 대인관계의 어려움을 겪고 있었는데, 초등학교 5학년 때 전학 후 또래와의 관계문제로 학교생활적응에 어려움을 겪었으며, 특히 중학교 3학년 때 친구들의 따돌림을 경험했고, 상담에 의뢰된 초기에도 또래와 관계 맺는 것을 어려워하고 있었다. 또한 교사와의 관계에서도 자신의 상황에 대해 직접적으로 이야기를 못하고 있었는데, 이는 따돌림을 경험하게 된 배경에 교사의 책임감 없는 태도로 인한 것으로 교사와 관계

〈표 2-2〉 내담자(큰딸)가 경험하는 대인관계 갈등

| 관계 | | 갈등내용 |
|---|---|---|
| 가족 | 할머니 | 여태까지 막 쌓인 스트레스도 있고 그랬는데 할머니한테 불만도 있고 그랬는데 터져 버렸어요… 할머니 말하는 거에 대해서는 솔직히 불만을 가지고 있었거든요… 자기 건강 다 챙기시고 그러시는 분이 맨날 죽어야지 하니까 짜증나잖아요. (3회기) |
| | 아빠 | 아빠한테는 얘기를 안 해요…. 그때 정황을 알고 있는지 모르는지 그때도 그냥 너 왕따당했어 그런 말로 끝나요…. 니가 체구가 남들보다 뚱뚱하니까 왕따도 당하지 그런 식으로…. (3회기) |
| | 엄마 | 엄마 기준에 항상 맞추려고 하니까 맨날 엄마가 인간적으로 대한다 그것도 모르겠고… 솔직히 엄마가 하는 방법 그렇게 맘에 들지도 않는데… 내가 부당하다고 생각하는 거를 얘기하는 것뿐인데 엄마도 엄마 생각을 말하면 되잖아…. (7회기) |
| | 고모 | 고모가 현관에서부터 집 끝까지 멱살 잡고 밀치는데 죽을 뻔 했어요…. 얼굴 볼 때마다 역겨워요. (3회기) |
| | 여동생 | 지금 사이가 별로 안 좋고 저도 걔한테 좋은 감정 안 갖고 있고 걔도 물론 좋은 감정 안 갖고 있을 거예요… 하루 이틀로 생긴 게 아니고…. (3회기) |
| 또래 | | 대인관계에 있어서 항상 불안하죠. 왜냐하면 애들 만나는 게 아무리 친한 친구라도 솔직히 껄끄러운 건 사실이에요. (7회기) 교우관계가 껄끄러운 부분이 있어요. 딱 같이 있어도 편한 적이 없죠. 거의 그리고 막 사람이 무섭고… 너무 간사스러워요. (8회기) |
| 교사 | | 선생님한테 얘기했어요. 근데 선생님은 무능력하고 애들은 그걸 알아 버리고… 선생님이 그걸 해결해 주는 능력도 없었어요. (3회기) |

맺는 것에도 어려움을 겪고 있었다.

## 3. 내담자의 대인관계 갈등에 영향을 미친 가족 요인은 무엇인가

축어록에 대한 부호화과정을 통해 내담자(큰딸)의 대인관계 갈등에 영향을 미친 요인을 분석한 결과 〈표 2-3〉과 같이 가족 내 부정적 감정, 역기능적 의사소통, 부정적 양육태도, 부모의 원가족 배경의 4가지 상위범주와 23개의 하위범주가 도출되었다.

〈표 2-3〉 ■ 내담자의 대인관계 갈등에 영향을 미친 가족요인에 대한 개념추출과 범주화

| 상위범주 | 하위범주 | 개념 |
|---|---|---|
| 가족 내 부정적 감정 | 불안 | 가족이 함께 있는 것에 대한 불안 |
| | 불신 | 약속을 지키지 않는 아빠, 고모에 대한 신뢰가 무너짐, 비밀을 지키지 않는 엄마, 여동생을 의심하는 엄마 |
| | 서운함 | 어머니에 대한 남편의 서운함, 시어머니에 대한 며느리의 서운함, 고모에 대한 내담자의 서운함, 편들어 주지 않는 부모에 대한 서운함, 큰딸로서 인정받지 못하는 내담자, 여동생에 대한 서운함, 비난하는 가족에 대한 서운함, 큰며느리 역할을 충실히 했으나 인정받지 못함, 자신에 대해서 알지 못하는 아빠에 대한 서운함 |
| | 무시당함 | 자녀들에게 무시당했다고 생각하는 아빠, 내담자에게 무시당했다고 생각하는 여동생, 여동생에게 무시당했다고 생각하는 내담자 |
| | 배신감 | 내담자를 왕따시켰던 친구들과 사이가 좋은 여동생 |
| 역기능적 의사소통 | 대화단절 | 할머니와 아빠의 대화단절, 비밀을 지키기 않는 엄마와 한동안 대화단절한 여동생, 말을 끊어 버리는 아빠, 대화를 단절한 내담자 |
| | 대화가 겉돎 | 가족이 함께 있으면 대화가 안 되고 항상 엇나감, 자녀와의 벽을 느끼는 아빠, 시어머니와 형식적인 대화만 하는 며느리 |
| | 피함 | 화가 난 아빠를 피하는 가족, 회피하는 엄마 |
| | 간접적 대화 | 엄마가 내담자의 말을 가로챔, 자녀와 아버지의 직접적인 대화가 없이 엄마를 통한 대화 |
| | 분노조절의 어려움 | 참았다가 터지는 아빠, 폭력과 욕을 하는 아빠, 화가 나면 돌아 버리는 아빠, 화나면 뒤집어지는 할머니, 자녀들의 행동에 빨리 실망하고 노여워하는 엄마, 여동생을 때리는 내담자 |
| | 불명확한 표현방식 | 화난 이유에 대해 설명하지 않음, 아빠가 삐진 이유를 설명하지 않음, 오해하게끔 하는 엄마의 표현방식, 뜬금없이 화내는 엄마 |
| | 주관적 해석 | 상대방의 이야기를 끝까지 듣지 않고 눈치로 추측하는 아빠, 오해하고 화내는 아빠, 화내는 이유를 추측하는 아이들 |
| | 일방적 의사소통 | 자기 말만 하는 아빠, 자기 감정대로만 하는 아빠, 자녀들의 이야기에 맞장구쳐 주지 않는 부모, 지시적인 아빠 |
| | 자매간 서로 자극하는 표현방식 | 상대방에게 마음과 다른 표현방식 사용, 상대방을 자극하는 표현방식 사용 |
| 부정적 양육태도 | 권위주의적인 아빠 | 애들의 말투를 이해 못함, '아빠 말은 다 들어라' |
| | 엄마의 과도한 역할 | 남편과 아이들 사이에서 중재자 역할, 신혼 때부터 큰소리 안 나게 하려고 남편에게 맞춰 줌, 시어머니와 남편 사이에서 중재자 역할, 마마걸인 내담자 |
| | 엄마의 지나친 간섭 | 문자내역을 뽑아 봄(감시), 간섭이 심한 엄마, 잔소리가 심함 |
| | 헷갈리는 부모 | 대응방식에서 오는 혼란 |
| | 지나치게 훈계하는 부모 | 갈등을 털어놓으면 훈계하는 부모, 중 3때 왕따 경험 후 전학시켜 달라는 내담자에게 참으라는 엄마 |
| | 엄격한 규칙 | 자식에 대한 엄격한 규칙 |
| | 비교하는 부모 | 자신들과 자녀를 비교함 |

| 부모의 원가족 경험과 역기능적 의사소통 | 아빠의 원가족 경험과 역기능적 의사소통방식 | 명확하지 않은 의사소통방식, 원가족의 분노표출 방식, 어머니와 거리를 둠, 어려서부터 마음을 터놓을 대상의 부재, 예민한 가족사로 인해 말로 표현하지 않고 삶, 새아버지를 아버지라 부르지 않았으며 오는 날이면 피함, 불안정한 평화 유지를 위한 노력/과도한 역할, 아버지로서의 모델링의 부재 |
|---|---|---|
| | 엄마의 원가족 경험과 역기능적 의사소통방식 | 아버지의 외도와 도박, 친정어머니의 과도한 역할, 아버지가 들어오면 부모가 다툴까 봐 불안함, 부모의 서로 자극하는 표현방식, 친정엄마와 밀착관계 |

### 1) 가족 내 부정적 감정

가족 내 부정적 감정으로는 불안과 불신, 서운함, 무시당함, 배신감 등의 감정들이 있었으며, 이러한 부정적인 감정들은 가족의 역기능적인 의사소통과 관련되어 있었다. 즉, 간접적이며 불명확한 의사소통방식, 주관적인 해석, 분노조절을 하지 못하는 등의 역기능적인 의사소통으로 인해 가족 내 부정적 감정들은 해결되지 않고 더욱 가족관계에 부정적인 영향을 미치고 있음을 확인할 수 있었다.

#### (1) 불안

• 가족이 함께 있는 것에 대한 불안

내담자: 무슨 일이 어디서부터인지 모르겠는데 아빠가 또 없어진 거예요. 막 아빠 담배 피러 나갔다가 막 툴툴거리고 갑자기 없어지고, 기분도 좀 찝찝하고 하여튼 가족끼리 어딜 가면 꼭 그런 일이 거의 항상 있어요. 얘기를 거의 안 하고, 가족여행 가면 동생이랑 눈치 보게 되잖아요. 엄마 아빠가 여행 가기 전에 확 삐졌다가, 이번에도 설마설마 했는데…. (3회기)

엄마: 저는 불안하죠. 셋이 있으면 그런 상황이 벌어질까 봐 불안해요…. (9회기)

#### (2) 불신

• 아빠가 약속을 지키지 않음

내담자: 약속을 안 지킨 거잖아요. 우리랑 약속을 안 지키고 입으로는 거의 허풍이죠. 이제 뭐하겠다고 하지만 정작 당일 날 되면 화났다고 그냥 툭 던져 버리고, 그게 짜증이 나서 그렇지 뭐 아빠가 약속을 안 지켜서 미안하다고 해도 그래 봤자 솔직히 마음에 와닿지도 않고…. (3회기)

• 엄마가 비밀을 지키지 않음

여동생: 학교생활에서 있었던 그런 걸 다 말했나 봐요. 근데 제가 엄마한테 그냥 아빠한테 비밀로 해 달라고 말한 것까지 다 아빠한테 말한 거예요. (4회기)

• 고모에 대한 신뢰가 무너짐

내담자: 불만이 터진데다가 제 멱살을 딱 잡으면서 너는 인간이 아니라고 소리를 치는 순간 신뢰, 쌓아왔던 신뢰가 무너지는… 그렇잖아요. 그때부터 고모 얼굴도 보기 싫어요. (3회기)

• 작은딸을 의심하는 엄마

여동생: 애들이랑 있는데, 저는 친구들과 같이 가서도 아무 짓도 안 하는데, 엄마는 의심하는 문자 보내고 전화 오면 진짜받기 싫잖아요. 솔직히…. (7회기)

(3) 서운함

• 어머니에 대한 아들의 서운함

아빠: '너 때문에 내가 재가했다'라는 말이 굉장히 듣기 싫었어요. 결과적으로 재가하시고 나서, 또 동생들 생겨 가지고, 동생들 위주로 생활하셔 놓고서는…. (5회기)

• 시어머니에 대한 서운함

엄마: '아니 아범 왜 저래요 어머니?' 그러니까 '나도 모른다' 그러면서 '재는 원래 대화가 안 되는 애니까' 그 소리를 하는데, 그 순간에 제가 화가 나서 '어머니 원래 그런 사람이 어디 있어요' …. (1회기)

• 고모에 대한 내담자의 서운함

내담자: 고모가 현관에서부터 집 끝까지 멱살 잡고 밀치는데 죽을 뻔했어요. 그거를 얘기만 들은 거잖아요. 속상하고 억울하고…. (3회기)

• 편들어 주지 않는 부모에 대한 서운함

내담자: 엄마 아빠가 알았으면 좋겠는데, 언급도 잘 안 해요. 엄마는 그 상황에 자기가 없었다고 뭐라고 하지 말라고만 하고…. (3회기)

엄마: 중 3때 학교 가기 싫어하고, 이상해서 '너 학교에서 무슨 일 있는지 다 얘기해라. 도와줄 사람은 엄마 밖에 없지 않냐?' 했더니 막 폭발을 하더라고요. 울면서 '애들 이야기 깊게 새기지 말라.'고 그렇게 이야기했어요.

치료자: 엄마의 표현방식을 통해 따님이 자기 표현을 엄마가 분명히 들어 주고 자기를 지지해 준다고 느낄 수 있었을까요?

엄마: 답답했겠죠. (1회기)

• 큰딸로서 인정받지 못하는 내담자

치료자: 왜 엄마 아빠하고 함께 보자고 했냐면, 동생하고 언니하고 두 사람을 먼저 보려다가 지난번에 보니까, 제가 볼 때 큰딸이 엄마 아빠로부터 동생과의 관계에서 큰딸로서 인정을 못 받고 있다는 서운함을 갖고 있더라고요. (8회기)

• 여동생에 대한 서운함

내담자: 동생이 동네 애들이랑 노는 거 보면요, 되게 상냥하고 살갑게 굴어요. 초등학교 5학년 때까지는 만만한 게 저밖에 없었어요. (3회기)

• 비난하는 가족에 대한 서운함

여동생: 아빠나 언니한테 말하면 '오죽하면 그랬겠어! 선생님들이' 옆에서 엄마가 그렇게 말하면 웃으면서 언니도 '아, 맞아!' 이래요. 짜증나게…. (4회기)

여동생: 그 애미 창녀라는 뜻을… 그래 가지고 제가 한동안 집에서 안 쓰다가 그러니까 습관적으로 나올 때 있잖아요. '앰창' 이러면 언니가 뭐라고 해요. 제가 엄마를 욕하고 싶거나 해서 그러는 건 아니잖아요. (6회기)

• 큰며느리 역할을 충실히 했으나 인정받지 못함

아빠: 집사람은 집사람대로 뭘 생각하냐면 가족이 안 깨지게 하는데 큰 역할을 했는데 그 시댁사람들이 자기한테 고마워를 안 한다… 유독 인정을 못 받아요. (5회기)

• 자신에 대해 자세히 알지 못하는 아빠에 대한 서운함

내담자: 솔직히 아빠가 나에 대해서 알고 있다고 생각하지 않는데, 아는 것처럼 이야기하니까, 내 얘기를 제대로 들어 준 적도 없으니까…. (9회기)

#### (4) 무시당함

• 자녀들에게 무시당했다고 생각하는 아빠

치료자: 아빠는 아빠가 얘기를 하고 나서도 딸이 자기를 무시했다고 보는 거야. (3회기)

• 내담자에게 무시당했다고 생각하는 여동생

여동생: 근데 제가 잘못 말하잖아요. 그러면 그거에 대해서 그냥 틀렸다고 그러는 게 아니라 표정이 진짜 난 이거 아는데 넌 그거 모르냐는 식으로…. (4회기)

여동생: 언니가 계속 제가 뭘 말하면 핑계로 들어요. 컴퓨터 하고 있으면 제가 하는 것은 중요하다고 여기는 게 아니고 별 볼일 없다고 여기는 것 같아요. 언니 노는 방법이랑 제가 애들이랑 노는 방법이랑 다르잖아요. 전화하는 것도 다르고, 근데 그거를 항상 깔아뭉개요. (6회기)

• 여동생에게 무시당했다고 생각하는 내담자

내담자: 저도 왠지 동생이 나를 무시하고 있는 것 같고, 그런 말투 들으면요, 아무리 지금 몇 년째 계속 들었어도 지금도 열 받아요. (6회기)

#### (5) 배신감

• 내담자를 왕따시켰던 친구들과 사이가 좋은 여동생

여동생: 저한텐 선배고 언니한텐 친구죠. 제가 알고 있는 선배인데, 지금 제가 알고 있으니까 더 저한테 그런 감정을 느낀 거예요. 배신감… '너도 그런 애들이랑 똑같구나 내동생도' …. (4회기)

### 2) 역기능적 의사소통방식

가족들은 대화단절과 겉도는 대화, 피함, 간접적 대화, 분노조절의 어려움, 불명확한 표현방식, 주관적 해석, 일방적 의사소통, 자매간 서로 자극하는 표현방식 등의 역기능적 의사소통방식을 사용하고 있었으며, 이러한 의사소통방식은 가족 내에서 부정적인 감정을 유발시켰고, 그러한 부정적인 감정들은 다시 역기능적인 의사소통방식을 통해 전달되고 있었다. 가족 내에서 이러한 역기능적 의사소통방식들은 가족관계에 부정적인 요인으로 작용함으로써 가족갈등을 증폭시키고 있었으며 이는 내담자가 다른 타인과의 관계에서도 부정적인 경험을 하는 요인으로 작용했을 것이라고 추측할 수 있을 것이다.

#### (1) 대화단절

• 할머니와 아빠의 대화단절

여동생: 아빠가 할머니에게 말을 안 해요. '다녀왔습니다' '다녀오겠습니다' 그리고 아빠

와 할머니가 함께 있는 것을 본 적이 없어요. (4회기)

엄마: 시집와서도 어머니하고 아들하고도 대화를 하면 벌써 몇 마디 하면 문 쾅 닫고 들어가시고 어머니 성격이 굉장하셨거든요. (1회기)

• 비밀을 지키지 않은 엄마와 한동안 대화단절한 여동생

여동생: 비밀을 지켜 주지 않아서 그게 너무 싫어 가지고, 엄마랑 한때 말도 안 했어요. (4회기)

• 말을 끊어 버리는 아빠

작은딸: 아빠는요, 말을 그냥 끊어 버려요. '아유 바보야' 이래요. (4회기)

아빠: 뭐냐면 이런 거죠, '나는 맨날 식구들 해 줘 봐야 고맙단 소리 한번 못 듣는다고 하지만 속으로는 다 고마워한다. 근데 니가 내색을 하면 니가 한 거 다 까먹어 그러니까 이유 없이 들어줘라' 그러면 이제 말은 맞으니까 대꾸를 안 하는데 수긍도 안 하는 것 같아요. (5회기)

• 대화를 단절한 내담자

내담자: 대화는 거의 안 하고 거의 가끔 폭식, 폭식이라기보다는 군것질거리 엄청 많이 사 놓고 그냥 계속 먹었어요. (7회기)

(2) 대화가 겉돎

• 가족이 함께 있으면 대화가 안 되고 엇나감

엄마: 가족이 모두 있으면 뭐랄까 이렇게 대화가 안 되고 항상 엇나가요. (1회기)

• 자녀와의 벽을 느끼는 아빠

아빠: 대화를 안 한 게 아니라 제가 회사 일에 많이 매달리다 보니까, 대화는 부족해요. 인정합니다. 제가 이제 노력을 한번 해 봤죠. 접근을 하려고 하는데 벽이 쳐져 있더라구요. 근데 이게 신경을 쓰면 쓸수록 자꾸 마음이 상하더라구요. (5회기)

• 시어머니와 형식적인 대화만 하는 엄마

엄마: 저도 요새는 시간이 많지도 않고, 그냥 형식적이죠. (1회기)

### (3) 피함

• 화가 난 아빠를 피하는 가족

내담자: 솔직히 화나면 대화로 풀자고 그러는데 아빠 화나면요, 말을 걸 수가 없어요. 강해요. 얼굴이 무서워서 진짜로 얼굴 딱 무표정하게 지으면요, 무서워요. 아빠가 화낸 상태에서는요, 뭔 말을 해도 먹히지가 않아요. 가족들 다 피해 버리는 거예요. (3회기)

• 회피하는 엄마

내담자: 솔직히 내가 원하는 건, 그냥 막 흥분하고 울면서 그렇게 하면 조금은 이해해 주는 말을 해 주길 원하는 건데, 그때 엄마가 기억할지는 모르겠지만 '나는 그 상황에 없어서 난 모른다'는 식으로 회피했어요. (3회기)

### (4) 간접적 대화

• 엄마가 내담자의 말을 가로챔

치료자: 아빠가 어떻게 대해 줬으면 좋겠어? 큰 따님이 지금 표현을 안 하네?

엄마: 내가 어딜 같이 가보거나 하면 병원에 같이 가면 의사가 물어보잖아요. 그러면 지가 충분히 의사표현을 해야 하는데 뒤에 이렇게 있어 보면 '목이 어떻게 아프니?' 하고 물으면 나부터 한번 쳐다봐요. 그럼 내가 나중에 면접은 어떻게 보나? 하는 생각이 확 드는 거예요. 아니 왜 나를 볼까? 목이 따끔거리고 아프면, 증상을 얘기하면 되지 왜 나를 쳐다보고 그러면서 애가 좀 왜 이럴까? 싶은 생각이 들면서 속으로 내가 뭘 어디서부터 잘못 키웠나….

치료자: 제가 몇 분 동안 느낀 게 어떤 거냐면요, 큰따님이 지금 얘길 하잖습니까? 얘기가 잠깐 멈추게 되잖아요, 그러면 대화가 이어지기 전에 어머니께서 못 기다리시고 옆에서 나오세요. (8회기)

아빠: 예 타고났어요. 저도 요새 가만히 보다가 느끼기 시작했지만 이 마마께서 또 대변해 주시고…. (9회기)

• 자녀들과 아빠의 직접적인 대화가 없이 엄마를 통한 대화

내담자: 아빠가 엄마 통해서….

치료자: 엄마를 통해서 그럼 주로 들으세요?

아빠: 네 엄마를 통해서 듣죠. 방학 때 빼놓고는 저녁 때 만날 일이 거의 없잖아요. (8회기)

(5) 분노조절의 어려움

• 참았다 터지는 아빠

엄마: 근데 제일 힘든 거는 제가 애들하고 요새 부딪치고 그런 힘든 거를 남편한테 얘기했을 때 난 좀 애들이 엄마랑 항상 부딪치고 잔소리 듣고 하잖아요, 근데 엄마하고는 또 쉽게 풀려 나가는데 나는 어디 하소연할 때가 없으니까 아빠한테 큰딸에 대해서 얘기를 하는데, 아빠는 그 동안 얘기를 할 틈이 없다가 자기가 쌓아 놓겠죠. 속으로 쌓아 놓다가 집에 모처럼 있을 때 그동안 쌓아 놓았던 것을 팍 질러 놓는 거예요. 그러고 나서는 또 마음이 여려 가지고 한 십 분, 이십 분 후에 애들에게 '그게 아니라 아빠의 마음은 이게 아닌 거 알지' 이러면 애들이 그걸 아나요 모르지…. (1회기)

• 욕하고 때리는 아빠

내담자: 아빠가 왜 화가 났는지도 모르는 채로 나는 욕을 먹고 맞고, 아빠가 화가 나 가지고 나도 화가 나니까 어떻게 하려고 대들다가 한 대 맞고, 머리통 맞은 적도 있고요. 부엌에 싱크대랑 조리대랑 이렇게 그 사이로 부엌 대각선으로 질러 가지고 쿡쿡쿡 맞으면서 와 가지고…. (3회기)

여동생: 아빠는 화가 나면 안 보이나 봐요. 내가 남자도 아니고, 아빠 손도 이렇게 두껍고 크잖아요. 그걸로 머리를 확 때리고 골프채 뒤로 이렇게 엉덩이 그래 가지고 아빠가 제일 무서워요. (4회기)

• 화가 나면 돌아 버리는 아빠

내담자: 수업 끝났으니까 컴퓨터를 하려고 앉았는데 엄마 아빠가 오셨어요. 아빠가 저보고 뽑아놨냐고 그러는 거예요. 뭘 뽑아 놔 그러니까 동생이 뭐라고 안 했냐고 그러니까 제가 추측하기로는 아마 동생한테 아빠가 언니한테 뭐 해라 이렇게 얘기를 했나 봐요. 동생한테 한마디도 못 들었거든요… 아까 오류가 났는데 내가 한다고 어떻게 오류가 고쳐지냐 그랬더니 해 보라고… 해 봐도 안 되는데 확 화를 내는 거예요. (3회기)

여동생: 아빠랑은 얘기를 잘 못하겠어요. 아빠가 또 화를 내면요 제가 조심하든지 갑자기 화가 나요. 갑자기 뭐에 화나면 이유도 없이 갑자기 이렇게 확 돌아 버리는 것 같아요. 그럼 아빠가 핸드폰도 부숴 버리고… 계속 사 줬는데 사 줄 때마다 믿는다고 하고 또 부수고…. (4회기)

아빠: 그전 날 편도가 부었어요. 되게 피곤했는데 쓸데없이 짜증을 냈는데 그 어떤 반응에 대해서 그냥 확 해 버린 거죠. 제가 순간적으로 욱해요. 어느 순간에 자극이 오면 그냥

생각을 안 하고 리액션을 바로 하는 경우가 많아요. (5회기)

• 화가 나면 뒤집어지는 시어머니

엄마: 시어머니가 히스테리가 있어요. 이렇게 쓰러지시는 것도 있었고, 시어머니가 열 받으면 뒤집어져도 그걸 받아줄 사람이 있을 때 그러는 거죠. (1회기)

• 자녀들의 행동에 빨리 실망하고 노여워하는 엄마

아빠: 걱정되는 건 우리 집사람이 애들한테 몰입을 하니까 빨리 실망을 하고 빨리 노여워하고 그래요. (5회기)

• 동생을 때리는 내담자

내담자: 가끔은 저도 애한테 욕하면서 당황하는 게 자주 말이 꼬이잖아요. 다음 반론할 말이 생각이 안 나니까 그러다 손을 대버려요. (6회기)

(6) 불명확한 표현방식

• 화난 이유에 대해 설명하지 않음

내담자: 진짜 왜 아빠가 화가 났는지도 모르는데, 그런 경우가 많아요. 하루 이틀도 아니고 일 년에 몇 번 있는 일인데 왜 아빠가 화났는지 몰라요. 아빠는 뭔 일 때문에 화가 났대요. 그런데 왜 화났는지도 모르고, 나중에 그 얘기도 안 하고, 그냥 또 아빠 기분이 좋아지면 그냥 풀리고…. (3회기)

• 아빠가 왜 삐졌는지 자녀들에게 이야기하지 않음

치료자: 아빠 표현하는 방식을 애들이 굉장히 힘들어하네요. 아빠를 보니까 표현을 명확하게 안 하시고, 삐지고 왜 삐졌는지 내막을 자녀에게 말씀 안 하시고, 자녀들은 내막을 모르고 황당해하고…. (3회기)

• 오해하게끔 하는 엄마의 표현방식

내담자: 얼마 전에도 엄마가요 제일 화가 나는 게 말을 좀 오해하게끔 하는 게 있어요. 가만히 있다가 갑자기 '영어는 안 하냐?' 그런 식으로 얘기를 하면서 그날도 '그냥 그렇게 안 할 거면 과외라도 하지' '과외는 난 그룹은 싫다 그랬잖아' 그러니까 '언제 그룹으로 하라고 했어' 엄마 말론 '네가 혼자서 할 수 있는 선생님 알아봤다' 그랬는데 '네가 그룹으로 하는 게 싫다고 그러지 않냐' 뭐 그런 식으로 맨날 오해 생기고 그런 점이…. (3회기)

• 뜬금없이 화내는 엄마

엄마: 결과적으로 내가 화가 난 건 동생 때문에 화가 나는데, 그 저변에 깔린 건 너에게도 문제가 많았어.

내담자: 근데 그런 걸 나한테 한 번도 얘기한 적이 없잖아, 항상 뜬금없이 화내고…. (7회기)

### (7) 주관적 해석

• 상대방의 이야기를 끝까지 듣지 않고 눈치로 추측하는 아빠

치료자: 지금 아이들 아빠 같은 경우도 제가 볼 때는 명확하게 상대편의 얘기를 듣고 거기에 맞춰서 행동하기보다는 자기가 알아주는….

엄마: 어제 같은 경우 자기가 그러면서 한마디 탁 하는데 나는 듣고서 '어머! 저런 말을 지금 왜 하지?' 어제도 문을 딱 열더니 애들이 요새 문을 닫고 있잖아요, 항상 그러니까 내가 열었더니 '너 학교 그만두고, 너 왜 이렇게 맨날 문 잠그고 그렇게 방에만 있어라' 딱 나가면서 하는 말이 방에 못질을 하라는 거예요. 그러면서 '너는 니가 나를 그렇게 만들어 놓고 나중에 꼭 자기를 나쁜 놈으로 만든다'는 거예요. '나는 아빠가 애들을 좀 다독거리기를 원한다 나는….' (1회기)

• 오해하고 화내는 아빠

내담자: 아빠가 확 화를 내 가지고 내가 어이가 없어 가지고, 그냥 방으로 들어갔어요. 들어갔다가 이제 제가 방에서 나오니까 아빠도 방에서 나왔었나 봐요. 제가 할머니 방에 들어가서 텔레비전 보려고 나왔는데, 솔직히 좀 마주치기 꺼리잖아요. 그냥 움찔하고 할머니 방으로 들어갔는데 화를 버럭 내면서 '××년' 그러면서 아빠 말로는 제가 자기 얼굴을 보고 마루로 나오려다가 할머니 방으로 피하려고 했다는 거예요. (3회기)

• 화내는 이유를 추측하는 아이들

내담자: 그런 건 모르고요, 제가 일어나기 전에 일이니까, 아침밥 문제로 화를 냈다 그러더라고요. 근데 그러니까 그냥 내가 추측하기로는 할머니가 아빠한테 뭔 이야기를 했나 싶기도 하고, 근데 제가 그날 깬 이유가 아빠가 갑자기 화를 막 내면서 '언제까지 잘 거냐'고 막 짜증을 내면서 '일어나라'고 해서 그때 일어났거든요. 그 이후로 싸늘한 분위기가 느껴졌는데 그때 할머니랑 아빠랑 마루에 같이 있었고, '할머니가 아빠에게 무슨 얘길 하셨나?' 그냥 추측할 뿐이에요. 아빠가 평소에 그런 얘기 않다가 갑자기 밥 얘기 가지고 그런 얘기 한 거 보면 추측밖에… 아직 몰라요. 그날 아침에 뭔 일이 있었는지…. (3회기)

내담자: 얘가(여동생) 말하는 것 중에 제일 짜증나는 거는, 제가 말한 걸 내 표정이나 그런 걸 보고 지가 혼자 해석하는 거예요. (6회기)

#### (8) 일방적 의사소통

• 자기 말만 하는 아빠

엄마: 우리 딸들과 아빠가 요새 반복하는 것은, 애들이 아빠가 마루에 있으면 할머니 방으로 쏙 들어가서 그냥 텔레비전 본다거나 그렇게… 그냥 아빠가 자기 생각대로 윽박지르니까 애들도 그냥 수동적으로 듣는 거지요. (1회기)

• 자기 감정대로 하는 아빠

내담자: 아빠가 감정을 주체하지 못하고, 맨날 자기 감정대로 그렇게 했다가 결국에는 다시 사과하고…. (3회기)

• 자녀들의 이야기에 맞장구쳐 주지 않는 부모

치료자: 스트레스 받았던 거를 풀어낼 수 있냐는 거지. 이쪽 가정에서 큰딸이 뭐라고 했을 때 엄마 아빠가 '그래 맞어! 니 말이 맞어! 그래서 열 받았겠다' 이렇게 표현을 해 주냐는 거야.

내담자: 아니요. (6회기)

• 지시적인 아빠

치료자: 본인이 표현할 때 아빠가 어떻게 보면 그걸 받아 주지 못하고 거부했다고 느끼는 거야?

내담자: 아빠 말투도 마음에 안 들고, 얘기할 때 맨날 ~해라, ~해라. (8회기)

#### (9) 자매간에 서로 자극하는 표현방식

• 상대방에게 마음과 다른 표현방식 사용

여동생: 언니한테 잘 못 맞춰 줘요. 애교 떨고 그런 거 있잖아요. 언닌 그런 걸 바라는 거 같아요. 마음속으론 진짜 고맙죠. 근데 '아 고마워!' 이래요. 장난으로 '아 나 이것보다 더 좋은 걸 원했는데' 이런 식으로 말해요. 근데 언니도요 제가 저번에 좋은 샤프를 사 줬어요. 샤프 중에서 좋은 게 있잖아요. 근데 그게 금방 망가졌나 봐요. 아무튼 저는 되게 좋은 거라고 사 줬는데 언니가 '니가 사 준 거 완전 꼬졌어, 이천 원짜리 샤프가 훨

씬 났다' 이러는 거예요. (4회기)

- 상대방을 자극하는 표현방식

치료자: 지금 둘이 겪는 게 뭐냐면, 언니가 그랬잖아 동생 표정 말투가 짜증난다 이거야. 그러면 내가 볼 때 동생 입장에선 언니가 내 표정으로 인해서 짜증나고 말투도 짜증나는데, 언니 표정도 또한 나를 짜증나게 한다는 거지. 변화시키질 못하고 나를 더 열 받게 하고 또 이번에도 '어쩔! 그래서!' 이렇게 나간다는 거지, 그럼 이쪽도 열 받아서 또 나가지 않냐 이거야. 그럼 두 사람 간에 표현하는 방식 자체가 상대편을 자극시키고 있는 표현방식이지 않냐 이거야. (6회기)

### 3) 역기능적 양육태도

부모의 역기능적인 양육태도의 저변에는 부모의 원가족에서의 경험과 역기능적 의사소통방식이 영향을 미치고 있었는데, 아빠의 경우 권위주의적이며 엄격한 규칙을 갖고 있었고, 자녀들에 대한 대응방식의 혼란을 경험하고 있었으며, 자신과 자녀를 비교하는 등 부정적 양육태도로 자녀들을 대하였다. 엄마의 경우 가족 내에서 과도한 역할을 하였으며, 지나친 간섭, 지나친 훈계 등의 양육태도를 취함으로써 자녀들의 문제행동을 유발하는 요인으로 작용하였다.

#### (1) 권위주의적인 아빠

- 애들의 말투를 이해 못함

엄마: 애들 말투 같은 것도 이해 못해서 아빠가 성격이 좀 고지식하고, 권위주의적이고 전형적인 그 옛날 60~70년대 아빠상이에요. (1회기)

- 아빠 말은 다 들어라

내담자: 아빠는 뭐랄까 되게 권위주의적인 것 같아요. '아빠 말이면 다 들어라' 이런 식이니까…. (3회기)

#### (2) 엄마의 과도한 역할

- 남편과 아이들 사이에서 중재자 역할

치료자: 어머니가 딸들이 스트레스 안 받았을 때 중재자 역할을 잘하셨을지 모르지만 지금

어머니 역할이 어떻게 보면 딸하고 아빠 관계를 차단시키고 있는 역할을 하고 있어요. (2회기)

• 신혼 때부터 큰 소리 안 나게 하려고 남편에게 맞춰 줌

엄마: 내가 신혼 때부터 큰소리 안 나게 하려고, 남편에게 좀 맞춰 주고, 내가 누르고 그렇게 살다 보니까…. (1회기)

• 시어머니와 남편 사이에서 중재자 역할

엄마: 남편하고 시어머니가 이렇게 스트레스 받으니까, 그냥 어머니로서 안쓰럽고 잘해 드려야지 하면서 구체적으로 표현을 한다거나, 중간에서 노력을 하려고, 어머니 병원에 다녀오시면 며느리가 챙기는 것하고 아들이 하는 거 하고 또 다르잖아요. 내가 가서 '오늘 어머니가 병원에 갔다 왔는데 혈당 수치는 좀 내렸는지 가서 물어보고 아는 척 좀 해' 그러면 마지못해 가서 '병원 다녀오셨다면서요?' 그러면서 아는 척을 해요. 어머니가 좋아라 하고…. (1회기)

• 마마걸인 내담자

엄마: 아빠 표현이 큰딸이 마마걸이라고 표현을 해야 된다고, 모든 게 엄마 엄마…. (1회기)

### (3) 엄마의 지나친 간섭

• 문자내역을 뽑아 봄/감시

여동생: 학교에서 노는 애들 그러니까, 저는 그런 애들의 노는 방법을 몰랐으니까, 그때는 그것만 보이는 거예요. 엄마는 그걸 자꾸 막는 거예요. 자꾸 제 친구 엄마들한테 전화를 해요. 어딜 갔고 어딜 갔고 그런 걸 막 따져요. 제가 말을 해도 엄마는 저를 못 믿고, 핸드폰 문자내역서까지 뽑아 보고 그래요. (4회기)

• 간섭이 심한 엄마

내담자: 저랑은 상관이 없는데, 솔직히 말하면 제가 봤을 때 (엄마가) 동생한테 하는 거 봐도 '대단하다, 너무하다' 싶을 정도로 간섭하고…. (3회기)

• 잔소리가 심한 엄마

내담자: 저는 그냥 놔둬도 내가 알아서 할 것을, 예를 들어서 수업이 있으면 숙제를 하는데 솔직히 좀 능력이 딸려서 못하는 부분이 있을지 몰라도 숙제를 하는데 맨날 '숙제해라, 숙제했니…' 짜증나 죽겠어요 진짜, 알아서 하려는 것도 막고…. (7회기)

### (4) 헷갈리는 부모

• 대응방식에서 오는 혼란

엄마: 애들 아빠가 저에게 '니가 나를 그렇게 만들고 나만 나쁜 놈 만든다'고… 이제 '나는 집에서 인제 웃기만 하고 화 안 낼 거야' 어제 아침에 나가면서, 그러고 저녁때 와서 또 '쟤 학교 갔냐? 그렇지 안 갔지'. 오늘 학교 갈 준비하는 큰딸에게 '오늘도 학교 가실려고?' 그렇게 이야기하면….

치료자: 근데 딸 입장에서 헷갈릴 거 아니에요. 과연 아빠가 어떤 것이 진짜 아빠인지…. (1회기)

내담자: 엄마가 기분 좋을 때는 (학교를) 안 가도 막 장난치고 그러다가, 어떨 때는 똑같은 상황에서 확 화를 낼 때가…. (3회기)

### (5) 지나치게 훈계하는 부모

• 갈등을 털어놓으면 훈계하는 부모

내담자: 애들이랑 좀 문제 있고, 그래도 아빠가 엄마한테 들어서 알 거 아니에요. 그걸 지금도 아빠는 생각을 못하겠지만, '너 살 때문에 애들한테 왕따당하는 거야!' 그렇게 얘기를… 또 방에 들어오는 것도 솔직히 싫은 것이 아무튼 아빠가 내방에 들어와서 뭔 얘기를 할지 패턴이 뻔한데… 어쨌든 훈계가 될 텐데… 짜증내는 말투로 화내고…. (8회기)

• 중 3때 왕따 경험 후 전학시켜 달라는 큰딸에게 참으라는 엄마

내담자: 전학시켜 달라 그러면 참아 보라고, 엄마가 항상 말했던 게… '전학 참아 봐 참아 봐' 이랬어요. 그 후론 내가 말을 안 하고 꺼내지도 않았어요. (7회기)

### (6) 엄격한 규칙

• 자식에 대한 엄격한 규칙

아빠: 어머니한테도 웃지를 못하잖아요. 근데 자식들 앞에도 웃거나 떠들면 안 되거든요. 그래서 똑같이 그냥 입 다물고 있어야 한다는, 그런 어떤 상태를 유지하려고 했는데 그런 내 행동들이 애들한테 영향을 미쳤나 싶고…. (5회기)

#### (7) 비교하는 부모

• 자신들과 자녀를 비교함

내담자: 아빠랑 나랑 환경이 전혀 다르잖아요. 근데 왜 그렇게 비교를 하는지 모르겠어요. 뭐 예를 들어서 아빠가 어릴 때 뭐지? '나는 진로 얘기를 해 주는 사람이 없었는데 너는 지금 이렇게 있으니까 너는 잘 해야 되지 않겠느냐…' 그 말이 가장 자주 나오고 엄마도 똑같아요. (8회기)

### 4) 부모의 원가족 배경

#### (1) 아빠의 원가족 경험과 역기능적 의사소통방식

아빠의 경우 돌 무렵 아버지가 사망한 후 어머니가 재가하였고, 그 후 어느 정도 성장하기까지 외조부모의 손에서 양육되었다. 아빠는 가족 내에서 마음을 터놓을 대상이 없었으며, 기능적인 의사소통방식을 배울 기회도 없었고, 아버지로서의 모델링 대상이 없었다. 또한 아빠는 재가한 어머니와 함께 살기 시작한 후에는 표현하지 않고 살았으며, 늘 불안정한 평화를 유지하기 위한 과도한 역할을 하였다. 아빠는 원가족 내에서는 주로 명확하지 않은 의사소통방식, 분노폭발, 거리감 두기 등의 의사소통방식을 사용하였으며, 이러한 원가족 배경은 현재 가족구성원들과의 관계에 영향을 미침으로써 자녀의 대인관계 갈등의 요인으로 작용하였다.

• 명확하지 않은 의사소통방식

아빠: 저희가 집안이 요새 들어와서 덜해지는데 사실 어머니하고도 그렇고 그 형제들은 저도 못하지만 하여튼 제 어머니하고 제 형제들하고 그런 현상들이 많아요. 이렇게 확하고 그냥 욱했다가, 또 아이고 잘못했지 또 시간이 지난 다음에 대충 넘어갔다가, 또 돌발적인 거 있잖아요. 우리가 살아온 과정 때문인가 싶기도 하고…. (5회기)

• 원가족의 분노표출방식

치료자: 고모의 욱하는 표현방식과 시어머니 표현방식이 유사합니까?

엄마: 저는 그게 있는 것 같아요. 어머니 말이 '저것도 승질이 지랄 같아서' 이런 소리를 가끔 하세요. 또 남편은 과격해지죠. 애들도 때리고 욕도 하고….

치료자: 네 그러면 그 방식이 지금 시어머니하고 시누이가 화났을 때랑 비슷하네요. (2회기)

• 어머니와 거리를 둠

아빠: 어머니 하고 관계 때문에 내가 빌어먹고 있는 것뿐이지 내가 거기서 뭐 어떤 그 구성원으로 들어가고 싶지도 않고, 그건 철저하게 어떻게 보면 악랄하다고 할 정도로 좀…. (5회기)

• 어려서부터 마음을 터놓을 대상의 부재

치료자: 같이 동거를 했던 가족이잖아요, 이러한 삶의 과정에서 대화를 하실 수 있었던 분이 있었냐는 거예요. 할머니 할아버지한테 예를 들면 학교에서 있었던 일이라든지, 예를 들어 '엄마가 보고 싶다'라든지 '엄마는 나를 버리고 갔다'든지….

아빠: 안 했지요. (5회기)

• 예민한 가족사로 인해 표현하지 않고 삶

치료자: 어머니한테 이렇게 자기 감정에 대해서 화내지 않고 표현해 보신 적은 있으세요?

아빠: 그런 상황은 안 되죠. 우리 식구들끼리 예민한 부분들이기 때문에 서로 얘기를 안 하고 지나가야지, 이거 건드리면 복잡해지거든요. (5회기)

• 새아버지를 아버지라 부르지 않으며 새아버지가 오시는 날이면 피함

아빠: 재가하시고 나서, 동생들 생겨 가지고 동생들 위주로 생활하시는… 저 그분한테 아버지라고 안 했어요. 그분이 오시면 나가버리고…. (5회기)

• 불안정한 평화 유지를 위한 노력/과도한 역할

아빠: 저는 항상 어려서부터 외로웠어요. 저의 원칙은 제가 있는 한은 '이 가족 균형관계가 안 깨졌으면 좋겠다'라는, 불완전한 평화가 되겠지만 지금 있는 상태 내가 지금 이제 어머님 모시고 있고, 또 내 동생들 하고 있고, 이 불완전한 가정의 중심으로서 내가…. (5회기)

• 아버지로서의 모델링의 부재

엄마: 최근에는 남편한테 제가 '자기는 이게 보고 배웠다는 게 딴게 아닌데 아버지 모델이 없지 않았느냐' 하면서… '아빠한테 사랑받은 거를 애들한테 표현해 줘야 하는데…'. (1회기)

(2) 엄마의 원가족 경험과 역기능적 의사소통방식

엄마의 경우 친정부모의 갈등을 경험하면서 성장하였으며, 친정아버지가 들어오시면 부

모가 싸울까 봐 늘 불안했었다. 아버지는 외도와 도박으로 어머니를 힘들게 하였고, 부모는 서로 자극하는 표현방식으로 갈등이 증폭되었으며, 친정어머니는 엄마와 밀착된 관계를 유지하였었다. 이러한 원가족 경험과 역기능적 의사소통의 경험은 엄마로 하여금 남편과 자녀와의 사이에서 갈등을 해결하기 위한 중재자의 역할을 하게 한 원인으로 볼 수 있다.

• 아버지의 외도와 도박

엄마: 어렸을 때 기억에도 며칠 집에 계시다가. 엄마랑 싸우다가 또 며칠 안 오시다가, 외도도 있고, 안 보이실 때는 수중에 조금 돈이 생기면 며칠 또 마작 하시고…. (2회기)

• 친정어머니의 과도한 역할

엄마: 엄마 덕에 그래도 친척들이 오지, 엄마가 되게 인정이 많은 엄마였어요. (2회기)

• 아버지가 들어오시면 부모님이 다투실까 봐 불안함

엄마: 불안하고 뭔가 불안한 예감이 들고, 아버지가 들어와 있으면 뭔가 편안한 마음이 아니었으니까 차라리 집에 안 계시는 게…. (2회기)

• 부모님의 서로 자극하는 표현방식

엄마: 어린 마음에도 예상이 됐었어요. 아버지가 들어오면 엄마랑 싸움이 나지 않을까? 근데 어린 마음에 또 둘이 이렇게 대화를 시작하면, 아니 엄마가 저렇게 나가면 아버지가 이렇게 나가 분명히 싸울 텐데 엄마도 매번 저러면서도 엄마도 참 희안하다…. (2회기)

• 친정엄마와 밀착관계

엄마: 그래도 막내딸이라 엄마하고는….

치료자: 밀착관계였나요?

엄마: 네…. (2회기)

### 5) 지금까지 시도되었던 역기능적 의사소통 패턴

지금까지 시도했던 역기능적 의사소통 패턴을 보면 엄마 아빠 모두 원가족에서의 경험과 역기능적 의사소통방식, 가족 내 부정적 감정, 가족 내 역기능적 의사소통, 부정적 양육태도로 인해 가족관계에서 문제가 발생하면 부모와 자녀들은 대부분 이를 회피하는 방식으로 사용하다가, 자녀와 아빠(남편) 사이에서 엄마가 역기능적인 중재자 역할을 함으로써 아빠는 참았다가 폭발하게 되었고, 자녀들과 엄마는 아빠가 화가 난 이유에 대해 알지 못하였으며, 그 문제발생에 대한 이유에 대해 부모는 설명해 주지 않았다. 또한 이유를 모르

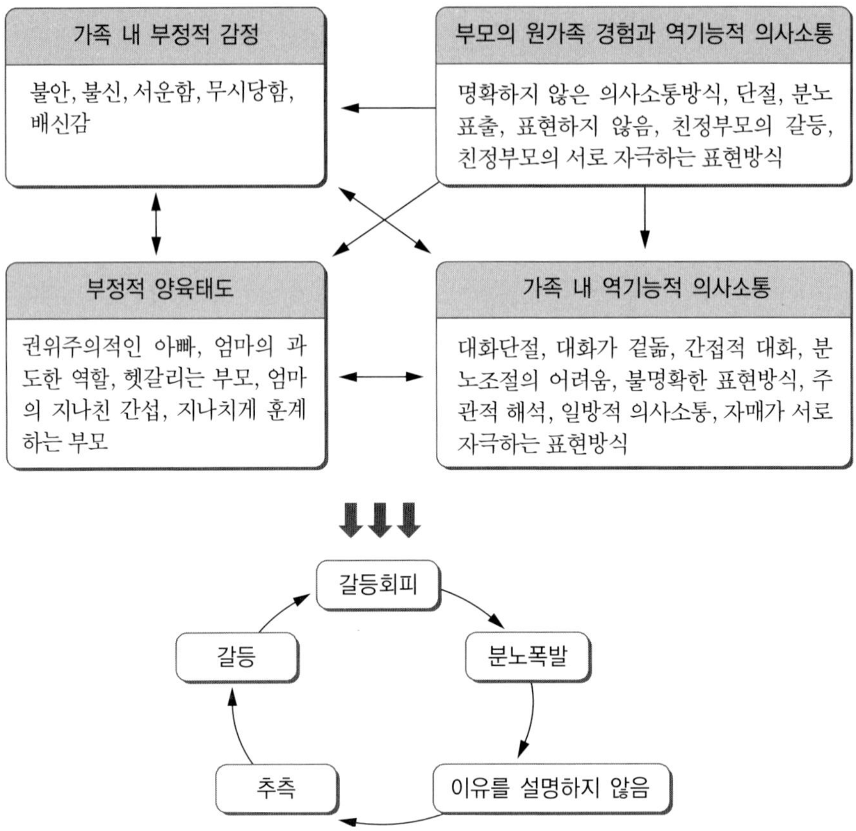


[그림 2-2] 지금까지 시도했던 역기능적 의사소통 패턴

는 데에서 자녀들은 이러한 상황들을 추측하고 이러한 추측은 오해를 낳게 되었고 다시 갈등 상황에 처하게 되는 악순환의 과정을 가져왔다. 따라서 자녀들은 부모의 행동에 대한 이해보다는 헷갈려하며, 자매들 간에도 같은 의사소통방식을 사용함으로써 갈등이 증폭되고 있었다.

## 4. 치료자의 개입방법은 무엇인가

### 1) 치료자의 치료적 관점

치료자는 가족구성원의 변화를 위해 몇 가지 치료적 관점을 가지고 접근하였다. 즉, 지금까지 자녀의 변화를 위해 시도했던 방법은 자녀의 변화에 영향을 미치지 못하였으므로, 지금까지의 상호작용 방식이 아닌 새로운 방식으로의 변화를 통해 가족관계의 변화를 가능하게 한다는 것으로 이는 MRI의 상호작용적 가족치료 모델에 근거한 것이다.

첫째, 상호작용에서 표현하는 방식의 변화는 가족 변화를 가능하게 한다.

> 치료자: 현재 두 분 간, 즉 아빠하고 큰딸하고, 엄마하고 큰딸, 아빠와 둘째 딸, 엄마와 둘째 딸, 자매간 상호작용하는 방식을 집중적으로 봅니다. 핵심은 상호작용에서 표현하는 방식은 바꿀 수 있다는 거예요. 변화는 얼마든지 가능해요. (1회기)

둘째, 지금까지 시도했던 방법이 통하지 않았다면 다른 방식으로 시도하자.

> 치료자: 따님이 대인관계에서 좀 더 사교적이고 변죽 있게 할 수 있는 방법이 뭐냐 이거거든요. 가족구조상 따님과 아빠하고 관계가 스트레스 받고 있는 관계라는 거예요. 여기가 걸려 있고 또 하나는 엄마가 따님을 공부하도록 유도하는 방법 자체가 틀리거나 맞거나 그런 차원이 아니고 큰따님에게 안 먹히지 않냐 이거예요. (7회기)

셋째, 반복되는 패턴, 즉 가족 내 반복되는 패턴이나 원가족에서부터 반복되는 패턴의 확인을 통해 통찰력을 높임으로써 문제에 대해 인식의 변화를 가져올 수 있다.

> 치료자: 지금 어디까지 거슬러 올라 가냐면 본인의 지금 문제는 아빠하고 걸려 있고 아빠 또한 할머니하고 관계가 걸려 있고 아빠가 이 표현하는 방식이 주거니 받거니 못한다는 거야. 어렸을 때 아빠가 생각을 해 봐…. (중략) … 그런 얘기를 다 해 주면 아빠를 이해하는 폭이 달라지지. 그런 이야길 다 들었기 때문에 따님이 어디에서 걸려 있는지 나는 파악하고 있는 거거든. (7회기)

### 2) 치료자의 개입기법

치료자가 내담자 가족의 변화를 위해 시도한 개입기법은 5개의 상위범주와 10개의 하위범주로 범주화되었으며 〈표 2-4〉와 같다.

〈표 2-4〉 ■ 치료자의 개입기법의 개념추출과 범주화

| 상위범주 | 하위범주 | 개념 |
|---|---|---|
| 치료적 동맹 | 가족구성원의 입장을 대변하기 | 아내의 입장에 대해 정리해 주는 치료자, 아빠의 원가족 상황을 설명해 주는 치료자, 내담자(언니)의 입장을 대변해 주는 치료자 |
| 새로운 의사소통 방식의 지도 | 적극적 경청 | 상담실에서 상대편의 이야기를 끊는 방식을 제지시킴 |
| | 비효과적인 대처 방식에 대한 설명 | 이제까지의 방법이 일시적인 효과는 조금 있지만 긍정적인 부부관계의 개선에는 좋은 방식이 아님을 설명, 자매의 비효과적인 표현방식에 대한 설명, 편들어 주지 않는 가족 |
| | 표현방식의 변화 요구 | 명확하게 표현하기, 직접적인 대화요구, 편들어 주기, 표현을 끄집어내기, 협상하기 |
| 부모양육 태도의 변화 요구 | 자녀와의 분리 | 엄마가 자녀와 분리되어야 함 |
| | 큰딸의 권위를 세워 주기 | 내담자(큰딸)를 위계서열상 우위에 놓기 |
| | 자녀들 편에서 지지하기 | 각각의 자녀의 편에서 지지해 주기 |
| 반복되는 패턴의 조명 | 가족생활에서 반복되는 부정적 패턴 조명 | 자매의 갈등 상황에서 반복되는 아빠의 개입, 자매의 반복되는 자극적인 대화 패턴, 아빠와 엄마의 불명확한 표현방식 |
| | 세대 간 반복되는 패턴 | 자녀 간의 표현방식이 부모의 표현방식에서 기인된 것임, 할머니-아빠-큰딸의 대화 패턴이 같음 |
| 비유법 | 치료자의 자기노출 | 큰아들의 권위를 세워준 치료자의 개인적 경험, 자녀의 편에서 지지해 주는 치료자 |
| | 유사한 사례 비유 | 문제를 해결하려고 시도했던 방식이 문제를 더욱 악화시킨 사례, 상대방을 인정 못하는 표현방식으로 인해 갈등이 계속 반복되는 사례 |

### (1) 치료적 동맹

치료자는 치료적 동맹을 통해 특정 가족구성원과 동맹관계를 형성함으로써 대변하는 역할을 하기도 하며 이는 가족의 의사소통을 원활하게 하는 데 사용된다.

#### ① 가족구성원의 입장을 대변하기

• 아내의 입장에 대해 정리해 주는 치료자

치료자: 따님들에 대하여 엄마가 불만이 있는데 그걸 전달하는 과정에서 아빠한테 전달하면 아빠가 어머님 말씀을 듣고 아버님께서 지금 애들한테 중재자 역할을 하시는 데 있어서 애들을 야단치신다는 거예요. 그러면 엄마 입장에서는 남편이 좀 내 얘기만 듣고 그냥 여기서 여과시켜 줬으면 좋겠는데 거기서 지나친 역할을 하신다라고 생각하시는 거고요. 또 하나 애들은 엄마의 역할로 인해 오히려 아빠하고 사이가 안 좋아지는 구도가 보이더라고요. (5회기)

• 아빠의 원가족 상황을 설명해 주는 치료자

치료자: 친아버지도 일찍 돌아가셨고 아빠 모델링도 없었고 아빠가 표현을 어떻게 하는지 도 잘 모르고 성장하셨을 거란 얘기지요. 삐지면 혼자 삭이고 그저 말 안 하고 덮었지 않았냐 이거예요. 어려서부터 그렇게 했고 결혼했는데 화나면 똑같은 방식을 사용하시고…. (5회기)

• 내담자의 입장을 대변해 주는 치료자

치료자: 언니(내담자) 입장에서는 그럴 수 있겠지? 애는 지가 가지고 와서 알려 달라고 해서 알려 줬는데… 나는 나름대로 선물했더니 눈이 저리로 갔다거나 '체~아유 놀고 있네!' 뭐 이런 식으로 하면 언니는 뚜껑이 안 열릴까? (6회기)

(2) 새로운 의사소통방식의 지도

MRI의 상호작용적 가족치료 모델의 원리에 근거하여 지금까지 시도했던 방식의 비효과성을 지적하고 새로운 의사소통방식으로 표현방식을 변화시킴으로써 새로운 대처방식을 통해 행동의 변화를 이끌 수 있도록 하였다.

① 적극적 경청

• 상담실에서 상대편의 이야기를 끊는 방식을 제지함

치료자: 잠깐만 끊지 말고 나중에 얘기해요. 억울하겠지만…. (6회기)

② 비효과적인 대처방식에 대한 설명

• 이제까지의 방법이 일시적인 효과는 있었지만 긍정적인 부부관계의 개선에 좋은 방식이 아님을 설명

엄마: 지금도 연말 공연 그 이후로 제가 바로 풀어서 딸들이 아빠에게 애교를 떠는 게 아니고 제가 재롱을 떨거든요. 그 이후에는 남편이 괘씸해 가지고, 제가 요새 쌀쌀맞게 대하고 그냥 일상적인 것만 하니까 남편이 요새는 조금 제 눈치를 보죠.

치료자: 네. 근데 이제 여기서는 그 방식 가지고는 일시적인 효과만 나지 긴 안목으로 봤을 때는 긍정적인 부부관계의 개선에서 썩 좋은 방식이 아니라는 거죠. (2회기)

• 자매의 비효과적인 표현방식에 대한 지적

치료자: 오늘 들으면서 느끼는 게 뭐냐면 상대편이 언니는 동생의 표정에 대한 표현으로 어

쩌라고 예를 들면 그다음에 동생은 방금 전에도 우리가 웃으니까 민감하게 반응하잖아, 이게 또 지금 내 말 안 듣고 개무시하냐 하는 느낌을 받았잖아 그렇지? 본인도 보면 언니가 표정으로 만약에 전화할 때 표정으로 또 전화 하냐 아이고… 이렇게 하면 그러한 표정과 말투로 상대편을 변화시키기보다는 상대편을 개무시하는 듯한 감을 주지 않았느냐 하는 거야. (6회기)

• 편들어 주지 않는 가족

치료자: 엄마도 보니까 아빠보단 덜하지만 적극적으로 딸 편을 지지하는 표현방식은 아니시네요. (3회기)

치료자: 고모가 멱살 잡고 밀어 버렸다는 거예요. 큰따님(내담자)은 거기서 더 질려 버린 거죠. 그런데 엄마 아빠가 큰따님(내담자)이 옳고 그름을 떠나서 일단은 무조건 큰따님 편을 먼저 들어 줬더라면 오히려 가정 내에서 흡수되고 고모하고 관계가 덜 어려웠을 텐데 흡수가 안 되면 고모하고 관계가 더욱 악화될 수 있다는 거죠. (5회기)

③ 표현방식의 변화 요구

• 명확하게 표현하기

치료자: 아빠가 그날 함께 가기로 하고 안 가신 건지 아빠가 명확히 내가 이래이래서 기분이 어째서 안 갔다고 해야 하는데 따님들이 못 들었다는 거예요. 그럼 저는 여기서 알 수 있는 거는 아빠가 왜 가기로 하고 안 갔냐 엄마가 예를 들면 뭐 아침에 일어났는데 내가 목이 아파서 이런 얘기 근데 또 아무것도 없는데 엄마한테 말을 발끈하고 그래서 나도 모르게 발끈했다. 근데 발끈한 거는 내가 어려서부터 차근차근 얘기를 하는 게 아니라 쌓았다가 확 나오는 방식이 너희 할머니 표현방식 알지… 그럼 애들도 우리들한테 기분이 안 좋아서 아빠가 안 가신 건 아니라는 거를 이해할 수가 있다는 거죠. (5회기)

• 직접적인 대화요구

엄마: 제가 불안한 건 어머니하고 큰아들(남편)하고 세 마디를 못 가고 그냥 문 쾅 닫고 들어가시고 그게 애들하고 비슷해요. 내가 애들이 어렸을 때는 중재자 역할을 했는데, 인제 애들이 머리가 커지니까 중재자 역할이 안 되는 거예요.

치료자: 어머니는 빠지셔야지 그 중재자 역할이 오해만 더 사요. 거기선 직접 따님하고 아빠하고 대화가 진행되어야지 어머니 마음이 홀가분하시고 여유도 생기시고 엄마 나름대로 역할을 할 수 있다는 거죠. (2회기)

• 편들어 주기

치료자: 만약에 고모 쪽을 두둔하고 언니(내담자)가 잘못했다고 지적하고 하면 언니 기분이 어떨 거 같아? 나쁘지? 그래 일단은 나쁘지. 근데 본인이 지금 요번에 영어마을 그 싸가지 없는 새끼 있잖아 영국에서 왔대나 하는 재수 없게 하잖아 왕재수… 왕재순데 엄마나 언니가 이렇게 얘기한다는 거야. '야 너도 뭔가 잘못이 있으니까 그 사람이 너한테 그랬겠지!' 그때 기분이 어땠어?

여동생: 나빴어요.

치료자: 사람이 어떨 것 같어? 내 편 들어 주는 게 제일 좋잖어. 아빠가 아빠 입장에선 옳을지 모르지만 큰딸이나 둘째 딸 입장에선 틀릴 수도 있잖아. 나를 이해 못해 줄 수도 있고 그런데 이쪽은 보니까 대화하는 방식이 내 편을 들어 주기보다는 좀 더 객관적으로 보는 것 같아. 그럼 내 이야긴 뭐냐면 누가 옳고 그르다 이것은 자기가 옳은 거지. 대화를 계속 이어 나가려면 일단은 그 사람 입장을 두둔해 주는 게 낫지 않냐 이거야. 그럼 본인이 충분히 언니가 더 열 받은 얘기, 예를 들면 할머니한테 열 받았는데 고모가 와서 편들어 줘 가지고 더 열 받았잖아? 그러면 거기서 만약에 동생까지 '언니 내가 봤을 때도 할머니한테 언니가 지나쳤어' 그러면 어떨까? 언니 기분이 열 받을 거 아니야? 나는 지금 내용이 맞고 틀리고 그거보다는 표현하는 방식에서 지금 열 받았는데… '잘못한 게 있으니까 그렇지!'라고 고춧가루 뿌리면 뭐가 되냐 이거야! 지금… 열 받았을 때 계속 편들어 줘서 나오고 나서 열 받은 게 식으면 자기를 되돌아볼 수 있는 여유가 생기잖아 그렇지? 근데 이쪽은 대화방식이 그게 아닌 것 같은데 이해돼? (4회기)

• 표현을 끄집어내기

치료자: 남편 입장에서 와이프가 중얼중얼거릴 때 일단은 다 흡수를 해 주자는 거죠. 표현을 하도록 계속 양념만 치는 거죠. 고춧가루 치는 게 아니라 계속 나오게끔… 근데 이게 왜 중요하냐면 지금 따님들이 걸려 있단 말이에요. 그럼 따님들이 쓰는 표현방식이 언니가 얘기할 때 동생이 끌어내는 방식이 아닐테고…. (5회기)

치료자: 둘째 딸(여동생) 입장에서는 언니(내담자)가 자기가 얘기했을 때 다 받아 줬더라면 언니한테 그렇게 주거니 받거니 상냥하게 할 수 있다는 거죠. 이 표현방식이 어디서 오냐면 지금 부부관계가 참 좋으신데 남편 입장에서도 와이프가 굉장히 고마울 거 아닙니까. 그럼 어떻게 보면 와이프께서 표현하실 때 '그래도 그냥 생색내지 말고 당신이 참으면 다 나름대로 인정받고 복이 와!' 예를 들자면 그 말 들으려고 하는 건 아니라는 거죠. 계속 이야기가 나와야 된다는 거예요. 여기서 쌓였던 감정이 그게 온종일 가지는

않거든요. 20~30분 안에 끝날 수도 있고 더 길어질 수도 있는데 지금 부군께서는 와이프의 이야기를 잘라 버리셨다는 거예요. (5회기)

• 협상하기

치료자: 큰따님이 뭐라고 이야기를 했냐면 아빠가 화를 내면 왜 화를 내시는지를 모르겠다는 거고 아빠가 화나면 화해할 수가 없다는 거예요. 그럼 저는 뭐냐면 따님이 아빠하고 어떤 문제가 됐든 내놓고 각자의 의견을 제시하면서 협상하는 방법을 집에서 배워야 될 텐데 이 협상하는 방법이 부족하지 않냐 이거예요. 그런데 대인관계에서도 내 의견을 내놓고 주거니 받거니 협상할 수 있는 게 집에서 학습화되어 있지 않기 때문에 대인관계에서도 그게 딱 걸리지 않냐 이거예요. (9회기)

### (3) 부모 양육태도의 변화 요구

Bowen의 가족체계 이론에 근거하여 치료자는 지나치게 밀착되어 있는 엄마와 자녀 간의 관계를 설명함으로써 엄마와 자녀가 분리되어야 한다고 설명하였다. 또한 치료자는 자녀들을 양육하는 데 있어서 그동안의 방식이 자매 사이를 더욱 좋지 못하게 하였음을 인식시키고 자녀들 각각의 편에서 편들어 주는 부모의 양육태도의 변화를 통해 자매관계가 회복될 수 있도록 하였다.

#### ① 자녀와의 분리

• 엄마가 자녀와 분리되어야 함

치료자: 어머니 입장에서 과도한 역할을 하고 계시고… 아까 아버님께서도 지적하셨듯이 지나치게 자녀들하고 밀착관계란 말이에요. 그 밀착된 관계에서 벗어나면 애들이 오히려 더 편안함을 느끼거든요. (5회기)

#### ② 내담자(큰딸)의 권위를 세워 주기

• 내담자(큰딸)를 위계서열상 우위에 놓기

치료자: 누가 옳다 그르다가 아니고 각각의 입장에서 다 자기가 나름대로 옳다는 거죠. 그런데 중요한 건 뭐냐면 먹힐 수 있는 방법, 즉 효과적인 방식으로 소통을 했느냐 안 했느냐가 제 초점이에요. 위계선상에서 큰애의 위신을 세워 줘야 되고… 아버님의 표현방식을 쭉 보니까 두 사람 간의 관계를 회복시키려고 했던 방식이 오히려 더 악화시키는 방식이라는 거죠. (5회기)

③ 자녀들 편에서 지지해 주기

• 각각의 자녀의 편에서 지지해 주기

치료자: 저는 둘이 충돌하면 큰애를 불러서 완전히 전적으로 지지해 주죠. 애하고 둘이 있을 때. 둘째 애하고도 또 전적으로 '그래 네 언니가 좀 별나…' 하고 시도해 보시라는 거예요. (5회기)

(4) 반복되는 패턴의 조명

가족 내 증상이나 관계가 세대 간에 반복되는 패턴을 Bowen은 다세대 간 전수과정으로 설명하였다. 치료자는 가족생활에서 반복되는 부정적 패턴을 가족구성원들에게 설명하고 이러한 것들이 미분화로 인한 것임을 인식시켰으며 이러한 패턴이 다세대 간에 전수되고 있다는 것을 인식시켰다.

① 가족생활에서 반복되는 부정적 패턴 조명

• 자매의 갈등 상황에서 반복되는 아빠의 개입

아빠: 큰애하고 작은애하고 싸워요. 원인 제공은 작은애가 했지만 큰놈이 욱했어요. 또 그렇게 시작을 하더라고요. 그러면 큰애가 확 한 거가 되니까 너 이리와 그러고 큰놈이 똑바로 해야지 하고 혼내 주고, 작은애 이리와 너 왜 언니를 건드려 항상….

치료자: 근데 두 사람의 관계가 변하지 않잖아요. 그러한 아빠의 양육방식으로 애들 관계가 좋아지지 않았지 않습니까? (5회기)

• 자매의 반복되는 자극적인 대화패턴

치료자: 언니 표현도 동생을 감싸 주기보다는 자극을 하는 표현방식이고 근데 동생이 깝새니까 자극을 하는 거고 언니의 자극적인 표현으로 인해 가지고 동생은 더 깝새게 되고 그렇지 않아? 그러면 동생 입장에서는 언니가 나를 감싸 주지 않고 지랄하고 있다 이런 표현이 되는 거지. (8회기)

• 아빠와 엄마의 불명확한 표현방식

치료자: 오늘 큰따님(내담자)이 뭐라고 얘기했냐면 동생하고 엄마하고 부딪칠 때 그 불똥이 나한테 튄다는 거예요. 그런데 솔직하게 엄마가 왜 짜증이 나는지에 대해서 본인한테 얘기하지 않고 또 엄마가 뭐라고 하셨냐면 나는 동생 때문에 화가 나는 것도 있었지만 너에 대해서도 사실 화가 났다는 거예요. 근데 이 패턴이 아빠하고 비슷하신 것 같단

말이죠. (7회기)

② 세대 간에 반복되는 패턴

• 자녀 간의 표현방식이 부모의 표현방식에서 기인된 것임

치료자: 둘째 딸 입장에서는 언니가 자기가 얘기했을 때 다 받아 줬더라면 언니한테 그렇게 주거니 받거니 상냥하게 할 수 있다는 거죠. 그러면 이 표현방식이 어디서 오냐면 엄마 아빠가 서로 대화하는 방식… 시어머님이 예를 들어 히스테리가 있으시더라고요. 아빠 입장에서 와이프가 그런 것들을 받아 주고 나름대로 이끌어 나가는 게 고마우실 거라고 보는데, 지금 표현하시는 방식에서 시댁식구들에 대해 앙알앙알 하실 때 '그거 알어, 그래도 그냥 생색내지 말고 당신이 참아!' 그렇게 이야기하시면 그 말 들으려고 하는 건 아니라는 거죠. 쌓였던 감정이 계속 나와야 되죠. 그런데 남편께서는 지금 잘라 버리셨다는 거예요. (5회기)

• 할머니–아빠–큰딸의 대화 패턴이 같음

엄마: 대인관계 스타일이 큰딸은 아빠랑 비슷해요. 아빠도 낯선 사람에게 먼저 다가가는 것을 못하고… 제가 처음 얘기하는 건데 얘가 내가 말대답을 할 수 없을 정도 아까처럼 다다다다 막 하잖아요? 그러면 나도 힘이 부쳐 가지고 내가 속으로 어떻게 누르냐면 할머니하고 애랑 아빠랑 맨날 비슷하다고 그러거든요. 비슷한 구석이 많아 그러면서 아빠 욱해서 이렇게 하면 내가 속으로 누르면서 아휴 그 엄마에 그 아들 참 말도 잘하지, 난 또 어머니한테 받은 상처도 있기 때문에… 어떤 때는 어머니가 싫어서 애한테 나올 때도….

치료자: 엄마가 이 얘기 하신 적은 처음이세요? 니가 다다다다거리는 모습이 할머니 아빠와 같다고….

내담자: 엄마가 이렇게 직접적으로 얘기하진 않았지만 항상 얘기해요. 말하는 거 할머니랑 똑같다고 얘기 많이 해요.

치료자: 큰딸(내담자)의 문제는 지금 아빠하고 걸려 있고 아빠 또한 할머니하고 관계가 걸려 있고 아빠가 할머니처럼 표현하는 방식이 주거니 받거니 못한다는 거야…. (7회기)

(5) 비유법

치료자는 Bowen의 가족체계 이론을 활용하여 비슷한 사례를 통해 가족들에게 자신들의 문제를 객관적이고 현실적으로 바라볼 수 있도록 하였으며, MRI의 상호작용적 가족치료 모

델을 활용하여 은유를 통해 가족이 꺼내기 어렵거나 불편한 이야기를 비유적으로 설명함으로써 가족이 저항 없이 자신들의 문제를 좀 더 객관적으로 바라볼 수 있도록 하였다. 따라서 치료자는 비유법을 통해 가족구성원들로 하여금 가족의 문제를 객관적이고 현실적으로 바라볼 수 있는 통찰력을 증진시켰다.

① 치료자의 자기노출

치료자는 자칫 경직될 수 있는 치료과정에서 자신의 인간적인 측면의 노출을 통해 편안한 분위기를 만들기도 하고, 가족들의 통찰을 얻도록 하였다.

• 큰아들의 권위를 세워 준 치료자의 경험

치료자: 우리 딸하고 아들하고 4살 터울인데 매번 엄청나게 싸우는 거예요. 그런데 딸은 여차하면 울거든요. 그러면 항상 아들놈을 야단치는 거예요. '남자가 되어 가지고 쪼다 같이…' 문제를 해결하려고 시도했던 방식을 찾습니다. 그러니까 두 사람 간에 있어서 문제를 해결하려고 시도했던 의사소통방식을 잡는데 그 의사소통방식으로 인해 가지고 효과가 없다는 거예요. 관계 변화가 전혀 없고 오히려 관계를 악화시키거나 유지시킨다는 거죠. 그런데 제가 임상현장에서 그것을 찾고 있는데도 불구하고 우리 아들만 야단친 거예요. 둘의 관계가 안 좋아요. 우리 딸 하는 얘기가 엄마 아빠가 나가면 오빠가 괴롭힌다는 거예요. 심부름 시키고 그럼 애는 꼼짝없이 당하는 거예요. 그러다 엄마 아빠 등에 업고 또 부딪히는 거예요. 그래서 이 방식은 안 먹힌다는 것을 깨달은 거죠. 그런데 우리 아들놈이 또 건드려서 우리 딸이 앵 하고 울더라고요. 이번엔 딸을 야단쳤죠. '너 건방지게 왜 오빠를 건드리고 그래?' 그러니까 애가 서러우니까 더 우는 거예요. 전 같으면 아들놈 혼냈으면, 아들이 화가 나서 씩씩거리고 열불내고… 근데 이번엔 아들이 뭐하나 봤더니 방에 들어가서 침대 위에서 사지를 흔들어 대요, 좋아 가지고…. (5회기)

• 자녀의 편에서 지지해 주는 치료자

치료자: 제가 얼마 전에 우리 와이프하고 산 좀 걷자 그랬더니 안 가겠대요. 그래서 우리 딸한테 '○○아 아빠 산 좀 걷자' 했는데 안 걷겠다는 거예요. 그러니까 '아빠가 만 원 줄게 걷자' 그래서 갔는데 가면서 계속 삐죽거리는 거예요. 근데 딸이 엄마를 씹는 거예요. 아빠 내가 컴퓨터를 하고 있는데 이제 요것만 하고 끌려고 하면 엄마가 '너 아직도 컴퓨터냐?' 그러면 짜증난다 이거예요. 그럼 아빠로서 어떻게 표현하냐면 '맞어 그때 진짜 짜증났겠다…' 또 씹어요. '아빠 있잖아 티비를 좀 보고서 이제 저 드라마만 끝나면 가려고 하는데 엄마가 또 티비 보냐고 그래 가지고 기분이 팍 상해' 그럼 그 상태에서 티

비를 끄고 들어가서 공부가 되는 게 아니지 않냐… 그런데 그게 참 어려워요…. (1회기)

② 유사한 사례 비유

치료자는 유사한 사례를 듦으로 인해서 가족이 저항을 하지 않고 자신들의 문제를 객관적이고 현실적으로 이해할 수 있으며 자신의 상황을 치료자 앞에서 좀 더 편안하게 표현할 수 있도록 하였다.

• 문제를 해결하려고 시도했던 방식이 문제를 더욱 악화시킨 사례

치료자: 아이가 콩밥을 안 먹더래요. 엄마가 협상한 거죠. 아니 일방적으로 약속을 만든 거지 7살이니까 콩 7개만 넣어 줄 테니까 콩밥을 먹어라 이거예요. 근데 그날 아침에 콩밥을 안 먹는다고 버티더래요. 엄마가 열 받으니까 밥 먹지 말라고 밥을 밖으로 치워놨대요…. 애가 콩밥을 싫어하고 콩을 싫어하는데 결국 콩은 콩대로 안 먹고 밥은 밥대로 못 먹고… 결국 엄마하고 딸하고 관계만 악화되지 않았냐는 거예요. 애는 울면서 엄마는 나를 미워해 그러면서 학교를 갔다 이거예요… 저라면 너가 먹고 싶어 하는 게 뭐냐고 콩밥에서 콩은 뺀다 이거예요. 그럼 네가 원하는 것 먹여 주면 애는 나름대로 그거 먹으면 그래도 키가 클 수 있는 가능성이 높을 텐데 관계는 관계대로 좋아질 텐데 키는 키대로 못 크고 관계는 관계대로 악화시키는 것 뭣 하러 쓰냐 이거거든요. (5회기)

• 상대방을 인정 못하는 표현방식으로 인해 갈등이 계속 반복되는 사례

치료자: 내가 예를 하나 들어 줄게. 대학교 2학년 미대 다니는 학생이 우울증에 걸렸어. 그래 가지고 엄마하고 상담을 하는데 엄마한테 무슨 얘기를 하냐면 나랑 셋이서 얘기를 하는데 딸이 엄마가 몇 개월 전에 그 위층에 사는 아줌마가 옷가게를 하는데 외국을 간다는 거야. 그래서 옷가게에서 아르바이트를 해 달라는 거야. 엄마를 통해 딸한테 그 엄마가 야 누구 엄마가 너보고 일주일에 이틀간씩 옷가게에 와서 아르바이트를 좀 해 달라고 그런다… 그런데 그 딸 얘기가 엄마가 그러면서 '야 미쳤냐? 일주일에 이틀 일하면서 십만 원 번다고 그거를 하게? 너 공부나 해' 그랬다는 거야. 그러니까 엄마가 다짜고짜 옆에서 뭐라고 하냐면 '내가 언제 그런 얘기 했니?' 그러는 거야. 딸이 '엄마가 했잖아?' 그러니까 '내가 언제 그런 얘기 했어?' 이 딸이 열 받아 가지고 확 집어던지고 나가는 거야. 그러니까 딸이 확 나가고 문 닫아 버리니까 엄마는 '쟤는 늘 저래요'라고 하는 거야. 그 상황 이해하겠니? (6회기)

## 5. 가족상담 후 가족의 변화는 무엇인가

가족상담이 진행되면서 아빠는 자녀들의 입장을 이해하려고 노력하였으며, 자신의 의사소통방식이 자녀들과의 대화에서 기능적으로 작용하지 않음을 인식하게 되었고, 이러한 인식의 변화는 자녀들을 대하는 데 있어서 변화를 가져오게 함으로써 내담자와 아빠와의 관계가 편안해질 수 있었다. 또한 아빠의 변화는 자녀들로 하여금 변화의 필요성을 인식하도록 함으로써 아빠와 자녀들의 관계가 편안해졌으며, 자매 사이의 관계에서도 긍정적인 변화가 시작되었다.

### 1) 인식의 변화와 노력

• 자녀들의 입장이 되어 보려고 노력함

아빠: 제가 이제 우리 큰딸하고 하는 얘기 대부분이 첫째가 학원문제, 둘째가 생활태도에 대한 문제, 셋째가 자매간 싸우는 거… 그런데 요새는 이제 생각을 바꾼 게 가급적이면 애들 입장이 되어 보려고 노력해요. (8회기)

〈표 2-5〉 ■ 상담 전과 후의 가족변화

| 대상 | 상담 전 | 상담 후 |
|---|---|---|
| 아빠 | 말을 끊어 버리는 아빠, 자녀와의 벽을 느낌, 분노조절의 어려움, 상대방의 이야기를 끝까지 듣지 않고 추측만으로 때림, 화난 이유를 설명하지 않음, 자기 말만 하는 아빠, 자기 감정대로만 하는 아빠, 자녀의 이야기에 맞장구치지 않는 아빠, 지시적인 아빠 | 부드럽게 표현, 상담 전과는 다르게 화내고 때릴 수 있는 상황에서 참음, 자녀의 입장에서 봄, 의식적으로 표정을 밝게 하려고 노력함, 의도적으로 자신의 상황에 대해 자녀들에게 솔직히 표현하려고 노력함 |
| 엄마 | 내담자(큰딸)의 말을 가로챔, 중재자 역할을 하는 엄마, 회피함, 불명확한 표현방식, 자녀들이 오해하게끔 하는 표현방식, 자녀의 이야기에 맞장구치지 않는 엄마, 자녀들의 행동에 빨리 실망하고 노여워하는 엄마 | 자녀들의 말을 끊지 않고 들어 줌, 자녀들을 지지해 주지 못한 것이 스트레스로 작용했음을 인식함 |
| 내담자(큰딸) | 대화단절, 동생을 때림, 부모님이 화내는 이유를 추측, 동생과의 대화를 서로 다르게 해석함, 동생에게 마음과 다른 표현방식 사용, 동생의 말을 끊음, 예민하게 반응 | 동생과의 대화가 이어짐, 자신의 표현방식에 대해 인식함, 동생과의 표현방식이 변화됨 |
| 여동생 | 언니에게 마음과 다른 표현방식 사용, 언니의 말을 끊음, 언니에게 막말을 함 | 언니와 대화가 이어짐, 자신이 언니에게 상처 준 것에 대한 인식, 언니와의 표현방식이 변화됨 |

• 의사소통 변화의 필요성에 대한 인식과 노력

아빠: 지금 말씀하신 대로 정말 풀 수 있는 다른 우회적인 방법이 있을 수 있다는 생각을 하려고 노력해 볼게요. (9회기)

• 자매간 갈등 사이에서 부모가 시도했던 방법이 비효과적인 것을 인식함

아빠: 엄마하고 사실 둘이 이야기했어요. 저번에 왔을 때 자제분 말씀하시면서 자녀분이 여동생하고 싸운 얘기를 해 주셔 가지고 상당히 이치가 맞더라고…. 그래 가지고 가급적이면… 생각해 보니까 큰애한테 어떤 일이 있으면 언니가 참어… 그게 스트레스일 거란 생각이 들더라구요. (8회기)

• 아버지의 자녀에 대한 엄격한 규칙의 역기능에 대한 인식

아빠: 형제간에서 윗사람이 희생해야 되는 거 아니냐는 원칙론을 가지고 있는데 아무래도 아차 싶은 게 저번에 선생님 말씀 듣고 큰애에게 너무 강요를 하지 않았나. (8회기)

• 내담자(큰딸) 자신의 역기능적인 의사소통에 대한 인식

내담자: 제가요 사실 말을 그렇게 끝까지 예쁘게 하는 타입이 아니라 좀 툭 던지기도 하고 근데 가끔 진지한 대화를 하다가도 무의식적으로 가끔 좀…. (8회기)

## 2) 감정의 조절(분노조절)

• 자녀가 보는 아빠의 변화

내담자: 아빠가 이 정도면 화내겠다 싶은데 안 낼 때가 있어요. 목요일 금요일 동생이 자꾸 짜증을 내는데 저 정도면 아빠가 손이 올라가겠다 언성이 높아지겠다 싶었는데 안 그랬어요. (8회기)

• 부인이 보는 남편의 변화

엄마: 아빠가 잘 참고 있죠. 예전 같으면 화를 냈을 텐데 아빠가 잘 참고 있어요. (8회기)

• 자매간 감정의 조절

엄마: 애들이 서로 화내는 것이 한 단계 줄어든 것 같아요. (7회기)

### 3) 기능적 표현방식으로의 변화

• 의식적으로 표정을 밝게 함

아빠: 여담인데 제가 교수님과 몇 번 대화하다가 전혀 그걸 모르다가 '아! 대화에도 기법이 있구나!' 내가 그걸 많이 느껴요. 그래 가지고 제가 사실 그렇게 표정이 좀 사나운데 이제 제가 의식적으로 좀 낯을 피려고 노력해요. (8회기)

• 솔직한 감정의 표현

아빠: 옛날 같으면 내가 입도 뻥긋 안 할 텐데, 요샌 내가 일부러 좀 '아 힘들어' 얘기도 하고 그래요. 아직까지 내가 볼 땐 좀 진지한 대화는 아닌데 미흡해 보일 수도 있는데 그런 얘기를 이제는 한 번 이렇게 흘렸어요. '이렇게 내가 골치가 아프다. 조금 이해해 줘….' (9회기)

• 부드럽게 표현

치료자: 아빠가 좀 변화가 있으셨나요?

내담자: 아빠가 의식적으로, 말을 우리 신경 안 거슬리게 하려고 애 쓰시는 게 보여요. 그리고 부드럽게 표현하시려고 해요. (6회기)

• 자매간 협상하기 시작

내담자: 동생에게 이제는 막 '비켜' 이렇게 말하진 않아요. 언제까지 끝날 거냐고, 언제 할 수 있냐고, 언제 비켜 줄 수 있냐고 해요.

치료자: 표현방식이 달라졌네? 동생의 반응은 어때요.

내담자: 순순히 들어 주는데요. (7회기)

## Ⅵ. 결론

본 연구는 청소년기 자녀의 대인관계 갈등으로 인해 내담한 가족상담 내용을 분석한 사례연구로, 치료자는 큰딸의 대인관계 갈등을 개인적인 문제로만 접근한 것이 아니라 가족체계 내에서 역기능적 상호작용에 초점을 두고 접근하였으며 연구결과는 다음과 같이 요약할 수 있다.

첫째, 큰딸이 경험하는 대인관계 갈등은 가족 간에 겪는 갈등과 학교에서의 또래관계 및 교사와의 관계의 갈등으로 나타났다. 특히 가족 간의 갈등경험은 가족 안에서뿐만 아니라 타인과의 관계 맺는 방법에서도 어려움을 주고 있었으며, 그 결과로 또래관계 및 교사관계에서 부정적인 감정을 경험하고 있었다. 이는 앞에서 밝힌 선행연구에서와 같이 부모와 자녀 간의 역기능적 의사소통은 자녀의 정서교육에 지장을 주고 부모-자녀 간의 갈등을 일으키는 요인이며, 이러한 갈등으로 인한 욕구불만이 외적으로 표현될 때 다른 여러 환경과 결탁하여 문제행동을 촉진하기도 한다(정유미, 김득성, 1998)는 결과와 일치한 결과라고 볼 수 있다.

둘째, 큰딸의 대인관계 갈등에 영향을 미친 가족의 특성으로는 불안, 불신, 서운함, 무시당함, 배신감 등의 가족 내 부정적 감정과 역기능적 의사소통인 대화단절, 대화가 겉돎, 피함, 간접적 대화, 분노조절의 어려움, 불명확한 표현방식, 주관적 해석, 일방적 의사소통, 자매간 서로 자극하는 표현방식 등이었다. 또한 부모의 부정적 양육태도로는 권위주의적인 아빠, 엄마의 과도한 역할과 지나친 간섭, 헷갈리는 부모, 지나치게 훈계하는 부모, 엄격한 규칙, 자매간 비교 등이 있었으며, 부모의 원가족 배경이 영향을 미치고 있는 것으로 나타났다. 더욱이 부모의 원가족 경험과 원가족의 역기능적 의사소통방식은 부모의 양육태도나 의사소통방식에 영향을 미침으로써 자녀에게로 전수되고 있었다.

셋째, 치료자의 치료적 관점으로는 상호작용에서 표현하는 방식의 변화는 가족변화를 가능하게 한다는 것, 지금까지 시도했던 방법이 통하지 않았으면 다른 방식으로 시도하자는 것으로 이는 MRI 모델 원리에 기초한 것이다. 치료자는 이러한 치료적 관점을 바탕으로 가족구성원과 치료적 동맹 맺기, 새로운 의사소통방식의 지도, 부모의 양육태도의 변화 요구, 반복되는 패턴의 조명, 비유법 등의 개입기법을 사용하였다.

넷째, 가족상담으로 인한 가족의 변화로는 인식의 변화와 노력, 감정의 조절, 기능적 표현방식으로의 변화 등으로 나타났다. 이를 가족구성원별로 살펴보면, 아빠의 경우 부드럽게 표현하기 시작하였으며, 상담 전과는 다르게 화내고 때릴 수 있는 상황에서 참는 등 변화를 보이기 시작했다. 또한 이전과는 다르게 아빠가 자녀들의 입장에서 이해하기 시작하였으며, 의식적으로 표정을 밝게 하려고 노력하였고, 의도적으로 자신의 상황에 대해 자녀들에게 솔직히 표현하는 등의 변화를 가져왔다. 또한 엄마는 자녀의 말을 잘라 버리고 끼어들던 표현방식에서 자녀의 말을 경청하려고 노력하였으며, 자신의 표현방식으로 인한 자녀들의 어려움을 인식하기 시작하였다. 자녀들은 자신들의 역기능적 표현방식을 인식하기 시작하였고, 자매간 의견을 조율하기 위한 협상을 통해 관계의 변화가 있었다. 이는 행복한 가족관계를 유지하는 데 의사소통 능력이 중요하며, 의사소통 능력의 변화를 통해 가족성원들 간의 가족관계의 만족도를 높일 수 있다는 한주리와 허경호(2005)의 연구결과와 같은 결과라고 볼 수 있다.

본 연구는 대인관계 갈등을 겪고 있는 청소년기 자녀를 둔 가족치료 사례연구가 미흡한 상황에서 가족치료의 과정과 효과성에 대한 연구라는 데 그 의의가 있다고 볼 수 있다. 기존의 연구들이 청소년의 대인관계 갈등과 가족 내 의사소통과의 관련성을 설명한 연구였다면 본 연구는 가족 내 의사소통의 변화를 통해 대인관계 갈등을 해결하는 데 도움을 줄 수 있는 치료과정과 효과성에 대한 연구로서 청소년기 대인관계 갈등을 해결할 수 있는 방법을 제시했다고 볼 수 있다. 특히, 가족치료자는 Bowen의 가족체계 이론 모델과 MRI의 상호작용적 가족치료 모델의 적용을 통해 가족의 변화를 시도하였으며 이러한 치료과정은 내담자 가족으로 하여금 청소년 자녀의 대인관계 갈등 문제에 대해 인식의 변화를 가져오도록 하였다. 또한 이러한 인식의 변화와 함께 의사소통의 변화를 통해 가족관계의 변화를 가져왔다는 점에서 두 모델에 대한 효과성을 입증하였다고 볼 수 있을 것이다. 앞으로도 지속적인 사례연구들을 통해 대인관계 갈등을 경험하는 청소년기 자녀를 둔 가족에 대한 치료방법과 효과성을 보여 주는 연구들이 계속되길 바란다.

## : 참고문헌


고연숙(2005). 사회적 지지와 학교생활적응간의 관계에서 내외토제성의 매개효과: 한부모가정 아동을 중심으로. 고려대학교 교육대학원 석사학위논문.

고정자(2003). 청소년의 개인변인과 청소년이 지각한 가족변인이 문제행동에 미치는 영향. 대한가정학회지, 41(7), 121-143.

국길숙(2003). 청소년이 지각한 부모-자녀간 의사소통과 청소년의 자아존중감과의 관계. 가톨릭대학교 대학원 석사학위논문.

권재환, 이은희(2006). 남녀 청소년의 충동성, 부모의 양육태도, 개인의 통제력, 부모-자녀 의사소통이 문제행동에 미치는 영향. 한국청소년연구, 17(1), 325-351.

김희정(2007). 문제아동을 위한 해결중심 가족치료의 효과에 관한 연구. 한국가족치료학회지, 15(2), 277-299.

남상철, 유영달(2007). 부모와 자녀의 양육태도 지각 및 대학생의 자아분화가 대인관계 문제에 미치는 영향. 한국가족관계학회지, 12(2), 51-75.

남영자, 박태영(2009). 청소년의 가족건강성과 학교적응의 관계에서 자아존중감의 매개효과에 관한 연구. 청소년학연구, 16(4), 47-71.

노윤옥, 전미경(2005). 청소년 자녀가 지각한 부부갈등과 부모-자녀간 의사소통에 관한 연구. 한국가정과교육학회지, 18(1), 1-16.

문영숙(2008). 부모-자녀 의사소통이 청소년의 자아개념, 문제행동에 미치는 영향. 아동간호학회지,

14(4), 405-414.

박영신, 김의철(2008). 한국 청소년의 삶의 질과 인간관계. 한국교육심리학회, 22(4), 801-836.

박태영(2001). 가족치료 이론의 적용과 실천. 서울: 학지사.

박태영, 문정화(2010). 부모의 이혼진행 과정에서 내면화 · 외현화 문제를 보이는 아동의 가족치료 사례연구. 한국가족치료학회, 18(1), 107-130.

박희숙, 하정희(2007). 부모-자녀 간 의사소통 수준과 정서적 자율성이 청소년의 분노표현방식과 비행행동에 미치는 영향. 한국청소년연구, 18(2), 89-110.

서울특별시 청소년 상담지원센터(2007). 서울시 청소년의 학교적응에 관한 실태연구 및 욕구조사.

임원선(2009). 부모와의 자아분화로 또래 집단압력을 극복한 청소년 가족상담 사례연구. 청소년학연구, 16(10), 83-101.

정유미, 김득성(1998). 청소년의 환경적 변인 및 부모와의 의사소통이 문제행동에 미치는 영향: 부산시내 실업계 여고생을 중심으로. 대한가정학회지, 36(3), 31-45.

정은(1996). Bowen의 가족체계 이론을 적용한 청소년 가족상담에 관한 일 연구. 사회복지리뷰, 1(1), 1-16.

제석봉(1989). 자아분화와 역기능적 행동과의 관계. 부산대학교 대학원 박사학위논문.

최유진, 유계숙(2007). 청소년이 지각한 부모-자녀간 의사소통과 자아존중감, 친구간 갈등해결전략이 교우만족에 미치는 영향. 한국가정관리학회지, 25(3), 59-75.

한주리, 허경호(2005). 가족 의사소통 패턴과 자녀의 자아존중감, 자아노출, 내적 통제성 및 의사소통능력과의 관계. 한국언론학보, 49(5), 202-227.

Duncan, B. L., Solovey, A. D., & Rusk G. S. (1992). *Changing the rules: A client-directed approach to therapy.* New York: The Guilford Press.

Fleming, W. M., & Anderson, S. A. (1986). Individuation from the family of origin and personal adjustment in late adolescence. *Journal of Marital and Family Therapy, 2*(3), 308-315.

Friedman, E. H. (1991). Bowen theory and therapy. In A. S. Gurman & D. P. Kniskern (Eds.), *Handbook of family therapy* (pp. 134-170). New York: Brunner/Mazel.

Goldenberg, I., & Goldenberg, H. (2007). *Family therapy; An overview.* Pacific Group, CA: Brooks/Cole.

Hoffman, J. A., & Weiss, B. (1987). Family dynamics and presenting problem in college student. *Journal of Counselling, 34*(2), 157-163.

Miles, M. B., & Huberman, A. M. (1994). *Qualitative data analysis.* Thousand Oaks, CA: Sage Publication.

Papero, D. V. (1995). Bowen's family systems and marriage. In N. S. Jacobson & A. S.

Gurman (Eds.), *Clinical handbook of couple therapy*. New York: Guilford Press.

Thomas, E. J. (1977). *Marital communication and decision making*. New York: The free Press.

Watzlawick P., Weakland J., & Fisch R. (1974). *Change: Prinicples of Problems formation and problem resolution*. New York: W. W. Norton.

제3장

# 부모와 갈등을 겪는 청소년 자녀를 둔 가족에 대한 사례연구: 부모-자녀 간 '대화장벽' 허물기*

박태영 · 박진영

본 연구의 목적은 부모-자녀 간 갈등에 영향을 미치는 요인들과 가족구성원들에 의하여 사용된 역기능적으로 시도된 의사소통 패턴, 가족구성원들 사이의 의사소통 패턴을 변화시키기 위하여 사용된 치료사의 개입방법, 그리고 새롭게 시도된 의사소통 패턴을 통한 변화된 가족의 모습을 발견하는 데 있다. 전체 가족상담은 개인상담, 부부상담, 가족상담을 포함한 7회기로 구성되어 있다. 본 연구는 앞에서 언급된 요인들을 발견하기 위하여 개방코딩방식을 사용하여 지속적인 비교분석을 하였으며, 자료를 분석하기 위하여 Miles와 Huberman의 매트릭스와 그래프, 그리고 네트워크를 사용하였다.

연구결과로서, 부모-자녀 간 갈등에 영향을 미친 요인들로서 '아버지의 역기능적인 의사소통' '아빠와 아들 사이의 오해' '엄마의 역기능적인 의사소통' '부모의 원가족 경험과 원가족에서의 의사소통방식'의 요인들이 나타났다. 본 연구의 가족구성원들이 사용해 왔던 역기능적인 의사소통방식은 '회피 혹은 단절하기' '이유는 묻지 않고 야단부터 치기(일방적 훈육)' '자녀를 믿지 않고 추궁하듯 캐묻기' '정서교류가 없는 감정의 억제(밋밋한 감정표현)' '빈정대기' '타협하지 않기(엄격하고 경직된 규칙 제시)'로 나타났다.

* 제3장은 한국가족관계학회지(2010) 제15권 1호, 149-174페이지에 게재된 논문을 일부 수정한 것임.

가족들의 역기능적인 의사소통방식을 변화시키기 위하여 사용한 치료자의 개입방법으로는 '자기노출을 통해 내담자의 저항을 다룸' '내담자와 신뢰관계 형성하기' '내담자의 통찰을 돕기(유사사례 제시 및 반복되는 패턴의 인식)' '새로운 의사소통방식 소개하기'가 나타났다. 마지막으로 가족치료 후 가족들의 변화모습으로 '정서적 교류를 하기 시작한 가족' '일상에 대해 주거니 받거니 하면서 대화의 양이 증가된 가족' '믿어 주는 가족과 신뢰관계 유지를 위해 자신의 역할에 충실하려고 노력하는 가족' '상대를 자극하거나 공격하지 않는 가족'의 요인들이 나타났다.

# I. 서론

현대사회에서 대화의 방법이나 기술의 중요성에 대해서 강조한 것은 어제 오늘의 일이 아니다. 그만큼 대화 및 의사소통이 인간관계 안에서 중요한 위치를 차지하고 있기 때문이다(박인곤, 2007: 214). 특히 부모-자녀 간 의사소통은 부모-자녀관계를 매개하는 도구로서 개인의 심리발달과 사회적응에 기초가 되는 요소이고 자녀들이 건강한 성인으로 성장할 수 있도록 하는 데 매우 중요한 도구가 된다고 할 수 있다(최인재, 2007: 612).

그러나 최근 여성가족부에서 실시한 가족실태 조사결과(2005)를 보면, 자녀가 부모 특히 아버지와 고민을 논의하는 비율이 4%에 불과하다고 발표한 바 있고(여진경, 전영주, 2007: 16), 부모-자녀 간 의사소통에 관한 유계숙과 최유진(2007)의 연구에서는 자녀의 발달단계상 초등학생 시절보다 중학생이 되는 사춘기 시절부터 대화가 급속히 감소하고 있다고 보고하였다(유계숙, 최유진, 2007: 62-63).

모든 부모들이 청소년기의 자녀들과 계속해서 좋은 관계를 유지하며 건강한 가정을 이루고자 하는 것은 공통된 마음일 것이나 위에서 언급한 조사나 연구결과를 보면 그 시기의 자녀와 효과적이고 생산적인 의사소통을 하는 것은 생각만큼 쉽지 않음을 알 수 있다. 효과적이고 지속적인 부모-자녀관계를 위해서는 개방적인 의사소통이 이루어져야 하는데 부모-자녀 사이의 개방적인 의사소통은 자녀들로 하여금 부모를 신뢰하고 존경하게 하며 부모-자녀가 자유롭게 사실이나 감정에 대해 공유할 때 자녀의 문제행동이 적게 나타난다는 주장은 여러 연구를 통해 지지되고 있다(이영경 외, 2008: 391-392). 앞서 언급한 유계숙과 최유진(2007: 62-63)의 연구에서도 부모로부터 수용받고 지지받는다는 느낌을 의사소통을 통해 전달받음으로써 자녀는 자기 자신에 대해 긍정적인 평가를 내리게 되고 그로 인해 자아존중감이 높게 형성되므로 부모와의 의사소통은 매우 중요하다고 하였다. 개방적인 의사소통은 개인에게 수용되고 이해된다는 느낌을 주며 부모가 자녀의 이야기를 주의 깊게 들어 주거나 자녀의 생각이나 입장을 이해하고 자녀의 의견을 존중·신뢰하고 자녀의 질문에 정직하게 대답하는 의사소통이다. Carkhuff(1969)와 Gorden(1970)은 개방적인 의사소통이 되기 위한 구체적인 방법으로 '수용'과 '무승부법'을 또는 '공감적 이해' '무조건적 존중' '순수성' '구체성' '직면' '자아개방' '즉시성'을 제시하고 있다.

반면 역기능적 의사소통은 부모가 자녀에 대해 말하지 않아도 될 것을 이야기하거나 잔소리하는 것, 자녀의 잘못에 대해 즉각적으로 화를 내는 것, 자녀의 체면 따위를 고려하지 않고 모욕감을 주는 등 자녀의 잘한 일보다 잘못한 일을 지적하는 부모의 일방적이고 권위적인 의사소통이다(한영숙, 2005: 72). 부모-자녀 간의 의사소통을 저해하는 요인들은 비난과 부정적인 언어사용, 마음을 나누는 것의 어려움과 정보공유의 부족(명령과 지시를 주로 하는 방식, 자녀들의 이야기에 귀를 기울이지 않는 것), 의사소통에서의 감정의 억제(이는 솔직한 표현을 하지 못하게 만들어 관계를 더욱 멀게 한다) 등이다(박인곤, 2007: 215). 자녀에 대한 무관심, 거칠고 정리되지 않은 비난, 훈육과 설교는 부모-자녀관계를 소원하게 만들고 자녀는 그로 인하여 사회·정서적으로 불안정하게 되고 심리적으로 동요하게 되어 이로 인한 욕구불만이 외적으로 표현될 때 다른 여러 제반 환경과 결탁하여 문제행동을 촉진시킨다(문영숙, 2008: 88).

본 사례도 청소년기 자녀가 부모와의 의사소통에서의 갈등으로 인해 여러 문제행동을 보이는 사례다. 이 시기의 자녀들이 방황하는 행동을 개인의 심리내적인 문제로만 국한하여 보지 않고 그 개인이 처한 가족환경을 변화시켜 자녀의 문제행동을 소거하게 하였는데, 특히 가족구성원이 유지해 온 역기능적인 의사소통방식과 관계 양식에 대한 통찰을 이끌어 내고 개방적인 의사소통방식으로의 변화를 통해 청소년기 자녀의 문제행동과 가족구성원 간의 관계를 수정하는 데 가족치료적인 접근을 사용하였다. 본 연구는 이러한 치료과정을 겪은 사례를 통해 부모-자녀 간 갈등에 영향을 미친 요인과 이 가족이 주로 사용해 왔던 역기능적 의사소통방식 및 가족치료 후 새롭게 시도하고 있는 기능적 의사소통방식의 종류를 분석하고자 한다. 또한 의사소통방식의 변화를 통해 달라진 가족의 모습을 분석함으로써 청소년 시기의 자녀와 원활하게 소통할 수 있는 효과적이고 생산적인 대화법에 대한 구체적인 자료를 제공하여 많은 가족들이 청소년기 자녀로 인해 증가된 가족 갈등을 슬기롭게 대처해 나갈 수 있도록 하는 데 도움을 주고자 한다.

# Ⅱ. 선행연구 고찰

## 1. 부모-자녀 간 의사소통

부모-자녀 간 의사소통은 부모와 자녀 사이의 상호작용에서 서로의 정보, 지식, 경험, 사상, 신념, 감정 등을 공유하거나 공통적 이해를 도모하는 상호반향적 과정이라 할 수 있다. 부모-자녀 간 의사소통은 가정생활을 원만하게 하고 감정을 정화시켜 서로의 정보교환과 이해를 가능하게 하며 자녀의 사회화 및 성숙에 중요한 역할을 한다(오윤선, 2008: 27-28). 부모-자녀 간의 개방적인 의사소통과 자녀의 안정적인 성장과의 연관성은 여러 학자에 의해 강조되어 왔는데 이들에 따르면 개방적인 의사소통은 자녀에게 정서적인 지원을 제공하며(김영희, 안상미, 2008: 9-10) 자녀의 비행을 없애 주거나 감소시키는 중요한 변수로 설명되고 있다(Hartos & Power, 2000: 447-448).

기능적인 의사소통을 하는 가족들은 분명한 의사소통을 성립하고 유지하는 방법을 발전시켜 나가는 반면 문제적인 의사소통을 하는 가족들은 상대방의 의견을 경청하는 능력, 서로에게 긍정적인 반응을 보이는 기술, 새로운 상황에 적절히 행동하는 방법이 부족하다(Banes & Olson, 1985; 오윤선, 2008에서 재인용). 이러한 의미에서 볼 때 가족들은 기능적인 의사소통 방법을 배우고 기술을 체득할 필요가 있는데, 관련된 많은 선행연구들의 결과들을 유추해 볼 때 부모-자녀 간 의사소통은 부모-자녀관계를 규정하는 매개수단임과 동시에 자녀의 심리적, 정서적, 행동적 특성에 영향을 미치는 중요한 변수이기 때문이다(장해순, 강태완, 2005: 109).

## 2. 자녀의 발달단계에 따른 의사소통의 변화 양상

청소년기는 아동기에서 성인기로 넘어가는 과정에 속하는 시기로 그 발달단계의 특성상 신체, 심리적으로 급격한 변화를 겪는 시기다(최인재, 2007: 612). 따라서 청소년기 자녀를 둔 가족은 어린 자녀를 둔 가족과 질적으로 다른 세대 간의 관계를 변화시킬 준비를 해야 한다. 어릴 때는 부모에게 의존적인 존재였던 자녀가 청소년기에 급격한 변화를 보이면서 부모-자녀관계는 성장과 갈등의 관계로 발전한다(여진경, 전영주, 2007: 18). 그렇기 때문에 자녀의 발달단계에 따라 가족 내 의사소통의 양상은 변화되어야 할 필요가 있는데, 청소년기의 발달단계에 따른 의사소통의 변화양상을 밝힌 선행연구에 따르면 부모와의 갈등양상은 초기 청소년기에 최고조에 달한다는 결과가 있으며(Montemayor, 1983: 99-100) 초기 청소년기에서 중기 청소년기로 갈수록 부모와의 갈등 강도는 서서히 증가한다는 결과도 있다(Laursen, Coy, & Collins, 1998: 827-828). 이 밖에 김인경(1993)과 김애경(2002)의 연구에서도 자녀의 연령이 증가할수록 개방적 의사소통은 감소하고 역기능적 의사소통은 증가했다고 밝혔다(여진경, 전영주, 2007: 18).

앞에서 언급한 선행연구들의 결과들을 유추해 볼 때 자녀의 발달단계에 따른 부모의 새로운 과제는 자녀가 어릴 때 사용해 왔던 일방적이고 과보호적인 형태에서 벗어나 성장한 자녀의 마음을 이해해 주고 공감해 주는 새로운 대화방식을 통해 부모-자녀관계를 재형성하는 것이라고 할 수 있다. 그러나 자녀가 사춘기가 되었지만 변하지 않는 부모의 양육방식과 역할로 인해 자녀와의 대화 시간이 급격히 감소되거나 대화를 하더라도 일상적인 이야기만 하는 경향이 많음을 많은 선행연구들은 밝히고 있다. 여진경과 전영주(2007: 24-26)는 중학생에 대한 이해와 그에 적절한 부모의 대응과 전략이 필요하고 외부로 점차 시각을 돌리는 중학생 자녀에 대해 그의 경험과 느낌을 수용하는 대화가 함께 이루어져야 할 것이라고 주장하였으며 지효숙(2007: 166-167)은 부모(특히 아버지)와 자녀의 대화가 긴 시간 동안 이루어지지 않는 이유는 함께 있는 시간이 부족하거나 부모가 자신을 이해 못할 것이라는 학습된 결과 때문이고 대화 내용 또한 학습에 관련된 내용에만 치우치게 되는 것과 이성 관계 등 중학생만의 깊은 관심사에 대해서는 이야기를 나누지 않기 때문이라고 하였다.

이상의 선행연구들을 종합해 보면 대부분 부모-자녀 간 의사소통과 자녀의 자아존중감, 자아분화 혹은 우울, 비행 등에 관련된 연관성을 밝히거나 자녀의 발달단계에 따른 부모와의 의사소통에 대한 차이를 밝히는 양적 연구들임을 알 수 있다. 부모-자녀 간 의사소통에 영향을 미치는 요인을 밝히는 연구 역시 유용할 수는 있겠으나 부모-자녀 간 의사소통이 원활하게 이루어질 수 있는 실질적이고 구체적인 대화 방법을 제시할 수 있는 연구도 필요하다. 이러한 인식하에 본 연구에서는 청소년기 자녀와 부모와의 갈등을 다룬 가족치료 사례를 통하여 이 가족이 주로 사용해 왔던 역기능적 의사소통방식은 무엇이며 치료자의 개입을 통해 어떠한 기능적 의사소통방식을 체득하고 훈련하게 되는가에 대한 과정을 분석하고자 한다. 또한 기능적 의사소통방식을 사용하게 되면서 가족의 변화된 모습은 어떠한가를 탐색하는 것도 본 연구의 목적 중 하나다.

# Ⅲ. 연구방법

## 1. 연구대상 및 상담기간

연구대상은 부모, 첫째 아들, 둘째 아들, 막내딸로 구성된 5명의 가족이며 상담은 2008년 1월부터 3월까지 총 7회 진행되었다. 상담은 개별상담, 부부상담, 부모와 아들을 포함한 가족상담으로 진행되었다.

(1~2회기: 父/3회기: 첫째 아들/4회기: 母/5회기: 둘째 아들/6회기: 부부/7회기: 부부, 둘째 아들, 막내딸)

## 2. 연구질문

첫째, 부모-자녀 간 갈등에 영향을 미친 요인들은 무엇인가?

둘째, 이 가족에서 주로 사용되어 왔던 역기능적 의사소통방식의 종류는 무엇인가?

셋째, 가족 간 의사소통방식의 변화를 이끌어 낸 치료자의 개입방법은 무엇인가?

넷째, 가족치료 후 새롭게 시도된 의사소통방식은 무엇이며 이를 통해 변화된 가족의 모습은 어떠한가?

## 3. 분석방법

본 연구는 단일집단 사례연구이며 가족 간 갈등원인, 치료자의 개입방법, 치료 후 가족의 의사소통방식의 변화를 축어록을 중심으로 개방코딩(open coding)을 활용하여 기본적인 개념들을 명명하고 Miles와 Huberman(1994)이 제안한 네트워크와 매트릭스의 방법을 활용하여 분석에서 발견된 개념들을 도식화하였다.

# Ⅳ. 치료에 대한 이론적 준거틀

본 연구에서는 의뢰된 가족들을 치료하기 위하여 MRI의 의사소통 이론과 Bowen의 가족체계 이론을 활용하였다.

## 1. MRI의 상호작용적 가족치료 모델

MRI에서는 가족의 문제는 문제를 해결하려는 가족의 시도에 의해서 오히려 유지되고 있다고 본다. 즉, 두 가지 방법에 의해서 문제가 발달되는데 하나는 어려움을 잘못 다루는 것이며 또 하나는 문제를 해결하려는 시도의 실패와 똑같은 문제해결방식의 적용이다(Watzlawick, Weakland, & Fisch, 1974). 사람들이 자신들의 문제를 감소시키려고 시도해 온 해결방법이 오히려 문제를 유지시키거나 혹은 그 문제를 더욱 악화시키기까지 한다는 것이다(Goldenberg & Goldenberg, 2007). 따라서 치료자는 내담자에게 기존의 해결책을 대체할 수 있는 새로운 해결책을 소개하는 일차적인 임무를 갖는다(Weakland, 1993).

또한 MRI 모델은 의사소통과 체계 개념에 기반을 두고 있으며 내담자에게 나타나는 증상에 초점을 맞춘 단기치료 접근법이며(박태영, 2009: 62) 가족체계 내에서 관찰할 수 있는 현재의 상호작용(관계)에 초점을 두고(박태영, 2001: 32) 의사소통을 명료하게 하도록 돕는 것이 치료의 목적이기 때문에 내담자의 저항을 최소화할 수 있는 치료 이론 중 하나다.

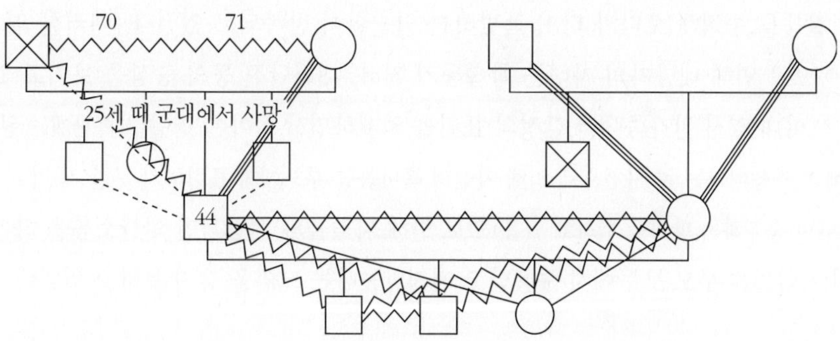


[그림 3-1] 가계도

## 2. Bowen의 가족체계 이론 모델

Bowen 이론의 기초는 자아분화인데 이 개념은 두 가지로 설명될 수 있다. 하나는 타인으로부터의 자기의 분리이고 다른 하나는 감정과 정서를 지적 체계인 사고에 의해서 적절하게 잘 통제하고 분별하는 능력의 정도다. Bowen은 가족 내에서 감정적으로 상호의존 혹은 감정의 상호관계로부터 얼마나 자유로울 수 있는가에 대한 감정적인 과정을 분화라고 설명하면서, 개인의 융합된 상태는 가족 내에서 감정적으로 상호 고착되어 있는 경우라고 설명한다. 즉, 융합된 가족은 다른 가족성원을 자기 자신의 연장으로 보는 환상을 가지고 있으며, 개인 간의 분리와 성장을 거부하는 병리적인 면이 있다(김혜숙, 2008: 165). 한국 문화에서는 가족에 대한 응집력이 강조되기 때문에 가족은 동고동락하는 개념으로 이해되어 이러한 이해관계로부터 빚어지는 많은 갈등과 문제점들이 있다. 이러한 의미에서 본다면 Bowen의 가족체계 이론은 한국적 상황에 맞는 가족치료 이론 중 하나라고 말할 수 있다.

## V. 사례에 대한 개요

내담자는 3남 1녀 중 셋째이고 현재는 결혼하여 2남 1녀를 두고 있다. 내담자는 가족관계가 원만하지 않은 원가족에서 성장하여 기능적인 대화방법을 습득하지 못했고 이러한 영향은 사춘기를 맞은 두 아들과의 갈등으로 이어지고 있었다. 일방적인 훈육을 하거나 폭발하듯 발산하는 분노 표현으로 인해 내담자의 자녀들은 아버지를 '두려운 존재'로 인식하고 있었고 두려워 회피하는 자녀의 반응에 대해 내담자는 '무시당했다'라고 주관적 해석을 하며 분노와 갈등을 누적해 오다가 다시 폭발하는 악순환이 반복되고 있었다. 이러한 역기능적 의사소통으로 인해 내담자의 자녀는 학습동기 저하, 대화단절 등의 증상을 보이고 있었다. 내담자의 아내 역시 원가족에서 감정의 표현을 억제하면서 살아온 영향(가족관계는 원만하나 친정오빠의 죽음이라는 큰 사건으로 인해 자신의 속마음을 부모에게 표현하지 못한 채 착한 딸로서의 역할에만 충실하는 방식을 취하고 있음)으로 인해 자녀들과 개방적인 의사소통을 하지 못하고 있어 자녀들은 부모 모두에게 수용받고 지지받는다는 느낌을 갖지 못하고 있었다.

## VI. 연구결과

### 1. 부모-자녀 간 갈등에 영향을 미친 요인들

부모-자녀 간 갈등에 영향을 미친 요인에 대해서 〈표 3-1〉과 같이 17개의 하위범주와 4개의 중간범주가 도출되었다.

〈표 3-1〉 ■ 개념 추출과 범주화

| 개념 | 하위범주 | 중간범주 | 상위범주 |
|---|---|---|---|
| 자녀의 기를 죽임, 칭찬보다 꾸중이 많음 등 | 부정적인 표현 | 아빠의 역기능적 의사소통 | 부모-자녀 간 갈등 요인 |
| 아내의 말만 듣고 자녀를 혼냄, 대화 없이 매부터 듦, 자녀의 말을 듣지 않고 자기 말만 함 등 | 이유는 묻지 않고 야단부터 시작 | | |
| 사전 설명 없이 자녀가 아끼는 물건을 부서뜨림 등 | 경고와 협박 | | |
| 자녀를 믿지 않고 자기 기준만 제시함, 자녀에 대해 신뢰를 하지 않는 태도를 보임 등 | 믿어 주지 않는 아빠 | | |
| 옛날 일까지 함께 들춰내어 이야기함 등 | 예전의 잘못까지 얹어서 말하는 아빠 | | |
| 아빠가 말할 때 조용히 자기 방으로 들어가 버림, 아빠와 대화하지 않으려 함 등 | 아빠가 두려워 회피하는 아들 | 아빠와 아들 사이의 오해 | |
| 대꾸 안 하는 아들에게 무시당했다고 화냄, 말 없는 아들이 '뻰뻰스럽다'고 여김 등 | 회피하는 아들에게 무시당했다고 느끼는 아빠 | | |
| 규칙을 어기면 '도전한다' 혹은 '반항한다'라고 받아들임 등 | 아들의 '약속 어김'을 도전으로 해석하는 아빠 | | |
| 형제의 다툼에 엄마는 항상 동생을 지지함, 큰 형이 나쁜 사람처럼 여기게 만듦 등 | 동생 편들기 | 엄마의 역기능적 의사소통 | |
| 제3자처럼 감정 없이 말함, 장단 맞추지 않음 등 | 밋밋한 감정표현 | | |
| '무조건적 규칙'을 제시함, 자녀에게 지지 않으려는 태도 등 | 타협하지 않는 엄마 | | |
| 자녀의 말을 믿지 않고 계속 질문함, 수사하고 탐문하듯 재촉하여 답을 받아냄 등 | 추궁하는 엄마 | | |
| 자녀의 말을 믿지 않음, 밖에서는 무조건 나쁜 짓만 한다고 오해함 등 | 믿어 주지 않는 엄마 | | |
| 속마음과 반대되는 말을 전달함, 장난 식으로 던진 말을 자녀가 그대로 따르면 혼냄 등 | 빈정대는 엄마 | | |
| 큰 형과 비교하여 형제 사이를 악화시킴 등 | 형제끼리 비교하는 엄마 | | |
| 사이가 좋지 않은 가족 사이에서 기능적 대화방법을 습득하지 못함, 존중받지 못하고 자라 무시당하는 것에 대해 과민함 등 | 아빠의 원가족 경험과 원가족에서의 역기능적 의사소통방식 | 부모의 원가족 경험과 원가족에서의 역기능적 의사소통방식 | |
| 오빠의 죽음이라는 큰 사건으로 인해 속마음을 터놓지 못함, 착한 딸로서의 역할만 하려고 함, 겉으로의 관계는 친밀하나 솔직한 마음의 교류가 없음 등 | 엄마의 원가족 경험과 원가족에서의 역기능적 의사소통방식 | | |

### 1) 아빠의 역기능적 의사소통

#### (1) 부정적인 표현

아빠: 제가 인서울 안 된다고 했어요. 고 1때… 내가 기를 죽인 거지… 사실은 열심히 하라는 메시지였는데, 그러다보니 애가 상처를 받은 거죠. (1회기)

아빠: 왜 나한테는 잘한 것은 칭찬 안 하느냐, 잘못한 것만 꾸짖느냐? 이러더라구요. (7회기)

#### (2) 이유는 묻지 않고 야단부터 시작

아빠: 야 이 자식아 지금 몇 시인데 지금까지 전화하고 있어? 너 정상 아니구나? 우연찮게 오늘 걸렸는데 너 평소에도 이러는구나? 하고 얘기했어요. 그러고는 깊은 얘기를 한다든가 묻진 않고 그냥 잤어요. 다음날 지 엄마한테 자기는 큰 죄를 진 거 같지 않은데 아버지한테 혼났다… 이런 식으로 말했대요. (1회기)

치료자: 큰애한테 물어보셨어요?

아빠: 아니요.

치료자: 일방적으로 혼내셨군요.

아빠: 네. 굉장히 억울해하는 듯 보였어요. (1회기)

치료자: 아빠가 한번 직접 애한테 이야기를 들어 보고 걸러야 하는데 아내 이야기만 듣고 애들을 조진다 이거예요. (1회기)

아빠: 큰애가 집에 들어오자마자 애 방으로 끌고 들어가서 몽둥이로 무지막지하게 때리면서 혼을 냈어요. (1회기)

치료자: 너 지구대 뭐 때문에 끌려갔는지 안 물어봐?

둘째 아들: 네.

치료자: 그럼 본인은 자기도 억울해 죽겠는데 아빠한테 맞았잖아? 그럼 엄청 열 받는 거잖아? 안 그래?

둘째 아들: 네.

치료자: 그리고 서로 얘기는 없었어? 그걸로 끝?

둘째 아들: 네. (5회기)

치료자: 아빠는 경청을 하지 않고 자기 말만 한다는 거예요. (6회기)

#### (3) 경고와 협박

아빠: 너 한 번만 더 늦게 들어오면 핸드폰 압수한다. (1회기)

치료자: 아빠하고는 관계가 어때요?

둘째 아들: 눈치 보는 관계예요.

치료자: 왜?

둘째 아들: 뭐… 아빠가 늦게 들어왔다고 핸드폰 압수하거나 부숴 버리니까… 아무 말도 없이….

치료자: 아빠가 화났다는 경고인 거야?

둘째 아들: 네…. (5회기)

#### (4) 믿어 주지 않는 아빠

치료자: 너(첫째 아들) 아빠한테 가장 불만이 뭐니? 라고 물어봤어요. 그랬더니 자기를 안 믿어 준다는 거예요. (5회기)

#### (5) 예전의 잘못까지 얹어서 말하는 아빠

치료자: 아빠가 너한테 어떻게 대해 주었으면 좋겠어? 오늘은 오늘대로 말하고, 내일은 내일대로 말하고?

둘째 아들: 네. 옛날 거 지적 안 했으면 좋겠어요.

치료자: 아빠가 옛날 것도 혼내시니?

둘째 아들: 네. (7회기)

### 2) 아빠와 아들 사이의 오해

#### (1) 아빠가 두려워 회피하는 아들

아빠: 너(둘째 아들) 정신 차릴 때도 되지 않았니? 아버지가 퇴근하고 오면 (공부)하는 척이라도 해라. 너무 뻔뻔스럽게 그러지 말고 그랬더니 제 방으로 그냥 말없이 들어가는 거예요. 그래서 아버지가 말하면 들은 척이라도 해야지 도대체가 아버지를 무시하는 거냐? 그렇게 말했죠. (1회기)

치료자: ○○(둘째 아들) 이도 분명 아빠를 무시해서 아빠에게 말을 안 한 것이 아니라 아빠가 무서워서 그랬다는 점을 아셔야 할 겁니다. (7회기)

치료자: 예를 들어 줄게. 너 가평 갔다 온 날 네가 가평 갈 때 아빠한테 말했냐 이거야.

둘째 아들: 안 했어요.

치료자: 왜 안 했지? 그 안 한 이유가 뭐니?

둘째 아들: 아빠가 화낼까 봐요. (7회기)

#### (2) 회피하는 아들에게 무시당했다고 느끼는 아빠

치료자: 너는 아빠를 무시하려고 한 게 전혀 아닌데…. 근데 너는 아빠한테 말을 해야 하는 순간이 두려웠던 거야? 아빠를 맞이하기가? 아빠는 그걸 어떻게 해석하셨을 것 같니?

아들: 무시했다…. (7회기)

치료자: 아빠가 톤이 좀 높아서 네가 상대하기 어려울 수 있지만 너도 표현을 안 하면 아빠하고는 어려울 수 있어. 아빠는 그걸 개무시한다고 보는 거야. (7회기)

치료자: 네가 무섭고 두려운 순간에 아빠한테 이야기를 해. 그러지 않으면 계속 오해 사는 거야. (7회기)

엄마: 한쪽에서는 열 받아 있는데 다른 한쪽은 피하면 열 받는 거죠. (7회기)

아빠: 너무 떳떳하고 반항적으로 보이는 게 아버지의 자존심을 상하게 한다는 겁니다. (1회기)

#### (3) 아들의 '약속 어김'을 도전으로 해석하는 아빠

아빠: 1차 경고를 했는데 그 뒤로 두 번이나 약속을 어겼어요. 이건 아빠에 대한 도전이라고 생각을 했죠. (1회기)

### 3) 엄마의 역기능적 의사소통

#### (1) 동생 편들기

치료자: 엄마의 방식이, 큰애와 작은애의 중재 방식이 애들 관계를 더 악화시키는 거죠. 엄마는 계속 둘째 편을 들어요. 지금 큰애는 엄마가 개입하는 것 때문에 스트레스를 받고 있는 거예요. (1회기)

아빠: 큰애가 항상 불만이죠. 엄마 아빠가 자꾸 작은애 편만 든다구요. (2회기)

치료자: 애들이 싸울 때 결국 엄마는 동생 편입니까? 거의 항상 그러나요?

아빠: 네. 100%입니다. (2회기)

첫째 아들: 동생이 와서 돈 꿔달라고 하고 저는 꿔 주죠. 그리고 걔는 이자 쳐준다는데 (웃음) 원금만 주더라구요. 근데 또 걔가 웃긴 건 걔는 그걸 또 엄마한테 말해요. 그럼 엄마는 형제 사이에 무슨 이자냐? 이렇게 말하면… 저만 나쁜 놈 되는 거죠. (3회기)

(2) 밋밋한 감정표현

치료자: 어머님은 애들 아버지 편을 들어 줘야 하지만 그 감정을 제3자인 양 밋밋하게 나간다는 거죠. 그 표현방식이 엄마와 애들과의 방식에서도 나온다는 것이죠. 그러면 애들이 엄마한테 이야기했을 때 속 시원하지도 못하게 되면 아예 얘기를 안 하게 돼 버리겠죠. (2회기)

(3) 타협하지 않는 엄마

첫째 아들: 제가 돈을 달라고 하면서 손에 쥐면 그 돈을 그냥 놔 줄 수도 있잖아요. 근데 엄마는 그게 찢어져도 안 줘요. 나중에 돈이 걸레같이 되었는데도 끝까지 안 놓아요. (3회기)

둘째 아들: 컴퓨터 하는데요… 친구랑 하려고 컴퓨터 조금만 더 하려고 하면 엄마가 막 못하게 해요. 무조건 끄래요. (5회기)

치료자: 엄마하고 타협이라는 것은 없어요? 약속은 무조건 지켜야 해?

둘째 아들: 네.

치료자: 안 지키면?

둘째 아들: 문을 잠가 버려요. (5회기)

(4) 추궁하는 엄마

엄마: 친구 생일이어서… 그래서 가려고 했는데… 뭐 이런 변명을 하죠. 그럼 제가 다 알고 있는데 무슨 소리 하는 거냐고 너 노래방 갔다 왔지? 이렇게 추궁을 하면 그게 아니고… 이러다가 나중엔 '어… 한 시간' 이래요. (4회기)

(5) 믿어 주지 않는 엄마

둘째 아들: 제 말도 안 믿어요. 제가 친구 생일 파티하고 온다고 하면 그것도 안 믿고요. 밖에 나가면 다 나쁜 짓 하는 줄 알아요. (5회기)

치료자: 엄마가 자기를 믿어 주지 않는다는 것입니다.

엄마: 그게 큰 원인인 것 같아요.

치료자: 네, 그게 핵심이에요. (4회기)

(6) 빈정대는 엄마

둘째 아들:이번에 학원 다닌다고 하니까 엄마가 '뭘 다녀 놀아…' 이랬어요. (5회기)

둘째 아들: 제가 집에 오면 형은 학원에 가 있는데요…. 엄마가 '공부한 놈 줘야 하는데 놀

다온 놈 주네….' 이래요. 맛있는 거 다 줘 놓고…. (5회기)

치료자: 엄마는 '더 놀아' 이렇게 장난 식으로 빈정대 놓고 근데 또 놀면 야단을 치시니까 문제라는 겁니다. (6회기)

둘째 아들: 지난번에 엄마가 더 놀다오라고 해서 놀다왔더니 문을 잠갔어요. 웃기죠. 더 놀다오라고 해서 그렇게 했더니…. (5회기)

#### (7) 형제끼리 비교하는 엄마

둘째 아들: 자꾸 형이랑 비교해요. (5회기)

### 4) 부모의 원가족 경험과 원가족에서의 역기능적 의사소통방식

#### (1) 아빠의 원가족 경험과 원가족에서의 역기능적 의사소통방식

아빠: 갈등이 극에 달하면 저는 오버를 한다든가 끝장을 보려고 하든가 싸우려고 하는 의사표현방식을 쓰는 거죠. (2회기)

아빠: 저는 제 가족환경이라는 것이 우리 엄마가 일방적으로 공격당하는 것도 보고… 뭐 다들(가족성원들) 사이가 좀 좋지 않아서 그래서 저는 대인관계는 절대 부딪치지 않습니다. 절대 싸움을 일으키려고 하지 않고요. 절대로 제가 먼저 시비를 걸지 않습니다.

치료자: 어찌 보면 관계를 좋게 하기 위하여 회피라는 방식을 쓰고 계신 거군요. 그게 피해가는 것은 좋은데 상대방의 경우에는 그 의중을 읽을 수가 없을 수도 있다는 겁니다. 그런데 그게 누적이 되면 참다 참다 확 폭발하거든요. 그럼 상대는 어? 갑자기 왜 이렇게 성질내? 이거거든요. 자녀들에게도 마찬가지예요. 잘해 주는 아빠지만 한편으론 두려움을 주는 아빠가 되었을 수도 있다는 겁니다. 언제 아빠가 욱해서 화를 낼지 모르니까 경계선을 가지고 있을 수도 있었다는 거죠. (2회기)

엄마: 남편은 어렸을 때부터 제대로 대접도 못 받고 자랐는데… 형한테 치이고 살았는데… 결혼해서는 달라질 줄 알았는데… 애들한테도 무시당한다고 남편이 자주 그렇게 말해요. (4회기)

부모의 원가족 경험과 원가족에서의 역기능적 의사소통방식을 보면 우선 아빠의 경우, 전반적으로 사이가 좋지 않은 가족관계를 어릴 때부터 경험해 온 영향으로 인해 갈등이나 분노를 해결하는 방식으로 '회피'를 사용하다가 갈등이나 분노가 누적이 되면 한꺼번에 폭발을 하는 방식을 가지고 있었다. 이는 자녀들을 놀라게 하고 아빠를 두려운 존재로서 인식

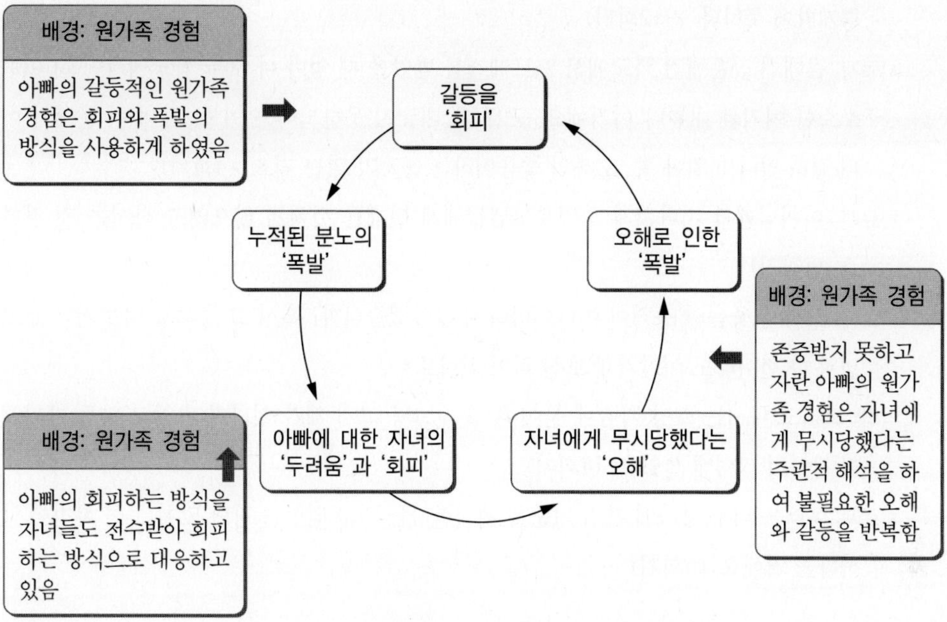


[그림 3-2] 반복되고 있는 역기능적 의사소통방식

하게 만들었다. 또한 존재로서의 인정을 받지 못하면서 성장해 온 서열상의 위치(3남 1녀 중 차남으로 서열로는 형과 막내 동생에게 치이고, 성별로는 1명뿐인 누나에게 치이며 살았다고 내담자가 표현함)로 인해 존중받지 못하고 자란 것에 대한 상처가 있었다. 이로 인해 자녀들이 아빠가 무서워 회피하는 행동에 대해 '무시당한다'고 주관적 해석을 하고 있었다. 즉, 부모-자녀 양자 간 솔직하지 못하고 감정의 억제가 있는 의사소통은 관계를 더욱 소원하게 하며(박인곤, 2007: 215) 이러한 역기능적 방식은 [그림 3-2]에서 보는 바와 같이 계속해서 반복됨으로써 문제를 오히려 유지 혹은 악화시키고 있었다(Goldenberg & Goldenberg, 2007).

#### (2) 엄마의 원가족 경험과 원가족에서의 역기능적 의사소통방식

치료자: 오빠의 죽음에 대해 애도의 과정을 거치지 않고 슬픔을 참았다는 거죠. 제가 우려하는 것은 이 슬픔을 참는 방식을 보면 주거니 받거니 하는 의사소통이 아니라서 표현방식이 솔직히 내놓는 게 힘들꺼라는 이야기입니다. (1회기)

아빠: 집사람은 처가 갈 때마다 애들 얘기는 하지 말라고 해요. (1회기)

아빠: 제가 집사람에게 이렇게 설거지 같은 것을 도와주면서 이런 남자 어디 있을까? 없지? 하고 말하면 집사람은 다른 남자랑 안 살아봐서 모르겠다고 말해요…. 정말 표현을 그

렇게밖에 못하나…. (2회기)

치료자: 큰애건 작은애건 학교에서 스트레스를 받았을 때 엄마 나 오늘 학교에서… 뭐 이런 소소한 얘기를 내놓냐 이거예요. 근데 왜 내놓지 못하느냐는 거죠. 근데 이 문제가 어디 걸려 있냐면 엄마 쪽, 오빠의 죽음이라는 문제가 있는 거죠. (4회기)

치료자: 어머님께서 지나치게 친정부모님들에게 민폐를 끼치지 않으려고 하시는 것 같아요. (4회기)

치료자: 오빠의 죽음의 충격이 어마어마하지 않았겠습니까? 혹시 그 충격을 나누거나 부모님과 한 번이라도 이야기해 보신 적이 있나요?

엄마: 그러고 나서는 그냥 가슴에 묻어 놓고… 그냥 그저 제가 엇나가지 않고 다들 제자리 잘 잡아서 그렇게 살았죠. (4회기)

치료자: 아빠는 너무 강하게 자기 기준을 제시한다는 거고 엄마는 장단 맞춰 주는 화법이 약하다는 거예요. (6회기)

엄마의 경우 상대방과 솔직한 감정을 나누는 것에 대한 어려움을 가지고 있었는데 이는 '친정오빠의 죽음'이라는 큰 사건을 겪은 원가족의 경험으로부터 기인한 것이었다. 슬픔이나 큰 사건을 애도하지 못하고 숨겨둔 채 지나가 버린 가족들은 '어떤 주제에 대한 대화금지'라는 가족규칙으로 인해 솔직한 감정을 교류하는 것에 방해를 받을 수 있다는 가족의 특성과 연관된다(서울복지재단, 2005: 69). 감정을 나누는 것에 대한 어려움과 정보 공유의 부족으로 인해 엄마의 대화방식은 자녀들의 말에 맞장구치지를 못해서 자녀들로 하여금 공감받았다거나 이해받았다는 생각이 안 들게 하였고 이러한 방식은 자녀들과의 대화를 단절하여 관계를 소원하게 만드는 결과를 초래하였다.

## 2. 주로 사용되어 왔던 역기능적 의사소통방식의 종류

부모-자녀 간 갈등에 영향을 미친 요인들 중 상담의 축어록상에서 나타난 가장 많은 빈도수를 보이는 요인, 즉 이 가족에서 주로 사용되고 있는 역기능적 의사소통의 종류를 그래프로 정리해 보면 [그림 3-3]과 같다.

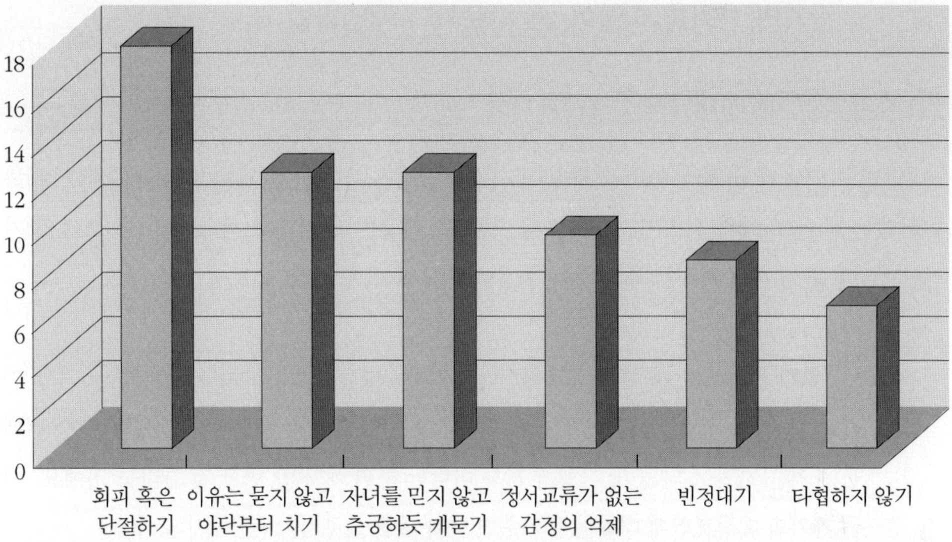


[그림 3-3] 본 사례에서 주로 사용되고 있는 역기능적 의사소통방식의 종류(빈도수에 따른 분석)

• 종류별 빈도수

• 회피 혹은 단절하기(18회) – 부(父): 3회 / 모(母): 4회 / 자녀: 11회
• 이유는 묻지 않고 야단부터 치기(일방적 훈육 혹은 충고)(12회) – 부(父): 9회 / 모(母): 3회
• 자녀를 믿지 않고 추궁하듯 캐묻기(12회) – 부(父): 2회 / 모(母): 10회
• 정서교류가 없는 감정의 억제(밋밋한 감정표현)(9회) – 부(父): 2회 / 모(母): 5회 / 자녀: 2회
• 빈정대기(8회) – 부(父): 1회 / 모(母): 7회
• 타협하지 않기(엄격하고 경직된 규칙의 일방적 제시)(6회) – 부(父): 1회 / 모(母): 5회

그래프상에 나타난 결과를 보면 본 사례의 가족에서 주로 사용되고 있는 역기능적 의사소통방식은 '회피 혹은 단절하기' '이유는 묻지 않고 야단부터 치기(일방적 훈육 혹은 충고)' '자녀를 믿지 않고 추궁하듯 캐묻기' '정서교류가 없는 감정의 억제(밋밋한 감정표현)' '빈정대기' '타협하지 않기(엄격하고 경직된 규칙의 일방적 제시)'의 6가지 종류가 주로 사용되어 왔음을 알 수 있다.

## 3. 가족관계의 변화를 이끌어 낸 치료자의 개입방법

### 1) 자기노출을 통해 내담자의 저항을 다룸

내담자는 그동안 유지해 왔던 익숙한 의사소통방식을 탈피하게 됨에 따라 저항이 발생하게 되었는데 이에 대해 치료자는 '치료자 자신'을 사용하여 비슷한 예를 들어 줌으로써 가족들의 저항을 줄이고 가족들의 이해와 수용이 쉽도록 유도하였다.

아빠: 저희가 우려하는 게 이 치료과정이 안 먹히고 있다고 보는 이유가 뭐냐면… 가평 가라고 했을 때… 교수님이 허락하라고 해서 했고 앞으로 학원 보내는 것도 허락할 건데 근데 저는 걱정이 되는 게 이렇게 계속 허락만 하면 애가 안 변할 것 같다는 거예요. 지금 자기의 요구조건에 대해서 들어주면 아빠 말을 듣겠다. 이런 얘기 같아요.

치료자: 저는 애들과의 관계에서 먹히는 방법이 무엇인가? 이것을 본다는 겁니다. 예를 들어 드릴게요. 제 아들이 여기 ○○중학교 남녀공학 1회에 들어갔거든요? 근데 1학년 때 전교 짱을 먹으려고 각 반의 짱들한테 전화를 걸었던 거예요. 갑자기 토요일 날 느닷없이 제 처한테 전화가 왔어요. 애가 학교에 불려갔고 내용은 요 밑에서 애들에게 싸움을 시켰다는 거예요. 근데 그걸 본 주민들이 신고를 해서 학주하고 선생님들이 얘네들을 끌고 간 거예요. 그때 드는 생각이 '저 새끼 왜 저래…' (중략) 근데 전 제 아들의 잘못을 지적 안 했어요. 애가 그렇게 해서 바뀌면 다행이지만 자기도 짜증나는데 잔소리 들으면 더 열 받을 것 아닙니까? 그래서 제가 그랬어요. '너 어디 맞은 데는 없냐?' 이러니까 '선생님이 빰 때렸어요'라고 하더라구요. 그래서 제가 '이런 씨발놈의 새끼… 앞으로 네 몸에 누가 손대면 나한테 당장 말해'라고 했어요. 이건 의도적으로 한 겁니다. 애들이 이런 사건이 있을 때 이제 아빠는 내 편이니까 아빠한테 그걸 털어놓을 수 있다는 거죠. 방법론에서는 이게 먹힐 것입니다. 나중에 제 아들이 '아빠 죄송해요'라고 하더라구요. (5회기)

### 2) 내담자와 신뢰관계 형성하기

치료자는 가족성원 중 가장 많은 변화가 필요하다고 생각된 내담자(아빠)와 치료적 동맹관계를 형성하여 내담자의 입장에서 편들어 주고 지지해 줌으로써 신뢰관계를 형성하여 가족치료의 효과를 더욱 극대화하고 있다.

아빠: 전 교수님을 이틀 만나면서 느낀 게 무엇이냐면 교수님께 인정을 받고 있다는 사실이에요. 내가 너무 스트레스를 많이 받고 있었는데 교수님이 반박하지 않고 그걸 그대로 인정해 주니까 내가 너무 마음이, 너무 후련한 거예요. 누군가가 나를 인정해 준다는 느낌을 받았어요. (6회기)

### 3) 내담자의 통찰을 돕기

치료자는 자신의 경험을 노출하면서 가족들이 객관적인 통찰을 얻도록 하였고, 가족의 생활방식에서 반복되는 갈등의 패턴들이 존재함을 지적함으로써 더 이상 이러한 비효과적인 방식의 대처로 문제를 해결하지 못한다는 것을 가족들이 인식하도록 하였다. 이는 가족들에게 자신의 문제를 객관적이고 현실적으로 인식하도록 비슷한 사례들을 들려주는 Bowen의 가족치료와 가족들이 유지해 온 익숙한 의사소통방식을 문제해결에 계속 사용하기 때문에 문제가 지속된다는 것을 인식시키는 MRI의 가족치료에 따른 것이다.

#### (1) 유사 사례를 제시하여 내담자의 통찰 돕기

치료자: 저는 우리 아들이 고 2때 저녁에 6시에 밥 먹고 8시에 항상 나오거든요. 저랑 둘이 밥 먹고 저는 설거지를 하고 얘는 도서관에 가야 하는데, 도서관에 안 가고 영화를 보는 거예요. 근데 저는 도서관 가야 할 것 아니냐? 욕까지 나오려고 하는데 참으면서 '아빠 학교 다녀올게' 이러고 나왔어요. 그 애도 아빠의 시선을 의식할 것이라는 것이죠. 애도 불안한데, 거기에다가 뭐라고 하면 깐 이마 또 까는 격이죠. 저는 무슨 얘기냐면 애가 스스로 변할 때까지 기다려 보자는 거죠. 그렇게 욕하고 잔소리해서 도서관에 보내 놓으면 거기서 공부를 했을까? 라는 겁니다. 거기서 멍 때리면서 시간이 맴돌았겠죠. '나도 불안해 죽겠는데 저걸 못 참어?' 이런 식이 될 수 있지 않냐는 겁니다. (6회기)

치료자: 저도 저희 엄마 때문에 화가 나서 말하면 제 아내는 무조건 제 편을 들어 줍니다. 지금 무엇이 걸리셨냐면 어머님이 큰애하고 둘째하고 얘기할 때 거기서 아이들의 감정을 다루지 못하고 아빠의 입장을 대변해 준다는 겁니다. '아빠 들으면 또 아빠 화날라' 이렇게요.

엄마: 네… 아빠 감정 건드리지 말라고….

치료자: 하지만 아이들 입장에선 자신의 이야기가 끊기고 자신의 이야기를 꺼내 놓지 못하고 답답하다는 겁니다.

아빠: 맞아. 시원하지가 못해….

치료자: 보통 그게 쌓이다 보면 집에 안 들어가고 친구들과 밖에서 술 먹고… 밖으로 돌게 되는 거예요. (6회기)

치료자: 저희 집 같은 경우는 애들이 엄마한테 불만이 있으면 '엄마 이런 거 싫어'라고 저를 씹어요. 그러면 저는 '엄마가 니들 다 잘되라고 그러는 거야' 이런 말 안 해요. 저는 애들 편을 든다는 거죠. 근데 이 표현방식이 왜 중요하냐면 애들이 속에 있는 것을 끄집어낸다는 것이죠. (6회기)

### (2) 반복되는 패턴을 인식하게 하여 내담자의 통찰 돕기

치료자: 중요한 것은 아들의 행동을 변화시키려고 하는 것 자체가 아들의 행동을 변화시키기보다는 행동은 행동대로 변화가 안 되고 관계는 관계대로 악화되고 있다는 겁니다. 이걸 인정하세요?

아빠: 네.

치료자: 지금 현재 아들에게 하시는 태클 방법 자체가 먹히고 있지 않다 이거예요. 그저 대치하고 있는 거죠. (1회기)

치료자: 아들한테 이 방법, 저 방법 다 썼는데 아들이 스스로 깨닫게 한 게 아니라 자꾸 교육을 시키려고 했잖아. 그 방법이 본인한테 먹혔냐 이거야… 안 먹혔죠?

첫째 아들: 네.

치료자: '아이 씨발 또 시작하네….' 이랬을 거 아냐? 레퍼토리가 똑같지. 이젠 그게 아니라 새로운 방식을 써야 한다는 거예요. (3회기)

치료자: 저는 누가 옳다 그르다 이런 것을 보지 않거든요? 효과가 있느냐 없느냐 이 방식만 봅니다. 근데 아드님이 귀가 문제, 학원문제에서 엄마가 '너 오늘 왜 학원 안 갔어?' '너 왜 오늘 몇 시까지 들어오기로 했는데 왜 약속 안 지켜?' 이렇게 해서 말을 들었다면 그것은 먹히는 방식이에요. 근데 잘 생각해 보면, 매번 반복이 되었을 거예요. 근데 중요한 것은 그렇다고 애가 그걸 다 지키는 것도 아니에요. 다른 방식을 쓰셔야 한다는 것이거든요. (4회기)

아빠: 그날이 우리 아버님 제삿날이어서 제가 정신이 없었어요. 근데 애 엄마가 애를 따끔하게 혼내고 가자고 하더라구요. 저는 정말 열이 받지만 아무 말 안 하고 핸드폰을 달라고 해서 부러뜨렸어요. 그렇게 표시한 거죠.

치료자: 제가 하나 여쭤보고 싶은 것은 아버님께서는 내가 이만큼 화가 났다고 표현을 하신 거예요. 근데 아들은 아빠가 화가 났다는 거 플러스 무엇을 느꼈을까요?

아빠: 억울하다?

치료자: 두렵겠죠. 중요한 건 공격하지 않고 표현을 알아듣게 해야 되는데 무슨 얘기냐면… 핸드폰을 부러뜨려서 전달되는 메시지와 그냥 말로 하는 메시지는 똑같은 메시지가 전달되는 게 아니에요. 핸드폰을 부러뜨린 메시지는 그 심중을 읽음과 동시에 다음번에 아빠한테 접근할 수 있는 것에 벽을 친 행동이었다는 거죠. 계속 이런 게 반복되어 온 거예요. 그럼 과연 그 방식 자체가 아버님의 원가족에서 나오지 않았냐는 거죠. (6회기)

### 4) 새로운 의사소통방식 소개하기

치료자는 지금까지 가족들이 익숙하게 적용해 온 의사소통방식에서 벗어나 새로운 문제해결방식을 경험시키고 학습시키고 있다. 특히 앞서 분석된 '부모-자녀 간 갈등에 영향을 미친 요인들' 중 많은 빈도수를 보인 역기능적 의사소통방식은 '정서교류가 없는 감정의 억제(밋밋한 감정표현)'와 '이유는 묻지 않고 야단부터 치기'였는데 이 방식을 탈피하여 '상대편 입장에 서서 장단 맞추기와 편들어 주기'라는 새로운 방식이 소개되고 있다.

아빠: 형은 장남이라 아버지 세대는 그랬지 않습니까? 첫째는 원래 이뻤고 누나는 하나뿐인 딸이라 많이 이쁨을 받았고 동생은 늦둥이라 귀여움을 많이 받았죠. 근데 저는 딱히 소속감이 없어서 아버지 사랑을 별로 못 받고 어머니 사랑도 별로 못 받은 것 같아서… 근데 제가 누군가에 대해서 참 인정받고 싶고… 참 정이 그리워서 살고 싶은 것 같아요. 근데 현실적으로 애들이 아버지를 인정을 안 해 줘요. 애한테 제가 물어본 적이 있어요. 한창 사이 안 좋을 때 '너한테 있어서 아빠는 몇 점짜리 아빠니?' 라구요. 그러니까 '핫바지'라는 거예요. 저 애가 내 마음을 몰라주는구나.

치료자: 그럼 아버님을 알아주는 사람은 누가 있나요?

엄마: 없대요.

치료자: 그럼 아버님의 표현이 어땠길래 아버님을 알아주는 사람이 없냐? 이거예요.

아빠: 답답하죠….

치료자: 아버님은 기준이 이미 있으신 분이에요. 무언가를 물어봤을때 이미 답을 갖고 계세요. 아버님이 너무 강하게 자기 기준을 제시한다는 것에 대해 아이들이 불편해한다는 거예요.

엄마: 당신이 차라리 그때 '왜 지금 들어왔어?'라고 물어보는 게….

치료자: 아뇨. 그 표현은 약합니다. '무슨 일이 있길래 지금 왔니?' 이렇게 부드럽게요. (6회기)

치료자: '오늘 할아버지랑 무슨 대화를 했었냐?'라고 편안하게 물어보는 겁니다. 여태까지 아버님과 자녀 간의 대화방식은 일방적으로 충고하는 방식이에요. 근데 그 방식이 먹히지가 않는 겁니다. 아드님의 이야기를 끊지 말고 한번 계속해서 들어 보시기 바랍니다. 계속 아드님의 장단을 맞춰 주는 거예요. 아드님으로 하여금 말을 하게 하는 것이죠. (1회기)

치료자: 너 왜 공부 안 해 이 자식아!! 이런 관계에서 애를 혼낸 게 아니라 '야 나도 네 심정 알아. 나도 너만할 때 그랬어' 이러면서 눈물을 흘리셨다는 거예요. 근데 아드님이 봤을 때 그건 감동이었던 거죠. 아버지가 의도적으로 하셨던 것은 아니지만 아빠도 모르게 아들과의 공감대를 형성할 수 있는 표현이 나온 거죠. 평소에 기준이 명확하셨던 분인데 아빠가 허물어지기 시작하는 거죠. (4회기)

치료자: 표현방식이 조금만 바뀐다고 하더라도… 애들과의 관계가 훨씬 나아지실 겁니다. 아빠 없을 때 애들 편들어 주세요. '아빠가 그래도 성질이 발끈하지 않니? 너도 알잖아. 아빠 발끈하는 거….'

아빠: (아내를 향해서) 그래. 차라리 그렇게 해.

치료자: 멋모르는 사람들은 이게 간신이라고 하는데 천만의 말씀입니다. 상담에서는 딴 거 없어요. 그 사람이 말하는 것을 동의해 주고, 말꼬리 잡지 말고 계속 내놓게 하는 겁니다. (6회기)

## 4. 가족치료 후 새롭게 시도된 의사소통방식과 이를 통해 변화된 가족의 모습

치료자의 개입을 통해 가족들에게는 많은 변화가 일어났는데 이 중 특히 의사소통방식의 변화를 중심으로 본 가족의 달라진 모습을 살펴보기로 하겠다. 두 번째 연구문제에 대해서 이 가족이 주로 사용하고 있는 6가지 종류의 역기능적 의사소통방식이 도출되었는데 치료를 통해 이러한 역기능적 방식이 탈피되었을 때 구체적으로 어떠한 변화가 이 가족에게 일어났는지를 요약하면 다음과 같다.

### 1) 정서적 교류를 하기 시작한 가족

- 새롭게 시도된 의사소통방식: 회피, 단절, 감정의 억제로부터 탈피하여 속마음 털어놓기

아빠: 한번은 얘가 저한테 혼나다가 우는 거예요. 그래서 저도 같이 손을 잡고 울었어요.

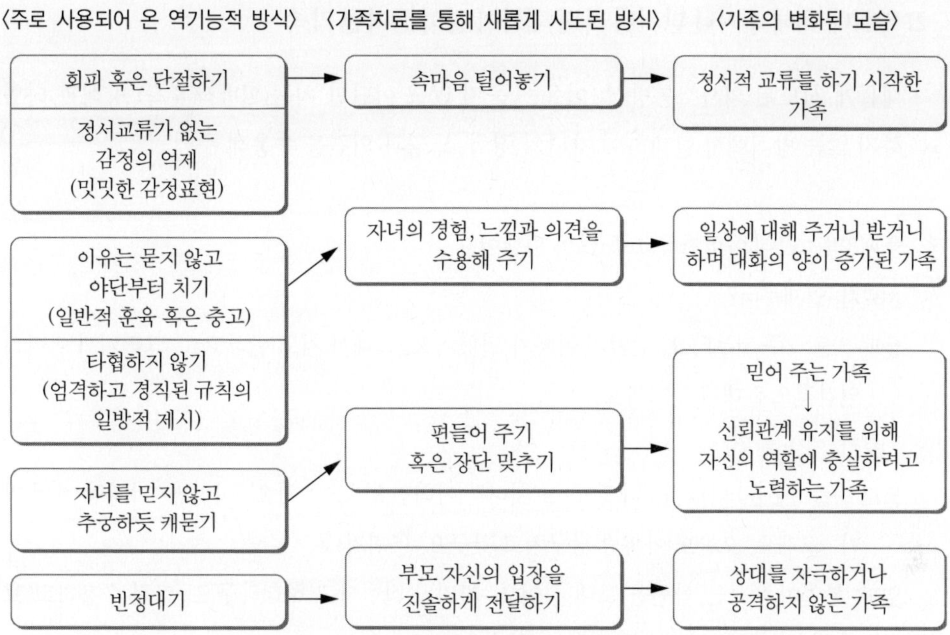


[그림 3-4] 가족치료 후 가족의 변화된 모습

'그래 내가 네 맘 안다. 사춘기인 네 맘 내가 모를 것 같아? 우리 지금부터 잘해 보자. 내가 너 얼마나 사랑하는지 알어? 아빠 한번 안아 봐 임마.' 라고 했어요. 그랬더니 안더라구요. 그래서 화해무드가 이어졌어요. (6회기)

첫째 아들: 아빠도 제가 웃으면서 대하길 원하셨던 거예요. 근데 아빠가 어느 순간부터 저한테 먼저 그렇게 대하니까 저도 그렇게 되는 거예요.

치료자: 구체적으로 어떤 일이 있었어?

첫째 아들: 아빠랑 같은 방에 있는데 제가 불편해서 나왔는데 아빠는 그게 서운하셨나 봐요. 그래서 얘기하다가 아빠가 먼저 지금까지 미안했대요. 저도 그러고, 서로 껴안고 그랬어요. 그리고 그다음부터 많이 풀어졌어요. (3회기)

둘째 아들: 뒤에서 아빠가 제 이름을 불렀어요. 그래서 아빠랑 얘기를 했는데 아빠가 저보고 잘하고 있다고… 아빠가 형이랑 같이 밥 먹자고….

치료자: 아빠가 달라진 거 같아요?

둘째 아들: 아빠가 요즘 들어 속마음을 표현해 주는 거 같아요. (5회기)

아빠: 어제 큰애 하는 이야기가 뭐냐면 '난 요즘 아빠하고 많이 가까워졌어. 그럼 너(동생)도 이제 바뀌어야 되지 않겠니?' 라고요. 그 말에 제가 굉장히 확 와닿았어요. '저 놈이 이제는 나와 교감이 되고 있구나' 라고 느꼈어요. 뿌듯하더라구요. (6회기)

### 2) 일상에 대해 주거니 받거니 하며 대화의 양이 증가된 가족

• 새롭게 시도된 의사소통방식: 이유는 묻지 않고 야단만 치는(일방적 훈육) 방식과 타협하지 않는 방식에서 탈피하여 자녀의 경험, 느낌과 의견을 수용해 주기

둘째 아들: 근데 아버지하고 좀 많이 변했어요.
치료자: 언제부터?
둘째 아들: 2주 전부터요. 갑자기 아빠가 변했어요. 그래서 저도 변하고요. 그러니까 아빠가 인간적으로 대해 주니까요.
치료자: 예를 들면?
둘째 아들: (웃음) 아빠가 '너 당구 잘 치냐?' 이러면요 '조금 쳐요' 이러면 '아빠랑 한번 가자' 그래요. 오늘도 아빠랑 당구치고 왔구요. (5회기)
엄마: 본인이 원하는 학원을 보내 줬어요. 자기가 잘한다고 하더라구요. 그걸 수용하고 보내 줬고 지금 잘하려고 노력하는 중이에요
치료자: 자녀와 관계가 변화되셨다는 것을 느끼세요?
엄마: 이제 서로 시비가 없어지고… 친구 얘기도 하고… 학교 얘기도 하고…. (7회기)

### 3) 믿어 주는 가족과 신뢰관계 유지를 위해 자신의 역할에 충실한 가족

• 새롭게 시도된 의사소통방식: 자녀를 믿지 않고 추궁하듯 캐묻는 방식에서 탈피하여 편들어 주기와 장단 맞추기

아빠: 둘째가 요즘 형 말을 잘 귀 기울여 듣는 거 같아요.
치료자: 자기편이라는 것을 느끼니까요. 애가 여기 와서 저한테 얘기하기를 형이 착해졌다는 거예요. 그전에는 말하는 게 모두 태클을 걸었었는데 요즘은 자기편을 들어 준다는 거예요. 자기 얘기를 듣는다는 거죠. (6회기)
치료자: 지금 둘째 아드님의 상태는 어떻죠?
엄마: 연락이 오면 꼭 나가야지 직성이 풀려요. 근데 조금 좋아진 것은 애가 저녁에 해가 지기 전에 돌아온다는 거예요
치료자: 둘째 아드님의 변화가 있네요?
엄마: 남편의 태도도 변하고 형도 자기편을 들어 주니까 약속을 지키려고 노력하는 것 같아요. 제가 혼을 내도 '엄마 그만 하세요'라고 말하고 자기가 동생을 데리고 나가 김밥이

라도 사서 먹이고 그래요

치료자: 형이 좀 변했군요.

엄마: 예. 형이 변했다는 것을 본인(동생)도 느끼더라구요. 그리고 아빠도 예전에는 아닌 것은 아니라고 못을 박고 선을 긋고 그랬는데 그래도 이제는 아들 편에서 얘기해 주고 그러니까… 조금은 알았다고 하는데….” (4회기)

### 4) 상대를 자극하거나 공격하지 않는 가족

• 새롭게 시도된 의사소통방식: 빈정대는 방식에서 탈피하여 부모 자신의 입장을 진술하게 전달하기

치료자: 예를 들면? 요즘 표현방식이 어때요? 예전에는 욕했다면… 지금은?

둘째 아들: 그만 놀라고… 공부 조금씩 하자 그러고….

치료자: 안 때리고? 본인은 그럼 변하고 있어요?

둘째 아들: 저두요, 안 나가고 열심히 공부하려고 하고 있어요. (5회기)

치료자: 오늘 여기 와서 아빠가 널 공격한다고 느꼈니?

아들: 아뇨.

치료자: 그 차이가 뭔 것 같니?

아들: 모르겠어요.

치료자: 아까 엄마가 말씀하셨잖아? 아빠가 댁에서 말씀하시면 톤이 올라가고 상대편으로 하여금 일방적으로 당한다고 느끼게 하는 표현방식을 쓴다는 거잖아? 그런데 오늘은 똑같은 내용을 말씀하시더라도 상대편을 자극하지 않는다는 것이죠. 그렇지 않습니까? 어머님?

엄마: 네. 그냥 조금 이야기하는 식으로 얘기를 하니까… 전혀 톤을 안 높이고…. (7회기)

위의 내용을 살펴보면 가족의 변화 모습이 주로 치료 후기인 5~7회기 사이에 가장 많이 나타났는데 이는 본 사례의 치료적 효과성을 입증해 줄 수 있는 자료라고 볼 수 있다. 즉, 청소년기 자녀와 갈등을 경험하고 있는 부모의 역기능적 의사소통방식을 직면시켜 주면서 접근했던 본 사례는 부모-자녀 간 관계회복을 하는 데 도움을 줄 수 있었다.

# Ⅶ. 논의 및 결론

본 연구에서는 자녀가 사춘기의 위기를 맞아 부모와 갈등하는 가족치료 사례를 중심으로 부모-자녀 간 갈등에 영향을 미친 요인들과 가족 안에서 주로 사용되어 왔던 역기능적 의사소통방식의 종류, 가족관계의 변화를 이끌어 낸 치료자의 개입방법, 그리고 가족치료 후 새롭게 시도된 기능적 의사소통방식의 종류와 이를 사용함으로써 생긴 가족의 변화된 모습에 초점을 두고 분석하였다.

연구결과 부모-자녀 간 갈등에 영향을 미친 요인들로서 '아버지의 역기능적 의사소통' '아빠와 아들 사이의 오해' '엄마의 역기능적 의사소통' '부모의 원가족 경험과 원가족에서의 의사소통방식'의 요인들이 도출되었다. 부모-자녀 간 갈등에 영향을 미친 주요한 원인은 모두 '역기능적인 의사소통방식'이라는 범주로 묶일 수 있는데 상담의 축어록상에 나타난 역기능적 의사소통방식의 하위범주들을 빈도수로 분석해 본 결과 이 가족이 주로 사용해 왔던 역기능적 의사소통방식은 '회피 혹은 단절하기' '이유는 묻지 않고 야단부터 치기(일방적 훈육)' '자녀를 믿지 않고 추궁하듯 캐묻기' '정서교류가 없는 감정의 억제(밋밋한 감정표현)' '빈정대기' '타협하지 않기(엄격하고 경직된 규칙 제시)'의 6가지 범주가 나타났다. 이는 부모-자녀 간의 의사소통을 저해하는 요인들로 자녀의 잘못에 대해 즉각적으로 화를 내는 것, 자녀의 체면 따위를 고려하지 않고 모욕감을 주는 것, 마음을 나누는 것의 어려움과 정보 공유의 부족, 의사소통에서의 감정의 억제라는 점에서 기존의 선행연구의 결과들과 일치한다(한영숙, 2005: 72; 박인곤, 2007: 215).

가족들이 가지고 있는 역기능적 의사소통방식을 변화시키기 위한 치료자의 개입방법으로는 '자기노출을 통해 내담자의 저항을 다룸' '내담자와 신뢰 관계 형성하기' '내담자의 통찰을 돕기-유사사례 제시 및 반복되는 패턴의 인식' '새로운 의사소통방식 소개하기'가 나타났다. 특히 본 사례의 가족들은 비슷한 시기의 자녀를 키우고 있는 치료자 자신의 살아있는 경험과 인간적인 면의 자연스런 노출을 통해 많은 공감대와 신뢰를 형성하는 모습을 보이면서 저항을 최소화하고 모델링의 방식을 통해 기능적인 의사소통을 체험할 수 있었고 내담자 가족들의 객관적 통찰을 도울 수 있었다. 이러한 점에서 가족치료를 할 때 '치료자 자신'의 사용은 의미 깊고 효과적인 치료적 도구가 될 수 있을 것으로 보인다.

마지막으로 의사소통방식에서의 가족의 변화된 모습으로서 '정서적 교류를 하기 시작한 가족' '일상에 대해 주거니 받거니 하면서 대화의 양이 증가된 가족' '믿어 주는 가족과 신뢰관계 유지를 위해 자신의 역할에 충실해지려고 노력하는 가족' '상대를 자극하거나 공격하지 않는 가족'의 요인들이 도출되었다. 이렇게 변화된 모습에 대한 전제로는 지금까지 가족성원들이 주로 사용해 왔던 6가지 종류의 역기능적 방식과는 다른 새로운 의사소통방식인 '속마음 털어놓기' '자녀의 경험, 느낌과 의견을 수용해 주기' '편들어 주기와 장단 맞추기' '부모 자신의 입장을 진솔하게 전달하기'가 도출되었다. 이는 부모로부터 수용받고 지지받는다는 느낌을 주는 것, 자녀의 이야기를 주의 깊게 듣는 것, 자녀의 생각이나 입장을 이해하는 것 등등이 개방적인 의사소통에 속한다는 여러 연구결과들(최인재, 2007: 612; 여진경, 전영주, 2007: 24-26; Carkhuff, 1969; Gorden, 1970; 오윤선, 2008: 28)과 일치함으로써 이러한 새로운 방식들이 효과적인 의사소통 기술임을 뒷받침해 주고 있다. 이는 현재 사춘기 자녀와의 갈등으로 인해 효과적인 대화법을 찾고 있는 많은 부모들에게 유용한 대화법의 교육 자료로 제공될 수도 있을 것이다. 다만, 본 연구가 한 사례를 분석한 것이므로 연구결과를 모든 사춘기 자녀에게 적용할 수 있는 효과적인 대화법으로 일반화시키기에는 제한점이 있을 수도 있다. 그러므로 앞으로 유사 사례에 관련한 가족치료적 임상개입의 연구들이 꾸준히 이루어져 본 연구결과를 일반화시키거나 수정하는 과정이 뒤따라야 할 것이다.

## 참고문헌

김영희, 안상미(2008). 가족의 응집성과 적응성, 부모-자녀 간 의사소통, 가족갈등과 청소년의 우울 및 비행. 청소년학연구, 15(2), 1-31.

문영숙(2008). 부모-자녀 의사소통이 청소년의 자아개념, 문제 적응에 미치는 영향. 아동간호학회지, 14(4), 405-414.

박인곤(2007). 청소년의 인터넷 이용실태와 부모-자녀 간의 의사소통 실태 상관관계 분석. 한국기독교 교육정보학회, 16, 207-230.

박태영(2001). 가족치료 이론의 적용과 실천. 서울: 학지사.

박태영(2006). 외도를 한 중년부인에 대한 가족치료 사례연구. 한국가족치료학회지, 14(2), 91-133.

박태영(2009). 마리화나 피는 아들에 대한 가족치료 사례연구. 한국가족치료학회지, 17(1), 57-96.

서울복지재단(2005). 가족복지 실천방법: 사회복지 프로그램 매뉴얼 개발 연구.

여진경, 전영주(2007). 발달단계에 따른 아버지와 아들의 의사소통. 한국가정관리학회지, 25(1), 15-27.

오윤선(2008). 대학생이 지각한 가족체계 유형 및 부모-자녀 간 의사소통이 자아존중감에 미치는 영향. 청소년학연구, 15(5), 23-49.

유계숙, 최유진(2007). 청소년이 지각한 부모-자녀 간 의사소통과 자아존중감, 친구 간 갈등해결 전략이 교우만족도에 미치는 영향. 한국가정관리학회지, 25(3), 59-75.

이영경, 장훈, 최진이, 허태균(2008). 부모-자녀가 지각한 의사소통 유형 일치도와 아동의 문제행동과의 관계. 한국심리학회지, 5(3), 389-404.

장해순, 강태완(2005). 부모-자녀 간 의사소통이 자녀의 자아존중감과 자기 효능감에 미치는 영향. 커뮤니케이션학 연구, 13(3), 107-112.

지효숙(2007). 아버지-자녀 간 의사소통과 청소년 자녀와의 친밀도 관계 연구. 부산교육학연구, 20, 153-170.

지효숙(2008). 청소년이 지각한 아버지-자녀 간 의사소통과 성취동기 및 자아존중감 관계 연구. 부산교육학연구, 21, 75-96.

최인재(2007). 부모-자녀 간 의사소통이 청소년기 자녀의 자아분화 및 우울과 불안에 미치는 영향. 한국심리학회지; 임상, 26(3), 611-628.

한영숙(2005). 청소년이 지각한 아버지의 의사소통 유형과 학교 적응의 관계. 한국가정과교육학회지, 17(3), 71-82.

Carkhuff, R. R. (1967). Toward a comprehensive model of facilitative interpersonal process. *Journal of Counselling Psychology*, *14*, 67-72.

Carkhuff, R. R. (1969). *Helping and human relation*, Vol Ⅰ, Ⅱ, New York: Holt, Rinehart & Winston.

Goldenberg, I., & Goldenberg, H. (2007). *Family therapy: An overview*. Pacific Group, CA: Brooks/Cole.

Gorden, T. (1970). *Parent effectiveness training the tested new way to raise responsible children*. New York: New American Library.

Hartos, J. L., & Power, T. G. (2000). Association between mother and adolescent reports for access in relations between parent-adolescent communication and adolescent adjustment. *Journal of Youth and Adolescence*, *29*(4), 441-450.

Laursen, B., Coy, K., & Collins, W. A. (1998). Reconsidering changes in parent-child conflict across adolescence: A meta-analysis. *Child Development*, *69*, 817-832.

Montemayor. R.(1984). Parents and adolescents in conflict: All families some of the time and some families most of the time. *Journal of Early Adolescence*, *3*, 83-103.

Watzlawick, P., Weakland, J., & Fisch, R. (1974). *Change: Problems formation and problem resolution*. New York: Norton.

Weakland, J. H. (1993). *Conversation-but what kind?* In S. Gilligan & R. Price (Eds.), Therapeutic conversations. New York: Norton.

# 아버지와의 갈등으로 인해 학습동기가 낮은 자녀에 대한 가족치료 사례연구*

박태영 · 박진영

본 연구는 통제적이고 일방적인 의사소통 문제를 가진 아버지와의 갈등으로 인해 낮은 학습동기를 보이는 사춘기 자녀의 상담을 어머니가 의뢰한 사례다. 본 연구에서는 가족구성원 간 역기능적인 의사소통의 문제로 인하여 부적응 행동을 보이는 사춘기 자녀를 둔 가족에 대한 가족치료의 효과를 제시하고자 하며 특히 사춘기 자녀들과 보다 원활하게 소통할 수 있는 효과적이고 새로운 의사소통방식에 대한 자료를 제공함으로써 많은 가족들이 사춘기 자녀로 인해 증가된 가족갈등을 슬기롭게 대처해 나갈 수 있도록 돕고자 한다. 본 연구는 질적 분석방법 중 대화내용 분석을 하였고 대화내용의 서술과 탐구 분석의 효과를 보여주기 위한 효과 매트릭스(Effect Matrix)와 시간 변화에 따른 메타 매트릭스(Time-ordered Meta Matrix)를 사용하였다. 동시에 가족치료의 변화과정과 관련하여서 초이론적 모델을 분석의 틀로 활용함으로써 내담자 가족이 변화하는 데 있어 5가지의 단계에 따른 변화의 내용과 상담의 효과를 함께 분석하였다. 가족치료가 진행됨에 따라 가족구성원들은 지금까지 시도해 왔던 역기능적 의사소통방식이 있었음을 인식하게 되었고 지금까지 사용해 보지 않았던 새로운 의사소통방식을 시도하게 되자 가족구성원 간의 변화가 일어났고 궁극적으로

---

* 제4장은 청소년상담연구(2009) 제17권 2호, 139-156페이지에 게재된 논문을 일부 수정한 것임.

낮은 학습동기를 보이는 아들의 문제가 해결될 수 있었다. 청소년의 부적응 문제를 해결하기 위해서는 부모의 변화가 우선시되어야 한다는 치료자의 관점에 따라 아버지가 인식 단계로 전환되기 시작하자 자녀들 역시 변화하기 시작했다. 즉, 가족구성원 중 어느 사람이 문제해결을 위하여 자신이 변화해야 될 필요성에 대해 인식하기 시작하면서 다른 가족구성원들의 변화를 유도하게 되고 이는 가족 전체에 대한 변화를 야기시킬 수 있음을 나타내고 있다.

## I. 서론

가족생활주기상 사춘기 자녀를 둔 가족은 증가된 가족갈등을 종종 경험하게 된다. 가족이 발달주기상의 변화와 전환의 시기에 들어섰을 때 새로운 상황에 맞는 변화의 시도가 필요한데, 특히 자녀의 성장에 알맞은 형태로 부모-자녀의 구조적 유형이 변화해야 하며 그렇지 않으면 많은 어려움을 겪게 된다(박태영, 2002; 박태영, 김태한, 2008). 이러한 새로운 상황의 변화와 적응은 가족기능이 건강할 때에 더욱 쉽게 형성될 수 있는데 가족기능의 하위 영역인 가족분위기와 정서는 의사소통과 관련이 깊다(김영희, 안상미, 2008). 즉, 만족스러운 가족분위기와 정서를 경험하고 있는 가족은 원활한 의사소통을 하고 있음을 알 수 있으며 원활한 의사소통이 이루어지는 가족은 새로운 상황의 변화와 적응에 있어 유연한 대처를 할 수 있음을 알 수 있다.

이처럼 의사소통은 관계를 조절하고 문제를 해결하는 데 중요한 기능을 하는데, 다양한 종류의 부적응 행동을 보이는 청소년에 대한 가족치료 사례연구들을 살펴보면 부모와의 역기능적인 의사소통을 경험하는 자녀는 부모와의 갈등이 심해지면서 여러 가지 부적응 행동을 나타낸다고 보고하고 있다. 예를 들어 도벽이 있고 거짓말을 하는 청소년에 대한 가족치료 사례연구에서 아버지의 엄격한 규칙과 일방적인 의사소통방식 및 아버지의 폭력 그리고 역기능적인 부부관계가 자녀의 도벽과 거짓말에 영향을 미치는 것으로 나타났고(박태영, 2007), 홀어머니와 큰아들의 갈등에 대한 가족치료 사례연구에서도 어머니의 원가족 경험과 원가족에서 사용하였던 역기능적인 의사소통방식이 모자관계에서 반복되고 있었고 이러한 모자의 역기능적인 의사소통방식은 곧 부정적인 모자관계로 연결되는 것을 보여 주고 있다(박태영, 김태한, 2008). 한편, 가출청소년에 대한 가족치료 사례연구에서는 아버지의 폭력적 행동과 일방적인 의사소통방식 그리고 어머니의 부정적인 의사소통방식과 심각한 불안 및 자녀의 행동을 사사건건 간섭하는 방식이 자녀의 가출에 영향을 미치는 요인으로 나타났다. 또한 이러한 부모의 표현방식은 원가족에서 내려오는 역기능적인 의사소통방식이라는 것이 밝혀졌다(박태영, 은선경, 2008). 성폭력을 당한 여중생에 대한 가족치료 사례를 보면, 친척으로부터 성폭력을 당한 후 그 사실을 부모에게 폭로하지 못한 배경에는 부모의 회피하는 의사소통방식과 이유는 묻지 않고 야단만 치는 아빠의 역기능적인 표현방식 그리고 편들어 주지 않는 엄마의 표현방식이 영향을 미치고 있었음을 알 수 있었다(박태영, 박소영, 2007). 폭식장애를 가진 딸에 관한 가족치료 사례에서도 가족 간 의사소통의 어려움, 가족관계에서의 고립, 대인관계에서의 어려움과 왕따 피해경험, 부모의 이혼문제와 부모에 대한 불신이 딸에게 불안을 조성하였고 그러한 불안으로 인하여 폭식을 하게 되었다고 밝히고 있다(Park, Cho, & Seo, 2006). 마지막으로 마리화나를 피는 아들에 대한 가족치료 사례연구에서도 아들의 문제를 해결하려고 시도했던 어머니의 역기능적인 표현방식과 어머니의 미분화 그리고 남편의 원가족 문제가 아들의 마리화나 복용에 영향을 미치는 것으로 나타났다(박태영, 2009).

위의 사례들이 공통적으로 제시하는 핵심은 자녀의 부적응 행동과 가족 간의 역기능적인 의사소통방식과의 연관성인데, 본 사례도 통제적이고 일방적인 의사소통의 문제를 가진 아버지와의 갈등으로 인해 낮은 학습동기를 보이는 사춘기 자녀의 상담을 이혼한 어머니가 의뢰하게 된 사례로서 가족구성원 간 역기능적 의사소통 문제를 가진 가족에게 가족치료를 실시하고 그 치료가 진행되는 과정을 분석함으로써 상담현장에서 보다 전문적이고 효과적인 개입을 위한 가족치료 접근법을 제공하고자 한다. 또한 무엇보다도 청소년 시기의 자녀들과 원활하게 소통할 수 있는 효과적이고 새로운 의사소통방식에 대한 자료를 제공함으로써 많은 가족들이 사춘기 자녀로 인해 증가된 가족갈등을 슬기롭게 대처해 나갈 수 있도록 돕고자 한다.

## Ⅱ. 선행연구 고찰

낮은 학습동기 등의 학교 부적응 문제를 가진 청소년들의 가족 관련 요인과 특성을 보면 크게 6가지로 나누어 설명하고 있다(김기태 외, 2006). 첫째, 가족구조의 결손인데 학교 부적응 청소년의 경우에도 마찬가지다. 즉, 가족구조의 결손 자체가 학교부적응을 유발하는 직접적인 요인은 아니지만 가족구조의 결손이 있을 때 가족기능에도 영향을 주며 결손상태로 인해 일어나는 파생효과가 학교 부적응 발생 위험요소로 작용하게 된다. 둘째, 부적절한 양육환경이다. 산업사회의 특성에 따라 맞벌이하는 부부가 늘어남에 따라 청소년들이 부모로부터 방치되는 시간이 늘어나게 되었다. 부모보다 일찍 귀가한 청소년들은 부모의 소홀함이나 부재로 인하여 과제를 소홀히 하기 쉽고 집에 있기 싫어서 거리를 배회하다 보면 비행에 노출되고 접촉하는 양도 많아지게 된다. 셋째, 가족구성원 개인의 문제다. 가족구성원 중 어느 누군가가 질병을 가지고 있거나 아버지나 어머니가 성격적인 결함을 갖거나 아버지가 알코올중독이나 약물 문제가 있는 경우 이 때문에 가족 전체가 어려움에 처하게 되고 저항력이 약한 청소년에게 문제가 집중적으로 나타나게 되는 것이다. 넷째, 가족구성원 간의 관계상의 문제다. 가족이 구조적으로는 전혀 문제가 없지만 부부관계나 부모-자녀관계상의 문제가 있고 이로 인하여 가족구성원이 영향을 받게 되는 경우다. 다섯째, 훈육의 부재 및 잘못된 훈육 태도와 방법이다. 가족기능 중에서 중요한 것은 부모가 자녀를 훈육하고 자녀는 부모의 권위에 따라서 순종함으로써 그 기능을 유지시키는 것이다. 그러나 부모체계가 자녀체계에 대하여 훈육을 실시하지 않거나 잘못된 방식으로 훈육을 하게 되면 청소년들은 이에 대응하여 문제를 갖게 된다. 마지막으로는 가족의 이사나 부의 실직이나 사업실패 등 위기적 사건의 경험이다. 가족의 갑작스런 변화는 청소년들의 적응에 어려움을 야기하고 결과적으로 부적응 행동을 유발할 수 있다.

위와 같은 여러 요인 중 청소년들의 문제에 가장 큰 요인으로 작용하는 것은 가족이 제대로 기능하지 못하는 기능적 해체이며, 특히 부모-자녀 간의 빈약한 의사소통 문제, 지나치게 권위적이고 일방적인 통제와 훈육태도 등에 초점을 맞춘 많은 연구들이 있다. 위에서 인용한 김기태 등(2006)에서도 부모로서의 바람직한 훈육태도(즉, 충분한 역할)와 기능적인 의사소통방식이 청소년 문제를 예방 혹은 변화, 치료할 수 있다고 보고하고 있으며, 이영미 등(2005)은 후기 청소년인 대학생 자녀들은 부모와의 의사소통이 폐쇄적일수록 학업부진 등 대학생활 적응에 있어 취약함을 보여 준다고 하였다. 또한 박태영(2002)은 학교부적응의 문제로 상담을 의뢰한 사춘기 자녀를 둔 가족의 문제 원인이 역기능적인 의사소통방식을 가진 어머니로부터 기인했음을 상담사례를 통해 제시하였으며 덧붙여 사춘기 자녀 단계에서 나타나는 가족의 문제를 크게 두 가지의 경우로 나누고 있다. 첫째는 사춘기 자녀의 부모가 더 이상 성공적으로 될 수 없음에도 불구하고 자신이 원하는 것을 자녀에게 하도록 강요하는 경우다. 둘째는 부모가 자녀가 원하는 것은 무엇이든지 허용하거나 자녀에게 필요한 권위는 전혀 행사하려 하지 않는 경우라고 하였다. 이는 곧 어떠한 경우든 모두 부모-자녀 간의 바람직하지 않은 의사소통의 결과라고 말할 수 있겠다.

이러한 연구결과로부터 바람직한 의사소통은 부모-자녀관계를 회복할 수 있는 중요한 요인이며 이는 곧 낮은 학습동기 등의 청소년문제를 해결하는 것에도 영향을 미침을 알 수 있다. 가족문제의 근본적인 해결을 위해서는 가족기능 회복을 위한 효과적인 의사소통방식이 우선시되어야 하며 가족치료는 기능적인 의사소통을 통한 부모-자녀관계 개선을 효과적으로 돕는 개입방법이 될 것으로 생각된다.

## Ⅲ. 치료에 대한 이론적 준거틀

본 연구에서는 의뢰된 가족들을 치료하기 위하여 MRI의 의사소통 이론을 활용하였다. 특히 자녀의 부적응 행동에 대한 적용으로 MRI의 의사소통 이론은 그 효과성이 높은 것으로 다양한 문헌을 통해 소개되어 오고 있는데 대표적인 연구결과로서 박태영(2006)은 폭식장애 등 자녀들의 다양한 문제를 가진 가족들의 사례를 지금까지 시도해 온 의사소통의 문제로 보고 그 방식은 또한 부모의 원가족과의 문제로부터 기인했음을 질적 연구방법론을 활용하여 밝혀냄으로써 MRI의 의사소통 이론의 효과성을 제시한 바 있다. 또한 치료자는 본 사례에서 가족의 재구조화를 시도하고 있는데 이는 배다른 형제 관계인 두 자매간의 하위체계를 강화시킴으로써 가족구성원 간의 의사소통을 더욱 기능적으로 증진시키는 치료의 효과를 가져올 수 있었다. 가족의 재구조화를 시도하여 하위체계 간의 경계를 명확히 한 것은 Minuchin의 구조적 가족치료 이론을 활용한 것이다.

### 1. MRI의 상호작용적 가족치료 모델

MRI에서는 가족의 문제는 문제를 해결하려는 가족의 시도에 의해서 오히려 유지되고 있다고 본다. 즉, 두 가지 방법에 의해서 문제가 발달되는데 하나는 어려움을 잘못 다루는 것이며 또 하나는 문제를 해결하려는 시도의 실패와 똑같은 문제해결방식의 적용이다(Watzlawick, Weakland, & Fisch, 1974). 사람들이 자신들의 문제를 감소시키려고 시도해 온 해결방법이 오히려 문제를 유지시키거나 혹은 그 문제를 더욱 악화시키기까지 한다는 것이다(Goldenberg & Goldenberg, 2007). 따라서 치료자는 내담자에게 기존의 해결책을 대체할 수 있는 새로운 해결책을 소개하는 일차적인 임무를 갖는다(Weakland, 1993).

또한 MRI 모델은 의사소통과 체계 개념에 기반을 두고 있으며 내담자에게 나타나는 증상에 초점을 맞춘 단기치료 접근법이다(박태영, 김혜선, 2008). 가족구성원들 개인의 역사적인 분석에 초점을 두는 것이 아니라 가족체계 내에서 관찰할 수 있는 현재의 상호작용(관계)에 초점을 두고(박태영, 2001) 명료하게 의사소통을 하도록 돕는 것이 치료의 목적이기 때문에 내담자의 저항을 최소화할 수 있는 치료 이론 중 하나다.

따라서 본 사례는 가족구성원들이 문제를 해결하기 위하여 동일한 문제해결방식을 계속 사용해 왔음을 치료자가 가족구성원들에게 어떻게 이해시키는가와 새로운 문제해결방식을 습득하도록 함으로써 어떻게 문제해결뿐 아니라 관계의 변화까지 유도해 내는가를 살펴보고자 한다. 특히, 새로운 문제해결방식이란 것은 기존의 역기능적인 의사소통방식에서 탈피하고 기능적이고 효과적인 의사소통방식을 제시하는 것이므로 앞서 언급한 사춘기 시기의 자녀들과의 효과적인 대화법의 바람직한 사례를 제시할 수 있을 것이다.

### 2. Minuchin의 구조적 가족치료 모델

일반적으로 구조주의적 가족치료자들은 가족의 문제나 병리증상이 가족의 역기능적인 구조에 의한 것이라고 가정한다. 예를 들면, 가족하위체계가 너무 밀착된 가정은 개인의 경계가 무너지고 자기와 타인의 구별이 어려우며, 또한 너무 경직된 가족의 경계는 가족 상호간의 교류가 너무 부족해 결속력이 없다. 그렇기 때문에 치료자는 무엇보다도 첫째, 부모와 자녀 간의 명확한 위계질서 확립을 해야 하며, 둘째, 부부의 연합과 일관성 있는 양육방식을 갖도록 개입하고, 셋째, 가족체계의 상호교류 규칙을 재구조화시켜야 한다(김혜숙, 2008). 본 사례처럼 부모-자녀 간의 명확한 경계선이 지켜지지 않고 형제하위체계가 약화되어 있어 특정한 가족구성원을 고립시키는 상호작용이 보이는 가족에게 효과적으로 개입할 수 있는 치료 이론이라고 할 수 있겠다.

## Ⅳ. 연구방법

### 1. 연구대상

본 사례는 2008년 3월부터 5월까지 총 10회기에 걸쳐서 개별상담과 가족상담으로 진행되었다. 치료에 참석한 가족구성원은 아버지, 어머니, 아들, 첫째 딸, 둘째 딸이었다.

### 2. 연구질문

첫째, 가족치료를 통해 경험하는 가족구성원들의 상담회기별 변화 과정은 어떻게 나타나고 있는가?

둘째, 초이론적 모델에 입각하여 본 가족의 변화과정은 어떠한가? 그리고 각 단계마다의 특성과 변화 과정은 일치하는가?

셋째, MRI 모델의 적용에 따라 각 가족구성원들은 역기능적인 의사소통방식을 어떻게 인식하며 새로운 의사소통방식의 시도는 어떻게 나타나고 있는가?

넷째, 가족치료 후 가족의 대화 방식이 어떻게 변했는가?

## 3. 신뢰도 검증

Patton(2002)은 연구의 신뢰성을 높이기 위하여 연구자, 자료, 이론, 방법론의 삼각화(triangulation)를 주장하였다. 본 연구에서는 전문가 집단에 의한 연구자의 삼각화를 실시하였고 자료의 삼각화를 위하여 상담 축어록과 상담 비디오테이프, 상담 메모를 사용하였다.

## 4. 분석방법

본 연구는 사례연구의 방법을 적용하였다. Creswell(2005)에 따르면, 사례연구는 분명한 시간적, 공간적 경계를 가진 사례를 연구하기 위해 선택되는 방법으로서 사례의 배경에 대한 맥락적 자료를 찾고 사례에 대한 깊이 있는 그림을 제공하기 위해 폭넓은 자료를 수집하는 연구방법이다. 사례연구는 맥락 속에서 세부적이고 심층적인 자료 수집을 통해 시간의 경과에 따라 하나의 '경계지어진 체계'를 탐색하는 것이며 이 경계지어진 체계는 시간과 장소에 의한 경계를 갖게 된다. 사례의 맥락은 사례를 그 상황에 놓는 것을 포함하는데 이는 물리적, 경제적, 사회적, 역사적 상황이 될 수 있다. 연구의 목적은 명료한 이론의 확인이나 명료한 이론에 대한 도전 혹은 그 이론의 확대를 목적으로 하게 된다.

본 연구에서는 아버지와의 갈등으로 인해 방황하는 아들에 대한 가족치료 사례에 대하여 질적 분석방법 중 대화내용 분석을 하였고, 대화내용의 서술과 탐구분석의 효과를 보여 주기 위한 효과 매트릭스(Effect Matrix)(Miles & Huberman, 1994: 96)와 시간 변화에 따른 메타 매트릭스(Time-ordered Meta Matrix)(Miles & Huberman, 1994: 200)를 사용하였다.

한편, 가족치료의 변화과정과 관련하여서는 초이론적 모델(Prochaska & Norcross, 2002)을 분석의 틀로 활용하였다. 초이론적 모델은 내담자가 변화하는 데 있어서 5가지 단계가 있다고 제시하는데 전인식 단계(precontemplation stage), 인식 단계(contemplation stage), 준비 단계(preparation stage), 행동 단계(action stage), 유지 단계(maintenance stage)다. 첫째, 전인식 단계는 사람들이 문제를 가지고 있다는 것을 의식하지 못하거나 다른 이유 때문에 변하는 것에 대하여 진지하게 생각하지 않는 단계다. 이 단계에서는 자신의 행동이 문제가 있다거나 병리적이라는 것으로 인식하려는 것에 대한 저항이 나타난다. 둘째, 인식 단계는 개인적인 문제가 존재하는 것을 인식하는 단계로 이 단계에서는 사람들이 문제와 원인, 해결책을 이해하려고 하며 무엇이 잘못되었는가, 그리고 어떻게 자신들의 삶에 대해 통제를 할 수 있을까를 결정하기 위하여 노력하기 시작하는 단계다. 셋째, 준비 단계는 자신의 의도와 행동적인 기준을 통합하는 단계다. 이 단계에 있는 개인들은 즉각 행동을 취하려고 의도하고 약간의 행동의 변화를 알린다. 그렇지만 비록 문제행동에 대한 약간의 변화가 일어나고 있다고 하더라도 준비 단계에 있는 개인들은 효과적인 행동을 위한 기준에 도달하지 못한 상태다. 넷째, 행동 단계에서는 자신들의 문제를 극복하기 위하여 행동, 경험, 환경을 바꾸는 단계다. 행동은 가장 현저한 행동의 변화를 포함하며 엄청난 시간과 에너지의 투자를 요구한다. 행동 단계에서 이루어진 문제행동의 변화는 확실히 드러나는 경향이 있으며 굉장한 외부의 인정을 받게 되는 단계다. 다섯째, 유지 단계는 행동 단계에서 얻은 것을 계속하고 더 문제화된 기능의 수준으로 재발되는 것을 막기 위하여 노력하고 있는 단계다. 이러한 유지 단계는 최소한 6개월 정도 지속되는 경향이 있다. 또한 종종 수년 동안 지속되거나 평생 동안 지속될 수도 있다.

## V. 연구결과

### 1. 사례에 대한 맥락적 이해

학습동기가 낮은 아들의 문제를 가지고 어머니가 가족치료를 의뢰하게 되었는데 당시 아들은 고등학교 2학년이었다. 아들은 8세 때 부모가 이혼하게 되어 어머니와 살다가 경제적 어려움으로 인해 13세 때 친조부모에게 보내졌다. 당시 아들의 아버지는 다른 여자와 재혼하여 살고 있었기 때문에 함께 살지 않고 아들은 친조부모, 여동생과 함께 살았다. 아들이 16세가 되던 해인 2006년도에 아버지가 재혼에 실패하게 되자 그 후부터 아버지와도 함께 살게 되었다. 아들은 어려서부터 아버지와 갈등관계에 있었으며 주로 의사소통 문제로 인한 어려움을 겪었다. 칭찬, 애정 표현 등의 정서적 교류 부족, 욕설과 폭력의 사용, 육하원칙에 의거하여 심문하듯 이야기하는 태도, 일방적이고 비타협적이며 지시적인 태도로 인하여 아버지와의 갈등이 깊어져 갔으며 이로 인해 아들은 밤늦게까지 배회하다가 집에 들어가거나 아버지가 귀가했을 때 자는 척하는 등 아버지와의 관계를 회피하였다. 아버지와의 갈

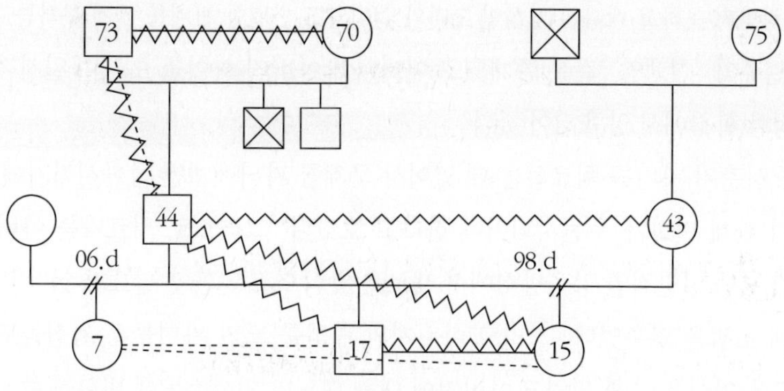


[그림 4-1] 가계도

등은 아들로 하여금 학업에 대한 의욕뿐 아니라 삶에 대한 전반적인 의욕 저하를 가져오게 하였고 고등학교에 진학하면서 성적이 급격히 떨어지기 시작한 상황이었다. 아들은 아버지와의 의사소통 문제 외에도 분노조절이 안 되는 점, 아버지가 재혼에 실패한 것 등으로 인해 아버지에 대한 실망감이 큰 상태였고, 아들은 가족문제에 있어서 변화의 책임이 아버지에게 있으며 아버지가 변화해야 한다고 보고 있었다.

아버지는 사회적으로 성공한 지위를 가졌고 학력 역시 좋은 편이어서 아들의 나태한 생활습관, 낮은 학업 수행 능력에 대해 이해를 하지 못하고 주로 아들을 비난하는 입장이었다. 아버지는 자신이 분노조절에 있어서 어려움을 겪고 있다는 것과 의사소통방식에서도 문제가 있음을 인정하면서도 가족문제에 있어서 변화가 필요한 사람은 자녀들이라고 생각했으며 변화에 대한 자신의 역할에 대해서는 인식하지 못하고 있었다. 아버지는 또한 초혼과 재혼의 실패에 대한 문제의 원인이 상대 배우자에게 있다고 보고 있었다.

어머니는 유복하고 지지적인 분위기의 가정에서 자라 결혼하게 되었는데 폭언을 일삼는 배우자와의 갈등이 심화되어 이혼하게 되었다. 어머니는 가게를 운영하고 있었고 자녀들을 위해 재결합을 원하고 있었다. 자녀와의 관계는 좋은 편이며 자녀들 역시 어머니와의 관계를 긍정적으로 보고 있었다. 어머니는 가족문제에 대해 변화가 필요함을 인식하고 있었고 바람직한 관계형성을 위해 시도해 왔던 기능적인 몇 가지의 방식들도 가지고 있었다.

아들은 두 여동생이 있었는데 둘째 여동생은 아버지가 재혼한 여자로부터 태어난 배다른 형제였다. 아들과 두 여동생과의 관계는 양호한 편이었으나 두 여동생 간의 관계는 소원한 편이었다. 이는 아버지가 중재자로의 역할을 잘못한 것으로부터 기인하는데 아버지는 언니인 첫째 딸의 권위를 무시하고 배다른 자녀인 둘째 딸에 대한 연민으로 인해 감싸기만 하는 방식을 사용해 왔기 때문이었다. 또한 둘째 딸은 이 가정에서 환영받지 못한 존재로 (친조부모에게도 사랑받지 못하고 배다른 형제인 오빠와 언니와도 친밀한 관계를 맺지 못하는) 고립된 채 살고 있는 일종의 '희생양' 같은 존재였고 어머니와 아버지 사이를 오가며 일시적으로 거주하는 불안정한 환경에서 양육되어 왔다.

치료자는 사춘기 자녀를 치료하는 데 있어서 문제를 자녀에게만 국한시키기에 앞서 자녀와 부모와의 관계 변화가 우선시되어야 한다고 보았다. 그러므로 치료자는 아버지가 지금까지 시도해 왔던 일방적인 양육방식에서 새로운 방식으로 전환할 필요가 있다고 보고 아버지의 변화에 초점을 맞추었다. 그리고 아버지의 변화를 느낀 자녀들은 자신들도 변화해야겠다는 새로운 인식을 갖게 되었고 아버지에 대한 태도와 의사소통에 변화를 주기 시작하였다. 또한 치료자는 형제하위체계를 강화시키고자 새로운 가족구조의 변화도 시도하였는데 이는 두 자매간의 관계를 회복시킴으로써 둘째 딸과 아버지와의 밀착된 경계를 좀 더 명확히 하고 반면 자녀들 간의 좀 더 친밀한 관계를 유지하도록 하였다.

## 2. 치료과정 및 효과성에 대한 분석

### 1) 전체 상담회기에 따른 변화과정 요약

전체 회기는 총 10회기였으며 회기별에 따른 대상자, 상담의 주요내용 그리고 변화과정은 〈표 4-1〉과 같다.

〈표 4-1〉 상담회기에 따른 변화과정

| 회기 | 참여자 | 상담의 주요내용 | 변화과정의 내용 |
|---|---|---|---|
| 1 | 어머니 | ① 내담자가 바라본 문제의 기술<br>② 내담자와 가족의 일반적 사항 파악(학력, 직업 등)<br>③ 가족구성원 간 관계 파악<br>④ 갈등 상황에서의 의사소통방식 및 대처방식 탐색<br>–부부간<br>–부자간<br>–부녀간 | –母: 변화가 필요함에 대한 인식은 하고 있으나 부부관계 변화에 대한 구체적 대안은 없음. 그러나 자녀와의 관계에 있어서는 시도하고자 노력해 왔던 몇 가지의 효과적인 방식들이 있었음<br>–父: 자신의 의사소통방식에서의 문제점을 인정하고 변화하려는 의지를 표현하긴 했으나(상담에 대한 기대도 있음) 변화가 필요한 대상은 결국 자녀들이라는 생각을 하고 있음 |

| | | | |
|---|---|---|---|
| 2 | 어머니<br>아들 | 1 문제의 기술 (아들의 입장에서 바라보는 문제는 무엇인가?)<br>2 갈등 상황에서 아버지와의 의사소통방식 및 대처방식 탐색<br>3 기타 다른 가족구성원과의 관계 탐색<br>4 아버지의 의사소통방식에 대한 맥락적 이해: 아버지의 원가족에 대한 이해 – 친조부→부→아들로 이어지는 (다세대 간 전수과정) 의사소통방식의 유사성 인식 | –父: 두 번의 이혼에 대한 실패와 원인을 상대 배우자에게 돌리는 전인식 단계의 모습을 보임<br>–아들: 아버지와의 갈등 상황에 대해 치료자가 아버지를 변화시켜 주기를 희망함. 변화를 위한 자신의 역할에 대해서는 아직 인식하지 못함. 친조부와 부가 분노조절의 어려움에 있어서 닮아 있음을 인정하나 이것이 원가족에서의 문제라는 것까지는 인식하지 못함<br>–母: 남편의 원가족에서의 문제를 전혀 인식하지 못하고 있다가 치료자를 통해 인식하게 됨(분노조절의 어려움, 정서적 교류의 부족, 일방적이고 지시적인 의사소통방식 등) |
| 3 | 첫째 딸 | 1 딸이 바라보는 부자관계 탐색(갈등 상황에서의 표현방식 및 대처방식 등)<br>2 딸과 기타 다른 가족구성원과의 관계 탐색: 딸은 아버지보다 할머니와의 갈등을 주로 호소함 | –父: 자신이 분노조절에 많이 실패하고 있음을 인정하기는 하나 이에 대한 구체적 대안은 없음. 자녀와의 관계에서 자녀가 변화하길 바라고 자신의 역할에 대해서는 인식하지 못함<br>–첫째 딸: 치료자를 통해 친조부와 부의 의사소통방식이 유사함을 인식함. 아버지와의 관계에서 자신의 역할에 대한 인식은 하지 못하고 아버지가 변화하기를 바람. 동시에 아버지와의 관계 개선을 부담스러워하기도 함(어색함으로 인해) |
| 4 | 아버지 | 1 아버지가 바라보는 부자관계 탐색<br>2 부부관계의 패턴 탐색(특히 갈등 상황에서의 패턴)<br>3 아버지 자신의 원가족에 대한 맥락적 이해 | –父: 사회생활에서의 대인관계에 비해 자녀와의 관계에서 표현방식이 일방적이고 공격적임을 인식하게 됨. 이러한 방식이 자신의 아버지와 유사함을 인식하게 되고 원가족에서 사용해 왔던 역기능적 의사소통방식이 무엇이었는지를 인식하게 됨. 또한 대화내용보다는 표현방식이 더 중요하다는 핵심적인 내용을 치료자를 통해 알게 됨 |
| 5 | 아들<br>첫째 딸 | 1 두 자녀와 배다른 형제간의 관계 탐색<br>2 자녀하위체계 간의 관계가 악화될 수밖에 없었던 시도된 해결방식 탐색 | –남매: 두 남매간의 시도된 해결 방식 인식(수용되고 이해받지 못한 느낌으로 인해 감정 교류를 차단해 버리는 방식), 또한 새롭고 기능적인 의사소통방식 시도(가치판단을 뒤로 하고 화자의 입장을 먼저 이해하고 화자 편을 들어 줌으로써 상대가 수용받았다는 느낌을 느끼게 함) |
| 6 | 아버지<br>아들 | 1 부자관계에서 시도된 해결방식에 대한 탐색: 칭찬과 감정 교류, 상의하는 내용이 없었으며 일방적으로 통보하는 과정에서 오해를 풀 수 있는 통로가 차단되어 옴<br>2 다세대 간에 전수되는 역기능적 의사소통방식 인식: 감정의 교류가 빈약한 의사소통 패턴이 친조부→부→아들로 전수되고 있음에 대한 맥락적 이해를 함<br>3 새로운 의사소통방식에 대한 시도 | –父子: 새로운 시도를 한 것에 대한 느낌을 공유함(칭찬에 대하여–부자간 서로에 대한 칭찬을 처음 표현하게 되었고 상대에게 칭찬을 들은 느낌에 대해 공유하는 시간을 갖게 됨)(절충에 대하여–지시적이고 일방적인 의사소통에서 벗어나 서로의 입장을 이해하고 수용해 주는 새로운 방식을 경험하는 시간을 갖게 됨) |

| | | | |
|---|---|---|---|
| 7 | 아버지<br>첫째 딸 | 1 새로운 방식을 시도한 결과에 대한 점검(관계 변화에 대한 탐색)<br>2 새로운 방식에 대한 계속적인 시도<br>3 여전히 남아 있는 역기능적 의사소통방식 탐색 | –父: 새로운 방식을 시도하여 딸과의 관계에서 변화가 있었음(화가 나는 상황에서 욕하기가 중단되고 대화로써 설명하기 시작함), 아버지 자신이 먼저 변해야 한다는 모습을 보이기 시작함<br>–첫째 딸: 아버지에게 감정표현을 하기 시작함(정서적 교류의 교환–안쓰러움을 표현함), 또한 대화방식이 바뀐 아버지의 변화를 보고 자신도 변해야겠다는 적극적인 의지를 보임 |
| 8 | 아버지<br>아들<br>첫째 딸 | 1 새로운 방식을 시도한 결과에 대한 점검(부자간, 부녀간 관계 변화에 대한 탐색)<br>2 가족관계 재구성: 부모의 재결합에 대한 자녀들의 의사 듣기, 배다른 형제인 둘째 딸의 '고립'을 탈피하기 위한 형제하위체계 강화 시도<br>3 여전히 남아 있는 역기능적인 시도된 해결방식 탐색 | –첫째 딸: 대화방식이 바뀌면서 아버지와 편안해진 관계를 경험함(문자메시지, 대화 등에서 감정의 표현을 조금씩 하기 시작함)<br>–아들: 아버지와 편안해진 관계를 경험하면서 더 이상 긴장하지 않게 되었고 공부에 대한 의욕도 상승하게 됨. 아버지를 피하기 위해 밤늦게까지 배회하다가 귀가하는 것을 중단함<br>–父: 적극적인 대화를 시도하는 등 새로운 방식을 효과적으로 시도함, 형제하위체계를 강화할 필요가 있음을 인식하게 되어 다음 회기에 둘째 딸과 함께 참여하기로 함 |
| 9 | 아버지<br>둘째 딸 | 1 형제하위체계가 약화될 수밖에 없었던 역기능적인 해결방식 탐색과 그 영향에 대한 파악: 배다른 형제인 둘째 딸의 고립이 더욱 깊어지는 결과를 가져옴을 인식시킴<br>2 형제하위체계 강화를 위한 새로운 방식 시도<br>3 둘째 딸의 억눌린 감정 읽어 주기 | –父: 자매관계 강화의 필요성을 새롭게 인식하게 됨, 지금껏 중재자로서의 역할을 해 온 방식이 역기능적이었음을 알게 되었고 새롭고 기능적인 방식을 인식하게 됨<br>–둘째 딸: 자신의 감정을 개방하고 이해받는 경험을 처음으로 하게 함, 이에 대해 속 시원함을 표현함(억눌린 감정에 대한 표출) |
| 10 | 아버지<br>아들<br>첫째 딸<br>둘째 딸 | 1 새로운 방식을 시도한 결과에 대한 점검(부자간, 부녀간 관계 변화에 대한 탐색)<br>2 여전히 남아 있는 역기능적 의사소통방식 탐색<br>3 가족의 재구조화 시도: 두 자매간 감정 교류를 시도함으로써 형제하위체계를 강화시킴<br>4 여전히 남아 있는 가족의 재구조화 문제<br>–둘째 딸의 거취 문제<br>–엄마의 재결합 의사에 대한 문제 | –父: 아들에게 감정을 표현하기 시작했고 손찌검을 중단함<br>–아들: 공부에 대한 의욕이 상승함. 아버지가 자신을 격려해 주고 있다는 느낌을 갖기 시작함<br>–첫째 딸: 아버지와 친근해짐을 느낌. 본인의 역할에 대한 인식을 하여 변화를 적극적으로 시도함. 처음에 걱정했던 '어색함'을 간간히 느끼지만 이를 극복하고 아버지에게 적극적으로 접근하여 아빠의 생각을 알고 싶어 함<br>–둘째 딸: 가족에서 고립된 느낌을 가졌던 자신의 슬픔을 언니에게 처음 고백하게 됨, 이로 인해 두 자매가 서로의 감정을 처음으로 교류함(서로에게 필요한 존재였음을 알게 됨) |

### 2) 초이론적 모델에 입각하여 본 가족의 변화과정 요약

#### (1) 전인식 단계에서 보이는 가족들의 '저항'

치료과정의 초기에서 가족구성원들은 모두 자신의 가족들 사이에 무언가 문제점이 있음에 대해 막연하게 인식은 하고 있었지만 변화를 위한 자신들의 몫에 대해서는 인정하지 않고 다른 가족구성원이 변화해야 한다는 생각을 가지고 있었다. 치료과정 초기에 각각의 가족구성원들은 치료자에게 '상대가 변화하기를 혹은 치료자가 상대를 변화시켜주기를 희망한다.'는 상담에 대한 기대를 털어놓고 있었다. 또한 전인식 단계의 특성처럼 다른 이유 때문에 변화하는 것에 대해 진지하게 생각하지 않는 모습도 있었다.

아버지: 저는 걔(아들)한테 신뢰가 없어요. 그리고 둘째(첫째 딸)도 성격에 문제가 있어요. 큰애(아들)는 게으르구요. (4회기)

어머니: 애들 아빠는 이 상담에 관심을 갖고 있어요. 그런데 애들이 바뀌기를 바라죠. 자기가 도대체 어디가 부족하냐고 하면서…. (1회기)

아들: 아빠 만나면 내가 어떤 생각을 하는지 좀 전해 주세요. 저는 아빠가 변했으면 좋겠어요. 근데 꿈쩍도 안 할 거 같아요. (2회기)

첫째 딸: 아빠가 먼저 친밀하게 다가왔으면 좋겠어요. 근데 저는 별로 아빠가 개선된다는 생각은… (안 해요.) 그리고 아빠가 친밀하게 대해 준다 해도 그렇잖아요. 어색한 거… 한 번 그런 고비를 넘겨야 친밀해질 수 있다는 건 알겠는데 그런 어색한 게 너무 부담스러워요. (3회기)

#### (2) 인식 단계에서 보이는 가족들의 '변화된 인식과 새로운 통찰'

상담과정을 통해 치료자는 아버지가 사용하는 의사소통방식이 아들의 낮은 자존감, 낮은 학습동기 등의 문제를 유발시킬 뿐 아니라 부자관계 및 부녀관계를 계속적으로 악화시키고 있음을 인식시켰다. 아버지와 자녀들과의 관계에서 칭찬, 애정표현, 스킨십 등의 정서적 교류가 부족했고 욕설과 거친 말이 대부분을 차지하는 아버지의 일방적, 지시적, 공격적인 의사소통방식은 자녀들로 하여금 아버지를 두려운 존재로 느끼게 하여 피상적인 대화만을 나누거나 피하는 방법을 택하게 하였다. 치료자는 아버지에게 이러한 역기능적 의사소통방식은 자신의 아버지로부터 유사하게 전수되어 오고 있는 원가족의 문제라는 것도 인식시켰다. 또한 치료자는 남매에게 남매관계에서도 존재해 왔던 역기능적 의사소통방식이 있음을 인식시켰다.

**① 아버지와의 역기능적인 의사소통 문제로 인한 아들의 낮은 학습동기에 대한 인식과정**

치료자: 본인이 공부에 의욕이 없다고 하는데 그냥 없는 게 아니거든. 아빠한테 욕 듣고 자아존중감이 낮아지는 거지…. 본인이 초래했다기보다는 말(아빠와의 의사소통 문제를 의미) 때문에 힘들어졌다는 거죠. 다시 말해 말로 자아존중감을 높일 수 있다는 겁니다. 그것(의사소통 문제)에 신경 쓰면 진로를 찾고 나갈 수 있다는 겁니다. (2회기)

**② 아버지가 사용해 왔던 역기능적 의사소통방식에 대한 인식과정**

치료자: 아드님 같은 경우 아빠는 사랑의 표시가 물질적으로 해결하시는 거 같대요.

어머니: 네. 표현방법을 모르는 거 같아요.

아들: 엄마랑 얘기해 보면 아빠가 절 사랑한다고 하는데 저는 손톱만큼도 못 느끼겠어요. 표현을 안 하니까… 생일인데 그러면 돈 많이 주시고… 그런 쪽에서는 해 주는 거 같아요.

치료자: 사랑을 전달하는 의사소통방식이 돈은 아니라는 거지?

아들: 네. (2회기)

치료자: 넌(아들) 엄마를 만나면 대화하잖아

아들: 절 꾸중하셔도 달게 들리죠.

치료자: 왜일까?

아들: 말투가 저를 수용해 주는 거 같고….

치료자: 너를 잘되게 하기 위해서 충고를 하는데 엄마는 너를 존중해 주고 엄마가 니 편들다가 엄마로서 아들이 이랬으면 좋겠다고 하는데 아빠는 그런 과정이 생략되고 충고 식으로 들어온다는 거지?

아들: 네. (5회기)

치료자: 너는 아빠가 친근하다기보다는 두려움을 느끼는 건데… 그 표현 방식을 보고 싶은데 해줄 수 있니?

아들: 아까처럼 술… 고등학생이 90%는 술 마시는데… 뭐야 너 이 새끼 술 마셨어? 이런 대화가 이루어지고… 너무 반듯한 고등학생도 아니고 어느 정도 예상했을 텐데 전혀 몰랐다는 듯이….

치료자: 네가 무슨 잘못을 하면 심문하듯이 그러신다는 거지? 주로 너를 비난하거나 공격한다고 느끼니?

아들: 네. 그리고 처음부터 끝까지 욕이에요. 대화라기보다는 욕이 더 많으니까…. (5회기)

**③ 역기능적 의사소통방식이 다세대 간에 전수되어 오는 것에 대한 통찰과정**

치료자: 할아버지가 얼마 전에 식사를 하시다가 애가 방에 이부자리 안 개니깐 접시를 날렸대요. 손자 앞에서 그런 행동이 나온다는 거는 분노조절을 못한다는 거거든요. 그거를 아드님(아버지를 의미)이 닮았어요.

어머니: 어머… 할아버지도 그러시구나…. (2회기)

치료자: 할아버지가 대화하는 방식이랑 아버지가 대화하는 방식이랑 유사점을 느끼는 거 같아요?

첫째 딸: 네. 똑같아요. 분노 표출하는 방법에서 할아버지랑 아빠랑…. (3회기)

아버지: 저희 아버지가 말재주가 없어요. 저도 그걸 싫어했는데 알게 모르게 닮고…,

치료자: 네. 아버님도 뵈니깐 할아버지랑 대화가 잘 안 되셨어요. 제 말은… 다세대 간 전수과정인 것처럼 아드님도 아버님이랑 대화가 안 되시구요. (4회기)

**④ 남매 관계에서 시도되어 왔던 역기능적 의사소통방식에 대한 인식과정**

치료자: 동생과 할머니가 부딪히는데 이런 상황에서 동생이 오빠한테 그런 얘기를 해요?

아들: 안 해요.

치료자: 왜일까?

첫째 딸: 말해 봤자니깐요.

치료자: 말해 봤자 별로 소용이 없다는 거죠. 동생이 방금 나한테 말할 땐 느낌이 어땠죠?

첫째 딸: 내 편 들어 준다는 느낌….

아들: 얘의 말을 직접 들으니깐 이제 이해할 것 같아요.

치료자: 그렇죠. 누가 옳고 그른 건 없다는 겁니다. 내 말은 각자의 입장에서 말이 나온다는 거지요. 아까 지금 동생이 자기편을 들어 주니깐 얘기가 나왔다는 거죠. 가치판단은 조금 있다가 하고 이쪽 편을 들어 주라는 거지… 그럼 훨씬 말하는 방식에서 좋아질 거라는 거죠. 두 사람의 관계가 걸려 있는 게 동생은 자기편이 없다는 거… 그 생각이에요. (5회기)

지금까지의 분석내용을 보았을 때 아들이 아버지와의 갈등으로 인하여 방황하는 배경에는 아버지의 역기능적인 의사소통방식으로 인하여 아들의 학습동기 유발에 부정적인 영향을 주었고 이러한 역기능적인 의사소통방식은 할아버지의 역기능적인 의사소통방식으로부터 이어지고 있다는 것을 볼 수 있었다. 또한 할아버지, 아버지 그리고 아들이 사용하고 있는 역기능적인 의사소통방식은 남매관계에도 영향을 미치고 있다는 것이 나타났다. 한편,

이러한 전반적인 가족의 역기능적인 의사소통방식은 배다른 자매관계에까지 나타나고 있다('(4)-③ 자매간 새로운 의사소통방식 시도' 참조). 한편, 치료자의 질문을 통하여 가족구성원들은 자신들이 지금까지 자신들의 문제가 무엇이었는가에 대한 새로운 통찰과 인식과정을 경험하였다.

(3) 준비 단계에서 보이는 문제행동에 대한 '약간의 변화' : 가족구성원 간 새로운 의사소통방식의 시도

가족구성원들에게 지금까지 자신과 다른 가족구성원들 간에 시도해 왔던 역기능적 의사소통방식이 있었음을 인식하게 한 후 치료자는 지금까지 사용하지 않았던 새로운 의사소통방식을 사용할 수 있도록 시도하였다. 가족구성원들이 새로운 의사소통방식을 사용하게 되자 가족에서 획기적인 변화가 일어나기 시작했고 상대의 변화된 모습을 본 각 가족구성원들은 '자신이 더 많이 변화해야겠다.'는 의지를 표명함으로써 변화에 대한 자신의 몫을 더욱 책임감 있게 받아들이기 시작했다.

① 부자간의 새로운 의사소통방식 시도

치료자: 아드님이 마음에 드는 구석이 없으세요?

아버지: 왜요… 얘가 분위기 메이커 역할을 좀 해요…. 그런 모습이 보여서 그나마 좀 낫죠…. 그리고 요즘 들어서는 연습장 쓰는 것도 달라졌구요, 이제 공부 좀 하려고 하는 거 같애요…. 이렇게 자세히 칭찬한 적은 처음이네요.

치료자: 이런 얘기 처음이에요? 아들도?

아들: 네. 그전에는 중립적인 표현… 열심히 해라… 뭐 이런 거…. (6회기)

② 부녀간의 새로운 의사소통방식 시도

치료자: 딸에 대해 마음이 안쓰러우시다는 거죠?

아버지: 그렇죠… 뭐… 처음이에요. 이런 말한 거… 너(큰딸) 처음 듣지?

첫째 딸: 네. 저도 어떤 땐 아빠가 안쓰럽고 그래요….

치료자: 아빠는 너가 안쓰럽고… 너는 아빠가 안쓰럽고… 따님이 아빠 모습에서 안쓰럽다는 거 처음 들으시죠?

아버지: 네. 처음이죠. 얘가 그런 생각 하는 줄은 처음… 많이 컸네요….

치료자: 이런 감정을 서로 그대로 전달했더라면 훨씬 관계가 좋아졌을 거에요. 오늘 더 하실 말씀 있으세요?

아버지: 제가 먼저 변해야지… 제가 조금씩 더 노력해 볼게요. (7회기)

치료자: 집에서 아빠하고 대화하는 거랑 여기서 대화하는 거 차이점 느꼈니?

첫째 딸: 네.

치료자: 어떤 차이점?

첫째 딸: 아빠가 먼저 대하는 게 달라요. 다르게 얘기하세요. 내가 방을 안 치운 걸 보면 지금은 니가 방을 치웠으면 좋겠다 이렇게 말하니깐 이제는… 나도 그래야겠구나 하는 생각이 들죠. (7회기)

③ 부-자녀 간의 새로운 의사소통방식 시도

치료자: 아버지가 다정하게 표현하셨다고?

아들: 제가 어제 늦게 들어왔는데 '더 늦냐…' 이렇게 문자가 왔어요.

첫째 딸: 원래도 그랬는데?

아들: 예전엔 '어디냐' 고 했지. 어젠 '더 늦냐…' 그게 어디야.

첫째 딸: 맞아. '어디냐' 하면… 심장이 벌렁벌렁… 당장 가야지….

치료자: 하하하… 표현이 바뀌셨네. 혹시 아버지 입장에서는 따님의 표현방식이 변화가 있었어요?

아버지: 얘는 크게 변화는 없어요.

첫째 딸: 내가 문자 보낼 때 느낌표 붙여서 보냈어.

아버지: 아… 맞아… 그거는 좀 변했더라. (8회기)

(4) 행동 단계에서 보이는 문제를 극복하기 위한 '현저한 행동의 변화' : 빈번한 감정의 교환으로 인해 편안해진 가족 관계 , 형제하위체계 강화를 위한 새로운 의사소통방식 시도

(3)번의 내용에서 보는 바와 같이 칭찬, 감정의 교환과 같은 정서적 교류가 시작되는 등 가족들의 관계에 변화가 시작되자 주 호소문제였던 아들의 낮은 학습동기 문제가 해결되고 있음을 볼 수 있었고 부자 및 부녀와의 의사소통에서 빈번한 감정의 교류가 오고가자 가족 관계가 더욱 편안해짐을 볼 수 있었다.

치료자: 요즘 아빠에 대한 이미지는 어떠니?

아들: 훨씬 친근해졌죠.

치료자: 예를 들어 줄래?

아들: 그러니깐… 방에서 공부하다가… 얼마 전까지 시험 기간이었으니깐 예전엔 (아버지

가) 들어오면 막 방해되고 싫어했었거든요. 이제는 나를 격려해 주는구나 하는 느낌….

치료자: 나도 놀랍구나. 공부에 대한 의욕은 달라졌니?

아들: 해야겠다는 생각이 들죠. 예전보다는 많이 생긴 거 같아요.

치료자: 너(큰딸)는 좀 어때?

첫째 딸: 좀 편안해지고… 딱 같이 있으면 예전엔 어색하고 불편하고… 지금은 아 물론 지금도 어색한 감은 있지만 좀 더 친근해지고….

치료자: 그 친근한 감정을 어디서 느끼니?

첫째 딸: 그냥 가만히 있을 때도… 막 좀 더 뭔 얘기를 더 꺼내서 대화해 보고 싶다… 알고 싶다… 아빠의 생각을….

치료자: 어 그래? 시도는 해 봤어?

첫째 딸: 뭐 간간히 차 타고 가면서… 얘기하고….

치료자: 아버지께서는 자녀의 변화를 느끼세요?

아버지: 네. 일단 어프로치 하는 게 자주 하는 거 같고… 지금 얘가 말한 대로…. (10회기)

치료자는 다음으로 가족의 재구조화를 시도하였는데 이는 바로 남매와 배다른 형제관계에 있는 둘째 딸을 상담에 참여시켜 형제하위체계를 강화시키는 것이었다. 상담 과정에서 가장 극적인 변화를 경험한 사람은 둘째 딸인데 가족의 희생양이 되어 고립된 존재처럼 살아온 이 자녀는 자신의 감정을 표출하고 이해받는 상담 과정을 경험하게 되고 이러한 긍정적인 경험은 첫째 딸과 둘째 딸 사이를 강화시켜 줄 수 있는 계기가 되었다. 또한 치료자는 아버지로 하여금 형제하위체계를 약화시킬 수 있는 역기능적 방식에서 탈피하여 형제하위체계를 강화시킬 수 있는, 특히 자매관계를 더욱 강화시킬 수 있는 새로운 방식에 대해 인식하고 시도할 수 있게 하였다.

① 둘째 딸의 새로운 의사소통방식 시도

치료자: 그래그래… 너가 아프구나. 언니가 널 저버리는 거 같아서 슬프구나. 너 그런 감정을 언니한테 말할 수 있어? 내가 언니 방 들어가고 싶은데 닫혀서 내가 들어가지 못해서 속상하고 슬프다 하는 거 얘기할 수 있어?

둘째 딸: (끄덕끄덕)

치료자: 그래그래… 너가 그 얘기를 털어놓으면 언니랑 사이가 또 달라지거든. 많이 속상했구나. 언니하고 관계에서 슬프니? 아니면 다른 거에서 슬픈 게 있니? 없어? 언니랑 관계가 슬퍼? 아 그렇구나… 그런 거 왜 얘기하지 못했니? 아빠하고 제일 친하다면서….

아버지: 제가 물어보지 않았으니까… 자기가 자기 감정을 먼저 얘기할 수 있는 나이는 아직 안 되고…. (9회기)

치료자: 지난주에 집에 가면서 어땠어?

둘째 딸: 몰라.

아버지: 얘기해 봐. 너 그날 얘기하고 가서 아빠한테 차 안에서 무슨 얘기 했어? 속이 다 시원하다고… 바로 엘리베이터 앞에서 그러더라고요… 속이 다 시원하다고… 얘기해 봐…. (10회기)

② 형제하위체계 강화를 위한 부의 새로운 의사소통방식에 대한 치료자의 제안

치료자: 저는 막내 따님이 식구로서 융합이 되어야 한다고 보는데요. 배다른 형제라도… 형제하위체계를 강화시킬 필요가 있어요. 평상시에 큰따님이 언니로서 대우를 아버지께 잘 받았다면 얘(둘째 딸) 처지를 잘 배려했으리라고 봅니다. 사실은 얘한테 제일 중요한 거는 언니 눈에 드는 것이라고 봐요. 가장 친해야 할 사람이 언니인데 가장 멀리 떨어져 있거든요.

아버지: 작은딸은 아직 어리고 이쁘고 애착 같은 것도 있어요. 애교도 큰딸보다 훨씬 많구요.

치료자: 그 막내가 왕따라는 거 아시죠? 아빠의 입장에서는 막내가 더 안쓰러울 수 있지만 그렇게 싸고도는 방식이 더 안 좋을 수 있다는 거예요. 아버지가 두 명의 딸 사이에 자꾸 개입해서 작은딸 편을 들면 오히려 아빠가 생각했던 결과가 안 나올 거라는 거죠. 아빠가 하시는 중재자 역할이 좋은 거보다는 아닌 경우가 있다는 거예요. (9회기)

③ 자매간 새로운 의사소통방식 시도

치료자: 막내가 많이 울었어. 언니한테 접근하고 싶은데 언니가 항상 문이 닫혀 있대.

첫째 딸: 시험 기간 때문에….

치료자: 근데 막내는 언니가 그러면 자기가 거절당했다는 느낌을 받는대. 그때 너 거절당했다는 느낌을 표현해 봐. 네가 마음이 얼마나 속상했는지….

둘째 딸: 안 해.

치료자: 안 하는 거야? 못하는 거야?

둘째 딸: 안 해.

치료자: 니가 그랬잖아. 너가 언니한테 다가가고 싶은데 언니는 너를 거절하는 거 같다고 그랬잖아….

둘째 딸: 그냥 마음먹고 가려고 하면 언니는 문을 확 닫아 버리잖아. (흑흑흑)

아버지: 그래서 그게 마음에 걸렸구나.

둘째 딸: (흑흑흑)

치료자: 언니가 어떻게 해 줬으면 좋겠는지 말해 봐.

둘째 딸: 뭐 시간 날 때 놀아 줬으면 좋겠어요. (흑흑흑)

첫째 딸: 할머니랑 그런 얘기 했는데….

치료자: 무슨 얘기?

첫째 딸: 막내가 있어서 집이 시끄러우니깐 생기가 난다고….

치료자: 그런 얘기를 직접 해 봤어?

첫째 딸: 저 원래 그런 거 티 안내요.

치료자: 너 때문에 집안 분위기가 좋아진다는 말이야. 너는 그런 거 못 느꼈지? 언니도 안 하고… 너도 안 하고… 집안 문화가 표현을 안 하는 문화잖아요. 이런 표현하고 안 하는 거 따라서 너무 차이가 나 버립니다. (10회기)

치료자는 가족성원들, 즉 부자간, 부녀간, 부-자녀 간, 그리고 자매간에 지금까지는 시도해 보지 않았던 새로운 의사소통방식을 시도하도록 중재자 역할을 하였고, 특히 아버지에게는 두 딸 사이에서 위계질서상 첫째 딸에게 권위를 실어 주어야 한다는 점을 제안하였고 아버지는 두 딸 사이에서 중재자 노릇을 해 왔던 자신의 방식이 효과가 없음을 인정하였고 그러한 방식을 바꾸려고 노력하였다.

다음은 연구 문제 2번과 3번에 대한 결과를 그림으로 제시한 것이다. [그림 4-2]를 보면, 각 가족구성원들은 회기가 진행됨에 따라 점차적으로 문제에 대한 전인식 단계로부터 인식 단계→준비 단계→행동 단계 등의 순으로 변화되고 있음을 알 수 있다. 단계의 변화에 따라 상담의 효과도 증대되고 있음을 알 수 있는데 이는 곧 내담자의 문제에 대한 태도는 상담의 진전과 효과에 지대한 영향을 미친다는 것을 볼 수 있다.

1회기부터 3회기에서는 모든 가족구성원들이 전인식 단계에 머물러 있음을 볼 수 있다. 치료자의 개입으로 인해 회기가 진행됨에 따라 가족구성원들은 인식 단계로 변화되고 있는 것을 볼 수 있는데 4회기와 5회기에서 각 가족구성원들이 지속적으로 시도해 왔던 의사소통방식의 변화가 필요하다는 것을 인식하게 되었고 이 과정을 통해 각 가족구성원들의 변화가 시작되고 있음을 볼 수 있다. 특히, 아버지의 자녀 문제에 대한 전인식 단계에서 인식 단계로의 변화는 자신의 변화에 대해 가장 진지하지 않게 생각해 왔던 첫째 딸의 태도를 적극적인 자세로 변화시키는 역할을 하게 되었다. 이는 구성원 중 한 사람의 변화가 또 다른 가

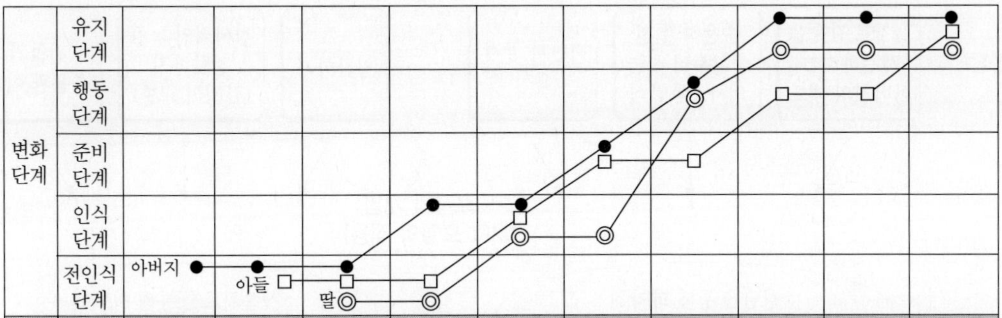


| 구분 | 1회기 | 2회기 | 3회기 | 4회기 | 5회기 | 6회기 | 7회기 | 8회기 | 9회기 | 10회기 |
|---|---|---|---|---|---|---|---|---|---|---|
| 변화 과정 – 아버지 | 자신의 의사소통 방식에 대한 문제점을 인식하기 보다 자녀가 바뀌어야 한다는 생각을 함 | | | 대화내용 보다 표현 방식이 더 중요함을 알게 됨, 원가족에서 전수된 역기능적 의사 소통방식을 인식함 | | 부자간의 새로운 의사소통 방식을 시도함 (칭찬과 수용에 관하여), 이에 대한 새로운 느낌도 경험함 | 부녀간의 정서적 교류라는 새로운 의사소통 방식을 시도하는 현저한 행동 변화를 시작함 | 부녀간의 새로운 변화를 지속시키기 위해 노력함 (적극적인 대화 시도, 부드러워진 말투와 문자 메시지) | 가족 간의 관계 변화가 일어나자 가족의 재구조화라는 새로운 부분에 대해 인식하기 시작함 | 손찌검을 중단하는 등 변화를 지속하기 위한 노력을 유지함 |
| 변화 과정 – 아들 | | 치료자가 아버지를 변화시켜 주기를 희망함 | | | 남매간에 시도해 왔던 역기능적 의사소통방식에 대해 인식, 새롭고 기능적인 의사소통방식을 시도하기 시작함 | | | 아버지와 새로운 방식의 의사소통을 시작하면서 공부에 대한 의욕이 상승됨, 더 이상 아버지와의 관계에 대해 긴장하지 않음 | | 격려받는 느낌을 느끼며 공부에 대한 의욕을 유지시킴 |
| 변화 과정 – 첫째 딸 | | | 치료자를 통해 아버지가 변화하기를 바람, 동시에 관계개선을 부담스러워 함 | | | | 아버지와 같음 | 아버지와 같음 | | 아버지와의 관계 개선을 위해 자신의 역할을 적극 수행함, 처음에 걱정하던 어색함을 극복하기 위해 적극적인 접근을 시도함 |
| 변화 과정 – 둘째 딸 | | | | | | | | | | 감정표현이 차단된 잘못된 의사소통 방식을 인식하고 감정 교류가 이루어지는 새로운 방식을 시도해 봄 |
| 변화 수준 | 아버지 ⇩ | 아들 ⇩ | 첫째 딸 ⇩ | 아버지 ⇧ | 아들과 첫째 딸 ⇧ | 아버지와 아들 ⇧ | 아버지와 첫째 딸 ⇧⇧ | 가족 모두 ⇧⇧ | 가족 모두 ⇧ | 가족 모두 ⇧⇧ |
| | ⇩ 문제 인식 못함, ⇧문제 인식으로 인해 변화가 시작됨, ⇧⇧ 문제를 극복하기 위해 적극적인 행동변화를 함 | | | | | | | | | |

[그림 4-2] 초이론적 모델에 따른 각 가족구성원들의 변화추이와 MRI 적용에 따른 변화 과정

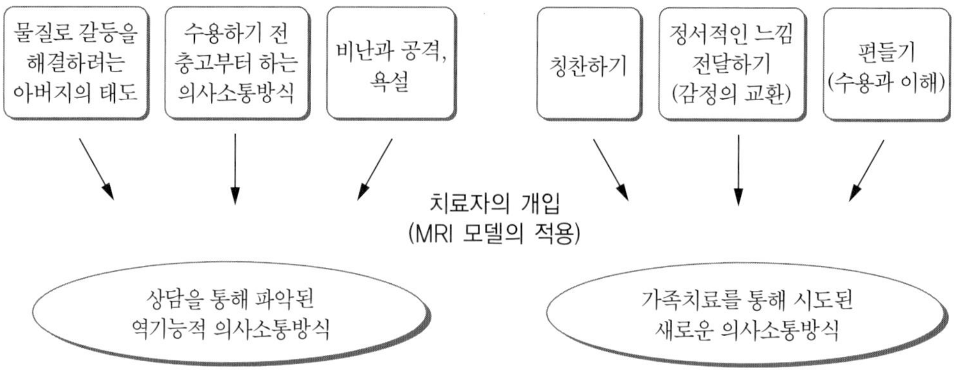


[그림 4-3] 가족치료 후 변화된 대화방식

족구성원의 변화를 야기시킬 수 있다는 것을 보여 주는 것이다. 각 가족구성원들의 획기적인 변화가 눈에 띄게 증가하기 시작한 회기는 7회기부터인데 6회기까지 이어진 치료자의 개입(각 가족구성원들로 하여금 문제에 대한 태도를 변화시키게 하였고 지금까지 지속해 왔던 잘못된 방식을 인식하게 하였으며 새로운 시도를 치료자 앞에서 시도해 보는 MRI 모델의 적용)이 효과가 있었다고 볼 수 있다.

본 사례에서 치료자가 가장 중요한 변화의 대상으로 보고 개입했던 아버지의 변화가 눈에 띄게 나타나고 있는 6회기부터 아들과 첫째 딸에 대한 상담의 효과도 빠른 속도로 진전되고 있음을 알 수 있다. 상담이 의뢰되었던 우선적인 목표가 달성되자 치료자는 9회기부터 새로운 가족 문제였던 형제하위체계 강화를 위한 개입을 하였는데 이미 변화가 시작된 이 가족구성원들은 이 문제에 대해서도 빠른 시간 내에 인식 단계를 거쳐 행동의 변화를 위한 준비 단계로 진행되는 것을 볼 수 있다.

마지막으로, 사춘기 자녀와의 효과적이고 기능적인 의사소통에 대한 구체적인 방법을 제시하기 위해 가족치료 후 이 가족의 변화된 대화방식에 대한 내용을 그림으로 요약하면 [그림 4-3]과 같고 이는 연구문제 4번에 대한 결과이기도 하다.

## Ⅵ. 결론

본 연구에서는 아버지와의 갈등으로 인해 방황하는 아들에 대한 가족치료적 개입과정을 통해 부모와 자녀와의 관계가 변화하는 과정을 기술하였고, 청소년 문제에 대한 개입에 있어 가족치료의 효과성을 검증하고자 하였다. 본 연구의 결과는 다음과 같다.

첫째, 학습동기가 낮은 청소년의 문제에 있어 부모와의 의사소통방식의 변화는 학습동기를 상승시키는 데 긍정적인 영향을 미치고 있었다. 아버지와 지속해 왔던 역기능적 의사소통으로 인해 아들은 낮은 자존감, 삶에 대한 의욕 저하 등의 문제로 낮은 학습 수행능력을 보이고 있었는데 치료자는 MRI 모델을 활용하여 아버지의 역기능적 의사소통방식이 문제해결에 더 이상 도움이 되지 않는다는 가정 아래 효과적인 의사소통방법을 습득하게 하고 시도하게 하였다. 아버지의 변화는 자녀의 변화로 이어지게 되어 가족구성원 모두 효과적인 의사소통방식을 습득하게 되자 관계의 변화가 일어났고 이러한 관계 변화는 아들의 학습동기를 높여 주는 데 영향을 미치게 되었다. 이는 많은 선행연구들에서 제시하고 있는 바와 같이 청소년 자녀의 문제는 바람직한 의사소통이 전제된 부모-자녀관계회복을 통해 해결될 수 있다는 것을 확인하였다.

둘째, 본 연구의 대상은 이혼 가정이라는 구조적인 결손과 함께 빈약한 의사소통 문제로 인한 기능적인 결손도 함께 가지고 있었다. 치료자가 기능적 결손을 회복시키자 가족들의 관계 변화가 이루어질 수 있었다. 이는 구조적 결손이 있다 하더라도 기능적 결손에 대해 개입하고 치료하면 가족의 기능이 회복될 수 있다는 것을 보여 주는 결과라고 할 수 있겠다.

셋째, 본 사례의 초기상담 과정에서 가족구성원들은 자신의 변화가 문제해결에 중요하다는 것을 인식하지 못하고 있었다. 특히 가족생활주기상 청소년기 자녀를 둔 단계에 해당되는 가족들은 부모의 변화가 우선시되어야 한다는 치료자의 관점에 따라 아버지가 전인식 단계에서 인식 단계로 전환되기 시작하자 자녀들 역시 변화하기 시작했다. 이는 가족구성원 중 한 사람이 문제해결을 위하여 자신이 변화해야 될 필요성에 대하여 인식하기 시작하면 나아가서 다른 가족구성원의 변화를 유도하게 되고 이는 가족구성원들 전체에 대한 변화를 야기시킬 수 있다는 것을 보여 주고 있다.

넷째, 치료자는 MRI 모델의 적용을 통해 이 가족이 가지고 있는 역기능적 의사소통방식을 객관적으로 인식시키고 이것이 관계개선에 있어 효과적이지 않았음을 혹은 오히려 문제를 유지시키거나 악화시켜왔음을 전달하고 이를 대체할 수 있는 새로운 해결책인 기능적인 의사소통방식을 소개하였다. 가족들은 지지하기, 정서 교환하기, 편들기(수용과 이해) 등의 새로운 방식으로 대화를 시작하게 되자 관계에 있어 획기적인 변화를 경험하게 되었다.

본 사례는 둘째 딸의 거취 문제의 불확실성, 어머니의 재결합 의사에 대해 아직 이루어지지 않은 가족들 간의 합의라는 두 가지 문제가 아직 남아 있어 추후 이 가족이 겪을 어려움이 다시 제기될 수도 있다. 그러나 당시에 제기되었던 아들의 낮은 학습동기가 아버지와의 관계회복을 통해 해결됨으로써 가족치료의 효과성을 보여 줄 수 있었다. 본 연구가 하나의 사례만을 가지고 접근하였기에 낮은 학습동기를 갖는 청소년에 대한 개입의 효과성으로 일반화하기에는 다소 무리가 있으므로 후속연구에서는 낮은 학습동기를 갖는 청소년 문제에 대한 다양한 가족치료 모델의 적용 사례들이 연구되고 개입의 효과성을 볼 수 있는 연구가 이어지기를 기대한다.

## 참고문헌

김기태 외(2006). 교부적응문제를 가진 청소년을 위한 문제해결 프로그램 연구. http://blog.naver.com/pyjune114/150001728494

김영희, 안상미(2008). 가족의 응집성과 적응성, 부모-자녀간 의사소통, 가족갈등과 청소년의 우울 및 비행. 청소년학연구, 15(2), 1-31.

김혜숙(2008). 가족치료 이론과 기법. 서울: 학지사.

박태영(2001). 가족치료 이론의 적용과 실천. 서울: 학지사.

박태영(2002). 가족생활주기와 가족치료. 서울: 학지사.

박태영(2007). 도벽과 거짓말을 하는 청소년 자녀를 둔 재혼가족에 대한 사례연구. 한국가족치료학회지, 15(1), 143-158.

박태영(2009). 마리화나 피는 아들에 대한 가족치료 사례연구. 한국가족치료학회지, 17(1), 57-96.

박태영, 김태한(2008). 홀어머니와 큰아들의 갈등에 대한 가족치료 사례연구. 한국가족사회복지학, 23, 263-302.

박태영, 김혜선(2008). 가족치료 과정에서 발생한 내담자 부모의 저항에 대처하는 치료자의 개입방법에 관한 연구. 한국가족복지학, 13(4), 5-25.

박태영, 박소영(2007). 성폭력을 당한 여중생의 가족치료 사례분석: 두려움과 분노를 넘어서기. 한국가족치료학회지, 15(2), 57-96.

박태영, 은선경(2008). 가출청소년의 가족치료 사례연구: 회기진행에 따른 변화과정을 중심으로. 한국가족치료학회지, 16(2), 49-66.

이영미, 민하영, 이윤주(2005). 부모 간 갈등과 부모 자녀 간 의사소통에 따른 후기 청소년의 심리사회적 적응. 한국가정관리학회지, 23(5), 53-62.

Creswell, J. W. (2005). 질적 연구방법론: 다섯 가지 전통(2판)(조홍식, 정선욱, 김진숙, 권지성 역). 서울: 학지사.

Goldenberg, I., & Goldenberg, H. (2000), *Family theraphy: An overview* (5th ed). Pacific Group, CA: Brooks/Cole.

Miles, B. M., & Huberman, A. M. (1994). *Qualitative data analysis*. Thousand Oaks, CA: Sage Publication.

Park, T. Y., Cho, S. H., & Seo, J. S. (2006). A qualitative analysis of compulsive buying case by a grounded theory method. *Contemporary Family Therapy, 28*(2), 239-249.

Patton, M. Q. (2002). *Qualitative research & evaluation methods.* Thousand Oaks, CA: Sage Publication.

Prochaska, J. D., & Norcross, J. C. (2002). *Systems of psychotherapy: A transtheoretical analysis* (5th ed). New York: Brooks/Cole.

Watzlawick, P., Weakland, J., & Fisch, R. (1974). *Change: Principles of problems formation and problem resolution.* New York: Norton.

Weakland, J. H. (1993). Conversation-but what kind? In S. Gilligan & R. Price (Eds.), *Therapeutic conversations.* New York: Norton.

제5장

# 부모의 이혼진행 과정에서 내면화 · 외현화 문제를 보이는 아동의 가족치료 사례연구*

박태영 · 문정화

본 연구는 부모의 이혼진행 과정에서 나타나고 있는 아동의 내면화 · 외현화 문제에 영향을 미친 요인과 아동의 긍정적 변화에 영향을 미친 가족치료의 효과성을 살펴보고자 하였다. 본 연구는 이혼 직전의 부부문제로 갈등을 겪고 있는 가족을 대상으로 2008년 4월부터 8월까지 총 9회기 동안 남편, 부인, 딸, 아들을 대상으로 개별상담, 부부상담, 가족상담을 진행한 가족치료 사례를 질적 자료분석 방법을 활용하여 분석하였다. 분석결과 부모의 이혼진행 과정에서 아동은 주의산만, 거짓말, 학교생활 부적응, 반항적 태도, 회피, 도벽과 같은 외현화 문제와 불안, 무서움, 죄책감, 서운함, 속상함과 같은 내면화 문제를 나타내고 있었다. 이와 같은 아동의 문제행동에 영향을 미친 요인은 문제를 해결하기 위해 반복적으로 시도해 왔던 부부의 역기능적인 의사소통방식, 역기능적인 양육방식과 아동의 부부갈등 상황 지각인 것으로 분석되었다. 이에 대한 치료자의 개입은 부부의 새로운 의사소통방식의 사용, 부부관계의 개선, 부부의 새로운 양육방식의 사용, 아동이 지각한 부부갈등의 완화, 아동의 내면화 · 외현화 문제 해소 등에 긍정적인 영향을 미친 것으로 볼 수 있다.

---

* 제5장은 한국가족치료학회지(2010) 제18권 1호, 107-130페이지에 게재된 논문을 일부 수정한 것임.

# I. 서론

최근 한국의 경제 · 사회 · 문화적 측면에서의 급격한 변화는 전통적인 확대가족에서 핵가족으로의 가족구조 변화와 부모-자녀관계 및 출산율 감소와 이혼율 증가 등의 가족문제에 많은 영향을 미치게 되었다. 최근 우리나라의 이혼율을 살펴보면 2008년 116,500건으로 하루 평균 3,179쌍이 이혼하고 있는 것으로 볼 수 있다(통계청, 2008). 이와 같은 이혼율 증가로 인한 이혼문제가 커다란 사회적 이슈가 되고 있으며 사회적 우려 또한 증가하고 있다.

부모의 이혼은 아동기 자녀에게 가장 큰 스트레스 요인이 되며 정신건강에 치명적인 영향을 미치게 된다. 부모의 이혼과정에서 자녀들은 정서적으로 불안정해지며 청소년기 비행에 이르게 될 수도 있다. 이혼에 이르게 되는 부부간의 갈등 요인은 대화문제, 성격 및 가치관의 문제, 원가족 문제 등에 의한 것으로 볼 수 있다(천혜정, 김양호, 2007). 서로 다른 가족환경에서 성장한 부부는 서로 다른 사고방식, 가치관, 역할기대 등의 차이를 가지고 있으므로 부부갈등은 부부간의 상호작용 과정에서 발생하는 필수불가결한 것일 수 있다. 이러한 부부갈등은 가족원들에게 스트레스 요인이 되며 특히 자녀에게는 더 강한 스트레스 요인이자 정서적 위협이 될 수 있다. 자녀가 부부갈등을 목격하는 부부갈등의 빈도, 강도, 해결정도 등에 따라 자녀에게 부정적인 영향을 미칠 수 있으며 부부갈등의 빈도, 강도, 해결정도는 자녀의 외현성 문제와 관계가 깊고, 부부갈등 상황에서 느끼는 위협과 자기비난은 자녀의 내면성 문제와 관계된다(Fincham, Grych, & Osborne, 1994). 이와 같이 아동이 부모의 부부갈등을 자주 목격하고 심각한 것으로 지각할수록 아동의 정서적 안정을 저해하고 아동은 비효율적인 대처반응을 보이게 되며(이민식, 오경자, 1999), 아동의 적응상의 문제와 관련되고 특히 아동의 공격성에 영향을 미친다고 하였다(Johnston, Gonzalez, & Campbell, 1987; Patterson & Zill, 1986). 즉, 가정에서 부부간의 언어, 신체적 갈등을 자주 경험한 아동은 공격적 성향을 가지기 쉽고 아동의 공격성이 증가될수록 또래관계와 대인관계에 부정적 영향을 미칠 수 있음을 예측할 수 있다.

또한 부모의 이혼을 경험한 자녀들은 일반가정의 아동들보다 우울과 불안, 위축과 같은 심리적인 문제를 더 겪게 되며(Wolchik, Sandler, & Doyler, 2002), 공격적이고 충동적이며 반사회적인 행동문제 또는 대인관계나 학교생활 부적응과 같은 학업수행의 문제 등을 보이게 된다(주소희, 조성우, 2004; 홍순혜, 2004). 이와 같이 기존의 연구들은 부모의 이혼경험 이후 자녀들에게 발생되는 정신건강과 문제행동에 미치는 영향을 보고하고 있다.

그러나 지금까지 선행연구 중에서는 부모의 이혼 진행과정에서 경험하는 자녀들의 내면화, 외현화 문제를 심층적으로 다루고 해결방안까지 제시한 연구를 찾기가 쉽지 않다. 이혼 전후 과정에서 자녀들이 경험하는 스트레스를 최소화함으로써 자녀들의 문제행동을 예방하기 위해서는 이와 관련된 적극적인 연구가 필요하다. 따라서 본 연구는 부모의 이혼 진행 과정에서 자녀들에게 나타날 수 있는 내면화 · 외현화 문제에 영향을 미치는 요인을 가족치료 사례를 통해 심층적으로 분석해 봄으로써 부모가 이혼 직전의 상태에 있는 자녀들의 문제해결을 위해 효과적으로 개입할 수 있는 구체적인 방안을 모색하고자 한다. 특히, 치료자의 개입을 통한 자녀의 문제행동의 변화과정을 살펴봄으로써 가족치료적 개입의 효과성을 분석하여 사회복지실천 현장에서 가족문제를 다루는 임상실천가들에게 효과적인 개입전략을 모색할 수 있는 대안을 마련하는 데 본 연구의 목적이 있다.

## Ⅱ. 이론적 배경

### 1. MRI 모델

MRI(Mental Research Institute)의 설립 책임자는 Don Jackson이며, Jules Riskin, Arthur Bodin, Jay Haley, Virginia Satir Janet Beavin, Paul Watzlawick, John Weakland 등이 자신들의 사상을 발전시킨 곳이다. MRI는 Gregory Bateson과 Milton Erickson의 개념들을 통합하여 아동과 가족에 대한 단기치료 접근법을 확립하였다(유채영 외, 2008). MRI 모델의 치료 목적은 내담자가 생활을 잘해 나갈 수 있도록 가능한 한 빨리 그리고 효과적으로 내담자가 제시하고 있는 불평을 해결하는 데 그 목적이 있다(Shohanm, Rohrbaugh, & Patterson, 1995).

MRI 모델에서는 내담자가 가지고 있는 문제들은 어려움에 잘못 대처함으로써 생겨나고 지속된다고 보았다. 즉, 정상적인 생활에서 나타나는 어려움에 잘못 대처함으로써 문제가 발생되고 지속되며 문제를 해결하기 위해 시도했던 '해결책' 자체가 문제일 수 있다(Watzlawick, Weakland, & Fisch, 1974). 따라서 치료자는 문제를 지속시키는 내담자 그리고 내담자와 상호작용하는 사람들이 반복하는 특정 행동에 초점을 두어야 하며 내담자의 문제를 병리적인 시각으로 설명하는 것을 지양하고 내담자의 불평과 변화를 위한 목표의 두 가지 측면에서 내담자 중심의 치료방식을 사용한다(Duncan, Solovey, & Rusk, 1992). MRI 모델에서는 문제가 다음과 같은 요인에 의해 발생되고 지속된다고 보았다. 첫째, 겪고 있는 어려움을 변화시키려는 잘못된 시도들, 둘째, 필요하지 않을 때 변화를 시작하는 경우, 셋째, 변화가 필요할 때 행동을 취하지 않는 경우, 넷째, 잘못된 수준에서 변화하는 경우다. 또한 MRI 이론가들은 사람들은 의사소통을 하지 않을 수 없으며, 행동하지 않을 수 없다는 의견을 표명하였으며 모든 행동이 일정 정도 의사소통 역할을 한다고 하였다(Bateson, 1991). 따라서 MRI 치료사들은 사람들 사이의 다양한 의사소통 수준을 긴밀하게 관찰하고 이러한 유형들이 문제가 지속되는 데 어떻게 작용하는지 규명하였다(유채영 외, 2008).

MRI 모델의 초점은 결과적으로 문제를 지속시키게 된 해결책들을 저지하는 것이며 치료의 구조는 문제를 탐색하고 확인하기, 시도한 해결책들과 그 해결책의 결과를 확인하기, 구체적인 목표를 공식화하기, 활용한 MRI 기법들과 내담자의 언어를 조명하기로 볼 수 있다(Watzlawick et al., 1974). 치료의 중심과업은 내담자에 의해 제안되고 있는 문제에 대하여 행동적인 용어로 구체적이고 분명한 묘사 얻기, 모든 시도된 해결책의 공통의 특징과 중요한 취지를 발견하기, 내담자가 말이나 행동으로 완전히 다른 어떤 것을 하도록 치료자의 영향력을 사용하는 것이다(Schlanger & Anger-Diaz, 1999).

## 2. 선행연구

이혼이란 법률상으로 유효하게 성립한 혼인을 혼인 당사자들이 그 결합관계를 협의 또는 재판상의 절차를 거쳐 소멸시키는 것이며 혼인관계가 파기되면서 가족이 구조적 측면에서 해체되는 요인으로 작용한다(박세경, 2004). 최근의 이혼가정의 증가로 인해 부모의 이혼이 자녀에게 미치는 행동문제에 대한 관심이 증가되고 있다.

우리나라의 1990년에서 2004년까지의 이혼사유별 구성비 통계를 살펴보면 가장 주류를 이루는 이혼사유는 부부불화 또는 성격차이인 것으로 나타났다. 부부갈등은 부부가 서로의 대립과 불일치를 해결하기 위해 교환하는 관찰 가능한 부정적인 언어적, 비언어적 상호작용이라고 정의되며 여기에는 가출, 언쟁, 신체적 싸움 등과 같은 다양한 행동책략들이 포함된다(Straus, Gelles, & Steinmetz, 1980; 이민식, 오경자, 2000에서 재인용). 이와 같은 부부갈등에 의한 부모이혼과 자녀들의 문제행동과 관련된 연구들을 살펴보면, 부부갈등 상황을 지각하는 것은 자녀의 심리적 안녕감에 부정적 영향을 미치며 부부갈등은 우울, 불안, 위축, 사회적 고립과 같은 내면화 장애와 아동의 공격성, 불복종, 행동문제와 같은 외현화 장애와 관련이 높다고 나타났다(Emery, 1982).

이와 같이 부부갈등은 생후 6개월부터 청소년기까지 연령과 상관없이 정서적으로 부정적인 영향을 받게 되며(Cummings, Ballard, & El-Sheikh, 1991), 부모의 이혼은 아동의 적응에 부정적인 영향을 준다는 연구결과들이 확인되어 왔지만(Wallerstein & Kelly, 1980), 실제로는 이혼 자체보다 이혼에 이르기까지의 이혼진행 과정 동안 부부간의 갈등이 아동의 심리적 적응(Hetherington, Cox, & Cox, 1985)과 아동의 반사회적 문제행동에 더 직접적으로 부정적인 영향을 미치는 것으로 알려져 있다(Rutter, 1971). 즉, 부부갈등은 갈등 당사자들만의 문제가 아니며 자녀들까지 부부갈등의 결과로 고통을 받게 되며 부부갈등 상황에 노출된 자녀는 부모 간의 불화에 매우 민감하여 자신의 의도와 상관없이 피해를 입게 된다. 임수진, 최승미와 채규만(2008)의 연구에서는 아동이 지각한 부부갈등이 아동의 문제행동에 영향을 미치는 과정에서 아동의 대처효율성에 대한 조절효과를 살펴본 결과 아동이 지각한 부부갈등이 내면화 및 외현화 문제행동과 정적인 상관관계를 보였고 대처효율성과는 부적인 상관관계를 보이는 것으로 나타났다. 이러한 연구결과들은 자녀의 부부갈등 상황의 목격으로 인해 자녀의 심리정서적 문제와 행동문제를 야기하게 되고 부부갈등은 부모-자녀관계에까지 부정적 영향을 미치게 되므로 자녀의 정서 및 행동문제가 발생된다는 것을 예측할 수 있는 결과다. 즉, 부모의 이혼으로 인한 스트레스는 성인들이 생각하지 못할 정도의 극심한 불안과 두려움으로 나타나게 되며 부부갈등은 아동의 내면화 및 외현화 문제에 영향을 주는 과정에서 갈등에 대한 아동의 지각이 중요한 매개 역할을 하는 것으로 나타났다(이민식, 오경자, 2000).

또한 부부갈등은 부부가 자신들의 문제에 더 관심을 가지게 되고 자녀에게는 관심을 덜 가지게 되므로 자녀양육의 일관성과 효율성을 감소시키게 되고 이는 자녀의 반사회적 행동의 위험성을 증가시킬 수 있다(주소희, 조성우, 2004). 반면, 아동은 부모의 관심을 유발하기 위한 행동을 보이려고 할 수 있으나 특히 문제행동을 보이는 자녀의 이와 같은 행동은 부모와의 갈등을 초래하며 부모의 관심을 오히려 감소시킬 수 있다. 이와 같이 부부갈등은 역기능적인 양육방식에 영향을 미치게 된다. 즉, 아동기 부모가 일관성 있게 수용적인 태도로 훈육한다고 생각할수록 이혼과 관련된 스트레스가 중재되어 아동의 내면화 문제와 행동문제가 감소되는 것으로 나타났다(Wolichik, Wilcox, Tein, & Sandler, 2000). 박철웅(2002)의 연구에서도 가정환경 변인들은 아동의 문제행동에 직접적인 영향을 미치며 어머니의 양육태도를 통해 간접적인 영향을 미친다고 하였으며, Webster-Stratton과 Herbert(1994)도 아동의 문제행동의 주요 요인은 부모의 양육방식에 있다고 하였다. 이와 같이 부부갈등과 마찬가지로 부모의 일관성 없는 훈육 등의 양육태도는 아동이 이를 어떻게 지각하는가에 따라 아동의 심리적 적응과 외현화 장애에 직접 및 간접적 영향을 미치게 된다는 것을 알 수 있다.

# Ⅲ. 연구방법

## 1. 연구대상

본 연구는 이혼 직전의 부부문제로 갈등을 겪고 있는 가족을 대상으로 개입한 가족치료 사례를 질적 자료분석 방법을 활용하여 분석하였다.

본 연구의 사례는 6년간 별거 중인 상태에서 부부갈등이 심화되면서 부인은 이혼을 결심한 상태였고 남편도 이혼에 대하여 합의한 상태였으며 자녀양육은 부인이 맡기로 한 상황이었다. 이와 같은 이혼진행 과정에서의 부부문제와 부모의 이혼 진행과정을 경험하며 자라온 아들의 주의산만, 거짓말, 학교생활 부적응, 반항적 태도, 회피, 도벽과 같은 문제가 나타나면서 내담자인 남편이 상담을 의뢰하여 2008년 4월부터 8월까지 총 9회기 동안 남편(1, 2, 5, 7, 9회기), 부인(3, 4, 5, 7회기), 딸(8회기), 아들(3, 6, 7, 8회기)을 대상으로 개별상담, 부부상담, 가족상담을 진행하였다.

## 2. 신뢰도 검증 및 윤리적 고려

본 연구에서는 연구의 신뢰도를 높이기 위해 1회기부터 9회기까지의 상담 축어록에서 반복되는 개념을 지속적으로 비교하였으며 상담 축어록, 상담 메모를 활용함으로써 자료의 삼각화를 시도하였다. 또한 치료자와 연구자의 토론 및 대학 가족치료연구센터 연구원들에 의한 전문가집단에 의한 연구자 삼각화를 시도하였다. 연구의 윤리적 측면을 고려하여 상담내용의 사용에 대해 내담자의 동의를 얻었으며 내담자 가족의 사생활보장을 위해 실명이나 신분이 노출될 수 있는 내용은 삭제하였다.

## 3. 연구질문

첫째, 부모의 이혼진행 과정을 경험하는 아동의 문제는 무엇인가?
둘째, 아동의 문제에 영향을 미친 요인은 무엇인가?
셋째, 아동의 문제행동에 변화를 가져온 치료과정은 어떠한가?
넷째, 치료과정을 통한 아동의 변화와 변화요인은 무엇인가?

### 4. 분석방법

본 연구는 단일사례연구로서 자녀의 문제행동을 유발한 요인과 그로 인해 전체적인 가족관계에 어떠한 영향을 미쳤는가를 살펴보기 위해 근거 이론 방법의 개방코딩을 활용하여 부모가 문제해결을 위해 시도해 왔던 역기능적 의사소통방식, 그리고 이에 영향을 미친 원가족 배경과 가족 사이에서 발생된 사건을 중심으로 질적 분석을 하였다. 또한 가족치료를 통해 문제행동을 보였던 아들의 긍정적 변화에 영향을 미친 의사소통방식의 변화와 양육방식의 변화에 기여한 치료자의 개입과정과 방법을 파악하기 위하여 Miles와 Huberman(1994)이 제안한 매트릭스와 네트워크를 활용하여 분석하였다.

### 5. 분석경로모형

본 연구의 분석경로모형은 [그림 5-1]과 같다.

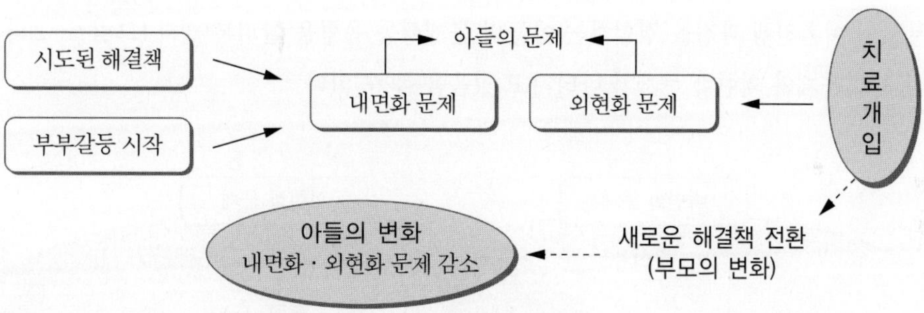


[그림 5-1] 분석경로모형

## Ⅳ. 연구결과

### 1. 내담자 가족의 사회인구학적 특성

본 사례연구의 내담자 가족의 사회인구학적 특성은 〈표 5-1〉과 같다.

〈표 5-1〉 ■ 내담자 가족의 사회인구학적 특성

| 내용 / 대상 | 연령 | 학력 | 직업 | 기타 |
|---|---|---|---|---|
| 남편(ct) | 38 | 전문대졸 | 건물관리 | |
| 부 | 91 | 초졸 | 목수 | |
| 모 | | 초졸 | 주부 | 재혼 사망 |
| 부인 | 33 | 상고졸 | 교사 | |
| 부 | 66 | 중졸 | 수선집 운영 | |
| 모 | 65 | 중졸 | 수선집 운영 | |
| 큰언니 | 38 | 대졸 | 주부 | 결혼 |
| 둘째 언니 | 36 | 대졸 | 주부 | 이혼 |
| 막내 동생 | 29 | 전문대졸 | 주부 | 결혼 |
| 딸 | 11 | 초등 4 | | 모와 유사함 |
| 아들 | 9 | 초등 2 | | 부와 유사함 |

## 2. 부모의 이혼진행 과정을 경험하는 아들의 문제행동 유형

부모의 이혼진행 과정을 경험하는 아들의 문제행동 유형을 살펴본 결과 [그림 5-2]와 같이 내면화 문제와 외현화 문제가 나타나고 있음을 볼 수 있다.

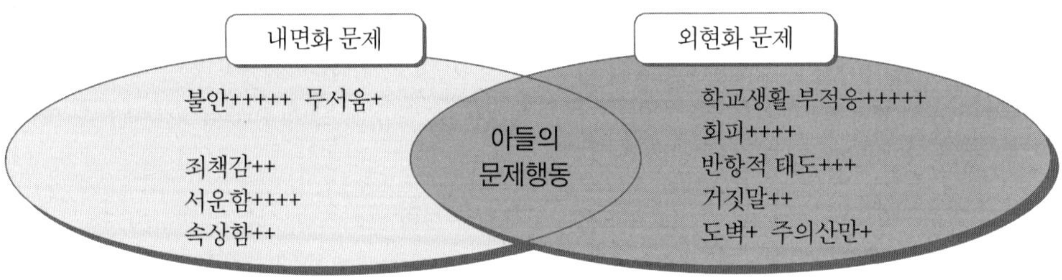


+의 수: 문제의 정도를 의미함

[그림 5-2] 문제행동의 유형화

### 1) 내면화 문제

아들의 내면화 문제는 〈표 5-2〉와 같이 불안, 무서움, 죄책감, 서운함, 속상함으로 분석되었다. 아들은 어릴 때부터 부모의 이혼진행 과정을 경험하였고 이혼진행 과정에서 지각된 부모의 부부갈등으로 인한 부정적 심리상태가 내면화된 것으로 유추해 볼 수 있다. 즉, 부모의 갈등 상황에서 표출된 이혼위기 상태에 대한 극단적인 표현, 자녀양육 책임 전가에

〈표 5-2〉 ■ 아들의 내면화 문제의 개념추출과 범주화

| 상위범주 | 개념 |
|---|---|
| 불안 | 부모관계가 좋지 않을 때 불안하여 잠이 잘 안 옴, 스트레스로 흰머리가 생겼다고 생각함, 모의 표현을 통해 부가 자신들(남매)을 양육할 거라는 암시를 느낌, 남매가 말썽부릴 때 모가 부에게 가서 살라고 함, 부모의 이혼문제가 가장 두려움, 모가 슬퍼하거나 울었을 때 모가 집을 나갈 것 같았음 |
| 무서움 | 7세 때부터 아빠가 무섭게 느껴지기 시작함, 부모의 이혼문제가 가장 무서움 |
| 죄책감 | 아빠보다 자신(아들)이 엄마를 더 힘들게 한다고 생각함, 자신(아들)이 아빠를 닮은 것을 속상하게 여김, 아들은 자신과 아빠가 똑같은 문제가 있다고 인식함 |
| 서운함 | 가족들이 자신을 이해하지 못해서 서운함을 느낌, 누나 때문에 싸운 건데 자신(아들)을 야단칠 때 서운함을 느낌, 비오는 날 모가 자기 마음을 이해해 주지 못했음, 부로부터는 정서적 지지를 받지 못하고 있음 |
| 속상함 | 부모가 싸울 때 아들의 마음은 갈라지는 것 같음, 부모가 이혼할 경우 마음이 산산조각 남, 이혼하면 매일 울 것 같음 |

대한 표현, 불만족스러운 남편과 아들을 동일시하는 표현, 부모의 스트레스로 인한 아들에 대한 정서적 지지의 부재는 아들의 내면화 문제를 확대시키고 있는 것으로 볼 수 있다.

### 2) 외현화 문제

아들의 외현화 문제는 〈표 5-3〉과 같이 주의산만, 거짓말, 학교생활 부적응, 반항적 태도, 회피, 도벽으로 분석되었다.

〈표 5-3〉 ■ 아들의 외현화 문제의 개념추출과 범주화

| 상위범주 | 개념 |
|---|---|
| 주의산만 | 아들이 교실에 없으면 조용함, 매우 산만함 |
| 거짓말 | 이야기 꾸며내기, 진짜처럼 거짓말을 함, 거짓말할 때 표현력이 좋음, 돈의 사용처를 둘러댐 |
| 학교생활 부적응 | 공책을 꺼내지도 않고 말을 듣지 않음, 점심 먹고 치우지도 않음, 수업시간에 규칙대로 하지 않고 멋대로 행동함, 멍하니 딴짓함, 피아노 학원에서의 불성실함, 알림장을 확인하지 않음, 공부하려는 의지가 없음, 수업태도가 불성실함, 급식시간에도 선생님의 요구와 반대로 행동함, 반 친구들에게 놀림을 당함, 유치원에서의 거부 |
| 반항적 태도 | 눈치를 보면서 의도적으로 장난침, 잘못을 인정하지 않고 모를 이상하게 바라봄, 웃으면서 건성으로 대답함 |
| 회피 | 눈을 마주치지 않음, 땅을 보거나 모의 뒤편에 있는 벽을 보며 말함, 모와 대화하기 싫어함, 솔직히 말하지 않고 회피함 |
| 도벽 | 맘대로 남은 돈을 사용함, 돈을 함부로 사용함 |

이와 같은 외현화 문제는 유치원을 다닐 때부터 현재 초등학교 생활에까지 지속되고 있었으며 선생님들과 친구들에게 피해를 입히고 있었다. 이로 인해 유치원에서 거부당했던 경험을 하였고 초등학교 선생님으로부터 자주 야단을 맞거나 친구들로부터 놀림을 당하였다. 또한 아들의 엄마는 문제행동을 보이는 아들을 창피하게 여기고 오히려 아들에 대한 선생님과 주변 사람들의 불평과 평가에 대해 더 수용적인 태도를 취함으로써 아들의 스트레스는 더 가중되게 되었고 모자관계까지 악화되는 결과를 초래하였다.

## 3. 아들의 문제행동에 영향을 미친 요인

아들의 주의산만, 거짓말, 학교생활 부적응, 반항적 태도, 회피, 도벽과 같은 외현화 문제행동과 불안, 무서움, 죄책감, 서운함, 속상함과 같은 내면화 문제행동에 영향을 미친 요인은 [그림 5-3]과 같이 남편과 부인의 역기능적으로 시도된 해결책(역기능적 의사소통방식, 역기능적 양육방식)과 아들이 지각한 부부갈등 상황으로 분석되었다.

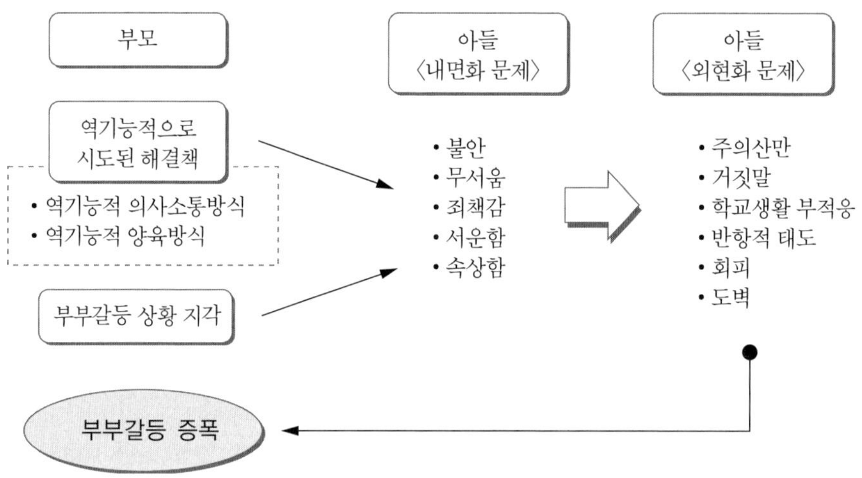


[그림 5-3] 문제행동에 영향을 미친 요인의 네트워크

### 1) 남편의 역기능적으로 시도된 해결책

부인과 자녀들과의 관계에서 남편의 역기능적으로 시도된 해결책에 대한 분석결과는 〈표 5-4〉와 같다. 남편은 신혼 초 친구들과의 잦은 술 모임으로 귀가시간이 늦었으며 동거하였던 시아버지로부터 부인이 스트레스 받고 있던 상황을 지각하지 못하고 있었다. 또한

〈표 5-4〉 ■ 남편의 역기능적으로 시도된 해결책의 개념추출과 범주화

| 상위범주 | 하위범주 | 개념 |
|---|---|---|
| 역기능적인 의사소통 방식 | 비언어적 회피 | 부인과의 대화 시 남편은 시선을 고정하지 못함 |
| | 언어적 회피 | 대화를 회피함, 먼저 말을 하는 스타일이 아님 |
| | 강압적 표현방식 | 부인이 말만 하면 언성이 높아짐, 마음을 솔직히 표현하지 않고 큰소리침, 부부싸움 시 욕을 퍼부어 대며 아들과 부인에게 폭언함, 아들 앞에서 부인을 훈계하며 욕을 하고 폭언을 함 |
| | 미숙한 표현방식 | 남편의 자유로운 표현경험이 부족함, 솔직히 말하지 않고 우회적으로 표현함, 말수가 적은 편임, 이야기를 제대로 못함 |
| | 일방적 표현방식 | 아들과의 대화 도중 말을 자름, 남편은 전후사정 묻지 않고 본론부터 얘기함 |
| 역기능적인 양육방식 | 편애 | 남매가 다툴 때 아들을 더 야단치고 누나 편을 듦, 아들 편을 들어 준 적이 없음, 누나와의 다툼으로 인한 억울한 감정표현 시 아들을 더 야단침 |
| | 체벌 | 아들이 의자에 걸려 넘어졌거나 아빠에게 컴퓨터 사용을 양보하지 않는 경우 아빠로부터 맞음, 의자에 걸려 넘어질 때 아빠가 2대를 때림, 아들을 별것 아닌 일로 때림, 아들이 때리지 말라고 대꾸하면 아빠는 더 때림, 아들에게 손을 먼저 대고 화를 냄 |
| | 화풀이 | 아들한테 화풀이하며 야단침 |
| | 책임전가 | 아들에게 부모의 말을 듣지 않으면 엄마를 속상하게 해서 슬프게 할 수 있다는 말을 하며 죄책감을 심어 줌, 부는 모가 우는 것을 아들 탓으로 돌림 |

자녀양육에 대한 책임감이 부족하고 쓰레기 분리수거 방법과 같은 사소한 집안일과 직장 일에 대해서도 부인의 의견을 물어보았으며 부인은 이와 같은 남편의 미성숙한 태도로 인해 스트레스를 받고 있었다. 남편이 부인과 자녀들에게 시도한 역기능적인 의사소통방식은 비언어적 회피, 언어적 회피, 강압적 표현방식, 미숙한 표현방식, 일방적 표현방식 등이었으며, 양육방식에 있어서는 편애, 체벌, 화풀이, 책임전가의 방식을 사용하였다. 이러한 방식은 부인과 자녀들과의 문제를 해결하기보다는 오히려 갈등을 지속시키게 되었고 아들의 정서에 부정적 영향을 미치게 됨으로써 아들의 문제행동을 야기하고 확대시켜 온 것으로 볼 수 있다.

### 2) 부인의 역기능적으로 시도된 해결책

남편과 자녀들과의 관계에서 부인의 역기능적으로 시도된 해결책에 대한 분석결과는 〈표 5-5〉와 같다. 부인은 원가족에서 4녀 중 셋째로 부모의 경제적 부담을 덜어 주기 위해 자진해서 상고에 입학하였으며 언니들이 부모에게 경제적 부담을 주면서까지 자신들이 원하는 대학에 들어감으로써 지속적으로 발생되는 경제적 문제에 대해 부모의 입장을 배려하

고자 부인은 자신의 일에 대해 스스로 알아서 해 왔고 상고 졸업 후 직장생활을 하며 언니들에게 용돈을 주는 등의 자발적 지원을 제공해 왔다. 부인은 형제순위로 볼 때 장녀는 아니지만 장녀의 역할을 해 왔으며 결혼 후에도 남편의 무능함과 미성숙함으로 인해 자녀양육 책임과 집안일에 대한 책임을 도맡아오면서 부인의 과도한 역할이 지속되고 있었다.

따라서 원가족에서 언니들의 미성숙했던 모습들과 남편의 미성숙함이 대치됨으로써 남편에게 더 스트레스를 받고 있었다. 부인의 이러한 스트레스의 표출은 아들의 문제행동에 영향을 미치고 있는 것으로 볼 수 있다. 부인이 남편과 아들과의 관계에서 문제해결을 위해 역기능적으로 시도해 온 해결책은 남편과 마찬가지로 역기능적인 의사소통방식과 양육방식으로 분석되었으며 역기능적인 의사소통방식에 있어서는 극단적 표현방식, 과거 지향적 표현, 훈계하기, 추궁하기, 일방적 표현방식, 강압적 표현방식의 사용과 양육방식에 있어서는 남편과 마찬가지로 아들보다 더 모범적이고 순종적이었던 딸에 대한 편애, 자녀들에 대

〈표 5-5〉 부인의 역기능적으로 시도된 해결책의 개념추출과 범주화

| 상위범주 | 하위범주 | 개념 |
|---|---|---|
| 역기능적인 의사소통방식 | 극단적 표현방식 | 화났을 때 단호하고 극단적인 표현을 함, 남편의 실수에 대해 단호하고 퉁명스러운 표현을 함 |
| | 과거 지향적 표현 | 현재의 문제를 얘기하다가 과거 얘기를 먼저 꺼내서 얘기함 |
| | 훈계하기 | 남편이 욕할 때 충고하고 가르치듯 말함, 남매의 다툼 시 훈계와 잔소리를 함, 설명을 길게 늘어놓으며 훈계하기 |
| | 추궁하기 | 아들에게서 남편의 모습이 보일 때 아들을 나무라는 표현을 함, 속상한 마음에 대해 자녀에게 책임 추궁함, 수치를 당한 모의 입장에서 자녀를 추궁함, 남편에게 책임을 추궁함 |
| | 일방적 표현방식 | 일방적으로 화를 내며 몰아붙임, 모의 속상함을 그대로 표출함, 자녀들에게 죄책감을 가지게 하는 감정표현을 자주 함, 자녀들 앞에서 부에 대한 못마땅함 표현하기, 부부 다툼 시 부인은 자녀들 앞에서 이혼문제 표출 |
| | 강압적 표현방식 | 아들에 대한 체념과 폭언, 야단치면서 이유를 설명함 |
| 역기능적인 양육방식 | 편애 | 남매의 다툼 시 누나 편을 듦 |
| | 집착 | 자녀들에게 몰입함 |
| | 책임전가 | 주변인의 자녀에 대한 문제인식에 대해 자녀에게 각인시킴 |
| | 화풀이 | 부부갈등 시 아들에게 화풀이를 함, 남편이 있을 때 아들을 더 혼냄 |
| | 억압하기 | 아들의 거짓말을 확인하기 위한 의도적 억압, 사실 확인을 위해 선생님을 찾아가 본다고 협박함 |
| | 불신 | 아들을 믿지 못하므로 용돈을 주고 사용처를 매일 물어봄, 아들의 의견보다 선생님들의 의견을 더 존중함, 아들이 모에게 다 얘기하면 야단맞을까 봐 말을 못함, 자녀의 행동으로 인해 피해 보는 주변 사람들을 더 배려하는 태도를 취함, 아들의 입장을 먼저 이해하지 않음, 아들의 행동을 그대로 인정하지 못함 |

한 집착, 책임전가, 화풀이, 억압하기, 불신의 방식을 사용해 옴으로써 남편과 아들과의 문제를 해결하기보다 오히려 부부갈등과 아들의 문제가 지속되고 있는 것으로 볼 수 있다.

### 3) 아들이 지각한 부부갈등 상황

아들은 부모의 이혼진행 과정에서 부부갈등 상황을 지각해 왔으며 이는 아들의 문제행동에 영향을 미친 것으로 볼 수 있다. 이와 같은 아들의 문제행동에 영향을 미친 아들이 지각한 부부갈등 상황은 〈표 5-6〉과 같이 분석되었다.

본 사례의 부부는 결혼초기에는 시아버지와 동거하였다. 부인은 시아버지가 남편(아들)을 대하는 태도와 자신을 대하는 태도가 일관성이 없다는 것으로 인해 시아버지와 갈등을 겪어 왔다. 예를 들어 시아버지는 남편이 출근하면서 불을 켜 놓고 나간 상황까지도 며느리 탓을 하는 등 아들에게는 관대하고 며느리에게는 엄격하게 대했다. 부인은 이러한 상황에 처해 있는 자신을 전혀 배려하지 못했던 남편의 무능하고 미성숙함에 대한 불만족감이 쌓이면서 부부갈등을 경험해 왔다. 또한 부부간에 원활한 대화가 이루어지지 않고 있었기 때문에 갈등이 해소되지 않고 있었다. 이와 같은 시아버지와 남편과의 갈등으로 인해 부부는 6년 전부터 별거를 하게 되었으며 부인이 자녀양육의 책임을 지게 되었다. 아들에게 지각된 부부갈등 상황을 구체적으로 살펴보면 〈표 5-6〉과 같다.

남편은 부드러운 표현을 못하고 부인의 눈치를 보면서 우회적으로 표현하거나 전후사정을 설명하지 않고 언성을 높여 본론만 얘기하는 강압적이고 일방적인 의사소통방식을 사용하였다. 한편 부인은 단호하고 극단적이고 퉁명스런 표현방식, 미성숙한 남편에 대한 불만족감으로 인한 훈계하고 추궁하는 표현방식, 과거의 미해결된 부부간 문제와 이혼문제를 언급하였다. 특히, 부인은 누나에 비해 학교생활 부적응과 주의산만, 거짓말, 도벽, 반항적

〈표 5-6〉 ■ 아들이 지각한 부부갈등 상황의 개념추출과 범주화

| 상위범주 | 개념 |
|---|---|
| 소원한 관계 | 모가 부와 같이 있는 시간을 싫어함, 부는 모를 잘 대해 주지 않음, 부모의 불안한 관계로 스트레스 받고 있음, 부가 2년 전까지만 집에 왔다 자고 감 |
| 불만족감 표출 | 분리수거 방법을 가르쳐 줘도 부가 제대로 못할 때마다 모가 잔소리를 함, 못마땅함을 부에게 즉시 얘기함 |
| 부정적 감정의 우회적 표출 | 모는 부와 싸우다가 항상 욺, 모가 화나면 슬퍼 보이고 목소리에 힘이 없음, 부는 화나서 담배 피우러 나감 |
| 강압적 표현 | 부는 말할 때마다 언성을 높임, 부가 조금만 잘못해도 모가 화를 냈음, 부가 말 한마디 잘못하면 모는 화내고 짜증냄 |
| 잦은 다툼 | 부모의 다툼 시 끼어들면 욕먹을 것 같아 아무 말 못하고 있음, 부모의 화해를 원함 |

인 외현성 문제행동을 보이고 있는 아들에게 책임전가나 화풀이를 하였고 아들에게 죄책감을 심어 줌으로써 아들을 희생양으로 만드는 결과를 초래하였다. 반면, 딸의 경우 아들과 반대로 부모와 관계가 좋은 편이었으며 가정 내의 긴장감을 완화시키기 위하여 순종적인 태도와 부모의 다툼 시 상황을 외면하거나 회피하기 위해 모른 척하거나 잠자는 척하는 모습을 취하였고 이러한 딸의 모습은 원가족에서 부인의 모습과 유사하며, 철없고 우유부단해 보이는 아들과 남편의 모습이 유사한 것으로 볼 수 있었다. 즉, 부모의 이혼진행 과정에서 아들이 지각한 부부갈등 상황은 소원한 관계, 불만족감 표출, 부정적 감정의 우회적 표출, 강압적 표현, 잦은 다툼인 것으로 분석되었다.

## 4. 치료과정과 치료개입을 통한 변화유형

### 1) 치료과정의 네트워크

부모의 이혼과정에서 문제행동을 보이고 있는 아들의 문제와 가족구성원들 간의 역기능적인 상호작용에 의한 가족관계의 문제해결을 위해 치료자가 개입한 치료과정의 네트워크는 [그림 5-4]와 같다.

치료자는 문제 사정 단계에서 부모가 진술하는 아들의 외현화 문제행동과 부와 모의 역기능적인 문제를 사정하였다. 다음으로 치료자는 확인된 아들과 부부의 개인별 문제 유형

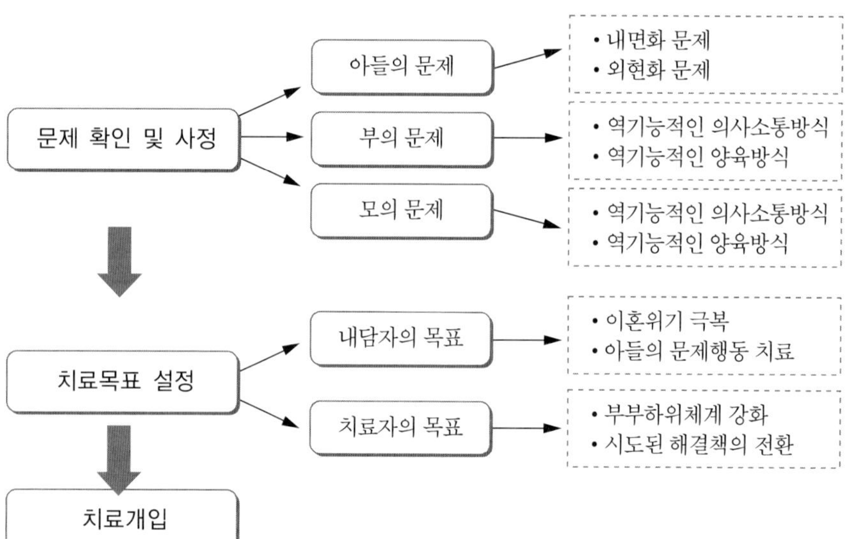


[그림 5-4] 치료과정의 네트워크

을 파악함으로써 내담자가 원하는 치료목표와 치료자의 치료목표를 설정하였으며 이와 같은 치료목표를 달성하기 위한 전략적 개입을 시도하였다.

### 2) 치료자의 개입

치료자가 아들의 외현화, 내면화 문제의 치료와 부부갈등 해결을 위해 전략적으로 사용했던 개입기술과 빈도는 〈표 5-7〉과 같고 이에 근거하여 [그림 5-5]의 그래프와 같이 정리할 수 있다. 치료자가 사용한 개입기술의 유형과 빈도는 문제 사정, 변화 확인, 설명, 권한부여, 사례 요구, 통찰력 강화, 중재, 긍정적 경험 확인, 라포 형성(공감과 칭찬), 과제부여, 개인경험 노출, 가능성 강화의 순으로 나타났다. 이와 같은 개입기술은 가족체계적 관점과 MRI 모델에 근거하여 전략적으로 사용된 상담기술로 볼 수 있으며 치료자는 전체 상담과정에서 각 배우자의 원가족 관계 경험과 핵가족 내에서의 가족관계 경험에 대한 탐색적 질문을 통해 의사소통방식과 시도된 해결책을 사정하였다. 또한 부부갈등 완화, 가족관계 개선, 아들의 문제행동 치료에 대한 목표를 달성하기 위해 다양한 상담기술을 사용함으로써 상담과정을 촉진시켰다.

치료자가 사용한 다양한 개입기술들은 내담자를 통해 문제해결방법을 찾고, 상담세팅에

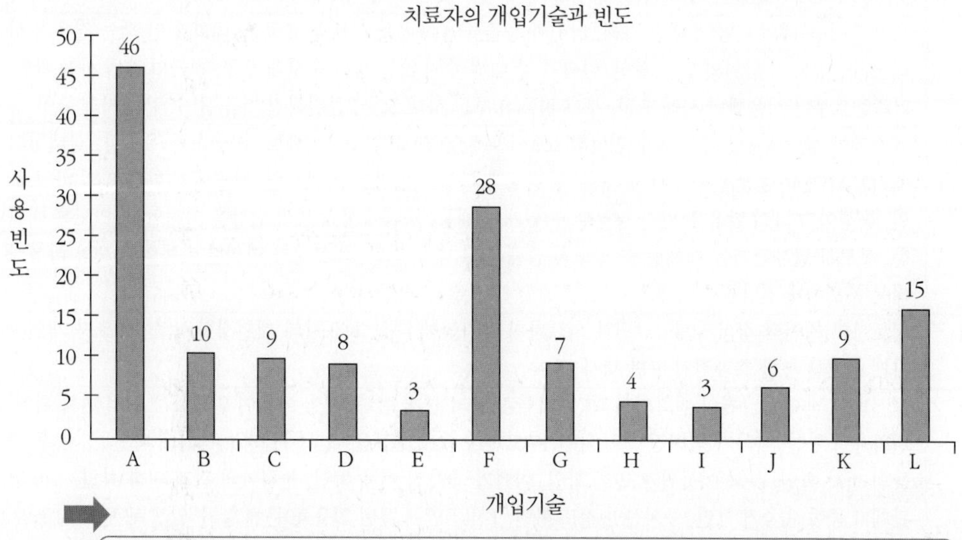


[그림 5-5] 치료자의 개입기술과 빈도

〈표 5-7〉 ■ 치료자의 개입기술의 개념추출과 범주화

| 상위범주 | 개념 |
|---|---|
| 문제 사정 | 화났을 때 모의 표현방식 확인, 잘해 준 구체적인 방법 확인, 모자관계 패턴의 지속적 탐색, 가족구성원 간 의사소통관계 확인, 누나와의 의사소통관계 확인, 모자관계 확인, 부부간의 의사소통관계 확인, 남편의 원가족 탐색, 모의 원가족 탐색, 모의 부모관계 확인, 부모님의 부부관계 탐색, 내담자의 조부모관계 확인, 내담자의 부와 조모관계 확인, 조부모관계 확인, 내담자의 부와 조부와의 관계 확인, 내담자의 부와 형제관계 확인, 내담자의 부모관계 확인, 내담자와 부의 관계 확인, 큰언니와 부의 관계 확인, 큰언니와 모의 관계 확인, 막내와 부와의 관계 확인, 큰언니와 내담자의 관계 확인, 둘째 언니와 내담자의 관계 확인, 큰언니와 막내관계 확인, 큰언니 부부관계 확인, 내담자 부부의 성관계 확인, 둘째 언니의 표현방식 확인, 부부간의 의사소통관계 확인, 동생을 대하는 누나의 대처방식 확인, 부모가 아들을 야단치는 상황 확인, 부의 양육방식 확인, 아빠가 무섭게 느껴진 시기 확인, 아들이 인식한 부모관계 확인, 부부싸움 시 모의 반응 확인, 부모의 다툼 시 아들의 심리상태 확인, 누나가 아빠에게 맞는 이유 확인, 부모의 다툼 시 아들의 대처방식 확인, 아들과 모가 충돌할 때 확인, 장난치다가 선생님께 야단맞거나 친구들이랑 다투었을 때 모에게 얘기하는지 확인, 부모의 이혼문제에 대한 아들의 마음 확인, 시아버지와의 갈등 문제를 남편과 대화했던 경험 확인, 남매의 다툼 시 표현방식 확인, 누나에게 학교에서의 문제를 솔직히 말하지 않는 이유 확인, 누나의 동생에 대한 태도 확인, 내담자 친정식구들 간의 의사소통 문제 사정, 미성숙한 남편을 변화시키려 했던 내담자의 방법 사정 |
| 권한부여 | 자녀의 문제행동에 대한 내담자의 객관적인 의견 묻기, 남편과 대화가 안 되는 이유 묻기, 상담세팅에서 화내지 않고 얘기할 수 있었던 이유 질문, 아들의 스트레스 원인 묻기, 아들이 생각하는 아빠와 사이가 좋아질 수 있는 방법 묻기, 내담자의 수준에 맞는 개입을 시도함, 부와 친해질 수 있는 방법을 아들에게 찾음, 남편이 부인에게 사소한 것까지 물어보는 이유 묻기, 부부의 변화가 무엇인지 내담자에게 묻기, 스스로 학습할 수 있기 위한 방법을 찾게 함 |
| 사례 요구 | 모가 화났을 때의 반응에 대한 사례, 남편과 충돌했던 최근의 사례를 요구함, 대화가 안 되는 경우의 사례 요구, 대화 시 남편의 반응 확인, 아빠가 잘 대해 주지 않는 상황의 사례 요구, 최근의 체벌 사례 확인, 가족들로부터 서운했던 사례 요구, 부가 편들어 주는 사례 요구, 친절해진 것을 볼 수 있는 사례 요구 |
| 중재 | 아들과의 상담내용을 부모에게 전달함으로써 아들을 객관적으로 이해할 수 있도록 유도함, 상대방의 얘기를 끝까지 경청할 수 있게 중재함, 남편에게 부인의 입장을 이해시킴, 남편에 대한 부인의 바람 확인, 동생이 누나의 말을 끝까지 경청할 수 있게 중재함, 누나에게 동생의 입장을 이해할 수 있도록 대변함, 부모가 남매관계를 이해할 수 있도록 남매 상담 내용 전달, 치료자가 인식한 아들의 문제와 마음상태를 부모에게 전달함 |
| 개인경험 노출 | 치료자의 개인적 경험 노출, 남편과 치료자의 유사점에 대한 치료자의 개인경험 노출, 치료자 개인의 사례 들기를 통한 효과적인 방법 제시 |
| 변화 확인 | 재결합을 전제로 남편의 변화의지 확인, 아들과 모의 관계 변화 확인, 아들이 인식하는 부의 변화 확인, 변화유형 확인, 아빠가 착해진 근거 확인, 부모관계 좋지 않았을 때의 아들의 마음상태 확인, 상담 후 아들의 변화 확인, 부와 아들관계 변화 확인, 아빠가 좋아진 이유 확인, 누나와의 관계 변화 확인, 부모님 관계가 좋아진 증거 확인, 주의산만 정도 확인, 1시간 만에 했던 일을 40분에 할 수 있게 된 변화 강조함, 부인의 입장에서 본 남편의 변화 확인, 부가 본 부인의 변화 확인, 구체적인 노력의 모습 확인, 부모의 의사소통방식의 변화 확인, 최근에 부로부터 맞은 경험 확인, 부부관계 변화 확인, 부인이 지각하는 남편의 변화 확인, 모자관계 변화 확인, 아들이 지각하는 모의 변화 확인, 모의 변화된 양육방식에 대한 아들의 느낌 확인, 딸이 인식하는 모의 변화 확인, 부자관계 변화 확인, 딸의 관점에서 보는 부의 변화 확인, 딸과 부의 관계의 변화 확인, 딸이 느끼는 부모관계 변화 확인, 아들이 안정감이 있게 된 이유 확인 |

| | |
|---|---|
| 긍정적 경험 확인 | 부부간의 대화가 잘될 때 확인, 가족들 중에 아들의 마음을 알아주는 사람 확인, 아들의 스트레스를 해소해 줄 정서적 지지자가 있는지 확인, 스트레스 해소방법 확인, 남편을 인정해 주었던 경험 확인, 고마운 마음의 표현 경험 확인, 동생과 대화가 잘될 때 확인 |
| 과제부여 | 무조건 아들 편들기 과제 부여, 아들의 변화를 위해 상담 종료 시까지 이혼 결정 보류 요구, 아들의 기분에 맞장구를 쳐 주는 방법 제안, 상대방의 말을 끊지 않고 들어 주기 |
| 가능성 강화 | 재결합 가능성에 대한 기대 표출, 집에서 싸울 때와 상담 장소에서 싸울 때의 차이점 확인, 상담세팅에서 부부간의 새로운 의사소통 패턴 인식 강화 |
| 공감과 칭찬 (라포 형성) | 부인의 입장 공감해 줌, 내담자(아들)의 마음을 공감해 줌, 아들의 관찰력을 칭찬함, 아들의 마음을 공감해 줌, 아들의 편을 들어 줌, 모에게 아들이 표현력이 좋은 점을 칭찬함 |
| 통찰력 강화 | 내담자가 자녀의 문제행동의 원인을 통찰할 수 있는 기회 제공, 아들의 문제행동에 대한 모의 통찰 유도, 아들과의 관계 유형의 통찰 유도, 치료자의 입장에서 객관적으로 본 아들의 입장 대변을 통한 통찰력 강화, 상담세팅에서의 새로운 경험 확인을 통한 통찰 강화, 치료자의 상담과정 분석 및 재해석을 통한 내담자의 통찰력 확대, 부인의 요구사항 재해석, 부인이 남편에게 바라는 것에 대한 재해석, 남편의 입장 재해석을 통한 부인의 이해 확대를 유도함 |
| 설명 | ADHD 증상의 설명, 아들의 행동조절을 위해 시도했던 역기능적인 문제해결방식의 설명, 모의 역기능적인 문제해결방식 설명, 가족성원 간의 상호작용의 영향에 대한 설명, 모의 역기능적인 문제해결방식에 대한 설명, 남편은 대화방법을 모름에 대한 설명, 남편은 아버지와 미분화되고 미성숙함을 설명, 부의 폭언은 아들에게 불안감을 가지게 하였음을 설명, 모의 타이름이 잔소리로 여겨져 스트레스를 더 받게 됨을 설명, 누나의 입장에서 본 동생의 모습 설명, 모의 태도는 원가족의 영향임을 설명, 희생은 관계 속에서 좋은 것만은 아닐 수 있음을 설명, 자녀들이 거짓말하는 이유 설명, 아들문제의 해결을 위해선 부부간의 대화가 가능해야 함을 설명, 부부의 표현방식이 역기능적임을 설명함 |

서 내담자의 솔직한 자기진술을 통해 자기문제에 대한 통찰과 인식을 확대하기 위한 내담자 중심의 관점을 가지고 개입한 것임을 알 수 있다. 또한 치료자의 권위를 나타내기보다 내담자 앞에서 치료자의 개인적 가족경험 노출을 통해 솔직하고 겸손한 태도를 보여 줌으로써 내담자들과 라포 형성이 쉽게 이루어질 수 있게 하였다. 그리고 갈등상태에 있는 가족구성원들에게 중재자 역할을 함으로써 가족구성원들의 이해를 확대시켰고 상담과정에서의 치료자의 설명은 내담자들에게 상담과정과 상담목표를 공유할 수 있도록 하였다. 종결 단계에서는 타자의 관점에서 가족구성원들의 변화를 확인함으로써 변화에 대해 객관적으로 통찰할 수 있도록 하였다.

### 3) 치료개입을 통한 변화유형

가족치료를 통한 변화는 [그림 5-6]과 같이 남편의 변화, 부인의 변화, 부부갈등 상황의 완화, 아들의 문제행동 변화(내면화, 외현화 문제 해소)로 나누어 살펴볼 수 있다.

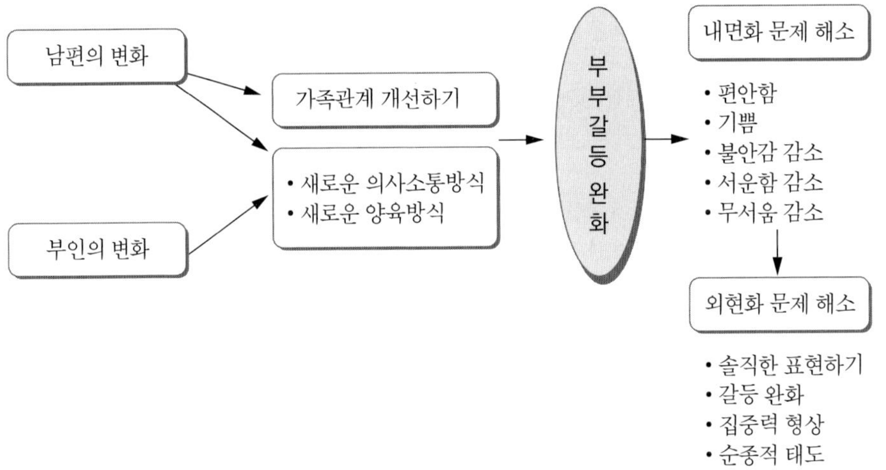


[그림 5-6] 치료개입을 통한 변화유형의 네트워크

### (1) 남편의 변화유형

가족치료 후 남편의 변화유형은 〈표 5-8〉과 같이 새로운 의사소통방식의 시도, 새로운

〈표 5-8〉 치료개입을 통한 남편의 변화유형의 개념추출과 범주화

| 상위범주 | 하위범주 | 개념 |
|---|---|---|
| 새로운 의사소통방식 시도 | 부드러운 표현 | 부의 야단치는 방식이 이해할 수 있게 설명하는 방식으로 바뀜, 부의 표현방식이 부드러워짐, 부드럽게 표현하므로 남편을 받아들기 수월해짐, 부인이 자신(남편)에게 더 신경을 쓰게 되므로 자녀들에 대한 표현도 부드러워진 것 같음 |
| | 상대방을 배려하는 표현 | 질문형 표현이 늘어남, 남편이 실수하지 않기 위해 표현을 줄임, 남편이 말수를 줄임, 부는 화를 안 내려고 함 |
| | 솔직한 표현 | 부인이 남편의 부족한 부분을 채워 주는 것에 대해 전화상으로 표현했음, 부인에게 미안한 감정을 솔직히 표현, 아들에 대한 감정을 자제하고 우회적으로 같이 놀자는 표현을 하게 됨 |
| 새로운 양육방식 시도 | 편들어 주기 | 자녀들 편을 들어 줌, 모가 화났을 때 부가 자녀들 편을 들어 주었음, 자녀들을 대할 때 잘 받아들이게 됨 |
| | 친밀해짐 | 부가 전보다 더 잘 놀아줌, 부가 아들에게 잘해 주어서 친해졌음, 자녀들과 남편의 주고받는 대화 목격 |
| | 체벌의 완화 | 덜 야단침, 누나와 싸울 때 전에는 매를 들었는데 말로 타이름, 부가 전에는 많이 때렸는데 요즘은 많이 봐줌 |
| 가족관계 개선하기 | 변화를 위해 노력함 | 예전 모습이 나오지 않도록 노력함, 남편이 전보다 더 조심함, 부인의 부담을 줄여 주려고 아이들을 관리함, 아들과의 관계에서 많이 참으려고 함, 남편이 놀러갈 기회를 자주 가지려고 노력함, 부가 전보다 더 자주 집에 옴 |

양육방식의 시도, 가족관계 개선하기로 분석되었다. 구체적으로 살펴보면 다음과 같다.

첫째, 남편은 새로운 의사소통방식을 시도하게 되었다. 남편은 부인과 자녀들과의 대화 시 무조건 언성을 높이며 일방적으로 표현했었던 방식에서 벗어나 부드러운 표현방식을 사용함으로써 부인과 자녀들이 점차 남편을 수용하기 시작했다. 또한 상대방을 배려하는 마음을 갖고 말수를 줄이거나 화를 내지 않고 자제하려는 태도와 질문형의 표현을 사용함으로써 부인과 대화가 이루어지기 시작했으며, 표현경험이 미숙했던 남편은 가족치료 후 부인에 대한 미안한 감정과 고마움을 솔직히 표현할 수 있게 되었고 아들에게 체벌과 폭언을 사용했던 남편은 아들에 대한 감정을 자제하고 아들과 친밀한 관계형성을 위한 접근을 시도하였다.

둘째, 새로운 양육방식을 시도하게 되었다. 딸을 편애하고 체벌과 폭언을 하며 자녀들, 특히 아들에게 무서움을 가지게 했던 강압적인 태도에서 가족치료 후 남편은 자녀들 편을 들어 주고 자녀들과 함께 시간을 보내며 놀아 주기를 시도함으로써 자녀들과 친밀해지게 되었다. 또한 남매가 다투거나 아들의 사소한 실수를 용납하지 못하고 매를 들었던 남편은 말로 타이르게 되었고 야단치는 빈도도 감소되었다.

셋째, 변화를 위한 노력으로 가족관계 개선하기를 시도하였다. 남편이 부인과 자녀들에게 다가가기 위해 노력하는 모습이 지각되었으며 이를 통해 부인과 자녀들과의 관계가 개선되었다.

#### (2) 부인의 변화유형

가족치료 후 부인의 변화유형은 〈표 5-9〉와 같이 분석되었다. 부인의 변화유형은 남편의 변화유형과 마찬가지로 새로운 의사소통방식의 시도와 새로운 양육방식의 시도로 범주화할 수 있으며 자세한 내용은 다음과 같다.

첫째, 부인은 가족치료를 통하여 새로운 의사소통방식을 사용하게 되었다. 가족치료를 통해 변화된 부인의 의사소통방식은 부드러워진 표현, 상대방을 배려하는 표현, 솔직한 표현으로 분석되었다. 부인은 남편과 아들과의 대화 시 부드러운 표현방식과 구체적인 설명, 그리고 조심스럽게 타이르고 상대방의 말을 경청하려는 태도와 속도를 늦추는 등의 상대방을 배려하는 표현을 사용하게 되었다. 또한 남편에게 자신의 잘못과 남편에 대한 고마운 마음을 솔직하게 표현할 수 있게 되었다. 이를 통해 부인과의 대화 시 회피하는 반응을 보였던 남편과 반항적인 태도를 보였던 아들과의 관계가 점차 회복되는 결과를 가져왔다.

둘째, 부인은 새로운 양육방식을 시도하게 되었다. 부인은 자녀들에 대한 통제를 완화하려고 노력함으로써 잔소리하거나 화내는 빈도를 줄였고 남매의 다툼 시 과도하게 개입하거

〈표 5-9〉 ■ 치료개입을 통한 부인의 변화유형의 개념추출과 범주화

| 상위범주 | 하위범주 | 개념 |
|---|---|---|
| 새로운 의사소통방식 시도 | 부드러워진 표현 | 부인의 부드러워진 표현을 느낌 |
| | 상대방을 배려하는 표현 | 대화가 빗나가면 부인이 다실 말을 하며 구체적으로 설명함, 조심스럽게 타이름, 상대방의 말을 좀 더 듣는 것 같음, 말투의 템포가 늦어짐 |
| | 솔직한 표현 | 남편에 대한 자신의 잘못에 대해 솔직히 표현함, 남편의 노력에 고맙다는 표현을 함 |
| 새로운 양육방식 시도 | 자녀통제 완화 | 모가 전에는 게임할 때 잔소리하였고 공부만 시켰는데 요즘에는 잔소리를 많이 참음, 화가 나도 많이 참음, 남매 다툼 시 스스로 해결할 수 있게 함, 모가 개입하지 않으므로 남매가 둘 사이의 다툼을 해결함 |
| | 자율성 부여하기 | 아들에게 잘해 주려고 노력함, 아들의 기분전환을 위한 방법을 선택할 수 있도록 도와줌, 컴퓨터 게임과 가요 부르는 것을 허락함 |

나 통제하지 않고 스스로 문제를 해결할 수 있도록 의도적으로 무관심한 반응을 보였다. 또한 아들을 배려하려는 노력과 컴퓨터 게임과 가요 부르기에 있어서 허용적인 태도를 취함으로써 아들에게 자율성을 부여하고자 하였다.

### (3) 아들이 지각한 부모의 부부갈등 완화

남편과 부인의 의사소통방식과 양육방식의 변화는 문제행동을 보이던 아들에게 부부갈등 상황이 변화되었음을 지각하게 하였다. 아들이 지각한 부모의 부부갈등 상황의 변화는 〈표 5-10〉과 같이 범주화할 수 있으며 그 내용은 다음과 같다.

첫째, 아들은 부모관계가 개선되었음을 지각할 수 있었다. 아들은 전에 비해 부모의 관계가 좋아지고 싸우는 빈도가 감소됨으로써 부모관계가 평화로워졌다고 생각하고 있었다.

둘째, 아들은 부모가 이혼위기를 극복한 것으로 지각하였다. 아들은 부모가 자녀들 앞에서 좋은 모습을 보여 주기 위해 노력하고 있으며 부모가 이혼하지 않을 것으로 인식하고 있었다.

셋째, 아들은 부모가 의사소통이 잘 이루어지는 것을 목격하였다. 아들은 부인이 아들 앞에서 남편에게 사과를 하는 모습과 부모가 서로 주고받는 기능적 의사소통이 이루어지고 부의 실수에 대해 부인이 화를 내지 않고 부드럽게 표현하는 모습을 보았다.

〈표 5-10〉 ■ 아들이 지각한 부모의 부부갈등 상황 변화의 개념추출과 범주화

| 상위범주 | 개념 |
|---|---|
| 부부관계 개선 | 부모님의 사이가 좋지 않았는데 요즘 친해짐, 부모 사이가 평화로워졌음, 부모님 관계가 좋아짐, 부모님이 싸우지 않게 됨, 최근에는 부모가 싸우지 않고 더 친절해짐, 부모님 관계가 좋아졌음을 확신함, 엄마가 아빠의 입장과 마음을 아들에게 대변해 줌 |
| 이혼위기 극복 | 부모가 이혼하지 않을 것 같아 보임, 부모가 노력하고 있는 것 같음, 부모가 좋은 모습을 보여 주려고 함 |
| 기능적 의사소통 | 아들 앞에서 남편에게 사과함, 부모 간에 대화도 가능해짐을 느낌, 부가 실수했을 때 모가 괜찮다는 듯이 화를 내지 않고 부드럽게 표현함 |

(4) 치료개입 후 아들의 문제행동의 변화

가족치료를 통하여 아들의 내면화 문제와 외현화 문제가 해소되는 결과가 나타났으며 구체적인 내용은 다음과 같다.

① 내면화 문제 해소

부모의 이혼진행 과정을 경험하면서 발생된 아들의 내면화 문제는 〈표 5-11〉과 같이 변화되었음을 볼 수 있다. 구체적인 내용으로는 아들은 가족치료를 통해 다른 가족구성원들로부터 안정감이 있어 보이고 표정도 밝아졌다고 인식되었고 아들 당사자도 가족들에게 마음을 솔직히 표현하게 되었고 이로 인해 마음이 편안해지게 되었음을 인식하였다. 또한 아들이 전에는 부가 집에 오는 것을 싫어하였지만 상담 후 부가 집에 오는 것을 기쁘게 여기게 되었으며 부부관계가 개선됨으로써 불안감이 감소되고 아들에 대한 부모의 배려와 관심으로 서운함이 적어지고 부에 대한 무서움이 감소되는 결과가 나타났다.

〈표 5-11〉 ■ 치료개입 후 아들의 내면화 문제 해소의 개념추출과 범주화

| 상위범주 | 개념 |
|---|---|
| 편안함 | 마음이 편안해짐, 아들이 최근에는 많이 밝아짐, 동생이 안정감 있어 보임, 아들이 안정감이 있게 보임, 동생이 차분해진 것 같다고 인식함, 마음을 솔직히 표현할 수 있음 |
| 기쁨(신남) | 요즘에는 부가 집에 오는 것이 싫지 않고 신이 남 |
| 불안감 감소 | 최근 부모가 안 싸우기 때문에 불안감이 감소됨, 부모의 이혼에 대한 불안감이 없어짐, 부와 대화가 가능해졌고 불편하거나 불안하지 않게 느낌 |
| 서운함 감소 | 최근에는 부모님이 많이 봐줘서 서운함이 적어짐 |
| 무서움 감소 | 전에 비해 부가 조금 무서움 |

② 외현화 문제 해소

상담초기 부모가 호소했던 아들의 주의산만, 거짓말, 학교생활 부적응, 반항적 태도, 회피, 도벽과 같은 외현화 문제는 가족치료를 통하여 해소되었음을 〈표 5-12〉를 통해 살펴볼 수 있다.

아들은 치료과정을 통해 자신의 잠재된 스트레스를 솔직하게 표현할 수 있게 되었으며 부와 대화가 가능해졌고 누나와도 관계가 좋아짐으로써 가족들과의 갈등이 완화되었다. 특히, 상담초기에 부모가 가장 염려하였던 아들의 주의산만한 정도가 완화되어 집중력이 향상되고 안정감 있는 모습이 가족들에게 인식되었다. 또한 아들을 신뢰하기보다는 주변 사람들을 더 신뢰하고 아들을 못마땅하게 여겼던 모에게 반항적으로 대하던 아들의 태도가 순종적인 태도로 변화되었다.

〈표 5-12〉 ■ 치료개입 후 아들의 외현화 문제 해소의 개념추출과 범주화

| 상위범주 | 개념 |
|---|---|
| 솔직한 표현하기 | 스트레스 받는 것을 솔직히 얘기함, 최근 누나와 다툼 시 스트레스 받는다는 것을 표현함 |
| 갈등완화 | 누나와 사이가 좋아짐, 누나와 티격태격하지 않게 됨, 상담 전에는 부와 대화 시 말이 엉키고 답답했지만 요즘은 부와 대화가 가능해짐 |
| 집중력 향상 | 놀게 내버려 두면 블록을 1시간도 안 되어 맞춤, 주의산만한 것이 많이 없어짐, 동생이 차분해진 것 같음, 가족의 노력으로 동생이 안정감 있게 변화되었다고 생각함 |
| 순종적 태도 | 아들의 태도가 순종적으로 변화됨 |

# V. 결론 및 제언

부모의 이혼진행 과정에서 아들은 불안, 무서움, 죄책감, 서운함, 속상함과 같은 내면화 문제와 주의산만, 거짓말, 학교생활 부적응, 반항적 태도, 회피, 도벽과 같은 외현화 문제를 나타내고 있었다. 이와 같은 아들의 문제행동에 영향을 미친 요인으로는 부부가 문제해결을 위해 시도해 왔던 역기능적인 의사소통방식, 역기능적인 양육방식과 아들이 지각한 부부갈등 상황인 것으로 분석되었다. 남편은 가사일과 자녀양육에 대한 결정능력이 부족하여 부인에게 무능하고 미성숙한 모습을 보여 왔으며 속마음을 제대로 표현하지 못하고 소리를 지르는 표현방식을 부인과 자녀들에게 사용해 왔다. 반면 부인은 언니들과 동생의 학비에 대한 부모님의 경제적 부담을 줄이기 위해 자처하여 상고에 진학할 만큼 어릴 때부터 과도한 역할을 해 왔으며 부모에게 말을 잘 듣는 순종적이고 지혜로운 딸로 여겨졌으며 장녀 역할을

해 왔다. 즉, 무능하고 미성숙한 남편으로 인한 부인의 과도한 역할과 이로 인한 남편에 대한 부인의 불만족감이 가중되고 있었고 6년간 별거생활을 해 오면서 정서적으로나 성적으로 소원해진 부부관계로 인한 잦은 부부싸움으로 인해 이혼 직전 상황에 직면하게 되었다.

이와 같은 부부간의 원가족 경험은 역기능적인 의사소통방식과 양육방식에 영향을 미친 것으로 확인할 수 있었다. 또한 부모의 잦은 부부싸움과 이혼진행 과정을 보고 자라온 아들의 극심한 불안감, 무서움, 죄책감, 서운함, 속상함과 같은 부정적인 정서는 주의산만, 거짓말, 학교생활 부적응, 반항적 태도, 회피, 도벽과 같은 외현화 문제행동에 영향을 미친 것으로 볼 수 있다. 즉, 아들의 증상은 세대에서 다른 세대로 전수된 정서적 융해의 결과에 기인함을 알 수 있다. 또한 부인은 남편으로 인한 스트레스가 가중될 때 아들을 더 압박하고 통제하는 태도를 취하므로 아들은 가족구성원 어느 누구와도 대화할 상대가 없었으며 심지어 학교 담임선생님도 아빠와 같이 무섭고 거칠게 행동함으로 인해 아들의 스트레스는 더욱 가중된 상태였다.

상담을 통하여 내담자(남편)는 자신의 역기능적인 표현방식이 부부관계와 자녀관계를 악화시켰음을 인식하게 되었으며 남편의 변화된 표현방식과 노력하는 모습을 통해 남편에 대한 부인의 부정적 감정이 완화될 수 있었고 점차 호전되어 가는 부모의 관계를 통하여 문제행동을 보였던 아들의 증상 또한 완화되었다. 가족상담을 통하여 전반적인 가족관계가 호전되었고 가장 큰 변화는 아들이 상담초기에 느끼고 있었던 불안, 서운함, 속상함, 무서움, 죄책감과 같은 부정적 정서 또는 내면화 문제가 해소되어 편안함, 기쁨, 불안감 감소, 서운함 감소, 무서움 감소와 같은 결과가 나타난 것이다. 이와 같은 내면화 문제의 해소는 결국 상담과정에서 가장 큰 문제로 호소하였던 아들의 외현화 문제(주의산만, 거짓말, 학교생활 부적응, 반항적 태도, 회피, 도벽)가 해소되는 결과를 낳았다.

이와 같은 연구결과를 통해 가족복지실천 현장에서 가족문제를 다루는 임상실천가들은 본 연구의 가족치료 사례에서 치료자가 적용한 다음의 치료 모델과 개입기술을 통해 효과적인 개입전략을 모색할 수 있을 것이다.

첫째, 치료자가 적용한 MRI 모델은 부모의 이혼 진행과정에서 문제행동을 보이는 자녀의 문제행동을 해소하는 데 효과적이었다. 즉, MRI 모델에 근거한 치료자의 개입을 통해 내담자의 경우 부인과의 갈등을 해결하기 위해 시도해 왔던 해결책이 오히려 부인과 더 소원해지고 이혼위기의 상황으로 악화되는 원인이 되었으며 아들에게 폭언을 하고 언성을 높이고 화를 냈던 표현방식은 아들의 문제행동에 부정적인 영향을 미치게 되었다. 또한 내담자의 부부문제와 부모-자녀 간 문제, 아들의 문제행동은 양가의 원가족에서 전수되고 있는 부모의 역기능적 의사소통방식과 원가족 경험에 기인함을 파악할 수 있었다.

둘째, MRI 모델에 근거한 가족치료 과정에서 치료자는 내담자 중심의 치료방식과 문제 탐색, 확인하기와 시도된 해결책 확인하기 등의 MRI 모델의 초점이 되는 개입기술의 사용을 통해 내담자가 자신의 문제를 가족체계적 관점에서 통찰할 수 있게 함으로써 내담자의 인식의 변화를 가져왔다. 이러한 결과는 부인과의 의사소통 관계가 변화되고 자녀들에게 솔직하고 직접적인 의사표현을 시도하게 됨으로써 가족관계 전체가 변화된 결과를 가져왔다. 따라서 가족상담의 효과는 부부갈등의 완화와 아들의 문제행동의 해소 및 심리적 변화이며 이러한 결과는 가족치료 임상실천에 임하는 실천가들에게 효과적인 치료기법으로 적용하는 데 도움이 될 수 있을 것이라 사료된다.

## : 참고문헌

박세경(2004). 이혼율 증가와 사회적 지원방안. 보건복지포럼, 47-64.

박철웅(2002). 부부관계와 어머니의 양육태도가 아동의 문제행동에 미치는 영향에 관한 연구. 가톨릭대학교 대학원 석사학위논문.

유채영, 김연옥, 김연희, 윤혜미, 조성희, 최해경(2008). 가족치료 이론과 실제. 서울: 시그마프레스.

이민식, 오경자(2000). 부부갈등이 아동의 내면화 및 외현화 문제에 미치는 영향: 아동의 지각된 부부갈등과 양육태도의 매개효과. 한국심리학회지: 임상, 19(4), 727-745.

임수진, 최승미, 채규만(2008). 부부갈등이 아동의 문제행동에 미치는 영향: 대처효율성의 조절효과. 한국심리학회지: 건강, 13(1), 169-183.

주소희, 조성우(2004). 이혼가정자녀의 행동적응 문제에 영향을 미치는 부모요인과 아동의 이혼지각분석. 한국사회복지학, 56(4), 215-238.

천혜정, 김양호(2007). 기혼자와 이혼자의 결혼 및 이혼과정 차이. 한국가족복지학, 12(3), 103-152.

통계청(2008). 2008년 이혼통계 결과. http://www.kostat.go.kr

홍순혜(2004). 부모의 이혼이 청소년 자녀의 심리사회적 적응에 미치는 영향: 양육부모의 경제 수준 및 양육 행동의 매개효과를 중심으로. 한국아동복지학, 17, 151-177.

Bateson, G. (1991). *A sacred unity: Further steps to an ecology of mind.* New York: Harper/Collins.

Cummings, E. M., Ballard, M., & El-Sheikh, M. (1991). Responses of children and adolescents to interadult anger as a function of gender, age, and mode of expression. *Merrill-Palmer Quarterly, 37,* 543-560.

Duncan, B. L., Solovey, A. D., & Rusk, G. S. (1992). *Changing the rules: A client-directed approach to therapy.* New York: The Guilford Press.

Emery, R. E. (1982). Interparental conflict and the childeren of discord and divorce. *Psychological Bulletin, 92,* 310-330.

Fincham. F. D., Grych. J. H., & Osborne. L. N. (1994). Does marital conflict cause child maladjustment? Directions and challenges for longitudinal research. *Journal of Family Psychology, 8,* 128-140.

Hetherington, M., Cox, M., & Cox, R. (1985). Long-term effects of divorce and remarriage on the adjustment of children. *Journal of the American Academic of Children Psychiatry, 24,* 518-530.

Johnston, J. R., Gonzalez, R., & Campbell, L. E. (1987). Ongoing post-divorce conflict and child disturbance. *Journal of Abnormal Child Psychology, 15,* 497-509.

Miles, M. B., & Huberman, A. M. (1994). *Qualitative data analysis.* Thousand Oaks, CA: Sage.

Patterson, J. L., & Zill, N. (1986). Marital disruption, parent-child relationships, and behavior problems in children. *Journal of Marriage and the Family, 48,* 295-307.

Rutter, M. (1971). Parent-child separation: psychological effects on the children. *Journal of Child Psychology and Psychiatry, 12,* 233-260.

Schlanger, K., & Anger-Diaz, B. (1999). The brief therapy approach of the Palo Alto Group. In D. M. Lawson & F. F. Prevatt (Eds.), *Casebook in family therapy.* New York: Brooks/Cole.

Shoham, V., Rohrbaugh, M., & Patterson, J. (1995). Problem and solutions-focused couple therapies: The MRI and Milwaukee models. In N. S. Jacobson & A. S. Gurman (Eds.), *Clinical handbook of couple therapy.* New York: Guilford Press.

Wallerstein, J. S., & Kelly, J. (1980). *Surviving the breakup: How children and parents cope with divorce.* New York: Basic Books.

Watzlawick, P., Weakland J., & Fisch, R. (1974). *Change: Principles of problems formation and problem resolution.* New York: W. W. Norton.

Webster-Stratton, C., & Herbert, M. (1994). *Troubled families-trobles children: Working with parents: a collaborative process.* New York: John Wiley & Sons.

Wolchick, S. A., Wilcox, K. L., Tein, J. Y., & Sandler, I. N. (2000). Maternal acceptance an consistency of discipline as buffers of divorce stressors on children's psychological adjustment problems. *Journal of Abnormal Child Psychology, 28*(1), 87-102.

Wolchik, S. A., Sandler, I., & Doyler, C. (2002). Fear abandonment as mediator of the relation between divorce stressors and mother-child relationship quality and children's adjustment problems. *Journal of Abnormal Child Psychology, 30*(4), 401-419.

제6장

# 이혼위기로 인한 부인의 우울증과 아들의 학습문제 해결을 위한 가족치료 사례연구*

박태영 · 문정화

본 연구는 부부갈등과 부부갈등에 영향을 미친 요인을 살펴보고 부부갈등 해결을 위한 가족치료의 개입방법과 효과성을 살펴보고자 하였다. 본 연구의 사례는 지속적인 부부갈등으로 인한 부인의 우울증과 아들의 학습능력 저하, 집중력 저하, 주의산만 등의 행동문제로 상담을 의뢰하여 2007년 8월부터 2008년 1월까지 총 15회기 동안 개별상담, 부부상담, 가족상담을 진행한 상담 축어록과 상담 시 기록한 메모를 근거로 Miles와 Huberman(1994)이 제안한 매트릭스와 네트워크를 활용하여 분석하였다. 분석결과 부부갈등은 소원한 관계, 잦은 부부싸움, 대화단절, 역기능적 성적 관계, 이혼위기의 긴장상황으로 나타났고 부부갈등에 영향을 미친 요인은 남편의 원가족에서 부모와의 미해결된 정서와 부부간의 역기능적으로 시도된 해결책으로 나타났다. 이에 대한 치료과정에서의 치료자는 개입전략으로 내담자 가족성원들의 통찰력 강화, 성공적 경험 탐색, 내담자 중심 접근, 변화가능성 통찰, 재해석, 생략된 언어 탐색, 중재자 역할, 치료적 동맹 관계 형성 등을 사용하였다. 이와 같은 치료과정을 통하여 내담자 가족에서는 부부갈등 완화, 자녀의 행동문제 완화, 가족구성원 개인과 가족관계의 변화가 나타났다.

* 제6장은 한국가족치료학회지(2010) 제18권 1호, 27-61페이지에 게재된 논문을 일부 수정한 것임.

# I. 서론

최근 이혼율 급증으로 인한 가족구조의 균열과 해체 양상은 우리 사회 전반에 중대한 사회문제로 부상하고 있다. 이제 더 이상 이혼은 일부의 예외적인 사람들의 문제만이 아니며, 이혼은 우리 사회에서 흔히 볼 수 있는 일상의 한 부분이 되어 가고 있다 해도 과언이 아니다. 통계청 인구동태 통계에 의한 1970년부터 2006년까지의 이혼건수와 조이혼율의 변화 추이를 살펴보면 1970년 한 해 1만 건 정도의 수준에서 1980년에는 2만 건으로 두 배로 증가하였고 1990년에는 4만 5천 건 수준에서 1997년에 9만 건 수준으로 가장 큰 증가추세를 보여 왔으며 2006년에는 12만 건 정도로 우리나라의 조이혼율은 지속적으로 증가해 온 것으로 볼 수 있다. 즉, 인구 천 명당 이혼건수인 조이혼율은 1970년 0.4에서 2006년 2.6에 이르면서(통계청, 2007) 이혼율 증가에 대한 사회적 우려 또한 증가되었다.

이혼에 관한 견해는 결혼에 대한 의미부여에 따라 다음과 같이 구분된다. 즉, 결혼의 사회적 의미를 강조한 관점에서 볼 때 이혼은 가족의 해체, 가족의 불안정, 가족 붕괴의 반영으로 볼 수 있으며, 반면 결혼의 개인적 의미를 강조하는 관점으로 볼 때 이혼은 불행한 부부관계의 해결을 위한 대안으로 여겨지고 있다. 이옥(2002)은 이혼 증가를 초래한 이유로 전통적 대가족제도가 붕괴되어 부부간의 정서적 유대를 중시하는 관념으로 변화되면서 부부간의 상호 기대가 어긋나는 경우 결혼관계의 유지를 포기하는 경향을 언급하였다. 또한 교육 수준 향상과 남녀의 민주적 관계에 대한 개념의 보급, 여성 취업 등의 여성의 사회적 지위향상과 가족형태의 핵가족화로 인해 결혼관계를 통제하고 지지해 주는 가족 역할의 축소, 이혼에 대한 개방적 태도를 이혼증가의 요인으로 제시하였다.

이와 같이 급격히 증가하고 있는 이혼의 결과는 단지, 이혼부부의 증가뿐 아니라, 한부모 가정의 자녀수의 증가를 의미하기도 한다. 즉, 부모의 이혼은 가족 지원체계의 약화를 가져오게 되어 가족 전체에 어려움이 따르며, 이것이 자녀들에게 미치는 부정적 영향은 특히 심각하다(김숙자, 2002). 즉, 아동과 청소년 자녀들의 문제행동에 큰 영향을 미치는 변인은 가족과 가정환경이므로 이혼을 전후하여 발생하는 부모 간의 갈등은 자녀들의 문제행동과 밀접한 관계를 갖는다. 부모의 이혼, 부모의 질병, 부모의 부부싸움, 부모의 애정철회 등은 아동에게 가장 큰 스트레스를 준 사건으로 인식될 수 있다(신은영, 김경연, 1996).

부모의 이혼과 부부갈등은 자녀의 정서, 행동, 사회 및 학업상의 문제를 가져와 자아성장에 부정적인 영향을 끼칠 수 있다. Maschi(2006)는 이혼가정자녀의 누적적 위험요인으로 가족의 기능 변화와 부모의 결혼관계 해체 등을 지적했으며 부모의 이혼으로 인한 스트레스를 경험한 청소년의 경우 비행의 가능성이 증가한다고 보았다. 따라서 이혼은 당사자뿐 아니라 이혼을 경험하는 자녀들의 양육과 적응문제와 노부모 부양 등의 우리 사회가 당면해야 하는 또 다른 사회문제를 초래하게 된다. 그런데 우리나라는 현재 사회적으로 이혼율이 급증하고 있으며, 이혼으로 인한 가족해체는 아동양육과 노부모부양 등의 또 다른 사회문제를 초래하므로 이로 인한 사회적 손실을 가져오게 된다. 이와 같은 이혼을 야기하는 부부갈등은 각 배우자의 원가족 경험에 따라 영향을 받게 되며 원가족 환경에서의 상호작용 유형과도 밀접한 관계를 갖는다.

따라서 본 사례연구는 이혼위기 가정이 경험하는 부부갈등에 대하여 MRI의 상호작용적 가족치료 모델과 원가족에서의 분화를 중요시하며 가족체계의 상호작용적 역동을 강조하는 Bowen의 가족체계 이론에 근거한 통합주의적 가족치료 개입의 효과성을 살펴보고자 한다. 따라서 본 연구는 이혼위기에 처한 부부의 갈등을 완화시키고 이혼을 예방할 수 있는 효과적 방안을 모색함으로써 심각한 사회문제로 부각되고 있는 가족해체를 감소시키는 데 조금이나마 기여하고자 한다.

## Ⅱ. 이론적 배경

### 1. MRI(Mental Research Institute)의 상호작용적 가족치료 모델

의사소통 이론가들은 인간의 내적인 심리역동에 초점을 두지 않고 사람의 언어적 · 비언어적 의사소통방법을 연구함으로써 가족체계에 대하여 배울 수 있다는 것을 가정하고 있으며 이들은 가족성원들 개인의 역사적인 분석에 초점을 두는 것이 아니라 가족체계 내의 관찰할 수 있는 현재의 상호작용(관계)에 초점을 둔다(박태영, 2001). 특히, MRI 모델의 의사소통 이론가들은 메시지를 받아들이는 사람에게는 메시지가 단순한 메시지가 아니라는 것을 지적하였으며 사람들은 언어적인 채널과 비언어적인 채널의 두 가지를 통하여 끊임없이 복합적인 메시지를 보내거나 받아들인다고 하였다(Weakland, 1976).

MRI 모델은 의사소통과 체계개념에 기반을 두고 내담자에게 나타나는 증상에 초점을 맞춘 단기치료 모델이다. MRI 단기치료 모델은 현재 내담자에게 나타나고 있는 문제에 초점을 두고 있으며(Schlanger & Anger-Diaz, 1999), 내담자가 생활을 잘 해 나갈 수 있도록 가능한 한 빨리 그리고 효과적으로 내담자가 제시하고 있는 불평을 해결하는 데 치료의 목적이 있다(Shoham, Rohrbaugh, & Patterson, 1995). MRI 모델에 따르면, 가족의 문제는 문제를 해결하려는 가족의 시도에 의해 오히려 유지되고 있다는 것이다. MRI 모델은 문제를 둘러싸고 있는 상호작용의 과정을 강조하고 일반적인 시각에서 더 폭넓게 진행되는 의사소통의 교류 가운데 가족문제를 설명할 수 있는 것으로 본다(Duncan, Solovey, & Rusk, 1992).

MRI 모델은 인간이 문제를 발달시키는 주요 요인은 어려움을 잘못 다루는 것과 문제를 해결하려는 시도의 실패와 똑같은 문제해결방식의 지속적인 적용이라고 하였다(Watzlawick, Weakland, & Fisch, 1974). 즉, MRI 모델은 '문제'란 오랫동안 문제를 변화시키려고 계속해 온 바람직하지 못한 행동들로 이루어진 것으로 보며, 그러한 문제행동들이 지속되는 원인은 일차적으로 사람들이 그 문제행동들을 변화시키려고 행하여 왔던 '시도된 해결책'에 있다고 본다(박태영, 2001). 따라서 MRI 접근법의 목적은 문제를 유지시키는 현재의 해결방식을 제지하고 '똑같은 행동을 덜 하게(less of the same)' 하는 데 있으며, 가정 내에서 행동적인 변화가 일어나게 하는 데 초점을 두는 경향이 있다(Shoham et al., 1995). 이 모델의 치료 목표는 가족을 재조직하는 것이 아니라 증상을 없애는 데 있으므로 치료자의 과업은 문제를 해결하려 했지만 오히려 확대시키는 정적 환류 고리(positive feedback loop)를 변화시키는 것이다.

따라서 치료자는 우선 의사소통하는 메시지로 증상을 확인하고 그 문제를 지속시키고 있는 행동의 연쇄고리가 무엇인가를 탐색해야 하며(김유숙, 1998), 이를 통해 기존의 행동을 새로운 또는 다른 행동으로 대체하거나 본래의 문제행동을 하찮은 문제로 재평가함으로써 내담자들로 하여금 그들이 지금까지 시도해 온 해결책을 재평가할 수 있게 한다(Weakland, 1993). 즉, MRI 모델의 치료적 초점은 해결책에 있고, 치료의 중심된 과업은 세 가지로 볼 수 있다. 첫째, 클라이언트에 의해 제안되고 있는 문제에 대하여 행동적인 용어로써 구체적으로 명확하게 묘사하는 것이며, 둘째로 모든 시도된 해결책의 공통적인 특징과 중요한 취지를 발견하는 것이다. 셋째, 내담자가 말로나 행동으로 완전히 다른 어떤 것을 하도록 치료자의 영향력을 사용하는 것이다(Schlanger & Anger-Diaz, 1999). 따라서 치료자는 내담자 가족이 지금까지 시도해 온 역기능적인 해결방법을 찾아내고, 기존의 성공했던 방법 또는 지금까지 시도하지 않았던 전혀 다른 방법을 수행하기 위한 전략적 개입을 시도해야 한다.

본 연구의 사례는 부부갈등으로 인해 이혼위기에 처하게 되었고 부모의 갈등을 목격하게 됨으로써 심리적 불안을 갖게 된 자녀에게 학습능력 저하, 집중력 저하, 주의산만 등의 행동문제가 발생된 사유로 의뢰된 사례로 치료자는 상담과정에서 지속적으로 내담자 가족이 시도해 온 역기능적인 해결방법을 찾고자 하였으며 성공적 경험을 탐색하고 새로운 방법을 시도할 수 있도록 MRI 방식에 근거하여 치료적 개입을 시도하였다.

## 2. Bowen의 가족체계 이론

Bowen의 이론에서는 자아분화, 삼각관계, 핵가족 감정체계, 가족 투사과정, 다세대 간 전수과정, 출생순위, 정서적 단절의 개념들을 강조하면서 대부분의 가족문제는 가족성원이 자신을 원가족에서 심리적으로 분리하지 못하는 데 기인한다고 보았다. 부모가 자신의 원가족으로부터 정서적으로 분리 또는 독립하지 못하는 것은 핵가족에서의 가족구성원 간의 갈등을 초래하고 관계를 악화시키는 요인이 된다. 따라서 치료목표는 가족성원을 원가족의 자아덩어리 또는 정서체계로부터 분리시켜 독립하여 자율적으로 기능할 수 있도록 돕는 것이다.

Bowen은 이러한 미분화된 가족 자아덩어리라는 용어 대신 핵가족 감정체계라는 용어로 대치하여 사용하였다. 핵가족 감정체계는 가족들이 감정적으로 연결되어 있는 감정상태의 질을 의미한다(Hall, 1991). Nichols와 Schwartz(1998)은 핵가족 감정체계의 강도가 강한 경우는 부부 사이가 감정적으로 서로 거리가 멀면 감정반사행동을 많이 하게 된다고 보았다. 부부 중 한 사람이 신체적 또는 감정적으로 역기능 상태에 있거나, 지나치게 부부간의 갈등이 많아서 누구든지 알 수 있는 경우와 부부간에 가지고 있는 문제를 자녀 중 한 사람 또는 여러 자녀들에게 투사하는 경우가 이에 해당한다고 볼 수 있다. 이러한 문제의 강도는 미분화 수준, 원가족과의 정서적 단절의 정도, 체계에서 스트레스의 수준 등과 관련된다(고병인, 2000). 투사의 대상이 되는 자녀는 출생순위, 성별, 부모의 불안 수준 혹은 임신 또는 출산 시의 어머니의 불안 정도, 부모와의 감정적 친밀도 등에 의해 선택된다(송정아, 최규련, 2004). 이와 같은 투사과정에서 다음 세대를 희생시키면서 이전 세대의 미분화로 인해 발생한 불안을 경감시키기 위해 어느 특정 자녀를 선택하여 정서적 공생관계를 형성할 때 다른 한쪽 부모는 그런 관계를 지지하거나 회피함으로써 관계를 강화시킨다(김유숙, 1999).

또한 Bowen의 가족치료 이론에서는 다세대 간 전수과정을 강조하고 있다. 이는 개인적으로 낮은 자아분화 수준의 투사과정이 다세대에 걸쳐 가족들의 분화 수준과 기능을 연결하는 행동양식을 의미한다. 다세대 간 전수과정에서 중요한 요인은 자아분화 정도와 만성불안의 정도로 외부자극에 대해 반응하는 정도에 따라 결정되며 외부자원이 적을수록 한 자녀에게 역기능적 초점이 모아진다(정은, 1996). 즉, 부모 세대와 자녀 세대의 연결은 삼각관계를 통해서 가능하며 부부가 서로 갈등이 있고 부모들의 분화 수준이 낮은 경우에 부모는 자신들의 갈등을 해결하는 방식으로 제삼자를 끌어들인다. 따라서 다세대 간 전수 개념은 정서적인 문제가 개인을 넘어서 가족, 가족뿐 아니라 핵가족을 넘어서 여러 세대까지 영향을 미치는 정서적 장애를 의미한다고 볼 수 있다(고병인, 2000).

다음으로 Bowen은 가족 내 출생순위를 기초로 하여 자녀들의 성격이 일관되게 발달한다고 하였다. 출생순위는 인간의 일생을 통하여 성격과 행동의 상호작용에 영향을 준다고 보았으며 순위별 성격 특성에 대해 가족의 투사과정이나 자아분화 개념을 적용하여 설명하고 있다. 외동이인 경우 성인과의 상호작용에 길들여져서 성인과 의사소통이 더 편하며, 외동아들은 아버지와의 동일시, 외동딸은 어머니와의 동일시가 더 강하다(정은, 1996). 또한 장남과 장녀는 불안해지면 더 권위적이고 규칙에 집착하는 성향이 있게 되며 불안은 장남과 장녀를 권위적이고 규칙에 집착하는 사람으로 만드는 역할을 하게 된다. 즉, 가족의 정서적 체계에 대한 구체적 지식을 얻음으로써 어떤 자녀가 가족 내의 정서적 과정에 어떻게 작용할 것인지 그리고 자녀 세대의 결혼적응 패턴과 가족생활 패턴이 어떠할지, 상담을 할 경우 그들이 어떻게 반응할지를 예측할 수 있다. 이와 같이 Bowen은 불안과 자녀들의 위치를 연결시켜서 생각한다(고병인, 2000).

또한 Bowen은 세대 간에 이루어지는 정서적 과정에 관한 개념으로 정서적 단절에 대해 강조하고 있다. 정서적 단절은 부모와의 관계에서 해결하지 못한 정서적 애착을 처리하는 과정을 다루는 것이다. 정서적 단절을 시도하는 자녀의 경우 자신을 고립시키고 가족들과 정서적 접촉을 회피하며 자신의 자아를 분화시키지 않고 물리적, 정서적 거리를 두려고 한다. 즉, Bowen은 분화과정, 정서적 단절을 부모로부터의 격리, 위축, 부모로부터 멀리 달아나는 것, 부모가 중요시하는 것을 부정 또는 거부하는 것으로 정의하였다(송성자, 1996). 정서적 단절은 세대 간의 정서적 융합이 심할수록 정서적 단절 가능성이 높고 융합이 심한 사람은 가족과의 정서적 접촉을 회피함으로써 문제를 해결하려고 한다. 특히, 충동적으로 결혼한 사람은 정서적 단절의 좋은 예인데 이러한 사람은 결혼을 통해 원가족에서 벗어난다 하더라도 진정한 독립을 얻은 것은 아니다. 즉, 융합이 심한 사람은 결혼을 해도 새로운 가족과 다시 융합하여 원가족에서의 문제를 재연시키기 때문이다(김유숙, 1999).

이와 같은 Bowen의 가족체계 이론은 본 연구의 사례에서 치료자가 부부갈등의 문제와 원가족에서의 가족체계의 상호작용적 역동을 살펴봄으로써 부모의 원가족 경험이 부부갈등에 영향을 미치고 또한 부부갈등은 자녀의 행동문제와 전반적인 가족관계에 영향을 미치게 되었음을 판단하는 이론적 틀을 제공하였다.

## 3. 선행연구

최근 우리나라의 결혼, 출산, 이혼을 둘러싼 추이를 살펴보면 가족형성의 시발점이라 볼 수 있는 혼인건수는 감소하고, 가족해체의 지표로 이해되는 이혼건수는 폭발적으로 증가하는 경향을 보이고 있다. 이와 같은 이혼의 결과로 가장 큰 피해를 입는 것은 자녀들이다. 이혼 가족의 자녀들이 겪는 심리적 갈등은 한쪽 부모 또는 양부모의 상실로 인한 부모와의 관계 변화와 분노, 죄책감과 불안 등으로 표현된다. 특히, 부모의 이혼은 아동기 자녀들에게는 인지적 발달과 성역할의 발달, 사회성 발달에 부정적인 영향을 미치게 된다. 정진영(1993)은 아동기 자녀들이 한쪽 부모에 대해 분노를 느끼며, 이혼초기에 갈등을 많이 겪는 아이일수록 우울증보다는 분노가 더 쉽게 나타나고 이러한 분노는 이후에 문제가 된다고 보았다. 또한 이혼위기 가정의 자녀들의 경우 부모의 이혼문제로 심리적 불안감과 학습의욕 저하 및 주의산만 등의 정서적 스트레스와 문제행동을 보이게 된다.

이혼에 이르게 하는 부부갈등의 요인에 관하여 정문자(2001)는 부모의 원가족 분화경험은 부부체계를 거쳐 아동의 행동문제에 영향을 미치고 부부갈등의 저변에는 부모들이 자신의 원가족에서 부모들과 해결하지 못한 과제들이 있다고 하였다. 즉, 이러한 부부갈등은 자녀의 연령과 상관없이 아동 및 청소년기에 걸쳐 부정적 영향을 미친다고 볼 수 있다. 자녀의 문제행동에 영향을 미치는 원인을 살펴본 연구들(구미향, 이양희, 2003; 전연진, 2002)에 따르면 부부갈등이 아동의 심리적 적응에 중요한 영향을 미치는 것으로 나타났다. 따라서 부모의 결혼생활, 부모-자녀관계 등이 문제행동 발생에 영향을 미치게 되며 부부갈등은 아동의 외현화 장애(공격성, 불복종, 행동문제) 및 내면화 장애(우울, 불안, 위축)와 관련이 있다고 볼 수 있다. 효과적으로 해결되지 못한 부부갈등은 이혼의 결과를 초래하게 되며 자녀들에게도 씻을 수 없는 상처를 받게 하는 부정적 결과를 가져오게 된다. Cummings와 Davies(1994)는 반복적인 부부갈등으로 인하여 아동은 부모갈등에 민감해지고 정서적 불안정성은 증가한다고 하였다. Harold와 Conger(1997)은 부부갈등이 자녀의 정서 및 행동문제와 직접 관련되고 부부갈등에 의해 부모-자녀관계에 영향을 미치며 자녀의 정서 및 행동문제가 발생한다고 하였다.

따라서 이혼은 한순간의 결정이 아니라 이전에 일어난 일련의 갈등과정을 거친다. 이혼위기 과정 동안 부부갈등을 처리하는 과정이 부부 당사자들에게 긴장감을 심화시키고 이것이 감정적이며 비합리적인 결정을 내리게 하는 요인이 된다(이옥, 2002). Becvar와 Becvar(1993)는 의사소통에 대한 이론을 소개하면서 모든 행동은 의사소통이며, 행동과 의사소통은 상황(context) 안에서 이해되어야 하며, 의사소통 유형은 상황 내의 환류로 인해 반복되고 문제도 유지되는 것으로 보았다. 즉, 이혼위기에 처한 역기능적 가족들은 간접적이고, 애매모호하고, 은유적인 의사소통방식들을 선호한다고 보았다(Satir & Baldwin, 1983). 따라서 이혼문제는 사회환경적 측면과 가정내 가족역동의 측면 등 다양한 관점에서 접근해야 한다. 특히, 이혼 후의 사후적 개입보다는 예방적 측면에서 가족해체를 줄일 수 있는 접근이 이루어져야 할 것이다. 그러나 이혼과 관련된 기존의 선행연구들을 살펴보면, 대체로 이혼을 경험한 후의 이혼가정의 아동기 · 대학생 자녀의 심리 · 행동 적응문제(송옥선, 김정희, 권혁철, 2008; 주소희, 2003), 이혼 후 자녀양육형태 형성과정(전명희, 2002), 이혼한 편모가정 아동의 상담사례(최선화, 전영주, 2002), 이혼 후의 가족 다루기(Hansen, 1982; Visher & Visher, 1979) 등과 같이 이혼한 가정의 문제를 다루는 연구들이다.

김종범(2009)의 연구에서는 청소년의 학교생활 부적응에 영향을 미치는 요인으로 가정환경과 학교생활의 관계성을 언급하였고, 현대의 핵가족화와 한부모가족의 증대는 감수성이 예민한 청소년들에게 직접적인 스트레스를 줄 수 있는 환경적 요인을 제공하게 된다고 하였다.

즉, 가족구조와 기능이 상실되거나 기능이 약화될 때 청소년들에게는 범죄에 노출될 수 있으며 비행에 결정적인 영향을 주게 된다. 특히, 부모가 이혼 또는 별거를 하는 경우, 부모가 자녀에게 무관심할 경우, 가정에서 부모 또는 가정 구성원의 불화가 심할 때, 부모가 엄격하거나 자녀들을 심하게 통제할 때 청소년들의 문제에 영향을 미친다고 하였다(권이종, 1992).

따라서 가족해체가 우리나라의 중대한 사회문제로 부상하고 있는 시기에 무엇보다 중요한 것은 사전에 이혼을 예방할 수 있는 효과적인 대안을 모색하는 것이다. 그러기 위해서는 이혼위기 가정이 겪고 있는 문제를 해결하기 위한 적절한 개입방법을 모색하기 위한 연구들이 필요하다. 그러므로 본 연구에서는 기존의 연구와는 다르게 청소년 자녀를 둔 이혼위기에 처한 부부문제 해결을 위한 가족치료 사례연구로서 이혼위기에 처한 가정이 직면한 부부갈등과 가족문제를 효과적으로 개입할 수 있는 실천적 대안을 모색하고자 한다.

## Ⅲ. 연구방법

### 1. 연구대상

본 연구는 이혼위기에 직면한 부부문제로 갈등을 겪고 있는 가족을 대상으로 개입한 가족치료 사례를 질적 자료 분석방법을 활용하여 분석한 단일사례연구다. 본 연구의 사례는 지속적인 부부갈등과 아들의 행동문제로 내담자인 부인이 상담을 의뢰하여 2007년 8월부터 2008년 1월까지 총 15회기 동안 개별상담, 부부상담, 가족상담을 진행한 사례로 부부갈등 상태를 살펴보고 이에 영향을 미친 내담자의 변화와 부부관계 및 가족관계의 변화에 영향을 미친 치료자의 개입방법을 분석하였다. 내담자는 2남 2녀 중 막내로, 1남 1녀를 두고 있었으며, 부부갈등으로 인해 무기력, 의욕상실, 가슴이 답답함을 호소하였고 정신과에서 4개월간 우울증 치료를 받았으며 자녀들과 갈등관계에 있었다. 남편은 잦은 음주와 늦은 귀가, 자녀들에 대한 잔소리, 부인에 대한 무관심과 의도적 거부 등의 태도를 보이고 있었다. 특히, 아들은 어릴 때부터 부모의 갈등 상황을 보고 자라왔고 부모의 이혼문제에 대한 불안감을 느끼고 있었다. 이로 인해 아들은 학습태도 불량, 집중력 저하, 주의산만 등의 문제를 나타냈으며 내담자는 이러한 아들의 문제를 인식하게 됨으로써 가족치료를 의뢰하게 되었다.

## 2. 신뢰도 검증 및 윤리적 고려

본 연구에서는 연구의 신뢰도를 높이기 위한 자료의 삼각화를 위해 상담 축어록, 상담메모를 활용하였으며 축어록에 반복적으로 나타나는 개념들을 코딩하였다. 또한 치료자, 연구자, 대학 가족치료연구센터 연구원들에 의한 연구자 삼각화를 시도하였다. 연구의 윤리성 확보를 위해 본 상담 자료를 분석하기 이전에 내담자 가족에게 동의를 얻었으며 내담자 가족의 사생활보장을 위해 실명이나 신분이 노출될 수 있는 내용은 삭제하였다.

## 3. 연구질문

첫째, 이혼위기에 처한 부부갈등의 내용은 무엇인가?
둘째, 이혼위기에 처한 부부갈등에 영향을 미친 요인은 무엇인가?
셋째, 부부갈등 해결을 위한 치료자 개입방법과 치료의 효과성은 무엇인가?

## 4. 분석방법

본 연구는 단일사례연구로서 내담자인 부인과 남편과의 부부갈등의 배경에 대한 요인과 그로 인해 가족관계에 어떠한 영향을 미쳤는가를 살펴보고자 부부와 가족 간에 문제해결을 위해 시도해 왔던 해결책인 역기능적 의사소통방식과 이에 영향을 미친 원가족 배경과 가족 간에 발생된 사건을 중심으로 근거 이론 방법에서 활용하는 개방코딩을 활용하여 질적 분석을 하였다. 또한 가족치료를 통해 변화된 의사소통방식과 그로 인한 가족관계의 변화에 기여한 치료적 요인과 과정을 파악하기 위하여 상담 축어록과 상담 시 기록한 메모를 근거로 질적 분석한 결과를 Miles와 Huberman(1994)이 제안한 매트릭스와 네트워크를 활용하여 설명하였다. 매트릭스와 네트워크는 분석결과를 효과적으로 디스플레이하는 방법으로 효과 매트릭스와 치료과정을 통한 치료 효과를 보여 주는 인과 네트워크를 활용하였다.

## Ⅳ. 연구결과

### 1. 부부갈등

상담과정에서 가족들이 진술한 축어록을 부호화(Coding)과정을 통해 개념들을 도출하고 개념들의 상위범주를 분석한 결과 부부갈등의 배경에 대한 요인은 〈표 6-1〉과 같이 10개의 하위범주와 5개의 중간범주로 도출되었다. 하위범주는 정서적 애착 부재, 부인에 대한 무관심, 부인에 대한 의도적 거부, 부인을 무시함, 충돌하는 빈도가 높음, 부부간 대화가 원만하지 않음, 성생활의 문제, 스킨십 부재, 이혼에 대한 바람, 마음속 불만이었다. 중간범주는 소원한 부부관계, 잦은 부부싸움, 대화단절, 역기능적인 성적 관계, 이혼위기의 긴장상황으로 분석되었다.

본 사례의 부부는 결혼초기에는 서로 사이가 좋은 편이어서 서로 기분 좋게 대화가 되었고 성관계에도 문제가 없었으나 7년 전 처가와의 동거, 직장 노조파업, 개업으로 인한 스트레스를 받게 되었을 때 부인이 대처했던 방식이 오히려 남편을 더 짜증나게 하는 방식으로 점점 부부갈등을 심화시켰다. 남편 또한 부인에 대한 불만을 대화로써 해소하지 못한 채 속으로 삭히고 부인을 무시하는 방식을 취하였다. 이와 같이 부부가 문제를 해결하려고 시도했던 방식이 오히려 부부관계, 부모-자녀관계와 남매관계를 악화시키는 결과를 초래하였다.

〈표 6-1〉 부부갈등상태의 개념추출과 범주화

| 개념 | 하위범주 | 중간범주 | 상위범주 |
|---|---|---|---|
| 호칭을 부르지 않음, 사용하는 호칭이 없음, 부인의 감정표현에 대해 어색함을 느낌, 부인의 마음을 받아들이지 못함 | 정서적 애착 부재 | 소원한 관계 | 부부 갈등 |
| 부인의 잘 보이려고 하는 태도에 무덤덤함, 부인의 접근 시 시큰둥해짐, 출근 시 눈 한번 마주쳐 주는 것이 최고의 인사임 | 부인에 대한 무관심 | | |
| 부인의 전화를 받지 않음, 부인에게 인사 안 함, 문자 회신하지 않음, 부인을 개만도 못한 사람으로 대접함 | 부인에 대한 의도적 거부 | | |
| 부인을 무시하며 공격함, 눈도 안 마주치고 옆에 오면 부인을 벌레 보듯 함, 이웃들과의 만남 시 부인을 꿔다 놓은 보릿자루처럼 만듦 | 부인을 무시함 | | |
| 음주상태 귀가 시 충돌하는 일이 많아짐, 부모님이 싸우는 일은 늘상 있는 일임, 부모님의 관계는 남북관계임, 부부싸움 시 언어폭력과 물건을 집어던짐(남편) | 충돌하는 빈도가 높음 | 잦은 부부싸움 | |
| 일상생활에서 대화가 별로 없음, 부인과 대화하기 싫어함, 부인과 대화하다 보면 휘말림, 부인과 말을 안 하게 됨, 대화가 안 되므로 대안으로 술을 마심 | 부부간 대화가 원만하지 않음 | 대화단절 | |
| 3~4년 동안 부부관계 없음, 부인에 대한 흥미가 전혀 없음, 가끔 자위행위를 통해 욕구 해결, 음주 시에만 더듬고 난리가 남, 부인에게 나가서 바람피우라고 함, 부인과 성관계 시 중간에 발기가 안 됨 | 성생활의 문제 | 역기능적 성적관계 | |
| 스킨십 거의 없음, 불만이 쌓이면서 감정이 누적되어 스킨십도 차단됨 | 스킨십 부재 | | |
| 어느날 갑자기 부인에게 이혼을 요구함, 혼자이고 싶어함(남편) | 이혼에 대한 바람 | 이혼위기의 긴장상황 | |
| 부인에 대한 불만을 가짐, 자녀양육에 대한 불만을 가짐 | 마음속 불만 | | |

### 1) 소원한 관계

내담자 부부갈등의 내용으로 소원한 관계가 나타났다. 부부간에 서로 호칭을 부르지 않고 있었으며 원가족에서 가족들 간에 정서적 애착관계가 없었고 스킨십이 부재하였던 남편은 부인의 감정표현에 대해 어색함을 느꼈고 남편이 개업문제로 스트레스를 받게 되었을 때 부인은 남편을 지지하고 편을 들기보다 오히려 남편을 나무라는 식의 반응을 보였다. 이러한 부인의 비공감적 반응이 남편으로 하여금 더 이상 대화하고자 하는 의지를 차단시키는 결과를 가져왔다. 이로 인해 남편은 부인에게 의도적으로 무덤덤한 태도를 보였고 부인의 전화를 일부러 받지 않거나 문자 회신을 하지 않았다. 남편은 이웃들과의 부부동반 모임에서도 부인을 챙기지 않고 부인에게 무관심한 태도로 대응하는 소원한 관계를 보여 주고 있었다. 이러한 남편의 방식은 부인을 더욱 자극하게 되었고 부인 또한 남편을 차갑게 대하는 결과를 낳았다.

M: … 오죽하면 이 사람이 뚱하고 있으니까…. (중략) 아빠가 뻣뻣하다고….

M: 제가 그러죠. 그냥 지나가는 인사라도, 우리가 그냥 인간관계 인사 있잖아…. (중략) 이런 눈맞춤 없는 인사라도 할지라도 나는 그렇게 했으면 좋겠는데 애아빠는 그게 뭐가 그렇게 중요해.

M: …. 눈도 안 마주치고 옆에 오면 벌레 보듯이 하고, 내가 뭘 그렇게 잘못했기에…. 저도 노력하면서 살면서도 엇나가는 거예요. 결국에는 또 '거봐, 이래서 너랑 힘든 거야.'

M: 오죽하면 개만도 못한 사람이잖아요. 그러니까 조금 이제 제가 상태가 안 좋을 때는 참 애들 앞에서 낯이 안 서요.

M: 어쩔 때는 이미지를 보내죠. 문자를 해 가지고 비오는 날 특히, 비올 때 환자가 있겠어. 힘내고 막 어쩌고저쩌고 써요. 그러면 하다못해 그냥 딱 열면 애들처럼 답장하면서 '아이고 걱정도 팔자야' 아니면 '알았어' 저는 그랬으면 하고 보내는데, 그 사람은 본 걸로 끝나요.

D: 아빠는 좀 무뚝뚝하고 엄마는 아빠한테 잘 보이려고 하는데 아빠는 그거를 무덤덤하게 받아들여요.

H: 그냥 네가 못 받아들일지 모르겠지만 집도 안 치우고 그러는 게 난 이런 것에서 네가 싫어졌어. 네가 싫어졌어.

M: 부부모임을 하다 보면 크로스로 챙겨 주고 그런 것도 있지만 근본적으로는 자기 남편 챙기고 아내를 챙겨 주고 하잖아요. (중략) 뻴쭘히 이 사람은 꼭 딴 데를 가고 있어요.

### 2) 잦은 부부싸움

서로에 대한 공감적 반응이 없고 서로의 방식을 인정하지 않는 태도 등 부부간에 지속적으로 반복해서 시도하고 있는 역기능적 대처방식의 패턴은 부부갈등을 더욱 악화시키고 있었으며 이로 인해 부부갈등이 심화되면서 남편은 음주상태로 귀가하는 경우가 많아졌고 언어폭력이나 물건을 집어던지는 행동이 나타났으며, 자녀들은 부모의 관계를 남북관계로 비유하고 있었다.

T: 부인께서 대응하시는 게 쓰는 단어는 다르지만 내 마음을 이해해 주기보다는 '아 뭐 당신 혼자 그래? 남도 그렇게 사는데 뭐 또 그런 거 가지고…' 어느 정도 얘기하다 막아 버리는 듯한. 그런 면에서 두 분이 비슷하시네요.

T: 와이프는 내 감정을 건드려 주기보다는 오히려 막아 버리지 않냐 이거예요.

T: 남편이 스트레스를 댁에 오셔서 내놓으셨을 때 그걸 해소하기보다는 부부간의 대화하는 방식으로 인해서 그게 해소보다는 오히려 또 벽을 느끼지 않으셨나 이거예요.

### 3) 대화단절

부인은 스트레스를 해소하는 방식이 아닌 벽을 느끼게 하는 부인의 표현방식과 비난하는 듯한 반응으로 더 이상 자신의 문제를 얘기하지 않게 되었고 점차 서로에게 무시하는 메시지가 내포된 표현을 하였다. 이와 같은 대화단절을 유발하는 표현방식과 부부간 충돌 시 부인의 목소리가 커지고 쏘아대는 식의 공격적 표현방식으로 인하여 부부간의 대화가 단절되게 되었고 남편은 스트레스를 해소하는 대안으로 술을 마시게 되는 결과를 가져왔다.

T: 두 분 간에 있어서 삐거덕거리는 것은 일단 표현하는 방식에서 협상하는 방식이라기보다는 충돌하는 방식이라고 보고 있고요….

T: 남편은 가만히 놔두는 게 푸는 방식인데 부인의 방식이 남편을 더 열 받게 하는 거예요. 그래서 남편은 돌아 버린다는 거예요. 그러니까 두 분의 관계에서도 화가 풀리는 시간이 다른데 부인께서는 남편을 위해서가 아니라 자기를 위해서 못 견딘다는 거 아니에요? 그런데 애들 관계에서도 막 다그치는 게 우리 쪽에서는 분화가 안 됐다고 보거든요.

H: 예.

### 4) 역기능적인 성적 관계

부부갈등의 또 다른 내용으로 역기능적인 성적 관계가 나타났다. 부부간에 3~4년 동안 성관계가 없었고 남편은 부인에 대한 성적 흥미가 전혀 없었으며 자위행위를 통해 성적 욕구를 충족하였고 성관계 시 중간에 발기가 되지 않은 심인성 발기부전의 양상이 나타나고 있었다. 또한 남편은 부인에게 나가서 바람을 피우라고 하며 무관심한 태도를 보였으며 음주 시에만 부인에게 스킨십을 시도하는 스킨십 부재의 역기능적인 성적 관계가 나타났다.

### 5) 이혼위기의 긴장상황

가장 심각한 부부갈등의 내용은 이혼위기의 긴장상황이었다. 남편은 부부간의 소원한 관계가 지속됨으로 인해 이혼을 하고 싶은 마음이 늘 잠재되어 있었으며 부인으로부터 벗어나고 싶어 하였고 부인에게 직접적으로 이혼을 원한다고 표현하였다. 또한 부인에 대한 불만이 쌓이고 대화가 되지 않으므로 누적된 마음속의 불만을 속으로 삭히고 있었으며 자녀양육에 대한 불만으로까지 확산되는 양상을 보였다.

## 2. 부부갈등에 영향을 미친 요인

부부갈등에 영향을 미친 요인은 남편의 원가족에서 부모와의 미해결된 정서와 부부간의 역기능적으로 시도된 해결책인 것으로 나타났으며 위기사건의 개입 시 부부가 이와 같은 요인으로 인하여 위기사건에 효과적으로 대처하지 못하므로 부부갈등이 더욱 심화되었다고 볼 수 있다.

### 1) 원가족에서의 미해결된 정서

부부갈등에 영향을 미친 요인으로 남편의 원가족에서 부모와의 미해결된 정서는 〈표 6-2〉와 같이 9개의 하위범주와 5개의 중간범주로 도출되었다. 하위범주는 어릴 적 황당한 사건, 소원한 관계, 말이 없음, 간접적 의사소통, 위축됨, 질책 당함, 조급한 성격, 강압적 표현, 일방적 태도 등이었고 중간범주는 황당함, 정서적 단절, 위축감, 거부감으로 분석되었다.

〈표 6-2〉 미해결된 정서의 개념추출과 범주화

| 개념 | 하위범주 | 중간범주 | 상위범주 |
|---|---|---|---|
| 찬물을 부었던 아버지의 행동이 전혀 이해되지 않았음 | 어릴 적 황당한 사건 | 황당함 | 부자간 미해결된 정서 |
| 스트레스 받는 관계임, 대학 때부터 아버지와 관계가 좋지 않음, 아버지와 소원한 관계 | 소원한 관계 | | |
| 재촉함으로 본론을 잊어버림 | 위축됨 | 위축감 | |
| 말을 늦게 해서 야단맞은 적이 많음, 반응이 느릴 때 막 쪼아댐, 다그치는 스타일, 채근하는 스타일 | 질책당함 | | |
| 빨리 얘기하라고 재촉하였음, 아들과의 대화에서 기다려 주지 않음, 기다리는 걸 싫어함, 즉각적으로 빨리 말함, 성격이 급함, 대화 중 상대방의 반응이 째깍째깍 나오길 원함 | 조급한 성격 | 거부감 | |
| 강압적인 표현을 많이 함, 더 잘하라고 함, 잔소리를 많이 함, 땍땍거리고 쪼아댐, 간섭이 심함 | 강압적 표현 | | |
| 독재적인 스타일, 일방통행임 | 일방적 태도 | | |
| 고등학교 때부터 어머니와 대화가 안 됨, 대화가 전혀 없음 | 소원한 관계 | 정서적 단절 | 모자간 미해결된 정서 |
| 아버지가 찬물을 부은 후 어머니에게 이유 없이 머리를 엄청 맞음 | 어릴 적 황당한 사건 | 황당함 | |
| 남편이 물 뿌리는 것에 대한 화풀이로 아들을 때림, 어머니에게 코피가 날 때까지 맞음, 옷을 벗고 있을 때 어머니가 칼을 들고 들어옴, 애를 죽이라고 함 | | | |

내담자의 남편은 어릴 때 친척이 "걔는 원래 말 잘 안 해?" "걔 말하네!"라는 무시하며 빈정대는 말에 의해 주눅이 들게 되었다. 게다가 부의 조급한 성격과 일방적 태도 그리고 강압적인 표현으로 인해 남편은 더 위축감을 느끼게 되었다. 이로 인하여 남편은 다른 사람과의 대화 시 상대방을 의식하게 되어 생각한 후 말하게 되므로 말하는 데 시간이 오래 걸리고 즉각적인 반응을 보이지 못하였다. 특히, 남편은 아버지와의 관계에서 즉각적인 반응을 하지 못한 것으로 인해 아버지에게 야단맞은 적이 많았으며 추운 날 세수하지 않겠다고 고집부리는 아들에게 물을 바가지로 부었던 사건을 당하였지만 그 순간의 상처와 충격, 억울한 감정을 가족 누구에게도 표현하지 않고 지나쳐 버렸다.

남편은 어릴 적 원가족에서 특히, 자신의 성격 및 행동패턴과는 상반된 유형의 아버지와의 미해결된 정서로 인해 위축되고 부자간에 소원한 관계를 유지해 왔으며 이로 인해 결혼을 통해 원가족에서 벗어나고자 하였다.

H: 제가 어렸을 때에는 저희 어머니도 그 모습을 보고 계셨고 저에게 빨리 좀 얘기해라 빨리 좀 끝내자 이제 그러면 계속 그러니까 더 하다가 나중에는 에이 안 해 버려 이렇게 돼 버리죠.

W: 제가 또 속상한 건 뭐냐면, 화가 극도로 났을 때 지난번에도 한 얘기인데, 내(남편)가 아버지로부터 벗어나고 싶었는데 그래서 결혼을 선택했는데 이 여자가 아버지하고 모습이 너무나도 똑같으니 나는 살 수가 없다. (ct)

GF(시아버지): … 근데 한때 딴 놈(다른 자식들) 다 세수하는데 둘째 아들(남편)이 춥다고 세수를 안 해, 그 아침에. 그러니까 중학교 다닐 때 정도 됐는데 야, 임마(남편) 씩씩해야지 뭐 그렇게 나약하고 그래, 그러면서 내가 둘째 아들에게 물을 바가지로 부었거든, 그런데 언제가 둘째 아들(남편)이 술을 먹으면서 (나에게) 그 얘기를 하더라고요… 자기(남편)를 미워해서 그런 건가. 전혀 그런 게 아니었는데, 근데 나의 의도와는 다르게 (둘째 아들이) 해석했다고 그렇게 얘기를 해요.

T: 그러면 (남편이) 굉장히 억울하셨을 거 아니에요. 그리고서요? 그 억울한 감정을 표현을 안 해 보셨어요?

H: 그리고 지나갔죠. 그때는 너무 멍하고 있어서….

T: 그래도 속이 엄청 상하셨을 것 아닙니까?

H: 가끔씩 생각났는데….

H: 기억은 있죠. 지금도 뚜렷하게 기억이 나니까.

T: …. 혹시 그때 느꼈던 감정….

H: 진짜 멍했다니까요.

T: 그러면 나중에는 그 감정이 나왔을 거 아닙니까? 내가 왜 맞아야지.

H: 아니요. 그때 그게 너무 커서 아예 생각도 못했어요.

H: 제가 그때 물을 세 바가지를 뒤집어쓰고….

또한 어머니의 경우 물바가지 사건을 통해 남편에게 화난 감정을 아버지의 갑작스런 행동에 황당해하던 아들의 머리를 코피가 날 때까지 때리고 "애를 죽여라" 하며 칼을 들고 들어와 위협하던 사건은 청소년기였던 내담자의 남편에게는 충격적이고 황당한 사건이었다. 남편의 어머니는 상담 시작 며칠 전에 아들에게 화가 나서 그러한 행동을 했었다는 것을 솔직히 얘기함으로써 어머니와의 미해결된 정서는 어느 정도 해소될 수 있었다.

H: 며칠 전에 어머니가 그러셨는데 그때 화가 났대요. 저한테 아버지가 물 뿌리는 거에 대해서 화가 나서… 저는 이제 몇 십 년 지난 뒤에 들은 얘기고, 근데 그거를 기억하고 있다는 것도 모르시더라고요… 하여튼 코피가 날 때까지 맞았으니까… 아침에 학교 가기 직전에….

H: …. 아버지가 아마 저를 데리고 방으로 들어오셨을 거예요.

T: 엄마가 때리시고 나서요?

H: 예.

T: 그러면 아버지가 오히려 막아 주신 거예요?

H: 그러고 나서 옷 다 벗고 있는데 어머니가 칼을 들고 들어오신 거예요…. 애를 죽이라고 그냥 멍하고 있었죠. 그러니까 어머니가 그때 그 말씀이 맞았던 거 같아요. 화가 나니까.

### 2) 역기능적으로 시도된 해결책

부부갈등에 영향을 미친 요인으로 역기능적으로 시도된 해결책의 분석에서 세대 간에 전수되어 온 가족구성원들 간의 유사점들을 [그림 6-1]과 같이 살펴볼 수 있었다. 유사점을 가지는 가족집단은 시어머니-남편-아들과 시아버지-친정아버지-부인(ct)-딸의 두 개의 집단으로 나눌 수 있었으며 가족구성원들 간에 서로 유사한 의사소통방식과 행동패턴이 세대 간 전수되고 있음을 살펴볼 수 있었다.

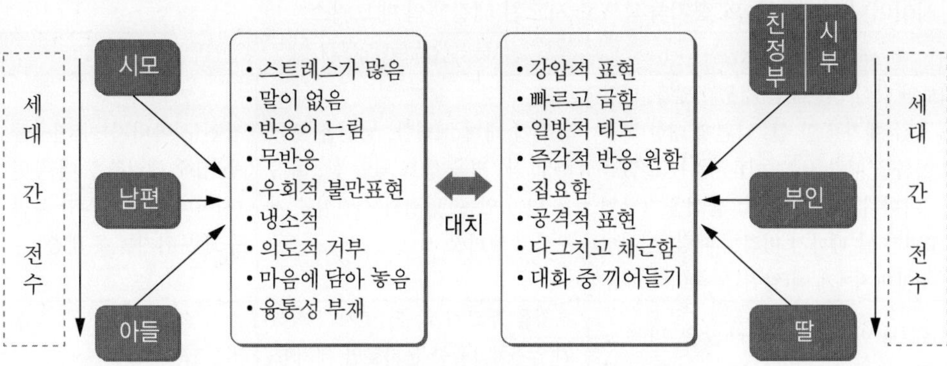


[그림 6-1] 가족구성원들 간의 유사점의 세대 간 전수

### (1) 시어머니-남편-아들의 역기능적으로 시도된 해결책

시어머니, 남편, 아들의 역기능적으로 시도된 해결책은 〈표 6-3〉과 같이 소극적 의사소통방식, 정서적 단절, 애착부재 그리고 융통성 부족으로 분석되었다. 이들 집단의 소극적 의사소통방식의 특징은 말이 없고 반응이 없거나 느리고 우회적으로 불만을 표현하는 것으로 나타났다. 정서적 단절은 체념과 포기, 마음에 담아 놓음, 냉소적인 태도와 의도적 거부, 정서적 거리감을 두고 불만을 마음에 담아 둠으로 인한 대인관계의 부적응을 초래하고 있었다. 또한 정서적 애착부재는 시어머니와 아들에게서 나타났으며 인색하고 냉소적인 특징을 보였다. 융통성 부족은 시어머니의 경우 남편 친구들이 왔을 때 분위기를 맞추지 못하였고 아들은 원칙적으로 바른 생활을 하려는 특징을 나타내었다. 이 가족집단은 모두 평소 많은 스트레스를 받고 있었다. 시어머니는 우울증이 심했고, 남편은 가정일과 직장일로 스트레스가 많았다. 아들의 경우도 스트레스를 받을 때 더 과격해지는 행동을 보이고 있었다. 이와 같이 특정 가족집단의 한 개인이 역기능적으로 문제를 해결하고자 사용해 왔던 방법들은 다른 가족성원에게 세대 간 전수되고 있음을 알 수 있다.

즉, 시어머니, 남편, 아들은 유사한 기질과 행동패턴을 소유하고 있었으며 가족관계에서 위기개입 시 시도했던 문제해결방법에서도 정서적 단절, 소극적 의사소통방식을 사용함으로써 오히려 문제를 해결하기보다는 반대유형의 가족구성원들과 충돌하였다. 또한 유사성을 가지는 가족구성원들과도 충돌하여 소원한 관계를 유지하였으며 내담자의 남편은 자신과 아들과의 유사점을 인식하여 아들을 배려하는 마음을 품고 공생관계를 유지하면서도 배우자에 대한 부정적 감정을 아들에게 투사하기도 하는 양가감정상태를 보이고 있었다.

〈표 6-3〉 ■ 시어머니-남편-아들의 역기능적으로 시도된 해결책의 매트릭스

| | 소극적 의사소통방식 | 정서적 단절과 애착부재 | 융통성 부족 |
|---|---|---|---|
| 시어머니 | 물어보면 답이 안 나오는 경우가 많음, 답답하고 즉각 얘기를 안 함, 남편에 대한 화풀이로 아들을 때림, (남편이) 옷을 벗고 있을 때 (시어머니가) 칼을 들고 들어옴, (남편이) 코피가 날 때까지 머리를 때림, 시어머니가 시아버지에게 애(남편)를 죽이라고 함 | 남편에 대해 체념함, 남편을 포기하고 삼, 벽을 쌓고 일만 함, 차가운 면이 있음, 남편의 스킨십을 거부하고 뿌리침 | 남편(시아버지)이 친구들을 집에 데려왔을 때 부인(시어머니)은 술상만 차려 주고 분위기를 못 맞춤 |
| 남편 | 의사표현과 반응이 명확하지 않음, 말을 느리게 함, 한 번 속에서 정리하고 말함, 질문하면 답변이 금방 나오지 않음, 말하기 전에 상대방의 반응을 의식하게 되므로 입에서 맴돌게 됨, 대화하기 싫어함, 화났을 때 말을 안 함, 불만에 대한 간접적 의사소통으로 집안일을 함, 궁시렁거리며 정리정돈을 함, 집에 오면 짜증내며 정리함 | 호칭을 부르지 않음, 먼저 전화하지 않음, 가출중 문자로만 얘기함, 표출하지 않고 속으로 불만을 품는 스타일, 불만을 쌓아 놓았다가 터트림, 내향적인 사람, 개인주의적 성향이 강함, 이기적임, 칭찬을 받아 본 적이 없고 거의 칭찬하지 않음, 차갑고 냉소적임, 문자를 보고 회신하지 않음 | 공부를 다 한 후에 컴퓨터게임을 해야 하는 원칙을 강조함, 공부를 끝내 놓고 컴퓨터게임을 하더라도 시간을 정해 놓고 해야 함 |
| 아들 | 대답을 빨리 못함, 톤의 변화가 없이 말투가 답답함, 즉각 말하지 않고 듣고 있음, 학교에서 있었던 일을 집에서 말을 안 함, 툴툴거리지만 깔끔하게 마무리함 | 뻣뻣함, 냉소적임, 감정의 기복이 없음 | 바른 생활을 함, 다른 사람이 자신의 물건을 옮기거나 만지는 것을 싫어함, 자신의 영역이 확고함 |

T: 아버지도 옛날에 딱딱거리고 내가 얘기하고 싶은 거 딱 끊고 기다려 주지 않고 그러는 모습에서 그러니까 어떻게 보면 아드님으로 인해서 따블이 되는 거 아닙니까?

H: 어렸을 때 제 모습을 보는 거 같죠.

T: 근데 혹시 와이프의 모습에서 내가 어렸을 때 우리 아버지한테 푸시 당한 것처럼 내 아들이 엄마로부터 좀 푸시를 당하고 있는 유사한 것을 못 느끼세요?

H: 느끼죠. 그래서 얘기도 하고….

W: 우리 남편도 나한테 이렇게 반응이 없었는데 우리 아들도 나한테 반응이 없어서….

T: 제가 궁금한 건요. 혹시 어머니도 답답한 면이 있으셨는데 둘째 아드님(남편)이 어머니하고 유사하게 말이 어떻게 보면 늦었단 말이에요. 만약에 아버님이 어머니한테도 답답함을 느끼셨더라면 둘째 아드님한테도 그걸 더 강하게 느끼실 수 있다는 거죠.

GF(시아버지): 그런 면을 좀 느낄 수 있죠.

(2) 시아버지-부인-딸-친정아버지의 역기능적으로 시도된 해결책

시아버지, 부인, 딸, 친정아버지의 역기능적으로 시도된 해결책은 〈표 6-4〉와 같이 역기능적 표현방식, 급한 성격, 집요한 성격으로 분석되었다.

시아버지, 친정아버지, 부인(ct), 딸은 서로 유사한 기질과 행동패턴을 소유하고 있었으며 반대유형의 가족들과의 관계에서 문제를 해결하기보다는 오히려 악화시키는 패턴을 유지하고 있었다. 즉, 말이 없고 반응이 느리고 무반응의 태도를 보이는 대상들에게 강압적 표현방식, 일방적 태도, 조급하고 집요한 대처방식으로 인해 반대유형의 가족들에게 위축감과 거부감을 갖게 하였다. 부인은 자신과 유사성을 가지는 딸과 차이점을 가지는 아들과의 관계에서도 소원하고 심한 잔소리로 인해 자녀들에게 스트레스를 받게 하였고 자주 충돌하였다. 특히, 아들은 모로 인해 스트레스를 받으면서도 모와 같이 쇼핑을 다니며 도움을 제공하는 등 순응적인 모습을 보이기도 했으며, 모는 남편과의 갈등 시 아들을 개입시켜 자신의 감정을 호소함으로써 삼각관계를 유도하였다.

〈표 6-4〉 ■ 시아버지-부인-딸-친정아버지의 역기능적으로 시도된 해결책의 매트릭스

| | 역기능적 표현방식 | 급한 성격 | 집요한 성격 |
|---|---|---|---|
| 시아버지 | 더 잘하라고 함, 잔소리를 많이 함, 땍땍거리고 쪼아 댐, 즉각적으로 빨리 말함 | 대화 중 상대방의 반응이 즉시 나오길 원함, 반응이 느릴 때 막 쪼아 댐, 통화 중 손자의 반응이 느리면 안 좋은 게 많다고 충고함, 다그치는 스타일, 성격이 급함, 즉각적인 반응이 나옴 | 집요한 면이 있음, 심한 건강염려증을 가지고 있음 |
| 부인 | 부가 욕하면 맞받아침, 말이 많고 애들한테 잔소리를 많이 함, 딸에게 무시하고 비난하는 표현을 함, 지시적임, 자녀의 부주의함을 야단치고 비난함, 목소리가 높아지고 소리 지름, 남편의 말에 반격을 가함, 땍땍거리고 쪼아 댐, 자초지종을 설명하지 않고 뚝뚝 자름, 시아버지에게도 맞받아침 | 남편의 뜸 들이는 반응에 속 터지고 답답해함, 다그치는 스타일, 상대방의 반응을 기다려 주지 못함 | 바가지 긁음, 집요한 스타일 |
| 딸 | 일방적이고 지시적으로 표현함, 잔소리하면 맞받아침, 오빠에게 말대답을 함, 대화 중간에 끼어듦 | 빠르게 말하는 말투 | 오빠가 컴퓨터 사용 시 옆에서 지켜보고 있음 |
| 친정아버지 | 화내고 소리 지름, 딸만 보면 화를 냄, 언성이 상당히 높아짐, 딸(부인)의 생활태도에 대해 야단침 | 자신의 생각의 기준에서 벗어나면 폭발함, 폭발 후 문제를 수습하는 과정이 신속함 | 설명을 하되 부연설명을 지나치게 하는 편임, 딸의 결혼생활에 대해 지속적으로 야단침 |

H: 집사람은 그걸 못 기다려줘요. 예를 들어 (아들이) 컴퓨터 게임을 하고 있는데 갑자기 화가 막 나서 빨리 꺼 이렇게 되거든요. 끄려면 자기가 하고 있는, 예를 들어서 온라인 게임이다 그러면 빨리 못 끄잖아요. 그러면 저는 기다려 주려고 하는데 집사람은 그게 안 되죠.

H: 어떨 때는 아내가 너무 집요하게 그러니까 한번은 집에서 (내가) 나와 버린 적이 있어요.

W: (시아버지에 대하여) 상대방이 부담을 느낄 수가 있고요. 그리고 좀 뭐라고 해야 할까 (시아버지가) 집요한 면이 있어요…. 자기(시아버지)가 원하는 쪽에 뭐가 안 나면 성과가 나오게끔 독려를 하면서 좋게 말하면 독려지만 쪼는 거죠.

H: (직장일에 대하여) 처음에는 부인에게 이야기를 했죠. 그런데 (내가) 얘기하면 (부인이) 비난하는 듯한 반응이 오니까 몇 년 전부터는 (부인에게) 아예 말을 안 해요.

T: 너는 아빠하고 엄마하고 어느 쪽에 더 가깝니?

D: 성격요? … 엄마랑.

W: (남편과) 처음에는 안 그랬죠. 사실 뭐 해결하려고 말하는 게 아니잖아요. 그냥 뭐 속 풀이죠 속풀이. 그런데 거기에 대해서 (남편에게) 얘기를 했는데 거기에 대해서 (남편이 나에게) 반격을 하니까 어떨 때는 화가 나고 어떨 때는 말문을 닫아 버리고….

T: 부인하고 시아버님하고 어떤 유사성이 있나요?

H: 글쎄요….

W: (남편에게) 나와 시아버지가 뭐 똑같다며 솔직히 다 한 얘기야.

H: 다그치는 거….

T: 어떤 식으로 다그칩니까?

H: 반응이 즉각즉각 나와야 하는데 안 나올 때 다그치고 한 5분 정도 얘기하면 끝날 얘기를 30분 정도 장황하게 할 때.

W: 제가 또 속상한 건 뭐냐면, (남편이) 화가 극도로 났을 때 지난번에도 한 얘기인데, 내(남편)가 아버지로부터 벗어나고 싶었는데 그래서 결혼을 선택했는데 이 여자가 아버지하고 모습이 너무나도 똑같으니 나는 살 수가 없다고 했어요.

부인은 친정아버지의 강압적이고 공격적인 표현방식과 집요한 방식을 이어받아 사용하고 있었으며, 이러한 역기능적인 표현방식은 시아버지의 표현방식과도 매우 유사하였다. 남편은 어려서부터 자신의 아버지의 강압적이고 일방적이며 집요한 표현방식으로 상처를 많이 받았는데 부인의 표현방식과 아버지의 표현방식이 유사하여 부인에게 더욱 질려 버리는 양상을 보였다.

(3) 남편의 역기능적으로 시도된 해결책

남편의 역기능적으로 시도된 해결책은 소극적 의사소통방식, 정서적 단절과 애착 부재로 분석되었다.

① 소극적 의사소통방식

남편은 평소 의사표현과 반응이 명확하지 못하였고 말을 느리게 하고 말하기 전에 속으로 정리한 후 말하였으므로 부인에게 즉각적으로 반응하지 않았으며 질문하면 답변이 금방 나오지 않는 반응을 보이고 있었다. 또는 상대방의 말을 듣고만 있거나 상대방의 반응을 예민하게 의식하므로 바로 표현하지 못하고 입에서만 맴도는 양상을 보였다. 이로 인해 남편은 평소 말이 없고 부인과 대화하기 싫어했으며 불만이 있을 때 말을 안 하거나 집안일을 하면서 궁시렁거리거나 짜증내며 정리정돈을 하는 등 우회적으로 불만을 표현하는 소극적 의사소통방식을 취하고 있었다.

② 정서적 단절과 애착부재

남편은 부인이나 다른 사람과의 관계에서 호칭을 잘 부르지 않았고 부인에게 먼저 전화하지 않았으며 자신의 마음을 표출하지 않고 마음에 담아 두는 태도를 보였다. 또한 남편은 내향적이어서 혼자 있고 싶어 하였으며, 반면 개인주의적 성향과 이기적인 모습을 보였고 부인과 갈등이 발생할 경우에 정서적 단절로서 대처하였다. 남편은 평소 부인과 자녀들에 대한 칭찬에 인색하였고 감정표현이나 스킨십을 하지 못하므로 건조하고 차가운 인상을 느끼게 하였으며, 냉소적이고 뻣뻣한 성향을 보이므로 다른 사람들과의 정서적 애착을 형성하지 못하는 등의 정서적 애착 부재의 양상을 보였다. 남편의 이와 같은 성향의 이면에는 성장하면서 아버지로부터 한 번도 칭찬과 스킨십을 받아 보지 못하였다는 과거의 경험이 있었다.

(4) 부인의 역기능적으로 시도된 해결책

부인의 역기능적으로 시도된 해결책은 역기능적인 표현방식, 급한 성격, 일방적인 대처방식, 집요한 성격으로 분석되었다.

① 역기능적인 표현방식

부인은 자녀들에게 잔소리가 심하였고 특히 공부문제로 인하여 자녀들을 무시하고 비난하는 표현을 자주 사용하였으며 지시적이고 부주의로 인한 실수를 허용하지 않는 등의 강압적 표현방식을 사용하였다. 또한 부인은 목소리가 높아지며 소리를 지르거나 남편의 말에 반격을 가하고 몰아부치는 공격적 표현방식을 사용하는 등의 역기능적 표현방식을 사용함으로써 남편과 자녀들을 주눅들게 하는 결과를 초래하였다.

② 급한 성격

부인은 남편과 반대로 친정아버지와 같이 다혈질적이고 급한 성격으로 남편의 느린 반응을 기다려 주지 못하고 다그치고 채근하는 태도를 보이고 있었다. 또한 남편과 비슷한 아들과의 관계에서도 유사한 양상을 보이고 있었다. 이러한 부인의 급한 성격은 남편과 아들에게 거부감과 위축감을 가지게 함으로써 갈등요인으로 작용하고 있었다.

③ 일방적인 대처방식

부인은 남편과의 대화 시 자초지종을 설명하지 않고 대화 도중 끼어들어 대화를 중단시키는 반응을 보였고 친정아버지나 시아버지와 충돌 시 공격적인 반응을 보이는 등 일방적 대처방식을 사용하였다.

④ 집요한 성격

부인은 바가지를 긁거나 잦은 잔소리를 하는 등 집요한 방식으로 남편에 대한 불만이나 자신의 스트레스를 해소함으로써 남편과 자녀들과의 충돌이 지속되고 있었다. 남편은 어려서부터 아버지에 대한 거부감과 위축감으로 인해 아버지와 소원한 관계를 유지하고 있었고 이로 인한 미해결된 정서가 내재되어 있었으며 부부관계에서 아버지와 유사한 특징을 보이는 부인을 통해 아버지의 모습을 보게 되었다. 즉, 아버지와 부인과의 유사한 의사소통방식으로 인해 부인과의 의사소통이 원활하지 못한 상황이었다. 반면, 부인은 급하며, 언성이 높고 화를 자주 내고 정리정돈을 못하는 점들에 있어서 친정아버지와 유사한 방식을 취하고 있었으며, 또한 부인은 시아버지와 유사한 특성을 나타내고 있는 것으로 분석되었다. 부인은 남편과 유사한 의사소통방식을 사용하고 있는 아들로 인하여 스트레스를 받고 있었으며 남편에 대한 부정적 감정을 아들에게 투사하였다. 또한 아들과 딸의 관계에서 사용되는 의사소통방식은 마치 부모의 의사소통방식과 유사하여 남매가 서로 스트레스 받는 관계에 있었다. 이러한 부부간에 시도된 해결책으로서 역기능적인 의사소통방식은 양가로부터 내려오고 있다는 것을 확인할 수 있다. 결과적으로 이러한 역기능적 의사소통방식으로 인한 스트레스 받는 관계 유형은 순환적이고 상호 대치되고 있었고 부부관계에서 나타나고 있는 갈등상태는 남매관계에서 유사하게 나타나고 있었다.

H: 제가 아들하고 부딪치는 게, 그때 사이가 아주 안 좋았을 때, 티격태격하다가 (아내한테) 나에 대한 감정을 애한테 투사하는 거 아니냐고 그랬더니 (아내가) 아니라고는 얘기 못한다는 거죠. 그래서 지금도 보면서 그런 게 있지 않을까 싶은데, 조금 그런 느낌이 들어요.

T: 근데 혹시 모자관계를 자신(남편)이 아버지한테 재촉을 당했던 것과 같이 아드님이 내가 어렸을 때 아버지한테 푸시당한 것처럼 내 아들이 엄마(아내)로부터 좀 푸시를 당하고 있다는 유사점을 못 느끼세요?

H: 느끼죠. 그래서 얘기도 하고….

S: 얘(여동생)가 제 옆에서 뭐를 보면요 엄마가 (저를) 옆에서 보는 거 같아서 그게 싫어요.

T: 동생이 옆에 있으면 엄마가 옆에 있다는 느낌을 받는다는 거지? 뭐 때문에 그럴까?

S: 꼭 제가 하고 있으면 엄마가 오면 오빠가 또 컴퓨터 했다 아니면 또 게임을 봤다 또 애니를 봤다 이 세 가지예요.

T: 어떤 말투? (오빠의) 톤의 변화가 없이 말하는 말투?

D: 네 (오빠가) 너무 답답해요.

## 3. 치료자의 개입방법과 효과성

이혼위기에 처한 부부갈등을 해결하기 위해 15회기 동안 가족상담을 진행하면서 치료자가 사용한 개입방법과 그에 대한 가족치료의 효과성의 결과는 다음과 같다.

### 1) 치료자 개입방법

치료자의 개입방법을 치료과정 초기, 중기, 종결과 치료 전 과정으로 구분하여 분석한 결과 치료자의 개입방법은 모두 20개의 상위범주로 도출되었다. 구체적으로 살펴보면, 문제사정, 가족관계 탐색, 원가족 경험 탐색, 통찰력 강화, 미해결된 정서 탐색, 다세대 간 전수과정 조명, 시도된 해결책 탐색, 역기능적으로 시도된 해결책 탐색, 역기능적으로 시도된 해결책 설명, 새로운 해결책 제안, 변화유형 확인, 통찰력 강화, 성공적 경험 탐색, 내담자 중심 접근, 변화가능성 통찰, 재해석, 생략된 언어 탐색, 중재자 역할, 치료적 동맹관계 형성으로 분석되었다.

#### (1) 치료과정 초기

먼저 치료자는 치료과정 초기에는 〈표 6-5〉와 같이 내담자의 문제를 사정하고, 핵가족

〈표 6-5〉 ■ 치료과정 초기 개념추출과 범주화

| 개념 | 하위범주 | 상위범주 |
|---|---|---|
| 부부가 팽팽히 맞서는 관계, 위기사건에 대처하는 역기능적 방식, 부부관계에서 원활한 대화가 안 됨, 표현방식의 문제, 부부간에 의사소통이 안 되고 있음, 부자간 대화 시 시원한 느낌을 받지 못함, 상호작용방식이 효과적이지 못함, 시도된 해결책의 문제에 대한 설명, 부부간 충돌하는 방식이 문제임 | 시도된 해결책의 문제 | 문제 사정 |
| 자아 미분화에 대한 설명, 자아분화가 안된 경우 과도한 역할 가능성에 대한 설명 | 미분화된 자아 탐색 | |
| 구체적인 진술 요구, 구체적인 사례 요구, 모와 충돌한 사례 확인, 실수했던 구체적인 사례 확인, 모가 인식하는 딸의 어리버리한 행동의 사례 요구, 시연을 요구함, 대화가 안 되어 충돌하는 경우 사례 요구 | 구체적 정보 획득 | |
| 이혼 문제에 대한 본질을 파악함, 오빠의 말투가 짜증나는 이유 확인, 사건에 대한 마음속 저변의 의미 확인, 본질적 문제에 대한 핵심 설명, 남편이 집안일을 하는 의도 파악 | 문제의 본질 파악 | |
| 부자관계 탐색, 모자관계 탐색, 부녀관계 탐색, 남매관계 탐색, 모녀관계 탐색, 부모관계 확인, 남매간 긍정적인 관계 확인 | 내담자 가족관계 탐색 | 가족관계 탐색 |
| 동생과 모의 갈등유형 확인, 모와 충돌 횟수 확인 | 갈등패턴 탐색 | |
| 부모 중 스트레스를 더 크게 주는 대상 확인, 부로 인한 스트레스 확인, 남매간의 스트레스 강도 확인 | 스트레스 탐색 | |
| 시부와 자녀의 관계 확인, 시부와 딸의 관계 확인, 결혼 전 시부와 딸의 관계 확인, 딸과 시모의 관계 확인, 큰아들과 시부의 관계 확인, 남편과 시부의 관계 확인, 큰오빠와 친정부의 관계 확인, 작은오빠와 친정부의 관계 확인, 친정모와 자녀들의 관계 확인, 남편과 시모의 관계 확인, 시누이와 시모의 관계 확인, 아주버니와 시부의 관계 확인 등 | 남편의 원가족 관계 탐색 | 원가족 경험 탐색 |

관계와 원가족 경험을 탐색하였다. 내담자의 문제를 사정하기 위해 치료자는 내담자가 호소하는 내용을 통해 문제의 본질을 파악하고자 하였고 미분화된 자아에 대한 탐색과 내담자의 구체적인 진술요구와 사례에 대한 확인을 통해 구체적인 정보를 획득함으로써 내담자의 문제를 사정하였다. 또한 치료자는 가족관계를 탐색하기 위해 내담자의 부부관계, 부모자녀관계, 남매관계에서의 갈등패턴과 스트레스 정도를 탐색함으로써 하위체계 사이에 지금까지 시도된 해결책을 발견하고자 하였다. 다음으로 치료자는 원가족 경험을 탐색하기 위해 부인과 남편의 원가족 관계와 원가족에서의 의사소통방식을 탐색하였다.

#### (2) 치료과정 중기

치료과정 중기에는 〈표 6-6〉과 같이 원가족성원 간의 미해결된 정서와 다세대 간 전수과정, 가족성원 간 시도된 해결책을 탐색하였고 역기능적으로 시도된 해결책을 설명하였고

〈표 6-6〉 ■ 치료과정 중기 개념추출과 범주화

| 개념 | 하위범주 | 상위범주 |
|---|---|---|
| 부(시아버지)로부터의 물바가지 사건과 모(시어머니)에게 맞은 사건에 대한 남편의 과거 감정상태 확인 | 원가족에서의 미해결된 정서 탐색 | 미해결된 정서 탐색 |
| 부모의 의사소통방식과 남매간의 의사소통방식의 유사점 설명, 친모와 유사한 아들의 우회적 표현방식에 대한 설명 | 의사소통방식의 유사점 설명 | 다세대 간 전수과정 조명 |
| 부모의 표현방식과 행동이 자녀들에게 미친 영향 설명 | 부모의 표현방식이 미치는 영향 | |
| 아들과 남편의 유사점이 보일 때 부인이 민감하게 반응할 수 있음을 설명 | 가족투사 가능성 설명 | |
| 위기개입 시 부모의 표현방식 사용 가능성 설명, 손자와 아들의 표현방식이 유사함을 설명, 가족구성원 간 표현방식의 유사점 파악, 남편과 시모의 유사점 확인, 아들의 명확하지 못한 표현방식이 부와 유사함에 대한 설명, 부모의 대화방식과 남매간 대화방식이 유사함을 파악 | 세대 간에 전수되는 유사점 설명 | |
| 남편과 시부의 관계에서 걸렸던 문제가 부인과 아들 관계에서 유사하게 나타남, 남편은 부인의 모습에서 친부의 모습을 보고 느낌 | 유사점에 의한 대치 | |
| 스트레스 해소방법 확인, 대응방식의 확인, 모의 잔소리에 대한 대응방식 확인, 속상한 마음의 해소방안 확인, 화나는 상황에서 아들의 대처방식 확인, 남매관계에 대한 모의 개입유형 확인, 동생과의 관계에서 오빠(아들)의 대처방식 확인, 부와 충돌 시 모의 개입유형 확인, 부인의 위기대처방식 탐색 | 대처방식 탐색 | 시도된 해결책 탐색 |
| 모의 표현방식 확인, 부의 말투 확인, 남매간 의사소통관계 확인, 부부간 의사소통관계 확인, 마음을 터놓을 수 있는 대상유무 확인, 불안감을 가족들에게 얘기했던 경험 확인, 모자간 의사소통방식 확인, 모의 표현방식 확인, 부자간 대화방식 확인, 부녀간 대화방식 확인, 아들이 인식하는 부모의 대화방식 확인, 아들과 부의 의사소통방식 확인, 시부모 의사소통관계 확인, 가족구성원 간의 의사소통관계 확인, 남편과 시부의 의사소통관계 확인, 성격이 문제가 아니라 표현방식의 차이임을 설명(원가족 영향) | 의사소통방식 탐색 | |
| 부부간의 역기능적 의사소통방식 설명, 부부간 대화방식이 기능적이지 않고 충돌하는 방식임을 설명, 역기능적인 표현방식의 원인 확인 | 역기능적인 의사소통방식 설명 | 역기능적으로 시도된 해결책 설명 |
| 부인의 문제해결방식이 남편을 더 괴롭힘, 화해시도 후 다시 부닥침 | 역기능적 대처방식 인식 | |
| 지속적으로 반복되고 있는 시도된 해결책의 비효과성에 대한 설명 | 시도된 해결책의 비효과성 | |
| 솔직한 마음의 표현을 유도함, 상담을 통해 솔직한 표현 시도 | 솔직한 표현 유도 | 새로운 해결책 제안 |
| 모의 대응방식 변화의 필요성 설명, 효과적인 다른 표현방법의 선택에 대한 필요성 설명 | 대응방식 변화의 필요성 설명 | |
| 효과적인 대응방식에 대한 정보 제공, 부인에게 남편과 자녀들의 스타일을 인정해 줄 것에 대한 권면 | 효과적인 해결책에 대한 정보 제공 | |
| 솔직한 표현이 필요한 이유 설명, 대화내용보다 대화방식의 변화를 통해 아들이 변화될 수 있음에 대한 설명 | 표현방식 변화의 필요성 설명 | |
| 딸의 부에 대해 원하는 반응 확인, 아들이 부에 대해 원하는 반응 확인 | 가족구성원들 간 요구사항 묻기 | |

다시 의사소통방식을 탐색하였으며, 새로운 해결책의 제안을 통해 부부갈등과 아들의 증상 유발과 역기능적인 가족관계에 영향을 미친 요인들을 구체화시켰다. 먼저, 치료자는 원가족 간의 미해결된 정서 탐색을 통해 내담자의 남편은 부(시아버지)를 통해 추운 날 아침 세수하지 않겠다고 고집 부리던 아들에게 물바가지를 퍼부었던 사건으로 인한 부에 대한 원망감과 거부감과 멍해 있던 아들을 데려가 코피가 날 정도로 아들의 머리를 때리고 부(시아버지)에게 칼로 죽이라고 위협한 모(시어머니)의 부적절한 개입으로 인한 황당한 사건을 통해 부모와의 미해결된 정서가 잠재된 것을 파악할 수 있었다. 또한 다세대 간 전수과정을 통해 가족구성원 간 의사소통방식의 유사점과 차이점을 파악할 수 있었고 이로 인한 모의 자녀들에 대한 투사와 스트레스 받는 대상(남편)과 유사점을 가지는 대상(아들)에 대한 상호 대치 등은 결국 남매관계에 부정적 영향을 미치고 있음을 확인할 수 있었다.

치료자는 가족구성원들이 가족관계에서 지속적으로 사용해 왔던 시도된 해결책 탐색을 통해 가족구성원들의 역기능적인 대처방식과 시도된 해결책의 비효과성을 파악할 수 있었다. 따라서 치료자는 솔직한 표현을 하도록 유도하였고 대응방식의 변화에 대한 필요성을 설명하였으며, 효과적인 해결책에 대한 정보를 제공하였다. 치료자는 가족구성원들에게 표현방식의 변화에 대한 필요성을 설명하였고 가족구성원들 간의 요구사항에 대한 질문을 통해 새로운 해결책을 제안하였다.

#### (3) 치료과정 종결

치료자는 치료과정 후기에서 〈표 6-7〉과 같이 가족구성원 개인별 변화와 가족관계의 변화에 대하여 확인하였다. 치료자는 가족관계의 변화를 확인하기 위해 체계적 접근을 통해 가족구성원 각 당사자의 관점과 타인의 관점에서 본 가족구성원과 가족관계의 변화를 탐색하였다. 탐색한 변화의 유형으로는 먼저, 개인의 변화에 있어서 표현방식, 대응방식, 심리적 변화를 탐색하였으며 다음으로 가족관계의 변화를 확인하였다.

〈표 6-7〉 ■ 치료과정 종결 개념추출과 범주화

| 개념 | 하위범주 | 상위범주 |
|---|---|---|
| 부녀관계 변화 확인, 모자관계 변화 확인, 부부관계 변화 확인, 부의 아들에 대한 변화 인식 확인, 남매관계 변화 확인, 부부간 대화유형의 변화 확인 | 가족관계의 변화 확인 | 변화 유형 확인 |
| 부인의 변화 확인, 부인의 편안해진 내용의 구체적인 확인, 치료자가 인식한 부인의 변화 설명, 부의 변화된 구체적인 대응방식의 확인, 동생의 변화 요인 확인, 부인의 변화 요인 확인, 효과적인 표현과 행동의 변화가 있음을 설명, 부인과 아들 충돌시 남편의 개입방법의 변화 확인, 표현방식의 변화 확인 | 가족구성원의 변화 확인 | |

#### (4) 치료 전체 과정

치료자는 〈표 6-8〉과 같이 모든 치료과정에서 다양한 개입방법을 시도함으로써 치료과정을 촉진시키고 효과적인 결과를 가져올 수 있었다. 치료자는 사례 들기와 개인적 경험 노출, 그리고 순환질문을 통해 가족구성원들의 통찰력을 강화하였으며 또한 새로운 해결책을

〈표 6-8〉 ■ 치료 전체 과정에서의 개입방법의 개념추출과 범주화

| 개념 | 하위범주 | 상위범주 |
|---|---|---|
| 관련 사례 제시 | 사례 들기 | 통찰력 강화 |
| 순환질문 시도 | 순환적 인과성 파악 | |
| 개인적 경험 노출 | 경험 노출 | |
| 남편에게 부로부터의 칭찬받은 경험 탐색, 남편에게 모로부터의 칭찬받은 경험 탐색 | 칭찬 받은 경험 탐색 | 성공적 경험 탐색 |
| 자녀 간(오누이)의 긍정적 관계 탐색, 모녀간 성공적 관계 경험 통찰 | 긍정적 관계 탐색 | |
| 성공적 대화 경험 확인을 통한 변화가능성 설명, 성공적인 표현방식의 확인, 성공적 대화의 구체적인 사례를 요구함, 화가 났을 때 부에게 내놓고 대화한 경험 확인, 대화가 잘됐을 때의 경험 확인 | 성공적 대화 경험 확인 | |
| 원하는 것에 대해 솔직한 표현 사용 경험 확인, 자녀들을 대견스럽게 생각하는 마음의 직접적인 표현 경험 확인, 억울한 감정표현 경험 확인, 서운한 감정과 죄송한 마음의 직접적인 표현 경험 확인 | 솔직한 표현 경험 확인 | |
| 청소년 눈높이에 맞는 표현을 사용하여 질문함 | 내담자 수준 고려 | 내담자 중심접근 |
| 내담자에게 해결방법을 찾도록 유도함 | 내담자에게 권한부여 | |
| 딸이 요구하는 모의 변화 확인, 표현방식에 대한 구체적인 요구 사항 확인 | 변화에 대한 내담자 요구사항 확인 | |
| 상담세팅과 가정 내 상황에서의 대화방식의 차이점 확인, 상담을 통해 생략된 이야기들이 나올 수 있음에 대한 설명, 아들이 인식하는 상담세팅에서의 부의 모습 확인, 상담세팅과 가정 내에서 자녀들과 대화의 차이 확인 | 상담세팅에서의 새로운 경험 | 변화가능성 통찰 |
| 남편의 특성에 대한 치료자의 재해석 | 특성 파악 | 재해석 |
| 모가 아들의 머리와 코피 날 때까지 때린 행동의 의미에 대한 재해석 | 미해결된 정서의 해소 | |
| 상담내용의 정리와 재해석 | 세션종료 | |
| 상담을 통해 부부간에 생략된 언어들을 찾음 | 부부간 생략된 언어 | 생략된 언어 탐색 |
| 아들 부부관계 악화에 대한 사유를 시부에게 설명, 스트레스나 위기사건 개입 시 역기능적인 대화방식을 사용하게 됨을 설명, 부인과 자녀, 배우자와 충돌하는 이유 설명, 아들이 과묵할 수밖에 없는 이유 확인, 아버지와의 상담내용 전달 | 내담자에게 정보제공 | 중재자 역할 |
| 아들(남편)이 (시)아버지에 대한 배려를 안 한 것이 아님을 확인함, 아들(남편)이 다른 병원에 예약한 이유를 확인, 남편이 대화를 회피했던 이유에 대한 설명 | 오해의 해소 | |
| 치료자가 인식한 남편에 대한 답답한 느낌 설명 | 내담자와 공감대 형성 | 치료적 동맹 관계 형성 |
| 부인에게 남편의 권위적이지 않고 평범하고 서민적인 이미지에 대한 칭찬, 남편의 장점 확인 | 남편의 장점 칭찬 | |

제시하거나 성공적인 방법의 강화를 통해 문제해결을 시도하였다. 치료자는 상담의 전 과정에서 가족구성원 간의 긍정적 관계, 성공적 대화 경험, 솔직한 표현 경험 등의 성공적 경험을 지속적으로 탐색하였다.

또한 치료자는 치료자의 권위를 나타내지 않고 오히려 내담자의 권위를 존중하는 내담자 중심의 접근을 시도하였다. 즉, 청소년 내담자의 수준을 고려한 표현을 사용하여 질문하였고 해결방법을 내담자 스스로 찾을 수 있도록 내담자에게 권한을 부여하였으며 가족구성원들의 변화에 대한 요구사항을 확인함으로써 가족구성원들이 원하는 바에 초점을 두었다.

다음으로 치료자는 변화가능성을 통찰할 수 있도록 내담자들에게 상담세팅에서 새로운 경험을 진술할 수 있도록 하였으며 가족구성원들이 진술한 내용을 재해석함으로써 내담자들의 의식을 환기시킬 수 있도록 유도하였다. 또한 치료자는 가족구성원들 간에 솔직히 표현하지 못했던 생략된 언어를 확인함으로써 내담자들의 솔직한 표현의 필요성을 인식하고 시도할 수 있도록 하였다.

마지막으로 치료자는 중재자 역할과 치료적 동맹관계 형성하기를 통해 내담자들과의 라포가 형성될 수 있도록 하였다. 가족구성원들 간의 오해의 해소, 역기능적인 관계 유지의 요인과 문제점에 대한 재해석, 가족구성원들에게 상담내용 전달 등을 통해 중재자 역할을 시도하였고 내담자와의 공감대 형성과 가족구성원들에 대한 칭찬을 통해 치료적 동맹관계를 형성함으로써 치료 효과를 촉진시킬 수 있었다.

### 2) 가족치료의 효과성

치료자가 15회기 동안 가족상담을 진행하여 나타난 가족치료의 효과성을 가족구성원 개인과 가족관계 유형별로 구분하여 살펴본 결과 가족치료의 효과성은 의사소통방식의 변화, 인식의 변화, 태도의 변화, 행동의 변화, 긍정적 행동의 증가, 심리적 변화, 대처방식의 변화로 분석되었다.

#### (1) 가족구성원 개인별 변화유형

가족구성원 개인별 변화유형은 〈표 6-9〉와 같이 인식의 변화, 의사소통방식의 변화, 대처방식의 변화, 행동의 변화, 심리적 변화로 분석되었다. 먼저 남편은 대화 시 말이 이어지고 균형 있게 얘기할 수 있게 되었으며 안 하던 말을 하거나 잔소리가 감소되고 자녀들에게 지적하지 않고 스스로 가족성원들과 주고받는 대화가 가능하다는 것을 인식하게 되었다. 또한 남편은 부인을 돕기 위한 효과적인 방법과 자기 문제를 인식하게 되었으며 아들을 배

〈표 6-9〉 ■ 가족구성원 개인별 변화유형의 매트릭스

| | 인식의 변화 | 의사소통방식의 변화 | 대처방식의 변화 | 행동의 변화 | 심리적 변화 |
|---|---|---|---|---|---|
| 남편 | 쌍방향의 대화가 가능함에 대한 인식, 부인을 도와주기 위한 방법 인식, 음주 시 잔소리가 길어진다고 인식함 | 말이 끊어지지 않음, 균형 있게 얘기가 됨, 상담 와서 평소 안 하던 말을 많이 함, 상담 후 잔소리하지 않고 물건을 정리함, 잔소리가 줄어듦, 화가 덜나고 잔소리하지 않고 스스로 치움, 부가 방 정리하라는 것이 없어짐, 지적하면 신경질 내는 모습을 보기 싫어 지적하지 않음, 집안 치우는 문제로 잔소리 덜하기 | 아들이 해 달라는 거 다 해줌, 귀찮아하지 않음, 아들과 부닥치지 않으려고 신경을 씀, 아들의 불만 토로를 수긍함, 친숙해지려고 노력함, 자녀들과의 약속을 지키게 됨, 남편이 노력하는 모습이 보임, 부탁하지 않아도 집안일을 같이 도와줌, 술을 덜 마시므로 자녀들과 시간을 가지게 됨(시험 때 도와줌), 토요일에 부가 약속이 거의 없음, 충돌 시 아무한테도 개입하지 않으므로 충돌이 줄어듦, 물건을 치울 때 잔소리를 하지 않음으로 인하여 충돌이 줄어듦, 부인이 원하는 쪽으로 한발짝 가기 | 술 약속이 줄어듦, 술을 많이 먹지 않으므로 덜 힘들게 함, 술 마시는 횟수의 감소, 예전처럼 자기 기분대로 하지 않음, 귀가시간이 단축됨, 늦은 귀가시간 횟수의 감소, 술을 마셔도 아주 늦게 귀가하지 않음, 집에서 담배를 피우지 않음, 담배 피는 패턴이 변화됨, 아침 인사 하기 | 전에 비해 부인과 대화하는 것이 싫지 않게 느껴짐 |
| 부인 | 개인적인 시간을 투자하지 못하고 틀에 갇혀 있던 자신의 문제점을 인식함, 상담을 통해 남편과 자녀들이 원하는 쪽으로 맞추어야 함을 깨닫게 됨, 남편의 문제나 외부환경의 문제로 인식했던 것에서 말투의 문제를 인식하게 됨 | 공격은 안 하고 약간의 비난만 함, 화내는 걸 많이 줄임, 짜증이 줄어듦, 짜증을 줄이려는 행동이 보임, 시험 못 봤다는 구박이 없어짐, 야단치는 것이 줄어듦, 대화 중 콕콕 날카롭게 나오는 게 거의 없어짐, 갑자기 확 쏘아붙이는 것이 줄어듦, 큰소리 나는 횟수가 줄어듦, 말투가 변화되었다는 생각이 듦, 채근하는 듯한 표현을 사용하지 않음, 상담을 통한 말투의 변화에 대한 자기 인식, 말투가 조금 바뀐 것 같아 보임, 말 한마디 할 때도 자연스럽게 나옴, 스스로 독을 많이 제거함, 말하는 게 편해짐 | 남편이 좋아하는 쪽으로 대처하게 됨, 상대방이 싫어하는 것을 강요하는 잔소리를 줄이고 상대방을 배려하는 태도를 취함 | 아침에 일찍 일어남, 애들 밥을 챙겨 줌, 공부 얘기가 조금 줄어듦, 강요해서 뭘 하려는 마음을 줄임, 부부관계 개선을 위해 모가 더 많이 노력함, 노력하는 것 같아 보임, 칭찬을 하기 시작함, 울음이 엄청 줄었음, 하소연하는 것도 줄어듦 | 마음이 좀 편해졌음, 남편이 힘들고 답답한 입장을 이해하므로 편안해짐, 누그러진 것은 확실함 |

| 아들 | 상담세팅에서 동생과의 대화가 이어짐을 인식함, 동생과 다툼이 줄었다고 인식함 | 게임문제로 충돌할 때 동생에게 따지는 표현이 줄어듦, 모와 대화가 더 편해지고 부에게 집에서 담배 피지 말라는 바람을 표출하게 됨 | 동생과 게임문제로 충돌 시 맞받아치지 않고 순응함 | 부모의 이혼문제에 신경 쓰지 않게 된 이후로 집중이 더 잘됨, 어리광이 늘어남 | 애니메이션 책을 치우면 화를 냈는데 요즘은 화를 안냄, 부모 이혼에 대한 불안감이 감소됨 |
|---|---|---|---|---|---|

려하고 수용적인 태도를 취하였으며 친밀한 관계 형성을 위하여 노력하였고 자녀들과 함께 시간을 가지려고 노력하였다. 즉, 시도하지 않았던 새로운 방법의 적용으로 음주횟수 감소, 자기 기분대로 하지 않음, 귀가시간 단축, 담배 피는 패턴의 변화가 나타났다.

부인의 경우 부정적 감정표현과 강한 표현이 감소하였고 편하게 말하게 되었다. 또한 부인은 상담과정을 통해 생각이 달라지므로 상대방을 배려하게 되었고 강압적 의지의 감소와 자녀들에 대하여 칭찬을 하였으며 마음이 편해지고 마음을 다스릴 수 있는 상태의 변화가 나타났다. 아들의 경우는 감정통제가 가능해지고 집중력이 향상되었으며 부에 대한 어리광이 증가되는 등의 심리적 변화와 긍정적인 행동이 나타났다. 가족치료를 통한 가족구성원 개인의 변화 유형을 살펴보면, 부인의 경우 자신의 문제점을 인식하게 되면서 대화 도중 끼어들지 않고, 자녀들을 비난하고 나무라는 표현과 짜증이 감소하였고 상대방에 대한 배려, 칭찬의 시도 등의 새로운 행동의 변화와 강현 표현의 감소와 말투의 변화 등 의사소통방식이 변화되었다. 또한 남편의 경우 상담 전에는 집안일을 도와주면서 궁시렁거리거나 잔소리가 심했으나 상담 후 말없이 도와주고 잔소리가 줄었으며, 음주횟수와 늦은 귀가 횟수가 줄어들었다. 이와 같은 부모의 변화는 집중력 저하와 주의산만, 학습태도 불량 등의 증상을 가지고 있던 아들의 감정통제와 집중력이 향상되는 변화를 초래하였다.

D: (엄마가 딸에게) 기본이 없어 기본이(딸을 무시하는 말). 그거는 약간 줄었고요. 전체적으로 약간 줄은 거 같아요.

W: 코코(강아지 이름) 오줌을 치웠어요. 정말 한때 이 사람이 너무 미웠을 때요. 일부러 안 치웠어요…. 나쁘게 말하면 그거고, 그 전날 나를 너무 힘들게 했기 때문에 이 정도는 당신이 해도 돼…. 요즘도 이 사람(남편)이 치우긴 하지만 제가 요새는 바로 바로 치워요.

W: 제가 오늘 진짜 당신 말하는 거 끼어들지 않고 그죠?

T: 네 오늘 한 번도 없으셨어요.

M: 나도 모르게 릴랙스가 되면서….

T: 그런데 오늘 보니까 (어머니가) 정말 많이 변하셨어요.

H: 그러고 보니 오늘 (아내가) 진짜 중간에 안 끼어들었네.

W: … 어떤 문제가 왜 일어났느냐는 걸 자꾸 외부영향이 아니라 내가 이런 문제를 이렇게밖에 인식을 못하고 있어서 이런 행동이 나오고 있구나를 자꾸 염두에 두고 보니까 저를 다시 보게 되고…. 애 아빠한테도 그러니까 말투를 고쳐야겠다는 거… 내가 변하지 않은 상태에서 남이 변하리라고는 기대하는 건 있을 수 없는 일이죠…. 상대방이 제일 싫어하는 게 뭔지 원하는 게 뭔지 그걸 간파했을 때 그 사람이 원하는 언어로 그걸 풀어 나간다면 자연스럽게 해결할 수 있지 않을까….

S: 확실히 (엄마가) 짜증은 줄었죠.

T: 확실히? 음 엄마가? 그거로 인해서 너하고 엄마 관계는?

W: 예전에는 두 마디 할 것을 지금은 한 마디를 한다든지 조금 줄이려고 하는 거죠.

W: 뭐 먼저 뭐 하는 사람은 아니거든요. 먼저 뭐를 막 이렇게 제스처를 한다거나 그런 건 아닌데 표현 없이 하죠.

### (2) 가족관계의 변화

가족관계의 변화는 〈표 6-10〉과 같이 부부관계, 부자관계, 부녀관계, 모자관계, 모녀관계, 남매관계로 구분하여 분석하였다.

〈표 6-10〉 ■ 가족관계의 변화에 대한 매트릭스

| 상위범주 | 의사소통방식의 변화 | 대처방식의 변화 |
|---|---|---|
| 부부관계 | 상담을 통해 부모가 집에서 큰소리를 내지 않게 됨 | 부모님의 싸움이 줄어듦, 전처럼 부닥치지 않음, 출근 전 스킨십을 요구할 때 마지못해서라도 하게 됨 |
| 부자관계 | 부에 대한 바람을 표현함, 부에 대한 불만 사항을 표현함, 주거니 받거니 대화가 됨 | 아들이 부에게 놀아 주길 요구하게 되고 부도 전에 비해 노력하려는 태도를 보임 |
| 부녀관계 | 대화하는 시간이 많이 늘어남, 얘기를 많이 함 | 충돌횟수가 전보다 줄어듦 |
| 모자관계 | 모에 대한 요구사항을 표현함, 모와 대화가 편안해짐 | 충돌횟수가 줄어듦 |
| 모녀관계 | 대화 시 서로의 말투가 조금 바뀐 것 같음 | 충돌횟수가 전보다 줄어듦, 모가 노력하는 것 같아 보임, 짜증을 줄이려는 행동이 보임 |
| 남매관계 | 상담을 통해 처음으로 길게 대화가 됨을 인식함, 무시했던 동생의 행동이 줄어듦, 동생의 비난하는 표현방식이 줄어듦, 오빠의 표현방식이 약간 변화한 것에 대해 동생이 인식함, 오빠가 권위적이지 않고 이해해 주기를 바라는 마음을 표현함 | 충돌횟수가 감소됨, 다툼 시 끝까지 맞대응하지 않고 중단하게 됨, 예전보다 서로의 말을 잘 들어 줌 |

① 부부관계

가족치료 과정을 통해 가장 큰 변화는 부부관계의 변화로 대처방식의 변화와 심리적 변화가 나타났다. 대처방식의 변화로는 서로 충돌 횟수가 감소하였고, 남편이 스킨십을 시도하게 되었으며 심리적 변화로는 부부간의 대화 시 심리적 편안함을 느낄 수 있게 된 점이다.

S: … 확실히 집에서 큰 소리 나는 건 없어요. 요새.

T: 집에서 큰 소리 나는 게 없어졌어?

S: 네, 뭐 정도 물건 어디다 뒀냐고 그거 때문에 가끔씩 조금 말다툼 하는 거 같고….

M: … 요즘 웃는 큰애에게 엄마, 아빠 안 싸우니까 좋지? 그러니까 네! 그러더라고요. 엄마 노력하잖아, (아들이) 다 알아요. 그래요.

M: …. 이 사람(남편)도 내재적 변화가 있으니까 그런 것이고 저도 그게 좀 고맙고. 계기가 돼서 처음엔 아들하고 부닥친 거 때문에 상담을 하게 됐는데 저는 (남편이) 여기까지 와 준 것만으로도 감사해요.

② 부자관계

상담초기 부자관계에서 남편은 음주상태로 늦게 귀가하는 일이 많았고 스트레스를 술로 해결하고 있었으며 가족구성원들과의 정서적 교류가 없었다. 음주상태로 귀가하여 자녀들이 자고 있을 때 일방적으로 귀찮게 스킨십을 시도하였고 평소 하지 않았던 말을 하는 패턴을 반복하고 있었으며 평소 공부문제로 자녀들에게 잔소리를 함으로써 자녀들과도 소원한 관계를 유지하고 있었다. 또한 아들은 부가 동생과 더 친밀한 관계이며 자신을 차별대우 한다고 인식하고 있었다. 그러나 상담 후 부자간 의사소통방식의 변화로 인하여 부자관계가 향상되었다.

• 상담 전

S: (아빠와) 거의 대화가 안 되죠. 거의 서로 말을 안 해요…. 아빠가 알아서 먼저 얘기를 하는 것도 없고 제가 가서 얘기를 하는 것도 없고….

T: 동생하고 아빠관계는 어떤 거 같아?

S: 쿵짝이 잘 맞는 거 같아요….

T: 아빠랑 대화가 잘되는 거 같아?

S: (아빠가) 저보다는 동생한테 더 신경 쓰는 거 같고… 숙제 같은 거 봐 주신다거나….

S: 아빠가 빨래를 가져가시길래 같이 하자고 하실 줄 알았는데….

M: 왜냐하면 제가 같이 하라고 하거든요.

S: 그런데 아무 말씀이 없으셔서 언제 말씀하시나 계속 기다리고 있었어요….

T: 그러면 아빠의 속마음은 전혀 몰랐다는 거야?

• 상담 후

S: 술 드셨을 때도 그런 얘기 안 했어요. 아빠가 술 드시면 보통 스킨십으로 웬만한 모든 거를 해결하려고 하니까 저는 그거를 귀찮아하고….

H: 아빠는 이게 잘 안 되잖아.

S: 안 돼도 해야지.

T: 술 안 드셨을 때 스킨십은?

S: 없어요. 그냥 짜샤 하면서 뒤통수 치는 거….

H: 머리통이지, 뒤통수가 아니라. (주거니 받거니 대화가 됨)

S: 놀아 좀 주시지….

③ 부녀관계

남편은 평소 아들과의 관계보다 딸과 더 친밀한 관계를 유지하고 있었다. 그러나 부인과의 충돌로 스트레스를 받게 되었을 때에는 평소 딸을 편애하였던 태도와는 달리 잔소리가 심해지지고, 특히 공부할 때 억압적인 태도와 다그치고 짜증내는 패턴을 유지하고 있었다. 부는 귀가하자마자 자녀들에게 잔소리하고 아침에 빨리 일어나라고 잔소리를 하였으며 이로 인하여 딸은 많은 스트레스를 받고 있었다. 딸은 모와 충돌 시 아빠가 자신의 편을 들어주고 인정해 주기를 바라고 있었다. 그러나 치료과정을 통해 부부관계에 긍정적 변화가 나타나면서 평소 좋은 관계를 유지했었던 부녀관계로 자연스럽게 회복될 수 있었다.

• 상담 전

D: 그때는 뭐 그랬어요…. 근데요 제가요 아빠랑 공부할 때 약간 잘 울기도 하는데요. 제가 울었을 때 아빠가 왜 이렇게 많이 우니? 하면서 대게 화를 냈어요….

D: 어… 그냥 제가 잘못할 때는요 그냥 쓰고 있던 볼펜을 탁 놓으면서… 그냥 한숨을 푹 쉬면서 다시 펜을 잡아요. 말로는 이게 이해가 안 가? 그땐 엄마랑 같이 있는데요. 엄마가 (아빠에게) 모른다고 말해라고 하는데 아빠는 어…. (내가) 그 말을 할 틈을 안 주는 거 같아요.

• 상담 후

T: 아빠하고 대화는 어떠니?

D: 안 되는 게 아니니까, 주거니 받거니 정도는 아니지만, 제가 아빠한테 주로 말하는 정도 그 정도만, 아빠는 듣는 편이구요…. (중략)

H: 아직 표현하는 방식까지는 모르겠는데 표현하는 방식의 차이를 좀 느꼈어요.

T: 따님은요?

H: 그냥 뭐….

T: 따님하고는 원래 사이가 좋으셔서 뭐.

H: 네.

④ 모자관계

상담초기 모자관계에서 내담자는 남편과의 갈등으로 인하여 스트레스는 아들과의 관계에서 강요와 불신임, 동생과의 편애, 잔소리, 일관성 없는 태도로 아들의 스트레스를 유발하고 있었으며 아들 또한 학교생활이나 친구들에 대한 개인적인 일상생활에 대한 대화가 모와 이루어지지 않고 있었다. 내담자는 남편과의 갈등 시 아들에게 하소연함으로써 삼각관계를 유도하고 있었다. 모는 일관성 없는 양육태도를 보였고 모의 조급한 성격으로 인해 그와 상반된 유형의 아들은 모와 충돌 시 반감을 가지게 되었다. 그러나 상담 후 모자간 솔직한 표현을 시도하게 됨으로써 모자간 충돌횟수가 감소되었다.

• 상담 전

T: 불안에 대해서 엄마한테 얘기한 적 있니?

S: 그렇게 아빠하고 싸우고 나서 엄마가 저를 자주 불러요. 아빠 얘기를 막 한 다음에 저는 그거 들어 주고….

S: (엄마가) 좋을 때는 한없이 좋고 그랬다가 돌변했다가 그러니까….

T: 그러면 혹시 아버님께서는 어머님이 일관성이 없다고 보시나요?

H: 그런데 아내는 뭐 내가 그런 게 있나 보다 하고 수긍하는 경우가 거의 없어요.

• 상담 후

T: 엄마하고 대화하는 건 편안하냐고?

S: 예.

T: 더 나아? 그전에 부닥치는 거에 비해서 훨씬 줄었다는 거지?

S: 네.

⑤ 모녀관계

모녀관계의 변화는 대처방식의 변화와 의사소통방식의 변화로 분석되었다. 상담 전 모녀관계는 아들과의 관계보다는 더 좋은 편이었고 학교에서 있었던 일들에 대해 대화가 되었다. 그러나 모는 딸이 음료수를 실수로 쏟았을 때 모는 딸이 일부러 그런 것이라며 딸을 비난하였다. 또한 모는 잦은 잔소리와 일관성 없는 양육태도로 딸과 자주 충돌하였다. 그러나 상담 후 모는 딸을 무시하고 비난하며 소리 지르던 방식의 변화가 나타났다.

• 상담 전

D: 음료수나 뭘 쏟았을 때, 그때요. 그런 걸 왜 쏟냐고 니가 어린애냐고 그럴 때….

D: 기본이 안 되어 있어 기본이, 주의를 줘요.

T: 주의를 어. 너는 왜 그러니? 그런 거?

D: 그때그때 달라요. 어쩔 때 가볍게 또 엄마 기분 나쁠 때는 막 소리 지르고, 요즘은 약간 더 업그레이드… 심화됐다는….

• 상담 후

T: 그전과 비교해서 너하고 엄마하고 부닥치는 횟수는 어떠니?

D: 음, 그전에 비교해서 좀 줄었어요.

⑥ 남매관계

남매관계의 변화도 대처방식의 변화, 의사소통방식의 변화로 분석되었다. 상담 전 남매는 컴퓨터 게임으로 인해 자주 다투었다. 동생은 초등학교 2~3학년 때부터 오빠에게 반항하기 시작하였고 다툼 시 오빠를 먼저 치면서 대들었고 집에 오자마자 컴퓨터를 중단하고 나오라고 지시하며 오빠를 친구 대하듯 하였다. 특히, 부와 같이 조용히 말하는 오빠의 말투는 동생을 더 짜증나게 하는 요인으로 작용하고 있었다. 아들은 모의 공부하라는 잔소리와 닦달하는 태도로 인해 극심한 스트레스를 받고 있었으며 모와 유사한 표현방식과 행동패턴을 소유한 동생의 모습을 통해 모의 모습을 느끼게 됨으로써 동생과 더 충돌하였다. 상담 후 동생의 순응적 태도로의 변화와 오빠의 표현방식의 변화로 인해 서로 충돌하는 횟수가 줄어드는 결과가 나타났다.

• 상담 전

S: 대부분의 경우가 (내가 동생에게) 뭐 하라고 했을 때 (동생은) 안 해요. 그러면 내가 (동생한테) 왜 안했냐고 그러면 (동생은) 어쩌라고 그러고….

S: 할 말 없고 그러면 (동생이) 또 어쩔, 어쩔이라고 하고 그리고 심하면 그냥 저한테 너라고 하고 오빠의 존재가 없어요.

S: 예를 들어서 제가 컴퓨터를 하고 있는데 동생이 학원이나 학교를 갔다 오자마자 (오빠에게) 또 하고 있어? 이러고 그런 다음에 대충 옷 갈아입고 씻고 나온 다음에 (동생이 오빠에게) 그냥 무조건 나와.

T: 동생이 너한테?

S: 네. 나와(내가 동생에게) 왜 그러면? (동생이) 오래했으니까 나오라고 해요.

• 상담 후

S: 예전에는 그렇게 하면 (동생이) 말로만 하고 한 번도 안 씻고 그냥 자고 그랬는데 요새는 그래도 몇 번 말하면 툴툴거리긴 해도 말을 들어요.

D: 오빠가 표현하는 방식이 약간은 변화해서 그런 건지… 그런 거 같아요.

T: 요즘은 오빠하고 부닥치는 횟수가 줄어들었다는 거야?

D: 전보다는.

T: 어떻게 해서 줄었을까?

D: 몸싸움이 줄었다는 거죠.

## 4. 치료과정에 대한 네트워크

이혼위기에 처한 부부갈등 해결을 위한 가족치료 과정은 [그림 6-2]와 같이 네트워크로 나타낼 수 있다.

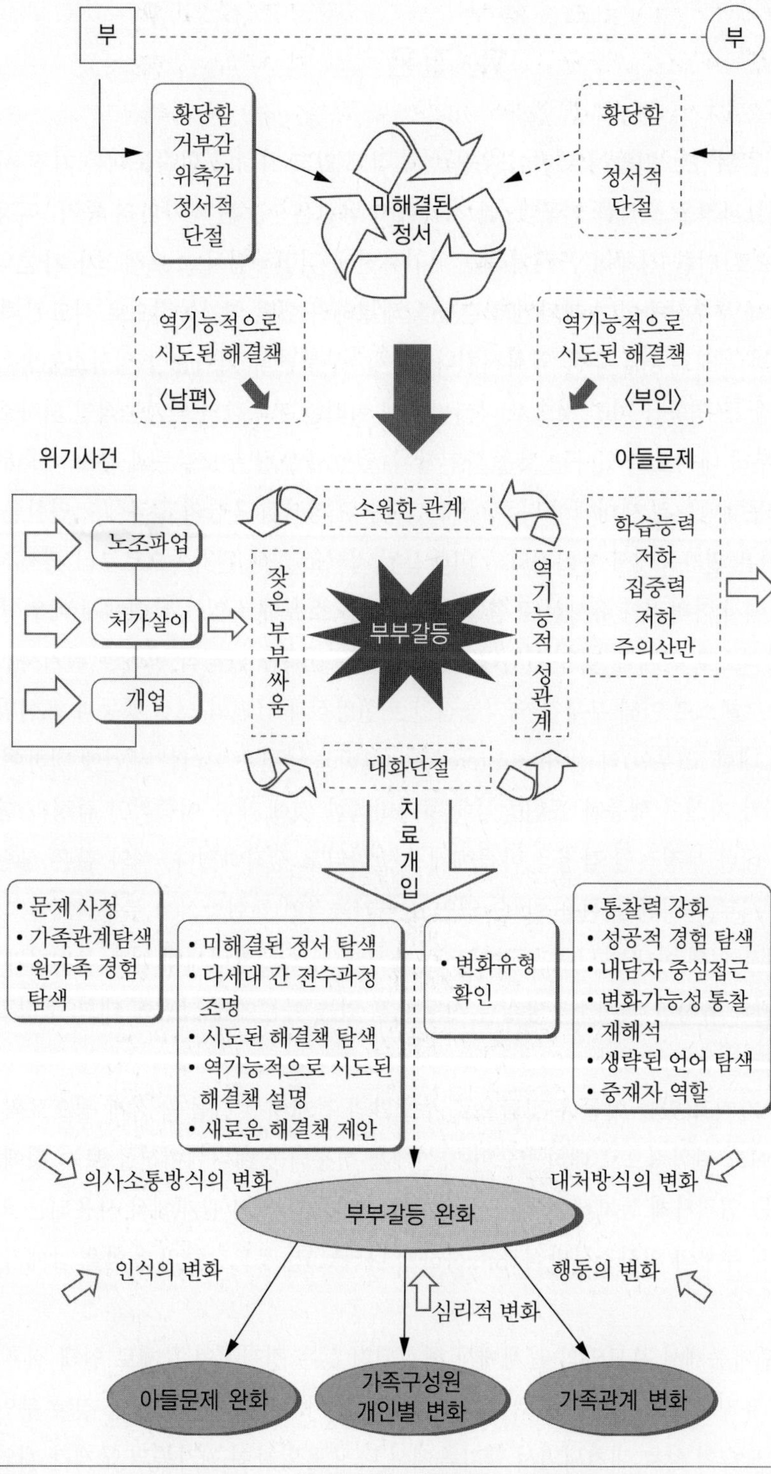


[그림 6-2] 치료과정의 네트워크

# Ⅵ. 결론

본 연구는 이혼위기로 인하여 부인이 우울증을 겪고 있고 자녀가 학습문제를 가진 사례에 대한 가족치료과정을 분석한 연구다. 본 사례에서 남편은 7년 전 처가와의 동거, 직장노조 파업, 개업으로 인한 경제적 곤란이라는 위기사건에 직면하면서 스트레스가 가중되게 되었고 이로 인해 부부갈등이 초래되면서 갈등을 해결하려 했던 역기능적으로 시도된 해결책은 이혼위기의 부부갈등을 더욱 악화시켰다. 특히, 부부간의 역기능적 의사소통방식은 부부갈등에 가장 큰 영향을 미친 것으로 나타났는데 이러한 부부간의 역기능적인 의사소통방식은 양가로부터 내려오고 있다는 것을 확인할 수 있었고 또한 부모갈등과 부모 이혼문제 등으로 아들의 문제행동은 세대에서 다른 세대로 전수된 정서적 융합의 결과에 기인함을 알 수 있었다. 남편은 원가족에서 아버지와의 미해결된 정서로 인해 원가족으로부터 정서적으로 단절된 상황에서 아버지와 유사한 표현방식과 기질을 소유하고 있는 아내에게 매우 냉정하고 소원한 방식으로 관계를 맺고 있었다. 이러한 부부관계는 환경적 변화와 위기사건의 개입에 의한 스트레스로 인해 부부간 역기능적인 표현방식과 남편의 느린 행동과 표현방식을 닮은 아들에 대한 모(부인)의 전이(transference), 그리고 남편은 이러한 부인에 대하여 어렸을 때 아버지가 자신의 행동과 표현방식에 못마땅해한 것에 대한 이중적인 감정과 함께 부인이 자신에 대한 부정적인 감정을 아들에게 폭발한다고 생각하였다. 이와 같은 상황에 대하여 부부가 서로 솔직한 표현을 할 수 없었고 역기능적인 표현방식이 부부관계를 더욱 악화시켰다. 이로 인해 아내는 남편과 거리감을 가지게 되므로 자녀에게 더욱 몰입하게 되었고, 특히 남편과 유사한 의사소통방식을 사용하고 있는 아들에게 남편에 대한 부정적인 감정을 투사하는 양상을 보였다.

또한 증상을 가지고 있는 아들은 장남으로 부모와의 관계에서 갈등을 겪게 됨으로써 동생에게 공격적이고 권위적으로 대하였으며 자신에게 허용되는 애니메이션을 보는 것에 있어서 동생에게는 엄격하게 통제하는 태도를 취하면서 아들과 딸의 관계에서 사용되는 의사소통방식은 마치 부모의 의사소통방식과 유사하게 나타났고, 부모갈등의 유형을 남매가 답습하고 있었다.

즉, 부부는 원가족에서 부모와의 관계에서 해결되지 않은 정서적인 문제로 인해 결혼 후 소원한 관계를 유지하였고 결혼을 통해 공간적으로는 원가족에서 벗어났지만 결국 부인을 통해 아버지의 모습이 상호 대치되면서 핵가족에서 다시 융합하여 원가족의 문제가 재연되고 있음을 볼 수 있었다.

상담을 통하여 부인은 자신의 표현방식이 시아버지와 유사한 방식이며 이로 인해 남편과 아들과의 관계를 악화시키고 있으며 남편 또한 아버지와의 미해결된 문제와 역기능적인 표현방식으로 인해 부인과 자녀들과의 관계에서 원활한 의사소통이 되지 않고 있으며 가족관계 전체에 영향을 미치게 되었다는 것을 인식하게 되었다. 따라서 지금까지 시도해 보지 않았던 기능적이고 효과적인 의사소통방식의 시도를 통해 부부갈등이 해결되었을 뿐 아니라 증상을 가지고 있던 아들과 전체적인 가족관계까지 변화되는 결과를 보였다.

따라서 본 연구결과를 통해 치료자가 사용한 치료 모델인 MRI 모델과 Bowen의 가족체계적 접근의 효과성을 다음과 같이 요약해 볼 수 있다.

첫째, MRI 모델에 근거한 치료자의 개입을 통해 부인은 남편과의 갈등을 해결하기 위해 시도했던 해결책이 오히려 친정아버지의 다혈질적인 기질과 유사한 표현방식, 그리고 남편과 상반된 표현방식으로 인해 부부갈등이 악화되게 되었음을 확인할 수 있었다.

둘째, Bowen의 가족체계 이론에 근거한 치료자의 개입을 통해 내담자의 부부문제와 부모-자녀 간 문제의 저변에는 남편의 경우 아버지와의 관계에서 미해결된 문제와 말이 없고 즉각적으로 반응하지 않는 역기능적 의사소통방식(이 방식은 남편의 어머니 표현방식임)을 사용함으로써 부부갈등을 유발하게 된 것을 확인할 수 있었다. 특히 자녀들 중 아들은 아버지와 유사하여 어머니와 충돌하였고 딸은 어머니와 유사하여 남매관계 또한 잦은 충돌을 하게 되었다. 그런데 남편의 원가족에서 남편의 아버지는 말과 행동이 느리고 사교적이지 못했던 부인(남편의 어머니)에 대한 불만이 많았으며, 이러한 부인과 유사한 둘째 아들(남편)에 대하여 전이(transference)현상이 일어나고 있었다. 한편 남편의 어머니는 급한 행동과 자신을 무시하는 남편에 대하여 직접적으로 말을 하지 않고 둘째 아들을 야단치는 남편에 대한 반감을 둘째 아들을 때리고 칼을 남편에게 가지고 가서 아들을 죽이라는 우회적인 의사소통방식을 사용하여 표현하였고 이러한 우회적인 어머니의 표현방식을 둘째 아들(남편)이 사용하고 있었다.

셋째, Bowen의 가족체계 이론과 MRI 모델에 근거한 가족치료 과정을 통해 내담자가 자신의 문제를 가족체계적 관점에서 통찰할 수 있게 함으로써 인식의 변화를 가져왔고 이를 통해 남편과의 의사소통 관계가 변화되고 남편 또한 부인과 자녀들에게 직접적인 의사표현을 시도하게 됨으로써 가족관계 전체가 점차 변화되었다. 이러한 결과는 의사소통 모델과 가족체계 이론이 임상가들에게 가족문제에 대한 효과적인 치료 접근법으로 적용하는 데 도움이 될 수 있을 것이라 사료된다.

마지막으로 본 연구의 결과는 임상현장에서 부부갈등으로 이혼위기에 처한 부부들과 자녀들을 대상으로 이혼예방을 위한 가족상담을 실시할 경우 MRI 모델과 Bowen의 가족체계 모델을 적용함으로써 효과적인 결과를 얻을 수 있다는 것을 보여 준다. 즉, 부부갈등 또는 자녀문제를 상담할 때 부부의 원가족에 걸린 자아분화 문제와 원가족에서 내려오는 역기능적인 의사소통방식 그리고 현재 부부와 자녀 간에 사용하고 있는 역기능적인 의사소통방법에 초점을 두면서 상담을 진행할 필요가 있다.

## : 참고문헌

고병인(2000). 보웬의 가족치료 이론으로 본 S부부의 사례연구. 한세대학교 교수논총, 16, 98-125.

구미향, 이양희(2003). 아동기 두려움과 행동 문제의 특성 및 관련성 탐색. 초등교육연구, 16(1), 341-363.

권이종(1992). 청소년과 교육병리. 서울: 양서원

김숙자(2002). 부모의 이혼과 청소년 자녀의 우울 및 심리사회성숙도간의 관계. 연세대학교 교육대학원 석사학위논문.

김유숙(1999). 가족치료. 서울: 학지사.

김종범(2009). 청소년의 학교생활부적응에 영향을 미치는 요인에 관한 연구: 학교부적응 청소년들을 중심으로. 임상사회사업연구, 6(2), 25-48.

박태영(2001). 가족치료 이론의 적용과 실천. 서울: 학지사.

송성자(1996). 가족과 가족치료. 서울: 법문사.

송옥선, 김정희, 권혁철(2008). 부모이혼을 겪은 대학생의 경험에 관한 질적 분석. 한국심리학회지, 27(1), 15-33.

송정아, 최규련(2002). 가족치료 이론과 기법. 서울: 하우.

신은영, 김경연(1996). 아동이 지각한 스트레스 사건, 스트레스 사건의 경험 빈도, 그리고 스트레스 수준. 대한가정학회지, 34(4), 33-47.

이옥(2002). 가족의 위기: 이혼 문제의 극복 방안. 가정과 이혼, 18-27.

전명희(2002). 이혼 후 자녀양육형태 형성과정에 관한 연구. 한국가족치료학회지, 10(1), 51-73.

전연진(2002). 삼세대 가족관계 경험과 아동의 스트레스 대처 행동이 아동의 행동문제에 미치는 영향. 연세대학교 대학원 박사학위논문.

정문자(2001). 연구와 임상에서 살펴본 한국가족문제와 관련변인. 한국가족치료학회지, 9(2), 1-34.

정은(1996). Bowen의 가족체계 이론을 적용한 청소년가족상담에 관한 일 연구. 사회복지리뷰, 1(1), 1-16.

정진영(1993). 이혼가정에서의 아동문제에 관한 연구. 서울여자대학교 인문사회과학논총, 1, 57-76.

주소희(2003). 부모이혼 후 아동의 적응에 영향을 미치는 변인에 관한 연구. 성균관대학교 대학원 박사학위논문.

최선화, 전영주(2002). 가족치료: 연구와 임상사례. 부산: 세종출판사.

통계청 (2007). http://www.nso.go.kr

Becvar, D. S., & Becvar, R. J. (1994). *Family therapy: A systemic integration.* Boston, MA: Allyn & Bucon.

Cummings, E. M., & Davies, P. T. (1994). Marital conflict and child adjustment: An emotional security hypothesis. *Psychological Bulletin, 116*, 387-411.

Duncan, B. L., Solovey, A. D., & Rusk G. S. (1992). *Changing the rules: A client-directed approach to therapy.* New York: The Guilford Press.

Hall, C. M. (1991). *The Bowen family therapy and its uses.* London: Jason Aronson Inc.

Hansen, J. C. (1982). *Therapy with remarriage families.* Rockville, MD: Aspen Systems.

Harold, G. T., & Conger, R. D. (1997). Marital conflict and adolescent distress: The role of adolescent awareness. *Child Development, 68,* 558-572.

Maschi, T. (2006). Unraveling the link between trauma and male deliquency: The comulative versus differential risk perspectives. *Social Work, 51*(1), 59-70.

Miles, M. B., & Huberman, A. M. (1994). *Qualitative data analysis.* Thousand Oaks, CA: Sage.

Nichols M. P., & Schwartz, R. C. (1998). *Family therapy: Concepts and methods.* Boston, MA: Allyn & Bacon.

Satir, V., & Baldwin, M. (1983). *Satir step by step: A guide to creating change in families.* Palo Alto, CA: Science and Behavior Books.

Schlanger, K., & Anger-Diaz, B. (1999). The brief therapy approach of the Palo Alto Group. In D. M. Lawson & F. F. Prevatt (Eds.), *Casebook in family therapy.* New York: Brooks/Cole.

Shoham, V., Rohrbaugh, M., & Patterson, J. (1995). Problem-and solutions-focused couple therapies: The MRI and Milwaukee. In N. S. Jacobson & A. S. Gurman (Eds.), *Clinical handbook of couple therapy.* New York: The Guilford Press.

Visher, E. B., & Visher, J. S. (1979). *Stepfamilies: A guide to working with step-parents and step-children.* NY: Brunner/Mazel.

Watzlawick, P., Weakland, J., & Fisch, R. (1974). *Change: Principles of problems formation and problem resolution.* New York: W. W. Norton.

Weakland, J. H. (1976). Communication theory and clinical change. In P. J. Guerin, Jr. (Ed.), *Family therapy: Theory and practice.* New York: Gardner Press.

Weakland, J. H. (1993). Conversation-but what kind? In S. Gilligan & R. Price (Eds.), *Therapeutic conversations.* New York: Norton.

제7장

# 갈등으로 인한 이혼위기를 경험하고 있는 부부의 부부치료 사례연구*

박태영 · 조지용

본 연구는 이혼위기를 경험하고 있는 부부의 상호갈등 요인을 파악하고 가족치료 개입을 통해 부부의 변화과정을 파악함으로써 부부갈등으로 인한 이혼위기를 대처해 나갈 수 있도록 돕고자 하였다. 연구자는 질적 연구방법으로 상담내용의 지속적인 비교분석을 통하여 의미 있는 요인들을 찾아내었고, 이를 네트워크(Network)와 매트릭스(Matrix)를 사용하여 남편과 부인의 상호작용적 특성을 나타내었다.

가족치료를 통해 부부는 지금까지 시도했던 역기능적 의사소통방식과 원가족으로부터 미분화 특성과 가족생활주기상 부부가 경험하고 있었던 사건들이 부부갈등의 요인이라는 것을 인식하게 되었고, 가족치료 결과 부부는 지금까지 사용하지 않았던 새로운 의사소통방식을 시도하게 되었으며, 원가족과의 분화의 필요성을 인식하게 됨으로써 부부간의 변화가 일어났고 궁극적으로 부부의 갈등이 감소하였다. 현재 사회문제로 부각되고 있는 이혼가정의 증가 현상을 살펴볼 때, 의사소통 이론과 가족체계 이론을 통한 부부상담은 이혼숙려기간의 이혼위기 부부를 위하여 적극 활용되어 이혼율을 낮추는 데 기여할 수 있을 것이다.

* 제7장은 한국가족치료학회지(2011) 제19권 2호, 41-62페이지에 게재된 논문을 일부 수정한 것임.

# I. 서론

남녀가 결혼을 통하여 새로운 가정을 형성하는 것은 인생에 있어서 매우 의미 있고, 중요한 과업이다. 하지만 평생을 함께 살아갈 것이라는 서로의 다짐은 결혼하기 전 각기 다른 삶의 방식, 가족문화와 생활방식으로 인해 부부의 다툼과 갈등을 표출하기도 한다. 서로 다른 환경에서 성장한 성인이 부부로 함께 생활해야 하기 때문에 어느 정도의 갈등은 필연적일 수 있으나, 부부가 갈등을 어떻게 해결하느냐에 따라 결혼생활의 위기를 경험할 수도, 더 나은 관계로 발전하는 바탕이 될 수도 있다(김남진, 김영희, 2010). 따라서 결혼에 의한 가족의 형성단계에 있어서는 부부가 서로의 역할에 대해 헌신하도록 기대하며, 상대 배우자의 가치관과 삶의 방식을 수용하는 노력이 요구된다(Carter & McGoldrick, 1997).

따라서 결혼 이후 초기 단계에서의 부부는 서로에 대한 적응과 새로운 역할정립 및 조정 그리고 배우자의 친족들과 확대가족관계를 형성해야 한다(박태영, 김혜선, 김태한, 2009). 그러나 해당 시기의 과업의 성취는 이후 부부가 경험하게 되는 다음 단계에까지 영향을 미치며, 만일 잘 성취되지 못하였을 경우에는 가족 내 스트레스를 경험하게 되며, 이는 가족생활주기의 붕괴를 가져오며 증상과 역기능을 유발시키는 원인으로 제공된다(Carter & McGoldrick, 1997; 이영분 외, 2008에서 재인용).

한편, 부부들이 결혼생활과정 중 이혼을 결정하게 된 사유로는 성격차이로 인한 부부갈등이 최근 10년간 이혼사유 중에서 가장 높은 비율로 보고되고 있음을 살펴볼 때(통계청, 2011; 주재선, 2011), 부부 사이에 발생된 문제는 결국 부부간에 내재되어 있는 갈등을 해결하지 못했기 때문으로 나타나고 있고 부부문제로 인한 갈등의 요인이 결혼생활에 미치는 영향력을 간과할 수 없는 현실이라 볼 수 있다(Bell, Bell, & Nakata, 2001). 이를 반영하고 있는 우리나라의 이혼실태를 살펴보면, 이혼율이 높다는 사회적 인식과 함께 이혼을 자제하자는 사회적 분위기로 인해 2010년도 현재 이혼건수는 2004년도에 비하여 약 22,074건 감소하여 116,858건으로 나타나 상대적으로 15.7%가 감소하였으나, 인구 천 명 당 이혼건수를 의미하는 조이혼률은 2004년 2.9건에서 2010년 2.3건으로 이혼률의 변화에는 큰 차이가 없다(통계청, 2011). 이혼의 주된 사유는 성격차이로 인한 갈등 45.4%, 배우자 부정 8.6%로 나타나 환경적 요인보다는 부부간 내적 갈등을 해결하지 못함으로써 이혼위기를 경험하게 되는 경우가 대부분이라는 것을 알 수 있다(통계청, 2011).

일반적으로 부부갈등의 문제에 대한 접근은 가족관계 중심적으로 정의를 내리고 있다(Coleman, 1984). 이러한 관점에서 가족갈등이란 가족 내 두 사람 이상의 구성원들이 자신의 욕구가 상대방과 상충된다고 생각하는 과정으로 이러한 갈등은 매우 복잡하다고 보았다. 특히 가족 간의 유대가 중시되는 가족주의 가치관이 보편적인 우리나라의 경우 개인 중심의 서구사회에 비해 자녀에게 미치는 원가족의 영향력이 더 클 수밖에 없어 원가족에서의 경험이 결혼생활의 역동성에 매우 중요한 부분으로 작용하고 있다(Carter & McGoldrick, 1980; Carter & McGoldrick, 1997). 이러한 부부갈등의 경험은 부부간의 욕구, 목표, 기대의 불일치를 누적적으로 경험함으로써 이혼위기와 같은 결혼불안정성의 문제로 부각될 수 있다(Skolnick & Skolnick, 1980).

부부갈등에 관한 기존의 연구들은 가족생활주기에 따른 결혼에 의한 가족형성 단계의 특성에 따라 결혼만족도와 결혼안정감에 영향을 미치는 변인에 대한 연구를 통해 부부갈등을 효과적으로 다룰 수 있는 실천개입의 필요성에 관한 내용들로 이루어 왔다(김남진, 김영희, 2010; 김민녀, 2003; 박성주, 2008; 이은희, 2001). 그러나 기존의 연구들은 이혼위기를 경험하게 된 직접적인 영향요인을 탐색하고자 결혼안정성을 설명하기 위한 변인들 간의 경로모형 연구(김영희, 1999), 이혼 및 부부갈등에 영향을 미치는 요인분석에 관한 연구(금옥순, 1996; 박성주, 2009) 등 혼인관계에 있어서 부부갈등의 요인을 입증하는 양적 연구들로서 변수 간의 단선적인 인과관계를 검증하고자 하였다. 그렇지만 가족은 순환적 인과성에 따른 상호작용이 이뤄지고 있기에 단편적인 원인에서 역기능적인 부부의 갈등구조를 분석하기보다 부부의 부각된 갈등은 일련의 행동과 반응에 의해 유지된다는 것에 초점을 두고(Bateson, 1979; Nicholos & Schwartz, 2008에서 재인용), 이에 따른 이혼위기의 부부갈등을 실제적인 부부치료 사례연구를 통하여 부부가 경험하고 있는 갈등의 요인들을 가족체계관점으로 상호작용 측면을 통해 이해하는 것이 필요하다.

따라서 본 연구는 이혼위기에 처한 부부에 대한 부부치료 사례를 분석하여 가족생활주기에 따른 부부의 상호작용 특성이 부부갈등에 미친 영향력을 가족치료적 관점에서 이해하고, 이혼위기 부부가 경험하는 부부의 갈등을 변화시키기 위한 가족치료과정과 개입방법을 살펴봄으로써, 이혼문제에 대한 가족치료적 접근의 필요성을 제안하고자 한다.

## Ⅱ. 이론적 배경

### 1. 이혼위기 요인으로서 부부갈등

부부가 경험하는 이혼위기는 다양한 요인으로 설명될 수 있으며, 특히 부부간 갈등이 표출됨으로써 이혼위기에 직접적인 영향력을 미치고 있다. 현대사회의 부부관계는 여성의 지위향상과 사회진출의 증가, 남녀평등의 의식의 대두, 가치관의 변화 등으로 대등한 지위로서 부부 상호간의 갈등 표출이 과거 어느 때보다 급증하고 있다(이화연, 2005). 갈등은 인간관계에 내재된 것으로 부부관계라고 할지라도 당연히 크고 작은 갈등을 경험하기 때문에 부부갈등은 자연스러운 현상으로 볼 수 있다(정은희, 2004). 갈등의 긍정적인 측면은 상호간의 문제를 명확히 함으로써 부부가 서로를 이해하는 데 바탕이 되게 할 수 있고, 작은 갈등을 미리 해결함으로써 큰 갈등을 미연에 방지할 수 있으며, 부부간의 적응과 조정을 촉진시키고, 부부갈등을 통해 더욱 현실적이고 견고한 관계로 다지게 도와줌으로써 서로 간에 만족스러운 결혼생활을 할 수 있게 하는 것이다(Grych & Fincham, 1993).

하지만 갈등은 부부관계를 소원하게 하며 격렬하면서도 해결되지 않은 갈등으로 인해 서로의 신체적 · 정서적 · 사회적 기능을 파괴하는 부정적인 측면을 갖는다(이정미, 2002). 행복한 결혼생활과 만족스러운 가정생활을 영위하고자 하는 것이 결혼을 준비하거나 이미 결혼한 모든 부부의 기대이지만, 자라온 환경, 성격적 특성, 가치관과 생활방식이 부부갈등의 배경으로 작용하고 있다. 결혼의 안정성을 해치는 부부갈등을 설명해 줄 수 있는 사회환경적인 변인으로는 사회문화적 요인, 현재 상황적 요인, 원가족의 특성 요인 등이 알려져 있다(김영희, 1999). 또한 결혼 지속 기간이 길어질수록 부부갈등의 경험은 낮은 것으로 나타났다(Booth, Johnson, White, & Edward, 1985).

김남진과 김영희(2010)는 부부갈등으로 인한 이혼위기를 경험하지 않고 결혼생활을 유지하기 위해서는 현재 상황을 기능적으로 이끌 수 있는 충분한 의사소통과 부부상호간 타협이 필요하며, 배우자와 자신에 대한 차이를 인정하고 이해하는 일이 중요하다고 하였다. 또한 배우자와 자신의 원가족에 대한 통찰을 통해 부부 사이에 일어나는 갈등을 연계하여 인식함으로써 문제를 보다 객관적으로 보고 합리적으로 대처할 수 있는 능력을 향상시킬 수 있으며, 이러한 부부는 갈등 상황에서도 능동적으로 대처하여 긍정적인 문제해결을 함으로써 부부생활의 만족도가 높아져 부부의 갈등정도가 낮은 것으로 나타났다(Bowen, 1978). 따라서 이혼위기의 갈등 수준이 높은 부부가 그들의 갈등을 해결하려 한다면 무엇보다도 부부가 자라온 원가족 체계로부터 분화하는 기능을 가져야 한다(Wallerstein, 1995).

더불어 부부갈등요인은 상호작용적 특성을 갖는데, 문제해결을 위한 의사소통의 교환과정에서 더 부정적이고 덜 긍정적으로 의사소통하는 부부는 그렇지 않은 부부에 비해 갈등의 가능성이 크다(Carrere & Gottman, 1999). 이는 박태영 등(2009)의 부부치료 사례연구에서도 나타나고 있는데, 남편의 일방적인 의사결정과 비난하는 메시지 방식 등의 부부간 갈등을 해결하려고 시도했던 역기능적인 의사소통방식은 문제를 해결하지 못하고 오히려 부부의 이혼위기를 증폭시키는 요인으로 분석되었다.

이러한 부부갈등 발생의 이론적 맥락에서 본 연구의 가족치료자는 결혼안정감을 갖지 못하고 이혼위기를 경험하고 있는 부부의 갈등요인들을 가족 내 요인으로부터 탐색하였고, 부부의 원가족과의 분화 수준을 사정하였으며, 가족 내 갈등을 해결하려고 시도했던 방식을 확인하고 부부에게 인식시킴으로써 부부의 갈등구조를 변화시켰다.

## 2. 가족생활주기에 따른 부부갈등 특성

남녀의 결혼에 의해 형성된 가족체계는 시간에 따라 변화해 가면서 가족체계의 관계방식과 생활방식도 재조정을 거치게 된다(이영분 외, 2008). Carter와 McGoldrick(1997)은 가족생활주기를 6단계로 나누었고, 각 시기의 생활주기의 변화를 거치면서 각 단계별로 부과되는 변화와 재조정의 과업을 잘 수행할 수 없을 때, 가족은 기능수행에 어려움을 겪게 되는데, 대체로 가족이 문제를 들고 오는 시기에는 가족생활주기상 전환점에서 나타난 가족스트레스가 생활주기의 붕괴를 가져오며 역기능을 유발한다고 보았다.

만약 가족체계가 이전 단계까지의 발달과정에서 변화에 적응적으로 기능하였거나 심한 가족 외적 스트레스원이 없었다면, 가족은 전환기의 변화 요구에 적응할 수 있다. 그러나 이전 단계에서 적응에 실패하였거나 체계가 감당하기 어려운 심한 위기가 가족 외에서 일어나게 되면 가족은 발달주기상의 변화 요구에서 오는 스트레스와 가족 외적 스트레스가 겹치게 되어 문제해결능력에 어려움을 경험하게 된다. 더욱이 가족 내 문제증상의 유발은 가족성원의 증가나 상실과 같은 발달적 위기와 상관이 있고(Haley, 1974), 중요한 생활주기 사건이 또 다른 가족생활주기의 사건과 시간적으로 근접한 경우 이후의 가족생활주기에서 나타나는 증상과 관련이 있다(Walsh, 2004).

가족생활주기에 따른 부부갈등에 관한 연구로, 김민녀(2003)는 결혼적응기의 여성은 다른 생활주기의 여성보다 가사공유시간에 대한 부부갈등 수준이 높은 것으로 나타났다. 즉, 가정형성기의 경우 가사노동과 더불어 출생에 따른 자녀양육에 대한 부담을 경험하게 되고, 이는 부부갈등의 요인으로 나타났다. 이은희(2001)는 가족생활주기에 따른 대처전략의 연구에서 각 가족생활주기에 따른 갈등 대처전략의 유의미한 차이를 발견하였다. 이러한 연구결과는 각 생활주기에 따라 한 가족이 행하는 행동이나 내용이 고유하게 다르고 뚜렷하게 구분되므로 가족생활주기가 가족의 행위를 설명하고 예측하기 위한 가장 효과적인 방법으로 인식되고 있다.

따라서 본 연구에서는 성인남녀가 결혼이라는 가족생활주기상 변화를 통해 독립된 가족체계를 형성한 부부가 경험하고 있는 갈등요인들과 이혼위기 부부의 가족생활주기에서 나타나고 있는 단계별 특성, 그리고 부부의 갈등구조에 미친 요인들을 파악하고자 한다.

## 3. 가족치료에 대한 이론적 준거

본 연구에서 치료자는 가족치료 모델로서 Bowen의 가족체계 이론과 MRI의 의사소통 가족치료 모델을 적용하였다. 먼저 Bowen(1976)의 가족체계 이론의 전제는 인간관계가 서로 팽팽하게 맞서는 개별성과 연합성의 두 세력에 의해 움직여 나간다고 보았다(Nichols & Schwartz, 2008에서 재인용). 즉, 인간은 서로에게 의존하려고 하면서도 동시에 독립성을 추구하려고 한다. 이러한 양극단의 인간본성이 얼마나 성공적으로 조화를 이루는가 하는 문제는 정서적 충동을 얼마나 잘 관리하였는가, 즉 자아분화가 얼마나 잘 이뤄졌는가에 달려있다고 보았다(Goldenberg & Goldenberg, 2007). 분화가 이뤄지지 않는 사람은 정서적 충동에 따라 반응하기 쉽고, 불안을 유발하는 문제에 대한 통제능력을 갖고 있지 않다. 그러한 불안은 삼각관계를 형성하게 되는데, 삼각화의 과정에서는 부부간의 불안에 대해 매우 민감한 제삼자(자녀)를 안심시키거나 무마시키기 위해 끌어들이는데, 이는 일시적으로 불안이나 스트레스 감소에 도움을 줄 수 있으나 오히려 가족의 정서체계를 더욱 혼란스럽게 하여 증상을 나타나게 한다. 또한 자아분화가 안된 경우에 나타나는 인간관계 추구형은 너무 지나치게 친밀한 관계유형을 추구하거나 또는 지나치게 거리감을 두는 유형을 추구하는 형태를 띠게 된다(박태영, 김현경, 2004).

MRI(Mental Research Institute)의 의사소통 가족치료 모델은 과학적인 이론적 탐구에서 유추된 개념들이 치료적 목적으로 적용되는 과정에서 발전되었다. MRI 모델은 인간의 내적 심리역동에 초점을 두지 않고 언어적 · 비언어적 의사소통 방법을 연구하여 가족체계 내의 상호작용에 초점을 둔다(박태영, 2001). MRI 모델이 지향하는 치료의 목표는 잘못 기능하는 상호작용 유형을 바꾸기 위한 의도적인 행동을 취하는 것으로 정의한다(Watzlawick, Beavin, & Jackson, 1967; 박태영, 2003에서 재인용). '상호작용 유형'은 의사소통과 같은 뜻이므로 이 말은 의사소통 유형을 바꾸는 것을 의미한다. MRI에 따르면 가족의 문제는 문제를 해결하려는 가족의 시도에 의해서 오히려 유지되거나 악화시키고 있다는 것에 초점을 맞추고, 치료자는 가족체계 내 개입의 일차적인 임무는 새로운 또는 다른 행동을 기존의 행동과 대체하거나, 본래의 문제행동을 '하찮은 문제'로 재평가하는 것에 의하여 내담자에게 지금까지 시도해 온 해결책을 알려주는 것이다(Weakland, 1993).

# Ⅲ. 연구방법

## 1. 연구대상 및 가계도

본 연구의 자료는 부부갈등으로 인한 이혼의 위기를 극복하고자 내담한 부부치료 사례의 녹취자료다. 부부를 중심으로 한 가족체계의 특징을 [그림 7-1]의 가계도를 통해 살펴보면 부부는 결혼 5년차로서, 결혼 전 남편과 부인은 회사원이었으며 결혼정보회사의 이벤트를 통해 결혼했다. 결혼 이후 부인은 다니던 회사를 그만두고 교육대학원 졸업이후 임용고사를 준비하고 있었으며, 신혼 초 회사생활로 늦은 귀가를 하는 남편과의 잦은 갈등과 다툼이 이어졌다. 부부싸움 이후 분노를 조절하지 못하고, 친정으로 회피하는 부인의 모습을 남편은 이해할 수 없었으며, 남편 역시 부부싸움 이후 부인과 단절하는 모습을 보임으로써 부부간의 갈등은 갈수록 심화되었다. 남편은 원가족과 밀착된 관계를 맺고 있었고, 시댁은 항상 부인보다 남편입장을 우선시하였다. 부인 역시 친정엄마와 지나친 밀착관계를 가지고 있었고, 예를 들어 성인이 된 이후까지 부모 특히 엄마의 말은 무조건 옳다고 믿었으며, 결혼초기 친정에서는 남편에게 '남자가 시끄럽게 하면 집안이 안 돌아간다.'는 메시지를 여러 번 전달하여, 남편 또한 처갓집에 대한 감정이 좋지 않았다.

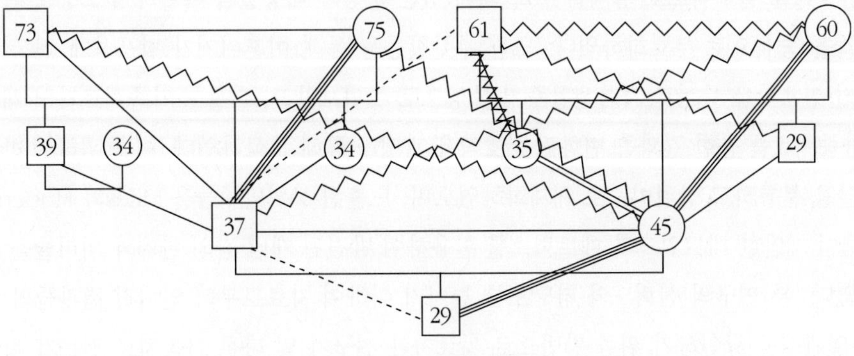


[그림 7-1] 가계도

## 2. 상담과정

본 연구의 부부치료 사례는 2008년 4월부터 7월까지 총 5회기로 진행되었고, 1, 2회 남편, 3, 4회 부인, 5회에는 부부가 상담하였다. 가족치료의 과정을 정리하자면, 첫째, 초기 단계에서 가족치료자와 가족치료에 대한 소개 및 내담자와 신뢰관계 형성과 부부갈등 상황이 구체적으로 무엇인지 파악하고 내담자를 통해 상담목표에 대한 탐색이 이뤄졌다. 둘째, 사정 단계에서는 부부의 상호작용 탐색을 통해 시도된 해결책을 사정하였고, 부부상호작용의 근간을 이루고 있는 원가족 탐색이 이뤄졌다. 셋째, 개입 단계로 새로운 해결책을 제시하고 시도하였으며 부부의 구조를 재구조화하는 과정으로 진행되었다. 마지막으로 부부치료 과정을 통해 나타난 부부의 변화를 확인하고 새로운 상호작용방식을 유지하기 위한 종결 단계로 진행되었으며, 회기별 부부치료의 과정은 〈표 7-1〉에서 제시하였다.

## 3. 자료분석방법

본 연구자료의 분석은 가족상담을 진행하였던 가족치료전문가와 상담과정에 참석하지 않았던 다른 연구자가 공동으로 진행하였다. 가족치료는 공인된 자격을 보유한 가족치료 전문가가 실시하였으며, 공동연구자는 가족치료를 전공하고 있는 사회복지학 박사과정 학생이다. 자료분석과정으로 상담 축어록을 질적 연구방법인 지속적 비교분석방법을 활용하여, 원자료를 일차적으로 탐색하였고, 의미 있는 문장과 내용들을 확인하여 그중 반복되는 개념들을 중심으로 부호화하였다. 또한 부부갈등을 통해 이혼위기가 발생하게 된 원인을 부부의 상호작용 특성과 가족생활주기 특성으로 살펴보았고, 더불어 가족치료자의 개입기법, 가족치료를 통한 결과를 변화된 상호작용 과정을 통해 분석하였다. 이를 위하여 반복된 개념들을 분류하고 상위범주로 체계화하였으며, 도출된 상위범주들을 Miles와 Huberman (1994)이 제안한 네트워크와 매트릭스를 활용하여 발견된 개념 간의 관계와 의미들을 도식화하였다. 본 연구의 신뢰도와 타당도를 높이기 위하여 자료로부터 얻어진 결과들의 확실성과 일관성을 확인하기 위한 방법으로 치료자와 연구자 및 다른 가족치료 전문가 집단과 도출된 의미와 범주에 대하여 토론함으로써 연구자의 삼각화를 추구하였다.

〈표 7-1〉 ■ 회기별 부부치료 과정 요약

| 회기 | 참여원 | 상담목표 및 이론적 준거 | 변화내용 |
|---|---|---|---|
| 1 | 남편 | • 부부갈등 상황 파악<br>• 이혼위기를 극복하고자 하는 목표탐색 | • 부부갈등 상황을 확인하고, 이혼위기를 야기하고 있는 갈등소거에 대한 목표 확인 |
| 2 | 남편 | • 남편의 입장에서 부부갈등 상호작용 탐색<br>• 원가족 배경 탐색<br>• MRI 의사소통 이론/Bowen의 가족체계 이론 | • 남편의 입장에서 시도된 해결책을 확인하고 역기능성에 대한 인식<br>• 사건에 대한 인식을 재구조화하여 배우자에 대한 오해를 감소시킴<br>• 의사소통방식의 근원이 원가족의 영향임을 인식 |
| 3 | 부인 | • 부인의 입장에서 부부갈등을 야기시킨 상호작용방식을 탐색<br>• MRI 의사소통 이론 | • 부인의 입장에서 시도된 해결책을 확인하고 역기능성에 대한 인식<br>• 남편의 변화된 상호작용방식을 확인<br>• 사건에 대한 인식을 재구조화하여 배우자에 대한 오해를 감소시킴 |
| 4 | 부인 | • 원가족 배경 탐색<br>• Bowen의 가족체계 이론 | • 의사소통방식의 근원이 원가족의 영향임을 인식<br>• 변화된 상호작용방식을 확인 |
| 5 | 부부 | • 변화를 위한 새로운 방식 탐색<br>• 치료의 종결 | • 새로운 의사소통방식을 탐색<br>• 변화된 상호작용 방식의 유지 필요성을 부부가 인식 |

### 4. 연구질문

첫째, 이혼위기를 경험하게 된 부부의 상호작용은 어떠한가?

둘째, 이혼위기를 경험하게 된 부부의 가족생활주기 단계의 특성은 어떠한가?

셋째, 부부의 이혼위기를 극복하기 위해 어떠한 개입이 이루어졌는가?

넷째, 이혼위기를 극복할 수 있었던 부부의 상호작용의 변화는 무엇인가?

## Ⅳ. 연구결과

### 1. 이혼위기를 경험하게 된 부부의 상호작용은 어떠한가

본 연구사례에서 부부갈등으로 이혼위기를 경험하고 있는 부부의 상호작용 특성은 [그림 7-2]와 같다. 연구 자료를 통하여 분석된 부부갈등의 원인으로 부인은 자기중심적이며 자신에 대한 배려가 없는 남편의 태도에 분노하거나 혹은 갈등을 회피하였고, 남편 역시 부인의 원가족으로부터 전수된 규칙과 잔소리하는 의사소통방식이 힘들었다. 특히 이혼위기의 갈등을 촉발하게 된 표면적인 사건은 부인이 임용고시에서 떨어지자 시댁에서 '네 남편 고생시키니까 그만 공부해라.'라는 메시지를 듣는 순간 시댁식구와 말다툼을 하면서 시작되었다. 시댁식구에게 맞대응하며 짐을 싸들고 친정으로 가 버리는 부인을 보며, 시댁식구는 당황하였고, 이렇게 화가 나면 분노를 표출하는 부인의 방식은 남편의 분노를 폭발시키거나 이와는 극단적으로 부인을 회피하거나 단절하는 방식으로 패턴화되어 나타났다. 이러한 상호작용방식은 배우자인 남편 역시 마찬가지로, 결혼 초부터 부인에게 자주 화를 내고, 거친 욕설을 사용하는 방식으로 부인을 자극하였으며, 부부싸움 이후 아이를 데리고 부모님 집으로 들어가 버리는 부인과 관계를 일시적으로 단절해 버리는 방식을 사용하였다.

이러한 상호작용방식은 부부의 문제를 해결하지 못하였으며, 오히려 부부갈등 상황을 유지시키거나 더욱 증폭시킴으로써 문제를 해결하려고 했던 상호작용은 순환적으로 반복되고 있었고, 이러한 부부의 의사소통방식은 부부의 원가족으로부터 전수된 방식이었다. 결과적으로 부부는 원가족과 정서적 분화가 이뤄지지 않음으로써 확대가족과 연대성은 유지하였으나, 개별화는 발달시키지는 못한 특성을 나타내고 있다.

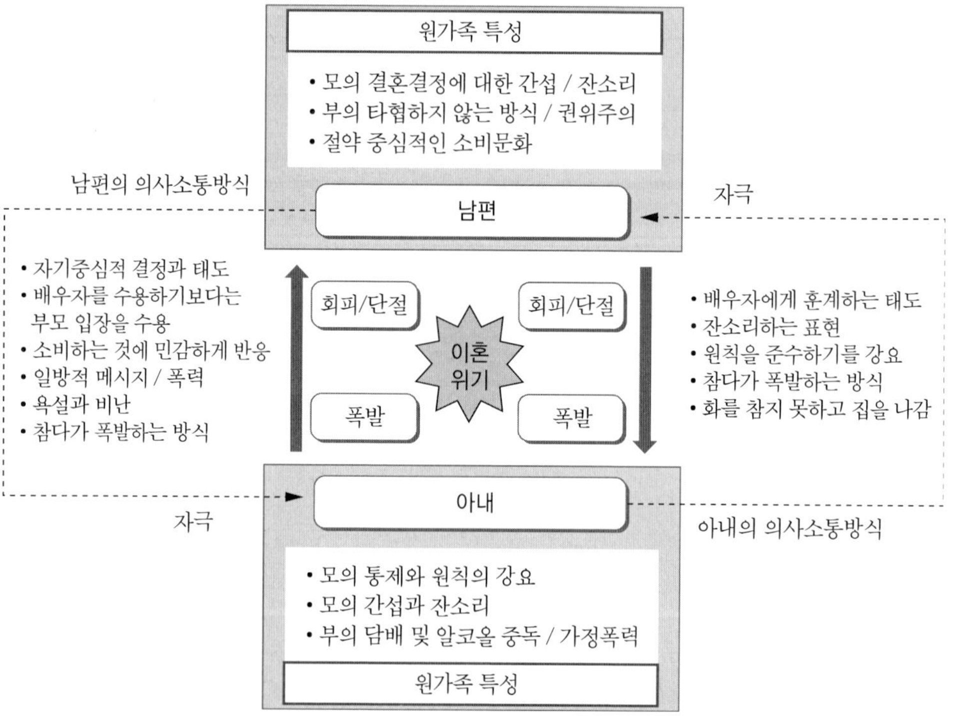


[그림 7-2] 이혼위기를 경험하고 있는 부부의 상호작용 네트워크

### 1) 부인을 자극하는 남편의 의사소통방식

부부갈등을 경험하고 있는 부인에 대한 남편의 의사소통방식은 다음과 같다. 첫째, 결혼을 했음에도 불구하고 결혼 전과 마찬가지로 자기중심적 의사결정 태도와 삶의 방식이 있었다. 남편은 결혼 후 가사와 육아에 대한 부담을 갖고 있는 아내의 가사분담에 대한 요구를 잘못된 것이라 여기고 있었으며, 아내의 입장을 이해하지 못하고 있었다.

둘째, 남편은 아내의 입장을 수용하기보다는 자신의 원가족의 입장을 수용하는 방식으로 아내를 자극하였다. 이러한 방식은 배우자와 결혼을 앞둔 시기에서도 빈번하게 나타났는데, 결혼예물을 고르는 것에서부터 신혼집을 얻는 것까지 배우자 입장을 고려하기보다는 자신의 의견을 강요하였고, 배우자보다는 원가족의 의견이 남편의 의사결정에 절대적인 영향을 주고 있었다. 또한 남편은 시댁으로부터 상처받은 부인의 입장을 수용하기보다는 오히려 비판하며 오히려 부인이 시댁에 갖는 부정적 감정을 표현하는 것을 잘못된 것으로 인식하고 있었다.

> 남편: 아무 말도 안 해요. 속으로는 아유 '미친년'이라고 하죠. '너는 그렇게 해서 내 형수를 깎아내리고 싶냐?' 자기 못하는 건 좋은데 형수까지 깎아내리는 거 아니에요. 저는 그 자체가 한심하게 보이는 거예요. 얘기하고 싶지가 않아요. (2회기)

셋째, 남편이 부인을 힘들게 했던 것은 소비문화에 대한 입장의 차이로 인한 것으로 부인의 소비에 남편이 민감하게 반응을 나타냈다. 남편의 원가족 소비특성은 '원하는 것'보다는 '저렴한 것'을 구매하였고, 이러한 남편의 소비방식은 남편의 원가족으로부터 전수되었으며, 이러한 방식의 고수로 인해 '싼 것'보다는 '자신이 원하는 것'을 구매하려는 부인과 항상 갈등을 빚었다. 예를 들어 신혼 초 부부가 국내여행 중 목욕탕에서 각자 따로 잠을 자 여관비를 아껴 맛있는 음식을 사먹자는 남편과, 남편의 방식을 이해할 수 없는 부인은 협상을 통한 문제해결보다는 상호간 감정을 분출하며 충돌하는 방식이 부부갈등을 증폭시키는 결과를 가져왔다.

넷째, 표현하는 방식에 있어서 남편은 부인에게 폭력을 동반한 일방적 메시지를 전달하였다. 부부싸움 중에 남편은 부인을 현관에서 끌어내거나, 운전 중인 부인과의 다툼에서 부인을 밀치는 등 물리적인 행동으로 표현하였으며, 이에 부인은 항상 그 상황을 회피하여 친정으로 들어가 며칠 동안 연락하지 않았다.

다섯째, 남편의 역기능적인 표현방식 중 상호 감정이 좋지 않은 상황에서 대화를 시도하려는 부인의 표현에 남편은 참고 있다가 갑자기 감정을 폭발하는 방식으로, 부인에게 욕설과 비난을 표현하였으며, 이에 부인 또한 폭발하는 방식으로 맞대응하는 상호작용 방식을 사용하고 있었다.

남편: 화가 나도 참아. 목소리 낮춰서 얘기해. 애 들어. 그러면 와이프는 '웃기고 있네. 가증스럽다'.

치료자: 그러면 어떻게 반응하세요?

남편: 욕 나오죠. 이제.

치료자: 뭐라고요?

남편: '야 이 XX년아. 조용히 안 할래? 처음에는 너까지만 나왔어요. 근데 이 새끼야가 나오니까 그때는 XX년이 나오더라고요.

치료자: 그다음에 와이프 반응은요?

남편: 똑같이 나와요. 야 이 미친 새끼야.

치료자: 그다음에는요?

남편: 야, 나가.

치료자: 그게 항상 반복되는 거예요? 항상 똑같아요?

남편: 패턴이 그렇죠. (1회기)

### 2) 부인이 남편을 자극하는 의사소통방식

남편을 자극하는 부인의 의사소통방식은 남편에게 일방적인 훈계와 잔소리를 하였고, 부인은 항상 남편에게 자신의 원칙을 준수하도록 강요하였다. 부인은 남편에게 남편이 자신의 말을 들어달라고 강요하였고, 만일 듣지 않을 때는 비난의 메시지나 '나와 한 약속을 당신은 지키지 않으면 절대 안 된다'는 표현을 통해 남편에게 스트레스를 주었다. 예를 들어, 부인은 남편의 흡연문제에 매우 민감하게 반응을 보이고, '끊어 달라'고 강요하였으며, 그러한 약속이 지켜지지 않았을 때에는 이혼할 것이라고 말했다.

남편: 그런데 부부싸움이 발생하니까, 또 그때 장모까지 끼어드니까. 또 속으로 열 받는 거예요. 그렇게 상황이 악화됐을 때 다시 담배를 물었어요. 그다음부터는 내가 굳이 담배를 끊어야 될 이유를 못 느끼는 거예요. 그런데 와이프는 나랑 관계회복이 될 여지가 있을 때마다, 계속 그 얘기를 주입을 시키는 거예요. 오늘도. 담배. 담배 안 끊으면 너랑 안 산다. 그러면 속마음은 이혼하자 이거죠. (4회기)

위 인용문에서 볼 수 있듯이 남편은 부인의 일방적인 강요와 잔소리를 듣게 되었는데, 이러한 방식은 부인의 친정어머니가 친정아버지와 자녀에게 사용했던 방식이었으며, 부인 역시 동일한 의사소통방식으로 남편을 자극하였다. 이러한 부인의 '잔소리'하는 방식은 또한 남편의 어머니의 간섭과 잔소리와 유사하였다. 즉, 부인은 원가족의 의사소통방식으로 남편에게 잔소리를, 이에 남편은 부인의 잔소리하는 모습을 통해 자신의 어머니에 대한 부정적 경험이 투사됨으로써 부부는 이혼위기를 맞게 되었다.

남편을 자극하는 부인의 역기능적인 표현방식의 특성은 감정을 폭발하는 표현방식과 화를 참지 못하고 집을 나가 버리는 방식으로 나타났다. 부인은 자신의 감정조절이 힘들었고, 특히 남편으로 인한 시댁과의 갈등 상황에서 참지 못하고 남편과 혹은 시댁식구와 감정적인 싸움으로 이어지거나 집을 나가서 며칠간 집을 들어오지 않는 방식으로 자신의 감정을 표현하였다. 이에 남편 역시 감정적인 대응을 통하여 자신의 분노의 감정을 폭발시키거나 자녀와 함께 본가로 들어간다든지 부인과의 관계를 단절시키는 방식을 통하여 부부의 결혼생활 위기는 더욱 증폭되었다.

> 남편: 그런데 와이프는 엄청나게 감정기복이 심해요. 감정 통제능력이 아주 현저하게 떨어져요. 애가 있건 없건, 어른이 있건 없건. 그래서 이제 갈등의 골이 깊어져서 우리 아이가 애기였을 때도 처갓집 갔다 왔다가 난리도 아니었어요. 와이프가 툭하면 집을 나갔어요.
>
> 치료자: 싸울 때마다 그랬나요?
>
> 남편: 신혼 때 거의 대부분 그랬어요. (2회기)

## 2. 이혼위기를 경험하게 된 부부의 가족생활주기 단계는 어떠한가

### 1) 부부의 결혼전기 단계

결혼전기 단계에서는 독립된 성인이 원가족으로부터 자아분화를 이루고, 재정적 책임의 수용으로써 직업에 대한 자신의 확립과 친밀한 동료관계를 형성하는 단계의 특성을 갖고 있다(Carter & McGoldrick, 1997). 본 사례에서 남편과 그의 원가족과의 관계를 살펴보면 정서적으로 미분화된 특성을 살펴볼 수 있는데, 부모는 성인인 자녀의 결혼상대에 대한 간섭을 통해, 결혼에 대한 의사결정의 당사자인 자녀보다 부모가 과도한 역할을 하고 있었다. 이로 인하여 남편은 결혼 전 다른 이성과 교재를 하고 있었지만, 부모의 반대로 결혼을 하지 못하고 자신의 의사를 포기한 경험이 있었다. 또한 엄마와 정서적으로 분화가 되지 않았으며, 더불어 직장에서 동료들과 관계형성이 어려웠고, 그로 인해 잦은 인사이동을 경험했다.

부인 또한 결혼 전기에서 남편과 마찬가지로 친정엄마와 밀착된 관계로서, 지시적인 방식의 엄마의 간섭과 잔소리에 정서적 거리감을 두기보다는 오히려 있는 그대로 수용함으로써 발달단계상 요구되는 원가족으로부터의 자아분화에 대한 변화를 성취하지 못하였다.

### 2) 부부의 신혼기 단계

가족생활주기상 전환점에서 나타난 가족스트레스가 생활주기의 붕괴와 동시에 증상과 역기능을 유발한다(Carter & McGoldrick, 1997). 가족생활주기의 관점에서 가족의 발달단계의 특성은 가족관계 내에서의 변화의 요구에 직면하게 되며(이영분 외, 2008), 가족체계가 이전 단계까지의 발달과정에서 변화에 적응하였다면 가족은 전환기의 변화 요구에도 적응할 수 있다.

〈표 7-2〉 이혼위기의 부부가 경험하고 있는 가족생활주기에서의 사건과 위기

<table>
<tr><th>가족생활 주기 단계</th><th>주 과업 수행자</th><th>상위범주</th><th>가족생활주기에서의 사건과 위기</th></tr>
<tr><td rowspan="3">결혼 전기</td><td rowspan="2">남편–원가족</td><td>정서적 미분화</td><td>• 결혼상대에 대한 엄마의 간섭<br>• 결혼을 결정하지 못하고 자신의 의사를 접음<br>• 아들과 엄마의 정서적 경계 모호</td></tr>
<tr><td>직업 갈등</td><td>• 직장에서 관계형성의 어려움<br>• 잦은 인사이동</td></tr>
<tr><td>부인–원가족</td><td>밀착된 관계</td><td>• 지시적 양육방식의 엄마<br>• 엄마의 간섭과 잔소리를 있는 그대로 수용</td></tr>
<tr><td rowspan="3">신혼기</td><td rowspan="2">남편</td><td>근무환경 스트레스</td><td>• 신혼 초기 부부가 함께 할 수 없었던 과도한 직장 내 업무량</td></tr>
<tr><td rowspan="2">불완전한 부부체계</td><td>• 신혼집 결정 시 부인에 대한 입장을 고려하기보다 어머니의 의견 수용<br>• 가족모임에 부인을 배제함<br>• 부부싸움 이후 본가로 감</td></tr>
<tr><td>부인</td><td>• 부부갈등을 친정에 이야기함<br>• 친정엄마의 남편에 대한 간섭<br>• 부부싸움 이후 친정으로 감</td></tr>
<tr><td rowspan="3">자녀 아동기</td><td>남편</td><td>가장 역할의 이해부족</td><td>• 퇴근 이후 자신을 위한 시간으로 활용<br>• 자녀양육과 가사의 공동참여가 이뤄지지 않음</td></tr>
<tr><td rowspan="2">부인</td><td>양육 스트레스</td><td>• 혼자 양육해야 하는 것에 대한 스트레스</td></tr>
<tr><td>가사 부담</td><td>• 임용고시 준비로 집안일에 대한 부담</td></tr>
</table>

〈표 7-2〉는 부부가 생활주기 단계에서 요구되는 가족상황의 변화과정을 결혼전기 단계부터 자녀아동기에 이르기까지 가족주기생활 단계에서의 사건과 위기를 나타내고 있다.

성인이 만나 결혼에 의한 새로운 가족형성 단계인 신혼기에서 요구되는 가족생활주기상의 변화는 부부체계가 형성되면서, 새로운 체계에 대한 헌신과 노력이 부부 모두에게 요구되는 단계다(Carter & McGoldrick, 2005). 그러나 본 사례에서 신혼기의 남편과 부인은 불완전한 부부체계를 경험하게 되는데, 특히 남편의 경우 직장생활에서 오는 근무환경에 대한 스트레스로 인해 배우자에게 헌신할 수 있는 환경적 여건이 마련되지 못하였다. 신혼 초기 배우자를 배려할 수 있는 시간적 여유가 필요함에도 불구하고, 과도한 직장내 업무량은 독립된 부부체계를 형성하는 데 부정적인 환경요인으로 작용하였다.

남편의 경우 신혼집을 결정할 때 부인에 대한 입장보다는 자신의 원가족을 중심으로 의견을 수렴하였으며, 가족모임에 부인을 배제하거나, 부인에 대한 좋지 않은 감정을 자신의 어머니에게 털어놓았고, 부부싸움 이후 자신의 본가로 들어가는 횟수가 빈번하였다. 부인 역시 남편과의 갈등을 자신의 원가족에게 이야기하였으며, 이로 인해 친정엄마는 간섭을 하였고, 부부싸움 이후에는 친정으로 가는 행동이 반복적으로 나타났다. 이와 같이 남편과 부인은 결혼을 했음에도 불구하고 자신의 원가족과 정서적으로 분화가 되지 않았다.

### 3) 부부의 자녀아동기 단계

부부는 임신과 출산을 통해 아이를 양육하게 되는 생활상의 변화를 경험하게 됨으로써, 체계 내 새로운 가족성원을 수용하게 된다(Carter & McGoldrick, 2005). 이 시기에 중요한 가족상황의 변화로는 자녀를 위한 부부체계로 조정이 필요하고, 자녀양육과 재정 및 가사에 공동 참여하는 것이 요구된다.

그러나 남편은 가장 역할의 이해부족으로 퇴근 이후 시간을 자신만의 운동과 여가활용의 시간으로 보내고 있었으며, 자녀양육과 가사의 공동참여가 이뤄지지 않았다. 부인의 경우 남편의 경제적 부담을 덜고 자신의 목표실현을 위해 임용고시를 준비하며 집안일을 동시에 해 나가야 하는 부담감과 남편의 도움 없이 자녀를 혼자 양육해야 하는 스트레스를 경험하고 있었다.

## 3. 부부의 이혼위기를 극복하기 위해 어떠한 개입이 이루어졌는가

본 연구사례에서는 부부의 갈등이 이혼을 결심할 만큼 위기로 나타났고, 이러한 부부간의 심각한 갈등이 반복적으로 발생한 부부 상호간의 문제를 해결하려고 시도했던 방식이 역기능적임을 부부 스스로가 통찰하는 것이 가족치료의 과정에서 핵심적인 과정이라고 할 수 있다. 부부가 서로 다른 인식의 틀을 가지고 있었기에 치료자는 사건과 상황에 대한 서로의 입장과 관점을 부부에게 인식시키고, 완전한 부부체계를 형성하기 위하여 원가족과의 정서적 분화와 기능적으로 변화된 체계에 적용하도록 새로운 역할을 제안하는 개입이 이뤄졌다.

### 1) 시도된 해결방식의 확인

치료자는 상담의 초반부터 부부가 문제를 해결하려고 시도했던 방식에 관심을 두고, 구체적인 사례들을 들어 보게 하여 부부가 시도했던 방식을 스스로 확인하도록 하였다. 치료자는 남편의 경우 초기 문제 사정 단계에서 의사결정에 있어 자기중심적인 태도로서 배우자를 배려하기보다는 일방적인 의사소통방식과 부인과의 갈등 상황에서 부인에게 욕설과 비난하는 방식을 확인하였으며, 부인 역시 남편을 변화시키려고 시도했던 방식으로 자신의 원칙과 기준으로 남편에게 훈계나 잔소리를 하는 역기능적으로 시도된 해결책을 확인하였다.

> 치료자: 저는 지금 남편분이 보지 못하는 모습을 보게 하는 거고, 와이프가 자기가 봐 왔던 지금 남편의 모습에서 자기가 저질렀던 행동들을 스스로 보게 할 겁니다. 그러고 나서 저하고 부부상담을 하게 되면 여기 와서는 남편께서 집에서 다퉜던 방식과는 다르게 표현을 하게 돼요. (1회기)
>
> 치료자: 부인이 기분 내키는 대로 하는 표현방식을 예를 들어 표현해 주실 수 있나요?" (2회기)

### 2) 시도된 해결방식의 역기능성 인식

치료자는 부부기 갈등을 해결하려고 시도했던 방식이 갈등을 해결하기보다는 오히려 갈등을 유지시키는 역기능적인 방식이라는 것을 인식시키고자 하였다.

> 치료자: 그러면 ○○이 엄마는 하루 이틀 된 것이 아니라 6년 동안 계속 쌓인 거예요, 그래서 대화하는 자체가 싫은 거예요. 그런데 어찌됐든 간에 지금 몸도 피곤하고 졸려 죽겠는데 ○○이가 오줌을 싸서 옷을 갈아입혀야 하는데 ○○이 엄마가 '○○아빠 옷 좀 갈아입혀.' 그랬을 것 아니에요. 그런데 ○○이 아빠가 짜증나게 말하지 말라고 표현을 했어요. 근데 ○○이 엄마의 표현 방식은 어떻게 그렇게 얘기를 하냐고 ○○이 아빠 또한 곱게 받아들이지 않았을 거예요. 저는 무슨 얘기냐면 그게 아마 신혼 초부터 반복되

는 두 분의 의사소통방식이었을 거라고 생각돼요. 그것이 두 사람 간의 문제를 해결하려고 지금까지 시도했던 표현방식이라는 거예요. (3회기)

### 3) 사건과 상황에 대한 재명명

부부가 갈등을 경험하였던 사건과 상황에서 '사실'이라는 것 이면의 의미를 치료자는 부부에게 재인식시켰다. 즉, 현상에 대한 '사실'이 변화하는 것이 아니라, 부부가 갈등으로 인식하였던 그 사실에 부여한 의미를 변화시키는 개입을 통하여 불필요한 감정다툼을 피하도록 하였다(Watzlawick, Weakland, & Fisch, 1974). 예를 들어 치료자는 남편의 입장에서는 근검과 절약을 통하여 저축하는 가정문화의 배경이 있고, 어떤 물건을 구입할 때 오히려 싸게 구입하는 것이 실용적이고 경제적이기에 부인에게 세일하는 물건을 구입하게 한 것이지 부인의 입장을 고려하지 않거나, 일방적인 자기중심적인 결정을 하는 것은 아님을 일깨워 부인이 인식을 변화시키도록 개입하였다. 또한 치료자는 부인에겐 일생에 한 번뿐인 결혼식이며, 자신이 갖고 싶은 물건을 배우자로부터 받는 것 자체에 큰 기쁨이 있는 것이기에 세일하지 않는 물건을 사는 것이며, 부인이 무분별한 소비를 하는 것은 아님을 설명함으로써 남편의 인식을 변화시키고자 하였다.

치료자: 그거는 남편이 자기 엄마 밑에서 그렇게 살다가 그런 와이프 자체를 용납을 못하는 거예요. 무슨 얘기냐면 '내 돈을 줬다가는 돈은 저축을 못하고 저런 식으로 쓸 것이다'라는 불안도 있을 수도 있어요. (4회기)

치료자: 그런데 와이프 입장에서는 남편에 대해서 '저 노랭이. 나를 사랑하지 않으니까 저거를 사 주지 않는구나'라고 생각할 수 있죠. (중략) 와이프 입장에서는 일단 저것이 갖고 싶은 거예요. 그렇다고 해서 부인의 소비패턴이 매번 같은 식으로 유지되지는 않을 거라고 봐요. (2회기)

### 4) 원가족과의 정서적 분화 코칭

치료자는 결혼한 성인이 부부체계를 확고하게 하기 위해서 정서적인 분화를 이룰 수 있도록 개입하였다. 치료자는 부부로 하여금 자신의 원가족과의 관계를 통한 가족의 정서적 과정을 살펴봄으로써 가족체계에 대한 통찰을 하게 하였다.

치료자: 가계도를 통해서 ○○ 엄마와 친정엄마 그리고 동생관계를 체크했을 때 두 사람의 관

계가 스트레스 받는 관계로 되어 있단 말이에요. 그러면 이 스트레스 받는 관계가 아빠하고 동생하고 스트레스 받는 관계이고 엄마하고도 스트레스 받는 관계죠. 지금 이 가정에 있어서 아들과 아빠 그리고 아들하고 엄마 간 대화방식이 협상하는 방식은 아니라고 생각하거든요. 그러면 친정엄마가 아들을 변화시키려고 했던 방식이 내가 볼 때는 잔소리하는 방식이었다고 보는 거예요. 그 방식으로 아들이 변하냐 이거예요. (5회기)

치료자는 원가족으로부터 정서적 분화를 하도록 부부를 코칭하였다. 남편의 경우 결혼 전부터 어머니와의 미분화의 문제가 나타나고 있으며, 이러한 정서적 미분화는 부부간의 갈등뿐만 아니라 고부간의 갈등을 야기시킨다고 하였다.

### 5) 새로운 부부 역할에 대한 제안

부부는 가족생활주기상 위기가 나타났을 때 상호작용 방식과 원가족으로부터의 분화되지 못한 정서적 요인들이 부부갈등을 촉발시킨 원인이라는 것을 인지하였고, 이에 치료자는 변화된 부부체계에 맞는 새로운 부부 역할에 대한 대안을 제시하였다. 치료자는 부부에게 변화라는 것은 배우자 혼자서 이루는 것이 아니라 서로의 상호작용에서 발생한다는 것을 강조하였다. 치료자는 부부에게 배우자에게 변화하라고 강요하는 것은 기능적이지 못한 방식이며, 먼저 상호작용방식이 변화를 하게 되면, 이에 따라 배우자에 대한 인식이 변화되고, 배우자 역시 변화에 대한 인식을 통하여 부부 역할에 대한 입장의 변화가 이루어진다는 것을 설명하였다. 또한 치료자는 부부에게 서로가 조금씩 입장을 양보하여 부부 상호간의 갈등을 줄일 수 있다는 것을 제안하였다.

치료자: 제가 제안하자면 남편이 먼저 변화하라는 거예요. 와이프를 변화시킬 수 있는 게 본인도 있지만 남편이 원인 제공을 해줘야 하는데 그게 안 돼 있다는 거예요. 많은 사람들이 그래요. 한 번 맞장구쳐 줬더니 하늘 끝까지 올라가요. 남편이 그렇게 한번 해보자는 거예요. 그러면서 중요한 변화로 와이프가 남편의 얘기를 귀담아 주고 남편의 편을 들어 준다는 거예요. (2회기)

치료자: 그러면 그건 협상하는 방식이 있을 수 있어요. 밥 먹고 나서 운동하러 가나요? 그러면 남편도 힘들더라도 삼십분이나 한 시간 아들과 놀아 줄 수 있어요. 남편이 요령 있게 어찌됐든 와이프의 요구를 들어 주면 와이프도 고마워할 것이고, 융통성 있게 한다면요. (2회기)

## 4. 이혼위기를 극복할 수 있었던 부부의 상호작용의 변화는 무엇인가

MRI 모델에서는 문제에 대한 비효과적인 해결책, 즉 같은 방식을 더 하도록 하는 반복적인 패턴을 일차적 변화(first-order change)로 보며, 이는 비효과적인 해결책으로 여겨진다(이영분 외, 2008). 본 연구사례에서 남편과 부인의 일차적 변화는 부부갈등을 유지 혹은 증폭시키는 역할을 하였고, 문제를 해결하기보다는 오히려 관계를 악화시키는 데 영향을 미치고 있었다. 하지만 가족치료개입을 통해 부부는 시도된 해결방식의 역기능성을 인식하였고, 상호적인 입장에서 사건과 상황에 대한 인식의 틀을 재구조화하고 원가족과의 정서적 분화와 새로운 부부 역할에 대한 인식을 경험함으로써 부부간의 의사소통에 있어서 인식의 변화에서 표현방식의 변화로, 즉 이차적 변화(second-order change)를 경험하게 되었다. 치료개입을 통한 부부의 상호작용 변화과정을 〈표 7-3〉을 통하여 살펴볼 수 있다.

### 1) 남편의 이차적 변화

남편은 이차적 변화로서 부부관계의 변화에 대한 자신의 책임성을 인식하게 되었고, 남편의 변화에 대한 인식은 일단 부부문제를 유지시키는 시도된 해결책을 저지하는 데 도움을 주기에, 관계 변화에 대한 인식은 매우 중요한 것으로 판단할 수 있다.

> 남편: 상담을 받기 전까지는 그랬는데 사실 상담받고 나서는 이제 아내를 이렇게 만든 가장 큰 원인 제공자가 나였고 책임도 내가 제일 크다는 걸 제가 인지를 한 거죠. (5회기)

또한 남편은 가계도 탐색을 통해 원가족과의 정서과정을 이해하고, 자신의 원가족으로부터 분화가 필요함을 인식하였다. 남편은 이러한 가족구조와 부부관계 변화에 대한 인식으로 인하여 지금까지의 부부관계에서는 볼 수 없었던 새로운 해결책을 시도하기 시작하였다. 남편은 먼저 가족일정을 결정하는 것에 대해서 부인의 입장을 먼저 고려하고 결정하는 방식을 시도하였으며, 이에 대해 부인은 긍정적인 반응을 보였다.

> 부인: (남편은 저의) 의견을 안 물어보죠. 대화도 별로 없었고. 혼자 알아서 하고 물어보지도 않고 그랬어요.
>
> 치료자: 그러면 처음으로 물어본 거예요?
>
> 부인: 거의 그런 셈이죠. (남편이) 조금 많이 변한 것 같아요. (4회기)

〈표 7-3〉 ■ 가족치료를 통한 이혼위기 부부의 상호작용 변화 과정

| 부부 체계 \ 변화 과정 | 일차적 변화 (first-order change) | 부부치료 개입 | 이차적 변화 (second-order change) |
|---|---|---|---|
| 남편 | • 자기중심적 결정과 태도<br>• 배우자를 수용하지 않음<br>• 부모 입장을 수용<br>• 소비하는 것에 민감하게 반응<br>• 일방적 메시지/폭력<br>• 욕설과 비난<br>• 참다가 폭발하는 방식 | 시도된 해결방식의 확인<br>시도된 해결방식의 역기능성 인식<br>사건과 상황에 대한 재명명 | • 부부관계 변화에 대한 책임성 인식<br>• 원가족과의 미분화 상태 인식<br>• 의견결정 시 배우자 입장 고려<br>• 부인의 입장에 대한 수용 |
| 부인 | • 배우자에게 훈계하는 태도<br>• 잔소리하는 표현<br>• 원칙을 준수하기를 강요<br>• 참다가 폭발하는 방식<br>• 화를 참지 못하고 집을 나감 | 원가족과의 정서적 분화 코칭<br>새로운 부부 역할에 대한 제안 | • 원가족과의 분화 필요 인식<br>• 비난하지 않는 표현방식<br>• 자극하지 않는 표현방식<br>• 남편의 변화에 감사 표현 |

남편이 부인에게 표현하였던 기존의 의사소통방식은 비난 및 욕설과 회피의 방식이었기에 남편의 자극에 대한 부인의 반응 역시 마찬가지였다. 하지만 남편은 부인의 이야기에 반응을 보이고, 들어 주려는 자세로 부인과 의사소통하려는 변화를 보였다.

> 치료자: 남편에 대한 변화가 있나요?
> 부인: 남편이 제 말을 들어 주려고 노력하는 거 같아요. 정신적으로 제가 조금 편해진 거 같아요.
> 치료자: 구체적으로 어떻게 들어 주려고 노력해요?
> 부인: 예전에는 제가 얘길 하면 이제 무슨 말을 하든지 기분 나쁘게 받아들이고 들어 주지 않았어요. 반응이 없었어요.
> 치료자: 반응이 전혀 없었어요?
> 부인: 예, 전에는 안 그랬죠. 얼굴은 인상 쓰고 그랬는데 지금은 그런 게 많이 없어졌어요. 인상도 덜 쓰는 것 같아요. 조금 부드러워진 것 같고, 반응이 '응, 알았어'라든지, 전에는 대꾸하는 것이 없었는데 지금은 좀 변했어요. (5회기)

### 2) 부인의 이차적 변화

가족치료의 과정을 통해 부인 역시 남편과 마찬가지로 시도된 해결방식에 대한 인식의

틀이 이차적 변화의 과정으로 전환하게 되었다. 부인은 남편에게 자신의 기준을 강요하였고, 잔소리와 훈계의 태도로서 남편을 변화시키려고 하였다. 그렇지만 가족치료의 개입을 통해 부인은 자신이 문제를 해결하기 위하여 시도한 방식이 원가족의 방식과 유사한 방식임을 인지하고, 정서적 분화에 대하여 인식하게 되었다.

부인: 저희 엄마가 좀 지시적인 스타일이세요.

치료자: 지시적이고 좀 간섭이 많은 스타일이세요?

부인: 예, 저는 엄마가 하라는 대로 한 편이었던 것 같아요. 이제까지는 '엄마가 항상 옳구나!' 라고 생각했었던 것 같아요. (5회기)

부인은 자신의 기준에 의한 강요와 잔소리는 자신의 의도했던 바와 달리 남편을 변화시킬 수 없다는 것을 인식하게 되었고, 이에 따라 남편을 비난하거나 자극하지 않는 표현방식을 통해, 남편과의 관계개선에 대한 변화를 시도하였다. 더불어 부인은 남편의 변화에 대해서 '감사하다' 는 표현을 하였고, 이러한 표현의 변화로 남편과의 관계가 변하기 시작하였다.

치료자: 남편의 표현방식에 변화가 있나요?

부인: 네. 그런 것 같아요.

치료자: 그러면 그 변화에 대해서 표현을 했어요? 당신 이렇게 변해서 고맙다고 했나요?

부인: 요즘 (남편에게) 편하다고 얘기는 많이 했어요. 노력해줘서 고맙다고 했죠. (5회기)

# V. 결론 및 제언

본 연구는 이혼위기를 경험하고 있는 부부의 상호작용 방식과 가족생활주기 단계의 특성과 개입방법, 그리고 부부의 상호작용의 변화를 살펴보았고, 그 연구결과는 다음과 같다.

첫째, 이혼위기를 경험하고 있는 부부는 갈등을 촉발시키는 순환적이며 반복되는 상호작용방식을 사용하고 있었으며, 남편은 결혼 전과 마찬가지로 자기중심적 의사결정 태도와 삶의 방식을 고집하였고, 부인에 대한 고려보다는 자신의 부모의 의견을 중시하였다. 이는 남편이 원가족으로부터 분화되지 않은 데서 비롯되었고, 배우자에게 표현하는 방식에 있어서도 남편은 욕설과 함께 일방적인 의사소통방식을 사용하였다. 부인 또한 남편에게 일방적인 훈계와 잔소리를 사용하였고, 자신의 말을 따라야 한다고 강요하였다. 위와 같은 부인의 표현방식은 부인의 원가족으로부터 전수된 의사소통방식이었다. 부부 각자가 사용하는 의사소통방식은 유사한 부분이 있었으며, 부부는 갈등을 해결하려고 시도했던 방식의 역기능성을 인지하지 못하였고, 이러한 부부간의 역기능적인 상호작용 방식은 반복적으로 지속되었다.

둘째, 가족발달 이론에 근거한 가족생활주기의 특성으로 부부의 결혼전기 단계에서 남편은 원가족과 정서적으로 미분화된 특성을 나타내고 있었고, 직장에서 관계형성의 어려움을 겪고 있었다. 부인 역시 원가족으로부터 자아분화가 이루어져야 하는 단계임에도 불구하고 밀착된 관계를 유지하고 있었다. 신혼기 단계에서 부부가 외부적 환경으로 남편은 직장생활로부터 시간적 여유가 없어서 가사분담을 못하였고, 부인의 입장을 지지하지도 않았다. 출산 이후 맞게 되는 자녀아동기 단계에서 요구되는 재정 및 가사의 공동참여에 대한 남편의 역할에 대한 인식은 부족하였고, 부인 역시 새로운 직업을 준비하는 과정과 동시에 가사에 대한 부담감으로 인해 스트레스를 받고 있었다.

셋째, 치료자는 부부에게 지금까지 문제를 해결하기 위하여 시도했던 방식이 부부간의 갈등을 해결하기보다는 오히려 갈등을 유지시키는 역기능적인 방식이라는 것을 인식시켰다. 치료자는 재명명의 기법을 통하여 부부에게 똑같은 사건과 상황에 대하여 서로 다른 시각으로 볼 수 있도록 하였고, 따라서 부부는 '사실'이라는 것 이면의 인식을 통한 '해석'이 서로 간의 갈등을 발생하게 한 요인이라는 것을 인지할 수 있었다. 또한 치료자는 부부에게 각자의 의사소통방식이 원가족의 부모가 사용했던 방식과 유사함을 설명하였고, 가족생활주기에서 결혼을 통한 부부체계를 확고하게 하는 데 필요한 원가족과 정서적 분화가 필요함을 코칭 해 주었다. 더불어 치료자는 부부에게 기능적인 부부 역할을 위해 변화의 상호적 노력과 의견수렴에 있어서 타협과 조정이 필요하다는 것을 제안하였다.

결과적으로 가족치료 개입을 통해 부부는 자신들이 지금까지 사용해 왔던 상호작용 방식(일차적인 방식)에서 새로운 해결방식(이차적인 변화)을 경험하게 되었다. 남편은 부부관계의 변화에 대한 자신의 책임성을 인식하게 되어, 기존의 시도된 해결책에 대한 근본적인 인식의 변화를 가져왔다. 더불어 남편은 자신의 원가족의 정서적 과정을 이해하고 분화에 대한 필요성을 인식하였으며, 이에 따라 새로운 해결책으로 부인의 입장을 먼저 고려하고 의사를 결정하는 방식을 시도하였다. 부인은 지금까지 자신이 문제를 해결하려고 시도했던 방식이 친정어머니가 사용했던 방식과 유사하다는 것을 인식하고, 정서적 분화의 필요성에 대해 인식하게 되었으며, 남편에게 비난하거나 자극하지 않는 표현방식을 통해 남편과의 관계가 개선되었다. 또한 부인은 남편의 변화에 대하여 '감사하다'는 표현을 통해 남편과의 관계가 향상되었다. 이와 같이 역기능적인 의사소통방식과 함께 남편과 아내 모두 원가족으로부터 분화되지 못한 점이 부부갈등에 영향을 미치고 있었고, 따라서 배우자와 정서적인 친밀한 관계를 맺을 수 없었다. 따라서 가족치료를 통해 부부는 원가족과의 정서적 분화와 지금까지 사용했던 역기능적인 의사소통방식에서 벗어나 새로운 긍정적이고 기능적인 문제해결방식을 취함으로써 부부관계의 변화를 경험하였다.

부부의 이혼위기에 대한 요인을 분석하고 그에 따른 요인을 제시한 기존의 연구에 비해 본 연구는 가족치료의 개입을 통하여 이혼위기를 둘러싼 부부갈등의 특성과 가족치료개입과정을 분석한 연구이기에 실천현장의 적용가능성에 의의가 있는 연구라고 할 수 있다. 단일사례연구이기에 모든 부부갈등이 있는 이혼위기의 부부에게 적용될 수 없는 한계점이 있음에도 불구하고, 현재 사회문제로 부각되고 있는 이혼가정의 증가 현상을 살펴볼 때, MRI 모델과 Bowen의 가족체계 이론은 이혼숙려기간 중 부부상담에 적극 활용되어 이혼율을 낮추는 데 기여할 수 있으리라 기대해 본다.

## 참고문헌


금옥순(1996). 자아분화 수준이 부부갈등에 미치는 영향. 부산대학교 대학원 석사학위논문.

김남진, 김영희(2010). 기혼남녀의 자아분화에 따른 부부갈등과 결혼만족도 및 안정성. 한국가족관계학회지, 15(1), 197-225.

김민녀(2003). K-MSI를 활용한 기혼자의 결혼만족도. 성신여자대학교 대학원 석사학위논문.

김영희(1999). 결혼생활의 질과 안정성에 관련된 이론적 모형. 한국생활과학회지, 5(2), 53-73.

박성주(2008). 이혼위기 부부를 위한 문제해결 단기상담 프로그램의 개발 및 효과검증. 계명대학교 대학원 박사학위논문.

박성주(2009). 숙려기간 이혼위기 부부상담을 통한 이혼사유 분석연구. 복지상담학회, 4(1), 67-78.

박태영(2001). 가족치료 이론의 적용과 실천. 서울: 학지사.

박태영(2003). 가족생활주기와 가족치료. 서울: 학지사.

박태영, 김현경(2004). 친밀한 가족관계의 회복. 서울: 학지사.

박태영, 김혜선, 김태한(2009). 이혼위기에 있는 결혼초기 부부에 대한 부부치료 사례연구. 한국가정관리학회지, 27(3), 93-114.

이영분, 신영화, 권진숙, 박태영, 최선령, 최현미(2008). 가족치료: 모델과 사례. 서울: 학지사.

이은희(2001). 가족생활주기에 따른 맞벌이 남녀의 대처전략과 결혼만족도 연구. 한국사회복지학, 45, 288-314.

이정미(2002). 부모간의 갈등과 아동 · 청소년의 자아존중감 및 부적응에 관한 연구. 충북대학교 대학원 석사학위논문.

이화연(2005). 부부갈등극복과 이혼위기 극복에 관한 연구. 상명대학교 대학원 석사학위 논문.

정은희(2004). 원가족분화, 자아존중감과 부부갈등대처방식에 따른 결혼안정성 연구. 성신여자대학교 대학원 석사학위논문.

주재선(2011). 2010 한국의 성 인지 통계. 한국여성정책연구원 연구보고서.

통계청(2011). 2010 인구동향조사. http//www.kosis.kr

Bateson, G. (1979). *Mind and nature*. NY: E. P. Dutton.

Bell, L. G., Bell, D. C., & Nakata, Y. (2001). Triangualation and adolescent development in the U. S. and Japan. *Family Process, 40*(2), 173-186.

Booth, A., Johnson, D. R., White, L. K., & Edwards, J. N. (1985). Predicting divorce and permanent separation. *Journal of Family Issues, 6*, 331-346.

Bowen, M. (1976). Theory in the practice of psychotherapy. In P. J. Guerin (Ed.), *Family Therapy*. NY: Gardner Press.

Bowen, M. (1978). *Family therapy in clinical practice*. NY: Jason Aronson.

Carrere, S., & Gottman, J. M. (1999). Predicting divorce among newlyweds from the first three minutes of a marital conflict discussion. *Family Process, 38*(3), 293-300.

Carter, B., & McGoldrick, M. (1997). 가족생활주기와 가족치료(정문자 역). 서울: 중앙적성출판사.

Carter, B., & McGoldrick, M. (2005). *The expanded family life cycle: Individual, family and social perspectives*. Boston: Allyn and Bacon.

Carter, E. A., & McGoldrick, M. (1980). *The family life cycle: A framework for family therapy*. Boston: Allyn and Bacon.

Coleman, J. (1984). *Inmate relationships, marriage, and family*. New York: The Bobbs-Merrill.

Goldenberg, I., & Goldenberg, H. (2007). *Family therapy: An overview*. Belmont, CA: Brooks/Cole.

Grych, J. H., & Fincham, F. D. (1993). Children's appraisals of marital conflict: Initial investigations of the cognitive-contextual framework. *Child Development, 64*, 215-230.

Haley, S. A. (1974). When the patient reports atrocities: Specific treatment considerations of the Vietnam veteran. *Arch Gen Psychiatry, 30*(2), 191-196.

Miles, M. B., & Huberman, A. M. (1994). *Qualitative data analysis*. Thousand Oaks, CA: Sage.

Nichols, M. P., & Schwartz, R. C. (2008). *Family therapy: Concepts and methods* (7th ed.). NY: Allyn and Bacon.

Skolnick, A., & Skolnick, J. H. (1980). *Family in transition*. Boston: Little, Bowen and Company.

Wallerstein, J. (1995). *The good marriage: How and why love lasts*. NY: Houghton Muffin.

Walsh, F. (2004). The concept of family resilience: Crisis and challenge. *Family Process, 35*(3), 261-281.

Watzlawick, P., Beavin, J. H., & Jackson, D. D. (1967). *Pragmatics of human communication.* NY: Norton.

Watzlawick, P., Weakland, J., & Fisch, R. (1974). *Change: Principles of problem formulation and problem resolution.* NY: Norton.

Weakland, J. H. (1993). Conversation-but what kind? In S. Gilligan, & R. Price (Eds.), *Therapeutic conversation.* NY: Norton.

제8장

# 이혼위기에 있는 결혼초기 부부에 대한 부부치료 사례연구*

박태영 · 김태한 · 김혜선

본 연구에서는 이혼위기에 처한 결혼초기 부부의 갈등발생의 개인적 특성과 부부갈등의 배경이 되는 원가족의 특성을 살펴보고, 이에 개입하는 치료적 방법과 치료를 통한 변화를 모색해 보고자 한다. 본 연구에서 분석한 사례는 2001년 10월부터 2002년 1월까지 총 9회기에 걸쳐 상담에 참여한 결혼초기 부부에 관한 사례이며, 개별상담과 부부상담을 진행하였다.

자료분석방법은 수집된 녹음자료에 대한 축어록과 상담 도중 기록한 상담일지, 그리고 메모를 함께 사용하여 코딩을 하였다. 코딩 단계에서 연구자들은 필사된 면접 자료를 줄 단위로 비교하는 분석과 자료 전체를 비교하면서 분석을 하였다. 또한 연구자는 네트워크를 활용하여 사례의 모형을 제시하였고, 매트릭스를 활용하여 자료들을 일목요연하게 정리하였다.

연구결과 부부갈등을 야기시키는 특성에 있어서 많은 차이들과 이혼위기에 영향을 미치는 원가족에서의 특성들이 나타났다. 특히 이혼위기를 초래하는 부부의 개인적인 특성은

* 제8장은 한국가정관리학회지(2009) 제27권 3호, 93-114페이지에 게재된 논문을 일부 수정한 것임.

남편과 부인의 특성으로 나뉘었다. 또한 이혼위기에 영향을 미치는 원가족의 특성은 남편과 부인의 부모들로 나타났다. 이혼위기의 부부에 대한 치료적 개입은 부부간 의사소통의 촉진, 자아분화에 대한 강조, 타인관점의 이해로 구분되었다. 치료적 개입의 결과로는 부부가 이혼하지 않기로 함, 부부의 인식변화, 남편과 원가족의 분화, 부인의 자아성장 그리고 부부간 의사소통 향상으로 나타났다.

# I. 서론

배우자를 만나 결혼을 하는 것은 모든 사람의 가장 중요한 관심사다. 누구나 행복한 가정생활을 꿈꾸며 결혼을 하지만 20~30년 이상 서로 다른 환경에서 자란 두 남녀가 하나의 가정을 꾸려 나가는 것은 잘살겠다는 바람으로만 이뤄 낼 수는 없는 일이다. 따라서 배우자 간에 서로의 가치관과 삶의 방식을 인정하거나 적응하려는 노력이 필요하고, 배우자와 자녀로서 자신들의 역할을 조정하는 것도 필요하다(Carter & McGoldrick, 1989). 결혼초기 부부가 이러한 과업을 잘 수행하였을 때에 원가족으로부터 분화된 개별적 자아감을 형성하고, 독립된 부부체계를 강화시킬 수 있다.

가족생활주기에서는 결혼하여 자녀를 낳는 시기까지를 결혼초기로 보고 있으며(김정진, 임은희, 권진숙, 2007), 국내의 연구 중에는 첫 자녀가 미취학 단계에 있는 시기인 결혼기간 만 6년까지를 결혼초기로 정의하고 있는 경우도 있다(방현주, 이기숙, 2002). 이에 본 연구에서는 우리나라의 결혼 후 첫 자녀 출산까지 평균 3년 이상이 소요(통계청, 2007)됨을 고려하여, 결혼초기를 결혼 5년 이하를 지칭하는 말로 사용하고자 한다. 결혼초기에는 부부간 서로에 대한 적응과 새로운 역할정립 및 조정, 그리고 배우자 친족과 관계망 형성이 이뤄져야 한다. 이 시기에 형성된 부부간 상호작용의 패턴은 전체 결혼관계에 영향을 미치게 된다(조성경, 최연실, 2006; 최정숙, 2008). 만약에 부부가 결혼초기의 과업들을 잘 성취하지 못할 때에는 부부관계뿐만 아니라 배우자의 친족들과도 갈등과 불화를 경험할 수 있다. 그러므로 결혼초기는 갈등 발생의 여지도 크지만, 적절한 개입이 전체 결혼생활유지에 가장 큰 효과를 나타낼 수 있는 시기라고도 볼 수 있다(조성경, 최연실, 2006).

통계청 자료(2008)를 통하여 2007년에 이혼한 사람들의 동거기간을 살펴보면, 0~4년 사이의 이혼율이 27.1%, 5~9년 사이의 이혼율이 20.5%, 10~14년 사이의 이혼율이 17.5%, 15~19년 사이의 이혼율이 14.7%, 20년 이상의 이혼율이 20.2%로 나타나고 있다. 즉, 결혼초기 과정은 이혼을 결정할 만큼 부부간의 갈등이 심각하게 나타나는 시기라는 것을 의미한다고 볼 수 있다. 부부간의 갈등을 이루는 요인들로는 대화요인, 성격 및 가치관 요인, 원가족 요인 등이 있는 것으로 나타났다(천혜정, 김양호, 2007; 통계청, 2007). 이러한 특성은 개인의 특성이기도 하지만, 결혼 전에 이미 원가족에서 형성된 특성이라고 볼 수 있다(김혜선, 1992; 유계숙, 장보현, 한지숙, 2006; 전영주, 이성희, 2006).

우리나라에서는 결혼을 가문과 가문의 결합으로 보았다. 그래서 결혼을 통하여 새로운 가족을 형성하게 되면 두 배우자뿐만 아니라 두 배우자의 친족까지도 포함한 관계망의 결합을 이루게 된다(정현숙, 유계숙, 2003). 유교문화권 내에 있는 한국가정문화의 가부장적인 특성상 결혼을 하면 남자집안으로 여자가 귀속되어 가계를 계승하는 것으로 여기는 경우가 많다. 따라서 이러한 구조를 고수하는 집안의 남자와 결혼하는 여자는 배우자 원가족의 문화와 관습을 강요받게 된다. 여자인 며느리뿐만이 아니라 남자인 친아들에게도 부모님의 말씀이나 요구를 따르지 않을 경우 효를 행하지 않는 것으로 치부되기도 한다. 이러한 과정에서 결혼초기의 부부들은 개인의 습관차이, 원가족의 문화차이와 더불어 결혼 전에 상상해왔던 결혼에 대한 기대감과의 불일치를 경험하게 되면서 결혼에 대한 실망감과 분노가 발생할 수 있다(조성경, 최연실, 2006). 이에 선행연구들은 결혼초기에 부부갈등으로 이혼위기에 있는 부부들에게 기능적 의사소통방식을 교육시키고 원가족과 갈등을 효과적으로 다룰 수 있는 실질적 개입이 필요하다고 제안한다(김소야자, 2007; 천혜정, 김양호, 2007).

그러나 지금까지 진행된 국내연구에서는 결혼초기 부부의 갈등과 갈등 대처방식(이영자, 장영애, 2002; 이선미, 전귀연, 2001), 결혼초기의 일반 부부들을 대상으로 한 부부관계 향상에 관한 연구(방현주, 이기숙, 2002; 김희진, 2005; 최정숙, 2008)들은 어느 정도 진행되어 있는 반면, 부부갈등을 겪고 있거나 이혼위기에 있는 결혼초기 부부에 대한 실질적 개입방법과 관련한 선행연구는 발견하기가 어려운 형편이다.

이에 본 연구는 이혼위기에 있는 결혼초기 부부의 갈등 발생의 개인적 특성과 부부갈등의 배경이 되는 원가족의 특성을 살펴보고, 이에 개입하는 치료적 방법과 치료를 통한 변화를 살펴보고자 한다.

## Ⅱ. 상담사례의 이론적 배경

본 연구에서 치료자는 Bowen의 가족체계치료  모델, MRI의 상호작용적 가족치료 모델, 가족발달 이론의 이론적 배경을 토대를 가지고 있었다. Bowen의 가족체계치료 모델에서는 부모, 특히 어머니와 자녀 사이의 미분화된 정서적 관계를 중시하였으며, 이러한 관계는 가족투사 과정을 통해서 전수되었다고 보았다. 따라서 치료목표를 미분화된 가족자아집합체로부터 분화되는 것에 두었다(Friedman, 1991; Papero, 1995; Goldenberg & Goldenberg, 2001). 이러한 미분화로 구성되는 삼각관계는 일시적으로 불안이나 스트레스 감소에 도움을 줄 수 있으나 가족의 정서체계는 더욱 혼란스런 증상을 나타나게 된다고 주장하였다(Goldenberg & Goldenberg, 2001). 원가족에서 형성된 관계의 패턴은 세대를 넘어 전수된다고 보고 있기 때문에 가족구성원들과 세대 간 상호관계에 초점을 둔다(Harvey & Bray, 1991; Lawson, 1999).

MRI의 상호작용적 가족치료 모델에서는 가족의 문제는 문제를 해결하려는 가족의 시도에 의해서 오히려 유지되고 있다고 보고, 내담자가 제시하고 있는 불평을 해결하는 데 목적을 둔다(Shoham, Rohrbaugh, & Patterson, 1995). MRI 모델은 '문제'란 오랫동안 그 문제를 변화시키려고 계속해 온 바람직하지 못한 행동들로 이루어진 것으로 본다. 그러한 문제행동들이 지속되는 것은 일차적으로 사람들이 그 문제행동들을 변화시키려고 행하여 왔던 방법, 즉 사람들의 '시도된 해결'에 있다고 본다(Watzlawick, Weakland, & Fisch, 1974). 또한 사람들이 자신들의 문제를 감소시키려고 시도해 온 해결책이 종종 문제를 유지시키거나 혹은 그 문제를 더욱 악화시키기까지 한다(Goldenberg & Goldenberg, 2001). 따라서 치료자의 일차적인 임무는 새로운 또는 다른 행동을 기존의 행동과 대체하거나, 본래의 문제행동을 '하찮은 문제'로 재평가하는 것에 의하여 내담자에게 지금까지 시도해 온 해결책을 소개하는 것이다(Weakland, 1993).

가족발달 이론은 서로 다른 분야의 학자들에 의해서 각각 다르게 이해되었다. 그러나 가족발달적 개념틀은 가족생활주기의 각 단계별로 구성원들의 다양한 역할과 발달과업이 어떻게 수행되는지를 보고자 하였다. 가족이 각 단계의 과업을 성공적으로 수행할수록 다른 과업에서도 성공할 것이라 가정한다(유영주 외, 2007). 생활주기는 가족치료를 발달 이론에 접목시킨 것이며 구조적이고 전략적인 접근법에 대한 설명적인 배경이 되기 위하여 사회학으로부터 빌려온 모델이다(Nichols & Schwartz, 2002). 가족생활주기에서는 인간이 태어나서 죽기까지 일정한 발달단계와 단계마다 과업을 가지는 것처럼 가족 또한 발달단계와 과업을 가지게 된다. 모든 가족은 이러한 가족생활주기의 단계를 반드시 거치게 되며, 각 단계에서 다음 단계로 넘어갈 때 적응상의 문제가 발생하게 된다. 이러한 적응상의 문제가 심각할 경우 가족은 엄청난 스트레스를 받게 된다. 따라서 가족생활주기상의 이러한 위기가 가족문제의 근원이 될 수도 있다(Carter & McGoldrick, 1989). 가족치료자는 내담자의 가족문제를 사정할 경우 반드시 그 가족이 처해 있는 가족생활주기의 문제점에 관하여 먼저 사정할 필요가 있다(박태영, 2003).

이러한 이론적인 맥락에서 치료자는 첫째, 남편과 부인이 원가족과 어느 정도의 분화 수준을 보이는지 탐색하고, 원가족과의 분화정도가 현재 부부관계에 어떤 영향을 미치는지 탐색하는 데 초점을 두었다. 또한 원가족과 미분화 문제가 자녀 세대에까지 이어지지 않도록 예방하는 개입도 동시에 진행하였다.

둘째, 본 연구에서의 치료자는 분화로 인해 발생하는 문제가 언어적 · 비언어적 의사소통 방법으로 가족성원 간에 전달되고 있음을 발견하였다. 이에 부부가 그동안 부부간의 문제를 해결하려고 시도했으나 실패했던 의사소통방식을 찾아내고 이를 수정 · 변화시키도록 개입하였다.

셋째, 부부는 원가족에서 독립된 성인 단계에 이루었어야 하는 과업을 성공적으로 이루지 못하고 그다음 단계인 신혼부부 단계를 거쳐 어린 자녀를 둔 단계에 이르게 되었다. 이에 본 연구에서 치료자는 성인 단계부터 신혼부부 단계에 이르기까지 미달성 과업인 원가족으로부터의 독립, 부부체계 만들기 등의 과업을 현 단계에서 이룰 수 있도록 개입하는 모습을 볼 수 있다.

# Ⅲ. 선행연구

## 1. 부부갈등

부부갈등에 대한 개념은 갈등 이론, 정신건강, 가족관계, 여성학, 사회복지학 등 여러 분야에서 다양하게 해석하며, 갈등원인이나 영역에 대한 학자들의 정의도 저마다 다르다(조성경, 최연실, 2006). 그러나 부부갈등의 영역은 크게 개인적 특성, 부부관계특성, 공동생활특성, 제삼자특성으로 구분될 수 있다. 즉, 부부갈등에서 개인적 특성은 배우자의 성격, 생활습관, 사고방식, 성격불일치이며, 부부관계특성은 부부간 의사소통, 애정, 성, 배우자의 부정이며, 공동생활특성은 부부의 주거와 주택계획, 금전과 소비, 여가생활, 가사노동분담의 불일치이며, 제삼자특성은 부부 두 사람 이외의 다른 관계로 인해서 갈등이 생기는 영역이다(이경희, 1997). Beckerman과 Shepherd(2002)는 부부갈등이 높은 영역은 성생활과 중요한 결정내리기, 중간갈등영역은 종교, 배우자의 원가족들, 금전이었으나, 우선순위로 꼽은 치료적 목표는 의사소통기술들의 개선으로 들고 있다.

결혼초기 부부들을 대상으로 한 연구에서도 일반 부부들과 유사한 갈등 요인들이 등장하고 있는데, 그 결과를 살펴보면 성격요인, 의사소통요인, 원가족 요인들이 다양한 갈등요인

중 우위를 점하는 것으로 나타나고 있다(이선미, 전귀연, 2001; 천혜정, 김양호, 2007; 통계청, 2007). 이와 같은 부부갈등 요인들은 상호작용적인 특성을 가지는데, Carrere와 Gottman (1999)은 문제해결을 위한 의사소통의 상호교환과정에서 더 부정적이고 덜 긍정적으로 의사소통하는 부부는 그렇지 않은 부부에 비해 갈등의 가능성이 크다고 하였다. 박태영(2002)은 부부치료의 사례를 다루면서 부부의 갈등의 근원적인 이유는 서로가 문제를 해결하려고 시도한 역기능적 해결방법이라고 보았다. 우리나라의 부부들이 갈등을 해결하기 위해서 전형적으로 사용하는 것은 부인의 요구와 남편의 회피다. 특히 부부의 갈등 상황에서 적극적으로 반응하기보다는 회피 및 철수하는 방식으로 반응하는 남편의 행동은 부인의 더욱 강한 잔소리와 요구를 불러일으키며, 이러한 행동은 다시 남편의 행동을 강화시키는 역할을 하고 마침내 부부간에 갈등의 악순환을 만드는 것으로 나타났다(오윤자, 1992; 임승락, 권정혜, 1998; 이창숙, 유영주, 1998).

## 2. 원가족과 부부갈등

결혼은 개인과 개인의 만남이면서 동시에 가족과 가족의 결합이기도 하다. 즉, 부부의 원가족은 부부관계에서 무시할 수 없는 중요한 요인이다. 원가족과의 관계에서 정서적으로 독립하지 못한 사람은 자신과 배우자의 차이점을 인정하고 받아들이지 못하기 때문에 갈등을 경험할 수 있다(Carter & McGoldrick, 1989). 또한 결혼하기 이전에 원가족에서 차지했던 비중은 결혼이후 부부의 갈등을 진단하는 데 중요한 요소다(Guerin, Fay, Burden, & Kautto, 1987). Olson과 Hawley(1992)는 부부가 자신의 원가족과 유사한 가정을 이루거나, 혹은 원가족에 대한 반발로 정반대의 가정을 이루기 쉽고, 두 사람이 성장해 온 가족의 패턴이 서로 차이가 날수록 이들의 결혼생활은 갈등을 겪을 수 있다고 했다(조성경, 최연실, 2006에서 재인용). 원가족은 핵가족에 영향을 미치고, 원가족에서 형성한 상호작용방식은 핵가족에서도 그대로 반복되기 때문에 원가족의 경험을 파악하는 것이 부부간의 상호작용을 이해하는 데 중요하다(Kerr & Bowen, 1988).

국내의 연구에서도 원가족은 부부갈등에 영향을 미치는 중요한 요소로 나타난다. 결혼초기 기혼남녀의 원가족 특성은 부부갈등의 정도와 부부갈등의 해결방식에 영향을 미치며, 원가족 특성 중에서 가족규칙은 결혼초기 기혼남성에게 큰 영향을 미치며, 기혼남성이 성과 성역할규칙에 대해서 원가족의 영향을 많이 받을수록 결혼생활의 각 영역에서 갈등발생소지가 큰 것으로 나타났다. 또한 가족규칙은 부부갈등의 해결방식에도 영향을 미치는데, 주로 남성들에게 더 큰 영향을 미치는 것으로 나타났다(조성경, 최연실, 2006). 남편들은 원가족의 영향력을 부인보다 더 많이 받는데, 이것은 부모들이 딸보다 아들에게 더 많은 기대를 하기 때문으로 이해된다(전춘애, 1994).

또한 가족체계의 기능에 가장 큰 영향을 미치는 변인은 원가족의 경험과 더불어 자아분화 수준이다(김경자, 2004). 권정란과 이인수(2006)의 연구에서도 부부적응에 영향을 미치는 요인은 원가족에 대한 정서적 건강성보다는 자신의 분화정도 및 배우자의 분화정도로 나타났다. 이와 유사하게 원가족건강도는 부부의 결혼생활에 직간접적으로 영향을 미치는 중요한 변인이기는 하지만, 결혼적응에 가장 큰 영향력을 미친 것은 현재 배우자와 역동적인 상호작용으로 나타나기도 하였다(김현정, 김명자, 1999). 남편의 원가족 분화정도는 부부갈등에 직접적 영향을 미치나, 부인의 원가족 분화경험은 부부갈등에 직접 영향을 미치지 않는 것으로 나타났다(전춘애, 박성연, 1994; 서연석 1999; 전연진, 2002).

따라서 부부갈등은 다양한 요인으로 발생할 수 있으나 악순환적 상호작용의 패턴을 형성하는 특징을 가지게 된다. 그리고 개인이 경험한 원가족 특성과 원가족으로부터의 분화 수준은 부부적응에 중요한 요소다. 특히 남편의 원가족 분화는 부인의 원가족분화보다 더 큰 영향력을 가진다. 이와 같은 결과를 미루어 볼 때에, 본 사례연구의 남편이 원가족과 분화되지 않은 행동을 취함으로써 부부간의 갈등이 커졌다는 점과 치료자가 남편의 원가족 분화를 유도함으로써 부부갈등이 사라지고 부부하위체계가 견고하게 되었다는 점은 일맥상통하는 것으로 볼 수 있다.

## Ⅳ. 연구방법

### 1. 연구대상

본 연구에서 분석한 사례는 2001년 10월부터 2002년 1월까지 총 9회기에 걸쳐 상담에 참여한 결혼초기 부부 한 쌍이다.

### 2. 연구문제

첫째, 이혼위기를 만드는 결혼초기 부부의 개인적 특성은 무엇인가?
둘째, 이혼위기에 영향을 미치는 결혼초기 부부의 원가족 특성은 무엇인가?
셋째, 이혼위기에 있는 결혼초기 부부에 대한 치료적 개입은 무엇인가?

넷째, 이혼위기의 결혼초기 부부에 대한 치료적 개입의 결과는 무엇인가?

## 3. 신뢰도 검증

Patton(2002)은 질적 연구의 엄격성을 확보하기 위해 자료수집 방법의 삼각화, 자료원의 삼각화, 연구자의 삼각화, 이론의 삼각화 등 다양한 삼각화 방법을 제안하고 있다. 본 연구에서는 첫째, 상담 당시 치료자가 기록한 상담 메모와 이후 녹음된 자료를 바탕으로 작성된 상담 축어록을 활용하여 자료의 삼각화를 시도하였다. 둘째, 연구자들의 편견이나 잠재적인 선입관으로 인해 분석의 중립성이 확보되기 어려울 수 있으므로, 연구자 간 분석내용을 비교하는 과정을 통하여 연구자의 개인적 편견이 개입되는 것을 최소화하려고 노력하였다. 셋째, 이 연구가 논리적으로 타당하며, 분석내용이 충분한 개연성을 갖는지 확인하기 위해 다양한 가족치료 이론에 근거한 이론의 삼각화를 추구하였다.

## 4. 윤리적 고려

본 연구에서는 연구의 윤리적 측면을 고려하여 본 상담자료를 분석하기 이전에 대상자 가족 전원에게 동의를 구하였다. 내담자 가족의 사생활보호를 위해 실명이나 신분이 노출될 수 있는 정보는 삭제하거나 가명으로 변경하였다.

## 5. 분석방법

자료분석 방법은 수집된 녹음자료에 대한 축어록과 상담도중 기록한 상담일지와 메모를 함께 사용하여 코딩을 하였다. 코딩 단계에서 연구자들은 필사된 면접자료를 줄단위로 비교하는 분석과 자료 전체를 비교하면서 분석을 하였다. 이러한 과정에서 개념을 도출하였고, 도출된 개념은 그 유사점과 차이점에 따라 범주화하는 작업을 하였다. 한편 연구자는 네트워크를 활용하여 사례의 모형을 제시하였고, 매트릭스를 활용하여 복잡한 자료들을 일목요연하게 정리하고 분류하였다(Miles & Huberman, 1994).

# V. 결과분석

## 1. 가계도

남편은 자신의 원가족과 관계가 매우 좋았으나 부인은 남편의 원가족과 관계가 좋지 않았다. 남편이 자신의 원가족과 적절한 분화를 이루지 못했기 때문에 부부는 독립된 새로운 가족체계를 형성하는 데 어려움이 있었다. 특히 남편은 아버지와 지나친 밀착관계였고, 아버지와 부인이 갈등을 겪을 때에 아버지의 편을 듦으로써 부부관계에 위기가 발생하였다. 또한 부인은 친정식구들과 적절한 지지체계를 형성하지 못하였기 때문에 더욱 남편에 대한 의존도가 높을 수밖에 없었는데, 남편의 지지를 받지 못하고 소외되자 그 후유증으로 우울증을 겪게 되었다.

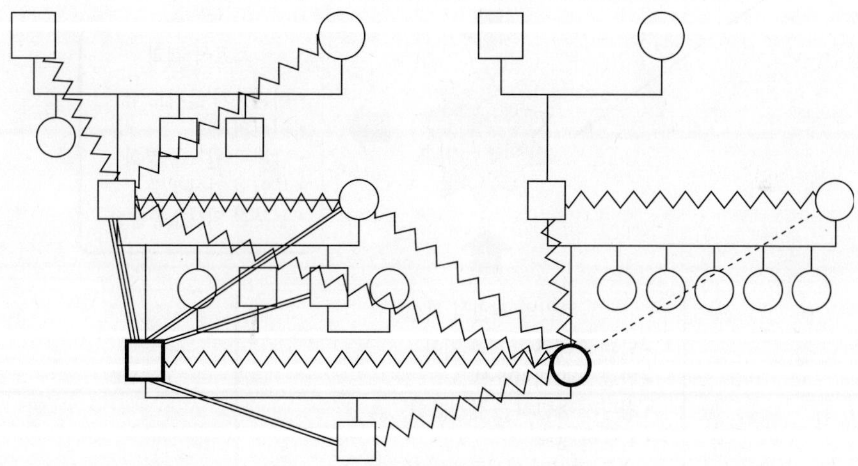

[그림 8-1] 가계도

## 2. 부부갈등(이혼위기)

본 사례의 부부는 결혼 5년차로서, 부인과 시부모의 심한 갈등에 남편이 원가족을 편듦으로 인하여 이혼위기에 놓여 있었다. 표면적인 부부갈등은 추석날에 시아버지가 부인의 친정식구들에 대해서 무시하는 발언을 하였고, 이에 부인은 시아버지와 말다툼을 하면서 시작되었다. 남편은 가족들이 보는 앞에서 부인의 뺨을 때렸고, 이때부터 부부는 갈등관계에 놓였다. 그러나 이전에도 부인은 시집식구들로부터 대학을 나오지 못했다는 이유로 환영받지 못했고, 대학을 졸업한 손아랫동서와 비교당하는 수모를 겪었다.

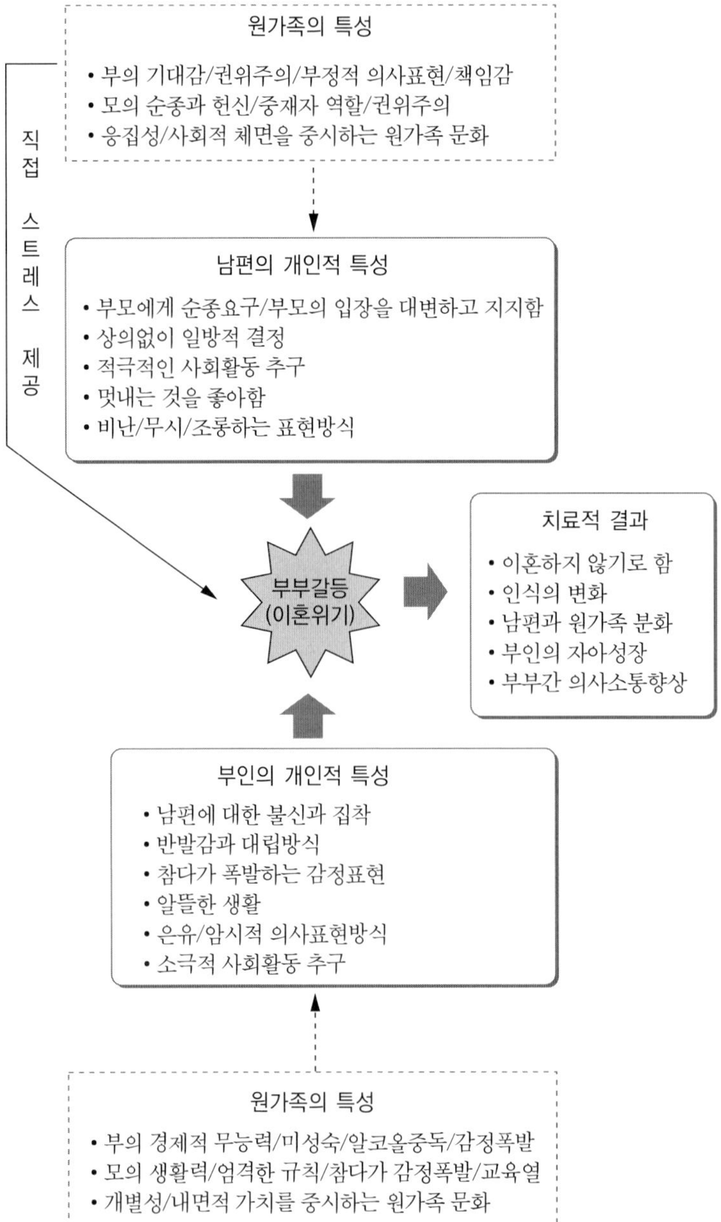


[그림 8-2] 네트워크를 통한 부부치료 사례모형도

남편: 특히 요번에 추석 명절이 있었기 때문에 그 몇 년 동안 와이프가 불만사항이 있었던 것들이 이번에는 부모님하고 크게 고성이 오가면서 말다툼이 있었습니다. 그 와중에 제가 참지 못하고 이 사람에게 손찌검을 했고요. 그것으로 인해서 서로 간에 마음의 상처가 커서 이혼을 하자는 얘기까지 사실 갔었는데…. (1회기)

부부치료 사례에 대한 모형의 네트워크는 [그림 8-2]와 같다.

## 3. 부부갈등을 만드는 개인적 특성

### 1) 남편의 개인적 특성

첫째, 남편은 부인이 시부모에게 순종하고 불만이 있어도 부인에게 참고 이해하도록 요구하였다. 또한 남편은 부인이 시부모와 갈등으로 힘들어한다는 것을 알면서도 부인과 대화할 때에 시부모의 입장을 대변하고 지지하는 표현방식을 사용하였다.

둘째, 남편은 가정생활에서 중요한 결정을 할 때에 부인과 상의하기보다는 자기 방식대로 결정하였다. 경제적으로 넉넉하지 않은 살림에서도 남편은 자신이 원하는 것은 먼저 구입하고, 부인에게 나중에 통보하는 식이었다.

셋째, 남편은 직장생활과 사회적 행사에 열심히 참여하였고, 폭넓은 대인관계를 유지하고자 하였다. 남편은 대학의 동참모임에도 빠지지 않고 나갔으며, 1주일에 한 번씩은 지방의 도시로 가서 사업에 관련된 고객들을 만났다. 일요일에도 사무실에 출근해서 업무를 보았고, 평일은 보통 밤 12시에 들어오거나 새벽이 되어서 들어오곤 하였다.

넷째, 남편은 화려한 것과 멋 내는 것을 좋아하여 이러한 물건들은 자신이 필요하다고 느끼면 구입하였다. 남편은 고가의 물건들을 사면서 이것은 개인적 취향이 아니라 성공적 사업을 위한 투자라고 말하였다.

다섯째, 남편은 부인에게 비난, 무시, 조롱하는 의사표현방식을 사용하였다. 남편은 부인의 감정과 인격을 존중하지 않았으며, 이로 인하여 부인은 마음에 상처를 받곤 하였다. 이런 남편의 태도를 본받아서 네 살된 아들도 어머니인 부인을 존중하지 않는 모습을 보였다. 또한 남편은 부인에게 화가 나면 폭력을 행사하기도 하였다. 남편은 처음에는 부인에게 사과를 하고 용서를 구하였으나 나중에는 자신의 폭력을 정당화하거나 부인의 감정을 무시하는 표현을 하기도 하였다.

〈표 8-1〉 남편의 개인적 특성

| 구분 | 특성 |
|---|---|
| 배우자에 대한 태도 | -부모에게 순종적 태도 강요 |
| 의사표현 | -비난, 무시, 조롱하는 표현방식 |
| 의사결정 | -일방적인 의사결정 |
| 사회생활 | -대외활동 및 폭넓은 대인관계<br>-화려하고 멋내는 것을 좋아함 |

### 2) 부인의 개인적 특성

첫째, 부인은 남편을 불신하면서 동시에 남편에 대한 집착을 나타내었다. 남편이 늦게 귀가하면 잠을 자지 않고 기다렸으며, 남편이 어디서 무엇을 하는지 전화로 계속 파악하였다. 부인은 남편에게 시부모의 편을 들지 않겠다는 각서를 쓰게 하기도 하였다. 또한 남편이 자신 몰래 다른 여자들을 만나지 않을까 하는 불안에 사로잡혀 있기도 했고, 남편이 자주 출장을 떠나고 집을 비우면 부인은 혼자 있는 것을 불안하게 느꼈다.

둘째, 부인은 자신의 틀과 다른 것에 대해서는 강한 반발감을 가졌으며, 상대방과 대립하는 태도를 보였다. 스스로 억울하다거나 피해본다고 생각되면 언쟁을 벌이거나 다투는 데 주저하지 않았다. 부인은 시아버지가 친정식구에 대해서 안 좋은 이야기를 하자 밤을 새워서 시아버지에게 따지는 장문의 편지를 쓰기도 했다.

셋째, 부인은 감정을 참다가 갑자기 폭발하는 식으로 표현하였다. 처음에는 말하지 않고 속으로 삭히면서 참지만 오래가지 않고 감정의 폭발로 이어졌다. 이러한 부인의 감정폭발은 남편을 당황하게 만들기도 했다. 부인은 화를 폭발시키기도 했지만 오래가지 않고 금방 풀리기도 하였는데, 남편은 부인의 이러한 감정변화에 대해서 이해하기 어려웠고, 어떻게 감당해야 할지 당황스러워하였다.

넷째, 부인은 남편에 비해서 비교적 알뜰하게 살림을 살았다. 부인은 이사를 가면서 쓰던 장롱과 가구를 버리기 아까워서 친정어머니에게 보내고자 하였으며, 예쁜 양념병들은 씻어서 재사용하기도 하였다. 결혼 전에는 결혼비용을 마련하기 위하여 적금을 들고 직접 관리하기도 하였다.

다섯째, 부인은 대화를 할 때에 은유적이고, 암시적인 의사소통방식을 사용하였다. 이러한 방식은 타인과 갈등을 피해 보려는 우회적 방식이었으나 오히려 의사소통의 걸림돌이 되기도 하였다.

여섯째, 부인은 사회활동에 소극적이었다. 사람들을 많이 사귀지 않았으며, 집 밖으로 많

〈표 8-2〉 ■ 부인의 개인적 특성

| 구분 | 특성 |
|---|---|
| 배우자에 대한 태도 | -남편에 대한 불신과 집착의 태도 |
| 의사표현 | -참다가 감정폭발하는 표현방식<br>-은유적이고 암시적인 표현방식 |
| 의사결정 | -강한 반발감과 대립, 타협하지 못함 |
| 사회생활 | -소극적인 사회생활과 좁은 대인관계<br>-알뜰하고 검소한 생활방식 |

이 나가지 않았다. 조용히 집에서 살림하고 남편의 뒷바라지하는 것을 자신의 행복으로 알고 있었다.

## 4. 원가족의 특성

### 1) 남편의 원가족 특성

#### (1) 남편의 아버지 특성

첫째, 남편의 아버지는 남편에 대한 강한 기대감과 친밀감을 가지고 있었다. 아버지는 남편이 장남이라는 것과 대학을 나왔다는 것에 자긍심을 가지고 있었고, 남편과 자주 통화를 하고자 하였고, 힘들거나 어려운 일이 있으면 술 먹고 남편에게 전화를 하였다. 아버지는 남편과 같이 놀기도 하고, 대화도 많이 하는 편이었다. 또한 장남으로서 다른 형제들보다 더 좋은 대우를 해 주었다.

둘째, 남편의 아버지는 권위주의적 태도로 가족을 대하였다. 가족들은 아무도 아버지의 권위에 대해서 반대하거나 대항할 수 없었다. 아버지는 남편도 자신처럼 부인을 휘어잡아야 한다고 생각하고 그렇게 하기를 요구하였다.

셋째, 남편의 아버지는 비난, 모욕, 통제 등과 같은 역기능적 의사표현을 하였다. 아버지는 남편의 태도에 대해서 비난하기도 하였고, 며느리 앞에서 어머니를 비하하는 욕을 하기도 하였다. 아버지는 가족생활에서도 모든 것을 직접 관리하고 통제하려고 하였다. 가정의 경제권도 아버지가 가지고 있었기 때문에 어머니는 아버지에게 돈을 타서 써야 했다. 가족 앞에서 부인의 친정아버지가 알코올중독이고, 배운 것이 없다는 것을 이유로 들어서 부인을 비아냥거리기도 하였다. 이것은 부인이 시부모에게 반기를 들고, 남편과 갈등을 겪게 된 주요 원인이기도 하였다.

〈표 8-3〉 ■ 남편의 아버지 특성

| 구분 | 특성 |
|---|---|
| 가족에 대한 태도 | -권위주의적 태도<br>-남편에 대한 강한 기대감과 친밀감<br>-지나친 책임감 |
| 의사표현방식 | -비난, 모욕, 통제를 사용하는 의사표현 |

넷째, 남편의 아버지는 지나친 책임감을 가지고 있었다. 아버지는 어려서 무능력한 부모 밑에서 성장하였고, 경제적 어려움으로 인하여 학업을 포기하고 경제활동을 하였으며, 일찍부터 가장의 역할을 하면서 부모와 동생들을 돌보았다. 아버지는 확대가족구성원들이 갈등 없이 화목하게 지내기를 원하였다. 그렇기 때문에 무슨 안 좋은 일이 생기면 과도한 걱정으로 잠을 이루지 못하였다.

### (2) 남편의 어머니 특성

첫째, 남편의 어머니는 전통적인 여성의 역할을 하면서 순종과 헌신의 삶을 살았다. 아버지와 종속적인 관계에서 내조자의 역할을 하였고, 자신의 삶을 주장하거나 주도하지 못하였다. 농사를 짓고, 살림을 하고, 자녀를 양육하면서 헌신하는 모습을 보였다. 작은아버지가 이혼을 하자 남편의 사촌동생 2명을 키웠으며, 이것은 자발적인 것이라기보다는 아버지가 시켰기 때문에 그런 것이다. 어머니는 힘들어도 내색하지 않고 자신의 일이라고 생각하고 묵묵히 받아들였다. 또한 아버지가 돈을 관리하였기 때문에 어머니는 돈을 타서 쓰는 입장이었고, 자신의 필요한 것도 제대로 구입하지 못하였다.

둘째, 남편의 어머니는 부자갈등, 고부갈등에 대해서 중재자의 역할을 하였다. 어머니는 아버지가 부인에 대해서 분노하자 아버지를 말리면서 무마시키기도 하였고, 부부에게 전화해서 부인과 잘못했다고 빌러오라고 달래기도 하였다. 고부간의 갈등이 커지자 화해의 의미로 부인의 생일에 햅쌀을 보내주기도 하였다.

셋째, 남편의 어머니는 부인에 대하여 권위주의적 태도를 가졌다. 가족에게는 순종적이고 헌신적 삶을 살았던 어머니는 부인에 대해서는 권위주의적 태도를 보였다. 어머니는 부인에게 물건을 줄 때 던져서 주었고, 자신과 갈등이 생기자 부인에게 잘못을 빌라고 하였다. 특히 어머니의 이런 권위주의적 태도는 남편이 있을 때에는 나타나지 않고, 부인과 단둘이서 있을 때에 나타났기 때문에 남편도 자신의 어머니에게 이런 특성이 있는 줄을 모르고 있었다.

〈표 8-4〉 ■ 남편의 어머니 특성

| 구분 | 특성 |
|---|---|
| 가족에 대한 태도 | -부자갈등, 고부갈등의 중재자<br>-부인에 대한 권위주의적 태도 |
| 의사표현방식 | -순종과 헌신의 전통적 여성(표현하지 않음) |

#### (3) 남편의 원가족 문화

첫째, 남편의 원가족은 가족성원의 응집력을 강조하는 문화를 가지고 있었다. 집안에 행사가 있으면 모든 확대가족이 다 모여야 했고, 가족의 화목을 강조하였다. 그리고 자녀들은 부모님의 문제는 곧 자녀들의 문제로 여기고 부모의 문제를 자녀들이 해결해야만 했고, 부모 역시 자녀의 문제는 부모가 나서서 해결하려고 하였다. 가족체계 안에 경계선이 불분명하여 남편과 부인 사이에 나누어진 이야기가 온 친척에게 알려지곤 하였다. 부인이 사적으로 아버지에게 쓴 편지글을 작은아버지도 함께 읽었다.

둘째, 가족구성원들은 사회적 체면을 중시하는 문화를 가지고 있었다. 남편은 고급 물품을 선호하였고, 외양적인 멋을 내고 화려한 것을 좋아하였다. 부모들은 학벌에 큰 기대를 가지고 있었고, 부인의 학벌이 남편보다 낮다는 이유로 결혼을 반대하기도 하였고, 대학 나온 손아랫동서를 편애하기도 하였다. 어머니는 동네사람들에게 부인이 대학을 나왔다는 말을 하기도 하였다. 부인은 어머니가 거짓말로 자신의 학벌을 소개하였다는 것을 지적하자 어머니는 그것을 부인하면서 부인과 갈등을 겪기도 하였다.

〈표 8-5〉 ■ 남편의 원가족 문화

| 구분 | 특성 |
|---|---|
| 응집력 | -가족성원들의 응집력 강조 |
| 가치관 | -사회적 체면의 중시 |

### 2) 부인의 원가족 특성

#### (1) 부인의 아버지 특성

첫째, 부인의 아버지는 경제적으로 무능력하고, 미성숙한 모습을 보였다. 시골에서 농사를 짓다가 상경하였기 때문에 안정된 직업을 가지지 못하였으며, 가장으로서 역할을 제대로 수행하지 못하였다. 아버지는 독자였기 때문에 결혼 전부터 응석받이 태도를 보여서 가족들을 힘들게 하였다.

〈표 8-6〉 ■ 부인의 아버지 특성

| 구분 | 특성 |
|---|---|
| 가족에 대한 태도 | -경제적 무능력과 미성숙한 성격으로 가족을 돌보지 못함<br>-알코올중독 및 알코올 질환으로 사망 |
| 의사표현방식 | -잔소리 폭력적 방식으로 감정표현 |

둘째, 부인의 아버지는 알코올중독의 문제를 가지고 있었고, 결국 알코올로 인한 간경화 때문에 사망하였다.

셋째, 부인의 아버지는 잔소리와 폭력적인 방식으로 자신의 감정을 표현하였다. 화가 나면 물건을 집어던지고 자녀에게 소리를 지르고 욕도 하였으며 분노 조절을 하지 못하였다.

(2) 부인의 어머니 특성

첫째, 부인의 어머니는 강한 생활력을 가지고 있었다. 경제적으로 무능력한 아버지를 대신하여 다양한 직업활동을 하면서 가족의 생계를 책임졌고, 실질적인 가장의 역할을 수행하였다.

둘째, 부인의 어머니는 엄격한 생활방식을 강조하였는데, 시간약속이나 자기관리에 대한 엄격한 규칙을 요구하였다. 특히 종교적 신념에 따라서 지켜야 할 것들을 자녀들에게 요구하였다.

셋째, 부인의 어머니는 감정을 속으로 삭이거나 폭발하는 표현방식을 사용하였다. 속으로 참다가 안 되면 감정이 폭발하였고, 자녀들은 무서워하였다.

넷째, 부인의 어머니는 자녀들에 대한 높은 교육열을 가지고 있었다. 비록 경제적으로 도와주지 못하였지만 자녀들에게 공부의 중요성을 강조하였다. 자녀들은 큰딸인 부인을 제외하고 모두 스스로 벌어서 대학에 들어갔다.

〈표 8-7〉 ■ 부인의 어머니 특성

| 구분 | 특성 |
|---|---|
| 가족에 대한 태도 | -강한 생활력으로 가족의 생계를 책임짐<br>-자녀들에 대한 높은 교육열을 가짐<br>-엄격한 생활방식의 강조 |
| 의사표현방식 | -감정을 속으로 삭이다가 폭발 |

#### (3) 부인의 원가족 문화

첫째, 부인의 원가족은 가족성원의 개별성을 중시하여 서로의 삶에 별로 간섭을 하지 않았다. 자녀들은 각자가 알아서 자신의 생활을 꾸려나가야 했고, 부모나 가족들의 도움이나 영향을 적게 받았다. 부인도 결혼을 위해서 자기가 돈을 준비하였고, 가족으로부터 도움을 받지 않았다.

둘째, 부인의 원가족 문화는 종교 및 내면적 가치를 중요하게 여겼다. 부인의 동생은 수도자, 특수교사가 되기도 했고, 막내 동생도 특수교사가 되고자 하였다. 온 가족이 가톨릭 신앙을 가지고 있었고, 아버지의 기일에는 제사 대신에 미사를 드렸다.

〈표 8-8〉 ■ 부인의 원가족 문화

| 구분 | 특성 |
|---|---|
| 응집력 | -성원들의 개별성을 중시(서로 간섭하지 않음) |
| 가치관 | -종교 및 내면적 가치의 중시 |

## 5. 치료적 개입방법

### 1) 부부간 의사소통의 촉진

첫째, 치료자는 부부간 순환적 의사소통을 유도하였다. 지금까지 부부는 상대방의 의견을 끝까지 듣지 않고 중간에 상대방의 말을 가로막고 자신의 의견을 주장하였기 때문에 효과적인 대화를 할 수가 없었다. 치료자는 치료장면에서 한 사람이 말을 하고 있을 때에 다른 사람이 끼어들어서 대화를 중단시킬 때에 개입하여 끝까지 듣도록 하였으며, 한쪽의 이야기가 다 끝난 다음에 다른 쪽이 말할 수 있도록 하였다.

• 의사소통을 방해하는 가로막기의 차단

남편: 일반적으로 만약에 겨울옷이 정말 없어서 몇 벌 정도 필요하다는 거에는 저도 동의를 합니다. 그런 거에 대해서. 근데 이제 옷 요번에 새로 샀는데 이런 거 산다고 할 때 제가 뭐.

부인: (남편의 말을 가로막으면서) 자기 옷 사고서 사라 그런 거지 내가 먼저 샀다 그랬으면은….

치료자: (부인을 향해서) 잠깐만 먼저 들으시구요.

남편: 근데 이제 그런 거에 대해서는 저도 별 무리 없어요. 근데 이제 철수(가명) 엄마가 그

날 옷을 20몇 만 원짜리 산 건 제가 옷을 30만 원 짜리를 자기 생각보다 저기한 걸 샀으니까 그거에 대한 복수다 이거죠. (7회기)

치료자는 부부의 순환적 의사소통을 만들기 위하여 배우자의 의견에 대한 다른 배우자의 의견을 물어보기도 하였다. 이렇게 함으로써 서로의 의견들이 가지는 의미와 차이점에 대해서 확인할 수 있었다.

• 의견에 대한 의견을 물어보기

남편: (생략) 그걸 제 생각은 아무리 말하는 사람이 좋은 얘길 해도 받아들이는 입장에서 그걸 자꾸 아니다라고 받아들이기 시작하면 한도 끝도 없다. 이건, 그래 이왕이면 조금 긍정적으로 생각을 하고 이렇게 했으면 좋겠다고, 제 입장은 자꾸 그렇게 얘기를 하고 이 사람은 이제 서운한 거죠.

치료자: 그렇죠. 서운한 거죠, 한마디로 내 편 안 들어 주고, 내 입장은 배려하지 않고 남편이 항상 시댁식구 입장만 대변하는 대변자의 역할을 하는 거예요, 대변인의 역할. 자, 와이프께선 어떠세요?

부인: 예. 애기 아빠 말한 대로 교수님 말한 대로 진짜 제 입장에서는 한 번도 그런 적이 없었어요. 제가 시댁 어른들은 도마 위에 올려놓고 칼질을 해댄 거는 제가 가면은 교수님 그런 거를 일일이 기억은 못하겠어요. 녹음기가 아닌 이상에. 그 작은아버지, 작은어머니, 시할머니 도련님까지조차도 그 말투에서 표현감정 있잖아요. 말로 표현할 수 없는 막. (1회기)

치료자는 부부에게 회기를 시작할 때마다 지난 회기 이후 어떠한 변화가 있었는지에 대하여 질문하면서 시작하였다.

• 변화에 대한 질문으로 시작하기

치료자: 아버님한테 전화 오시는 건 어떠세요?

남편: 요즘에는 안 오시고요. 요즘에는 자제하시는 것 같더라구요.

치료자: 아~ 아버님이요?

남편: 예.

치료자: 좀 변화가 있으신 것 같으세요?

남편: 아버지도 지난번에 한번 통화를 우연찮게 했는데 아버지도 이제 뭐… 그런 말씀도 하시더라구요, 말속에는 나도 요즘에는 내가 잘못했다는 것도 생각을 하고 있고, 당분간

은 뭐 특별하게 안 할 테니까… 그다음 소식은 별로 없으신 것….

치료자: 그럼 철수 엄마에 대해서는 와서 해라 마라….

남편: 그런 건 없으세요. (5회기)

내담자들이 변화를 인식하지 못할 때에는 치료자가 변화를 지적하였고, 부부는 이를 통하여 변화를 인식하게 되었다. 이러한 변화에 대하여 이야기를 나누고 지지하는 방식들은 불평과 문제를 다루는 대화방식보다 훨씬 의사소통을 매끄럽게 이끌고 활성화시키는 요인이 되었다.

• 이야기 주제를 변화에 초점두기

치료자: 근데 철수 아빠가 분명 변하셨어요. 뭐가 변했냐면 옛날 같았으면 엄마 아버지 대변자야. 그런데 지금은 안 그래요.

부인: 예 맞아요.

치료자: 철수 아빠가 이제는 최소한 가만히 있고 와이프 입장을 들어 주려고 해요.

부인: 예. 말을 안 하든지, 그냥 가만히 있든지.

치료자: 그렇죠? 그거는 이쪽 입장에서는 굉장한 변화예요. 사실. 그래서 제가 그 얘기했어요. 그것도 굉장한 변환데 인정을 해 줘 그냥. 철수 아빠 그랬을 때 인정 해 줬냐니까 인정 안 해 줬다고 그러더라고. 그걸 변화라는 것도 별로 깨닫지 못하셨다고 그러더라고. 제 얘기 듣고 아~ 이제 와서 생각해 보니까 철수 아빠가 '정말 변했네요.'라고 얘기하시더라고. 그럼 그때에 고맙다 당신 이렇게 변해줘서 고맙다 칭찬도 못했냐니까 못했대. 그런 건 또 저런 걸 봐야 돼.

부인: 그거 도움이 됐어요. 그런 것도. (4회기)

치료자는 배우자에 대한 기본적 신뢰와 사랑이 있는지를 물어보고 부부간의 긍정적인 면을 상대방에게 말하도록 유도하였다. 특히 배우자에 대한 불만으로 인하여 대화의 분위기가 무거워지고 잘 이어지지 않을 때에 치료자는 관계의 본질적인 측면에 대해서 강조하였다. 이렇게 해서 치료자는 부부간의 대화가 끊어지지 않고 잘 이어지도록 하였다.

• 신뢰에 대한 확인

부인: 남편은 저랑은 틀려요. 말도 워낙 잘하는데다가…. (생략) 미심쩍은 것도 아직도 되게 많아요. 아직도 그래요.

치료자: 그럼 제가 한번 여쭤 볼게요. 철수 아빠에 대해서 기본적으로 신뢰하세요?

부인: 믿긴 믿어요.

치료자: 믿어요?

부인: 예

치료자: 그죠?

부인: 예. (4회기)

• 사랑에 대한 확인

치료자: 와이프가 남편을 엄청 사랑하는 건 분명합니까?

남편: 예 그건 맞습니다. 가끔 저에게 편지도 쓰고, 이제 … 제가 마음은 이해를 하는데 사회활동 하는 남자들은 피곤하죠.

치료자: 피곤하죠. 그 문제가 하나 있고, 또 하나는 철수 엄마를 사랑하세요?

남편: 예. 저도 뭐 지금은 철수 엄마를 보면 집안 살림도 깔끔하게 잘 하고 저에 대해서만큼은 참 잘합니다. 저희 집하고 문제가… 저희 형제들…. (2회기)

둘째, 치료자는 부부에게 상호보완적 관계가 되도록 이끌었다. 실제 생활에서 남편과 부인이 배우자를 서로 돌보고 행동으로 서로를 편들고 지지하고 격려하도록 하였다. 특히 지금까지는 남편이 부인과 대화에서 시부모의 편을 지지하고 대변하였기 때문에 부부갈등이 심해졌다. 그렇기 때문에 치료자는 대화에서 서로를 지지하고 편들어 주는 역할을 하도록 하였다.

• 편들어 주는 대화를 하기

부인: (치료자의 말에 동의하며) 맞아요.

남편: (치료자의 말에 반발하며) 아버지가 이제 말을….

치료자: 예. 그게 있고. 그럼 저는 지금 이거예요. 동생 간의 관계가 됐든 아버지와의 관계가 됐든 그 양반들의 입장에서 들으면 그 양반 얘기가 맞아요. 맞아요 그죠? 근데 철수 엄마 입장에서 들으면 또 맞아. 철수 아빠 입장에서 들으면 또 맞아. 저는 누가 정확히 맞다는 게 없다는 거예요. 뭐가 문제냐면, 뭐가 중요하냐면, 철수 엄마하고 저하고 얘기하자나요, 그럼 철수 엄마 편을 드는 거예요. 그러면 철수 엄마는 여기 오셔서 뭐 느끼세요? 대화 나누면서 시원한 것 못 느끼세요?

부인: 예. 시원하죠.

치료자: 이 사람이 내 편을 들어 주는구나. 내 마음을 알아준다 이거죠. (4회기)

또한 치료자는 한 사람이 상대방의 변화를 인정하면서도 불평을 토로할 때에 치료자는 변화속도에 대한 이야기를 하면서 상대방의 변화에 대한 기대의 수준을 낮추도록 하였다. 치료자는 내담자들에게 자신의 문제의 해결과정은 느리고 어렵다는 점을 설명하면서, 그래도 조금씩 조금씩 변화하고 있다는 점을 강조하였다.

• 변화는 느리다는 것을 강조하기

치료자: 대화하는 방식에서도 지금 나름대로 조금 달라졌지만 이게 쉽게 쉽게 획획 변하진 않아요. 조금씩 조금씩이지만 요렇게 한 번씩 저랑 대화 나누면 얘기하려다가도 조금 이제 아~ 이거는 아닌데라는 생각이 있지요. 서로가….

남편: 예 맞습니다. 한 번쯤은 다시 한 번 생각을 하게 되고 이렇게 얘기를 하면 아~ 그렇게 받아들일 테니까 이제 돌려서 얘기하고….

부인: 예전 같으면 저도 의사를 확실하게 표현을 안 했던 것 같아요. 지금은 이제 그렇게 얘기를 하는 것 같아요. 그렇다고 해서 교수님 막 확 180도로 그렇진 않아요.

치료자: 여긴 마술 부리는 데가 아니에요. 조금씩 조금씩 변하지만 악화된 것도 조금씩 조금씩 악화된 겁니다. 그러다가 덩어리 굴러지고 기분이 나쁘더라도 표현이 가능하고 대화가 그래도 불편하지만 좀 가능해졌다는 거죠. (9회기)

셋째, 치료자는 부부에게 메시지의 내용보다는 표현방식의 중요성을 강조하였다. 치료자는 상대방이 받아들일 수 있는 방식으로 표현하도록 강조하였다.

• 표현하는 방식의 중요성

치료자: 지금 이제 전 뭘 보냐면요. 상담하다 보면 표현하는 데 있어서 정신분열증 환자 가족들 쭉 연결해 보니까 뭐가 나오냐면, 표현하는 데 있어서 표현을 보면 사회적 수준의 메시지 지금 이렇게 말하는 거 그러니까 내용중심의 언어가 있고, 그 뒤에 이면적인 언어가 있어요. 심리적인 메시지가 있기 때문에. 이 두 개를 같이 해 버려, 정신분열증 환자들은. 그럼 꼬여 막. 예를 간단하게 들면 내가 시험을 잘 못 봤는데 엄마 아빠가 잘한다 잘한다 해. 그러면은 말은 잘한다는 긍정적인 얘기죠.

남편: 그렇죠.

치료자: 표정은 부정이에요. 까는 거예요. 그렇죠?

부인: 예.

치료자: 그러면 자녀들은 그 표현내용을 액면 그대로 못 받아들여요. 제일 흔한 게 뭐 잘못했을 때나가 안 나가 새끼야. 근데 애가 나가. 어려서 나가잖아요. 그럼 나갈 때 부모들

이 패버려요. 나간다고 패요. 그죠?

남편: 하하하하. (5회기)

치료자는 표현하는 방법에서 무조건 솔직한 것보다는 상대방이 오해할 수 있거나 자극받을 수 있는 부분에서는 불필요한 이야기를 빼거나 완곡하게 표현하도록 조언하기도 하였다.

• 불필요한 이야기를 빼거나 완곡하게 표현하기

남편: 얘기를 안 하는 편입니다. 가능하면. 얘기해 봐야 시끄럽기만 하니까.

치료자: 그러니까 남자로서 저도 많이 실수를 했는데 불필요하게 양쪽을 자극할 수 있는 얘기는 빼거나 아니면 완곡하게 표현할 필요가 있더라고요. 잘못하면 내가 우리 어머니한테 찍히고 우리 와이프한테 찍히더라고요. 그것도 결혼 생활 15년째 되니까 제가 느끼는 거예요. 그전에 솔직한답시고 다 했는데. 그게 오히려 양쪽 싸움질 시켜 버려. 근데 지금은 어느 정도까지 변했냐면 거의 무조건 우리 와이프 편이에요. 거의 무조건. 그래야지 내가 편해.

부인: 그럼 더 잘하게 될 것 같아요.

치료자: 와이프가 잘하죠. 당연히 잘하죠.

부인: 그냥 또 안쓰러운 것도 있고.

치료자: 그렇죠.

부인: 그냥 겉으로… 속마음은 아닐 수도 있지만 겉으로라도 더 잘해야 될 것 같다는 생각이 들 것 같아요. 안쓰럽기 때문에…. (4회기)

넷째, 치료자는 내담자들에게 지금까지 내담자들이 문제를 해결하려고 시도했던 해결책의 사용에 대해서 설명했다. 치료자는 서로가 문제를 해결하려고 시도했던 방식들이 상대방을 설득하고 변화시키려고 했던 것이지만 그 방식들이 상대방에게 오히려 더 갈등을 일으키고 문제가 되는 비효과적 방법이라는 것을 설명하였다.

• 문제를 해결하려고 시도하는 방식

치료자: 그럼 뭐… 지금 이 어머니 아버지 시댁 문제만 딱 걸렸네. 저는 굉장히 긍정적으로 보거든요 이 케이스는 그렇게 뭐 많이 걸릴 케이스 같지도 않아요. 조금만 말하는 방법 좀 제가 이렇게 잡아 드리고 말하는 방법을 조금만 변화시키시면 돼. 지금까지 시댁식구와 관련돼 가지고 와이프하고 대화할 때 보면 계속 불쾌하고 기분만 상했을 거예요. 그렇죠?

남편: 예 그렇죠.

치료자: 그 방법 갖고 계속 시도를 해 봤어요. 구체적으로 봐야 되거든요. 그 방법 갖고, 해결할 수 없는 그 방법 갖고 두 분이 시도를 했을 거예요. 무언으로 응답한다거나 '니가 참어'. 그럼 이쪽도 뾰로통해 가지고 뭐라고 나온다거나 되치는….

부인: (작게) 예 맞아요.

치료자: 이쪽은 또 되쳐. 그래서 서로 불쾌하고 그날 밤 성교 하고 싶어도 안해. 그 방법 갖곤 해결이 안 된다는 거지 그 방법을 계속 시도했다는 거지. 그걸 구체적으로 잡아드릴게요. 이제 점차 그 방법이 아닌 다른 방법으로 저와 대화하면서 바뀌실 거예요. 그럼 부부관계도 이제 변하고 이해하세요?

부인: 예. (1회기)

또한 치료자는 서로 갈등이 생기는 이면에는 사건의 잘잘못이 있지 않고, 사건을 해석하는 관점이 다르거나, 의미를 다르게 받아들이기 때문이라고 재명명하였다. 즉, 부부간에 바라보는 렌즈의 차이라고 재해석하였다.

• 렌즈의 차이

치료자: 이게 100% 옳은 건 아니지만 한 번 보자 이거야. 여기 와서 보자. 뭐냐면 판정승을 하고 싶으셔. 근데 철수 아빠가 틀린 거 없고 철수 엄마도 틀린 거 없는 게 뭐냐면 철수 아빠가 보는 렌즈하고 철수 엄마가 보는 렌즈가 다르고 관계가 서로서로 다르다는 거예요. 근데 그거를 자꾸 당신 너무 민감하다 잘못했다라고 판단을 하는 거야. 근데 그 방식이 열 받게 만들어. (9회기)

또한 치료자는 부부갈등이 발생하는 영역에서 오해가 있었을 수 있으며, 실제로 부인이나 남편은 상대방을 자극하기 위한 것이 아니라고 의미를 전환시켜 주기도 하였다.

• 의미를 전환시킴

부인: 싸울 땐 그랬어요. 내가 번 돈은 내가 알아서 쓴다 너는 저기 뭐야 니가 그렇게 쓸 이유가 뭐가 있냐. 집에서 살림하는 데 그렇게 필요한 게 뭐가 있냐. 그렇게 했었어요. 그러니까 제가 뭐를 사도 신경이 쓰이죠.

치료자: 근데 철수 아빠 입장에서는 그 의미를 그렇게 큰 의미를 안 두셨을 거 아니야.

남편: 그냥 눈에 안 보이는 바구니가 보이니까 어~ 바구니 샀네 라고 얘기한 걸 갖다가….

치료자: 그러니까 나는 내 돈 내가 벌어서 쓰는 데 그 말을 했다는 거예요. 기억이. 그러니까

그게 크게 와서 각인이 되어 버린 거지. 팍. 그러니까 돈 쓸 때도 신경이 쓰일 테고.

부인: 예, 쇼핑할 때도 그래요. (7회기)

### 2) 자아분화에 대한 강조

치료자는 부부가 자아분화를 강조하고 부부가 자아분화를 시도하도록 하였다. 첫째, 치료자는 남편에게 원가족과 분화과정이 엄청나게 힘들다는 점을 공감하였다.

• 분화의 어려움

치료자: (부부갈등 있었던 다른 사례를 소개하고 나서) 어머니를 분가해라. 그 와이프가 있는 전셋집에 어머니가 가고 와이프를 갖다가 집으로 들여라. 그래서 그 부부는 지금 잘 살아요. 정말 많이 바뀌었어. 그 어머니는 뭐래냐면 씁쓸해 해. 내가 전화통화해서 어머니 요즘 어떠세요? '자네도 내 나이 돼 보게나. 돼 보게나. 참 배신감만 느끼네.' 아들이지만 니가 나한테 이렇게 할 수 있냐 이거야. 한마디로 내쫓는 거 아니에요? 어머니 입장에서는.

남편: 그렇죠.

치료자: 철수 아빠는 사실 아버지가 됐든 어머니가 됐든 심리적인 분리가 필요한 거죠. 그건 어쩔 수가 없어요. 성장하는 과정이라 생각해. 제가 보는 게 그게 부부관계가 살고 애가 살 수 있는 길이라는 거죠. 그렇다고 단절하라는 얘기 아니에요. 자식 노릇하지 말란 얘기 아니에요. 그러나 어느 정도는 이제 삶을 떨어뜨리자 이거죠. 그게 성경적이라는 거죠. 근데 무지 괴로워해요. 이쪽이 남편들이 대부분 다 이 과정에. (5회기)

치료자는 핵가족이 성장하고, 부부관계가 발전하기 위해서는 원가족과 분화가 필수적이라는 것을 강조하였다.

• 분화의 강조

치료자: 철수 아빠는 지금 장남의 역할만 할 때는 지나갔다는 거죠…. 지금 이게 뭐냐면 한국문화가 걸려 들어가는 거거든요. 특히 우리나라 남자들 장남인 경우는 더해요. 무슨 얘긴지 알아요? 우리 엄마 아빠가 고생고생해서 나를 키웠잖아요. 그래서 나를 대학까지 보내줬어…. 그러니까 엄마 아버지에 대해서 보답을 해야 된다는 거 알아요. 보상해 드려야 한다는 것 아는데 그게 너무 크게 좌우해 그게 이 머리서 확 튀어 버려. 근데 저를 찾아오는 많은 케이스들이 보면 시댁문제하고 결부돼 있어요. 거의 다 별별 증상이

다 나타나는데 그게 시댁식구들하고 갈등…. 남편이 원가족, 원가족이란게 뭐냐면은 어머님 아버님 동생들… 그 관계에서 분리가 안 돼 있어…. 그러면 지금 제가 요약해 드리는 게 뭐냐면… 와이프는 그거예요. 당신은 나하고 결혼을 했으면 내 얘기를 좀 들어줘야 한다는 거죠.

부인: 예 맞아요….

치료자: 그 아주 간단하게 얘기하면… 남편이 원가족과 떨어지는 연습을 해야 돼. 여기서 그게 이뤄지지 않으면 부부관계는 더 악화돼. (1회기)

분화는 부모와 단절이 아니라는 것을 인식시켰다. 부인의 입장에서는 남편이 원가족으로 멀어지기를 원하였고, 남편의 입장에서는 부인이 고분고분 말듣기를 원하였기 때문에 갈등이 발생하였다. 치료자는 부부관계를 강화시키는 것이 부모와 자녀의 관계를 단절하는 것이 아니라 힘의 중심축을 이동시키는 것이며, 택일의 상황이 아니라 양자를 포함하는 상황으로 설명하였다.

• 단절이 아닌 축의 이동으로서 분화

치료자: 이 상태에서는 어머니하고 아버지하고 상의할 상태가 아니고 모든 걸 부부중심으로 바뀌어야 되는데 워낙 효자다 보니까 아직도 부모로부터 못 떨어지는 게 있다는 거죠. 근데 그걸 갖다 딱 떨어지라는 게 아니에요. 그 어머니 아버지 자식과의 관계는 유지하되 부모관계는 유지하지만 이 관계가 조금 옮어져야 한다는 거죠. 그렇지 않아요?

부인, 남편: 예. (4회기)

둘째 치료자는 가족치료에 대한 교육적 접근을 시도하였다. 치료자는 자아분화에 관련된 책을 소개하였고, 책을 통해서 부부가 자신의 문제를 들여다보도록 하였다.

• 자아분화에 관한 책 소개

치료자: 여성들 관계분화, 요 책이 뭐냐면 아버님처럼 분화가 안 됐다는 거예요. 보통 분화가 안 됐다는 것은 뭐냐면 감정적 우리 자아 내 감정적인 자아가 있고 지적인 자아가 있는데 감정적인 자아가 지적인 자아를 컨트롤 해 버려. 예를 들어서 철수 엄마 같은 경우 무슨 일이 터졌다 하면 남편한테 불안해. 그 저변에는 분리가 안 됐다거든요. 분리가 안 되면 나타나는 게 사사건건 간섭해. 챙겨요.

남편: 예 맞습니다. (2회기)

가족생활주기를 설명하면서, 남편이 어린 자녀가 있는 단계에 있음에도 불구하고 지나치게 자신의 부모와 분리되지 못하고 있는 현재의 모습을 지적하였다.

• 가족생활주기

치료자: 이 가치관과 윤리관에서는 용납이 안 돼요…. 그게… 그러니까 이거예요… 이 가족생활주기라는 게 있거든요. 부부관계도 가족관계도 가족생활주기라는 게 있다는 거죠. 결혼하시기 전에 독립된 젊은 성인 단계라는 게 있거든요. 신혼부부 단계가 있고, 어린 자녀를 둔 단계가 있고, 학년기 자녀를 둔 단계가 있고, 그러면 마찬가지예요. 가족도 이렇게 가족생활주기가 있는데 본인도 어렸을 때 7살 때, 10살 때, 20살 때, 정신연령 육체적인 연령을 가지고 살아가지 못한다는 거예요. 변해 줘야 된다는 거예요. 그죠? 그러면 가족도 변해 줘야 된다는 거예요. 가족관계가 바뀌어 줘야 된다는 거예요. 철수 아빠는 결혼하기 전에는 장남이고 효자였어요. 효자. 그거는 그때는 좋았어. 근데 결혼하셨으면 신혼부부 단계면 거기서 또 다른 역할을 하셔야 돼, 남편의 역할을 하셔야 돼. 그러면 어머니 아버지로부터 떨어지기 시작해야 한다는 거겠지. 비중이 단절하라는 게 아니고, 예를 들어서 에너지가 여기 있으면 8부는 우리 어머니 아버지야. 우리 어머니 작은아버지 잘 모셔야 돼. 결혼하면 에너지가 한 6, 7 정도는 와이프한테 와야 되고 한 3, 4 정도는 부모한테 가야 돼. 근데 그걸 바꾸지 않거든요. 본인뿐만 아니라 다른 대부분의 남자들이 그러면 가족의 위기가 오는 거예요. 그래서 지금 문제가 발생한 거예요…. (생략) (1회기)

또한 원가족과 미분화된 부부관계로 인하여 부부는 자녀들과 삼각관계에 빠지게 되고 이것이 또한 자녀들의 역기능적 증상을 만들 수 있음을 지적하였다.

• 삼각관계

치료자: 근데 부부관계가 안 좋으면 자식들이 끼어들어요. 반드시 끼어듭니다. (이후 삼각관계의 사례 설명내용은 생략)

남편: 음….

치료자: 이렇게 부부관계가 안 좋으면 거리가 젤 멀고 자녀들이 가운데 끼어들어가요. 참 신기합니다. 자녀들이 꼭 가운데 끼어들어가. 그러면 요렇게 자녀가 줄면 요거는 아빠하고 아들하고 관계가 밀착관계로 들어가고 엄마하고 딸하고 밀착관계 이 상담내용도 그렇고 그림에서도 나타나요.그러면 삼각관계가 두 개가 들어가. 이게 스트레스 받는 관계면 요쪽의 관계조차 얘로 인해 가지고 엄마가 스트레스 받고 잔소리하고 삼각관계

가 하나 형성이 되고 요쪽은 아빠하고 관계가 안 좋아 딸하고 요쪽하고 밀착관계야. 그러면 요쪽 스트레스 받고 그러면 요기 또 삼각관계야. 두 개 삼각관계야.

부인: 진짜….

치료자: 그죠?

부인: 예

치료자: 요기서 자식들이 이 부부… 이게 이제 부부하위체계하고 자녀하위체계인데 자녀하위체계가 부부하위체계가 강화되면서 떨어져 나오고 얘들의 삶을 즐긴다는 거예요. 그러면 거리가 더 벌어진다고 요쪽에서 이게 경계선이 생긴다고. 이해하세요?

부인, 남편: 예.

치료자: 그러니깐 부부관계가 건강하면 자녀들이 가운데 들어올 필요가 없어. 엄마 아빠가 잘 놀아. 그래 우리 딸내미는 집에서 걸을 때 보면요. 뛰어다닌다니까요. 이러면서 뛰어다녀요. 걷는 게 왜? 엄마 아빠는 잘 놀아 둘이 자기가 신경 쓸게 없어, 자기 생활만 해도 충분해. 근데 부부관계가 안 좋으면 자녀들이 증상이 나타나. 엄마 아빠가 불안하니까 자기 불안이 증상이야. 철수 같은 경우도 양육문제에 있어서 아빠 방식이 있고 엄마 방식이 이게 조율이 돼야 되는데 인제 요쪽이 팽팽히 맞서면 철수 가운데서 놀아나요.

부인: 저도 그게 참 걱정돼요. (8회기)

셋째는 실제사례의 소개를 하였다. 치료자는 부부의 이해를 돕고, 자신들의 모습을 바라볼 수 있도록 자아분화에 관련된 유사한 사례들을 예로 들어서 설명하였다.

- 유사한 사례의 소개

치료자: 제가요 지금 케이스들 중에서… 위에 누나가 둘이고 밑에 남동생이 하나 있는데 효자라. 효자. 어머니하고 관계가 너무너무 좋아. 어머니 무릎 베고 있고, 지금 나이가 마흔…. 사십대 초반인데. 근데 그 부인이 돌아 버리는 거야. 시댁식구들 땜에. 남편이 늘 시어머니 편이야. 그러면 그 시댁만 갔다 오면 돌아 버려. 그리고 남편한테 쏘아 대면은 네가 잘 몰라서 그래. 우리 어머니 아버지 어떤 사람인데… 니가 살아 봤자 몇 년 살았냐? 그 부모님이 바뀌냐? 살면 그렇지 몇 년 살았냐? … 십 년 더 살겠냐? 니가 참고 살아라. 이거거든요. 당신이 뭘 알아? 우리 엄마 아버지 진짜 얼마나 성실하게 진실하게 살아온 사람인데. 쓸데없는 소리 하지 마. 입을 확 다물게 되는 거야. (1회기)

치료자는 자신의 경험을 노출하여 자아분화를 유도하기도 하였다.

• 치료자의 자기노출

치료자: (웃으며) 그러니까… 그게 이제 방법론이거든요. 어떻게 방법을 취하느냐에 따라서… 제가 저도 살가운 아들이었거든요. 막내아들 딸 같은 아들인데, 오늘도 우리 어머니 가서 모셔 왔어요. 우리 어머니가 나하고 집 옮기는 문제 때문에 돈도 빌려 주시고 그래 가지고 은행 가서 그거 일 땜에 엄마 모셔 오고. 우리 와이프는 내가 어떤 면에서 굉장히 효자라는 거 알아요. 옛날부터 타고난. 근데 이런 공부하고 상담하면서 많이 바뀌었거든요. 우리 어머니 입장을 내가 대변하진 않아. 우리 와이프가 위암수술… 제가 말씀드렸죠?

남편: 예.

치료자: 위암수술 아니었으면 아마 같이 살았을 거야. 우리 와이프한테 엄마한테 전화하라는 얘기 일체 안 해요. 일 년에 한 번도 안 할 걸요. 우리 와이프가 우리 어머니한테. 전화 안 해요. 그래도 가만히 나둬요. 그러면 뭐 해 달라고도 거의 안 해. 어쩌다 한번 엄마 빈대떡 좀 해다 드리자. 그렇게 하면 자기가 스스로 해요. 한 달에 한 번 두 번. 그러면 오늘도 엄마를 모셔 왔는데. 우리 어머니가 토요일 날 오시면 토요일 날 주무시고 일요일 날 주무시고 가셔. 보이지 않는 그런 거 있잖아요. 룰이라 그럴까 압력 같은 게 있는 거야. 갈 때가 됐다 가야겠다. 근데 이제 우리 어머니가 요즘 또 우리들한테 잘해. 돈을 얻어 쓰시니까 신경을 쓰셔. 그러니까 그게 돈 때문에 우리가 풀려진 것보다도 우리를 더 배려해 주고 있다는 걸 느껴. 엄마가 좀 변했구나. 그걸 느끼는 거예요. 그러면서 난 또 생각이 뭐냐면 요번에 엄마 오셨을 때 조금 며칠 계시다 가시면 어때? 그러니까 우리 와이프가 아주 긍정적이지도 않고 아주 부정적이지도 않고….

남편: 하하하하.

치료자: 옛날 같았으면 조금 시큰둥하죠. 그럼 제 입장에서는 엄마가 와서 며칠 더 계시면 좋아. 혼자 적적하게 지내는 것 보다. 아들이니까. (4회기)

넷째, 치료자는 원가족과 분화시키고 부부체계를 강화시키기 위한 몇 가지 대안들을 제시하였다. 자신의 부모와 부인 간의 갈등이 생길 때에 남편이 참여하여 부인을 편드는 방법을 예로 설명하였다.

• 갈등 상황에 대한 대처하는 방법

치료자: 왜냐면 효에 위배된다고 생각해. 아주 단도직입적으로 얘기하자면 철수 아빠가 어

머니 아버지 삶은 어머니 아버지 삶이고 내 삶은 내 삶이라는 거를 결정하기 시작해야 돼. 이게 하루 이틀 가지고 될 문제가 아니야. 그리고 예를 들면, 지난번 요번에 말고 지난번 작년 추석 때 우리 형네하고 우리 어머니 우리 집에서 식사를 했어요. 우리 와이프가 낙지전골을 끓였어. 딱 내놓고 그다음에 김치찌개를 또 갖고 와. 그러니까 우리 어머니가 야 뭐 하려고 낙지전골을 했으면 됐지 김치찌개를 왜 하냐. 그렇게 얘길 해. 그러면 철수 아빠는 어떡해? 그러면 어떡해? 보통? 어머니가 그렇게 얘기해… 어머니나 아버지….

남편: 뭐 그러면… 그냥 뭐….

치료자: 가만있죠?

남편: 예….

치료자: 저는 어떡하냐면…. 엄마 내가 끓이라고 했어.

부인: (작게) 맞아요….

치료자: 그러니까 내가 막는 거야 미리. 엄마 내가 그러라고 했어. 우리 어머니가 속으로는 요놈의 새끼 저 새끼 지 여편네 치마폭 속에서… 그래서 부인의 입장은 제가 볼 때 간단합니다. 내 편 들어 달라는 거예요. 그거 하나예요. 그렇지 않아요?

부인: 한 번만이라도 해 줬으면 좋겠어요. 한 번만이라도. (1회기)

이전 상태로 돌아갈 수 없음을 설명하고 남편의 기대 수준을 낮추도록 하였다. 어느 정도의 거리를 가지고 형식적으로 관계를 유지하는 것이 지나치게 밀착되고 미분화된 상태로 있는 것보다 낫다는 것을 인식시켰다.

치료자: 처음처럼은 안 되지만 그래도 만나서 불쾌하지 않고 조금 거리를 두더라도 그래도 며느리로서 시어머니로서 겉모양이 관계가 유지되는 거 그 정도를 원하셔야지 옛날처럼 싹싹싹싹 닦고 이런 거는 안 될 거예요. 그건 욕심이고 지금 변화되는 데 있어서 과거로 회귀하려는 거예요. 그거는 좀 알아 두셔야 돼요.

남편: 예. 그다음에 철수 엄마에 대해서도 이해하는 폭이 저도 어떻게 보면 철수 엄마를 이해하기보다는 무시하는 경향이 많이 않았나 하는 반성을 개인적으로 많이 했었습니다. 철수 엄마에 대한 배려라든지 이해의 폭이 많이 넓어졌고 덕분에 이제 한 갈라설 뻔한 가정이 어찌됐건 간에 다시 이렇게 추스려지는 단계로 온건 교수님과의 만남을 통해서 상담을 통해서 또 이렇게 상담 받고 이렇게 돌아가는 발걸음은 굉장히 마음이 후련하고 가볍습니다. (9회기)

명절 때에 시부모와 갈등을 염려하여 같이 귀향하기를 거부하는 부인을 놔두고, 남편만 시골에 찾아가는 것에 대해서 부인 앞에서 남편의 의지를 확인하기도 하였다.

• 의지의 확인

치료자: 근데 철수 아빠가 그 방어막이 되시겠어요?

남편: 제가 하지 않으면 뭐 어떻게 합니까. 제가 그걸 다….

치료자: 다 감당하실 수 있겠냐고요.

남편: 아! 예! 지금 그 생각 있습니다.

치료자: 예를 들면 신정 때….

남편: 그렇죠.

치료자: 안 가신다….

남편: 예 명절. 저희는 뭐 구정 명절이니까.

치료자: 구정 때도 안 가시겠다.

남편: 예. (3회기)

고부간의 갈등이 생겼을 때에 남편이 부모의 입장을 해석하기보다는 차라리 가만히 있도록 하였다.

• 해석자 역할의 포기

치료자: 아~ 그건 그렇게는 다 안 돼. 말씀은 그렇더라도 그렇지 않아요. 며느리하고 관계에서 며느리는 그렇게 못 느껴요. 지금 제 얘기는 뭐냐면 철수 아빠가 해석해 주려고 하지 말라는 거죠.

부인: 예 맞아요. 교수님.

치료자: 나는 당신이 설명자 해석자의 역할을 원하는 게 아니라 내가 시어머니가 됐든 시동생이 됐든 뭐라고 하면 최소한도 가만히 있든지…. (9회기)

아버지의 간섭에 대해서도 남편이 자기주장을 표현하도록 하였다.

• 자기주장

치료자: 그건 왜 그러냐면 아버님 자체가 자라올 때 과도한 역할기능하고 챙기는 역할을 했어요. 자기 혼자 추스르고 와이프만 했으면 되는데 그게 아냐. 그게 몸에 배어 버려. (생략) 제가 왜 아버님 그 할아버지들까지 물었냐면 무엇 때문에 이러실 수밖에 없냐가

나오잖아요. 내 아들을 일일이 챙기는 거. 근데 아버님은 내 아버지가 가장의 역할을 못하고 남편의 역할, 아버지의 역할을 못했기 때문에 나는 그 아버지를 봤기 때문에 그 반대로 더 잘 챙기는 거야. 지금 문제는 뭐냐면 저는 우리 김 선생하고 아버님하고 관계에서 이제는 조금··· 아버님, 제가 알아서 할 테니까. 저한테 맡겨 주세요. 이렇게 해 보세요.

남편: (웃음)

치료자: 와이프하고 관계에서는 와이프 입장에서 와이프하고 통하시라는 거죠. 말은 옛날처럼 하지만 속으로서는 어느 정도 정리가 되기 시작하면 아버님도 느껴요. 아~ 이 새끼가 지 여편네 치마폭 속에서 노는구나. 포기하게 되는 거죠. (2회기)

### 3) 타인의 관점 이해

첫째, 치료자는 부부의 상호입장을 대변하고 지지하는 역할을 하였다. 이는 치료자가 남편의 입장에서 느끼는 것을 부인에게 대변하고, 부인의 입장에서 느끼는 것을 남편에게 대변함으로써 서로를 잘 이해하도록 하였다.

• 부인의 입장 대변

치료자: 그렇지만 제가 누구 편은 아닙니다. 철수 엄마 입장에서는···. 철수 맞습니까?

남편: 예.

치료자: 철수 엄마 입장에서는 자기는 억울한 거 아니에요? 그 입장에서는 왜 아직도 결혼하지 않은 그 동서 될 사람하고도 자기하고 비교하고 자기는 자기 딴에는 가면 열심히 잘 했잖아요. 잘도 치우고 하고··· 칭찬을 해 주는 것보다는 오히려 깎아내리잖아요.

남편: 그렇죠.

치료자: 그다음에 지 올케까지 합세를 했네. 근데 남편이 들어왔어. 가운데 말려 가지고 집에 가는 거야 가만히 가는 거예요. 부인을 열 받은 거야. 자기편 안 들어 주고 분명히 어머님이 잘못했는데, 그래도 남편이 하는 얘기가 그래도 할 수 없는 거야 잘못했더라고 당신이 소리 지른 건 잘못했고 시어머닌데 그러면 되냐 하고 야단을 친 거야. 뭐라 한 거야···.

남편: 대부분··· 그렇죠?

치료자: 대부분 그래요···. (2회기)

• 남편의 입장 대변

부인: 근데 그게 요번 일로다가 예전에 그 저기 이번 말고 전에 있을 사건에도 자기가 한다. 그러고 그렇게 했던 것처럼 똑같은 건 줄 알았어요. 예전에도 이렇게 알았어 알았어 내가 당신 막아 줄게 막 그렇게 했던 건 줄 알았어요.

치료자: 그 말 자체가 거짓은 아니었을 거예요. 그 말은 본심이었을 거라고 나는 생각해.

부인: 예 본심이라서 믿은 거예요, 제가.

치료자: 본심인데. 본심이라고 하는데 실제 부모님 입장에서 돌아가면 부모님하고 이렇게 되면 여편네 편 못 들어 안 돼. 그 당시엔. 지금 남편 입장이 무진장 괴로운 입장이고요. 그것도 봐주셔야 되요. 며느리는 남이야 근데 아들은 피가 섞여 있어. 안 돼. 우리 와이프가 아까 얘기했듯이 인정해요. 당신하고 나하고 확실히 차이가 나는 게 나는 뭐 그렇게 막 어머니에 대해서 연연하거나 그런 생각이 없는데 당신은 이렇게 딱 있다고. 마찬가지예요.

부인: 그건 또 엄마를 생각하면 저도 또 이해가 가요.

치료자: 그렇죠. 딸하고 엄마관계하고 사위하고 고부관계하고는 또 달라. (4회기)

둘째, 상호책임론을 제기하면서 변화되어야 할 사람은 어느 한 사람이 아니라 부부가 함께 변화해야 된다는 점을 설명하였다. 치료자는 남편의 문제와 부인의 문제, 즉 쌍방의 문제로 설명하면서, 한 사람에게만 부정적 낙인을 찍기보다는 양자가 공동의 책임을 지도록 하도록 하였다.

• 상호책임론

치료자: 제가 와이프를 만나 가지고 한 차례 내지 두 차례 할게요. 사실 저는 철수 아빠를 한 차례 더 보려고 했는데, 대충 좀 감이 잡혔거든요. 이번에 요거로 끝내고. 와이프를 봐서 와이프의 온 가족을 또 봐야 돼요. 그리고 남편을 피곤하게 하는 점도 있잖아요.

남편: 예.

치료자: 이거 부인 문제가 있거든요. 철수 아빠의 분리 문제도 있지만 철수 엄마의 분리 문제도 있거든요. 저는 문제를 다 쌍방 문제로 봐요.

남편: 맞습니다. (2회기).

셋째, 치료자는 부부가 성장한 가족의 문화적 특성을 이해시키고자 하였다. 남편과 부인이 서로 자라온 가정문화와 성장 배경이 다르기 때문에 문제에 대한 인식과 행동도 다를 수밖에 없다는 점을 인식시켰다.

• 성장 배경의 차이점

치료자: 그러면 자녀들이 표현이 자연스럽게 안 나와요. 철수 아빠 가정은 가정적으로는 굉장히 유복한 가정이야. 이 친밀감이 아주 강한 관계야. 이쪽은 조금 보면은 표현이 강하지를 못한 스타일인 것 같아. 그러니까 철수 엄마 가정은 조금 어떻게 보면 힘들 수도 있죠. 이쪽 가정에서 자라서 저렇게 까지 강하게 나올 필요가 없는데, 내가 뭐 죽을 죄 졌다고. 근데 이쪽은 표현이 그렇게 싫어서 표현하는 게 아니고 자라 올 때부터 조그만 일도 참다가 콱 나갈 수도 있는 가정이에요. 문화가 다르다는 거죠. 이 조율 문제는 계속 나가시면서 어느 정도 저하고는 됐으니까 융통성 좀 가져 달라 그게 철수 아빠의 얘깁니다. 지난번에 첨 한 번 오셨을 때도 잘 하고 계시는데 어쩔 때 조금 안 되면 철수 엄마가 쪼은다는 거지 집착을 한다는 거지. 근데 철수 엄마가 저한테 분명히 무슨 말씀 하셨냐면 내 일을 해야겠다. 그때 중요한 얘기를 하셨어요. 남편한테 너무 이렇게 모든 에너지를 쏟을 게 아니고 내 일을 해야겠다. 내 일을 하게 되면 철수 아빠에 대한 조금 그런 게 집착이 옮어져요.

부인: 예 맞아요. 근데 내가 또 그렇게 하려고 그러니까 애기 갖자고 나오는 거예요. 그러니까 내가 뭘 좀 하려고 그러니까 또 애 갖자고 그러더라구요. 애를 갖자고. (5회기)

## 6. 치료적 결과

### 1) 이혼하지 않기로 함

부부는 내방하기 전에는 서로 이혼을 생각하고 있었으나 부부치료를 통하여 이혼하지 않고 같이 결혼생활을 지속하기로 결심하였다.

남편: 저희는 일단 먼저 감사를 드려야 될게 만약에 추석 때 그 상황이 지속됐더라면 아마 저희가 그때만 해도 어떻게 보면 갈라설 생각까지도 할 수 있는 상황이 충분히 됐었으니까 이 상태로 몇십 년을 사느니 차라리 골치 아프지 않게 하자라는 생각까지도 가질 수 있는 조건에 있었는데… 덕분에 이제 갈라설 뻔한 가정이 어찌됐건 간에 다시 이렇게 추스러지는 단계로 온 건 상담을 통해서이고, 이렇게 돌아가는 발걸음은 굉장히 마음이 후련하고 가볍습니다. 철수 엄마도 늘 그런 얘기를 했고 그래서 아주 소중한 기회가 됐다고 생각을 하고요. 하여튼 앞으로는 잘 살면서 나중에라도 찾아 뵐 기회가 되면

좋겠습니다. (9회기)

부부의 갈등도 상담회기가 진행되면서 점점 감소하다가 종결을 앞두고서는 없어진 것으로 보고되었다.

치료자: 자~ 철수 어머니 지난주 다녀가시고 트러블은 없었어요?
부인: 예! (8회기)

### 2) 인식의 변화

첫째, 남편은 자신의 역할부족으로 인해서 이혼위기가 발생하였다고 인식하기 시작하였다. 종결시점에서는 자신에게 많은 문제가 있었고, 일방적으로 부인만의 잘못이 아니었다는 것을 발견하였다. 자신이 부인을 많이 무시하였다는 것을 인정하였다.

남편: 저도 처음에 교수님한테 상담하러 올 때 그래 그럼 누가 잘못했는지 한번 보자. 나는 내 이성적 판단으로는 나는 우리 부모님이나 내가 절대 아닌 거 같은데, 근데 이제 진짜 교수님하고 상담을 받으면서 아~ 정말 나한테 문제가 많이 있었구나. 내가 중간에서 이런 역할들을 잘 했더라면 이런 상황까지 오지 않았을 텐데라는 이런 생각들을 많이 했고요. (6회기)
남편: 저도 어떻게 보면 철수 엄마를 이해하기보다는 무시하는 경향이 많지 않았나 하는 반성을 개인적으로 많이 했었습니다. 지금은 철수 엄마에 대한 배려라든지 이해의 폭이 많이 넓어졌고…. (9회기)

둘째, 남편은 부인의 입장에서 이해하려고 하였다. 특히 다음 설 명절에 시댁에 내려가는 것을 부인이 부담스러워한다는 것을 알고 혼자서 내려가려고 하였다.

남편: 요번 설 때도 철수 엄마가 당분간은 안 내려가는 걸로 생각은 일단 하고 있는데….
치료자: 철수 아빠가 그걸 버티실 수 있으세요?
남편: 제가 어차피 철수 엄마 입장에서 생각하기로 했으니까…. (9회기)

또한 부부는 서로의 차이점을 인정할 수 있었다. 이전에는 자신의 관점이 옳다고 주장하고 그 틀에서 상대방을 평가하고 변화시키려고 하였지만, 상담종결시점에서는 서로의 차이점을 인정하고 이해하게 되었다.

부인: 근데 상담하고 나서 서로의 렌즈(세상을 보는 관점)가 진짜 틀리다는 거를 알았다는 저는 그것만으로도…. (9회기)

셋째, 부인은 자신이 남편에게 안주하고 있었다는 것을 인식하였다. 부인은 남편에게 의존하고 집착하면서 자신의 삶을 살지 못하였는데, 상담을 통해서 자신의 상황을 깨닫기 시작하였다.

부인: 교수님하고 이거 치료 받으면서요. 철수 아빠 마음속에 내가 안주해 있었다는 거 그런 거 깨달았듯이 철수 아빠도 분명히 그거 가족 간의 그런 거로 인해서도 본인도 문제가 있었다는 것을 알았잖아요. 예전엔 자기는 문제가 아예 없었다고 했으니까…. (9회기)

넷째, 부인은 남편의 변화를 인정하기 시작하였다. 이전에는 남편의 변화를 신뢰할 수 없다고 했지만, 이젠 남편이 변화하려고 노력하고 있다는 점을 믿을 수 있었다.

부인: 철수 아빠가 변하려는 노력은 요즘에도 많이 하고 있어요. 또 뭐 어머니한테 그런 거 받으면 제가 다시 한 번 전화 드려 보려고요. 어머니한테. 이제까지 그런 적이 없었으니까. 좀 그렇더라구요. 제 생일 때 전화하고 이런 게 전혀 없었으니까 철수 생일 때도 전화 같은 거 안 해 주거든요. 어머니도 좀 한 발 물러나신 거 같아요. 그리고 철수 아빠가 노력을 했으니까 어머니가 바뀐 거예요. (8회기)

### 3) 남편과 원가족의 분화

첫째, 남편은 부인의 편을 들기 시작하였다. 특히 부인에 대해서 못마땅히 여기고 부인을 휘어잡으라는 아버지에 맞서서 부인의 입장을 두둔하였다. 남편은 이전과 달리 무조건 아버지의 입장을 따르지 않았다.

남편: 저는 이제 아버지한테 아버지 말씀 충분히 이해를 하지만 저는 결혼을 해서 지금 철수를 낳아서 살아가고 있기 때문에 이쪽 입장도 고려 안 할 수가 없다. 아버지도 철수

엄마한테 마음에 상처 될 말 하신 거 알고 계시니까 좀 시간이 필요할 것 같다. 아버지 너무 서운하게 생각하지 말고 좀 시간을 가지면서 생각을 해 보자 이렇게 저는 얘기를 하고…. (2회기)

남편: 아~ 아버지 뭐 지금 술 잡수셨나 본데 아버지 세대하고 지금하고 같게 생각하시면 안 된다. 이런 식으로 제가 말씀을 드리는데 아버지가 뭐 온전히 이해하시겠습니까? (8회기)

남편은 부인에게 많은 비중을 두고, 부인의 입장을 이해하려고 노력하였다. 고부갈등에 대해서도 어머니의 편을 들거나, 제3자의 태도를 취하지 않고 부인에게 더 무게를 실어 주는 역할을 하였다.

남편: 저울의 추가 예전엔 부모님 쪽에 많이 기울어 있었다면 요즘에는 이제 가능하면 철수 엄마 편에 기준을 두려고 많이 애를 씁니다. 가능하면 그런 쪽으로. 하여튼 요즘에는 고부간에 무슨 일이든지 이런 거 있을 때는 기준을 철수 엄마 쪽으로 많이 포커스를 먼저 둔 다음에 가는 쪽으로 생각하고요. (8회기)

둘째, 남편은 할머니 생신 때에 부인을 놔두고 아들과 함께 부모를 찾아갔다. 시골에 내려가면 가족들의 비난을 감수해야 하지만 남편은 부인이 아직 시집식구들에 대해서 마음의 문이 열리지 않았다는 것을 알기 때문에 시댁에 부인을 억지로 데려가지 않았다. 시골에 내려가서도 부모에게 부인을 지지하는 태도를 보였다.

남편: 아니. 저희 할머니, 철수한테는 증조할머닌데 올해 연세가 79세 되십니다. 그래서 요번에 내려갔는데 철수 엄마는 안 내려갔죠. 철수하고 저만 둘이서 갔는데…. 아버지 같은 경우는 엄마보다 조금 더 서운해하셨죠. 제가 얘기를 했죠. 철수 엄마가 아직까지 집에 내려오는 것은 시간이 필요할 것 같다. 당장보다는 어차피 궁극적으로 서로가 마음이 다 풀어지고 잘되는 게 좋은 거니까 지금 당장보다는 시간을 갖고 그렇게 하는 게 좋을 것 같습니다. 당분간은 철수 엄마가 내려오지 않더라도 섭섭해하지 마시고 좀 시간을 갖고 지켜보자고 이런 식으로 얘길 했는데…. (9회기)

#### 4) 부인의 자아성장

첫째, 부인은 자신감과 희망감이 상승하였다. 이전에는 사회생활을 두려워하여 소극적인 태도를 보였는데, 상담을 받고 나서는 두려움을 극복하고 직장생활을 다시 하고 싶다는 생각을 하게 되었다.

> 부인: 아니 저도 이렇게 해 가지고서 나갈 수 있다는 거. 지금 예전에 직장 다녔을 때 그 직장에서 오라 그런 적이 있었거든요 소장님께서. 근데 오라 그랬었는데 사실 용기가 안 났었어요. 애 떼어 놓고 간다는 게. 그런데 이제. 지금은 그런 거조차도 오라. 그러면 자신 있게 갈 수 있을 것 같아요. 예전 같았으면 좀 움추려 들었었거든요. 만약에 또 그러면 당장이라도 갈 생각이에요. 근데 그때는 두려웠어요. (8회기)

둘째, 부인은 자기개발에 노력을 기울이기 시작하였다. 취업을 위하여 보육교사 자격증 과정을 신청하기로 하였으며, 상담을 시작하면서 수영을 배우러 다니기 시작하였고, 종결할 때쯤 해서는 컴퓨터도 공부하고 싶어 하였다. 부인이 이렇게 열심히 자기개발을 하는 이유는, 향후 장기적으로 보았을 때에 직업에 도움이 될 것이라고 보았기 때문이다.

> 부인: 보육교사 자격증이나 뭐 이런 거 자격증 따려고요. 집에서도 할 수 있고 이러니까요. 보육교사 자격증 1년 과정을 제가 월요일 날 등록할 거거든요. (8회기)
>
> 부인: 저기 금년 3월부터 계속 수영하였고요, 집 앞의 여성문화 회관에서 오후에는 컴퓨터 하려고 그랬는데 벌써 인원이 다 차 가지고 1월부터 컴퓨터도 다시 싹 배워 보려고요. (8회기)

셋째, 부인은 상담을 하면서 정서적 안정을 가지게 되었다. 부인은 이전에 우울증세가 있었고, 화도 자주 나곤 하였는데, 상담종결시점이 되어서는 그런 증상들이 사라졌다.

> 치료자: 우울하거나 이런 거 없으시죠 이제?
>
> 부인: 예, 지금은 없는데 전전··· 한 한 달 전만 해도 허~ 갑자기 이렇게 확 화가 치밀어 갖고···.
>
> 치료자: 분노?
>
> 부인: 예. 그래 갖고 화가 확 치밀어 갖고서 혼자 막 돌아다니고 그런 적 있어요. 상담하면서 지금은 이제 안 그래요. (8회기)

또한 부인은 종결시점에서 희망감을 느끼고 있었고, 즐거움과 활기를 주는 취미를 가지게 되었다. 부인은 남편에게 구타를 당한 다음에 우울증세가 있었고, 상담받기 직전에는 정신과에서 우울증으로 진단을 받고 약을 처방받기도 하였다.

부인: 내가 뭘 할 걸 준비하려니까 희망이 생기니까, 지금도. 지금 제가 수영하는 것도 막 신나거든요. 그 시간만 해도. 내가 너무너무 신나고 스트레스가 확 풀리거든요. 못해도 뭐 신경 안 쓰고…. (8회기)

### 5) 부부간 의사소통 향상

첫째, 남편은 부인의 의견을 존중하였다. 백화점에 쇼핑을 하러 가서도 물건을 구입했다가도 부인이 일러 주는 대로 세일기간을 기다리기로 하고 구입을 취소하기도 하였다.

남편: 왜냐하면 철수 엄마 얘기를 들어 보니까 꼭 지금 당장 필요한 게 아닌 뭐 조금 더 있다 세일이라든지 더 가격이 싼 게 나올 때 사도 늦지 않는다 그래서 철수 엄마 얘기도 일리가 있다고 생각을 해서 바로 가서 취소를 시켰습니다. (7회기)

둘째, 부인은 마음속의 불편한 이야기를 남편에게 표현할 수 있었다. 이전에 시집에 대한 이야기를 하면 남편이 시부모를 대변하고 두둔하였기 때문에 대화가 단절되었고, 이후로 부인은 남편과 갈등을 염려하여 불편한 것을 이야기하지 않았다. 상담종결시점에서는 부인이 남편에게 불편한 자기 감정을 전달할 수 있었다. 남편도 부인의 이야기를 받아 주고 인정하였다.

부인: 지금 상황이 우리 어머니 친정이나 시댁에 사진을 보내고 싶은 마음이 없어요.

치료자: 근데 그걸 표현을 하셨어요?

부인: 예! 굳이 보내고 싶지 않다. 우리 잘 사는 거 지금 보내 주고 싶지 않고 마음이 열리지 않았다. 얘기했어요.

치료자: 그러니까 철수 아빠께서는 그때 어떻게 하셨어요?

부인: 그럼 보내지 말자 지금 뭐…. (7회기)

# Ⅵ. 요약 및 함의

## 1. 요약

본 연구는 이혼위기에 있는 결혼초기 부부에 대한 부부치료 사례연구다. 부부는 결혼 5년차이며 2001년 10월부터 2002년 1월까지 총 9회기에 걸쳐 상담에 참여하였다. 연구자들은 부부치료과정을 녹음한 테이프를 통하여 축어록을 작성하였고, 축어록 및 기타자료를 근거로 질적 연구를 실시하였다. 연구의 목적은 이혼위기를 만드는 결혼초기 부부의 개인적 특성, 이혼위기에 영향을 미치는 결혼초기 부부의 원가족 특성, 이혼위기에 있는 결혼초기 부부에 대한 치료적 개입, 이혼위기의 결혼초기 부부에 대한 치료적 개입의 결과를 알아보는 것이었고, 연구를 통해서 결과를 요약하면 다음과 같다.

첫째, 이혼위기를 만드는 부부의 개인적 특성을 남편과 부인으로 나눌 수 있었다. 남편은 부인이 자신의 부모(시부모)에게 순종하기를 요구하였고, 남편은 부모와 부인의 갈등 시에 자신의 부모(시부모)의 입장만을 부인에게 대변하였고, 의사결정에서도 일방적으로 결정하였고, 사회활동에 적극 참여하면서 멋내고 화려하게 치장하는 것을 선호하였고, 비난과 모욕 등의 역기능적 의사소통방식을 사용하였다. 반면에 부인은 남편에게 집착하면서 불신하는 태도를 보였고, 남편에게 반발하고 대립하는 태도를 취하였으며, 감정을 참았다가 폭발시켰으며, 검소한 생활을 추구하였고, 은유적인 의사소통을 하였고, 소극적 사회활동을 추구하는 것으로 나타났다. 이러한 부부간의 서로 다른 개인적 특성들은 부부간에 보완점으로 작용하기보다는 부부의 이혼위기를 만드는 요인이 되었다.

둘째, 이혼위기에 영향을 미치는 원가족의 특성은 남편과 부인의 부모들로 나눌 수 있었다. 남편의 아버지는 아들에 대한 강한 기대와 친밀감을 가지고 있었고, 권위주의적 태도로 가족구성원을 대하였고, 통제, 비난, 모욕의 역기능적 의사표현방식을 사용하였으며, 지나친 책임감을 가지고 있었다. 남편의 어머니는 순종적이고 헌신적으로 살았고, 가족갈등의 중재자 역할을 하였고, 며느리에 대해서 권위주의적 태도를 취하였다. 남편의 원가족 문화는 구성원의 응집성을 강조하고 사회적 체면을 중시하는 것으로 나타났다. 반면에 부인의 원가족은 남편의 원가족과 서로 다른 특성을 가지고 있었다. 부인의 아버지는 경제적으로 무능력하고 미성숙한 모습이었으며, 알코올중독의 문제가 있었고, 잔소리와 폭력적 방식으로 감정을 표현하였다. 부인의 어머니는 생활력이 강하였고, 엄격한 생활방식을 강조하였고, 감정을 속으로 삭히다가 폭발하는 표현방식이었고, 자녀들에 대한 높은 교육열을 가지고 있었다. 또한 부인의 원가족 문화는 가족구성원의 개별성을 강조하였고, 종교 및 내면적 가치를 중요하게 여겼다. 부부의 원가족들은 서로 다른 점이 많았으며, 이러한 특성들은 부부의 위기에 직간접적으로 영향을 미쳤다. 특히 남편의 원가족 특성은 부인과 대립을 만들기도 하였다.

셋째, 이혼위기의 부부에 대한 치료적 개입은 부부간 의사소통의 촉진, 자아분화에 대한 강조, 타인관점의 이해로 구분할 수 있었다. 치료자는 부부간 의사소통촉진을 위하여 부부에게 순환적 의사소통을 유도하였고, 상호보완적 관계를 가지도록 하였으며, 표현방식의 중요성을 강조하고, 부부간에 문제를 해결하기 위해서 시도하는 방식들이 오히려 문제를 만든다는 것을 이해시켰다. 자아분화를 강조하기 위하여, 원가족과 분화과정이 고통스러운 과정임을 공감해 주고, 핵가족이 성장하고 부부관계의 변화를 위해서는 분화가 필수적이며, 분화는 부모와 단절이 아니라 부부관계에 중점을 두는 것으로 설명하였다. 자아분화를 위하여 가족치료적 교육을 실시하였고, 실제 사례 및 치료자의 경험을 소개하였고, 구체적 대안들을 제시하기도 하였다. 타인의 관점 이해를 위하여 치료자는 부부의 상호입장을 대변하고 지지하였으며, 문제에 대한 상호책임성을 설명하였고, 부부가 성장한 가족문화의 차이점을 이해시키고자 하였다.

넷째, 치료적 개입의 결과는 부부가 이혼하지 않기로 함, 부부의 인식 변화, 남편과 원가족의 분화, 부인의 자아성장, 부부간 의사소통 향상으로 나타났다. 부부는 부부치료를 통하여 이혼하지 않기로 결정하였고, 부부갈등도 소거되었다. 인식의 변화는 남편이 자신의 역할부족으로 이혼위기가 나타났음을 인식하였고, 부인의 입장에서 이해하려고 하였다. 부인도 자신이 남편에게 안주하고 있다는 것을 인식하고, 남편의 변화를 인정하기 시작하였다. 남편과 원가족의 분화는 남편이 부모 앞에서 부인의 편을 들기 시작하였고, 부인의 입장을 이해하려고 실제적 노력을 하였으며, 시골에 내려갈 때에 부인을 데리고 가지 않았다. 부인의 자아성장은 부인의 자신감과 희망감이 상승하였고, 자기개발에 노력을 기울였고, 정서적 안정을 가지게 되었다. 부부간 의사소통 향상은 남편이 부인의 의견을 존중하였고, 부인은 자신의 불편한 이야기를 남편에게 솔직하게 표현할 수 있었다.

## 2. 함의

이혼은 최근의 주요한 사회문제로 부각되고 있다. 본 사례연구는 이혼의 위기를 경험하게 된 결혼초기 부부의 개인적 특성과 아울러 치료적 개입을 통하여 부부의 관계가 어떻게 변화하였는지를 보여 주고자 하였다. 본 연구가 가지는 함의는 다음과 같다.

결혼초기의 부부과업은 부부체계를 형성하고, 배우자가 포함되도록 확대가족관계를 재조정하는 것이다. 이러한 과업을 성공적으로 수행하지 못했을 때에는 가족의 위기가 발생한다(Carter & McGoldrick, 1989; 유영주 외, 2007). 본 사례연구의 부부는 개인 및 원가족의 특성에서 서로 차이점이 컸으나 이런 차이점을 조정하지 못하였기 때문에 부부갈등을 겪었고, 이혼의 위기에 처하였다고 볼 수 있다. 따라서 결혼초기 단계의 부부는 가족생활의 위기를 발생시킬 수 있는 개인 및 원가족의 특성들을 조화롭게 만들 수 있는 조정의 노력이 필요하다.

결혼을 통하여 남자와 여자는 부부라는 하나의 체계를 형성하게 된다. 부부체계는 서로 영향을 주고받는 순환적 상호작용을 하며(오윤자, 1992; 임승락, 권정혜, 1998; 이창숙, 유영주, 1998). 부부관계에서 의사소통이 핵심적 요인이라고 할 수 있다(Carrere & Gottman, 1999; Beckerman & Shepherd, 2002). 본 연구에서도 부부의 의사소통 방법들을 개선하기 위하여 의사소통의 순환성을 강조하고 표현방식의 변화를 추구하였는데, 이것은 부부의 문제해결 능력에 큰 도움이 되는 것으로 나타났다.

결혼초기에 있는 부부는 여러 가지 이유로 적응의 어려움을 많이 겪는데, 특히 한국문화에서는 남편의 원가족이 결혼생활에 중요한 영향을 미치고 있음을 간과할 수 없다. 이것은 유교의 가부장적 문화로 인하여 남자들은 결혼하여도 여전히 부모의 영향을 강하게 받는 반면에 여성들은 출가외인이라는 말처럼 자신의 원가족에서 남편의 원가족으로 편입되는 경향이 있기 때문이다(전춘애, 박성연, 1994; 김현정, 김명자, 1999; 서연석, 1999; 전연진, 2002; 김경자, 2004; 권정란, 이인수, 2006). 본 사례연구를 통하여 남편이 자신의 원가족과 적절한 분화를 만들지 못한다면 부부간의 갈등이 발생한다는 것을 발견할 수 있었다. 또한 원가족과 분화가 부부관계를 회복시키는 데 중요한 요인이 된다는 것도 발견할 수 있었다. 따라서 부부체계가 기능적으로 유지되기 위해서는 남편이 자신의 원가족과 적절한 분화를 이루는 것이 중요하다는 것을 확인할 수 있었다.

이 연구는 많은 사례를 대상으로 연구된 것이 아니고, 또한 결혼초기 부부의 갈등에 대한 다양한 변인들을 고려한 연구도 아니기 때문에 일반화하기에는 어려움이 있다. 또한 치료자의 개입이 부부관계의 변화를 어떻게 이끌었는지의 치료적 작용에 대해서는 깊게 다루지 못하였다. 이것은 치료적 작용에 대한 설명이 방대하고 복잡하기 때문에 별도의 논문을 구성하여야 하기에, 본 연구에서는 치료적 과정에 대한 전반적인 내용 수준에서 연구문제를 설정하고 다루기로 하였다. 이러한 한계점에도 불구하고 본 연구는 다른 자료들보다 자료의 신실성이 더 높다고 생각한다. 이것은 치료자가 치료회기에서 부부들과 좋은 관계형성을 하면서 오랜 시간을 상담하였기 때문에, 자료의 수집에서 발생할 수 있는 무의식적 방어나 저항이 다른 자료들보다 적었고, 보다 솔직하고 심층적인 내용들이 자료에 포함되었기 때문이다.

## : 참고문헌

권정란, 이인수(2006). 원가족의 정서적 건강성과 자기분화에 따른 부부적응. 한국가족관계학회지, 11(1), 35-56.

김경자(2004). 기혼 남녀의 원가족 경험과 자아분화가 가족체계기능에 미치는 영향. 성신여자대학교 대학원 미간행 박사학위논문.

김정진, 임은희, 권진숙(2007). 사회복지실천기술론. 경기: 서현사.

김현정, 김명자(1999). 근원가족 건강도, 자아존중감, 결혼적응의 관계: 청주시 결혼 초기 부부를 중심으로. 한국가족관계학회지, 4(2), 39-60.

김혜선(1992). 결혼선택과정과 결혼적응정도 간의 관계. 숙명여자대학교 대학원 미간행 박사학위논문.

김희진(2005). 결혼초기 부부관계 향상 프로그램 개발에 관한 연구: 긍정주의 심리치료 접근 중심으로. 한국심리학회지: 상담 및 심리치료, 17(4), 877-906.

박태영(2001). 가족치료 이론의 적용과 실천. 서울: 학지사.

박태영(2002). MRI의 상호작용적 가족치료 모델과 가족체계 이론을 적용한 포르노 중독자의 부부치료. 정신보건과사회사업, 13, 158-193.

박태영(2003). 가족생활주기와 가족치료. 서울: 학지사.

방현주, 이기숙(2002). 부부관계 향상 프로그램을 통한 결혼초기 부부의 의사소통 능력 증진에 관한 연구: 유아기 가족의 부부를 중심으로. 대한가정학회지, 40(1), 39-54.

서연석(1999). 자아분화 수준에 따른 부부갈등과 아동의 문제행동과의 관계. 한양대학교 교육대학원 미간행 석사학위논문.

오윤자(1992). 가족생활교육 프로그램 개발을 위한 기초연구: 부부교육을 중심으로. 한국가정관리학회지, 19(2), 209-229.

유계숙, 장보현, 한지숙(2006). 이혼 전후 가족상담 운영모형 및 전략에 관한 연구. 한국가족관계학회지, 11(2), 59-96.

유계숙, 최성일(2005). 이혼숙려부부들을 위한 상담프로그램 모형 개발. 한국가족관계학회지, 10(2), 57-92.

유영주, 강학중, 김밀양, 김순기, 김연, 박정희, 배선희, 손정영, 안재희, 양순미, 오윤자, 이인수, 이정연, 이창숙, 전영자, 최희진, 홍성례, 홍숙자(2007). 새로운 가족학. 서울: 신정.

이경희(1997). 부인이 지각한 갈등과 친밀감에 따른 부부관계유형. 서울대학교 대학원 미간행 박사학위논문.

이선미, 전귀연(2001). 결혼초기 남편과 아내의 부부갈등과 갈등대처방식이 결혼만족도에 미치는 영향. 한국가정관리학회지, 19(5), 203-220.

이영자, 장영애(2002). 결혼초기 주부가 지각한 부부갈등정도와 갈등관리방법 및 갈등결과에 관한 연구. 한국가족복지학, 7(1), 79-93.

이창숙, 유영주(1998). 부부갈등해결교육 프로그램 개발 연구: Baucom과 Epstein의 인지행동적 모델에 기초하여. 한국가족관계학회지, 3(1), 46-71.

임승락, 권정혜(1998). 부부간 의사소통행동과 결혼만족: 성차, 요구 입장 차이 및 성격특성의 영향. 한국심리학회 '98연차대회 학술발표논문집, 109-123.

전연진(2002). 삼세대 가족관계, 부부갈등, 의사소통, 스트레스 대처행동, 행동문제. 연세대학교 대학원 미간행 박사학위논문.

전영주, 이성희(2006). 협의이혼 청구자의 원가족 경험분석. 한국가정관리학회지, 24(5), 191-203.

전춘애, 박성연(1994). 부부의 자아분화 수준과 출생가족에 대한 정서적 건강 지각이 결혼안정성에 미치는 영향. 대한가정학회지, 32(4), 117-133.

정현숙, 유계숙(2003). 가족관계. 서울: 신정.

조성경, 최연실(2006). 결혼초기 기혼남녀의 원가족 특성과 갈등 및 상담요구의 관계. 한국가정관리학회지, 24(5), 17-19.

천혜정, 김양호(2007). 기혼자와 이혼자의 결혼 및 이혼과정 차이. 한국가족복지학, 12(3), 5-23.

최정숙(2008). 결혼초기부부의 가족레질리언스 강화 프로그램 개발 연구. 한국가족복지학, 23, 103-152.

통계청(2008). 2007년 이혼통계 결과. http://www.nso.go.kr

Beckerman, N. L., & Shepherd, L. (2002). Couple therapy: Identification of conflict areas. *Family Therapy, 29*(2), 77-87.

Carrere, S., & Gottman, J. M. (1999). Predicting divorce among newlyweds from the first three minutes of a marital conflict discussion. *Family Process, 38*(3), 293-301.

Carter, B., & McGoldrick, M. (1989). *The changing family life cycle-a frame work for family therapy* (2nd ed.). Boston, MA: Allyn and Bacon.

Colapinto., J. (1991). Structural family therapy. In A. S. Gurman & D. P. Kniskern (Eds.), *Handbook of family therapy* (2nd ed.). New York: Brunner/Mazel.

Friedman, E. H. (1991). Bowen Theory and Therapy. In A. S. Gurman & D. P. Kniskern (Eds.), *Handbook of Family Therapy* (pp. 134-170). New York: Brunner/Mazel.

Goldenberg, I., & Goldenberg, H. (2001). *Family therapy: An overview*. Pacific Grove, CA: Brooks/Cole.

Guerin, P. J., Fay, L. F., Burden, S. L., & Kautto. J. G. (1987). *The Evaluation and treatment of marital conflict: A four stage approach*. New York: Basic books.

Harvey, D. M., & Bray, J. H. (1991). Evaluation of an intergenerational theory of personal development: family process determinants of psychological and health distress. Current issue feed. *Journal of Family Psychology, 4*(3), 298-325.

Kerr, M. E., & Bowen, M. (1988). *Family Evaluation*. New York: Norton.

Lawson, D. M. (1999). Integrated Intergenerational Family Therapy. In. D. M. Lawson & F. F. Prevatt (Eds.), *Casebook in family therapy* (pp. 27-50). New York: Brooks/Cole.

Miles, M. B., & Huberman A. M. (1994). *Qualitative Data Analysis*. Thousand Oaks, CA: Sage.

Minuchin, S. (1974). *Families and Family therapy*. Cambridge, MA: Harvard University Press.

Nichols, M. P., & Schwartz, R. C. (2002). *The essentials of family therapy*. Boston, MA: Allyn and Bacon.

Olson, D. H., & Hawley, D. R. (1992). *Self-Training Counseler's Manual*. PREPARE/INRICH Inc.

Papero, D. V. (1995). Bowen's family systems and Marriage. In. N. S. Jacobson & A. S. Gurman (Eds.). *Clinic handbook of couple therapy*. New York: Guilford Press.

Patton, M. Q. (2002). *Qualitative Research & Evaluation Methods*. Thousand Oak: Sage

Prochaska, J. O., & Norcross, J. C. (1999). *Systems of Psychotherapy: A Trantheotical Analysis*. Pacific Grove: Brooks/Cole.

Shoham, V., Rohrbaugh, M., & Patterson, J. (1995). Problem-and solutions-focused couple therapies: The MRI and Milwaukee models. In N. S. Jacobson & A. S. Gurman (Eds.). *Clinical handbook of couple therapy* (pp. 142-163). New York: The Guilford Press.

Watzlawick, P., Weakland, J., & Fisch, R. (1974). *Change: Prinicíples of problems formation and problem resolution*. New York: Norton.

Weakland, J. H. (1993). Conversation-but what kind? In S. Gilligan & R. Price (Eds.), *Therapeutic conversation* (pp. 136-145). New York: Norton.

Werner, O., & Schoepfle, G. M. (1987). *Systematic fieldwork*, Vol. 2. Beverly. Hills, CA: Sage.

제9장

# 알코올문제로 인해 갈등을 겪고 있는 부부의 가족치료 사례연구*

박태영 · 박진영

본 연구는 알코올중독 문제를 가진 남편과 그 가족을 돕기 위한 가족치료 모델로서 MRI의 상호작용적 가족치료 모델과 Bowen의 가족체계 이론의 효과성을 살펴보고자 하였다. 또한 알코올중독의 원인을 가족체계라는 맥락에서 이해하여 가족구성원들이 유지해 왔던 시도된 해결책을 인식한 후 이를 탈피할 수 있는 새로운 대처방식을 시도하고 유지함으로써 가족의 문제를 해결한 두 모델의 원리와 개념들을 분석하였다. 그리고 Miles와 Huberman이 개발한 시간에 따른 디스플레이 중 하나인 '사건 흐름 네트워크'를 활용하여 분석에서 발견된 개념들을 도식화하였다.

분석결과로서, 부부갈등의 주원인은 술, 미분화, 역기능적 대처방식이라는 3가지 범주가 도출되었고 부부갈등과 관련된 부부의 원가족 특성은 크게 남편의 원가족 특성과 부인의 원가족 특성으로 나눌 수 있었다. 남편의 경우 음주, 폭언, 폭력에 대한 다세대 간 전수가 있었으며 부인의 경우 부모로부터의 신체적, 언어적 학대뿐 아니라 성폭력의 경험으로 인한 낮은 자존감과 피해의식이라는 심리적 특성이 남편과의 상호작용을 왜곡시키는 준거틀로서 작용하고 있었다. 가족치료의 결과로는 대화방식의 변화, 음주량의 감소, 인식의 변화, 역

* 제9장은 한국가족복지학(2011) 제33권, 95-129페이지에 게재된 논문을 일부 수정한 것임.

기능적 대처방식에 대한 비효과성 인식이라는 4가지 범주가 도출되었다.

# I. 서론

알코올중독의 증가 추세는 서구뿐만 아니라 우리나라도 마찬가지이며 미국의학협회(American Medical Association)가 1956년에 알코올중독을 하나의 질병으로 인정한 이후부터 서구에서는 알코올중독의 심각성에 대한 인식이 더욱 높아져가고 있다. 우리나라 역시 급격한 사회문화적 변화에 따른 각종 스트레스로 말미암아 성인의 알코올사용 장애 유병률이 27%에 이르고 있으며(통계청, 2009), 알코올중독으로 인해 입원하는 환자의 비율 역시 계속적으로 증가되는 양상을 보이고 있다(윤명숙, 2003).

알코올중독은 개인뿐 아니라 그 가족에게도 심각한 손상을 가져오는데, 부모의 알코올중독은 자녀와 가족에게 유해한 영향을 미치고 있음이 여러 연구를 통해 보고되고 있다(Hussong et al., 2009). 또한 알코올중독자의 가족은 가족기능에 있어 일반 가족에 비해 유의하게 낮은 경향이 있는데 Frances 등(1980)은 알코올중독자의 가족이 정상가족에 비해 사회적 수행이 떨어지며 문제해결 능력 역시 낮다고 하였다. Moos 등(1985)도 알코올중독자의 가족은 사회적 기능이 매우 빈약하다고 하였고, Johnson(2003) 역시 알코올중독자의 가족에서 성장한 자녀들은 낮은 수준의 가족기능을 경험한다고 하였다. 또한 알코올중독자 가족은 가족관계에 대한 만족도가 낮게 나타나는데 Osterman과 Grubic(2000)은 알코올중독자의 가족은 일반가족에 비해 배우자에 대한 만족도나 다른 가족관계에 대한 만족도가 낮다고 하였다. 다시 말해서, 알코올중독자가 가족 중에 있음으로 인하여 중독자와 다른 가족들과의 관계가 원만하지 못하고 가족 내 정서적 갈등이 누적되는 것으로 나타났다. 이는 곧 가족 내의 폭력 특히 아내 학대와 이혼의 증가 등과 같은 부정적인 결과를 초래할 수 있다는 것을 의미한다(Mcpherson & Rees, 2006).

알코올중독자의 가족은 알코올과 관련하여 다양한 신체적, 심리적 증상을 경험하기도 하는데 Moos 등(1985)은 알코올중독자의 배우자들이 정상 집단의 배우자들에 비해 더 많은 우울, 불안 및 신체적 증상을 호소하며 더 빈번하게 의사를 방문한다고 보고하였다. 임은희(2003)와 장수미(2001)도 알코올중독자의 가족이 일반가족보다는 스트레스성 질환으로 인한 위염이나 치통, 관절염 등에서 유의하게 높은 수준을 나타낸다고 하였다. 뿐만 아니라 알코올중독자의 부인들은 경제적인 문제와 관련된 스트레스를 현저하게 많이 경험하는데 Revathi(2009)에 따르면 배우자가 알코올중독에 빠지게 되면 실직을 하거나 직업적인 기능을 상실하게 되어 부인이 가정경제를 책임져야 할 가능성이 높아질 수 있을 것이라고 하였다.

알코올중독과 관련된 개인 및 가족의 문제를 다루는 데 있어서 알코올중독자 중심적이던 전통적 접근법은 알코올중독자의 정신병적 성향이나 성격적 요인에 일차적인 초점을 두고 알코올남용을 오로지 개인적 정신역학과 관련지어 설명하려 하거나 알코올중독자의 단주에만 일차적 관심을 기울인 채 개인 한 사람만을 교육과 치료에 포함함으로써 상호작용적인 관점에서 부부체계를 충분히 반영하지 못했다는 한계가 지적되었다. 이미 많은 연구자들은 알코올중독이 '가족병'(Steinglass, 1976)이라는 인식 아래 알코올중독 치료에 있어 가족요인의 중요성을 인식하고 알코올중독자에 대한 개인적 관점으로부터 상호작용적 관점으로 시각의 전환을 가져왔다. 예를 들어, 알코올중독의 문제를 가진 재혼한 부인에 대한 가족치료 사례연구에서 부인의 알코올문제를 개인의 문제로 보기보다는 재혼한 가족체계 안에서 발생하는 역기능적인 상호작용의 문제로 이해를 하였으며, 부인의 음주행동에 대한 촉발요인으로서 가족의 반응, 촉발요인에 대한 대항요인으로서 부인의 음주행동, 가족의 관계 수준에 따른 관계요인으로서 부인의 피해의식, 그리고 부인의 음주행동이 가족에 미치는 영향을 살펴보았다(박태영, 김태한, 김혜선, 2009). 또한 성인자녀의 음주문제에 영향을 미친 요인으로 가족 내 역기능적인 의사소통방식, 부정적 양육태도, 부모의 원가족 경험과 원가족 내 역기능적인 의사소통방식이 나타났다(박태영, 신원정, 2010).

우리나라에서도 알코올중독에 대한 가족개입의 필요성이 제기(박태영, 김태한, 김혜선, 2009; 박태영, 이재령, 2006; 손봉기, 김동언, 1994; 장수미, 2001)되고는 있으나 구체적인 실행방법이나 실천 모델은 개발되고 있지 못하는 것으로 나타났다(김미혜, 이은주, 엄예선, 윤명숙, 1995; 윤명숙, 2003). 그러므로 알코올중독자와 그 배우자가 겪고 있는 어려움들을 효과적으로 처리해 줄 수 있는 가족치료적 개입의 효과성을 분석하고 검증한 본 연구는 알코올중독의 문제를 가진 부부에게 부부체계 중심의 유용하고 구체적인 치료전략이 부족한 우리나라의 현시점을 감안해 볼 때 매우 중요할 뿐 아니라 시의적절하다고 할 수 있다.

따라서 본 연구에서는 알코올중독 문제로 인해 갈등을 겪고 있는 부부의 가족치료 사례를 분석함으로써 알코올중독 부부상담의 실제적인 예를 제시하고자 한다. 이러한 가족치료 사례 내용분석 연구는 배우자의 단주를 위하여 부부관계의 개선이 중요함을 인식하고는 있으나 부부 대상의 구체적인 교육과 치료에 대한 전략과 방향성에 대한 확립에 기여할 수 있는 연구가 별로 없는 상황에서 알코올중독 가족에 대한 체계적인 시각을 제시할 뿐만 아니라 부부단위의 개입과 상담에 실제적인 도움을 제공할 수 있을 것이다.

# Ⅱ. 문헌고찰

## 1. 알코올중독과 부부갈등

'음주는 부부에게 어떠한 기능을 하는가?'에 대한 많은 연구들은 두 가지 상반된 결과를 주장한다. 첫째, 음주와 관련된 긍정적인 결과들이 있다. Steingalss(1987) 등에 의하면 알코올중독자와 그 가족들은 음주 시에만 대화나 감정교류를 재확인하기 때문에 알코올중독자의 음주 시의 행동은 '순응적인(adaptive)' 결과를 가져올 수 있다고 보았다. 예를 들어 가족들이 음주자를 돌보거나 그를 위하여 치워주는 것, 일을 대신하여 주는 것, 술 먹은 동안은 부드럽고 호의적인 태도를 보이는 것 등이다(박태영, 이재령, 2006). Frankenstein 등(1985)은 알코올중독자 부부들은 술의 영향 아래서 더 긍정적인 상호작용을 한다고 하였는데 이는 음주 시 알코올중독자 자신들이 말을 더 많이 하고 문제에 대한 묘사 또한 증가하게 되면 이에 대응하여 그 배우자들 역시 긍정적 정서 표현을 더 많이 하기 때문이라고 하였다. 따라서 음주는 비록 그 효과가 임시적일 수는 있겠으나 안정된 가족구조를 위한 한 부분으로 기능할 수도 있다. 둘째, 음주와 관련된 부정적 결과들도 있다. Jacob과 Krahn(1988)은 알코올중독자 부부는 음주 시 우울증 부부나 정상 부부보다 더 비판적이고 불일치적이었음을 관찰함으로써 알코올중독자 부부의 상호작용은 음주 시 더욱 부정적인 결과를 초래한다고 하였다. 예를 들면, 음주자를 피하는 것, 음주에 대한 비판, 음주자에 대한 신체적 폭력 등이 이에 속한다(박태영, 이재령, 2006).

이처럼 음주가 알코올중독자 부부의 상호작용에 미치는 영향이 상반된 것에 대해 Jacob과 Krahn(1988)은 음주는 어떤 알코올중독자 부부의 상호작용에는 부정적으로, 어떤 부부에게서는 일시적이나마 순응적으로 작용하는데 이는 알코올중독자의 음주스타일이나 부부간 상호작용 스타일에는 여러 가지 타입이 있기 때문이라고 하였다. 그러나 중요한 것은 음주를 둘러싼 가족 내의 갈등이 있든, 잠깐 동안이지만 갈등 중지상태가 있든 이것이 계속적으로 반복되는 것은 가족의 성장을 방해하여 가족구성원들 사이에 무력감을 낳게 한다고 하였다. 결국 오랫동안 지속되는 음주문제는 가족들에게 높은 정도의 불안과 긴장을 야기시켜 가족 전체를 고통에 빠뜨리게 하는 결과를 초래한다.

그리고 알코올중독자의 부부갈등은 다른 문제가 있는 부부갈등과는 중요한 차이가 있는데 알코올중독자 부부는 갈등에 대한 반응으로 음주를 한다는 것이다. 알코올중독자 부부가 행하는 긍정적인 상호작용은 매우 빈약하고 시간이 지남에 따라 부정적인 상호작용이 더 심해지면서 의사소통은 더 애매모호해지고 불일치해 간다. 이렇게 적절치 못한 의사소통으로 인해 부부갈등은 더 깊어지는데 이러한 과정은 다른 종류의 불화를 경험하고 있는 부부들과 유사하다. 그러나 알코올중독자 부부는 이렇게 불화가 쌓일 때 음주를 하게 되는 가능성이 매우 높으며 부부간의 부정적인 상호작용은 음주행위를 지속시키는 결과를 초래한다는 점에서 다른 종류의 불화를 겪고 있는 부부와 차이가 있다. 즉, 부부갈등에 음주로 반응함으로써 부부갈등이 더 심각하게 될 수 있고 이로 인해 또다시 더 많은 음주의 가능성이 생기는 반복적인 악순환이 알코올중독자 부부갈등의 큰 차이점이다(Anastassiou, 2008; Peled & Sacks, 2008; Revathi, 2009; Nathan & Briddel, 1977; 김미혜 외, 1995). 따라서 알코올중독의 시작과 지속에 배우자와의 관계가 많은 영향을 미친다는 선행연구결과를 토대로 한다면 알코올중독 치료를 위해서는 부부체계의 전체를 바라보는 관점이 필요하다.

## 2. 알코올중독 치료에서 부부체계 접근의 필요성

본 연구에서는 알코올중독 치료에 있어서 배우자의 참여가 기존의 개별치료 접근보다 더 높은 효과를 나타낼 수 있다는 관점에서 알코올중독 치료를 위한 부부체계 접근의 중요성과 필요성에 대해 동의하고 있다. McCrady 등(1986)은 부부치료나 배우자의 참여가 알코올중독에 대한 기존의 개별치료 접근보다 더 높은 효과를 나타낸다고 하였고, Wright와 Scott (1978)는 알코올중독자의 단주를 위해서는 배우자가 참여하는 치료형태가 가장 효과적이며 치료 후 단주상태를 유지하는 것에도 바람직한 영향을 끼친다고 하였다. 미국의 알코올남용과 알코올리즘 국립연구소(U. S. National Institute on Alcohol Abuse and Alcoholism: NIAAA)는 '부부 및 가족에 대한 치료가 알코올에 관한 심리치료 영역에서 현재 가장 현저한 진보 중의 하나'라고 평하고 있다(Timothy et al., 1993).

이와 같은 주장은 우리나라 연구에서도 활발히 제기되고 있는데 윤명숙(2003)은 알코올중독 문제를 해결하기 위해 알코올중독자뿐만 아니라 그 배우자와의 상호작용을 이해하고 개입할 때 부부의 문제는 보다 성공적으로 해결될 수 있다고 하였다. 또한 성상경 등(1993)도 배우자와의 긍정적인 관계 유지가 알코올중독자의 퇴원 후 경과에도 유의미한 상관관계를 나타낼 수 있다고 하였다. 김효남과 박태영(1996)의 의사소통 문제를 지닌 알코올중독자의 가족치료 사례연구에서는 알코올중독의 원인을 내담자의 불충분한 의사소통방식과 어머니와 정서적으로 미분화된 것으로 보고 부부간의 의사소통기술 훈련과 내담자의 음주행동에 대한 부인의 대처기능 훈련, 그리고 어머니로부터 남편을 분화시키는 데 초점을 두었다.

이와 같이 선행연구에서는 특히 배우자의 태도와 대응방식 및 긍정적 상호작용이 알코올중독자의 회복에 중대한 영향을 미치는 것으로 밝혀졌다. 특히 우리나라는 가족주의성향이 강하기 때문에 알코올중독 치료에 부부를 모두 포함시키는 것은 한국의 가족문화를 잘 반영하는 것이며 그 효과성 또한 극대화될 수 있다.

알코올중독 치료에서 부부의 상호작용 및 역동을 이해하기 위한 구성틀로서 가족체계 이론은 가장 대표적인 이론 중 하나다. 가족체계론적 관점에서는 음주문제가 왜 발생하였는가를 설명하기 위해 가족 간의 상호관련성에 초점을 둔다. 즉, 알코올중독은 단순히 개인의 문제가 아니라 수많은 하위체계에 의해 영향을 주고받은 결과라고 간주함으로써 알코올중독자의 음주문제는 가족구성원들이 시도해 왔던 선행요인들에 대한 반응이라고 간주한다(Revathi, 2009; Vargas & Zago, 2005). 예를 들면 술을 그만 먹으라고 잔소리하는 것, 부부간의 성적 갈등, 재정적 문제와 같이 다양하게 야기된 문제는 술을 더 마시게 하는 선행요인으로 작용할 수 있다. 또한 가족체계 이론은 항상성의 개념을 이용하여 '가족기능과 음주가 항상성을 유지하는 데 기여한다'고 강조하였다(Steingalss et al., 1987). 항상성이란, 가족체계가 균형을 유지하기 위해 안정된 상태, 즉 예전의 상황으로 되돌아가려는 속성을 의미하는데(김혜숙, 2008; 김유숙, 2007) 이를 알코올중독자 부부에게 적용시켜 보면 알코올중독은 가족체계를 유지하고 가족체계에 의하여 유지되는 가족의 항상성에 기여하는 적응기제라고 할 수 있다(Lee, Kim, Ahn, & Oh, 2008; Chernus, 2005). 그러므로 알코올중독자의 단주는 가족의 항상성을 위협하게 되기 때문에 음주문제는 체계에 의하여 유지된다는 것이다(Smith, Gribble, & Tomkiewicz, 2008; 권보영, 1992). 가족체계 이론가들이 관심을 기울인 다른 하나는 알코올중독자와 그 배우자의 역할이었다(Bepko & Krestan, 1985; Steinglass, 1981; Wright & Scott, 1978). 대부분의 알코올중독자의 배우자는 과도하게 기능하거나 역기능적으로 기능한다고 간주하고 있기 때문에 알코올중독에 대한 가족치료는 중요하게 변화되어야 하는 요인으로서 배우자의 역기능 혹은 기능과다에 초점을 맞춘다(Peled & Sacks, 2008). 그래서 알코올중독에 대한 부부치료의 중요성을 강조한 연구들은 가족체계론적 관점에 근거하여 효과적인 부부 및 가족치료를 위해서는 의사소통기법과 갈등해결기법과 같은 가족구성원 간의 긍정적 상호작용의 횟수를 증가시킬 수 있는 내용을 다루는 것이 효과적이라고 주장한다(Lee et al., 2008; 김미혜 외, 1995).

마지막으로 알코올중독과 원가족 배경은 밀접한 연관성이 있는데 알코올중독자를 사정할 때 고려되어야 할 중요한 요소 중 하나는 발달력과 가족력이다. 여러 선행연구들에서 알코올중독자가 있는 가족은 1세대 혹은 2세대에 걸쳐 높은 가족력 경향이 있음을 주장하였고(Chernus, 2005; Peled & Sacks, 2008), 알코올중독 부모의 자녀는 알코올중독이 아닌 부모의 자녀에 비해 알코올중독자가 될 확률이 4배라는 유전적 요인, 술을 권하거나 마시는 가족문화에 익숙해져 술을 접하는 횟수가 증가된다는 문화적 요인, 첫 음주 이후의 경험으로 인해 다음 음주에 대한 기대를 유발시켜 계속 술을 마시게 된다는 학습 이론(유수현 외, 2010) 등이 알코올중독과 원가족 배경과의 관련성을 뒷받침해 준다. 따라서 알코올중독에 대한 가족치료를 위해서는 각각의 부부가 경험한 원가족 배경을 사정함으로써 술에 대한 부부의 준거틀을 파악하고 개입하는 것이 필요하다.

## Ⅲ. 치료의 준거틀

본 연구의 사례는 알코올중독자와 그 가족을 치료하기 위해서 MRI의 의사소통 이론과 Bowen의 가족체계 이론을 활용하였다.

### 1. MRI(Mental Research Institute)의 상호작용적 가족치료 모델

MRI에서는 가족의 문제는 문제를 해결하려는 가족의 시도에 의해서 오히려 유지되고 있다고 본다. 즉, 두 가지 방법에 의해서 문제가 발달되는데 하나는 어려움을 잘못 다루는 것이며 또 하나는 문제를 해결하려는 시도의 실패와 똑같은 문제해결방식의 적용이다(Watzlawick, Weakland, & Fisch, 1974). 사람들이 자신들의 문제를 감소시키려고 시도해 온 해결방법이 오히려 문제를 유지시키거나 혹은 그 문제를 더욱 악화시키기까지 한다는 것이다(Goldenberg & Goldenberg, 2007). 따라서 치료자는 내담자에게 기존의 해결책을 대체할 수 있는 새로운 해결책을 소개하는 일차적인 임무를 갖는다(Weakland, 1993).

또한 MRI 모델은 의사소통과 체계 개념에 기반을 두고 있으며 내담자에게 나타나는 증상에 초점을 맞춘 단기치료 접근법이며(박태영, 2009) 가족체계 내에서 관찰할 수 있는 현재의 상호작용(관계)에 초점을 두고(박태영, 2001) 의사소통을 명료하게 하도록 돕는 것이 치료의 목적이기 때문에 내담자의 저항을 최소화할 수 있는 치료 이론 중 하나다.

'음주문제는 가족성원들이 시도해 왔던 선행요인들에 대한 반응'이며, '다양하게 야기되고 있는 가족 내 문제는 술을 더 마시게 만드는 선행요인으로 작용'할 수 있으며, '알코올중독자와 배우자와의 반복적인 상호작용은 음주문제로 인해 발생된 어려운 상황에 대처하기 위한 시도'로서 개념화된다고 보는 가족체계 이론에 기반하여 볼 때 알코올중독자 가족에게 MRI 모델은 유용한 치료적 준거틀이 될 수 있다.

## 2. Bowen의 가족체계 이론 모델

Bowen 이론의 기초는 자아분화인데 이 개념은 두 가지로 설명될 수 있다. 하나는 타인으로부터의 자기의 분리와 다른 하나는 감정과 정서를 지적 체계인 사고에 의해서 적절하게 잘 통제하고 분별하는 능력의 정도다. Bowen은 가족 내에서 감정적으로 상호의존 혹은 감정의 상호관계로부터 얼마나 자유로울 수 있는가에 대한 감정적인 과정을 분화라고 설명하면서, 개인의 융합된 상태는 가족 내에서 감정적으로 상호 고착되어 있는 경우라고 설명한다. 즉, 융합된 가족은 다른 가족성원을 자기 자신의 연장으로 보는 환상을 가지고 있으며, 개인 간의 분리와 성장을 거부하는 병리적인 면이 있다(김혜숙, 2008). 한국문화에서는 가족에 대한 응집력이 강조되기 때문에 가족은 동고동락하는 개념으로 이해되어 이러한 이해관계로부터 빗어지는 많은 갈등과 문제점들이 있다. 이러한 의미에서 본다면 Bowen의 가족체계 이론은 한국적 상황에 맞는 가족치료 이론 중 하나라고 말할 수 있다.

DSM-IV에 따르면 알코올의존은 종종 가계양상을 가지게 되며 알코올중독에 대한 전이는 부분적으로 유전학적 요소에서 찾을 수 있다. 알코올중독자 부모를 가진 사람, 특히 남성의 경우는 음주습관이 원가족 문화로부터 영향 받아 형성됨으로써 똑같이 알코올중독으로 발전될 가능성이 크고(Cloninger et al., 1981) 음주상황에 대한 반응과 해석 또한 사람마다 각자 가지고 있는 원가족 경험과 밀접한 관련이 있다. 이에 알코올중독자와 그 배우자의 과거 경험을 통해 현재 상황에 대한 상호작용을 더욱 깊이 있게 이해하고 통찰할 수 있도록 돕는 Bowen의 가족체계 이론 모델을 치료의 준거틀로 적용하는 것은 바람직한 방법일 수 있다.

# Ⅳ. 연구방법

## 1. 사례에 대한 기술

남편의 음주문제로 인해 상담을 의뢰한 사람은 부인이다. 부인은 현재 전업주부이며 남편은 자영업을 하고 있고 중학교 1학년과 초등학교 5학년에 재학 중인 남매를 두고 있다. 남편은 주 5회 정도 완전히 만취된 상태까지 술을 마시다 외박을 하거나 늦게 귀가하는 횟수가 잦았고 부인은 이로 인한 스트레스가 극심한 상황이었다. 부인은 남편의 음주를 중단시키기 위해 여러 가지 방법을 시도해 왔지만 그러한 시도는 남편으로 하여금 더욱 술을 마시게 하는 또 다른 스트레스 요인으로 작용해 오고 있었다.

〈표 9-1〉 ■ 가족치료의 과정

| 회기 | 일시 | 참석자 | 상담형태 | 회기 | 일시 | 참석자 | 상담형태 |
|---|---|---|---|---|---|---|---|
| 1 | 08. 12. 17 | 부인 | 개별상담 | 8 | 09. 02. 26 | 부인 | 개별상담 |
| 2 | 08. 12. 29 | 남편, 부인 | 부부상담 | 9 | 09. 03. 06 | 딸 | 자녀상담 |
| 3 | 09. 01 06 | 남편, 부인 | 부부상담 | 10 | 09. 03. 13 | 아들 | 자녀상담 |
| 4 | 09. 01. 14 | 부인 | 개별상담 | 11 | 09. 03. 23 | 아들, 딸 | 자녀상담 |
| 5 | 09. 01. 23 | 부인의 넷째 여동생 | 원가족상담 | 12 | 09. 04. 03 | 아들, 딸, 남편 | 가족상담 |
| 6 | 09. 02. 05 | 남편, 부인 | 부부상담 | 13 | 09. 04. 10 | 남편, 부인 | 부부상담 |
| 7 | 09. 02. 16 | 부인의 둘째, 셋째 여동생 | 원가족상담 | 14 | 09. 04. 23 | 부인 | 개별상담 |

본 사례는 2008년 12월부터 2009년 4월까지 개별상담, 부부상담, 가족상담 등의 형태로 총 14회의 상담이 진행되었고, 치료적 준거틀은 MRI의 상호작용적 가족치료 모델과 Bowen의 가족체계 이론 모델이다. 사례를 진행한 치료자는 가족치료와 사회복지에 대한 공인된 자격을 가지고 16년 이상 가족치료를 하고 있는 남성이며 다양한 중독 문제를 가진 가족에 대한 치료를 수십 차례 진행한 바 있다. 〈표 9-1〉은 가족치료의 과정을 요약한 내용이다.

## 2. 연구질문

첫째, 부부갈등의 원인은 무엇인가?

둘째, 부부갈등과 관련된 부부의 원가족 특성은 어떠한가?

셋째, 가족치료의 결과는 어떠한가? 그리고 가족치료에 적용된 치료의 준거틀과 결과와의 관련성은 어떠한가?

## 3. 분석방법

본 연구는 가족치료의 과정에서 나타난 부부갈등의 원인과 부부갈등에 관련된 원가족 특성 그리고 가족치료의 결과를 도출하기 위해 다양한 질적 연구방법들 중에서 연구목적에 적합한 사례연구의 방법을 적용하였다. 연구자는 본 사례가 '알코올중독 문제를 가진 남편에 대한 가족치료'라는 일련의 프로그램으로서 시간과 공간의 제한된 경계를 가지고 있기에 사례연구방법이 적절하다고 판단하였다. Creswell(2005)에 따르면, 사례연구는 분명한 시간적, 공간적 경계를 가진 사례를 연구하기 위해 선택되는 방법으로서 사례의 배경에 대한 맥락적 자료를 찾고 사례에 대한 깊이 있는 그림을 제공하기 위해 폭넓은 자료를 수집하는 연구방법이다. 사례연구는 맥락 속에서 세부적이고 심층적인 자료 수집을 통해 시간의 경과에 따라 하나의 '경계지어진 체계'를 탐색하는 것이며 이 경계지어진 체계는 시간과 장소에 의한 경계를 갖게 된다. 사례의 맥락은 사례를 그 상황에 놓는 것을 포함하는데 이는 물리적, 경제적, 사회적, 역사적 상황이 될 수 있다. 연구의 목적은 명료한 이론의 확인이나 명료한 이론에 대한 도전 혹은 그 이론의 확대를 목적으로 하게 된다.

본 연구의 분석은 치료를 진행한 가족치료자와 가족치료 과정에 참석하지 않은 다른 연구자가 공동으로 진행하였으며 분석방법은 질적 연구방법인 지속적 비교분석방법을 이용하였다. 이 방법은 사례 간 그리고 사례 내 유사점과 차이점의 패턴을 밝히는 데 유용하며(Creswell, 1998; Erland, Skipper, & Allen, 1993; 김경미, 2005에서 재인용) 처음에는 귀납적인 접근으로 시작했다가 연역적으로 옮아가고 또 다시 귀납적 접근으로 되돌아가는 반복적인 특징을 갖는다. 연구자는 수집된 자료를 수회 반복적으로 읽으면서 부부갈등의 원인과 부부갈등과 관련된 원가족의 특성 그리고 가족치료의 결과를 중심으로 1차 코딩체계(coding scheme)를 임시적으로 만들었고 이 코딩체계를 이용하여 첨가 혹은 제외되어야 할 범주들과 합해져야 할 범주들을 재정리함으로써 최종적인 코딩체계가 만들어졌다. 마지막으로 추출된 범주들 간의 관계를 Miles와 Huberman(1994)이 개발한 시간에 따른 디스플레이 중 하나인 '사건 흐름 네트워크'의 방법을 활용하여 도식화하였다.

연구의 신뢰성을 높이기 위하여 연구자, 자료, 이론, 방법론의 삼각화(triangulation)를 주장한 Patton(2002)의 의견에 따라 본 연구에서는 전문가 집단에 의한 연구자의 삼각화를 실시하였고 자료의 삼각화를 위하여 상담 축어록과 상담 비디오테이프, 상담 메모를 사용하였다. 또한 연구의 윤리성을 확보하고자 본 상담자료를 분석하기 이전에 내담자 가족에게 동의를 얻었고 내담자 가족의 사생활보장을 위해 실명이나 신분이 노출될 수 있는 내용은 삭제하였다.

## V. 분석결과

연구질문에 따른 연구결과는 다음과 같다.

## 1. 부부갈등의 원인은 무엇인가

### 1) 술

자료분석 결과 상담을 의뢰한 사람은 부인이었으며 주 호소문제는 남편의 음주문제였다. 남편은 자영업을 하고 있기 때문에 술 접대가 잦았는데 술에 취해 기억을 하지 못할 만큼 만취상태로 귀가하는 일이 주 5일 이상 되었다.

• 남편의 음주문제

부인: 술 먹은 다음에 자기는 기억을 못하는… 자기는 기억을 못한다고 하는데 제가 받게 되는 스트레스가… 최근엔 여기가 내 한계라는 생각이 들어요. (1회기)

### 2) 미분화

부부갈등을 유발시키는 또 다른 이유는 남편이 시댁식구와 지나치게 밀착된 관계를 형성하고 있었기 때문이었다. 남편과 시댁식구들은 경제적 · 정서적으로 밀착된 관계를 맺고 있었는데 남편이 형제들과 동업을 하고 있었던 것이 가장 큰 이유였다. 하루 일과를 같은 사무실에서 함께 보내기 때문에 부부만의 사생활이 그대로 노출되는 경우가 많았고 주로 남편 입장에서 일방적으로 전달되는 이야기가 많았기 때문에 시댁식구들과 부인은 더욱 갈등적인 관계가 되고 있었다. 그리고 정서적으로 융합되어 있는 시댁식구들은 부인의 종교생활에서부터 친정방문에 이르기까지 소소한 일에 지나친 간섭을 하고 있었다.

• 경제적으로 융합되어 있는 남편과 시댁식구들

부인: 시댁식구들이 다 같은 회사에 있어요. 큰형 빼고 작은형부터… 남편은 공간을 만들어 준 것뿐이라고 하지만 같이 있으니까 임대료니, 전기세니 일단 남편이 혼자 다 내고 있고… 퇴근하고는 매일 같이 술 마시고 그러죠. (1회기)

부인: 누가 컴퓨터를 한 대 싸게 준다고 하면 사 가지고 우리 집에 놓으면 되는데 작은형네 집에 주는 거예요. 그 집 차 할부금 대 주고 차 보험료 대 주고 임대료는 안 받고 그게 우리 집 한 달 생활비 되고도 남는 돈이라구요. (1회기)

부인: 무슨 일만 있으면 예를 들어 경조사만 있어도 꼭 남편을 데리고 가려고 해요. 작은형이 경제적으로 힘들기 때문에…. (2회기)

• 정서적으로 융합되어 있는 남편과 시댁식구들

부인: 형님들이 저더러 새벽기도도 가지 말라고 하고 예전에 제가 직장 그만두려고 할 때는

형님들이 집에 다 오셨어요. 그만두는 이유를 얘기하라고…. (1회기)

부인: 매번 우리 부부의 시시콜콜한 얘기들이 다 전해지고, 전해져도 그게 굉장히 안 좋은 방향으로 전해져서 제가 아주 나쁜, 몹쓸 년이 되어 버렸어요. (1회기)

부인: 여자 바람나니까 돈 많이 갖다 주면 안 된다, 저희 작은 아주버님이 그렇게 얘기하셔서 남편이 생활비를 한 달에 10만 원? 그렇게 갖다 줬어요. (1회기)

부인: 제가 친정에서는 큰언니이기 때문에 명절 때 가서 밥도 해야 하고 엄마를 도와 드리고 그래야 하는데 친정 가는 거 자체를 시댁식구들이 이해를 못해요. 그래도 (친정에) 가다 보면 한 시간에 한 번씩 (시댁식구들에게) 전화가 와요. 언제 오냐고… 다 왔는데 너만 빠졌다고…. (4회기)

### 3) 역기능적 대처방식

부부는 갈등에 대해 각자 자신만의 대처방식을 가지고 있었는데 부인의 경우, 남편의 입장을 배려하지 않는 잦은 교회활동, 심리적 증상 중 하나로서 우울증, 역기능적 의사소통방식으로서 추궁하는 역기능적 대처방식을 사용하고 있었다. 시댁과의 갈등이 심해질 경우 명절이나 제사 때 시댁을 방문해야 하는 시간임에도 불구하고 남편에게 알리지 않고 혼자 교회에서 기도를 하고 있거나 남편의 퇴근 시간 혹은 휴일에 교회에서 많은 시간을 할애하는 부인의 생활패턴은 가족 간의 갈등을 더욱 심화시키고 있었고 남편과 시간을 함께 보낼 수 있는 기회를 차단시키고 있었다. 또한 부인은 우울증으로 인하여 집안일과 자기관리가 잘 되지 않고 있어 부인에 대한 남편의 불만은 가중되고 있었으며 긴 시간 동안 따지듯 추궁하는 부인의 대화방식은 남편이 폭언과 폭력을 행사한 후에야 끝이 나곤 했다. 이로 인하여 남편은 집에 들어오는 것을 싫어하게 되었고 밖에서 시간을 보내게 되었는데 이는 다시 음주문제로 이어지는 악순환이 반복되고 있었다.

#### (1) 부인의 역기능적 대처방식

• 지나친 교회활동

부인: 시댁에 가기 싫고 겁도 나고 해서 교회 가서 기도하고 있었죠. (남편과 시댁식구들이) 교회로 찾아올 거란 생각은 안 하고… 하나님께 제사 지내기도 싫고 시댁 가기도 싫다고… 이렇게 기도하고 있는데 시댁식구들이 모두 교회로 찾아왔죠. 그 후부턴 남편이 '너 같은 건 필요없다' … 시댁에서도 '그런 여자 버려라' …. (1회기)

남편: 집에서 할 수 있는 일을 찾아야 하는데 그걸 아직은 못 찾겠어요. 제가 월요일 날 술

마시고 화요일 날 술 마시고 그러면 수요일은 일찍 들어오게 된단 말이에요. 그럼 뭐해요? 이 사람은 교회를 다니니까 수요일 예배, 금요일 예배, 일요일 예배… 매번 그렇게 자주 교회 가는 게 너무 화가 나요. 이것 때문에 갈등이 너무 심했어요. (6회기)

• 우울증

남편: 집에 일찍 들어가면 뭐해요? 집이 이렇게 지저분한데….

부인: 제가 너무 우울증이 심해서 (집안일을) 할 수 없어요. 난 지금 아무것도 할 수 없는 상황이에요. 또 저한테 살 빼라고… 제발 잠 좀 자지 말라고… 난 지금 아무것도 할 수 없어요. 약(항우울증제) 먹으면 너무 졸려서 계속 자게 되요. (1회기)

남편: 살은 드륵드륵 쪄 가지고 진짜 보기 싫거든요. 그러면서 계속 일찍 들어와라… 내가 일찍 들어가면 뭐할 건데요? 집안은 어질러져 있고 자기는 약 먹고 자고 있고 제가 일찍 들어가도 사실상 하는 것은 별로 없어요. (6회기)

• 추궁하기

부인: 저는 남편이 잘못하면 논리적으로 꼬치꼬치 따지거든요. 그러면 남편은 말발이 딸리니까 재떨이를 쾅 놓는 식으로 위협을 주는 거죠. 아니면 욕이 튀어나오든가…. (2회기)

남편: 다음에 얘기하자 그래도 피곤해서 졸려 죽겠는데 옆에서 자꾸 깨워요. 얘기하고 자야 된다고… 꼭 사람을 두들겨 볶듯이…. (6회기)

부인의 역기능적 대처방식으로 인해 시댁식구들의 간섭은 더 심해지고 부인에 대한 오해도 깊어지면서 더욱 갈등적인 관계가 되었다.

• 부인의 역기능적 대처 방식에 대한 시댁식구들의 간섭과 불만 증폭

부인: 미운 사람이 미운 짓만 한다고 그러면서 형님들부터 아주버님들까지 저만 아주 나쁜 년이 되었어요. 새벽기도는 왜 가냐, 남편을 왜 의심하고 추궁하냐, 고집스럽게 꼭 명절날 친정에 가야 하냐 한두 개가 아니에요. (6회기)

#### (2) 남편의 역기능적 대처방식

남편이 사용해 온 역기능적 대처방식은 폭력과 폭언, 대회 회피 혹은 단절이었다. 이는 부인이 남편의 음주문제나 여자문제에 대해 집요한 추궁을 할 때 주로 사용되는 방식이었는데 부인의 추궁은 남편의 폭력과 폭언이 있고 나서야 멈춰지기 때문에 부인의 추궁과 남편의 폭력, 폭언은 계속적인 악순환을 반복하고 있었다. 그리고 남편은 부인에 대한 불만을

직접적으로 표현하지 않고 우회적으로 표현하는 방법을 사용하고 있었는데 부인이 교회활동과 우울증으로 인하여 집안일과 자기관리를 제대로 하지 않는 것에 대한 불만을 신체적 약점을 찾아 인신공격을 하는 형태로 표출하고 있었다.

• 폭력과 폭언

남편: 알았으니까 그만 하자 그래도 그걸 또 계속 해요. 그다음에 제가 폭발을 하는 거죠. 폭발나면 뭐 하나는 깨지거나 집어든지거나 욕이 나오죠. 뭐야 이년아… 이렇게 시작이 되죠. 신체적 폭력은 밀어붙이고 이런 것들…. (6회기)

• 대화 회피 혹은 단절

남편: 저 같은 경우는 피할 수 없는 자리인데 자꾸 전화해서 '언제 오냐, 왜 늦냐, 술 먹냐' 이러면 옆 사람들이 차라리 빨리 들어가라고 말해 주고 그 정도까지 되면 저는 열 받는 거죠. 그러면 열 받아서 '나 안 들어가' 그리고 아예 전화를 꺼 놓고 외박을 해 버리죠. (6회기)

부인: 저는 오늘 화가 나면 바로 풀고 자야 하는데 애기 아빠는 일주일이고 열흘이고 20일까지 세어 봤는데 그때까지도 말을 안 해요. (8회기)

• 비하 혹은 무시하는 발언

부인: 저한테 항상 '너는 왜 그렇게 얼굴이 동그랗냐? 왜 그렇게 살이 쪘냐? 이러면서 매일 '어이!! 데굴데굴!!' 이렇게 불러요. 길 갈 때도 창피하다고 따로 걷자고 하구요. (8회기)

부인: '술집 애들이 얼마나 쭉쭉빵빵인줄 아냐? 너는 다리도 짧아 가지고….' 이러면서 어떤 때는 '어이!! 숏!! 숏!!' 이러기도 해요. (8회기)

부인: 네가 제대로 할 줄 아는 게 뭐 있냐면서 '너 왜 사니? 이 병신아, 나가 죽어라' 이런 식으로…. (1회기)

부인은 남편의 음주문제뿐만 아니라 잦은 술자리로 인해 빚어질 수 있는 여자문제에 대해서도 민감한 편이어서 이와 관련하여 남편을 추궁하는 경우가 많았는데 남편은 부인의 추궁을 멈추게 하기 위해 다른 여자와 성관계가 있었다는 이야기를 거짓으로 말해 버림으로써 부부 사이의 오해는 더욱 증폭되었다.

• 남편의 역기능적 대처 방식으로 인해 발생된 깊은 오해

남편: 이 사람(부인)이 남자에 대한 의심이 많아요. 제가 밖에서 딴 사람이랑 자지 않았느냐… 솔직히 2차 가는 사람도 있겠지만 저는 술 먹으면 아예 (성관계가) 안 돼요. 안 갔

어…. 근데 자꾸 그러면(추궁하면) 제가 그래요. 그래 갔다 왜? 그런 경우도 있었어요. 자꾸 추궁하니까 엿 먹어 봐라… 이런 거죠. (6회기)

## 2. 부부갈등과 관련된 부부의 원가족 특성은 어떠한가

### 1) 부인의 원가족 특성

부인은 남편이 자신을 인정해 주지 않고 무시하고 비하하는 것에 대해 깊은 상처를 받아 왔고 누적된 상처는 우울증과 같은 심리적 증상으로 나타났다. 남편의 이러한 모습은 부인의 원가족 경험과 관련되어 더욱 깊은 상처로 각인되곤 하였는데 부인은 어렸을 때 친정어머니가 자신에게 심한 구타와 욕설을 해 왔다고 했다. 6남매 중 장녀였던 부인은 자신보다 11살 어린 남동생의 병수발을 해야 했던 친정어머니를 대신하여 집안 살림을 도맡아 해 오면서 다른 동생들까지 돌봐야 했다. 아들의 병수발과 남편과의 갈등으로 극심한 스트레스를 받아 왔던 친정어머니는 장녀였던 부인을 심하게 구타하였을 뿐만 아니라 다른 자녀들에 비해 상대적으로 특별히 잘하는 것이 없다는 이유로 무시하고 비하하는 발언도 서슴지 않았다고 했다.

• 낮은 자존감과 피해의식(열등의식)

부인: 어릴 때 아버지가 어머니를 쫓아다니면서 괴롭히셨어요. 집안 정리 잘 안 되어 있다고… 엄마는 남동생이 아파서 태어났기 때문에 병수발만으로도 힘들었구요. 엄마 스트레스 푸는 용도로 제가 제일 많이 맞았어요. 걸레 대막대로… 나무 빗자루로… 엄마가 저에게 항상 '네가 할 줄 아는 게 뭐가 있냐고… 이 병신아, 나가 죽어라' 이런 소리를 많이 듣는데 남편도 그 당시에 제가 어떠한 잘못을 했을 때 인격적으로 무시하는 말을 많이 하는데요 어릴 때 당했던 거랑 많이 겹쳐지는 상황이에요. (3회기)

부인: 아픈 동생 뒷바라지하느라 집에 엄마가 항상 없었고 여동생을 제가 업어 키우고 살림하고 집에 엄마가 오시면 또 맞고… 근데 사실 밑에 동생들은 다 똑똑해서 대학도 갔는데 저는 엄마가 생각할 때 인정할 정도로 잘하는 게 없었어요. (3회기)

가족치료자: 부모 밑에서 맞아 터지면서 일단은 순응하면서 살지 않았나…. 남편하고의 방식에서도 그런 모습을 답습하였을 가능성이 높다는 거죠. 내 삶이 가장 앞서야 하는데 지나칠 정도로 희생만 하고 살지 않았냐… 이거예요. 그러다 곪아 터져서 우울증으로, 하나님한테 매달리는 것으로 그렇게 나타나는 거예요. (3회기)

부인은 남편의 여자문제에 대한 의심이 많았는데 남편이 잦은 술자리를 통해 여자들과 있는 시간과 기회가 많았던 이유로부터 기인된 것이기도 하지만 이는 부인의 원가족 경험과도 관련이 있었다. 부인은 친정아버지로부터 어렸을 때 성추행과 성폭행을 당한 경험이 있었고(부인의 친정아버지는 5명의 딸을 모두 성추행 혹은 성폭행하였음) 19살 때 직장생활을 하던 중 직장동료에게 강간당한 후 결혼을 전제로 만남을 가졌지만 상대가 유부남이었음을 뒤늦게 알게 되어 큰 충격을 받고 헤어진 경험이 있었다. 이러한 경험은 부인으로 하여금 '남자는 믿을 수 없는 존재'라는 사실을 각인시키게 하였고 남편의 늦은 귀가, 외박에 매우 민감한 반응을 보이게 만드는 원인이 되었다.

- 성폭력 경험

부인: 아버지한테 성추행, 성폭행… 제가 중학교 때 화장실로 도망가서 겨우 피했는데 화장실에서 문 잠가 놓고 밤새도록 울었고, 그게 가장 무서웠던 기억 같아요. 우리 자매들 모두 아빠를 볼 때 인간이 아니라 짐승처럼 보구요, 남자들은 다 짐승 같은 부분이 있다고 생각이 들죠. 제가 왜 의부증이 있단 얘기를 듣냐면 남편이 술 먹을 때 또 전화를 안 받아요. 외박을 해요. 제가 불안한 마음에서 찾으러 다녀요. 연락 닿은 사람마다 전화해서 '지금 같이 있느냐, 바꿔 달라' …. (3회기)

부인: 19살 때 직장동료에게 강간을 당했어요. 그래서 그 사람이랑 계속 만났어요. 왜냐하면 저는 결혼을 전제로 하려고 했거든요. 몇 번 만났을 때 그 남자가 '넌 내가 결혼한 거 그렇게 모르겠니? 반지 보면 모르겠니?' 그때 너무 충격을 받았어요. 남편이 술 먹고 밖에서 나가서 할 짓이 뻔하게 겹쳐지는 거죠. (3회기)

인용문에서 볼 수 있듯이 부인이 남편에 대한 의심을 많이 하고 있는 것은 원가족 경험과 중첩되면서 남편의 여자문제에 대해 집요한 추궁을 하는 것으로 문제상황에 대처하려고 했다.

### 2) 남편의 원가족 특성

남편의 음주문제는 남편의 원가족 경험과 깊은 관련성이 있었으며 폭력과 폭언 역시 원가족 경험으로부터 다세대에 걸쳐 전수되어 온 것으로 분석되었다. 진폐증 환자였던 아버지를 대신하여 밀주를 만들어 파는 어머니를 어렸을 때부터 따라다닌 남편은 술에 대한 경험에 많이 노출되어 왔다. 또한 어머니도 남편 앞에서 술을 자주 마셔 왔으며 그 결과 남편의 형제들은 대부분 알코올중독자가 많고 폭력 전과까지 있을 만큼 심한 폭력과 폭언을 사용하고 있었다. 이 역시 부모로부터 습득된 원가족 경험이었다.

- 음주와 폭력, 폭언에 대한 다세대 간 전수

부인: 시댁식구들이 폭력 전과가 하나씩 있어요. 저희 큰 형님은 큰 아주버님에게 고막이 나갈 정도로 맞았구요. 시어머니도 많이 맞고 사셨다는 것으로 제가 알고 있어요. (2회기)

부인: 알코올중독은 큰 아주버님이 가장 심하고요, 누나들도 좀 심해요. 모두 다 술 문제가 있는데 시어머니가 그렇게 술을 드셨어요. 저희 애기 아빠는 시어머니가 밀주를 하셨는데 술을 배달하고 수금하고 할 때 애기 아빠 손을 잡고 포장마차에 가서 어머니는 술 마시고 저희 신랑은 옆에서 닭발 먹으면서… 엄마 좇아다니면서… 술 마시는 걸 보고 그랬다고 그래요. (2회기)

남편은 어렸을 때부터 가족 간의 긍정적이고 정서적인 교류가 거의 없는 가정에서 성장하였는데 이는 부인뿐만 아니라 자녀와의 상호작용에도 영향을 끼치는 원가족 경험이 되었다고 분석되었다. 정서적 교류가 없을 뿐만 아니라 상대방을 무시하고 비하하는 대화방식도 함께 섞여 있어서 부인과 자녀들은 남편과 소원하거나 스트레스 받는 관계를 계속 유지하고 있었다.

- 가족 간 긍정적인 정서적 교류를 경험하지 못했던 어린 시절

부인: 남편이 어릴 때 사랑을 못 받았다는 생각을 해요. 신혼 초에 제가 임신했다고 하면 '또 임신했니?' 첫 애를 딱 낳고 나서도 '어때?' 그랬더니 애 아빠가 너무 심란한 표정을 지었어요. (2회기)

가족치료자: 부인께서 상당히 미인이신데 이쁘다는 표현을 안 해 주시는 이유가 있습니까?

남편: 해야 할 필요가 있나요?

부인: 항상 대화법이 이래요. 나쁜 이야기만… 툭 던지듯… 제가 말씀 드렸잖아요. 저한테 항상 '어이 데굴데굴!!' 이런다니까요. 얼굴 동그랗다고….

가족치료자: 왜 그렇게 말씀하세요?

남편: 그냥… 이쁘다 이런 말은 한 번도 못 해 봐서…. (13회기)

부인: 항상 아들에게 '저런 못난 놈' 이래요. 아들이 실수하면 곧바로 등 뒤에다 그렇게 말해요. 잘한 일에 대해서도, 바이올린 대표 연주자로 뽑혔다고 했더니 한다는 말이 '넌 운도 좋다' 이렇게 말해요. (1회기)

## 3. 가족치료의 결과는 어떠한가, 그리고 가족치료에 적용된 치료의 준거틀과 결과와의 관련성은 어떠한가

우선, 가족치료의 결과로서 부부의 대화방식 변화, 남편의 음주량 감소, 인식의 변화, 역기능적 대처방식에 대한 비효과성 인식이 분석되었다.

### 1) 대화방식의 변화

남편은 가족들과 정서적 교류를 나누지 못했고 부인과의 갈등에 대해 대화를 회피해 버리거나 단절하는 방식을 사용해 왔는데 가족치료 후 예전의 방식에서 벗어나 일상에 대한 이야기를 가족들과 따뜻하고 부드럽게 나누는 변화가 있었다.

• 남편의 대화방식 변화

부인: 저희 아이들도 아빠 많이 변했다고 여기 같이 온다고 말해요. 집에 오면 말 한마디 따뜻하게 건네지 않던 사람이 괜히 말 시키고… '오늘 뭐 했어?' 이런 일상적인 얘기를… 그런 게 너무 뜻밖이었어요. 처음이에요. 여기 다녀오고 나서…. (2회기)

부인: 아이들이 웃찾사에 나오는 대빡이 춤을 추고 그러니까 아빠도 같이 따라 하고 이런 게 깜짝 놀랐어요. 아빠가 변했구나… 그 하루 동안 행복한 시간을 보냈어요. (2회기)

부인: 요즘 최근에 또 바뀐 건 술 마실 때 제 전화를 받으려고 하는 거… 아예 전화도 안 받고 술을 먹던 사람인데 이제는 전화도 잘 받아 주고 뭐하는지 얘기도 잘 해 주기도 하고요. (2회기)

부인: 시댁 편들었던 거 그런 부분이 가장 미안했었다고 이야기도 하고 말투도 예전보다 많이 부드러워졌어요. 그러니까 저도 같이 부드러워져요. (14회기)

남편의 변화는 부인의 변화로 이어져 서로 간의 상호작용에 긍정적인 영향을 끼쳤다. 술을 마실 때 부인의 전화에 부드럽게 응대하게 되자 부인 역시 남편에게 무조건 일찍 귀가하라고 요구하지 않게 되었고 부인에게 자극받지 않은 남편은 음주량을 절제하게 됨으로써 본 사례의 주 호소문제였던 남편의 음주문제에도 긍정적 영향을 미치게 되었다.

• 부인의 대화방식 변화

남편: 예전엔 술 먹을 때 전화하면 신경질이 난리도 아니었죠. 그런데 지금은 그냥 '언제 오냐, 늦냐?' 이 정도만 물어보고 끝이에요. (6회기)

자료분석 결과 부부간 대화방식의 변화는 속도와 빈도수에 있어서 가장 많은 변화 정도를 보인 가족치료의 결과인데 이는 가족치료자의 치료적 준거틀이었던 MRI 모델의 효과성을 보여 주고 있는 부분이라고 할 수 있다. 즉, 가족치료자는 부부의 관계 개선을 위해서는 무엇보다 문제가 유지될 수밖에 없는 상호작용을 해결하는 것이 필요하고 그 상호작용은 의사소통 측면에서 접근할 수 있다(Goldenberg & GoldenBerg, 2007; Watzlawick et al., 1974)는 원리를 효과적으로 적용한 것이다.

### 2) 음주량의 감소

부부간 대화방식의 변화는 남편의 음주량 감소라는 변화로 이어져 나타났다. 가족치료가 종결되는 시점까지 단주라는 목표에는 도달하지 못했지만 남편의 음주량은 상당 부분 감소하였고 이는 부인의 자극적인 대응방식을 초래하지 않기 때문에 부부간 긍정적인 상호작용의 횟수는 상대적으로 증가할 수 있었다.

부인: 거의 매일 마셨다가 일주일에 한두 번 정도로 줄었어요. 그리고 마셨어도 많이 취해서 들어오는 것도 많이 줄었구요. (8회기)

부인: 술 마시지 말라고 말하면 전에는 제가 거의 바위에게 얘기하는 것 같았는데 이제는 좀 안 마시려고 노력하는 게 보이니까 쬐금 그 표정과 느낌이 알아듣고 노력하려고 하는 게 전달돼요. (13회기)

### 3) 인식의 변화

음주문제로 비롯된 부부갈등은 대화의 양을 감소시켜 왔고 이로 인해 부부는 여러 현상들에 대해 각자 서로 다른 이해의 틀을 가지고 오해하고 있었는데 이 부분에 대한 인식의 변화가 있었다. 우선, 부인은 남편이 남편의 형제들과 밀착관계를 유지하면서 실속 없이 경제력 없는 형제들의 뒷바라지를 하고 있다고 생각해 왔고 계속적으로 거론되는 이혼 이야기에 대해서 '남편이 자신을 더 이상 사랑하지 않는다'는 위기의식과 절망감을 가지고 있었으며 술자리를 자주 갖는 남편에게 여자문제가 있을 것이라는 오해를 하고 있었다. 가족치료를 통해 부인은 남편으로부터 상세한 설명을 들을 수 있는 기회를 갖게 되었고 이는 인식의 변화뿐만 아니라 부부의 평상시 대화방식으로부터 벗어나 새로운 대화방식을 습득할 수 있는 기회도 제공해 주는 역할을 하고 있었다.

• 부부간의 오해에 대한 재인식

남편: 저도 알아요. 둘째 형이 하도 뻥만 세고, 수중엔 돈도 없고… 신뢰가 안 가요. 그냥 서로 일상적인 얘기만 나누는 거예요.

가족치료자: 와이프께서는 둘째 아주버님하고 굉장히 친하신 걸로 알고 계신데요?

남편: 제가 얘기를 안 해서 그래요. 저도 알아요. 같이 있다 보면 저만 손해라는 걸…. 제가 알아서 처신을 하고 있다구요.

가족치료자: (부인에게) 알고 계셨어요?

부인: 처음 듣는 소리예요. (8회기)

가족치료자: 자꾸 이혼 얘기를 꺼내셨던 이유에 대해 해명해 보신 적이 있으세요?

남편: 제가 사실 세금도 차압되어 있고 빚도 있고 그러니까 같이 있으면 같이 힘들어져요. 술 먹고 그런 생각이 가끔 들어요. 차라리 이혼하면 저 혼자 빚 갚으면 되니까 이 사람이 편하지 않겠나 그런 거지 다른 생각은 없어요. (8회기)

가족치료자: 부인께서 또 궁금해하는 것이 두 번씩이나 다른 여자하고의 잠자리 이야기를 하셨잖아요.

남편: 그런 거 진짜 없어요. 마누라 약 좀 오르라고… 자꾸 추궁하니까… 그런데 그런 거 정말 없어요. (8회기)

또 다른 인식의 변화는 남편이 부인의 원가족 배경을 이해하고 원가족 경험이 현재 부부 사이에 미치는 영향력이 어떠한가를 알게 된 것이다. 부인이 남편의 외도에 대해 민감한 반응을 보이는 것은 친정아버지와의 관계로부터 비롯된 것임을 인식하게 되었고 자신을 무시하고 비하하는 발언을 자주 하는 남편과 시댁식구로부터 받은 상처의 깊이가 원가족 경험에 비추어 봤을 때 더욱 깊을 수 있음을 인식하게 되었다. 그리고 부인의 민감한 반응은 부부관계를 더욱 악화시킬 수 있는 요인이 되기 때문에 이를 통제할 수 있는 능력도 향상시킬 수 있게 되었다.

• 원가족 특성으로 인한 현재 상황의 잘못된 해석에 대한 재인식

가족치료자: 친정아버지의 상황이 (친정어머니를 의부증이 심한 사람으로 취급하며 몰아세워서 자녀 모두 '아버지는 안 그런데 어머니가 아버지를 오해한다'고 생각하게 만들었지만 결국 아버지의 외도는 사실이었음) 그런 상황이 없었더라면 남편에 대해 덜 민감할 수도 있었을 거예요.

남편: 그걸 몰랐을 때는 과민 반응하는 거였고 그럼 저는 짜증이 나는 거였어요. (8회기)

남편: 제가 집사람의 성장 배경을 모르고 있었던 게 많았어요. 저는 집사람이 너무 예민하다고만 생각했죠. (이제는) 제가 어떨 땐 좀 무심했다… 내 말이 정말 상처였겠구나… 하는 걸 느끼죠. (13회기)

• 원가족 특성이 현재 배우자와의 상호작용에 대해 민감한 반응을 유발시킬 수 있음을 인식

가족치료자: 부인이 남편의 외도문제나 술문제에 이토록 예민하게 반응하는 이유가 친정아버지 외도문제하고 걸려 있다는 거예요. 일단 여자문제 때문에 자기 아버지를 적대하고 있는데 남편이 술 먹고 늦으면 남편도 같이 여자문제가 있는 것 같으니까 민감하게 반응한다는 거죠. (6회기)

가족치료자: 남편의 말투가 친정아버지나 친정어머니 말투랑 똑같이 자기를 무시한다는 거예요. 만약 부모님하고 이런 감정이 안 걸려 있으면 무덤덤하게 잘 반응해서 해결할 수도 있는 건데 걸려 있으니 더 날카롭게 반응할 수밖에 없다는 거죠. (8회기)

가족치료자: 물론 성폭력이나 성추행의 경험은 어머어마한 충격이에요. 내놓기가 힘드실 거예요. 근데요 이걸 내놓지 못하고 갖고 살다가 비슷한 상황에 부닥치면 옛날에 해결되지 못한 것까지 두 배로 겹쳐 감정에 불이 붙는다는 겁니다. 남편 입장에선 옛날의 사건을 모르니까 이 사람이 왜 이러나… 황당할 수 있어요. 비밀을 노출시키는 것이 해독작용을 할 수 있어요. 사실 내놓으면 별것도 없어요. (4회기)

### 4) 역기능적 대처방식에 대한 비효과성 인식

가족치료를 통해 부부는 남편의 음주문제를 중단시키기 위해 시도한 역기능적 대처 방식과 그 방식이 음주문제를 해결하는 데 효과가 없었다는 것을 인식하게 되었다. 그리고 비효과적인 방식을 대신할 수 있는 새로운 방식을 습득하게 된 것은 앞에서 언급했던 '대화방식의 변화'라는 가족치료 결과와 또 다시 연결되는 부분이다.

가족치료자: 남편은 솔직하게 얘기를 했음에도 불구하고 부인이 안 믿어 줄 때, 남편은 돌아버리는 거예요. 그러다보면 엿 먹이는 식의 말을 할 수가 있다는 거죠. 자기가 원하는 말이 나올 때까지 계속 다그치고 밀어붙이면 상대편은 설사, 막말로 성관계까지 안 갔다 해도 그냥 했다!! 해 버리면 그 관계는 더 치받아 버린다는 거죠. (8회기)

가족치료자: 누군가한테 열 받아서 말하고 있는데 말 딱 자르고 '너도 가서 치받아, 그거 못할 거면 나한테도 말하지 마' 이러면 상대방이 더 이상 (얘기를) 꺼내놓지를 못해요.

아이들이나 부인이나 똑같습니다. 나한테 동조해 주기만을 원하는 거거든요. 저는 관계향상을 위해 그 방식이 훨씬 효과적이라는 거죠. 그냥 장단만 맞춰 주는 거예요. 그럼 계속 나오는 거거든요. 그걸 다 쏟고 나면 '아… 아빠가, 남편이 내 편이구나. 의지할 수 있구나' 그걸 느낄 수 있다는 거죠. 주거니 받거니가 되어야 하는데 지금 남편 분은 상대방의 말을 잘라 버리는 방식이라는 거예요. (13회기)

### 5) 여전히 남아 있는 과제: 남편의 단주, 부부간의 정서적 교류 확대, 남편의 분화

총 14회기로 가족치료는 종결되었지만 여전히 부부에게 남아 있는 과제가 있다. 구체적으로 남편은 치료가 종결 때까지도 여전히 과도하게 술을 먹는 습관이 남아 있었는데 계속적인 음주량의 감소, 궁극적으로는 단주가 이루어져야 하고 이러한 상태를 계속적으로 유지하기 위해서는 부부하위체계의 강화가 이루어져야 한다. 부부간의 정서적 교류가 거의 없었던 부부는 남편이 술을 먹지 않고 일찍 귀가하였다 하더라도 함께 공유할 수 있는 부부만의 활동거리나 대화의 소재를 가지고 있지 않기 때문에 여전히 소원한 관계를 유지할 가능성이 높다. 그리고 소원한 부부관계는 다시 남편을 밖으로 나가게 하여 음주문제를 발생시킬 수 있는 가능성을 갖게 해 준다. 덧붙여 남편과 시댁식구 간의 분리된 경계선 유지는 부부하위체계 강화를 위해 반드시 선행되어야 할 것이다.

부인: 예전보다 술 먹는 건 줄었는데 지금도 자다가도 나가서 술 먹고 와요.
부인: 술을 약간 먹는 게 오히려 대화하는 게 편하다는 거예요.
가족치료자: 사실 부부가 함께 할 수 있는 꺼리가 필요하거든요. 그래야 남편 분도 자꾸 밖으로 나가시려고 하는 게 없어질 거라는 거예요. (14회기)

### 6) 가족치료에 적용된 치료의 준거틀과 가족치료 결과와의 관련성

'가족치료의 결과는 어떠한가?' 에 대한 분석은 곧 가족치료의 효과성을 검증하는 부분으로 이해될 수 있는데 본 사례에 적용된 치료의 준거틀과 가족치료 결과 및 결과가 도출된 과정과의 관련성을 정리해 보면 다음의 〈표 9-2〉 〈표 9-3〉과 같이 요약될 수 있다.

〈표 9-2〉 ■ 치료의 준거틀과 가족치료 결과 및 결과가 도출된 과정과의 관련성: MRI의 상호작용적 가족치료 모델

<table>
<tr><th>적용된<br>치료의 준거틀</th><th>치료기법</th><th>가족치료의 결과와 결과가 도출된 과정설명</th></tr>
<tr><td rowspan="3">MRI의<br>상호작용적<br>가족치료 모델</td><td>1) 재정의: 어떤 행동, 관계, 현상을 지금과는 다른 측면에서 보고 그 특징에 새로운 의미를 부여하는 과정</td><td rowspan="3">결과가 도출된 과정<br><br>① '무엇이 그 문제를 지속시키는가?' 에 관심 갖기<br>• 1회기: 저는 우선 무엇을 보냐면 현재 부부관계에 있어서 걸려 있는 의사소통방식을 봐요.<br><br>② 문제를 지속시키는 구체적인 행동패턴을 발견하기<br>• 2회기: 두 분은 지금 구체적인 대응 방식들을 일정한 패턴으로 가지고 계세요. 예를 들어 '너 비켜, 아직도 안 나갔냐?' 이런 식의 남편의 표현은 '좀 변해라' 이건데요, 상대는 그 속뜻보다 표현방식으로 인해서 뚜껑부터 열려 버린다는 거예요.<br>• 3회기: 부인은 꼬치꼬치 따지는 방식이고 남편은 말발이 딸리니까 폭력으로 위협을 주는 거고 부인은 다시 그러면 안 된다고 가르치려 들고 남편은 아예 함구해 버리는 방식이에요. 그러고 나서 그 스트레스를 술 드시는 걸로 푸시죠.<br><br>③ 자신이 시도한 해결방식이 효과가 없음을 인식하기<br>• 8회기: 부인이 남편을 추궁할수록 남편은 부인 열 받게 만드는 말만 더 골라서 해 왔다구요. 아니라고 하는데 자꾸 추궁하면 정말 돌아 버리는 거예요.<br>• 13회기: '참아, 아니면 확 붙어 버려!' 이런 표현방식 가지고는 잘못하면 와이프가 속병을 일으킨다는 거죠. 남편도 내 편이 아니구나… 이런 생각만 들게 해요. 영양가가 없죠.<br><br>④ 그동안 시도했던 것과는 다른 시도를 생각해 내고 그것을 실행에 옮기기<br>• 8회기: 부인께서 자꾸 잔소리 나갈 게 뻔하니까 아예 핸드폰까지 꺼 놓고 (술을) 드신다는 거예요. 아니면 안 나간다고 해 놓고 다음 날 말없이 나가 버린다거나… 남편이 술을 덜 먹게 만드는 방법이 뭐냐 이거예요. 잔소리 때문에 더 먹었다면 그걸(잔소리) 줄여 보면 (술을) 덜 먹을 수도 있다는 거예요.<br>• 13회기: 시댁하고 문제가 생기면 일단 와이프 편을 들어 주세요. 여자들은 그냥 그거거든요. 남편이 내 얘기 들어 주고, 나한테 동조해 주기만을 원하는 거거든요.<br><br>결과 ① - 대화방식의 변화<br><br>• 상담 2회기부터 가장 빠르게 나타나기 시작한 변화로서 1회기에서 가족치료자를 통해 역기능적 대화방식을 인식하게 된 부부는 그동안 시도해 오지 않았던 새로운 대화방식을 시도하게 됨</td></tr>
<tr><td>2) 역설적 개입: 치료자가 치료의 목표와는 반대되는 것을 실행하도록 지시하여 보다 효과적인 결과를 초래하려는 시도</td></tr>
<tr><td>3) 은유: 직접적인 의사소통이 유효하지 않을 때 그 메시지를 비유로 전달하는 것</td></tr>
</table>

| | | |
|---|---|---|
| MRI의<br>상호작용적<br>가족치료 모델 | 4) 의식: 가족에게 구체적인 행동을 지시하여 변화를 시도하는 방법 | **결과 ② – 음주량의 감소**<br>• 대화방식의 변화로 인해 상호작용이 다소 편안해진 남편은 음주량의 감소라는 2차적 반응이 곧이어 나타났음<br><br>**결과 ③ – 역기능적 대처방식에 대한 비효과성 인식**<br>• 그동안 부부가 시도해 왔던 역기능적 대처방식의 구체적인 행동패턴들을 발견하고 이것이 비효과적이었음을 인식한 부부는 새로운 시도를 하는 것에 대한 동기를 부여받게 되었음<br><br>**결과 ④ – 인식의 변화: 부부간의 오해에 대한 재인식**<br>• 부부는 어떤 행동이나 상황에 대해 각자 서로 다른 이해의 틀을 가진 채 오해의 골이 깊어 가고 있었는데 이에 대해 지금과는 다른 측면에서 바라보고 새로운 의미를 부여하는 과정을 갖게 됨 |

〈표 9-3〉 ■ 치료의 준거틀과 가족치료 결과 및 결과가 도출된 과정과의 관련성: Bowen의 가족체계 이론 모델

| 적용된 치료의 준거틀 | 치료기법 | 가족치료의 결과와 결과가 도출된 과정설명 |
|---|---|---|
| Bowen의<br>가족체계<br>이론 모델 | 1) 탈삼각화 과정: 증상을 제거하거나 변화시키기 위해 역사적 요소를 발견하는 과정이며 역사적 요소의 발견은 원가족에 대한 이해로부터 시작된다. 가족에 대한 정보가 많을수록 원가족에 대한 이해의 폭이 넓어지고 이는 곧 자아분화로 이어진다. 자아분화는 자신과 관련된 삼각관계를 인식하고 거기에서 탈삼각화하는 것이다. | **결과가 도출된 과정**<br><br>① 역사적 요소의 발견시도<br>• 1회기: 원가족에서 걸려 있는 것이 무엇이길래 (부인이) 남편의 술문제에 이렇게 민감하게 반응하나? 이걸 봐야 해요.<br><br>② 원가족에 대한 이해 시작<br>• 3회기~6회기: 가족들의 학력, 직업, 관계성, 가족 내 사건 등 다각적 차원에서의 정보 수집<br><br>③ 삼각관계의 인식<br>• 3회기: 남편 모습에서 친정어머니와 친정아버지 모습이 다 겹쳐서 보이시는군요? 친정부모님이 하셨던 방식대로 남편도 똑같이 잔소리하면서 무시를 하니까 옛날 감정하고 뒤섞여서 더 화가 나는 거예요.<br>• 4회기: '네가 뭘 할 줄 아냐?' 이렇게 남편이 이야기하면 그 메시지가 친정어머니하고 똑같았기 때문에 친정어머니한테 걸려 있는 감정까지 합해져서 남편한테 대응해 버리는 거예요.<br>• 4회기: 남편분이 왜 가족들한테 감정을 내어놓지 못하는지, 원가족하고 뭐가 걸려 있는지 볼 거예요. 집에서 자라면서 대화를 해 보신 적이 있어요? 주거니 받거니 하는 감정표현이 차단된 가정에서 자란 것이 지금 가족들한테도 그대로 내려오고 있어요. 그리고 감정을 삭힌 채 술로 해결하는 것도 내려오구요. |

| | | |
|---|---|---|
| Bowen의 가족체계 이론 모델 | 2) 가계도의 활용: 3세대에 걸친 가족의 정보를 얻기 위해 가족치료자는 가계도를 사용한다. 가족에 관한 정보가 도식화되어 있는 가계도를 통하여 가족성원 간 반복되어 나타나는 사건이나 유형을 파악함으로써 원가족에서 경험한 패턴과 영향력을 현 핵가족의 문제를 규정하는 데 사용함으로써 가족을 평가한다. 예를 들어 알코올 문제와 같이 가족력이 있는 중독의 문제 혹은 의사소통방식과 같이 학습되어 전수되는 관계패턴의 조명 등이 이루어지며 가계도는 상담의 전반적인 과정에서 매번 반복하여 활용하고 정보를 계속해서 추가해 나간다. | ④ 가족평가<br>• 6회기: 부인이 남편의 외도문제나 술 문제에 이토록 예민하게 반응하는 이유가 친정아버지 외도문제하고 걸려 있다는 거예요. 일단 여자문제 때문에 자기 아버지를 적대시하고 있는데 남편이 술 먹고 늦으면 남편도 같이 여자문제가 있는 것 같으니까 민감하게 반응한다는 거죠.<br>• 8회기: 남편의 말투가 친정아버지나 친정어머니 말투랑 똑같이 자기를 무시한다는 거예요. 만약 부모님하고 이런 감정이 안 걸려 있으면 무덤덤하게 잘 반응해서 해결할 수도 있는 건데 걸려 있으니 더 날카롭게 반응할 수밖에 없다는 거죠.<br><br>⑤ 탈삼각화 시도<br>• 4회기: 물론 성폭력이나 성추행의 경험은 어머어마한 충격이에요. 내놓기가 힘드실 거예요. 근데요 이걸 내놓지 못하고 갖고 살다가 비슷한 상황에 부닥치면 옛날에 해결되지 못한 것까지 두 배로 겹쳐 감정에 불이 붙는다는 겁니다. 남편 입장에서는 옛날의 사건을 모르니까 이 사람이 왜 이러나… 황당할 수 있어요. 비밀을 노출시켜 버리는 것이 해독작용을 할 수 있어요. 사실 내놓으면 별것도 없어요.<br>• 8회기: 두 분 사이의 미심쩍은 부분을 풀어 줄 만큼 남편이 자세하게 정황을 설명해 주는 대화습관이 안 배어 있다는 거죠. 원가족 문화가 그래 왔으니까… 그런데요 그건 필요해요. 자라오신 환경은 그랬다 해도 지금은 다른 대화방식이 필요하다고 느꼈다면 그건 변화해야 된다는 거예요.<br><br>**결과 ① - 인식의 변화: 원가족 특성으로 인한 현재 상황의 잘못된 해석에 대한 재인식**<br>• 남편의 음주문제와 외도문제에 대한 아내의 적절치 못한 대응방식이 나오게 된 배경으로 아내의 원가족 경험을 이해하게 됨<br><br>**결과 ② - 인식의 변화: 원가족 특성이 현재 배우자와의 상호작용에 대해 민감한 반응을 유발시킬 수 있음을 인식**<br>• 남편의 역기능적 의사소통방식(비하, 무시 등)은 부인의 원가족 경험과 겹쳐져 인식되기 때문에 더 큰 상처로 각인되었고 이에 대한 부인의 반응은 계속 민감해져 가는 악순환을 인식시킴으로써 남편의 의사소통방식이 수정될 수 있는 동기를 더 확실하게 부여할 수 있었음<br>• 남편에 대한 민감한 반응이 계속 될수록 남편과의 관계는 더 악화될 수 있음을 부인이 인식하게 됨에 따라 이에 대한 통제능력이 향상됨 |

## 4. 치료 과정 및 내용에 관한 전체 네트워크

추출된 범주들 간의 관계를 시간에 따른 디스플레이 중 하나인 '사건 흐름 네트워크'로 구성하여 본 사례의 가족치료 과정을 [그림 9-1]과 같이 나타낼 수 있었다.

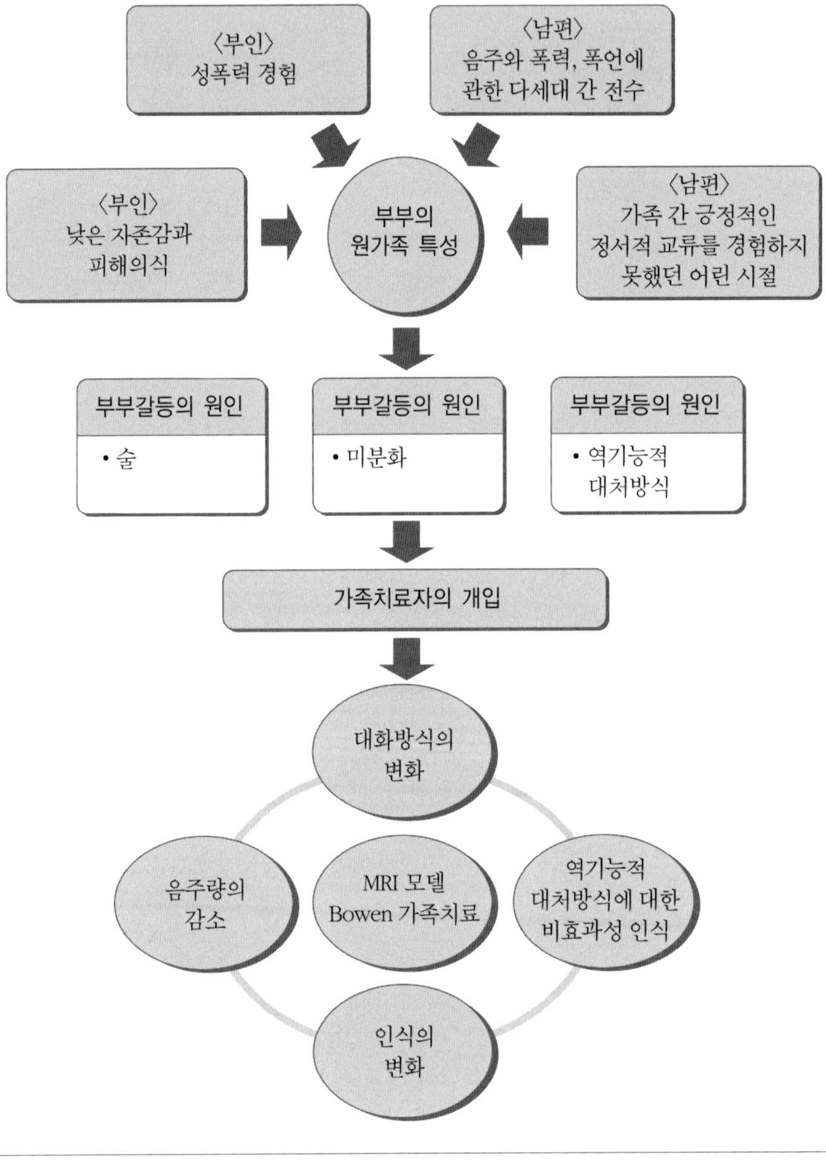


[그림 9-1] 치료 과정 및 내용에 관한 전체 네트워크

# Ⅵ. 결론

## 1. 요약

본 연구는 알코올중독 치료에서 부부의 상호작용 및 역동을 이해하여 그에 따른 개입을 하는 것이 중요하다는 관점을 가지고 진행하였고, 본 연구의 목적은 알코올중독자와 그 가족에 대한 가족치료 모델의 적용 과정을 분석하는 것이었다. 연구결과를 요약하면 다음과 같다.

첫째, 본 연구는 극심한 갈등 상황에 놓여있는 부부의 갈등 요인에 관하여 분석하였는데 우선 남편의 음주문제가 가장 큰 요인이었다. 그리고 남편은 자신의 형제들과 동업을 하고 있었는데 이러한 상황적 특성으로 인해 남편과 시댁식구들이 지나치게 밀착된 관계를 유지해 오면서 발생된 여러 가지 부부갈등이 있었다. 음주문제, 시댁과의 갈등이라는 상황에 대응하여 부부는 각자 자신만의 역기능적 대처방식을 가지고 있었고 이로 인한 스트레스로 인해 각자의 역기능적 대처방식은 더욱 고착되어 가고 있었으며 부부갈등 역시 더욱 깊어져 가는 악순환이 반복되고 있었다.

둘째, 위에서 언급한 부부갈등의 배경으로 작용한 것은 바로 부부의 원가족 특성이었다. 남편과의 상호작용에서 부인은 자신이 경험해 온 친정부모님과의 안 좋은 기억들이 연합되어 다가오면서 남편에게 기능적으로 대처하지 못하고 민감하고 감정적인 반응으로 대처하였다. 또한 부인은 남편의 음주문제로부터 비롯될 수 있는 외도에 대한 의심이 지나치게 높았는데 이는 자신이 경험한 성폭력의 기억으로부터 영향을 받은 것이었다. 이로 인해 부인은 남편에게 잔소리와 추궁하는 방식으로 대응해 왔고 남편은 이에 대한 반응으로 자신의 원가족에서 답습해 온 가족력인 폭력, 폭언, 음주를 반복적으로 행사해 왔다.

셋째, 가족치료자의 개입 후 발생된 가족치료의 결과로는 대화방식의 변화, 음주량의 감소, 인식의 변화, 역기능적 대처방식에 대한 비효과성 인식이었다. 이 중 대화방식의 변화는 사례에서 가장 빠르게 그리고 가장 빈번하게 나타났음을 알 수 있었는데 이는 문제가 왜 발생했는가 하는 점보다 그 문제가 유지되는 방식에 주목함으로써 방식을 변화시키는 것에 초점을 맞춘다는 MRI 모델의 원리를 확인할 수 있는 부분이었다. 즉, 가족치료에 대한 MRI 모델의 매우 혁신적인 기여, 즉 가족치료자로 하여금 내담자의 과거를 오랜 시간 동안 탐색할 필요가 없도록 함으로써 치료의 기간을 단축시키고 효과를 조금 더 빠르게 유도할 수 있다는 이점을 본 연구를 통해 다시 한번 확인할 수 있게 되었다. 그리고 대화방식의 변화는 이 사례가 가지고 있는 오랫동안 고질화되어 있던 남편의 음주문제에도 영향을 미쳤으며 상호작용의 방식이 변화됨에 따라 부부가 가지고 있던 잘못된 인식에도 변화가 일어났음을 알 수 있었다.

## 2. 함의

이 연구의 가장 큰 의의는 알코올중독자와 그 가족에게 적용할 수 있는 가족치료 모델을 제시한 것에 있다. 알코올중독에 대한 치료 시 중독자의 단주 자체에만 초점을 맞추는 것에서 벗어나 음주문제를 야기시키고 유지하게 만든 가족체계에 대한 다삭적 이해와 분석 그리고 접근이 이루어질 필요성은 활발히 제기되고 있으나 정작 구체적인 실천방법에 대한 제시는 부족한 실정이어서 다양한 프로그램 개발이 요구되는 현실을 고려해 볼 때 이는 더욱 고무적이다. 그리고 본 연구의 결과는 향후 유사 사례에 대한 가족치료 모델의 적용에 활용될 수 있으리라고 기대한다. 또한 본 연구결과를 통해 MRI의 상호작용적 가족치료 모델과 Bowen의 가족체계 이론 모델이 알코올중독자와 그 가족을 돕기 위한 상담에 효과적임을 알 수 있었다. 음주문제가 유발된 원인을 가족체계라는 맥락에서 이해하고 있으며 가족구성원들이 유지해 왔던 시도된 해결책을 인식한 후 이를 탈피할 수 있는 새로운 대처방식을 시도하고 유지함으로써 가족의 문제는 해결될 수 있었고 부부의 원가족 특성은 현재 부부의 상호작용을 이해하는 데 있어 폭넓은 기반을 가족치료자에게 제공하였을 뿐만 아니라 당사자인 부부에게도 서로를 이해하고 오해의 간격을 좁히게 해 주는 중요한 역할을 하고 있음을 알 수 있었다. 두 모델의 이러한 원리와 개념들은 향후에도 알코올중독자와 그 가족들을 유용하게 도울 수 있으리라고 기대한다.

본 사례의 연구결과를 통해 향후 부부상담을 진행할 실천가들에게 적용될 수 있는 몇 가지 시사점을 정리하면 다음과 같다. 첫째, 가족 내 문제가 오랫동안 지속되어 왔다 할지라도 대화방식의 변화는 즉각적으로 실천될 수 있는 부분이며 이는 곧 상호작용의 변화로 이어져 궁극적으로는 오랜 갈등을 유지시켜 온 고질적인 문제의 소거 혹은 개선으로까지 이어질 수 있기 때문에 긴 시간 동안 상담에 임하는 것이 어려운 내담자에게 단기적으로 접근할 수 있는 효과적인 방법일 수 있다. 둘째, 부부의 현재 상호작용은 부부의 과거 원가족 경험을 배경으로 하고 있기 때문에 부부의 원가족 경험과 현재 상호작용과의 연관성을 찾아 가는 치료 모델의 적용은 부부체계에 대한 폭넓은 이해를 갖게 하여 상담의 깊이와 풍성함을 가져오게 할 수 있는 효과적인 방법일 수 있다. 셋째, 역기능적 대화방식을 사용하고 있는 부부들은 대부분 풀리지 않은 많은 오해를 가진 채 살아갈 가능성이 높은데 이런 상황에서 가족치료자 자신이 부부간의 명확한 의사소통을 돕는 역할을 하는 것이 부부관계 개선에 중요한 요소가 될 수 있다.

마지막으로 이 사례는 남편의 단주에 대한 지속적 유지, 부부간의 정서적 교류 확대, 남편의 분화라는 과제들이 여전히 남아 있다. 부부갈등과 음주문제는 밀접하게 연관되어 반복적으로 순환되기 때문에 부부하위체계가 강화되기 위한 몇 가지 과제들이 달성되어야 음주문제의 근본적 해결이 이루어질 수 있을 것이다.

본 연구는 하나의 사례만을 가지고 분석하였기에 알코올중독자와 그 가족에 대한 개입의 효과성을 일반화하기에는 분명한 한계점을 가지고 있다. 향후 유사 사례에 대해 MRI의 상호작용적 가족치료 모델과 Bowen의 가족체계 이론을 활용한 가족치료 사례연구가 계속적으로 이루어져 본 연구의 결과를 수정 혹은 확대할 수 있기를 기대한다.

## 참고문헌


권보영(1992). 알콜중독자 부인을 위한 교육 프로그램 효과에 관한 연구. 서울여자대학교 대학원 석사학위논문.

김경미(2005). 장애인의 활동보조서비스 이용 이후 삶의 변화에 대한 연구: 신체적, 심리적, 사회관계적 측면을 중심으로. 한국사회복지학, 57(4), 253-274.

김미혜, 이은주, 엄예선, 윤명숙(1995). 한국알콜중독가족의 특성 및 부부문제에 관한 연구: 알콜중독자의 회복을 위한 부부집단 개입 프로그램 개발연구(Ⅰ). 사회복지, 124, 72-93.

김미혜, 이은주, 엄예선, 윤명숙(1997). 알콜중독자 부부집단 프로그램 효과 평가에 관한 연구. 한국사회복지학, 31, 339-368.

김유숙(2007). 가족치료: 이론과 실제. 서울: 학지사.

김혜숙(2008). 가족치료 이론과 기법. 서울: 학지사.

김효남, 박태영(1996). 의사소통 문제를 지닌 알콜중독자의 가족치료 사례연구. 한국가족치료학회지, 4, 47-80.

박태영(2001). 가족치료 이론의 적용과 실천. 서울: 학지사.

박태영(2009). 마리화나 피는 아들에 대한 가족치료 사례연구. 한국가족치료학회지, 17(1), 57-96.

박태영, 김태한, 김혜선(2009). 알코올 중독문제를 가진 재혼한 부인에 대한 가족치료 사례 연구. 한국사회복지학, 61(1), 293-322.

박태영, 신원정(2010). 알코올문제를 가진 성인자녀에 대한 가족치료 사례연구. 2010 한국사회복지학회 추계공동학술대회자료집, 103.

박태영, 이재령(2006). 알코올 중독에서 회복 중인 남편에 대한 부부치료 사례연구. 임상사회사업연구, 3(1), 111-140.

성상경, 방양원, 함웅(1993). 주정중독환자들의 퇴원 후 경과에 관한 연구. 신경정신의학, 32, 698-705.

손봉기, 김동언(1994). 알코올 중독증 환자 부인의 행동경향과 치료결과와의 상관관계에 관한 연구. 신경정신의학, 33(4), 45-67.

유수현, 천덕희, 이효순, 성준모, 이종하, 박귀서(2010). 정신건강론. 서울: 양서원.

윤명숙(2003). 회복중인 알코올 중독자의 부부관계증진을 위한 집단치료프로그램 효과성 연구. 정신보건과 사회사업, 16, 119-155.

임은희(2003). 알코올중독자를 위한 치료 접근방법 개발에 관한 연구. 정신보건과 사회사업, 12, 53-74.

장수미(2001). 알코올중독자 가족의 가족적응유연성 증진을 위한 개입모형개발: 알코올 중독의 세대 간 전이를 예방하는 시각에서. 정신보건과 사회사업, 11, 53-77.

통계청(2009). 사회조사보고서.

Anastassiou, V. (2008). A fifteenyears experience in systemic family therapy practice with alcoholic patients. *Therapie Familiale, 29*(2), 279-318.

Bepko, C., & Krestan, J. A. (1985). *The responsibility trap: A blueprint for treating the alcoholic family.* New York: The Free Press.

Chernus, L. A. (2005). Psychotherapy with alcoholic patients: A self psychological approach. *Smith College Studies in Social Work, 75*(3), 63-92.

Creswell, J. W. (2005). 질적 연구방법론: 다섯 가지 전통(2판)(조홍식, 정선욱, 김진숙, 권지성 역). 서울: 학지사.

Frances, R. J., Timm, S., & Bucky, S. (1980). Studies of familial and nonfamilial alcoholism. *Archives of General Psychiatry, 37,* 162-214.

Frankenstein, W., Hay, W. M., & Nathan, P. E. (1985). Effects of intoxication on alcoholics marital communication and problem solving. *Journal of Studies on Alcohol, 46,* 1-6.

Goldenberg, I., & Goldenberg, H. (2007). *Family therapy: An overview.* Pacific Group, CA: Brooks/Cole.

Hussong, A. M., Zucker, R. A., Wong, M. M., Fitzgerald, H. E., & Puttler, L. Z. (2009). Social competence in children of alcoholic parents over time. *Developmental Psychology, 41*(5), 747-759.

Jacob, T., & Krahn, G. L. (1988). Marital interactions of alcoholic couples: comparison with depressed and nondepressed couples. *Journal of Consulting and Clinical Psvchology, 56*(1), 29-52.

Jonhson, P. (2003). Dimensions of functioning in alcoholic and nonalcoholic families. *Journal of Mental Health Counseling, 23*(2), 127-136.

Lee, J, S., Kim, H. K., Ahn, E. S., & Oh, H. S. (2008). Personality trait of alcoholic patients using the korean version of temperament and character inventory. *European Neuropsychopharmacology, 18*(4), 134-156.

McCrady, B. S., Noel, N., Abrams, D., Stout, R., Nelson, H., & Hay, W. (1986). Comparative effectiveness of three types of spouse involvement in out-patient behavioral alcoholism treatment. *Journal of Studies on Alcohol, 47*, 459-467.

McPherson, S., & Rees, C. J. (2006). Interactive case report an alcoholic patient who continues to drink: Case progression. *British Medical Jouranl, 7*(5), 98-111.

Michalak, L., Trocki, K., & Katz, K. (2009). I am a Muslim and my dad is alcoholic-What should I do?. *Journal of Muslim mental Health, 4*(1), 47-66.

Miles, B. M., & Huberman, A. M. (1994). *Qualitative data analysis.* Thousand Oaks, CA: Sage.

Moos, R. M., Finney, J. W., & Gamble, W. (1985). The process of recovery from alcoholism II: Comparing spouses of alcoholic patients and matched community controls. In S. Freeman (Ed.), *Social work practice with clients who have alcohol problems.* Springfield, IL: Charles C. Thomas Publisher.

Nathan, P. E., & Briddel, D. W. (1977). Behavioral assessment and treatment of alcoholism. In B. Kissin & H. Begleter (Eds.), *The biology of alcoholism. 5.* New York: Plenum Press.

Osterman, F., & Grubic, V. N. (2000). Family functioning of recovered alcohol-addicted patients: A comparative study. *Journal of Substance Abuse Treatment, 19*, 475-479.

Patton, M. Q. (2002). Qualitative research & evaluation methods. Thousand Oaks. CA: Sage.

Peled, E., & Sacks, I. (2008). The self-perception of women who live with an alcoholic partner: Dialoging with deviance, strength and self fulfillment. *Family Relations, 57*(3), 390-403.

Revathi, S. (2009). How women cope with alcoholic husbands. *Nursing Journal of India, 100*(4), 79-82.

Smith, J. O., Gribble, T. P., & Tomkiewicz, J. (2008). Perceptions of college business students: Gender and alcoholic managers. *College Student Journal, 42*(3), 771-781.

Steinglass, P. (1976). Experimenting with family treatment approaches to alcoholism, 1950-1975: A review. Family Process, 15, 97-123.

Steinglass, P. (1981). The impact of alcoholism on the family: Relationships between degree of alcoholism and psychiatric symtomatology. *Journal of Studies on Alcohol, 42*, 288-303.

Steinglass, P., Bennett, L. A., Wolin, S. J., & Reiss, D. (1987). *The alcoholic family.* New York:

Basic Books.

Timothy, J. O., Keith, A. C., Henry S. G., Elizabeth, D. B., & William F. M. (1993). Behavioral marital therapy with and without additional couples relapse prevention sessions for alcoholics and their wives. *Journal of Studies on Alcohol, 11*, 652.

Vargas, N. I., & Zago, M. M. F. (2005). The meaning of suffering by women who live with an alcoholic husband. *Revista Latino-Americana De Enfermagem, 13*, 806-812.

Watzlawick, P., Weakland, J., & Fisch, R. (1974). *Change: Principles of problems formation and problem resolution*. New York: Norton.

Weakland, J. H. (1993). Conversation-but what kind? In S. Gilligan & R. Price (Eds.), *Therapeutic conversations*. New York: Norton.

Wright, K. D., & Scott, T. B. (1978). The relationship of wives treatment to the drinking status of alcoholics. *Journal of Studies on Alcohol, 39,* 1577-1581.

제10장

# 음주문제를 가진 성인자녀에 대한 가족치료 사례연구*

박태영 · 신원정

본 연구는 대학교 때부터 음주문제로 어려움을 겪고 있는 성인자녀와 가족에 대하여 총 11회기 동안 이루어진 개별상담, 부모상담, 가족상담을 통해 가족치료의 개입방법과 효과성을 살펴보고자 하였다.

본 연구는 상담 축어록과 상담 시 기록한 메모를 중심으로 개념과 하위범주, 중간범주, 상위범주로 나누었으며, Miles와 Huberman(1994)이 제안한 매트릭스와 네트워크를 활용하여 정리하였다.

성인자녀의 음주문제에 영향을 미친 요인으로는 가족 내 역기능적인 의사소통, 부정적 양육태도, 부모의 원가족 경험 및 역기능적 의사소통을 들 수 있었으며, 지금까지 문제를 해결하기 위해 시도되었던 방식이 문제를 지속시키고 있었다. 이에 대한 치료자의 개입방법으로는 문제 확인, 치료적 동맹, 재정의, 반복되는 패턴의 조명, 비유법, 새로운 의사소통 방식의 지도, 변화 확인 등을 사용하였다.

MRI의 상호작용적 가족치료 모델과 Bowen의 가족체계 이론을 통한 치료자의 개입방법은 내담자 가족으로 하여금 기능적 의사소통을 할 수 있도록 하였고 이를 통해 성인자녀는

---

* 제10장은 한국가족치료학회지(2011) 19권 2호, 63-92 페이지에 게재된 논문을 일부 수정한 것임.

음주를 조절할 수 있게 되었다.

# I. 서론

2010년 통계청 자료에 의하면 우리나라 20세 이상 인구의 음주율이 68.4%이며, 특히 20대의 경우 81.5%로 높은 음주율을 보이는 것으로 나타났다(통계청, 2010). 이는 대학시절과 사회초년기에 해당하는 시기로 이 시기에 형성된 음주문제는 이후에도 지속되어 개인의 삶에 영향을 미치며(Ham & Hope, 2003; 서경현, 정성진, 김성민, 2005), 이러한 음주문제는 개인의 질병이나 문제로만 끝나는 것이 아니라 다면적이며 복합적인 가족문제를 야기하거나 가족요인이 음주문제의 발생과 유지에 영향을 미치는 역할로 작용하기도 한다(유채영, 2000). 따라서 음주문제에 대한 적적할 개입이 요구되고 있으며, 알코올중독 치료에 대한 개입방법 중 부부 및 가족 접근이 그 치료효과를 인정받고 있다(이정균, 1994; 윤명숙, 엄예선, 김미혜, 이은주, 1995; 김효남, 박태영, 1996; 윤명숙, 1999, 2003; 박태영, 이재령, 2006; 박태영, 김태한, 김혜선, 2009).

특히 음주문제를 가진 자녀에 대한 가족치료에서 의사소통에 대한 부분을 다루는 것은 매우 중요하다. 이는 가족 내 부모-자녀 사이의 의사소통이 부모-자녀 간의 관계를 매개하는 도구로서 개인의 심리발달뿐만 아니라 사회적응에 기초가 되는 요소로 자녀들의 성장에 중요한 영향을 미치기 때문이다(최인재, 2007; 박태영, 박진영, 2010에서 재인용). 이에 대해 청소년의 음주문제와 관련된 연구에서는 긍정적 가족환경인 부모에 의한 수용, 대화 등이 청소년 음주를 감소시키는 데 직접적 영향을 미치며(Nash, McQueen, & Bray, 2005), 개인적으로 자신의 어려움을 말할 수 있는 대상이 있는 사람이 음주빈도나 음주량, 폭음빈도가 낮은 것으로 나타났다(박종순, 2000). 또한 알코올문제를 가진 가족은 비알코올 가족에 비해 더 높은 수준의 미해결된 갈등, 다툼, 비난, 논쟁 등의 역기능적 표현을 보이며, 가족성원들 간의 긍정적인 감정, 따뜻함 그리고 배려에 있어서 더 낮은 수준의 신체적 및 언어적 표현을 가지고 있는 것으로 나타났다(Johnson, 2003). 알코올문제를 가진 가족들의 의사소통은 역기능적이며 비알코올 가족들에 비해서 가족구성원들 사이에서 더 부정적인 메시지를 사용하고(Sheridian & Green, 1993), 높은 수준의 공개적인 분노를 표현하지만, 따뜻함과 결집력 그리고 직접적인 의사소통에서는 낮은 수준을 보인다(Garbarino & Stange, 1993). 즉, 가족 내에서 부모와 대화가 잘 이루어지는 자녀의 경우 또는 자신의 어려움을 가족 안에서 말할 수 있는 경우 음주문제가 적게 나타나는 것으로, 가족 내 의사소통과 음주문제와의 관련성을 설명하고 있는 것이라고 볼 수 있다.

따라서 본 사례는 성인자녀의 음주문제를 MRI의 상호작용적 가족치료 모델과 Bowen의 가족체계 이론을 근거로 하여 가족환경의 변화를 통해 성인자녀의 음주문제를 조절할 수 있도록 하였으며 특히 음주문제를 초래할 수밖에 없었던 가족 내 의사소통 문제에 초점을 두고 치료적인 접근을 하였다. 이에 본 연구에서는 음주문제로 인해 어려움을 겪고 있는 가족들에게 도움을 주고자 성인자녀의 음주문제에 대한 가족치료사례를 대상으로 하여 성인자녀의 음주문제에 영향을 미친 요인을 규명하고, 지금까지 음주문제를 해결하기 위해 시도된 해결책을 살펴보았으며, 치료과정에서 변화를 이끌어 낸 치료자의 개입방법과 치료 후 변화된 가족의 모습을 통해 가족치료의 효과성을 입증하고자 하였다.

## Ⅱ. 선행연구

음주문제(alcohol problem)는 알코올사용장애(alcohol use disorder), 알코올의존(alcohol dependence), 알코올남용(alcohol abuse), 알코올리즘(alcoholism), 문제음주(problem drinking), 알코올중독(alcohol addiction) 등으로 명명되고 있다. DSM-Ⅳ에 의하면 알코올중독 문제를 가진 개인은 알코올남용 또는 알코올의존의 진단을 받을 수 있는데 알코올남용 진단의 기준은 알코올의 병리적 사용의 패턴, 알코올 사용의 결과로서 사회적 또는 직업적 기능의 손상으로, 알코올 의존자로 진단되려면 개인은 위의 알코올 남용 기준 외에 알코올에 대한 신체적 중독의 증거를 보여야 한다(김효남, 박태영, 1996에서 재인용).

음주문제에 관한 선행연구들에서는 스트레스, 부정적 감정, 가족의 태도, 부모와의 갈등 등이 음주문제를 예측하는 요인으로 설명되고 있다. 스트레스는 음주문제를 예측하는 주요한 요인으로 술이 긴장을 감소하는 효과가 있어 사람들이 스트레스가 음주문제를 유발하는 주요한 요인으로 보는 실증적인 연구들이 있다(Cooper, Russell, Skinner, Frone, & Mudar, 1992; Peirce, Frone, Russell, & Cooper, 1994; 김인석, 현명호, 유제민, 2001; 신원우, 2003; 박경민, 이민규, 2005). 이유리(1997)는 음주를 스트레스 대처 및 정서적 문제해결방략으로 선택하면 음주문제로 발전할 소지가 강하다고 보았으며, 음주 외에 적절한 다른 스트레스 대처 및 정서적 문제해결방략을 마련한 사람의 경우 음주문제가 일어나지 않는다고 하여 스트레스와 음주문제에 관련성을 설명하고 있다.

또한 부정적인 감정도 음주문제를 예측할 수 있는 요인이다. 긴장, 우울, 슬픔, 분노와 같은 부정적인 감정을 가진 개인들은 그렇지 않은 개인들에 비해 자신들의 감정을 조절하는

데 음주나 약물을 동원할 가능성이 높으며 술을 마심으로 긴장을 감소시킬 수 있다고 믿는 개인일수록 문제 음주자가 될 가능성이 높아진다(Brown, Goldman, Inn, & Anderson, 1980; Kushner, Sher, & Erickson, 1999; Lewis & O'neil, 2000; 정원철, 2006에서 재인용).

가족은 또한 음주에 대해 여러 가지 부정적인 반응을 하기도 하는데, 예를 들어 음주자를 피하는 것, 음주에 대한 비판, 음주자에 대한 신체적 폭력 등을 나타내기도 한다. 이러한 부정적인 반응은 음주를 절제하게 하는 대신 오히려 두 가지의 바람직하지 못한 결과를 낳는데 첫째, 음주자는 술을 마셨을 때 가족성원과의 상호작용을 피하려 하거나 술 마신 사실을 숨기려고 한다. 둘째, 가족성원의 부정적인 반응은 술을 더 마시게 하는 구실이 된다. 따라서 음주와 가족 상호작용 사이에 복잡하며 순환적인 상호작용을 유지하게 된다(McCrady & Epstein, 1995; 김효남, 박태영, 1996에서 재인용). 따라서 가족의 부정적인 태도는 알코올중독자의 심리적 스트레스를 증가시켜 단주기간을 줄이고 재발을 증가시키며(김규수, 2006), 알코올중독자 가족들은 일반가족들보다 훨씬 더 스트레스를 높게 지각하고 있지만 적절하게 대처하지 못해 악순환이 반복되기도 하고(김현우, 1997; 봉은주, 이강오, 2001에서 재인용), 자녀의 경우 부모와의 갈등문제가 술을 마시려는 요인으로 작용하기도 한다(탁진국, 2000). 이처럼 가족은 음주문제를 일으키는 가족구성원과 순환적인 부정적 상호작용을 통해 음주를 지속하도록 하는 요인으로 작용하기도 한다. 따라서 음주문제를 해결하기 위해서는 가족구성원들의 지금까지와는 다른 상호작용을 통해 변화를 가져올 수 있다고 볼 수 있으므로, 본 연구에서는 가족 내 의사소통의 변화에 초점을 두고 살펴보고자 한다.

## Ⅲ. 치료의 이론적 준거틀

### 1. MRI의 상호작용적 가족치료 모델

MRI 모델은 의사소통과 체계개념에 기반을 둔 단기치료 접근법으로 내담자에게 나타나는 증상에 초점을 맞추며 가족체계 내에서 관찰할 수 있는 현재의 상호작용에 초점을 둔다(박태영, 2001). MRI 모델에 따르면, 가족의 문제는 문제를 해결하려는 가족의 시도에 의해 오히려 유지되고 있다는 것으로 문제를 둘러싸고 있는 상호작용의 과정을 강조하고 일반적인 시각에서 더 폭넓게 진행되는 의사소통의 교류 가운데 가족문제를 설명할 수 있다고 본다(Duncan, Solovey, & Rusk, 1992). 즉, 사람들이 자신들의 문제를 감소시키려고 시도해 온 해결방법들이 오히려 문제를 유지시키거나 혹은 그 문제를 더욱 악화시키기까지 한다는 것(Goldenberg & Goldenberg, 2007)으로, MRI 모델의 초점은 결과적으로 문제를 지속시키게 된 시도된 해결책들을 저지하는 것이며 치료의 구조는 문제를 탐색하고 확인하기, 시도한 해결책들과 그 해결책의 결과를 확인하기, 구체적인 목표를 공식화하기, 활용한 MRI 기법들과 내담자의 언어를 조명하기로 볼 수 있다(Watzlawick, Weakland, & Fisch, 1974).

본 연구의 사례는 MRI의 상호작용적 가족치료 모델을 바탕으로 음주문제를 보이는 성인자녀 가족의 문제관련 요인들을 탐색하고, 문제를 지속시키게 된 시도된 해결책을 찾고자 하였으며, 새로운 해결책의 시도를 통해 음주문제를 가진 성인자녀가 알코올을 스스로 조절할 수 있도록 하였다.

## 2. Bowen의 가족체계 이론 모델

Bowen의 가족체계치료 모델에서는 부모, 특히 어머니와 자녀사이의 미분화된 정서적 관계를 중시하고, 이러한 관계는 가족투사 과정을 통해서 전수된다고 보았으며, 미분화된 가족 자아집합체로부터 분화되는 것에 치료목표를 두었다(Friedman, 1991; Papero, 1995; Goldenberg & Goldenberg, 2007). 다세대 간 전수과정에서 중요한 요인은 자아분화 수준의 투사과정이 다세대에 걸쳐 세대 간에 가족들의 분화 수준과 기능을 연결하는 행동양식을 의미하는 것으로 다세대 간 전수과정에서 중요한 요인은 자아분화정도와 만성불안정도로 외부자극에 대해 반응하는 정도에 따라 결정되며 외부자원이 적을수록 한 자녀에게 역기능적 초점이 모아진다(정은, 1996). 두 사람의 정서체계는 긴장이 없을 때는 안정되지만 불안이 증가하면 삼각관계를 형성하게 되는데, 불안한 부부 정서관계에 자녀를 끌어들여 속죄양을 만들기도 한다. 즉, 부모로부터 정서적으로 독립하지 못하고 부모 사이에서 갈등이 심한 자녀들은 부적응적 행동이나 증상을 나타낸다(Fleming & Anderson, 1986; Hoffman & Weiss, 1987). Bowen은 삼각관계를 가장 불완전한 관계체계로 보았고, 삼각관계가 일시적으로 불안이나 스트레스 감소에 도움을 줄 수 있으나 오히려 가족의 정서체계를 더욱 혼란스럽게 하여 증상을 나타나게 한다고 주장하였다(Goldenberg & Goldenberg, 2007).

따라서 본 연구의 사례에서는 Bowen의 가족체계 이론을 통해 성인자녀의 음주문제를 개인의 문제로 이해하기보다 부모의 원가족 경험이 자녀양육태도와 가족 내 의사소통에 미친 영향을 살펴봄으로써 자녀의 음주문제와의 관련성을 살펴보았다.

# Ⅳ. 연구방법

## 1. 연구대상

본 사례는 아버지(60), 어머니(53), 아들(28), 딸(27)로 구성된 가족으로 아들의 음주문제로 인하여 내담하였다. 딸의 경우 국외에 거주하고 있어서 상담에 참여할 수 없었고, 상담은 2006년 7월부터 9월까지 총 11회기 진행되었으며, 아버지(3, 4, 6, 8, 9회기), 어머니(1, 2, 6, 7, 9, 11회기), 아들(5, 7, 8, 9, 10회기)을 대상으로 개별상담, 부모상담, 부모와 자녀를 포함한 가족상담으로 진행되었다.

## 2. 연구질문

첫째, 성인기 자녀의 음주문제에 영향을 미친 요인은 무엇인가?
둘째, 지금까지 음주문제를 해결하기 위해 시도된 해결책은 무엇인가?
셋째, 가족 간 변화를 위해 시도한 치료자의 개입방법은 무엇인가?
넷째, 가족치료 후 가족의 변화는 무엇인가?

## 3. 분석방법

본 연구는 가족치료과정에서 나타난 성인자녀의 음주문제에 영향을 미친 요인과 가족관계의 변화를 가져온 요인을 찾기 위해 사례연구방법을 적용하였다. 상담 축어록과 상담 시에 기록한 메모를 바탕으로 부호화(coding)과정을 통해 개념들을 도출하고 개념들의 상위범주를 발견하였다. 결과는 Miles와 Huberman(1994)이 제안한 개념적으로 군집화된 매트릭스(conceptually ordered matrix)와 개념적으로 군집화된 네트워크(conceptually ordered network)를 통해 정리하였다. 개념적으로 군집화된 매트릭스는 '서로 연관된' 항목을 묶어서 배열시킨 행과 열로 구성되며, 개인이나 작은 집단 같은 복잡하지 않은 사례에 적용할 수 있다. 또한 개념적으로 군집화된 네트워크는 한 페이지 안에 전체적인 개념의 흐름을 한눈에 볼 수 있게 하므로 본 연구에 적합한 방법이라 할 수 있다.

## 4. 윤리적 고려

본 연구에서는 연구의 윤리적 측면을 고려하여 본 상담 자료의 사용에 대해 내담자에게 동의를 얻었으며, 내담자 가족의 사생활보호를 위해 실명이나 신분이 노출될 수 있는 내용은 삭제하였다.

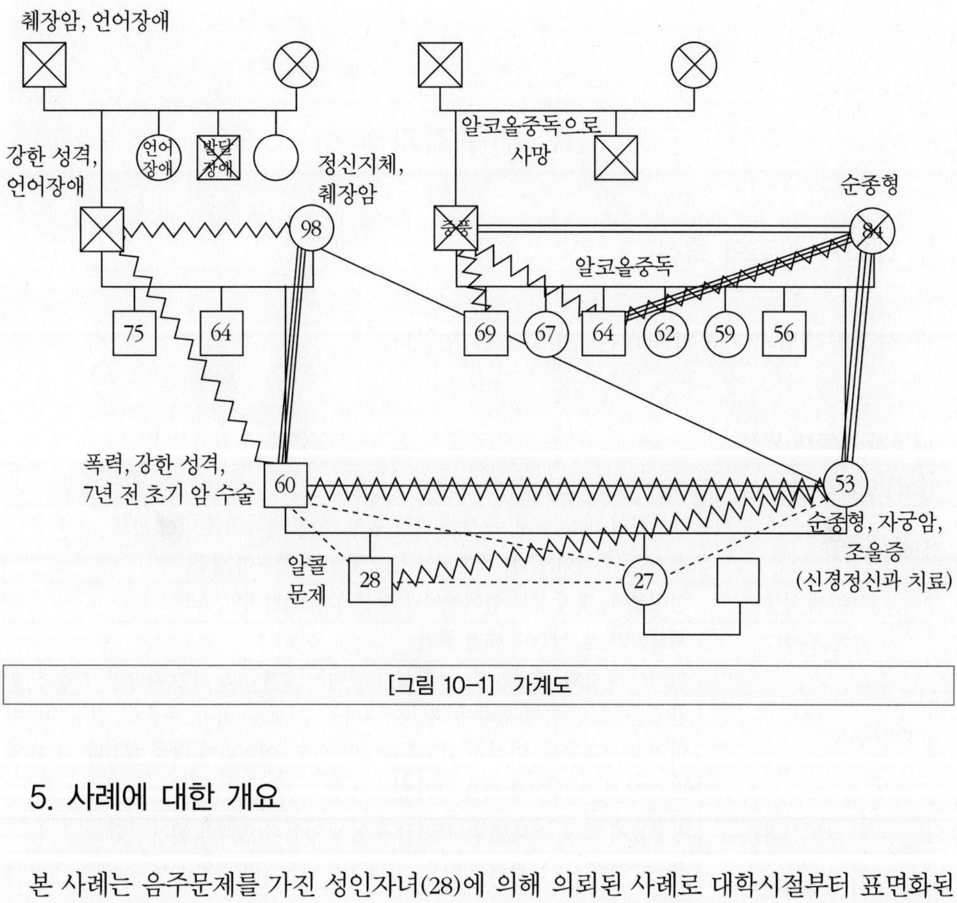


[그림 10-1] 가계도

## 5. 사례에 대한 개요

본 사례는 음주문제를 가진 성인자녀(28)에 의해 의뢰된 사례로 대학시절부터 표면화된 음주문제가 점점 심각해지면서 가족 간의 갈등이 증폭되고 있었다. 내담자는 어머니와의 관계에서 불안과 스트레스를 경험하였으며 어려서부터 아버지에 대해 자신과 기질적으로 다르다는 것과 아버지의 동생에 대한 폭력으로 인한 두려움을 가지고 있었으며 가족과 함께 하는 시간에 대해 불편함을 느끼고 있었다. 부모가 불편함과 불안의 존재로 자신의 스트레스 사건이나 어려움을 호소할 수 없는 대상이었고, 가족 중 그 누구에게도 자신의 불안과 스트레스를 터놓지 못했다. 고등학교시절부터 불안과 스트레스를 음주를 통해 해결하기 시작했고, 호기심에 경험했던 중학교 3학년 때의 음주경험에서부터 현재 문제인 '필름 끊김' 현상이 있었다고 했다. 하지만 이러한 사실들에 대해서 부모는 알지 못하였고, 아버지의 경우 자녀의 음주문제를 단지 자녀의 문제로 생각했다. 부모는 상담이 진행되면서 자녀의 음주 문제가 어머니의 원가족 경험으로 인한 불안과 가족 내 역기능적 의사소통 및 부정적 양육 태도에서 기인되었음을 인식하였고, 상담이 진행되면서 자녀에 대한 어머니의 불안이 줄어들었으며, 내담자는 어머니와 대화할 수 있게 되었고, 스스로 음주를 조절할 수 있게 되었다.

# V. 연구결과

## 1. 내담자 가족의 특성

본 사례의 내담자 가족의 특성은 〈표 10-1〉과 같다.

〈표 10-1〉 ■ 내담자 가족의 특성

| 내담자 가족 | | 특성 |
|---|---|---|
| 아버지(60세) | | 부모와의 대화 부재, 큰형에 대한 원망, 둘째 형과의 원만한 관계, 강한 성격, 철저함, 성격이 급함, 폭발적인 분노표출, 생활력이 강함 |
| 원가족 | 부(67세 사망) | 언어장애, 형제 모두 언어장애와 정신지체, 폭발적인 분노표출 |
| | 모(98세) | 희생적인 삶, 남편에 대한 불만 |
| 어머니(53세) | | 어려서 부유한 가정환경, 사회성이 결여된 오빠들로 인한 과다한 역할 수행, 알코올중독인 둘째 오빠에 대한 안타까움, 희생적, 회피, 우울증, 친정 작은아버지 알코올중독, 아들이 고3때 자궁암 수술, 어머니에 대한 애절함, 정이 없던 아버지, 가족에게 피해 주지 않으려 함 |
| 원가족 | 부(59세 사망) | 부부관계 좋음, 아내존중, 큰아들과 둘째 아들과 관계가 좋지 못함 |
| | 모(84세 사망) | 부부관계 좋음, 남편에게 순종, 자녀들에 대한 일방적인 사랑, 자식에 대한 애절한 마음 |
| 아들(내담자, 28세) | | 가족 내 의사소통의 어려움, 가족과 함께 있는 시간이 어려움, 어머니에 대한 불만, 어머니를 닮은 성격, 기질적으로 아버지와 다르다고 느낌, 가족 내 대화 상대 없음 |
| 딸(27세) | | 필요한 것을 요구하고 얻어 냄, 아버지와의 대화부족에 대해 의사표현을 함, 아버지를 닮은 성격, 오빠 음주에 대한 공격적 표현 |

## 2. 내담자의 음주문제에 영향을 미친 요인

축어록에 대한 부호화과정을 통해 내담자의 음주문제에 영향을 미친 요인을 분석한 결과 〈표 10-2〉와 같이 도출되었다.

〈표 10-2〉 ■ 음주문제에 영향을 미친 요인

| 상위범주 | 중간범주 | 하위범주 | 개념 |
|---|---|---|---|
| 가족 내 역기능적 의사소통 | 아버지의 역기능적 의사소통방식 | 일방적인 대화 | 자신의 의견만 옳다고 함, 이유를 묻지 않고 야단침 |
| | | 형식적인 대화 | 형식적인 대화 |
| | | 폭력적 행동 | 폭발적 분노표출, 남편의 폭력으로 인한 아내의 불안, 아들을 죽일 것 같음 |
| | 어머니의 역기능적 의사소통방식 | 자녀에게 거리감을 둠 | 애정적 표현 자제, 냉정한 엄마 |
| | | 의사표현을 못함 | 남편에게 맞추기, 회피, 주거니 받거니가 안 됨 |
| | | 분노조절이 어려움 | 참았다 터짐, 자녀를 때림, 칼로 책을 찢음 |
| | 아들의 역기능적 의사소통방식 | 피함 | 회피, 가족이 함께 있는 것이 불편함, 불편한 아버지 |
| | | 대화단절 | 어머니에게 속마음을 털어놓지 않음, 자신의 이야기를 직접적으로 아버지께 하지 않음, 어려서부터 어머니와 대화단절 |
| 부정적 양육태도 | 아버지의 부정적 양육태도 | 의무적인 아버지 | 가족에 대한 의무적인 아버지 |
| | | 자녀양육은 아내에게 일임 | 자녀양육은 아내의 몫 |
| | 어머니의 부정적 양육태도 | 과도한 역할 수행 | 자녀양육에 대한 부담, 자녀양육으로 남편에게 신경쓰게 하면 안 된다고 생각, 자녀의 성적에 예민했던 엄마 |
| | | 일관성 없는 양육태도 | 대학교 입학 후 풀어 줌, 혼란스러운 엄마 |
| | | 지나치게 엄격함 | 강하게 키우고자 함, 약속시간에 조금 늦은 아이를 길에서 심하게 야단침, 금전개념을 심어 준다고 지나치게 다그침 |
| 원가족 경험과 역기능적 의사 소통 | 아버지의 원가족 경험과 역기능적 의사소통 | 지지받지 못함 | 인정받고 싶었지만 타인 앞에 나서지 못함, 칭찬이 없었던 부모 |
| | | 대화방법을 배우지 못함 | 대화방법을 배우지 못했음, 폭발하는 아버지, 아버지를 비난하는 어머니, 아버지와 대화를 할 수 없었음, 가족 안에서 대화상대가 없었음 |
| | 어머니의 원가족 경험과 역기능적 의사소통 | 과도한 역할 수행 | 원가족 내에서 과도한 역할 수행, 착한 딸로서의 역할 |
| | | 원가족 미분화로 인한 불안 | 아들의 무능함이 친정오빠와 같음, 오빠의 알코올 문제가 아들의 문제로 연결됨, 현실성 없는 아들의 모습이 오빠와 같음, 친정어머니와 반대되는 양육태도로 자녀를 키움 |

### 1) 가족 내 역기능적 의사소통

#### (1) 아버지의 역기능적 의사소통방식

가정 내에서의 아버지는 형식적인 대화만을 주로 사용하였으며, 아내와의 의사소통에서도 늘 '한 수 위'라는 위치에서 일방적인 표현을 하였다. 자녀에 대한 아버지의 의사소통방식은 늘 이유를 묻기보다는 야단치는 방식이었으며, 의사소통에 있어서 상대편의 이야기를 듣고 주거니 받거니가 이루어지는 것이 아니라 상사가 부하 직원에게 말하듯 일방적인 의사소통방법이었다. 또한 아버지는 분노조절이 잘 안 되어 무시당했다는 느낌을 받거나, 자녀의 잘못된 행동을 바로잡겠다는 이유로 폭발적인 감정표현방법을 사용하여 가족들이 남편, 아버지에 대한 두려움을 느끼게 하였다.

##### ① 일방적인 대화

• 자신의 의견만 옳다고 함

아버지: 교수님 말씀대로 재수를 할 때 예를 들어서 '그래 그럼 그거 해 봐라' 이러기보다는 내 이야기만 주로 하고 나갔거든요.

치료자: 네, 감정적으로요?

아버지: 네, 감정적으로요. 그러니까 어떤 대화가 유지가 되거나 끌고 나가질 못하고 '야 임마 그렇게 하면 되니 그게 말도 안 되는 거고 이게 말도 안 되는 놈이네' 하고 대화가 유지되지 못하고 내 이야기만 한 거죠. 아들이 그런 얘기를 해요. '아버지는 아버지 얘기만 하고 마시냐고' 그러니까 그게 무슨 얘기 끝에 '아버지 이건 어떻게 해요' '그건 그렇게 하자' 그러면 '아버지는 아버지 얘기만 실컷 하고 끝낸다'고, 그러면 '그게 맞으니까 그렇지' 그러고 집사람도 '당신은 당신 얘기만 하고 항상 이런 식으로 끝나고 말아요. 그게 무슨 의논이야 당신 강요지' 그럼 또 얘기를 해요. 내가 또 '그건 아니지 내가 맞으니까 그렇지 옳고 그릇된 건 판단할 줄 알아야지, 이 사람들아' 이렇게 이야기가 끝나 버리고…. (3회기)

• 이유를 묻지 않고 야단침

아버지: 20~30분 야단조의 대화였던 것 같아요. 야단치는 그런 대화가 30분 내지 한 시간 정도 주로 그런 대화를 종종 했던 거 같아요. (3회기)

② 형식적인 대화

• 형식적인 대화

치료자: 아버님하고 대화는요?

어머니: 형식적인 대화만 되는 거죠, '집에 별일 없었냐' 그러면 '예, 별일 없었죠' 그러고…. (1회기)

③ 폭력적 행동

• 폭발적 분노표출

아들: 아버지가 동생을 때린 걸 두 번 본 적이 있어요. 저도 요즘에 술 때문에 두 번 맞아 봤어요. 저는 6학년, 여동생이 4학년 때 아버지는 동생에게 작은 것에는 화를 내시지 않았었거든요. 그런데 그때 폭발하신 거죠. 확실히 못된 짓이었다고 판단을 하셨던 것 같아요. 정말 잘못한 게 있으니까 폭발하신 것 같은데 제가 볼 때 이러다 사람 잡을 것 같아서 아버지 그만하세요. 말리다가 맞았는데…. (5회기)

• 남편의 폭력으로 인한 불안

어머니: 부닥쳐 가지고 첫 번째 한 20일 만에 '나는 중학교 졸업하고서 혼자 이렇게 살은 놈이다'라고 그러면서 그날 수금해 온 돈을 보면서 '나는 이 돈으로 어딜 가서도 살 수 있는데 너하고는 안 살면 안 살았지 나는 무식한 것 하고는 못 산다' 이러면서, 남편이 무서운 줄 알았으면 '아, 제가 잘못했어요' 이랬을 건데, 말을 그런 식으로 한 게 굉장히 싫어 가지고 '말을 뭐 그렇게 해, 안 살면 나도 안 살지' 이러는데, 그 순간 맥주병 날아오고, 그냥 눕혀 놓고 발로 지근지근 밟다시피 했어요. 순간 내가 여기서 죽는구나 싶었는데…. (1회기)

치료자: 어머니 아버지 관계가 좋긴 좋지만 신혼 초부터 세 가지 사건(결혼 초 20일, 결혼 10년경, 아들이 5학년 무렵)으로 인해서 어머니가 남편의 성격에 대해서 두려움을 가지고 있단 말이죠.

어머니: 예, 지금도 조심을 하죠. (2회기)

• 아들을 죽일 것 같음

어머니: 너무 순간적으로 굉장히 무서운 성격이에요. 순간 아이를 다치게 할까 봐 그래도 제가 많이 감싸 가지고 그나마 아이들이 아버지한테 맞았다거나 그런 기억은 아들만 봐도 거의 없을 거예요. 작년에 한번 술 먹고 지금 같은 이런 경우가 있어 가지고, 아버

지가 의자를 가지고 내리치고 그냥 목을 조르고 있더라고요. (2회기)

### (2) 어머니의 역기능적 의사소통방식

내담자의 어머니는 친정오빠들의 나약함과 무능함이 친정어머니의 지나친 애정적 양육태도로 인한 것으로 여겨 그와는 반대로 자녀들을 강하게 키우고자 하였으며, 그러한 이유에서 표현을 자제하거나 냉정하게 대하는 등 거리감을 두는 것으로 표현하였다. 또한 어머니는 자녀와의 의사소통에서 자녀의 감정을 무시하고 애정적인 표현을 자제하였으며, 어머니는 남편과 부딪칠 것 같아 남편에 맞추기, 회피, 대화의 주거니 받거니가 안 되었으며, 분노조절이 어려워 참았다 폭발, 자녀를 때림, 칼로 책을 찢음 등과 같은 표현방식을 사용하였다.

#### ① 자녀에게 거리감을 둠

• 애정표현 자제

치료자: 아들한테 애정을 표현하고 싶을 때 다 눌러 버리신 거에요?

어머니: 그렇죠. (7회기)

• 냉정한 엄마

아들: 4학년 때 저희 친할머니를 잠깐 모시고 산 적이 있는데 기억나는 게 (울음) 저는 어린 나이에 너무 혼란스러웠어요. 남들은 제일 친한 친구들이 보기에는 우리 집은 제일 행복한 집인데 저는 아니었거든요. 안 행복하기도 하고, 행복하기도 하고 아주 어릴 때니까 친할머니를 모시고 살았었는데 제가 할머니를 워낙 좋아해서 어머니처럼 복잡한 사람을 보다가 할머니를 보면 좋을 거 아니에요? 단순하시니까. 어머니가 저를 좋아하시지도 않으시고, 너무 미웠으니까 편지를 쓴 적이 있는데 '나는 할머니가 너무 좋고, 어떤 문제가 있을 때 잘 기억은 안 나는데 하여튼 어머니한테 잘 얘기를 못하겠다' 뭐 그런 식이었어요. 제딴에는 어린 나이에 돌려서 쓸려고 노력했던 것 같아요. '엄마가 미워요'라고 쓸 수는 없으니까 답장이 왔는데 '부모 자식 간이라도 대화가 연결되는 게 쉽지 않다. 원래 그런 건 없다. 니가 할머니 좋고 나와 소통이 안 된다고 하는데 그게 당연한 거'라고… 아마도 어머니도 돌려서 쓰셨겠죠. 강하게 키우기를 원하셨으니까 아마 요는 할머니나 부모한테 의지하지 마라 뭐 이런 식이었던 것 같기도 하고 잘 기억은 안 나는데… 여하간 이 사람(엄마)이랑 대화가 안 되겠구나 하고 느꼈어요. (7회기)

② 의사표현을 못함

• 남편에 맞추기

어머니: 남편이 말끝에도 '니하고 나하고 같냐? 맞먹으려고 그러냐'… 항상 한 수 위라는 걸 좋아해요. 본인이 그러다 보니까 거기 맞춰 줘야 되지 않을까 싶기도 하고…. (2회기)

• 회피

어머니: 제가 피해서 피하는 게 아니라 제가 나약하고 싸움을 못하니까 그게 싫어서 피하는 것뿐이에요. 나하고 안 맞는 사람 같으면 안 만나고 거리를 두고 그러니까 부딪힐 일이 없는 거죠.

치료자: 여태까지 누구랑 부딪쳐 본 적이 없으세요?

어머니: 거의 없다고…. (2회기)

• 주거니 받거니가 안 되는 대화방식

어머니: 아들 얘기로는 단답으로 끊어지는 것 같아요. 예를 들어서, 이제 뭐 순수 예술하고 싶다 이러면은 제가 닫아 버리는…. (2회기)

③ 분노조절이 어려움

• 참았다가 폭발

어머니: 한번 제가 울면서, '세상에 남들은 난리를 치고 빚을 내고 공부를 시켜달라고 한다는데, 너는 왜 그렇게 조건이 되는데 안 하니' 그러면서 제가 '너 때문에 내 인생도 끝났다'고 막 울면서…. (11회기)

• 자녀를 때림/칼로 책을 찢음

아들: 기억은 2학년 때 구구단 못 외웠다고 맞았던 것 같은데. 구구단 못 외운 건 핑계였고 어렸을 때 어머니가 약간 우울증 증세가 있으셔서 어머니도 그때 나중에는 미안하다고 하셨지만 그냥 이렇게 '엉덩이 대' 이런 게 아니라 본인도 울면서 약간 정신 나간 사람이죠, 그러니까.

치료자: 실성하신 것처럼?

아들: 하여튼 야구방망이로 엄청 맞았는데….

치료자: 야구 방망이로?

아들: 네, 어머니도 우시고 그때 제 기억으로 제가 온몸에 멍이 들어서 아버지가 그걸 보신

거예요. 제 생각에는 그래서 두 분이 싸우셨던 거 같아요. 그렇게 두 분 싸우시는 건 기억이 안 나고 저는 제가 너무 무서웠기 때문에 심하게 맞았고…. 또, 아마 그것도 나중에 어머니가 말씀해 주신 것 같은데 아버지가 제 멍을 보시고 한 번 싸우신 기억인데 그게 아마 발단인거는 알고 있거든요. 두 분 문제인지 아니면 두 분 사이에서인지는 잘 모르겠어요. 저는 그냥 제 기억만 좀 강하게 있는 것 같아요. 2학년 때 이후로 그때 한 번 심하게 부모님 싸우신 날 제가 발단이었던 그때 이후로 때린 건 아닌데 뭐 다 끄집어 놓고 심할 때는 칼 들고 들어가서 그때 말씀드렸듯이 다 찢고 막….

치료자: 어머니가?

아들: 네. 울면서. 그건 정말 무서웠죠. 칼 들고 들어온 건 한 세 번 정도 있으신 것 같아요.

치료자: 네 방에?

아들: 네. 그러면서 우시면서 다 찢고 갈기고 뭐 이러셨던 것 같아요. 근데 또 그 기간이 일주일, 이주일 지나면 아주 괜찮아지시고…. (5회기)

(3) 아들의 역기능적 의사소통방식

내담자는 어려서부터 자신의 감정을 꺼내 놓아도 가족으로부터 존중받지 못하였으며, 가족 내에서 대화상대가 없었다. 내담자는 어머니에게 감정적으로 언어적으로 거부당하였기 때문에 어머니와 어려서부터 대화가 단절되었다. 내담자는 아버지와도 기질적으로 다르다고 생각했으며, 진지한 대화가 이루어지지 못했고 가족이 함께 식사하는 것이 가장 불편하였다. 내담자는 어머니와 같은 회피적인 의사소통방법을 사용하고 있었으며 자신의 의견을 내놓지 못하였고, 스트레스는 주로 음주를 통해 풀고 있었다.

① 피함

• 회피

어머니: 그러니까 아들도 묘하게, 저도 피해가지만, 얘도 엄마가 싫어할 것 같으면 잘 얘기를 하는 편이 아니었어요. (2회기)

• 가족이 함께 있는 것이 불편함

아들: 가족이 함께 식사를 하고 텔레비전을 보면 저는 견딜 수가 없어요. 같이 이렇게 뭘 보고 뭘 한다는 게 너무 불편해요 그 자리가…. (7회기)

• 불편한 아버지

아들: 무언가 항상 편하지 않았어요. 아버지랑은 안 편하다고 느낀 것 같아요. 제가 아버지가 싫지는 않고 항상 노력하시고 그래도 이 정도면 80점 이상이라는 걸 아는데도 그랬던 것 같아요. (5회기)

② 대화단절

• 어머니에게 속마음을 내놓지 못함

치료자: 아드님이 학교에서 있었던 일이라든지, 속마음은 내놓지 못했고요?

어머니: 예, 제가 못 들어 봤다고 하는 게 맞는 것 같아요. 어려서부터…. (2회기)

• 자신의 이야기를 직접적으로 아버지께 하지 않음

치료자: 아드님이 뭐 학교에서 담임선생님 이야기나 친구 이야기는….

아버지: 안 합니다.

치료자: 일체요?

아버지: 일체가 아니라 거의 뭐 아예 안 하는 거는 아니지만 그런 의사소통이 거의 없었던 거 같아요. (3회기)

• 어려서부터 어머니와 대화단절

아들: 근데 저는 어쨌든, 어머니하고는 대화가 아주 일찍부터 끊겼어요. 제가 하려고 안 했기 때문에, 아주 어린 나이에 그냥 아 어머니는 속된 말로 감당이 안 되는 상대라고 생각했어요. (8회기)

### 2) 부모의 부정적 양육태도

내담자의 어머니는 친정어머니의 양육태도로 인해 자신의 남자형제들이 무능해졌다고 보며, 친정어머니의 방식인 애절함과 무조건 받아 주는 방식이 아닌 강하게 키우고자 하는 방식으로, 감정적인 표현에 반응하지 않거나 거부하였고, 자녀의 작은 잘못에도 크게 야단을 쳤으며, 대학생이 되어서는 확 풀어 주는 양육방식을 사용하였다. 또한 자녀양육의 문제를 남편과 상의하지 않고 될 수 있는 대로 신경 쓰게 하지 않아야 한다는 생각으로 자녀양육에 큰 부담을 갖고 있었다. 아들은 가정에서의 어머니 모습과 타인들이 보는 어머니 모습 사이에서 혼란스러움을 경험하기도 하였다.

(1) 아버지의 부정적 양육태도

① 의무적인 아버지

아버지: 가족이 야유회를 가거나 이런 거는 데리고 가야 하는 의무로다가… 항상 의무적으로다가…. (3회기)

② 자녀양육은 아내에게 일임

어머니: (남편이) 양육문제에서는 거의 저한테 일임을 했죠, 그리고 뭐 좀 안 좋은 거 있으면 제가 감싸고돌고 하니까 오히려 남편이 불같은 성격에 비해서는 애들이 상처를 안 받았던 걸로 알고 있어요. (2회기)

(2) 어머니의 부정적 양육태도

① 과도한 역할 수행

• 자녀양육에 대한 부담

어머니: 애를 키워도 뭐 내 자식이니까 이쁘다 그런 걸 몰랐어요. 혹시 잘못돼서 남편한테 무슨 소리 들을까 봐 거기에 두고 키웠거든요. (7회기)

• 자녀양육으로 남편을 신경 쓰게 하면 안 된다고 생각

치료자: 그럼 아버님하고 아드님 문제뿐만 아니라 여러 문제를 상의할 수 있는 시간 자체가 부족하셨다는 겁니까?

어머니: 상의하는 시간이 없었던 건 아닌데 적어도 애 문제는 신경을 쓰게 하면 안 된다는 이상한 그런 게 있었어요. 그러니까 그때 차라리 터놓고 얘기했으면 괜찮았는데 저 혼자 이렇게 하다 보니까 더 악화되지 않았나…. (6회기)

• 자녀 성적에 예민했던 엄마

아들: 8~9등으로 떨어져요. 그러면 어머니가 도시는 거죠. 휴 저 여자 또 시작이구나… 저 년이라면 그게 더 맞죠. 그때는 어머니가 저에게 심하게 안 하셔도 어릴 때 기억이 나니까요. (5회기)

② 일관성이 없는 양육태도

• 대학 입학 후 풀어 줌

어머니: 제가 알기로 아들이 대학교 들어가면서부터 술을 마시기 시작했는데요. 구속당하는 것도 싫어하고 자유를 부르짖고 그래서 제가 너무 놔둔 거예요. 대학교 들어가면서 아유 그래도 저 녀석 여태까지 공부하느라고 얼마나 힘들었을까 하고 풀어 놓아준 게…. (1회기)

• 혼란스러운 엄마

아들: 남들이 보면 우리 가정은 세상에서 제일 화목한 가정인데 심지어 이제 잘 사는 친척도 있고 못 사는 친척도 있지만 놀러오면 '사람 사는 집 같다'는 둥 뭐 또 농담을 잘 하세요. 손님들 오시면 두 분이 농담을 잘 하시는 스타일이라서 주위 사람들이 많이 좋아하세요. 둘 다 인기가 있는 타입인 것 같아요. 주위에서 어머니는 어머니 나름대로 인기가 있으시고 아버지도 아버지 타입대로 인기가 있으신데 저는 뭐 어머니가 칼 들고 막 뒤죽박죽 말이 안 맞는 거예요. 앞뒤가 안 맞고 또 아버지랑 어떤 웃는 낯으로 대화라는 걸 어릴 때부터 안 했거든요. 그러니까 아버지랑은 자연스럽지 못했고 또 어머니랑은 너무 왔다 갔다 하니까…. (5회기)

③ 지나치게 엄격함

• 강하게 키우고자 함

어머니: 직접 제가 볼 때는 제가 좀 저희 어머니가 너무 좋기만 하고 그래서 자식을 잘못 키우지 않았나 이런 생각을 제가 항상 하고 있어요. 뭐 싸우거나 이런 건 아니지만 오빠들이 많이 배운 데 비해서….

치료자: 친정어머니요?

어머니: 네, 그러니까 좀 강하게 키워야 하겠다는 생각을 제가 어릴 때부터 많이 했어요. 아들한테, 특히 아들한테….

치료자: 그럼 친정어머니가 모든 자녀들을 유약하게 키우셨다고 보세요?

어머니: 예. 잘해 주시고 모성 자체로 키우셔서 오빠들이 전혀 능력이 없어요. 아들을 제 딴엔 방법을 몰라서 강하게 키운다는 게 초등학교 2학년 땐가 애가 조퇴를 하고 왔어요. 그래서 애가 왔는데 '왜 그래' 그러니까 '배가 아파 가지고' 그러는데 제가 볼 때는 뭐 배가 그렇게 데굴데굴 구를 정도가 아니었던 거 같은데 '배가 왜 아프니' 이래야 되는

데 막 화를 내면서 학교로 도로 보낸 적이 있었어요. '죽을 정도 아니면 학교는 빠지면 안 돼' 이러면서 평상시에는 강하게 안 하는데 가끔 가다가 그런 식으로요. (2회기)

• 약속시간에 조금 늦은 아들을 길에서 심하게 야단침

어머니: 5학년 때 길에서 아들하고 나하고 만나서 어딜 가기로 했는데 5분인가 아들이 늦었어요. 많이도 안 늦고 그랬는데 약속시간을 어기게 되면 커서도 시간을 어기지 않을까 싶어서 길에서 확실히 개념을 심어 준다는 게, '너 커서 시간하고 돈 약속 어기면 어떻게 되는 줄 알아' 하면서 막 고함을 지르고 그랬던 거 같아요. (2회기)

• 금전개념을 심어 준다고 지나치게 다그침

어머니: 아들이 '엄마 누가 만 원 빌려 달라 그래서 줬어요' 이랬는데 그거를 내가 '받았니 받았니' 이러면서 아이한테 그 돈을 못 받으면 안 된다는 게 아니라 돈 개념을 심어 준다는 게 조곤조곤 해도 되는 거를…. (2회기)

### 3) 부모의 원가족 경험과 역기능적 의사소통

#### (1) 아버지의 원가족 경험과 역기능적 의사소통방식

① 지지받지 못함

내담자 아버지의 경우 학창시절 학교에서 항상 우수하여 많은 상을 탔지만 부모님은 칭찬해 주는 데 인색하였으며, 타인에게는 인정받고 싶었지만 아버지의 장애로 인해 나서지 못했었다.

• 인정받고 싶었지만 타인 앞에 나서지 못함

아버지: 제가 어렸을 때 우리 집이 아주 못 살았었어요. 그러다가 보니깐 제가 어렸을 때 제일 많이 느끼는 건 참 저는 공부를 잘 했었던 것 같아요. 학교에서도 선생님 눈치를 많이 보고 그랬어요. 학교 웅변대회라든가 10월에 옛날에 경시대회 읍내 나가서 하면 내가 우리 학교 대표를 늘 했어요. 그래서 수상을 해 오면 학부형이라든가 뭐 그때 학부형들도 관심 있는 사람들 몇 없었겠지만 먹기 살기 바빠서 선생님들이 너 누구 아들이냐? 그러면 아버지 이름을 댈 수가 없었어요. 자랑을 해야 되는데 그게 참…. (4회기)

• 칭찬이 없었던 부모

어머니: 남편이 제가 봐도 똑똑했을 거 같아요, 자랄 때, 남편은 좀 공부도 잘하고 서예에서

상도 받아오고 그러면 봐 줬으면 싶은데, 아버지도 그렇지 어머니도 일자무식이니까 호미 들고 땅만 팔 줄 알았지 그걸 한번 상장 하나를 걸어 주고 그렇게 하는 게 전혀 없었던 거예요. (1회기)

② 대화방법을 배우지 못함

내담자 아버지의 원가족 배경 중 아버지의 언어장애와 어머니와의 대화부족은 아버지가 원가족 내에서 의사소통방식을 배우는 데 큰 장애로 작용하였다. 삶에 늘 바빴고 힘들었던 어머니는 때로 자식들 앞에서 남편을 비난했으며, 언어장애로 인해 대화에 어려움을 가졌던 아버지는 집어던지거나 깨고, 부수는 등의 표현을 사용해서 자신의 감정을 표출하였다.

• 대화방법을 배우지 못했음/폭발하는 아버지

아버지: 아버지가 혀가 짧아 가지고 말이 어둔하니깐 부모님이 대화하는 걸 제가 보질 못했어요. 듣질 못하고 그랬는데 단 아버님이 그러다 보니까 그런 분들이 성질이 외골수고 갑갑하지 않습니까, 제가 느꼈던 거는 어머님을 구타한 적은 없었어요, 제가 어렸을 때는 그랬는데 기물을 파손하는 거는 몇 번 봤어요. 밥상을 엎는다든가, 예를 들어서 뭐가 마음에 안 들거나, 어머니와 부부싸움을 했다든가 또는 다른 사람하고 싸웠을 때 안 되면 몽둥이로다가 장독을 깨 버린다든가, 그런 기물을 파손하는 거는 아버지가 몇 번 해서 아주 그게 제 입장에서는 엄청 많이 충격으로 어렸을 때 받아들여졌었어요. (4회기)

• 아버지를 비난하는 어머니

아버지: 종종 했었죠. 저한테도 했었고 기억에 다른 가족들한테도 했었겠죠, 다른 형제들한테도 '아이고, 내 복이 이거 밖에 없으니까 이렇게 사는 거지' 이런 하소연이라든가 '성질은 있어 가지고 등신이돼 가지고' 이런 표현을 한다든가 그런 거를 종종 들었었죠. (4회기)

• 아버지와 대화를 할 수 없었음

아버지: 무슨 얘기가 차분하게 되어야 하는데 얘기를 할 수 없었고 그냥 의사는 내가 알아들었고… 아버지하고는 대화가 안 되잖아, 대화를 한 적도 없었고…. (4회기)

• 가족 안에서 대화상대가 없었음

아버지: 세상 물정을 모르시는 그런 양반들이니까 이제 그런 대화를 아버지하고 하고 싶어도 할 수가 없었죠. 어머니도 뭐 시골에서 글도 모르고 그냥 농사만 짓고 사고방식만 온전하게 정상적으로 살고 계신 분이지, 사회적으로 똑똑하고 나를 설득시킬 수 있는

그런 능력이 있는 분이 아니거든요. (4회기)

#### (2) 어머니의 원가족 경험과 역기능적 의사소통방식

① 과도한 역할 수행

어머니는 8남매 중 막내로 건강이 좋지 않았던 친정아버지와 정이 없었고, 친정어머니와 관계가 좋았으나 남자형제들의 무능함으로 인해 친정어머니에게 걱정을 끼치지 않으려고 항상 노력하였다.

• 원가족 내에서 과도한 역할 수행

어머니: 어머니와 저는 굉장히 좋았어요. 어머니가 희망을 걸 데가 없었어요. 아들들이 다 시원치 않으니까 넷이 다 맏이도 그렇고 둘째는 술로 그러니까 셋째는 착실해도 남자로 볼 수 없을 정도로 말라서 그런데 막내 동생이 굉장히 현실성이 없어요. 은행에서 오래 있었는데도 보증을 잘못 서서, 그리고 큰 언니는 일찍 말단 공무원에게 시집을 가다 보니까 좀 시집살이를 하느라고 그렇고, 셋째 언니는 착실하지만 눈이 의안이다 보니까 어머니가 상처를 많이 받았죠. 병신자식을 낳아서 그러다 보니까 저를 의지를 해서 한 게 아니라 어머니 마음 편하게 하려고 노력을 많이 했던 것 같아요.

치료자: 다른 자식들은 이런 이유 저런 이유로 어머니의 마음을 아프게 해서 다른 자식들의 역할까지 해야 한다는 부담감을 가지고 계신 거죠?

어머니: 네 그런 부담감이 있었어요. 그게 커서 그런 게 아니라 사춘기 때도 집안이 망해서 기댈 때도 없는데다가 자식들도 공부가 시원치 않아서 (학교) 끝나면 친구와 어울리기보다는 자연스럽게 엄마한테 가야지라는 마음이 항상 생겼었어요. (7회기)

• 착할 딸로서의 역할

어머니: 어머니한테 어머니가 싫어하거나 마음 아픈 것들을 하면 안 되는 거였죠. 민폐 끼칠까 봐 다른 자식들은 속 썩이는 자식인데 나는 그렇게 하면 안 되겠다는 기준이 있었어요. (2회기)

② 원가족에서의 미분화로 인한 불안

내담자 어머니의 불안 이면에는 원가족과의 미해결문제가 자리 잡고 있었는데 자신의 오빠들이 현실성이 없고, 특히 둘째 오빠가 태평스러우며 알코올문제가 있었는데 이것이 친정어머니의 양육태도로 인한 것이라는 생각과 오빠들의 무능함을 아들이 닮았다는 것이었다. 이러한 이유에서 아들의 행동에 불만이 많았고, 아들을 양육하는 데 있어 친밀하게 대할 수 없었으며, 아들의 음주문제에 더욱 민감한 반응을 하였다.

- 아들의 무능함이 친정오빠와 같음

아버지: '너 이제 어떻게 할 거냐, 앞으로' 여기 교수님한테 오기 전에 이렇다 하니까 아이 엄마가 제일 지금 걱정하는 부분은 사회성이 없다는 거죠, 아들이 술 먹어서 저 지랄하는 것도… 이제 오빠들 봐서 제일 걱정하는 게 사회성이 없다. '뭐를 해서 먹고 살 거냐?' 이래 가지고는 어떻게 살 거냐? 그러니까 이제 외가 쪽에 남자들이 무능해요. 좀 주태배기도 있고 또 어떤 형제들은 억척스럽지 못하고 너무 고와, 사람들이 그게 좋은 걸로 고운 거고 나쁜 말로 표현하면 무능한 거죠. 이제 아들이 그럴까 봐 엄마는 그게 가장 크게 작용해요. (4회기)

- 오빠의 음주문제와 아들의 문제로 연결됨

치료자: 아들이 술 먹고 들어오면 술 냄새만 풍겨도 아주 공포감을 느끼시겠네요?

어머니: 예, 오빠 생각을 많이 하죠. (2회기)

- 현실성 없는 아들의 모습이 친정오빠와 같음

치료자: 아들의 모습에서 예를 들어 오빠의 모습을 보신 거예요?

어머니: 예, 태평스럽고 현실성 없는 게 제일 싫어 가지고…. (2회기)

- 친정어머니와 반대되는 양육태도로 자녀를 키움

어머니: 제가 볼 때는 저희 어머니가 너무 좋기만 하고 그래서 자식을 잘못 키우지 않았나 이런 생각을 제가 항상 하고 있어요. 오빠들이 많이 배운데 비해서 전혀 능력이 없어요.

치료자: 그럼 오빠가 알코올중독이 걸린게 친정어머니가 너무 유약하게 기르셔서 그렇다고 생각하세요?

어머니: 예, 저도 그걸 동감해요. 오빠는 엄마 때문에 자기가 나약하게 되었다고 생각하고 있고….

치료자: 예, 어머니가 왜 아드님(내담자)을 강하게 대하셨는지 자라온 과정에서 나타나네요. (2회기)

### 4) 내담자(아들)의 음주문제 발생배경

위에서의 내용을 살펴본 결과 내담자 부모의 원가족 특성이 부모의 의사소통방식과 자녀

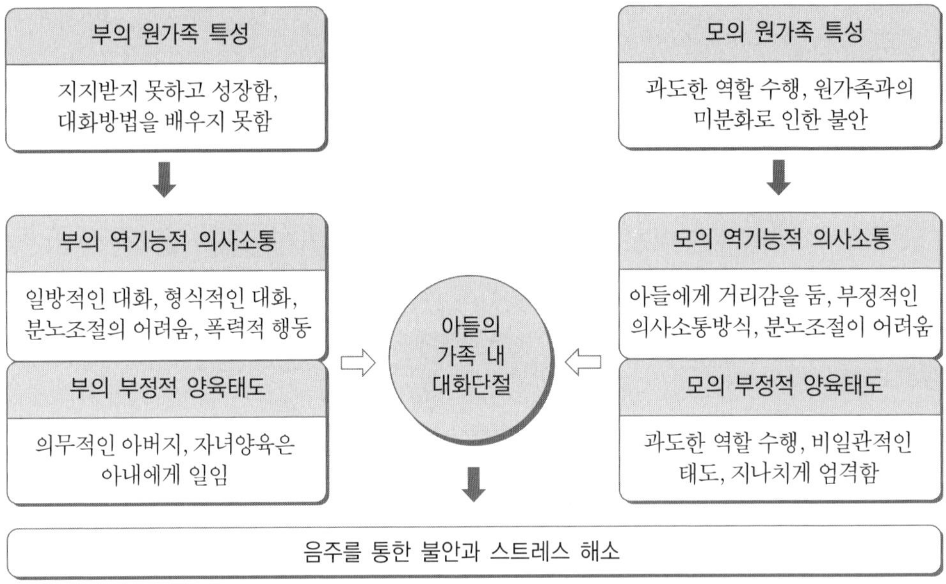


[그림 10-2] 내담자의 음주문제 발생배경

의 양육태도에 부정적으로 영향을 미쳤다. 이러한 부정적인 요인들은 내담자로 하여금 가족 내에서 자신의 감정을 표현하는 것보다 음주를 통해 불안과 스트레스를 해소하게 하였다. 이를 살펴보면 [그림 10-2]와 같다.

## 3. 음주문제를 해결하려고 지금까지 시도된 해결책

음주문제를 해결하기 위해 지금까지 시도되었던 해결책들은 내담자로 하여금 음주문제를 지속시키는 요인으로 작용하고 있었다. 치료자는 지금까지 시도된 해결책들에 대해 가족상담을 통해 구체화시켜 봄으로써 그러한 해결책들이 문제를 해결하거나 완화시키기보다는 지속시키는 요인임을 가족들이 인식할 수 있도록 하였다.

### 1) 어머니의 방식

내담자의 어머니는 아들의 음주문제를 자신의 오빠와 결부시켜 민감하게 반응하였으며, 자녀가 자신의 오빠처럼 삶의 실패자가 될까 봐 노심초사하였다. 하지만 두려운 남편으로 인해 자녀의 음주문제를 숨겨 왔으며, 불안하였고, 이로 인해 위장장애와 우울증 증상을 호소하였다. 또한 내담자의 음주문제에 대한 어머니의 방식인 경악, 숨김, 불안 등의 반응은 내담자의 음주문제를 해결하기보다는 지속시키고 유지시키는 요인으로 작용하고 있었다.

(1) 경악

치료자: 지금 어머니가… 아들의 음주로 인해서 어머니가 완전히 공포, 경악 상태를 보이고 있잖아요. (6회기)

(2) 숨김

어머니: 예, 남편에게 아들의 술 문제를 이야기 안 했다고 봐야죠. 그리고 남편이 알까 봐 그냥 쉬쉬하고 들어오면 방에 가서 얼른 자게 끔만 했어요. (2회기)

(3) 불안

치료자: 오빠가 술 먹었을 때도 그렇게 질렸고 그다음에 어머니가 친정어머니가 오빠의 술로 질렸을 텐데… 오빠의 인생이 망가졌지 않습니까, 그러니까 내 아들이 그런 인생을 살아가면 어떡하나 하는 걱정이 친정오빠 문제로 더 크게 왔다는 거죠. (3회기)

### 2) 아버지의 방식

내담자의 아버지는 아내가 둘러대는 말에 아들의 음주문제에 크게 반응하지 않았으나 필름이 끊겨 쓰러져 있는 아들의 모습을 통해 심각성을 알게 되었다. 아내가 불안해하는 모습에서 화가나 아들을 때려도 보았으며, 타일러도 보고, 협박도 해 보았다고 하였다. 때로 아들이 죄책감을 느끼도록 이야기를 하기도 하였으나 아들의 음주문제는 지속되고 있었다.

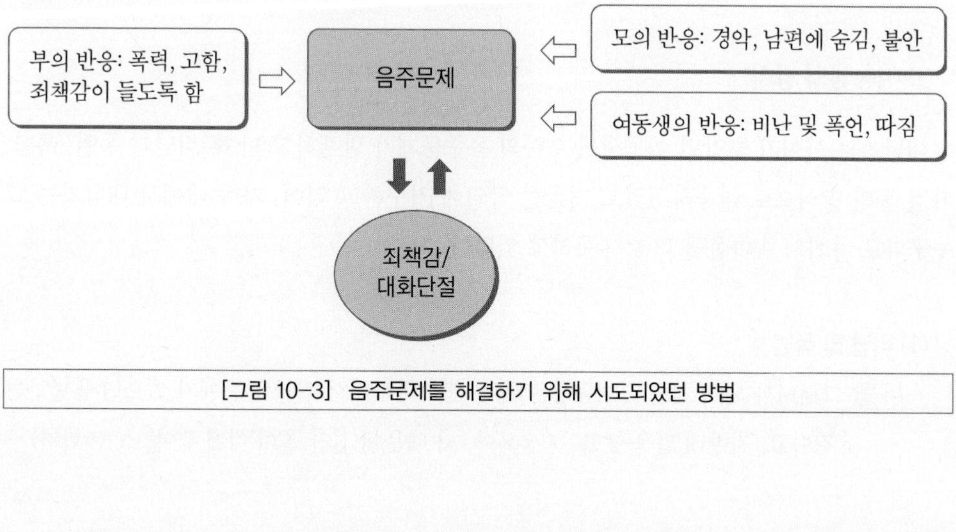


[그림 10-3] 음주문제를 해결하기 위해 시도되었던 방법

(1) 폭력

아버지: 많이 달래도 보고 '그러지 마라 왜 그러니 불만이 있느냐? 엄마 아버지한테 이유가 있어서 그러니?' 그러면 '그런 건 없다'고 그러더라고요. 달래도 보고 뭐 저는 손을 대는 편은 아닌데 많이 때려도 봤어요. 아주 심하게 때려 보기도 하고 뭐 어떨 때는 공갈도 놔 보고, 집에서 쫓아 내겠다는 식으로 얘기도 해 보고 또 병원도 데려가 봤어요. 제가 정신과도 데리고 갔습니다. 데리고 가서 상담도 하였는데, 그것도 한 달 하더니만 흐지부지 끝나 버리더라고요. (3회기)

(2) 고함

아버지: 회사에 못나오는 날 또 엄마는 나한테 안 알리려고 혼자 속으로 끓고 여자들은 또 뭐 그런 게 있나, 그러니까 야단을 치다가 난리가 난 모양이에요. 또 그래서 그다음 날인가 아침에 출근하려고 하다가 '너 나오지 마라' 그러니까 이틀을 빠지고 나서 그러니까 술을 먹고 떨어진 거야. 내가 볼 땐 안 물어 봤지만 뻔한 거 아니겠어요. 그래서 '나오지 마라' 그리고 그다음 날 '집을 나가라' 그랬어요. (3회기)

(3) 죄책감이 들도록 함

치료자: 아버지는 평온한 가정이 너 때문에 힘들지 않냐 해 가지고 얘는 죄책감이 오고 술 마시고, 술 마시면 또 어머니는 스트레스 받고, 어머니는 아버지에게 아버지는 어머니가 괴로워하시는 모습에 힘드실 테고 아버지가 아들에게 죄책감이 들게 하면, 계속 본인 잘못으로 죄책감을 느끼면서 술을 의지하고 대화를 못 나누고 있다는 게 제 추측이에요. (2회기)

아버지: 근데 이제 그 죄책감을 느끼라고 얘기한 거겠죠. (3회기)

### 3) 여동생의 방식

내담자와 사이가 좋았던 여동생이 오빠의 음주문제가 발생하고 난 후 비난과 폭언, 욕함, 따짐 등의 방식으로 대응하였었고 지금은 국외에 거주하고 있어, 가족 내에서 내담자는 그 누구와도 자신의 속마음을 터놓지 못하고 있었다.

(1) 비난 및 폭언

아들: 그러니까 되게 친한데 여동생은 워낙 애가 야무져서 집안에 문제가 있으면 돌변하는 것 같아요. 저한테 말을 놓고 '×××야, 너 때문에 집안 꼴이 이게 뭐야' …. (5회기)

### (2) 따짐

아버지: 왜 엄마, 아버지 속을 썩이느냐고 하도 바른 말을 하고 하도 악착같이 하니까, 그러니까 애들 엄마가 또 걱정되는 건 제일 걱정이 그거예요. 쟤 사고방식이나 그런 걸로 봐서 제 오빠가 제구실을 못했을 때 저 꼬라지를 어떻게 봐야 되느냐, 이거예요. 지 오빠한테도 얘는 막 어떻게 그럴 수 있느냐, 몇 살이냐, 이러면서 절제를 못하면 먹지를 말지 왜 그러느냐 하면서 하도 조곤조곤 따지고 그러니까 아주 질려 가지고 동생한테는 얘가 꼼짝을 못해요. (4회기)

## 4) 변화를 이끌어 낸 치료자의 개입방법

〈표 10-3〉은 본 사례에서 치료자가 내담자 가족의 변화를 위해 시도한 개입방법으로 다음에서는 MRI 상호작용적 가족치료 모델과 Bowen의 가족체계 이론이 어떻게 치료과정에서 적용되고 있는지를 기술하였다.

〈표 10-3〉 ■ 치료자의 개입방법

| 상위범주 | 하위범주 | 개념 |
|---|---|---|
| 문제 확인 | 원가족 탐색 | 부모의 원가족 관계 확인, 부모의 원가족 의사소통방식 확인, 부모의 원가족 양육태도 확인 |
| | 가족관계 확인 | 부부관계 확인, 아버지와 아들 관계 확인, 아버지와 딸 관계 확인, 어머니와 아들 관계 확인, 어머니와 딸 관계 확인, 남매 관계 확인 |
| | 가족 내 의사소통 방식 확인 | 부부간 의사소통방식 확인, 아버지와 아들 간의 의사소통방식 확인, 아버지와 딸과의 의사소통방식 확인, 어머니와 아들과의 의사소통방식 확인, 어머니와 딸과의 의사소통방식 확인, 남매간 의사소통방식 확인 |
| 치료적 동맹 | 가족구성원의 입장 대변하기 | 헷갈리는 부모의 모습에 대한 아들의 입장을 전달함, 부모님의 원가족 상황에 대해 아들에게 전달함, 부부간의 원가족에서의 상황을 전달함. |
| 재정의 | | 아들의 태도가 부모에 대한 불만 때문이 아닌 표현의 부족 때문임을 재정의 |
| 반복되는 패턴의 조명 | 가족생활에서 반복되는 패턴의 확인 | 아들의 음주문제에 대해 반복되는 가족들의 역기능적인 반응 |
| | 세대 간에 반복되는 패턴의 확인 | 세대 간에 반복되는 역기능적인 의사소통방식에 대한 확인, 세대 간에 반복되는 음주문제에 대한 확인 |
| 비유법 | 유사한 사례 비유 | 알코올중독자 아내의 음주를 막기 위한 남편의 해결책의 사례를 통해 비유, 혼전 임신한 여대생의 가족분위기(가족과 함께 있기 어려워하는 아들에 대해 예를 들어 비유함)의 사례를 통해 비유 |
| | 치료자의 자기노출 | 치료자의 아버지와 큰형, 자신과 아들 사이에서 치료자의 아버지와 같은 의사소통방법을 사용했던 치료자 자신의 경험 노출 |

| | | |
|---|---|---|
| 새로운 의사소통 방식의 지도 | 시도된 해결책 탐색 | 아버지의 아들의 음주문제에 대한 시도된 해결책 탐색, 어머니의 아들의 음주문제에 대한 시도된 해결책 탐색, 여동생의 오빠의 음주문제에 대한 시도된 해결책 탐색 |
| | 시도된 해결책에 대한 비효과성 지적 | 아버지의 아들의 음주문제에 대한 시도된 해결책인 폭력, 고함, 죄책감이 들도록 하는 반응이 비효과적이었음을 지적, 어머니의 아들의 음주문제에 대한 경악, 남편에 숨김, 불안 등의 반응이 비효과적이었음을 지적, 여동생의 오빠의 음주문제에 대한 비난과 폭언, 따짐 등의 반응이 비효과적이었음을 지적 |
| | 표현방식의 변화 요구 | 아들의 음주문제에 경악하지만 그에 대해 솔직하게 이야기할 수 있어야 함, 음주문제에 초점을 두고 화를 내기보다 상황을 들어 보며 주거니 받거니 하는 대화가 이루어져야 함 |
| 변화 확인 | 음주문제 변화 확인 | 음주의 사용빈도나 양에 대한 변화 확인, 음주문제에 대한 가족의 대응방식의 변화 확인 |
| | 가족관계 변화 확인 | 아버지와 아들의 관계 변화 확인, 아버지와 어머니의 관계 변화 확인, 어머니와 아들의 관계 변화 확인 |
| | 가족구성원의 변화 확인 | 아들의 변화 확인, 어머니의 변화 확인 |

(1) 문제 확인

치료자는 내담자 가족의 문제를 확인하기 위해서 MRI 상호작용적 가족치료 모델과 Bowen의 가족체계 이론을 활용하여 원가족을 탐색하고, 가족관계를 확인하였으며, 가족 내 의사소통방식을 확인하였다.

① 원가족 탐색

치료자: 부모님의 부부관계는 어떠셨나요? (중략) 혹시 아버님이 장애를 가지고 있으셨잖아요. 그러면 어머님께서 아버님과 대화가 안 되는 데에서 오는 답답함이 있었을 텐데 그런 것을 혹시 자녀분들 중에서 어느 분한테 하소연하셨던 적 있으세요? (4회기)

② 가족관계 확인

치료자: 어머니 아버님하고 부부관계가 전반적으로 신혼 초부터 어떠셨다고 보시는 거예요? 처음부터 부딪치셨나요? (1회기)

③ 가족 내 의사소통방식 확인

치료자: 아드님이 예를 들어서 과 선택하는 거라든지 어려서부터 어려움이 있을 때, '아버지 제가 이러이러한데 아버지 생각은 어떠세요?'라든지 이런 것들을 이야기한 적이 있

었나요?

아버지: 없었어요. 아이도 저한테 그런 의논을 하지 않고 또 저도 학교 갈 때도 '니가 알아서 해'라고 다 아이들한테 미뤘었던 것 같아요. 그리고 중 · 고등학교 다닐 때도 '너 이래서 대학 가겠냐' 이런 거는 부모들이 뭐 얘기할 수 있는 거고, '알아서 해라 이 자식아, 그렇게 해 가지고 어쩌려고 그러니. 내가 회사 다니다 보니까 학벌이 참 중요하더라. 대학 졸업은 해야 되겠더라.' 뭐 이런 얘기 정도는 했죠.

치료자: 그런데 그런 대화는 일방적인 의사소통이었던 거죠? (3회기)

(2) 치료적 동맹

치료자는 가족들 간에 대변하는 역할을 하기 위해 필요에 따라 특정대상과 동맹관계를 맺기도 하는데 이는 가족의 의사소통을 원활하게 하는 데 효과적이기도 하다.

① 가족구성원의 입장 대변하기

본 사례의 경우 아들의 입장에서 그동안 불편했던 내용들을 부모에게 전달하였으며, 때로 부모의 입장에서 부모가 느끼는 생각들을 아들에게 전달하는 역할을 하였다.

치료자: 지난번에 아드님하고 어머니하고 저하고 같이 얘기하는 도중에 아드님이 부모님에 대해서 초 · 중고등학교 때 좀 헷갈렸다는 거예요. 무슨 얘기냐면 친구들이나 주위에서 볼 때는 아주 좋은 가정인데 어머니 모습 같은 경우는 나름대로는 잘해 주시다가 꾹꾹꾹 누르시는 거죠. 참으시는 거죠. 참으시다가 예를 들면 성적이 떨어졌다거나 그랬을 때는 어머니가 과도하게 아주 과민하게 반응을 하셨다는 거지요. 예를 들면 책을 찢는다거나 심지어 칼까지 들고서 책을 찢었다고 할까요. 그 당시에 어머니가 우울증 증세가 있었다는 거죠. 그게 다 맞물려 들어가는 거거든요. 그런 중에 어린 나이에 헷갈리는 거죠. 과연 어느 것이 진짜 엄마의 모습인지 그리고 또 아버님도 어머님에 비해서는 대하기가 편했는데, 아버님도 어떨 때 보면 말씀하시다가 분노 표출이 잘 안 되시는 부분이 있잖아요. 직원하고의 관계에서도 그냥 일처리 하는 게 마음에 안 드시면 지난번에 말씀하셨듯이 재떨이를 집어던지신다거나 그게 가정에서도 어쩌다 한 번씩 보여 주는 모습이 있으셨을 거 아니에요. (8회기)

(3) 재정의

MRI의 상호작용적 가족치료 모델에서의 재정의는 어떤 행동이나 관계, 현상들에 대해 지금까지와는 다른 측면에서 볼 수 있도록 그 특징들을 새롭게 재해석하는 것으로 치료자는 지금까지 내담자의 아버지가 아들과의 관계에서 느꼈던 아들의 태도가 불만이 아니라 표현 방식의 문제라고 재해석하였다.

> 치료자: 아드님이 어려서부터 엄마 아빠한테 불만이 있어서라기보다는 표현을 자제해 왔다는 거죠. 불만이 있어서 자제해 왔다는 게 아니라 어떤 경우는 민폐를 안 끼치려고 했다는 거죠. (4회기)

#### (4) 반복되는 패턴의 조명

가족의 증상이나 관계에서 세대를 거쳐 반복되는 패턴을 Bowen은 다세대 간 전수과정으로 설명하였다. 치료자는 가족 내 반복되는 역기능적 패턴을 지적하고 이러한 것들이 미분화로 인한 것임을 인식시켰다.

##### ① 가족생활에서 반복되는 패턴의 확인

> 치료자: 그런데 이제 아버님께서는 다 그려지시잖아요? 그런데 알코올중독자들이 보면 거의 공통적으로 대화가 안 되거든요. 그럼 감정의 표출이 안 되는 거예요. 감정의 표출이 안 되다 보면 댕기기 시작하거든요. 스트레스를 받던가 하면 그때 술로 가거든요. 지금 그 방식은 똑같다는 거죠. 아드님이 술 먹는 것처럼 아버님께서 표현하는 방식은 '또 술 처먹었니?' 술을 먹지 말라는 메시지인데 이것이 계속 반복되고 있거든요. (6회기)

##### ② 세대 간에 반복되는 패턴의 확인

> 치료자: 오빠 중에 알코올중독자가 있고 친정 작은할아버지가 알코올중독자가 있는 거고, 지금 알코올중독자가 어머니 쪽을 살펴보면 아버지 형제가 있고 어머니 형제가 있습니다. 그리고 아드님이 알코올 문제가 있고요, 알코올중독은 세대 간에 전수가 되거든요. (1회기)

#### (5) 비유법

Bowen의 가족체계 이론 모델에서 가족들에게 자신들의 문제를 객관적이고 현실적으로 바라볼 수 있도록 비슷한 사례들을 통해 이해를 높인다.

① 유사한 사례 비유

유사한 사례는 가족이 저항을 하지 않고 자신들의 문제를 객관적이고 현실적으로 이해할 수 있으며 자신의 상황을 치료자 앞에서 좀 더 편안하게 표현할 수 있도록 하였다.

치료자: 그런데 알코올중독자들이 보면 거의 공통적으로 대화가 안 되거든요. 그럼 감정의 표출이 안 되는 거예요. 감정의 표출이 안 되다 보면 술이 생각나기 시작하거든요. 스트레스를 받는다든가 하면 그때 술로 가거든요. 어떤 경우는 부인이 알코올중독자인데 남편이 하는 방식이 부인이 술을 못 먹게 하기 위해서 여러 가지 방법을 쓰는데 그중 하나가 발을 작살내는 거예요. (6회기)

② 치료자의 자기노출

치료자는 자칫 경직될 수 있는 치료과정에서 자신의 인간적인 측면의 노출을 통해 편안한 분위기를 만들기도 하고, 가족들의 통찰을 얻도록 하였다.

치료자: 저희 아버지가 저희 큰형이 술 먹었을 때 그냥 슬리퍼 짝으로 조진 거예요. 그러니까 얼마든지 이해를 하는데 그 당시에 자식은 아빠가 얼마나 두려운 존재가 되겠어요. 대화할 수가 없게 되는 거죠. 물론 자기가 잘못한 부분이 있지만, 우리 아버지 표현방식이라는 것은 우리 아버지가 자랐을 때 아버지로부터 물려받았지 않냐 이거죠. 그러니까 자기도 모르게 나가는 거예요. 근데 그게 저한테까지도 이어지는 게 뭐냐면 놀이공원을 우리 아들이랑 가서 놀고서 계단에서 우리 아들이 발이 접질리면서 넘어지더라고요. 근데 순간 제가 ○○아 괜찮니? 이렇게 해야 되는데 저도 이제 나오는 건 똑같아요. '야 이 새끼야, 누가 신발 벗고 그러래 이 새끼야' 근데 순간 아차 싶은 거예요. 이거는 아버지가 우리 어렸을 때 뭐 잘못했을 때 '보추대가리 없이 이 자식이 건방지게!' 이 표현이 그대로 나오는 거예요. 근데 제가 어떻게 해요? 지금 아들 입장에서는 자기는 지금 다리가 접질려서 아파 죽겠는데 애비란 새끼가 '야 괜찮냐?' 이렇게 해야 되는데 자기도 아파 죽겠는데 깐 데 또 까는 격이 되는 거죠. (3회기)

(6) 새로운 의사소통방식의 지도

MRI의 상호작용적 가족치료 모델의 원리에 근거하여 시도된 해결책을 탐색하고 시도된 해결책의 비효과성을 지적하였으며 지금까지와는 다른 새로운 의사소통방식으로 표현방식의 변화를 요구하였다.

① 시도된 해결책 탐색

치료자: 어려서부터 무슨 얘기를 엄마나 아빠한테 못 털어놨을 거라는 거죠. 그럼 털어놓지 못하는 게 습관화가 되잖아요. 결국 답답할 때 술에 의존을 하게 된다는 거죠. 그다음에 그 술을 먹고 나서의 엄마의 반응이라는 것은 공포 상태로 들어갈 수 있다는 거예요. 아버지의 반응은 엄마 반응으로 인해 아버지가 더 힘들어하시니까 '너희 엄마를 봐서라도 니가 나가든지, 유학을 가든지, 병원에 입원하든지 해라' 이렇게 나온다는 거죠. (3회기)

② 시도된 해결책의 비효과성 지적

아버지: 죄책감을 느끼라고 얘기하는 거예요.

치료자: 그렇죠. 그러니까 자기로 인해서 부모한테 민폐 끼치고 있다는 거예요. 그럼 술 먹고 와서는 술을 안 먹은 척하지만 어머니가 귀신처럼 술 냄새를 다 맡으신다는 거죠. 그리고 어머니의 표정을 보면 질려 버리시는 거죠. 그럼 아버님은 중재자 노릇을 하시는데 또 대화가 안 된다는 거예요. 그러면 아드님은 또 몇 일간, 한두 달은 참겠죠. 꼬리 내리고 있다가 또 그걸 못 견딜 때가 오겠죠. 그럼 술에 의존하는 거죠. 지금까지 이러한 악순환이 반복되지 않냐 이거죠. (3회기)

③ 표현방식의 변화 요구

가족치료자는 가족성원들에게 지금까지 가족 내에서 사용했던 효과적이지 못했던 의사소통방식이 오히려 그 문제를 유지시키는 역기능적인 방식이라는 것을 인식시키고, 새로운 효과적인 의사소통방식을 제시하였다.

치료자: 아마 어머니는 아드님이 술을 마시고 왔을 때 술 냄새만 나도 경악을 하실 거예요, 근데 그 엄마가 경악함에도 불구하고 그런 문제에 대해서 얘기할 수 있어야 하거든요. (1회기)

(7) 변화 확인

MRI의 상호작용적 가족치료 모델의 원리에 근거하여 지금까지 시도한 방식이 아닌 새로운 해결책의 적용을 통해 음주문제에 대한 변화와 가족관계에 대한 변화, 가족구성원의 변화를 확인함으로써 새로운 시도들이 유지될 수 있도록 하였다.

① 음주문제 변화 확인

치료자: 지금 술은 어떠니?

아들: 술은 부모님 모르시게 두 번 먹었는데 맥주 두 병이랑 다른 날은 500 한 잔 정도… 더 먹진 않았어요.

치료자: 그런데 어떻게 조절할 수 있었니?

아들: 친구들에게 계속 말하고…. (5회기)

② 가족관계 변화 확인

치료자: 아버님과 아드님과의 관계는 어떠세요? (중략) 대화의 변화는요? (6회기)

③ 가족구성원의 변화 확인

치료자: 아드님의 변화나 차이는 느끼시나요?

아버지: 좀 고분고분해졌다고 할까….

치료자: 어머니께서는 변화를 느끼시는지요?

어머니: 저는 많이 느끼고 있어요. 잠깐 나가 있어도 전에는 제가 전화를 해야만 했었는데 이제는 제가 술 마실까 봐 불안해할까 봐 미리 전화해서 걱정하지 말라고 굉장히 편안함을 느끼게 이야기해줘요.

치료자: 그전에는 미리 전화하는 게 없었습니까?

어머니: 네 거의 없었고요. 안 해요. 거기에 대해서는 남편이 잘 모르고요. 제가 후회스러운 게 그런 면에서 남편하고 이야기를 안 했다는…. (6회기)

### 5) 가족치료 후 변화된 가족의 모습

#### (1) 어머니의 자아분화

가족치료에 참여하기 이전에 비해 어머니의 불안은 감소되고 있었다.

아들: 어머니가 마음이 좀 편해지신 것 같다고 그런 말씀하셨어요. (5회기)

치료자: 그럼 아드님이 술 마셔도 그전에 반응하셨던 것만큼 반응은 안 하셨다는 거죠?

어머니: 예, 그런 것 같아요. 근데 먼저처럼 그렇게 술을 얼마 동안은 안 마시겠지 하는 위안이 돼서 그런지 예전엔 전화해서 늦을 거라고 하면 아, 또 술을 마시는구나 생각이 들었었는데 요새는 그런 건 없죠. (7회기)

아들: 일단 표면적으로는 그러신데요, 확실히. 예를 들어서, 예전 같으면 '오늘 누구 집에서 자고 올게' 그러면 불안해하시는 게 역력하시거든요? 근데 일단은 '그래 그럼 내일 아침에는 와' 그러시는데… 예전처럼 반응이 그렇게까지는 안 나오세요. (10회기)

#### (2) 기능적 의사소통으로의 변화

##### ① 부부의 의사소통방식의 변화

일방적인 의사소통방식을 사용했던 아버지와 주로 맞춰 주고 회피하던 어머니의 의사소통이 주거니 받거니가 되기 시작했다. 상담에 참여하기 몇 년 전부터 어느 정도 부부관계가 원만해지기 시작하였으나 상담에 참여할 무렵 형식적인 대화만 이루어졌던 것에 비하면 부부간의 대화에 커다란 변화가 있었다고 볼 수 있다.

치료자: 어머니께서는 아버지하고 대화하시는 데 있어서 편안하게 주거니 받거니 하시나?

어머니: 예. 지금은 다 하죠.

치료자: 그다음에 아버님하고 관계에서 불평등한 관계라고 할까, 그런 걸 느끼세요?

어머니: 뭐, 그래도 원체 성격이 좀 강한 면이 있기 때문에 그런 면이 있지만, 그런데 지금은 그런 말 할 그것도 없고요. 편안하게 얘기하는 편이에요. 그래도 조금 조심하죠.

치료자: 그럼 한편으로는 아직도 어떤 면에 대해서는 아버님을 조심하고 경계하는 게 아직도 있으세요?

어머니: 거의 없다고 보면 되고요. (9회기)

##### ② 어머니와 아들의 대화 시작

어려서 어머니에 대한 서운함과 감정적 거절 등을 통해 어머니와의 대화를 단절했던 아들은 최근 어머니와의 대화를 시작하였으며 자신의 감정을 표현할 수 있게 되었다.

치료자: 어머니하고 대화는 좀 어떠냐?

아들: 이제 잘해요. 요새, 하필 치료 끝날 때쯤에 그 친구랑 그렇게 돼 가지고, 제가 어둡거든요. 집에서… 그러니까 어머니가 눈치를 보시는 것 같은데, 약간….

치료자: 너의 상황을 아시니까?

아들: 예. 제가 말씀 드렸어요. 직장 나가기 싫고 이런 진로 때문에 고민하는 게 아니라 그냥 다운돼서 내가 그냥 그러니까, 걱정 마시라고요. (10회기)

(3) 아들에 대한 믿음의 증가

전보다는 믿음직한 아들의 표현방식에서 마음이 놓이기 시작했으며 아들에 대한 믿음이 지속적으로 증가하고 있었다. 상담실 안에서 부모의 표현을 통해 아들에 대한 믿음을 표현하도록 함으로써 내담자로 하여금 새로운 의사소통의 경험을 하도록 하였다.

치료자: 술을 조금은 마시지만 자기가 나름대로 컨트롤 하겠지라는 생각을 하셨어요?

어머니: 예. 그래서 그런지 아들이 집에 오기 전에 잠을 잤어요. (7회기)

어머니: 그러니까 예전과 똑같이 '오늘 늦게 들어갈게요.' 이렇게 해도 좀 믿음을 줄려고 하는 말투 같은 걸 제가 느껴요. 술 마시는 과정에선 기분이 좋은지 요새는 믿음이 많이 가죠. (9회기)

아버지: 술에 대해서는 지가 노력을 하니까 나아지겠지 하는 믿음이 들어요. (9회기)

(4) 알코올사용의 조절

내담자는 음주문제를 일으키지 않는 선에서 술을 조절하여 마시고 있었으며, 본인도 노력하고 주위에 도움을 받기도 하며 음주를 조절하는 의지를 보이고 있었다. 또한 상담에서 부모에 대해 가지고 있던 서운하고 억눌렸던 감정들을 표현함으로 인해서 내담자가 가지고 있던 마음의 응어리가 해소되었으며, 어머니와 대화가 시작되었다. 이는 음주문제에 대한 치료자의 가정인 의사소통이 되기 시작하면 음주를 조절할 수 있을 것이라는 것과 일치된다고 볼 수 있다.

아들: 친구들한테 계속 말을 해요. 서울 안 나가고 친구가 집 앞으로 찾아왔어요. 보자고 그래서 이제 상황이 이렇고 하는데 대강 보면 알잖아요. 분위기가 그렇구나. 근데 커피숍 갔는데 못 참겠더라고요. '맥주 한 병만 먹어야겠다' 그래서 먹고 걔도 말리고 나도 안 되겠다 그래서 나오고 이런 분위기였죠.

치료자: 그런 적이 그전에도 있었어? 그 정도로 먹고 끝낸 적이?

아들: 아니요, 이렇게 한 병, 한 잔 이렇게 마신적은 없었던 것 같아요. (5회기)

## Ⅵ. 결론 및 제언

본 연구는 음주문제를 가진 성인자녀에 대한 가족치료 사례를 바탕으로 분석한 사례연구로서 성인자녀의 음주문제에 영향을 미친 요인들과 가족의 변화를 이끌어 내기 위한 치료자의 개입방법, 그리고 치료 후 가족의 변화에 초점을 두고 분석하였고 결론은 다음과 같다.

첫째, 성인자녀의 음주문제에 영향을 미친 요인은 원가족으로부터 기인된 부모의 의사소통 문제와 부모의 원가족 경험으로 이는 가족 내 역기능적 의사소통과 양육태도에 영향을 미쳤으며, 자녀의 성장과정에 영향을 미침으로써 결과적으로 성인자녀의 음주문제로 표출되었다. 또한 음주문제를 해결하려고 시도하였던 해결책이 효과적이지 못함으로써 상황이 악화되거나 유지된다고 하는 MRI 모델의 원리(Goldenberg & Goldenberg, 2007)를 확인할 수 있었다.

둘째, 가족의 변화를 이끌어 내기 위해 치료자는 MRI의 상호작용적 가족치료 모델과 Bowen의 가족체계 이론을 적용하여 개입하였으며, 개입방법으로는 문제 확인, 가족구성원들과 치료적 동맹 형성, 재정의, 반복되는 패턴의 조명, 비유법, 새로운 의사소통방식의 지도, 변화 확인 등을 사용하였다.

셋째, 치료 후 가족의 변화는 어머니의 자아분화, 가족 내 기능적 의사소통방식으로의 변화, 그리고 아들에 대한 믿음이 증가되었다. 그로 인해 내담자는 상담에 참여하기 한 달 전쯤 음주문제를 일으킨 후 상담이 종료되기까지 술을 조절하여 사용할 수 있게 되었다. 내담자는 술을 입에 대면 조절하기 쉽지 않았던 전과 비교하여 한두 잔으로 끝내거나 취하기 이전에 그만두는 등 음주문제를 일으키지 않기 위해 노력하였다. 치료자는 내담자로 하여금 어려서의 부정적인 감정들에 대하여 부모에게 솔직한 표현을 함으로써 새로운 의사소통방식들을 경험하게 하였다. 또한 치료자는 부모님의 아들에 대한 믿음 증가에 대해 다룸으로써 이를 지속할 수 있도록 격려하였고 자녀로 하여금 부모의 믿음을 부모의 직접적인 표현을 경험하게 함으로써 지속적인 관계 변화를 가져오도록 하였으며 이로 인하여 내담자는 부모로부터 지지받고 있다는 인식을 하게 됨으로써 음주를 조절할 수 있도록 하였다. 가족치료 후 아버지의 경우 상담을 통해 자신의 변화가 필요함을 인식하였고 부부와의 대화에서 주거니 받거니가 되기 시작하였으며, 아내가 남편에 대해 결혼 초부터 계속되었던 조심스러워하는 부분도 많이 줄어들었다. 아들의 경우 어머니와의 의사소통이 되기 시작하면서 자신의 인생에 대해서도 어머니와 의논하게 되었고, 자신의 의견에 대해서도 아버지에게 표현하기 위해 기회를 보고 있다고 하였으며, 조만간 다시 직장에 출근하기로 하는 등 가족의 변화된 모습을 볼 수 있었다.

본 연구는 치료자의 이론적 준거틀인 MRI 모델과 Bowen의 가족체계 이론이 음주문제를 가진 가족에게 유용하게 적용된 것을 입증한 것으로 그 의의가 있다고 볼 수 있다. 음주문제를 개인의 문제에 초점을 두고 다루기보다는 가족체계 내의 표현방식, 즉 의사소통방식의 변화에 초점을 둠으로써 단기간에 가족들이 호소하던 문제가 감소되는 결과를 도출할 수 있었다. 이는 임상현장에서 음주문제로 인해 갈등을 경험하는 가족들에게 매우 유용하게 적용될 수 있을 것이라 기대한다. 그러나 본 연구가 한 사례를 분석한 것으로 연구결과를 모든 음주문제를 가진 가족에게 적용할 수 있다고 일반화시키기에는 제한점이 있을 수 있다. 따라서 추후 음주문제에 대한 사례들의 지속적인 연구들이 꾸준히 이루어져서 가족치료의 효과성을 지속적으로 입증해 주길 바란다.

## : 참고문헌


김규수(2006). 알코올 중독자의 가족기능과 대처행동이 알코올 중독자의 병력에 미친 영향. 사회복지개발연구, 12(1), 1-25.

김인석, 현명호, 유제민(2001). Data Mining을 이용한 음주 및 음주문제의 위험요인과 취약성요인에 관한 탐색. 한국심리학회지: 건강, 6(4), 75-95.

김현우(1997). 알코올중독환자 가족의 스트레스와 대처방안에 관한 연구. 서울여자대학교 대학원 석사학위논문.

김효남, 박태영(1996). 의사소통 문제를 지닌 알콜중독자의 가족치료 사례연구. 한국 가족치료학회지, 4, 47-80.

박경민, 이민규(2005). 대학생의 지각된 스트레스, 사회적 지지 및 음주동기가 음주 행동에 미치는 영향. 한국심리학회지: 건강, 10(3), 277-293.

박종순(2000). 대학생의 문제음주에 영향을 미치는 요인에 관한 연구. 고려대학교 대학원 박사학위논문.

박태영(2001). 가족치료 이론의 적용과 실천. 서울: 학지사.

박태영, 김태한, 김혜선(2009). 알코올 중독문제를 가진 재혼한 부인에 대한 가족치료사례 연구. 한국사회복지학, 61(1), 293 -322.

박태영, 박진영(2010). 부모와 갈등을 겪는 청소년 자녀를 둔 가족에 대한 사례연구: 부모-자녀 간 '대화 장벽' 허물기. 한국가족관계학회지, 15(1), 149-174.

박태영, 이재령(2006). 알코올중독에서 회복 중인 남편에 대한 부부치료사례 연구. 임상사회사업연구, 3(1), 111-140.

봉은주, 이강오(2001). 알코올중독자 가족의 부담감과 영향요인에 관한 연구. 정신간호학회지, 10(4), 576-587.

서경현, 정성진, 김성민(2005). 여대생의 음주특성과 문제음주자의 음주동기. 여성건강, 6(1), 33-52.

신원우(2003). 노숙인 음주문제의 심리사회적 예측요인. 사회복지연구, 21(봄), 51-77.

유채영(2000). 가족형 문제음주자와 비가족형 문제음주자의 비교연구. 한국가족복지학, 5, 223-254.

윤명숙(1999). 알코올중독자의 회복과정 원조를 위한 지역사회 재활프로그램에 관한 연구. 정신보건과 사회사업, 8, 135-159.

윤명숙(2003). 회복중인 알코올중독자 실태 및 재화모형에 관한 연구. 보건복지부.

윤명숙, 엄예선, 김미혜, 이은주(1995). 알콜중독자 부부집단 프로그램에 관한 연구: 알코올중독자 회복을 위한 부부집단 개입 프로그램 개발 연구(III). 정신보건과 사회사업, 2, 5-32.

이유리(1997). 비행청소년의 음주행동에 관한 일 연구-사회학습 이론 모형과 스트레스: 취약성 모형의 비교를 중심으로. 고려대학교 대학원 석사학위논문.

이정균(1994). 정신의학. 서울: 일조각.

정은(1996). Bowen의 가족체계 이론을 적용한 청소년 가족상담에 관한 일 연구. 사회복지리뷰, 1(1), 1-16.

정원철(2006). 대학생의 문제성음주의 실태와 관련 심리사회적 요인. 한국사회복지학, 58(1), 347-372.

최인재(2007). 부모-자녀 간 의사소통이 청소년기 자녀의 자아분화 및 우울과 불안에 미치는 영향. 한국심리학회지, 임상, 26(3), 611-628.

탁진국(2000). 개인의 성격특성과 생활사건이 음주동기에 미치는 영향. 한국심리학회지, 5(1), 73-83.

통계청(2010). 이슈별 통계(음주 흡연-20세 이상 인구 음주). 사회통계국 사회통계기획과. http://www.kostat.go.kr

Brown, S. A., Goldman, M., Inn, A., & Anderson, L. (1980). Expectations of reinforcement by alcohol: Their domain and relation to drinking patterns. *Journal of Consulting and Clinical Psychology, 48,* 419-426.

Cooper, M. I., Russell, M., Skinner, J. B., Frone, M. R., & Mudar, P. (1992). Stress and alcohol use: Moderating effects of gender, coping, and alcohol expectancies. *Journal of Abnormal Psychology, 101*(1), 139-152.

Duncan, B. L., Solovey, A. D., & Rusk G. S. (1992). *Changing the rules: A client-directed approach to therapy.* NY: The Guilford Press.

Fleming, W. M., & Anderson, S. A. (1986). Individuation from the family of origin and personal adjustment in late adolescence. *Journal of Marital and Family Therapy, 2*(3), 308-315.

Friedman, E. H. (1991). Bowen theory and therapy. In A. S. Gurman & D. P. Kniskern (Eds.), *Handbook of family therapy* (pp. 134-170). NY: Brunner/Mazel.

Garbarino, C., & Stange, C. (1993). College adjustment and family environments of students reporting parental alcohol problems. *Journal of College Student Development, 34,* 261-266.

Goldenberg, I., & Goldenberg, H. (2007). *Family therapy: An overview.* Pacific Group, CA: Brooks/Cole.

Ham, L. S., & Hope, D. A. (2003). College student and problematic drinking, A review of literature. *Clinical Psychology Review, 23,* 719 -759.

Hoffman, J. A., & Weiss, B. (1987). Family dynamics and presenting problem in college student. *Journal of Counselling, 34*(2), 157-163.

Johnson, P. (2003). Dimensions of functioning in alcoholic and nonalcoholic families. *Journal of Mental Health Counseling, 23*(2), 127-136.

Kushner, M. G., Sher, K. J., & Erickson, D. J. (1999). Prospective analysis of the relation between DSM-III anxiety disorders and alcohol use disorders. *American Journal of Psychiatry, 156*(5), 723-732.

Lewis, B. A., & O'neil, K. H. (2000). Alcohol expectancies, living and social deficits relating to provlem drinking among college students. *Addictive Behaviors, 25*(2), 295-299.

McCrady, B. S., & Epstein, E. E. (1995). Marital therapy in the treatment of alcoholic problems. In N. S. Jacobson & A. S. Gurman (Eds.), *Clinical handbook of couple therapy* (pp. 369-393). NY: The Guilford press.

Miles, M. B., & Huberman, A. M. (1994). *Qualitative data analysis.* Thousand Oaks, CA: Sage Publication.

Nash, S. G., McQueen, A., & Bray, J. H. (2005). Pathways to adolescent alcohol use: family environment, peer influence, and parental expectations. *Journal of Adolescent Health, 37,* 19-28.

Papero, D. V. (1995). Bowen's family systems and marriage. In N. S. Jacobson & A. S. Gurman (Eds.), *Clinical handbook of couple therapy.* NY: The Guilford press.

Peirce, R. S., Frone, M. R., Russell, M., & Cooper, M. L. (1994). Relationship of financial strain and psychosocial resources to alcohol use and abuse: the mediating role of negative affect and drinking motives. *Journal of Health and Social Behavior, 35,* 291-308.

Sheridian, M. J., & Green, R. G. (1993). Family dynamics and individual characteristics of adult children of alcoholics: An empricial analysis. *Journal of Social Service Research, 17,* 73-97.

Watzlawick, P., Weakland, J., & Fisch, R. (1974). *Change: Principles of problem formation and problem resolution.* NY: W. W. Norton.

제11장

# 다문화가족의 가족치료 사례연구: 일본인 아내와 한국인 남편의 부부치료*

박태영 · 은선경

본 연구는 일본인 아내와 한국인 남편에 대한 가족치료 사례에 대한 연구로서, 다문화가족의 부부갈등 문제를 Bowen 이론과 MRI 모델을 통하여 접근한 사례를 분석하였다. 본 사례는 4회기로 구성된 단기상담으로서, 문화적 차이에 초점을 두기보다는 가족관계, 가족의 의사소통방식에 초점을 두어 진행되었다. 본 연구는 Miles와 Huberman이 제시하였던 사례 내 디스플레이 방법을 활용하여 사건의 흐름을 보여 주는 네트워크, 사건과 상태의 네트워크, 인과관계 네트워크를 활용하였다. 본 사례의 원가족 문제는 다음과 같다. ① 아내의 원가족 문제로는 아내와 친정어머니의 미분화 문제가 있다. ② 남편의 원가족 문제로는 남편의 어머니와 동생의 밀착으로 인한 남편의 소외감 문제를 들 수 있다. 이러한 원가족과의 문제는 아내와 자녀의 밀착, 그리고 가족 내에서 남편이 느끼는 소외감이라는 유사한 가족의 경험으로 이어졌다. 또한 의사소통방식의 문제에 있어서 아내는 비판적이고 직설적인 의사소통방식을 사용하였고, 남편은 자신의 감정을 솔직하게 표현하기보다는 미뤄 두었다가 나중에 이야기하는 의사소통방식을 사용하였다. 치료자가 이 과정에서 원가족의 문제를 탐색하고 자신의 원가족에서의 경험과 문제가 현재 가족에게 어떻게 영향을 미치고 있으며

---

* 제11장은 한국가족복지학(2010) 제30권, 167-196페이지에 게재된 논문을 일부 수정한 것임.

문제를 악화시키고 있는지, 그리고 의사소통방식의 변화가 어떻게 부부관계의 변화를 초래하는지를 부부가 인식할 수 있도록 하였다. 이러한 치료과정과 치료를 통한 변화는 다문화가족들이 경험할 수 있는 문화적 차이에 초점을 두지 않으면서도 가족관계의 변화를 통해 문제해결을 할 수 있음을 보여 준 결과라 할 수 있다.

# I. 서론

다문화가족의 증가와 함께 사회문제로 나타난 이슈 중 하나는 다문화가족의 가족갈등과 가족관계의 문제라 할 수 있다. 다문화가족의 갈등은 가족 내의 높은 스트레스와 관련하는 것으로 볼 수 있을 것이다. 한 가족 안에 서로 다른 문화적 배경을 가지고 있는 다문화가족은 가족 내의 서로 다른 문화에 적응해 가는 과정에서 많은 스트레스를 경험하게 된다. 특히 낯선 가족환경에 적응해야 하는 결혼이민자 여성들은 언어적응과 더불어 가족의 문화, 의사소통과 가족관계에 대한 적응 등의 많은 과업을 가지게 되며, 이러한 과업을 수행하는 과정에서 더 높은 스트레스를 경험하게 된다.

다문화가족에 대한 연구들(이금연, 2003; 윤정숙, 2004; 설동훈 외, 2005; 채옥희 외, 2005; 김오남, 2006; 홍달아기 외, 2006; 김미원, 2007; 박재규, 2007; 김승권 외, 2010)은 가족 간의 갈등을 경험하는 가족의 비율이 상당히 높게 나타나고 있음을 지적하고 있고, 이러한 가족갈등 중 폭력적인 형태로 표출되는 부부간의 갈등이 적지 않게 나타나고 있음을 밝히고 있다. 결혼이민자들의 가족관계에 대한 연구들은 결혼이민자들이 부부간의 의사소통의 문제, 시부모와 시댁과의 갈등, 자녀양육 문제 등을 경험하고 있는 것으로 보고한다. 또한, 연구결과들은 가족 간의 갈등을 해결할 수 있는 방법을 찾지 못하는 가족들은 심화된 갈등으로 인한 심리적 어려움을 경험하기도 하고 때로는 이혼, 가출로 표출되기도 한다고 보고한다.

다문화가족의 가족갈등에 대하여 결혼이민자지원센터와 같은 전문기관들은 가족문제에 대한 접근을 시도하고 있다(중앙건강가정지원센터, 2007; 전국다문화가족사업지원단, 2008). 결혼이민자센터를 비롯한 민간단체 중심의 다문화가족과 관련한 기관들은 가족 간 갈등에 대한 개입의 필요성을 인식하게 되면서 방문활동사업을 통해 가족상담을 수행하고 있다. 다문화가족 관련 기관들이 가족 갈등과 관계에 대한 개입을 수행하고 있으나, 전문인력의 부족, 효과적인 개입방법에 대한 이해의 부족, 기술의 부족으로 인해 개입에 어려움을 경험하고 있다. 방문활동사업을 수행하는 자원활동가 인력에 대한 양성교육과정에서 가족치료에 대한 내용을 다루고 있으나, 그 수준은 개괄적인 수준에 그치고 있어 가족갈등과 가족관계에 개입을 시도하기에는 미흡한 것으로 판단된다.

따라서 본 연구는 Bowen의 가족체계 이론과 MRI 모델을 통한 접근을 통해 다문화가족에 대한 가족치료를 수행한 사례를 분석하고 그 효과성을 파악함으로써 다문화가족들이 경험하는 가족 간의 갈등에 Bowen의 가족체계 이론과 MRI 모델에 따른 접근이 효과적인 개입방법이 될 수 있는지를 탐색하고자 한다. 또한 이를 통해 본 연구에서는 다문화가족에 대한 가족치료에 효과적인 개입 모델을 제시하고자 한다.

# Ⅱ. 치료적 모델

## 1. MRI 모델

의사소통 이론은 가족성원들의 심리내적인 역동에 초점을 두지 않고 가족체계 내에서 관찰될 수 있는 언어적, 비언어적 의사소통방법에 초점을 둔다. 따라서 의사소통 이론은 현재의 상호작용에 초점을 두어 의사소통훈련과 문제해결능력을 다룬다(박태영, 2001).

의사소통 이론에 근거를 둔 MRI 모델은 내담자에게 나타나는 문제에 초점을 둔 치료적 접근법으로서(Schlanger & Anger-Diaz, 1999), 가족의 문제는 문제를 해결하고자 하는 가족의 시도에 의해 오히려 유지되고 있다고 본다. 즉, 문제는 해결하는 방법이 적절하지 않음과 문제를 해결하려는 시도의 실패가 똑같은 문제해결방식으로 계속 적용됨으로 인해 유지 발달되는 것이다(Watzlawick, Weakland, & Fisch, 1974). 따라서 MRI 모델은 문제행동을 하찮은 문제로 재평가하는 것에 의해 문제행동을 변화시키기 위해 수행해 온 해결책을 발견하고, 새로운 또는 다른 행동을 기존의 행동과 대체하도록 한다(Weakland, 1993).

MRI 모델은 문제와 변화에 대한 두 가지의 상호 관련된 가정에 입각하고 있는데, 첫째, 문제의 기원, 원인과 상관없이 내담자가 현재의 문제행동을 계속하게 된다면 그 문제들은 계속 유지된다는 가정, 둘째, 문제의 성질, 기원과 원인에 상관없이 문제를 유지시키는 행동이 적절하게 변화되거나 제거된다면 그 문제는 사라지게 된다는 가정을 가진다. 이러한 MRI 모델의 가정은 다문화가족의 부부갈등의 원인이 문화적인 차이에서 비롯된 것이든, 성장한 가족환경의 차이에서 비롯된 것이든 그 밖의 다른 것들에서 기인한 갈등이든 간에 부부간의 상호작용하는 방식에 변화를 가져오게 될 때 부부갈등은 사라질 수 있음을 예측할 수 있게 하는 것이다. 이러한 MRI 모델의 특성은 다문화가족들이 경험하고 있는 상호작용 및 의사소통의 방식에 대한 변화를 가져옴으로써 구체적인 변화를 추구할 수 있게 되며, 문제해결의 경험을 제공할 수 있을 것으로 생각된다.

## 2. Bowen의 가족체계 이론

Bowen에 따르면 가족문제는 자아분화의 수준과 만성불안의 수준에 기인한다. 자아분화는 개별성에 따른 에너지의 균형정도로서 개인차를 가진다. 문제를 유발하는 낮은 수준의 자아분화는 낮은 수준의 개별성을 의미하는 것으로서, 자아분화가 낮은 사람은 감정반응이 쉽게 야기되고 격해지며 지속되며, 관계에 의해 영향을 더 받고 관계에 의지한다. 자아분화가 낮은 사람은 타인으로부터 오는 단서에 매우 반응적이며, 특정 환경에서는 관계과정이 그 기능을 강화할 수 있지만, 다른 환경에서는 관계과정이 그 기능을 약화시킬 수 있게 된다. 또한 자아분화가 낮은 사람은 관계에 있어서 더 많이 불안정해지고 변화에 적응하는 능력도 감소하게 되는 등 관계균형의 유연성이 감소된다. 상호의존성이 증가하면서 낮은 수준의 자아분화를 가진 사람은 상대방에 의해 위협받고 상처받기 쉽게 되며 더 깊은 감정반응을 만들어 내게 된다(Kerr & Bowen, 2005).

불안은 혼란의 정도를 나타내는 것으로서, 불안이 큰 정서환경에서는 자기분화의 수준에 따라 정서기능 수준도 달라지게 된다. 불안이 높은 상황에서 자기분화가 낮은 사람은 적응능력이 감소되면서 상처받고 위협을 느끼고 더 깊은 감정반응을 느끼게 된다. 이때 불안을 감소하고자 하는 대처방법으로서 의존성을 갖게 되는데, 그 의존성의 형태로 삼각관계를 형성하게 된다. 삼각관계는 불안이 증가되었을 때 제3자가 두 사람의 긴장에 관여하게 됨으로써 형성된다. 다시 말해서, 삼각관계는 불안이 증가하게 되면 좀 더 불안과 긴장을 느끼는 쪽이 제3자를 긴장 속으로 끌어들여 정서적 지지를 제공하고 원래의 두 사람 간의 거리를 멀어지게 하는 관계를 갖는다. 이러한 삼각관계는 문제를 해결하는 방법이 되지 못하지만, 적어도 불안을 묶어 두는 데에는 도움이 된다. 지나친 밀착은 서로 간에 부담스러운 관계를 만들고, 두 사람의 관계에서 소멸될 수 없었던 불안은 다른 관계를 갖고 행동함으로써 결과적으로는 관계에 더욱 불안을 증가시키는 요인, 또 다른 불안의 근원으로 작용한다.

이러한 과정들로 유지되는 가족의 문제는 가족의 문제를 이해하는 배경이 되며, 어떻게 가족구성원들 간의 정서적 반응에 영향을 미치는 요인이 되는지에 대한 이해의 준거틀이 될 수 있다. Bowen 이론은 본 사례의 부부갈등과 가족의 문제에 영향을 미치는 원가족에 대한 이해를 통해서 가족이 현재 경험하고 있는 갈등을 이해하고, 그러한 갈등에 어떻게 대처하는지를 살펴볼 수 있는 중요한 이론이다.

## 3. 다문화가족과 Bowen의 가족체계 이론 및 MRI 모델의 적용

현재까지 국내에서 다문화가족에 대한 가족치료를 다룬 연구들이 거의 없기 때문에 어떠한 치료적 접근이 효과적인지에 대해 논하기는 어려운 부분이 있다. 그러나 다문화가족의 문제에 대한 접근을 시도한 신영화(2002)의 다문화가족(조선족 아내)에 대한 연구는 실제 사례에 대한 접근이 아니라 할지라도, 가정폭력기관의 사례를 모아 효과적인 개입방법으로 체계 이론에 근거하여 개인 상담과 Satir의 가족치료적 기법을 개입방법으로 제시하였다. 또한, 이영분과 이유경(2009)은 다문화가족 여성들의 자아분화와 결혼만족도에 관한 연구에서 자아분화 수준을 개인내적, 대인관계적, 삼각관계와 정서적 단절의 4개 영역으로 구분하여 각 영역과 결혼만족도에 대한 영향을 살펴보았는데, 위의 4개의 영역 중 삼각관계가 다문화가족 여성들의 결혼만족도에 영향을 미치는 것으로 나타났다.

다문화가족에 대한 Bowen의 가족체계 이론과 MRI 모델을 적용한 연구는 전무한 상태이나, Bowen의 가족체계 이론과 MRI 모델의 가족치료 효과성을 제시하고 있는 연구결과들을 통해 다문화가족에 대한 Bowen의 가족체계 이론과 MRI 모델의 효과성을 예측할 수 있다. Bowen의 가족체계 이론과 MRI 모델을 활용한 치료의 연구결과들(박태영, 2009; 박태영, 김혜선, 김태한, 2010; 박태영, 박소영, 2007; 박태영, 박진영, 2010; 박태영, 은선경, 2008)에서 보면, 대체로 10회기 이내의 단기상담으로 진행되었으며, Bowen의 가족체계 이론과 MRI 모델을 사용한 사례의 효과가 검증되었다. 이는 단기적인 개입으로서 Bowen의 가족체계 이론과 MRI 모델을 사용하는 치료에 대한 효과를 검증한 것이라 할 수 있다.

그런데 다문화가족실태조사에 따르면, 가구소득이 낮은 다문화가족의 경우 가족상담 및 교육에 대한 서비스의 욕구가 높게 나타났다(김승권 외, 2010). 조사결과에 따르면, 가구소득이 200만 원 미만인 경우 가족상담 및 교육에 대한 서비스가 필요하다는 응답이 40% 이상으로 나타났고, 홑벌이 가족의 경우 서비스 욕구가 더 높았지만, 부부 모두 비취업인 가족도 40% 이상의 서비스 욕구를 나타냈다. 이와 같은 결과를 볼 때, 다문화가족의 서비스 욕구에 반응하기 위한 적절한 서비스는 비용부담을 줄일 수 있으면서도 문제해결에 초점을 두는 단기치료적 특성을 가지고 있어야 할 것으로 판단된다. 따라서 본 사례에서 접근방법으로 활용한 Bowen의 가족체계 이론과 MRI 모델의 치료적 접근은 다문화가족들에게 좀 더 효과적인 개입 모델이 될 수 있을 것으로 판단된다.

# Ⅲ. 연구방법

## 1. 연구질문

첫째, 본 사례에서 파악된 다문화가족 부부의 갈등이 무엇인가?

둘째, 본 사례에서 다문화가족의 문제에 Bowen 이론과 MRI 모델은 어떻게 접근하였는가?

셋째, Bowen 이론과 MRI 모델에 따른 접근이 문제해결에 어떤 도움이 되었는가?

## 2. 자료수집과 분석방법

본 연구의 사례는 2008년 1월부터 2월까지 총 4회기 동안 진행되었던 일본인 아내와 한국인 남편의 가족치료 사례로서, 부부상담(2회)과 부부 개별상담(각 1회씩)의 축어록을 자료로 활용하였다.

Yin(1989)에 따르면, 단일사례연구는 잘 구성된 이론의 검증을 위한 방법으로 사용되는데, 명료한 이론의 확인이나 명료한 이론에 대한 도전 혹은 그 이론의 확대를 연구의 목적으로 한다(류지성, 1997). Bowen의 가족치료 이론과 MRI 모델이 다문화가족을 대상으로 한 가족치료에 효과적인지를 검증하고자 하는 목적을 가진 본 연구는 일반적으로 단일사례연구를 수행하는 연구의 목적과 일치한다.

자료분석은 한 사례 내에서 수집된 자료를 분석하고 자료를 조직화하여 표현하는 과정에서 Miles 등(2009)이 제시한 사례 내 디스플레이 방법을 활용하였다. Miles 등(2009)의 디스플레이 방법 중 사건의 흐름을 보여 주는 네트워크는 본 사례의 결혼과정과 그 과정에서 나타나게 되는 주요한 사건들을 일목요연하게 보여 줄 수 있었다. 또한 사건과 상태의 네트워크는 갈등이 발생되는 주요한 사건과 그에 대한 가족구성원들의 감정상태를 제시할 수 있는 방법으로 활용되었다. 그리고 치료자의 사례에 대한 분석과 치료에 대한 효과는 인과관계 네트워크를 활용하였다.

# IV. 연구결과

## 1. 본 사례에 대한 개괄적 이해

### 1) 사례에 대한 맥락적 이해: 결혼 전, 결혼초기의 관계와 경험의 이해

아내가 한국학 석사과정을 이수하기 위해 한국에 왔고, 대학원시절에 남편을 만나 연애를 하게 되었다. 그러나 남편은 연애 중 군입대를 하게 되었고, 남편의 군복무 기간 중 아이를 임신하게 된 아내는 학업을 마치고 일본으로 귀국하게 되었다. 일본으로 귀국을 하게 된 아내는 한국에서 가지고 있었던 100여만 원을 남편에게 맡기고 일본의 친정가족에게 돌아갔다. 일본으로 돌아간 아내는 남편이 없는 상태로 자녀를 출산하게 되었다.

출산 이후 군복무를 마치고 아내를 찾아 일본에 온 남편은 아내의 원가족으로부터 환영

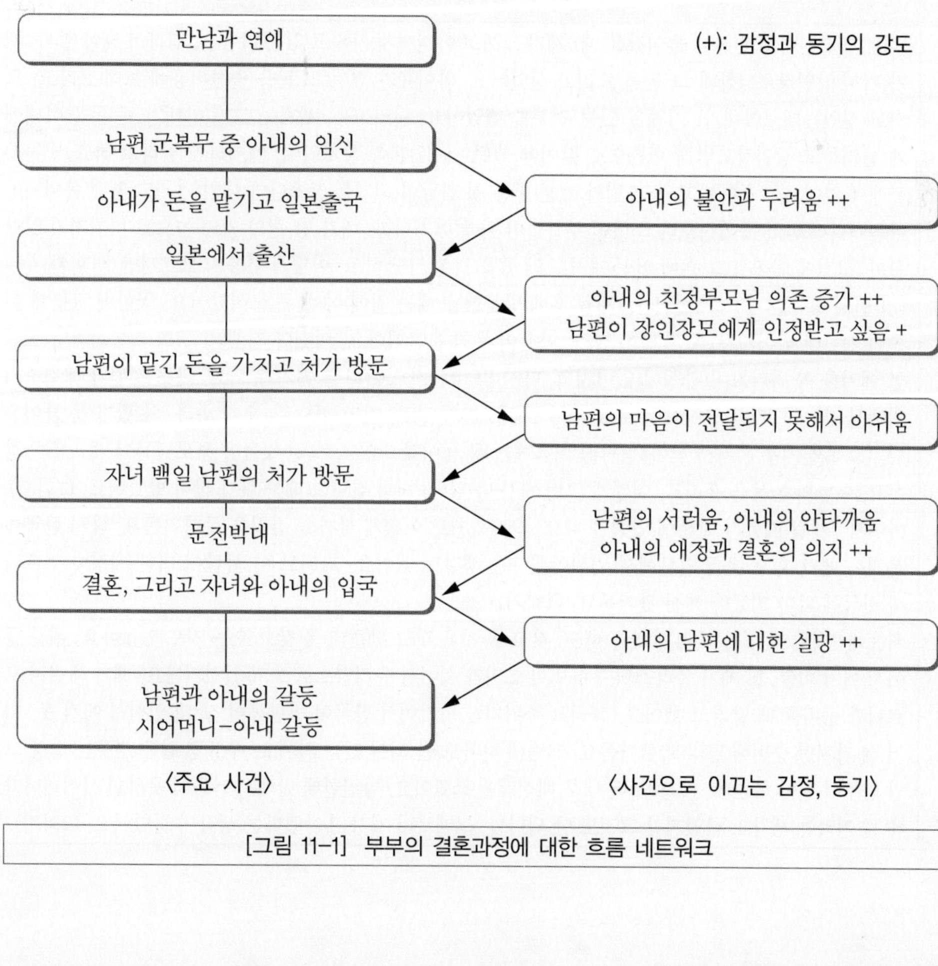


[그림 11-1] 부부의 결혼과정에 대한 흐름 네트워크

을 받지 못했다. 게다가 남편은 아내로부터 위탁받았던 100여만 원을 아내의 출산비용으로 장인장모님께 전달하려고 가져갔으나 아내가 되찾아 갔다. 이런 과정에서 남편은 아내와 장인장모님이 자신에 대해 어떤 것도 해 줄 수 없는 무능한 사람이라고 판단할 것으로 생각하여 안타까워했다. 두 번째 일본방문은 자녀의 백일 선물을 가지고 방문하였는데, 이때 아내로부터 이별통보를 받았고 또한 아내의 가족으로부터 문전박대를 당하였다. 이는 시댁에서 아내에 대한 부정적인 감정을 갖게 하는 원인이 되었다. 그러나 결국 아내는 남편과 사귀어 온 시간들에 대한 좋은 추억이 있어서 자녀와 함께 한국에 귀국하여 결혼을 하였다.

아내는 일본에서 자녀와 함께 귀국하면서 남편에게 자녀를 위한 물품을 준비해 달라는 요청을 하게 되었다. 이러한 물품을 준비하는 과정에서 남편은 아내의 기대 수준에 미치지 못했고, 이러한 과정에서 아내는 남편을 신뢰할 수 없게 되었다. 남편은 자신이 준비할 수 있는 정보와 경제적 능력을 최대한 발휘하여 아내의 요구대로 준비하려 노력했으나, 이러

〈표 11-1〉 ■ 결혼 과정의 주제와 내용

| 주제 | 대화내용 |
|---|---|
| 남편의 인정받고 싶은 마음의 좌절 | (아내가 출산하고 일본에 들어갔을 때) 제가 느끼고 아직까지 가지고 있는 마음은, 뭐라고 해야 할까. 제가 가서 장인장모님한테 그 돈을 드리고 싶었어요. 와이프가 줬던 그 돈을 출산비용에 보태 쓰라고. 드리고 싶었는데. (아내가) 가지고 있는 전부를 뺏었어요. 달라고…. 제게는 그게(아내가 준 돈을 아내에게 돌려주고 장인장모님께 빈손으로 갔어야 했던 것이) 계속 상처인데, 얘기하지 말라고 하죠. (중략) 관계에 있어서… 찾아뵙고 웃고 뭔가 기분 좋은 첫 만남이 되기를 작게나마 내가 가지고 있던 돈이지만 마음이니까 받아 주십시오라고 했던 부분들이 다 없어지니까. 내가 참 성의 없는 놈으로 비춰지지 않았을까. 그거에 대해서 그 후에 어떤 얘기도 안 했을 것 같기도 하고. 어떻게 했을지 모르지만. (1회기) |
| 남편의 문전박대 서러움 | (첫 번째 방문한 후) 3개월인가 4개월 후에 방문했을 때는 집에 아예 못 들어갔어요. 공항에 갔는데 이쪽이 저한테 헤어지자. 오지 말아 달라. 마음이 무척 불안했어요. 이랬다 저랬다. 전화를 통화하다 보면 한 얘기를 쭉 하다가 일관성이 없어지고. 다시 막 극단적으로 다른 얘기가 되고. 아무튼 뭔가 해결하기 위해서 갔는데, 저를 공항에서 보고 나서 (아내) 혼자 갔죠. 자기 집으로. 오지 마라. 와 봤자 못 들어온다. (그래서 겨우 혼자서 찾아갔는데) 처음에는 못 들어갔고요…. 그런 것들을 부모님들이 얘기를 하잖아요. 통한의 눈물을 흘리죠. 어떻게 그런 애가 다 있냐. 저희 집도 그때는 화가 많이 났었어요. (1회기) |
| 아내의 애정과 결혼의지 | 아이가 7개월 때까지 일본에 있었을 때요. 그때까지도 어떻게 할까를 결정을 못했거든요. 다시 한국에 올지… 제가 혼자 애를 일본에서 키워야겠다는 생각도 했어요. 그리고 이 사람에 대한 애정이 있으니까 한국에 와야 되겠다 해서 왔거든요. (1회기) |
| 아내의 실망 | 처음에 7개월 때 애를 데리고 왔을 때도, 갖고 올 것은 갖고 왔는데 못 갖고 오는 것도 있잖아요. 예를 들어서 애기 이불, 또 제가 플라스틱 우유병이 쓰기가 싫어서 유리병으로 쓰고 있었거든요. 제가 깨질지 모르니까 준비를 해 달라고 했어요. 그리고 추워지는 시기여서 한국이 방한복이 잘 돼 있어서 애기 옷. 이거 세 가지만 준비해 달라고 했거든요. 그런데 하나도 안 되어 있는 거예요. 우유병 같은 경우는 당장 그날 밤부터 써야 하는데… 그때부터 너무 배신감을 느꼈어요. 남편한테 말해서 남편이 못하면 시어머니가 해 줄 거라는 생각도 했었지만 그것도 안 되니까, 그때부터 제가 해야겠다는 생각이 들었어요. (2회기) |

한 남편의 노력은 아내의 기준과 기대에 미치지 못했다.

### 2) 가계도 분석을 통한 사례 이해

#### (1) 남편의 원가족 이해

남편의 원가족을 살펴보면, 남편의 친아버지는 남편의 초등학교 1학년 때 외국으로 일하러 떠난 후 1년 만에 연락이 두절되었고, 어머니가 경제적인 부담감과 책임을 지고 있었다. 그러나 남편은 부모님의 관계가 나쁘지는 않으셨던 것으로 기억하고 있었고, 아버지와 연락이 두절된 이유를 외국에서 있었던 큰아버지의 죽음과 관련된 일로 인해 연락을 끊을 수밖에 없는 상황 때문이라고 알고 있었다. 남편은 친아버지와 좋은 관계의 기억을 가지고 있었다.

친아버지의 연락두절 이후 남편과 남편의 원가족은 남편이 초등학교 5학년이 될 때까지 경제적으로 여유가 있었던 외가에서 함께 살았다. 초등학교 5학년 때 어머니가 독립을 하였지만 경제적으로 불안정한 상황이었고, 어머니는 일을 하지 않는 때에는 술을 마시고 남자를 만나기도 하였다. 경제적으로 여유가 없고 어머니가 일을 해야 하기 때문에 남편을 외가에 맡기고 동생만을 어머니가 데리고 있었다. 이러한 상황들은 남편과 어머니의 관계를 악화시키는 것으로 작용했으며, 남편은 어머니로부터 사랑받는 느낌을 받아 본 적이 없다고 느꼈다. 반면 동생은 어머니와 밀착관계를 형성하고 있었고 요즘도 남편과 동생은 사소한 일로 인하여 가끔 다투기도 하였다.

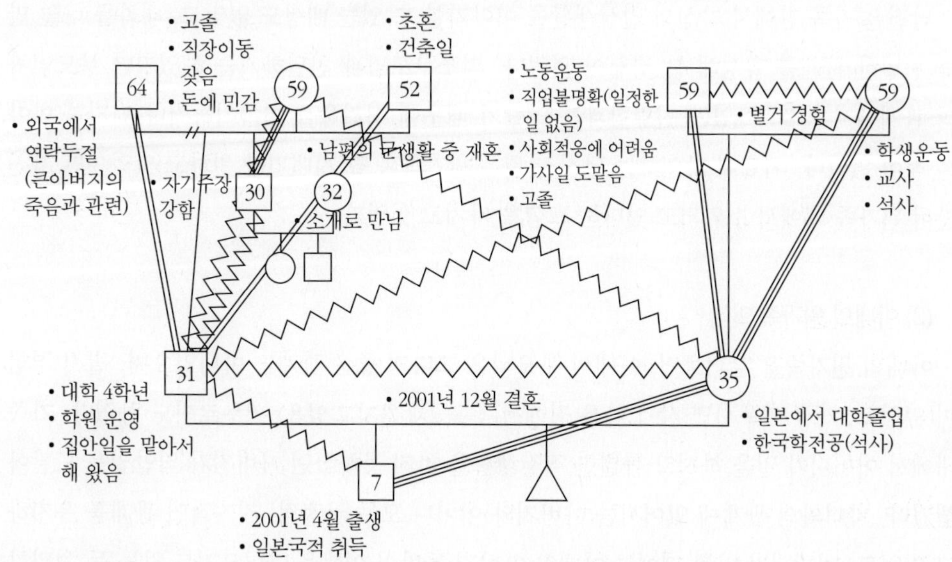


[그림 11-2] 가계도

〈표 11-2〉 가계도에서 나타나는 남편과 아내의 원가족 관계와 내용

| 관계 | 대화내용 |
|---|---|
| 남편-시어머니의 부정적 관계 | 저(남편)와 어머니의 관계는 별로 좋지 않아요. 제가 별로 어머니를 안 좋아해요. 저는 어렸을 때 외할머니한테 자라서…. 어머니한테는 사랑을 받았던 기억이 많지도 않고, 이 사람이 진짜 날 좋아하는지 의심이 많이 가고. (3회기) |
| 시어머니-시동생의 밀착관계 | 어머니는 동생이랑 같이 살아서, 동생을 되게 사랑하고 좋아해요. 동생과 어머니의 관계는 좋아요. 저(남편)와는 관계와는 많이 달라요. 심지어는 어머니와 새아버지와 제가 있으면 제가 새아버지 쪽이랑 더 가까워요. 어머니랑은 제가 가깝지 않아요. (3회기) |
| 남편-시동생의 불편한 관계 | 저(남편)와 동생의 관계는 안 좋아요. 제가 좀 동생을 무서워해요. 동생이 좀 거칠고 주장이 좀 세다 보니까 얘기가 잘 안통하게 되고 그래요. 어렸을 때 많이 싸웠고요. 연년생이고, 둘 다 남자인데 서로 따로 살았던 기억 때문에 그런지. (3회기) |
| 아내-친정어머니의 밀착관계 | 엄마와 저는 거의 자매같이 좋았어요. 못하는 얘기는 없었던 것 같아요. (중략) 제가 18살 때 대학이 지방이라서 (집에서) 나갔거든요. 나중에 들었는데, 어머니가 자살하고 싶을 정도로 슬펐는데 일이 바쁘니까 잊히더래요. (2회기) |
| 아내-친정아버지의 친밀관계 | 아빠하고 관계는 괜찮았던 거 같아요. 대화도 잘 됐어요. 중고등학교 때도 아빠랑 옷 사러가거나 그런 것도 했거든요. 초등학교 때는 아빠랑 둘이 여행도 가고 그랬어요. 엄마가 일 때문에 출장가거나 없을 때 우리도 심심하니깐 우리도 가서 1박 하고 오자고 해서 갔어요. 제가 역사에 관심이 있어서 아빠가 교토에도 데려가 주시고…. (2회기) |
| 남편-친정어머니의 갈등관계 | 어머니가 보기에 남편이 착하긴 한데 제 인생파트너는 아닌 거 같다. 조금 걱정이 된다. 저라는 사람을 잘 알고 있기 때문에 남편에게 제가 갖고 있는 걸 변화시키면서까지 맞춰 주지 마라. 어머니의 메시지는 필요 이상으로 제가 남편을 위해서 희생하지 말고 나름대로 살긴 살아 보지만 아니다 싶으면 언제든지 떠날 생각을 하라는 메시지인 거 같아요. (2회기) |

남편은 가족 안에서 자신의 일상생활을 이야기할 수 있는 대상도 없었고, 대화를 나눌 만큼 친밀한 관계를 형성해 본 경험이 없었다. 외조부모님과 친밀하기는 하였지만 부모님과의 관계에서 느낄 수 있는 친밀함과는 달랐기 때문에 어려움을 이야기하거나 지지를 받아 본 적이 없었다. 치료에 참여하는 당시 남편은 원가족과 잘 지내기를 원하고 있었지만 자신만이 원가족 내에서 소외되고 있다는 느낌을 가지고 있었다.

(2) 아내의 원가족 이해

아내의 원가족을 살펴보면, 아내의 부모님은 그다지 좋은 관계는 아니었으며, 별거 경험이 있었고, 가끔 싸우시면 각기 다른 집에서(집을 2채 가지고 있음) 머무르기도 하였다. 가족 내에서 어머니가 일을 하시고 특별한 직장생활을 하지 못하셨던 아버지가 집안일을 도맡아 했었다. 자녀와의 관계에 있어서는 아버지와 어머니 모두 긍정적, 지지적인 관계를 유지하고 있었고, 어머니가 바쁠 때에는 아내와 아버지 둘만이 여행을 다녀오기도 하는 등 친밀한 관계를 유지했다. 아내는 친정어머니와 매우 친밀한 관계를 가지고 있었다. 친정부모는 아

내(딸)의 결혼과정에서 사위에 대해 다소 못마땅하게 여기고 있었고, 딸이 많은 희생을 해야 하는 것과 딸의 결혼생활에 대해 걱정하고 있었다.

### 3) 사례의 강점

남편은 편안하고 행복한 가정에 대한 꿈을 가지고 있었고, 그러한 꿈을 이루기 위해 지금 현재 아내와의 관계에서 개선이 필요하다는 점을 인식하고 있었고 변화하고자 하는 의지를 가지고 있었다. 물론 남편은 아내의 변화에 대한 필요성을 더 많이 느끼고 있었지만, 자신의 변화에 대한 필요성도 인식하고 있었고, 그렇기 때문에 상담에 기꺼이 응하는 모습을 보였다. 또한 남편은 가사에 있어서 아내의 기대에 미치지 못하는 수준이라 할지라도 역할분담하려고 노력을 하고 있었으며, 자녀를 양육하는 방법에 있어서 부부간의 이견이 있었지만, 남편이 자녀양육에 관심을 가지고 노력하는 행동은 부부관계를 변화시킬 수 있는 강점이 될 수 있었다.

아내는 갈등 상황이 이혼으로 결말지어질 수 있을지도 모른다는 생각에 불안이 높은 상

〈표 11-3〉 ■ 남편과 아내의 치료에서의 강점

| | |
|---|---|
| 남편의 강점 | 남편: 저는 이렇게는 못살 것 같아요. 이쪽이 표현방식을 바꾼다던가, 집이 좀 집 같았으면 좋겠고 편안하게 살고 싶고 웃고 행복하게 살고 싶은데, 만약 그렇게 계속 살아야 한다면 헤어지고 싶어요.<br>치료자: 남편 분은 변화의 여지가 없나요?<br>남편: 개선의 여지요? 지금 이거 자체부터가 개선의 여지가 있는 거죠.<br>치료자: 두 사람 간의 관계가 달라지기를 원하는 거예요?<br>남편: 예. (1회기)<br>남편: 제(남편)가 보통 한국남자들보다는 집안일을 좀 많이 하거든요. 아이가 유치원 갈 때 보내 주고, 시간될 때 제가 픽업도 하고 늦으면 제가 유치원 데려다 주고. 그리고 주말엔 거의 같이 있고. 집안일도 어느 정도 도와주려고 하고. (1회기) |
| 아내의 강점 | 아내: 지금 헤어지냐 마냐. 근본적으로는 이 사람이랑 헤어지기 싫죠. 이 사람을 좋아하고. 또 제가 보기엔 이 사람의 성장과정을 봤을 때 이 사람이 아이한테 잘할 수가 없는데 애한테 되게 잘하고요. 그런 것을 봤을 때는 좀 뿌듯하다고 해야 하나. 아이한테는 좋겠다.<br>치료자: 아빠로서의 역할은 분명히 한다는 거죠?<br>아내: 잘하고 있다고 생각해요. 남들이 뭐라고 하던 간에 잘하고 있고. 그리고 그냥 이 상황에서도 저는 살 수 있을 것 같은데요. (중략) 저는 6년 동안, 사귄 것까지 하면 10년이 넘는데요. 그 관계가 아깝고… 정말 좋았고. 6년 전부터 끊임없이 계속 이 사람이랑 살아야 하나 싶었지만 그건 외로움을 많이 타고 그런 것도 있어요. 하여튼 이 사람이 좋거든요. 항상 뭐 부모님한테 대놓고 이 사람이 좋아서 버틴다고 말은 못하는데.<br>치료자: 궁극적으로 와이프가 남편을 사랑하고 계시네요? 그걸 알고 계셨어요?<br>남편: 예예.<br>치료자: 본인도 와이프를 분명히 사랑하시고?<br>남편: 그렇죠. 살다가 보니까 과거와 많이 다르고, 연애할 때와 결혼해서가 많이 달라요. (1회기) |

태였다. 그러나 아내는 남편에 대한 사랑하는 마음이 있었고, 결혼관계가 유지되기를 원하였다. 그리고 아내는 남편에 대하여 자신의 기대 수준에 미치지 못하기 때문에 불만을 가지고 있었지만, 자녀에 대한 관심과 사랑이 있고 잘하려고 노력하는 남편의 행동에 대해 긍정적인 평가를 하고 있었다.

## 2. 부부갈등은 무엇이고 어떻게 유지되는가

가족 내에서 나타나고 있는 부부갈등의 문제는 크게 두 가지로 구분될 수 있다. 그 첫 번

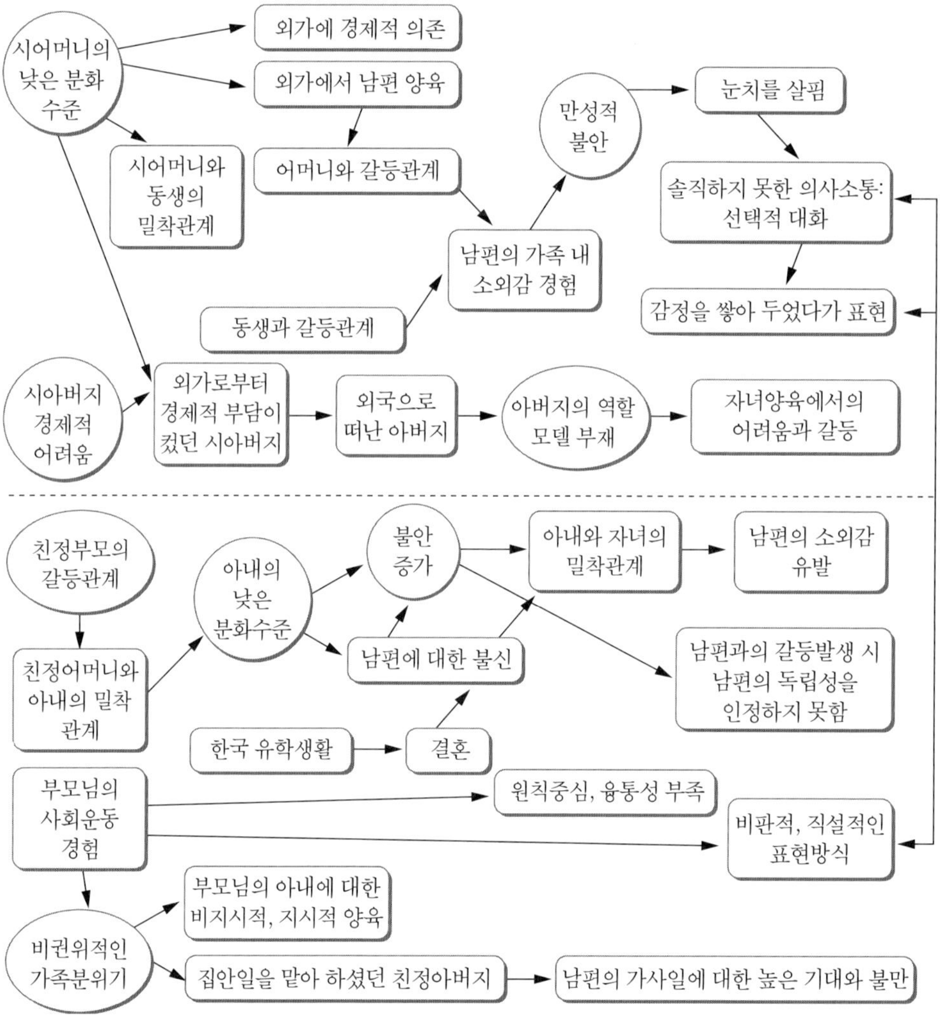


[그림 11-3] 부부갈등 및 가족 문제 네트워크

째는 표면적으로 나타나는 가사분담과 자녀양육의 문제다. 서로 다른 가정환경에서 자란 부부의 가사분담에 대한 기대는 갈등을 유발하게 되는데, 이러한 갈등은 부부간에 이루어지는 표현방식의 차이로 인해 심각한 문제로 나타나고 있었다. 두 번째는 각각 성장해 온 부부의 원가족과의 관계와 경험에서 비롯되는 문제다. 부부가 성장해 온 원가족에서의 문제는 직접적으로 드러나는 문제는 아니지만, 부부간의 의사소통 문제로 인한 갈등이 지속되고 증가될 때 어떻게 대처하게 하는가에 영향을 미칠 수 있는 내면적 요인으로 작용하게 된다. 부부간의 갈등이 유발되고 지속될수록 불안은 더욱 증가되며, 그 불안을 다루는 방법은 부부의 자아분화와 원가족에서의 경험과 맞물려 부적절한 대처방법을 선택한다. 이는 부부간의 갈등을 해결하기보다는 더욱 궁지로 몰아가고 해결하기 어려운 상황에 직면하게 한다. 이와 같은 부부갈등의 요인과 유지과정에 대한 내용은 [그림 11-3]과 같이 나타남을 볼 수 있다.

### 1) 표면적으로 드러나는 부부갈등: 가사 역할과 자녀양육 방식의 차이

어머니가 경제활동을 하였고 아버지가 집안일을 맡아서 했던 가정환경에서 자랐던 아내는 남편의 집안일에 대한 높은 기대감을 가지고 있었기 때문에, 남편은 자신이 할 수 있는 한 집안일을 돕고자 했고 열심히 하려고 노력하였지만 언제나 아내의 기대 수준에 미치지

〈표 11-4〉 ■ 가사분담에 대한 기대와 양육방식의 차이로 인한 부부갈등

| 갈등요인 | 대화내용 |
|---|---|
| 아내의 기대에 미치지 못하는 남편의 집안일 | 제(남편)가 보통 한국남자들보다는 집안일을 좀 많이 하거든요. 아이가 유치원 갈 때 보내 주고, 시간될 때 제가 픽업도 하고 늦으면 제가 유치원 데려다 주고. 그리고 주말엔 거의 같이 있고. 집안일도 어느 정도 도와주려고 하고. 단지 제가 가끔 집안일을 했을 때 중간에서 계속 그건 아니다라고 하니까 그냥 안 하게 되는 거죠. 설거지도 이건 이렇게 해야 한다고 하는데… 듣는 사람 입장으로는 어렸을 때부터 부엌에 안 들어간 사람으로서, 아내 입장에서는 부모님 중에서 아버님이 집안일을 하시고 그런 걸 봤던 것이고. 나는 전혀 다르게 살았는데. 노력하는 입장인데 노력 자체가 뿌리가 뽑혀지는 그런 적이 많았어요. (1회기) |
| 자녀양육방식의 차이 | 제(아내)가 보기엔 (남편이) 공부 가르친다면서 스파르타식으로 갑자기 '앉아라' 해서 아직 유치원생인 애를 자기 학원 학생 다루듯이, 좀 옳지 않다는 생각이 들어요. 요즘은 말 안 하고 가만히 있는 편이에요. 그런데 애가 좀 커 가면서 애가 스스로 '아빠 싫어.' 이렇게 되면 어떻게 하나라는 생각을 해요. (1회기) |
| | 제(아내)가 하는 얘기를 (우리 부모님은) 다 들어 주셨어요. 비판은 받아 본 적이 없고요. 일단 제 얘기는 100% 들어 주시고. 그래서 제가 오죽하면 엄마가 들어오면 아빠한테 얘기하라고 그랬어요. 아빠한테 다 얘기하고 엄마한테 얘기하는 게 제가 힘들어져서 그래서 엄마가 들어오면 그때 얘기할게요. 그 정도였거든요. (1회기) |

못하였다. 또한 아내는 자녀양육에 있어서 자신의 아버지와의 경험과 같은 친밀하고 지지적인 관계를 기대하고 있었다. 그런데 남편은 어려서부터 아버지가 안 계셨고 어머니로부터의 일관된 양육의 경험이 부재하였기 때문에 아버지의 역할에 대한 모델링이 없었으며, 어떻게 자녀를 교육시키고 양육해야 하는지에 대한 방법을 잘 몰랐다. 이러한 남편에 대해 아내가 가지고 있었던 아버지의 모습과 같은 자녀양육에 대한 높은 기대감은 아내와 남편의 자녀양육을 둘러싼 갈등을 야기시켰다. 남편이 집안일과 자녀양육에 대하여 노력하고 있었지만, 아내는 이러한 남편의 노력을 칭찬하고 격려하기보다는 비난하는 경우가 많았다. 부인의 이러한 반응은 남편으로 하여금 집안일을 하고 싶지 않게 하였으며, 자녀양육에 있어서 적절하지 못한 방법으로 대처하게 하였다.

### 2) 표면적으로 나타난 문제의 이면에 나타난 부부갈등의 요인

#### (1) 의사소통방식의 차이에서 비롯되는 갈등

남편과 아내의 의사소통방식은 [그림 11-4]에서 나타난 문제와 같이 상이한 패턴으로 나

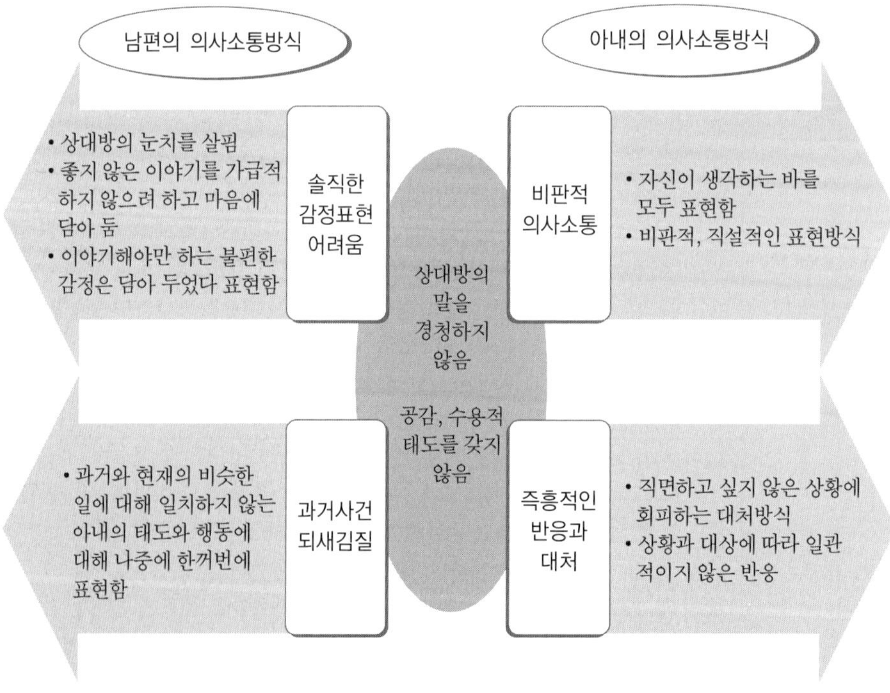


[그림 11-4] 남편과 아내의 의사소통유형

타났다. 의사소통방식을 볼 때, 남편은 어려서부터 자신의 감정을 표현하기보다는 마음에 담아 두려는 경향이 있었고, 불편한 감정은 최소한으로만 표현하고자 했기 때문에 평소에 표현하지 못하고 마음에 두었던 것들이 한꺼번에 표출하는 방식을 가지고 있었다.

그렇기 때문에 아내의 행동과 태도에 대해 불편한 감정을 가지고 있더라도 표현을 즉각

〈표 11-5〉 ■ 남편과 아내의 사소통방식의 차이와 갈등

| 의사소통방식 | 대화내용 |
|---|---|
| 남편의 솔직하지 못한 감정표현 | 어머니에게 지금 힘들어하는 것에 대해 이야기 못했죠. 친구한테 하거나 그냥 혼자서 삼켰어요. 좋은 일만 말했죠. 할머니와는 대화를 좀 했지만, 챙피하게 여겼던 일은 말하지 않았어요. 이거는 이야기해도 괜찮은 얘기고, 이걸 얘기하면 내가 야단을 맞거나 할머니가 걱정할 것 같으면 안 했어요. 한마디로 얘기를 해서 나에게 피해가 없고 상대방에게 문제가 안 되는 내용에 대해서만 이야기를 했어요. (3회기) |
| 남편의 되새김질 대화 | 시어머니가 입원했을 때는 안 가고, 이번에는 병문안을 왜 가는지 이해를 못하겠다고 말하면 아내는 왜 그런 얘기를 하느냐고, 또 왜 과거얘기를 하냐. 그런 식으로 얘기해요. 저는 그런 오해들이 쉽게 안 잊혀지거든요. 저는 처음에 아내가 했던 말을 굳게 믿는데 나중에 어느 순간 그 말이 확 바뀌어 있어요. 그러면 저는 엄청 화가 나는데, 그런 얘기를 옛날엔 이랬는데 왜 이렇게 하느냐고 하면 왜 또 과거얘기를 하냐고 하죠. 과거에 있던 일들이 기분이 나빠도 일단은 참는데 나중에 말이 바뀌면 그때 일과 연결지어 이야기해요. (3회기) |
| 아내의 비판적, 직설적인 자기표현 | 솔직히 (시댁에) 가서는 표현해야 할 말들과 그렇지 않은 말들이 있는데, '우리 아이는 고기를 먹지 않는다. 유기농 쪽으로 가야 한다든가 채식위주로 가야 한다'고 암암리에 표현해요. 항상 부모님과 만날 때마다 불안하고 끝나고 나면 거의 다투고. 한번은 아이가 아주 어렸을 때 시어머니가 장난감 가게에 가셔서 아이가 골랐다면서 탱크 장난감을 사오셨어요. 그런데 제가 그때 대놓고 "어머니 이건 아니에요" 하고 싸웠거든요. (시)어머니도 마음이 좀 상하셨고. 나중에 전화 통화할 때 많이 화내셨어요. (1회기)<br>대화를 할 때, 성격이라 그런지 몰라도 얘기를 하다보면 극단적인 표현을 써요. 예를 들면 '그래도 당신이 아빠냐?' (1회기) |
| 아내의 즉흥적 반응과 대처 | 저희(남편) 어머니께서 병원에 입원해 있었어요. 아내가 병원에 들릴 수 있는 상황이었는데 아내는 '임신을 하고 있는 상태고… 병원에 가면 자기가 감기에 들 수도 있으니까 안가면 어떻겠느냐'고 하더라구요. 저는(남편) 병원에 한번 가야 하지 않겠느냐 했더니 알겠다고 하고 가는 시간이 다 되어서 문자가 와요. 내(아내)가 꼭 가야 하냐 아이도 있고 아이 입장도 생각해야 하지 않겠냐. 그래서 전화해서 못 간다 했죠. (3회기) |
| 부부간의 수용과 공감의 태도부족 | 아내는 자기가 생각하는 고민이나 자기가 표현하려는 말이 제가 하려는 말보다 중요하다고 생각하거든요. 자신의 고민이 더 중요하니까 자기표현을 하려고 하고, 자기 얘기를 들어야 한다고 하면서, 내(남편)가 얘기하면 웃기게 끝나거나 중간에 커트된다고 느껴요. (1회기)<br>제(아내)가 무슨 말을 해도 남편은 그 말대로 안 받아들이고 또 자기만의 생각이 있으니까 그걸로 끝나요. 그래서 저는 답답한 거죠. 아무리 말을 해도 그 말들이 안 받아들이고 설명해도 똑같고, 액면 그대로만 받아들일 수 있다면 '참 쉬울 텐데' 그런 생각을 하거든요. 남편은 남을 안 믿고 저도 안 믿는다는 그런 불신감이 있어요. (2회기) |

적으로 하기보다는 마음에 두고 있었으며, 남편은 아내의 행동이 여러 번 반복되거나 혹은 일치되지 않는 행동과 태도들을 보이는 경우에 대해서만 자신이 느끼는 바를 표현하였다. 이러한 남편의 표현방식은 아내로 하여금 남편이 과거 이야기를 들춰내고 반복해서 말한다는 느낌을 갖게 하였고 남편에 대한 불만을 갖게 하는 요인이 되었다.

반면 아내의 의사소통방식은 어려서부터 자신의 감정을 표현하고 본인이 솔직하게 표현한 감정에 대해 부모로부터 지지를 받았던 경험에 근거하여 부정적인 이야기라도 솔직하게 표현하였다. 또한 사회에 대한 비판적인 이야기도 많이 하는 분위기에서 자란 아내는 비판적이고 직설적으로 자신의 감정에 대해 이야기하는 방식을 가지고 있었다.

이러한 아내는 시댁식구, 특히 시어머니와의 대화에 있어서도 비판적이고 차가운 의사소통방식을 사용하였고, 남편과 시댁식구들이 아내의 이러한 표현방식으로 인해 상처를 받기도 하였다. 또한 아내는 감정을 숨김없이 솔직하게 표현하였고, 이러한 표현은 남편으로 하여금 아내를 즉흥적이고 충동적이라고 느끼게 하였다. 또한 남편은 일관성이 없고 즉흥적인 아내의 행동에 대해 부정적인 감정을 가지고 있었다.

부부간의 의사소통 패턴에 있어서 부인의 즉흥적이고 솔직한 의사소통방식과 남편의 마음에 담아 두고 모았다가 한꺼번에 표현을 하는 방식의 차이는 있으나, 공통적으로 상대방을 경청하기보다는 중간에 말을 끊고 자기 이야기를 하려는 의사소통방식을 사용하고 있었다. 이러한 역기능적인 의사소통방식으로 인해 부부는 서로 상대방으로부터 이해를 받는다

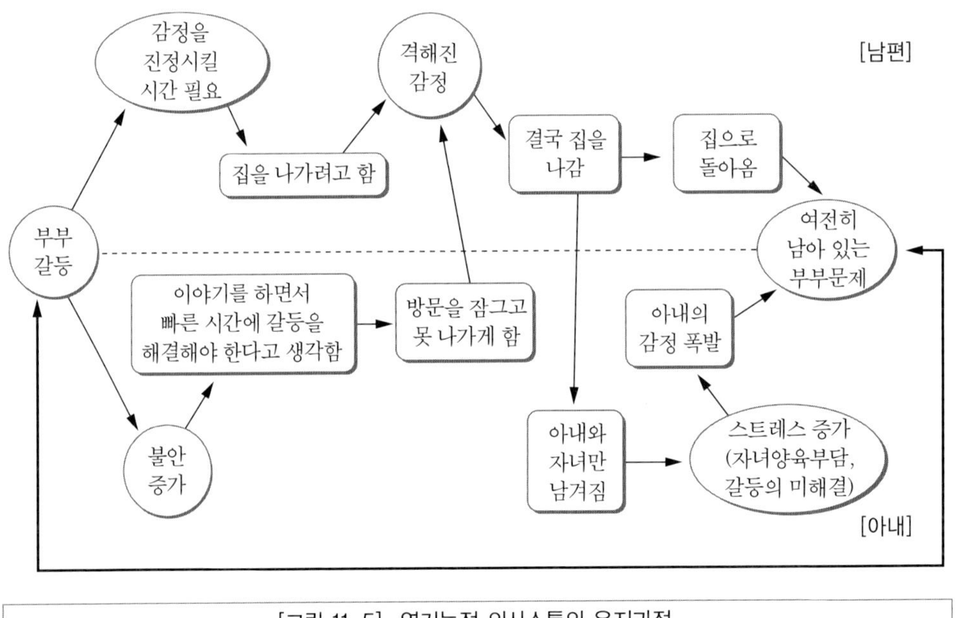


[그림 11-5] 역기능적 의사소통의 유지과정

고 느끼지 못하고 있었다.

이러한 의사소통의 문제는 [그림 11-5]에서 보듯이 역기능적인 방식으로 문제를 더욱 악화시키고 있었다. [그림 11-5]와 같이 부부는 부부간에 생긴 갈등을 해결하기 위하여 부인은 큰소리로 싸우는 방식을 사용하였고, 남편은 갈등이 생길 경우 아내와 대화가 안 통한다고 느껴서, 감정이 격해지게 되면 집을 나가는 방법으로 문제를 회피하는 경향을 가지고 있었다. 이러한 방식은 불편한 감정에 대한 이야기를 솔직하게 전달하기를 어려워하는 의사소통방식의 문제를 가진 남편이 보여 주는 또 하나의 의사소통방법이었다. 남편이 집을 나가려는 방법으로 시도했던 문제해결은 아내로 하여금 방에서 못 나가게 막는 것으로 대응하게 하였지만, 아내의 이러한 대응방식은 남편의 감정을 더욱 자극하는 방식이었다. 남편의 회피적인 문제해결방식, 그리고 그 문제해결방식에 대해 받아들이지 못하는 아내, 그래서 선택한 아내의 대응방식이 남편을 가출하게 하는 악순환을 낳고 있었다.

남편이 집을 나가 있게 되면 아내는 스트레스를 감당하기 어려웠고, 그 스트레스는 자녀를 혼자 돌봐야 하는 부담을 증가시키고, 스트레스와 양육에 대한 부담은 자녀에게 전달되고 있었다. 또한 남편과의 갈등, 그리고 남편의 가출은 한국에서의 지지체계가 약한 아내를 더욱 외롭게 하였고, 이러한 외로움은 아내로 하여금 더욱 자녀와 밀착된 관계를 유지하게 하는 악순환으로 나타나고 있었다.

#### (2) 부부갈등을 유지하고 부추기는 부부 문제: 자아분화와 관련하여

[그림 11-3]에서 볼 수 있었듯이 부부의 갈등과 문제를 악화시키는 요인은 원가족의 문제와 자아분화의 문제라고 볼 수 있다. 남편은 원가족 내에서 기능적인 의사소통방식을 습득하지 못하였고, 아내는 원가족에서 어머니와의 밀착관계와 미분화된 자아의 문제를 가지고 있었다. 이러한 부부의 문제는 가족 내의 문제를 야기하는 요인으로 작용하고 있었다.

아내의 친정부모님의 갈등과 그 갈등과정에서 친정어머니는 아내(딸)와의 밀착관계를 형성하였고, 이러한 밀착관계로 인하여 아내는 낮은 자아분화 수준을 가질 수밖에 없었다. 그런데, 아내는 일본에서 남편 없이 출산을 하였고, 자녀와 함께 한국에 입국하면서 자신의 기대에 미치지 못하는 남편의 모습에 실망하였다. 이러한 경험으로 인하여 아내는 남편이 책임감이 없다고 생각하게 되었고, 외로움을 느꼈다. 이러한 상황으로 인하여 아내는 불안수준이 높아졌고, 아내는 자녀와 밀착관계를 형성하였다. 즉, 아내는 자신의 친정어머니와의 관계에서 가졌던 밀착관계를 다시 자녀에 대해 형성하였다. 아내는 자신과 자녀를 보호하기 위한 수단으로 자녀와 밀착관계를 형성하면서 남편과 거리감을 두고자 했다.

그런데 아내의 이러한 행동과 태도는 남편으로 하여금 남편의 원가족에서 경험해 왔던

〈표 11-6〉 ■ 원가족과의 관계에서 파생되는 부부갈등요인

| 가족관계/분화 | 대화내용 |
|---|---|
| 아내의 원가족 미분화 | 엄마하고 관계는 거의 자매같이 좋았어요. 못하는 얘기는 없었던 것 같아요. 거의 시간이 모자랄 정도로 대화하는 데 어려움이 없어요. (2회기) |
| 남편에 대한 실망과 불신 | 저(아내)는 스스로가 제가 선을 긋고 있다는 믿음으로 버티는 것 같아요. 제가 여기(한국)에 애를 데리고 온다고 결정을 하게 될 때 남편이 아내의 부모님을 설득해서 한국에 오게 된 것도 아니고. 아이가 7개월 때까지 일본에 있었을 때 한국에 올지 아니면 일본에서 혼자 아이를 키울 건지 결정을 못했었어요. 그래도 이 사람(남편)에 대한 애정이 있으니까 한국에 와야겠다고 결정을 했어요. 그러면서도 남편은 항상 내 편이 아니라고 생각해 왔어요. (1회기) |
| 아내-자녀 밀착관계형성 | 밀착되어 있어요. 아이가 하나고 아직은 둘째가 안 태어났으니까. 무슨 일이 있으면 제일 먼저 떠오른 게 딸의 건강 상태라든지 그런 걸 생각하니까 다른 분들이 보기엔 되게 밀착됐다, 애를 아주 애기 취급한다고 보고 있다고 생각해요. (1회기) |
| 남편의 가족 내 소외감 | 냉장고 문을 열어요. 그러면 음식이 있잖아요. 음식을 마음대로 못 먹어요. 그 음식이 아이 것이거나 혹은 자기가 사다 놓은 거니까. 그게 좀 말이 안 되는 경우인데. 예를 들어서 제 아내가 일본에 가 있으면 그냥 마음이 편해져요. 저는 집이 sweet home이 되어야 한다고 생각하는데, 집에 들어오면 내 것이 없는 것 같다. 모든 것들이 아내가 원하는 것들로 다. 물론 아내가 동의하지 않겠지만. 내가 볼 때는 그렇게 되어 있는 것 같고. 나는 진짜 집에 가면 잠만 자고 나오는 그런 사람인 것 같고. (1회기) |

소외감과 유사한 감정을 경험하게 하였다. 어렸을 때 남편의 아버지는 일찍 외국으로 나가서 연락이 두절되었고, 어머니는 동생과의 밀착된 관계를 유지해 왔고, 외가에서 자랐던 남편은 어머니와의 관계가 소원하였고 어머니에 대하여 부정적인 느낌이 있었다. 어머니에 대한 불신, 동생에 대한 분노의 감정, 그러면서도 가족들과 잘 지내고 싶은 마음이 있었다.

그러나 아내와의 관계에서 남편은 자녀와 아내의 밀착된 관계, 그리고 아내가 남편에 대해 두는 거리감은 남편으로 하여금 원가족에게서 느꼈던 소외감과 비슷한 감정의 경험을 하였다. 이러한 경험은 아내와의 관계에 있어서 이전에 학습되었던 역기능적인 의사소통방식, 즉 솔직한 의사소통보다는 지나치게 눈치를 보며, 겉도는 의사소통을 하는 방식으로 연결되고 있었다.

## 3. 치료적 개입은 어떻게 이루어졌는가

치료자의 치료적 개입은 원가족에 대한 이해와 의사소통방식의 변화에 초점을 두고 이루어졌다. 이와 같은 치료적 개입은 [그림 11-6]과 같이 나타날 수 있다. 즉, 치료자는 남편으로 하여금 원가족에서 경험하였던 감정, 역기능적 의사소통 방법을 현재와 비교하여 이해

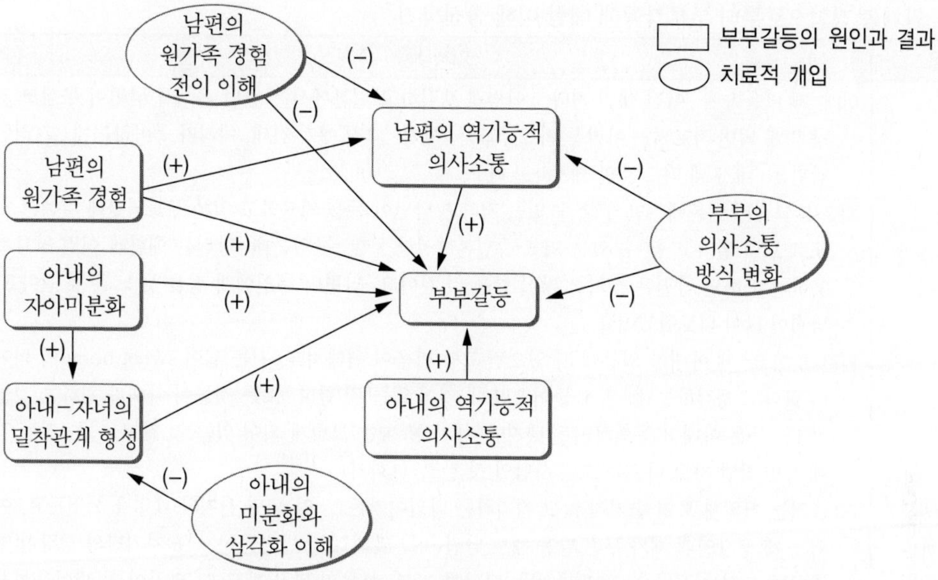


[그림 11-6] 부부갈등의 원인과 결과 및 치료적 개입모형

하게 하였고, 아내로 하여금 원가족에서의 밀착관계와 의사소통방식이 남편과의 관계와 의사소통에 어떻게 작용하는지를 비교하여 이해하도록 하였다. 치료자는 부부간의 원가족에 대한 이해를 기반으로 실제적인 의사소통방식의 변화를 추구하였다.

### 1) 남편의 원가족 경험 이해

치료자는 아내가 자신과 자녀를 보호하기 위한 방법으로 남편과 거리감을 두고 자녀와 밀착관계를 형성하려고 했던 행동이 남편으로 하여금 소외감을 느끼게 할 수 있었고 상처가 될 수 있다는 점을 아내에게 설명하였다. 즉, 치료자는 남편에게 아내와 자녀의 밀착된 행동에 대한 남편의 느낌을 이야기하게 함으로써 아내가 남편에 대한 이해를 할 수 있도록 하였다. 그리고 치료자는 현재 핵가족에서 나타나는 의사소통방법과 남편의 원가족에서의 의사소통방법과의 관련성을 설명하였다.

또한 치료자는 남편으로 하여금 자신의 원가족에 대한 이해를 통해 자신이 원가족 내에서 경험했던 감정들을 아내와 자녀에게 전이시키는 것을 통찰할 수 있도록 하였다. 치료자는 남편에게 과거 원가족에서 어머니와 동생의 밀착관계 속에서 항상 소외되고, 외가에 혼자 남겨지는 외로움을 경험하였던 감정들을 지금의 아내와 자녀의 밀착관계 속에서 재경험하고 있음을 통찰할 수 있도록 도왔다. 그리고 치료자는 남편에게 과거의 원가족에서 사용

〈표 11-7〉 ■ 원가족 경험으로부터 부부갈등에 대한 이해 증진하기

| 치료내용 | 대화내용 |
|---|---|
| 아내의 이해: 남편이 느끼는 가족 내 소외감 | 아내: 제 마음속에 '이건 애기 거다.' 이렇게 생각하고 일본에서 사왔던 음식을 남편이 무심코 그냥 먹게 되면 저로써는 아까운 거죠. 그래서 제가 '그거 애기 건데, 애기가 좋아하는데.' 그러면 남편은 '내가 왜 먹으면 안 돼?'라고 하죠.<br>치료자: 그런데 일본에서만 구할 수 있는 거라면 남편이 돈을 지불하고 일본 부모님한테 말해서 소포로 보내 달라고 할 수 있는 거고… 일본에서만 구할 수 있는데, 당신은 애한테 이걸 양보를 못하냐고 하면 남편은 상처를 많이 받을 것 같아요. 남편이 부인에게 정을 못 느낄 것 같아요. 남편이 많이 외로웠겠어요.<br>남편: 맞아요. 제 아내가 일본에 가 있으면 그냥 마음이 편해져요. 저는 집이 sweet home이 되어야 한다고 생각하는데, 집에 들어오면 내 것이 없는 것 같다. 모든 것들이 아내가 원하는 것들로 다. 물론 아내가 동의하지 않겠지만. 내가 볼 때는 그렇게 되어 있는 것 같고. 나는 진짜 집에 가면 잠만 자고 나오는 그런 사람인 것 같고. (1회기)<br>아내: 저는 어떻게 보면 숨기지 않고 얘기하는 타입이거든요. 안 되면 편지나 메일을 쓰거든요. 이거는 제 생각인데 제가 무슨 말을 해도 남편은 그 말대로 안 받아들이고 또 자기만의 생각이 있으니까 그걸로 끝나요. 그래서 저는 답답한 거죠. 아무리 말을 해도 그 말들이 안 받아들이고 설명해도 똑같고, 또 남편이 이해가 안 되니까 저보고 설명하라고 하고 또 말하면 똑같은 말 한다고 뭐라고 하고. 저는 그게 악순환이 돼서 저는 그게 답답한 거고.<br>치료자: 액면 그대로 받아들일 수만 있다면?<br>아내: 네, 그럴 수만 있다면 '참 쉬울 텐데' 그런 생각을 하거든요. 그런데 저는 제가 제일 소중하니까 남편이 어떤 말을 했을 때 일단 제 생각이 있지만 상대방의 생각을 들으면서 변화하는 부분이 있거든요. 그런데 남편은 그렇지 않고 남을 안 믿는다. 저도 안 믿는다는 그런 불신감이 있어요.<br>치료자: 그거는 남편이 어떠한 문제가 어려서부터 걸려 있는지 봐야 해요. 그래야지 남편이 왜 저렇게 안 믿는지 또는 안 믿는 건지 아니면 표현을 정확히 못하고 있는지.<br>아내: 제 생각은 안 믿는 것 같아요. 그런데 남편이 선생님한테 개인적으로 말씀드리겠지만 남편 가족사를 보면 제가 보기엔 불쌍하고 안됐어요. (2회기) |
| 남편의 이해: 자신의 원가족 경험을 현재 가족에게 전이 | 치료자: 어렸을 때 정은 별로 없고 ?<br>남편: 예. 어머니는 동생이랑 같이 살아서, 동생을 되게 사랑하고 좋아해요. 동생과 어머니의 관계는 좋고요. 어머니랑은 제가 가깝지 않아요.<br>치료자: 그러면 동생하고 관계는 어떠세요?<br>남편: 동생하고 관계는 안 좋아요. 어렸을 때 많이 싸웠고요. 연년생인데, 서로 따로 살았던 기억 때문에 그런지. 저는 외할머니랑 많이 살았고, 동생은 항상 어머니와 같이 있었고…. (3회기) |
| | 치료자: 제가 어머니하고 아버지 관계를 묻고 왜 대화방식을 묻냐면, 남편분이 어렸을 때 엄마와 대화가 잘 되었느냐 하는 겁니다. 남편분은 내가 이야기했을 때 상대방이 피해를 안 보고 민폐를 안 끼치는 얘기만 했다는 거죠. 그런데 그 표현하는 방식이 부부관계에서도 비슷할 거라는 거예요. (3회기)<br>치료자: 할머니 할아버지로 인해서 번듯하게 애를 키워야 한다는 미명하에 할머니 할아버지가 잔소리를 하셨는데, 그 표현방식이 지금 자녀한테도 번듯하게 길러야 된다는 생각해서 나오는 것 같아요. (3회기) |

| | |
|---|---|
| 남편의 이해: 자신의 원가족 경험을 현재 가족에게 전이 | 남편: 제가 별로 어머니를 안 좋아해요. 어머니한테는 사랑을 받았던 기억이 많지도 않고, 진짜 날 좋아하는지 의심이 많이 가고. 어렸을 때 어머니가 술을 많이 마시고 남자도 있었던 거 같아요. 고 3때는 엄마랑 같이 살다가는 인생을 망칠 거 같아서 외가로 혼자 다시 들어갔어요. 엄마에 대한 이미지도 별로 좋지 않고, 별로 만나고 싶지도 않고. (3회기) |

하였던 역기능적인 의사소통방식을 부인과 자녀에게 동일하게 사용하면서 친밀감을 형성하지 못하고 있다는 것을 인식시켰다. 또한 치료자는 남편에게 자녀양육방식에 있어서도 엄격하고 타인에게 반듯한 것을 강조하셨던 조부모의 양육방식을 그대로 답습하고 있다는 것을 설명하였다.

### 2) 아내의 원가족 이해: Bowen의 가족체계 이론에 근거한 부부갈등 이해

치료자는 부부에게 아내가 결혼과정에서 경험하였던 불안과 그 과정에서 어떻게 대처해야 했는지를 이해시켰다. 치료자는 남편에게 아내가 임신한 상태에서 불안한 마음으로 일본으로 귀국해야 했고, 일본에서 남편없이 출산을 감당하였고, 한국에 입국하게 될 때 아내가 부탁하였던 준비물에 대한 남편의 미흡한 준비로 인하여 남편에 대한 불신감을 가지게 되었다는 것을 설명하였다.

따라서 치료자는 남편에게 부인이 남편을 포함한 시댁식구와 갈등관계를 가질 수밖에 없었던 점과 부인이 자녀와 밀착관계를 형성하였던 점을 설명하였다. 동시에 치료자는 아내에게 아내와 자녀가 갖는 밀착관계가 왜 남편에게 가족 내에서 소외감을 느끼게 하는지를 이해시켰다.

또한 치료자는 아내로 하여금 자녀와의 밀착관계를 통해 부부간의 긴장과 아내의 한국생활에서의 불안을 해결하려는 방식은 아내로 하여금 원가족에서 경험하였던 어머니와의 밀착된 관계와 관련된다는 점을 설명하였다. 즉, 치료자는 아내가 아버지와 많은 시간을 보냈기 때문에 아버지와도 좋은 관계를 유지하였지만, 원가족으로부터 불안에 대처해 온 방식으로 엄마와 밀착관계를 형성하였던 아내가 결혼과 출산, 한국입국의 사건을 통해 불안이 증가하면서 다시금 원가족에서 대처해 왔던 방식인 삼각관계를 유지하는 것으로 되풀이되는 것을 아내가 이해할 수 있도록 하였다.

〈표 11-8〉 ■ 아내의 삼각관계 형성과 관련된 원가족에 대한 이해 증진하기

| 치료내용 | 대화내용 |
|---|---|
| 남편의 이해: 아내의 불안에 대처하는 방식 | 아내: 남편이 안 챙겨 주니까 이젠 내가 해야 되겠다. 그래서 항상 생활 속에서 내가 지켜야겠다. 물론 이 사람이 돈을 벌어 주지만, 그 돈을 가져다가 애를 보호해야 한다는 책임감이 컸던 거 같고요. 그리고 아무래도 여기에 내 편이 없다는 게 되게 컸던 것 같아요. 어차피 시댁은 내 편은 절대 안 되고. 잠깐 내 얘기를 들어 줄지는 모르겠지만. 어차피 내 편이 아니라는 게 계속 있어서 항상 필요 이상으로 시댁을 많이 적대시하고 남편한테도 좀 적대시하고….<br>치료자: 내가 남편이라면, 내가 나름대로 생활비를 대고 우리 집이라는 것은 내 것만이 아니라 우리 집에 있는 모든 것은 와이프와 애들과 공유하는 거 아니에요? 냉장고를 열었을 때, 딸기는 당연히 같이 먹는 거라서 먹었고, 후리카케 그것도 뿌려먹었어. 그거에 대해서 "그거 왜 먹어? 우리 애 건데 왜 먹어?"라고 하면 남편 입장에서는 황당하다는 거예요. 그 장면만 보고 말하면. 남편은 '와이프가 왜 저럴까? 나를 얼마나 싫어하면 저럴까?' 그 당시에 그렇게 느끼지 않아요?<br>남편: 그 당시에요? 그 당시에는 그냥 뭐 황당한 것 같기도 하고, 치사하죠. 이해가 잘 안 가죠. 그렇다고 말하긴 또 그렇고.<br>치료자: 그런데 아내가 남편이 딸기를 못 먹게 하고 또 후리카케를 못 먹게 하는 이유는, 일본에서 수입해서 가져와야 한다는 그런 차원이 아니고 그 이면에 보니까 그 당시에 말씀드렸다시피 내가 어떻게 보면 결혼하기 전에 임신을 해서 애를 낳았는데 그 당시에 일본에 갔을 때 제가 와이프 입장이라면 일단은 결혼한 상황에서 애를 낳은 게 아니니까 상당히 불안했을 것 같고. 또 남편의 위치가 명확한 직업이 있는 게 아니어서 매달 경제적으로 지지할 수 있는 능력이 아직 안 됐었지요. 그 여러 가지가 경제적으로라든지, 결혼한 상태에서 그런 게 진행되지 않으니까 불안했을 테고, 또 하나 엄마 아빠한테 어떤 면에서는 떳떳하지 못했을 꺼 아니에요? 그건 어때요?<br>아내: 그렇죠.<br>치료자: 그런 상황에서 애를 낳고, 또 하나는 출산할 때 남편이 옆에 없었지요.<br>아내: 그렇죠.<br>치료자: 아내는 그렇게 불안한데, 더군다나 남편이 왔다 갔는데 친정엄마나 아버지가 사위를 긍정적으로 보지는 않으셨을 것 같아요. 그런데 7개월 애를 기르고 한국에 들어왔는데, 와이프 입장에서는 최소한, 돈이 많이 들어가는 것도 아닐 테고 최소한 젖병 유리로 된 거 세 개, 옷, 애 이불 이거만 준비해 달라고 했는데 와이프께서는 남편이 준비를 안 했다 이거예요. 우유병도 유리로 된 우유병도 아니고, 옷도 준비를 안 했고 이불도 안 했다. 그 얘기예요. (4회기) |
| 아내의 이해: 아내의 원가족 내의 밀착경험과 전이 | 치료자: 아이하고 엄마하고의 관계는요?<br>아내: 저는 스스로 좋다고 생각하는데.<br>치료자: 밀착관계는 아니고요?<br>아내: 밀착? 밀착될 수밖에 없죠. 아이가 하나고 아직은 둘째가 안 태어났으니까. 거의 뭐 하자고 했을 때 제일 먼저 떠오른 게 애의 건강 상태라든지 그런 걸 생각하니까 다른 분들이 보기엔 되게 밀착됐다. 애를 아주 애기 취급한다고 보고 있다고 생각해요. (1회기) |
| | 치료자: 아내 쪽은 어머니 아버지 부부관계가 좋으신 거 같던데?<br>남편: 저는 잘 모르니까. 그런데 제가 보기에는 썩 그다지 좋은 거 같지는 않아요. 별거 생활도 하셨고. 제가 볼 때는 사이가 좋다는 거… 저는 잘 모르겠어요. 솔직히 그런 얘기를 제가 꺼내기가 좀 어려워서 뭔가 추측으로 될 수밖에 없고, 어쩌다가 그런데 몇 번 그러셨어요. 따로 사시고. (3회기) |
| | 치료자: (아내와) 어머니하고 관계는요?<br>아내: 거의 자매같이 좋았어요.<br>치료자: 완전 밀착관계예요?<br>아내: 못하는 얘기는 없었던 것 같아요. (1회기) |

### 3) 부부의 역기능적 의사소통방식의 변화

치료자는 아내가 남편이 노력하는 부분에 대해 칭찬하기보다 비난하였던 의사소통의 방법이 부인의 시도된 해결책으로서 변화가 필요한 부분임을 설명하였다. 또한 치료자는 부부로 하여금 시도된 해결책을 인식하는 것에서 더 나아가 치료장면에서 경험하고 있는 의사소통방법이 평상시 부부의 대화방식과 어떻게 다른지를 질문하고, 새로운 해결책으로서의 의사소통방식이 어떠한 것이어야 하는가를 생각할 수 있는 기회를 제공하였다.

치료자와 부부가 치료장면에서 느끼고 경험한 새로운 의사소통방식은 부부로 하여금 편안함을 느낄 수 있게 하였고, 표현방식에 변화가 필요하다는 점을 인식할 수 있게 하였다. 이와 같은 치료장면에서의 경험은 부부에게 일상생활에서 변화를 시도할 수 있게 하는 촉진제 역할을 하였고, 변화의 동기를 제공하였다. 그리고 치료자는 부부간 일상생활에서 일어났던 작은 변화를 확인함으로써 부부가 변화를 인식하고, 그 변화를 유지시킬 수 있도록 하였다.

〈표 11-9〉 ■ 의사소통방식의 변화 추구하기

| 치료내용 | 대화내용 |
|---|---|
| 아내의 비판적 의사소통방식으로 인한 문제 이해하기 | 아내: 제가 엄마를 존경하는 점 중 하나는 처음에 저희 아버지가 요리를 전혀 못하셨거든요. 엄마는 일을 해야 하고 아이도 가져야 하니까 하나씩 하셨더라고요. 그런데 엄마의 방법이 저랑 다른 거예요. 계속 참고, 눈앞에서는 잘못한 것을 해도 참고, 그렇게 해서 넘겨 오시고, 그렇게 해서 지금의 아빠가 있다는 것을 알아요. 저는 참 이 사람이랑 다투면서 왜 엄마만큼 못하나.<br>치료자: 제가 보는 건 이거예요. 아빠나 신랑이나 처음부터 요리를 잘하는 것은 아니잖아요? 부인께서 뭐라고 했냐면, 아빠나 우리 남편이나 똑같이 초보였는데, 엄마는 속이 타실지 모르지만 아빠를 자꾸 인정해 주고 긍정적으로 해서 아빠를 변화시켰다는 거예요. 그런데 지금 신랑과의 관계에서는 우리 엄마에 비해서 나는 방법이 달라. 그런데 분명한 것은 우리 남편하고 지금 부닥치고 있다는 거예요. (1회기) |
| 새로운 의사소통방식이 주는 차이 인식하기 | 치료자: 여기서 지금 저랑 같이 있으면서 남편과 대화할 때와 집에서 남편과 대화할 때의 차이점이 뭔가요?<br>아내: 제가 기다리게 되는 것 같아요. 이 사람(남편) 말을 안 끊고. 아무튼 잘 모르겠어요. 이 사람이 지금 제가 생각하고 있는 거랑 똑같지도 않지만… 그런데. 일단 듣죠. 집에서 이야기를 끊는 것을 싫어하니까 어느 정도 참는데, 그게 잘 안 돼요. 그래서 끊거나 또 반대로 얘기가 끝났다 싶어서 얘기하는데, 이 사람은 안 끝났다 하고….<br>남편: 오늘은 안정감이 있고요. 제가 표현을 하는 데 있어서 훨씬 자유롭고요. 그리고 또 제삼자가 있으니까 아무래도 살얼음판을 걷는 그런 느낌은 없고, 길을 걷는 느낌. (1회기) |
| 새로운 의사소통방식으로 인한 변화 인식하기 | 남편: 몇 개월 전보다는 약간 갑자기 화를 낸다든가, 목소리를 확 크게 안한다든가 하는 방식이 변했어요. 나름 부드러워진 거 같아요.<br>아내: 남편이 좀 변했어요. 제가 좀 무료해하거나 조금 다운되어 있을 때 잘해 주는 것 같아요. 옛날 같았으면 제가 가만히 있었으면 내버려 뒀을 텐데, '기분 나쁜 일 있었어?'라고 한마디라도 해 주는 게 좋아진 것 같아요. (4회기) |

## 4. Bowen의 가족체계 이론과 MRI 모델을 적용한 치료의 효과는 무엇인가

본 사례의 부부는 이중국적을 가지고 있던 첫째 자녀의 입학과 둘째 자녀의 출산을 앞두고 있었던 상황에서 이혼을 고려하고 있었다. 부부는 이혼을 결정하려는 상황에서 치료자를 찾아왔고, 변화의 여지가 있다면 결혼을 유지하고자 하는 마음이 있었기 때문에, 작은 변화였지만 그 변화를 가능성으로 여기고 이혼하지 않고 결혼을 유지하기로 결정하면서 치료는 중단되었다. 4회기의 짧은 치료과정으로 인하여 부부가 자아분화 수준과 역기능적 의사소통방식의 변화가 획기적으로 나타났다고 보기에는 미흡하나 4회기 동안의 짧은 치료과정에서 부부간의 의사소통방식의 변화가 나타나기 시작했고, 부부가 서로에 대해 이해하고자 하는 변화가 나타났다.

치료의 결과로서 나타난 변화와 치료의 효과는 첫째, 부부가 서로에 대해 좋은 점, 잘하고 있는 점을 발견하려고 노력하고 자신이 어떠한 노력을 해야 하는 것인가에 대해 생각하게 되었다는 점이다. 아내는 남편의 가사와 육아에 대한 노력에 대해 긍정적으로 받아들이려고 노력하였고, 남편은 불만족스러워하는 아내를 비난하면서 대화를 회피하기보다는 두 사람이 함께 해결하려고 하는 자세가 필요하다는 부분을 인식하고 노력하였다.

둘째, 양육방식에 있어서 남편은 자녀의 바람직스럽지 못한 태도를 변화시키려 했던 자신의 방식이 조부모로부터 학습되었던 양육방식이라는 것을 깨닫고 자녀를 대하려 했던 과거의 역기능적인 방식을 변화하려고 노력하였다. 또한 남편은 아내의 양육방식을 지켜봐 주고 존중하면서 주말에는 아이와 놀아 주었고 자녀에게 맞추어 주려고 노력하였다.

셋째, 부부가 각자 자신의 행동이 상대방에게 더욱 갈등을 유지하게 하는 행동인지 아닌지를 분명하게 인식하게 되었고 부부가 새로운 의사소통방식으로 대응하려고 노력하는 모습을 보였다. 아내가 외로워하거나 힘들어할 때 남편은 무엇이 또 문제인가라고 생각하고 반응하는 대신에 아내의 감정을 이해해 주고 받아주려고 하였고 이러한 새로운 의사소통방식은 아내로 하여금 남편이 자신을 수용해 준다는 느낌을 갖게 하였다. 또한 아내도 남편에게 갑자기 화를 내거나 큰 목소리로 직설적, 공격적으로 말하는 의사소통방식에서 벗어나 좀 더 부드러운 의사소통방식을 사용하였다. 이러한 의사소통방식의 변화를 위한 노력과 행동을 통해 부부는 웃음이 늘어났고, 남편은 외롭거나 소외된다는 느낌이 감소하였다. 따라서 남편은 집을 예전처럼 경직되고 긴장되는 곳이 아니라 편안한 곳으로 여기게 되었으며, 더 이상 부부관계를 괴롭고 긴장되는 관계로 느끼지 않았다.

〈표 11-10〉 ■ 치료효과로 나타난 결과

| 치료효과 | 대화내용 |
|---|---|
| 배우자에 대한 이해 노력 | 아내: 저도 요즘 동네 아줌마들 얘기 듣고서 이제 알았어요. 아줌마들한테 얘기하면 '(남편에게) 뭘 (더) 바래?'라고 하거든요. 그런 거구나. 오히려 '이 사람이 괜찮은 편이구나. 또 내가 노력을 했구나.' 제가 너무 몰랐던 거예요. 주변의 아줌마들 얘기 들으니까 '내가 훨씬 나은 것이구나'라는 생각이 들고, 남편도 잘하고 있다고 칭찬해 줘야 하고… 제 친구한테 전화해서 남편에 대해 불평하면 친구가 '너희 남편은 정말 좋은 거야. 네가 잘해라' 그런 얘기 들으면 에이 괜히 전화했다고 하는데 나중에는 그것도 맞는 말이네' 하고.<br>남편: 저는 상담을 하면서 문제가 이렇게 있으면 계속 해결을 하도록 노력을 해야겠구나 하는 것을 느꼈어요. 그 문제에 대해서 회피를 하다든가, (아내가) 왜 이렇게 만족을 못하고 문제의식을 가질까? 이런 생각이 있었거든요. 이 정도면 만족하고 살아야 되는데. 뭐, 계속 만족하고 살 수가 없으니까. 문제가 이런 식으로 생겼을 때 어떻게 해서든 같이 해결을 할 수 있도록 '노력을 해야겠구나.' 하는 것을 배웠어요. (4회기) |
| 남편의 양육방식 변화 | 치료자: 아빠하고 자녀 사이에서의 관계의 변화는 있나요?<br>남편: 아직 어리니까 꾸준히 말하려고 하긴 하는데. 제가 그때도 말씀했지만, 뭘 말했을 때 그게 지금 같은 경우는, 특히 제 아내 같은 경우는 같은 말을 몇 번을 반복하고 짜증을 내야 아이가 그 말을 듣거든요. 그런 부분들을 어떻게 고칠까 생각을 하고 있고, 저는 이제 요즘에 아이에 대한 생활태도라던가, 예절부분만 잘해 줬으면 좋겠다는 게 요즘 아이에게 바라는 거고. 제가 이제 아이에게 하려고 하는 그런 태도적인 면은 참는 쪽이에요. 아내가 더 많은 시간을 아이와 있으니까 엄마가 화를 내지 않는데, 어쩌다 보는 아빠가 화를 내니까. 애 입장에서는 왜 잘 이해도 못하는 사람이 이렇게 할까 싶어서. 제가 볼 때는 아닌 것 같은데도 그냥 계속 참고 이러는 게 있어요. 말 안 듣고 좀 짜증을 내도 아내가 계속 이야기를 하니까, 지켜보고 있어요. 아이가 크면 '알아서 하겠지'라는 이런 생각도 많이 있고 해요. 단지 아직 약간 걱정이 되는 게 있지만은. 사춘기 접어들었을 때 이런 저의 태도가 갑자기 더 엄하게 바뀐다던가 하면 그런 게 걱정이 되긴 되는데. 주말에는 좀 맞춰 주려고 노력하고. 너무 엄마 말 안 들을 때는 "좀 잘 들어라." 이런 식으로 하고 있죠. (4회기) |
| 집이 편해짐 | 치료자: 요즘 댁에 들어가시면 아직도 좀 경직됩니까? 불편하세요?<br>남편: 요즘은 없어요. (중략) 아내가 상담을 하면서 나름대로의 심리적으로 많이 안정을 찾았던 것 같고, 고마워하는 것 같고. 저도 일단은 '좀 더 노력을 해야 하는 거구나. 계속적인 노력이 필요하구나.' 하는 생각도 들었고 좋았어요.<br>아내: 저는 남편이랑 관계는 괜찮아진 것 같은데, 별로 저의 애들이 커 가면서 이 사회의 불합리적인 부분을 되게 많이 겪게 될 텐데. 그때 내가 스스로 잘해야 되는구나. 그런 생각이 나면서 불안함은 좀 있고요. 제 스스로가 감정을 추스르지 못할까 봐. 그런 게 또 애가 커가면서 많이 영향을 받을 것 같아서. 그런 면을 어떻게 해야 할지 걱정이 되긴 해요. (4회기)<br>남편: 집에서 거의 먹는 시간이 없긴 하지만, 냉장고에 있는 음식을 먹을 때 아내가 뭐라고 하지 않을까라는 생각은 별로… 그 부분은 좀 좋아진 것 같기도 하고…. (4회기) |

<table>
<tr>
<td>의사소통방식의 변화</td>
<td>남편: 지금 약간 편안한 시기인데, 한번 또 올 것 같기도 하고 어떻게 될지 모르겠지만. 제 아내가 전보다 약간 차분해졌어요.<br>치료자: 어떻게 해서 그렇게 됐을까요? 일단 여건들이 좋아졌어요? 편안해져서?<br>남편: 모르겠어요. 일단은. 전보다도 몇 개월 전인데, 그전보다는 약간 갑자기 화를 낸다든가, 목소리를 확 크게 안한다든가 하는 방식이 변했어요.<br>치료자: 표현하는 데 있어서요? 표현하는 방식이 변하셨다는 거예요?<br>남편: 나름 부드러워진 거 같아요.<br>치료자: 남편도 표현방식이 부드러워졌다는 것을 느끼세요?<br>아내: 조금.<br>치료자: 조금이요? 예를 한번 들어 주실 수 있으세요? 어떻게 조금이라도 변했는지.<br>아내: 예요? 제가 좀 외로워하거나 조금 다운되어 있을 때 잘 해 주는 것 같아요. 옛날 같았으면 제가 가만히 있었으면 내버려 뒀을 텐데, '기분 나쁜 일 있었어?'라고 한마디라도 해 주는 게 좋아진 것 같아요. (4회기)<br>남편: 어제 같은 경우 집에 들어왔는데 왜 그랬는지 아내가 기분이 안 좋아서 저한테 짜증을 냈어요. 밤에 늦게 들어와서요. 아내가 짜증을 내서, 제가 집에 들어오면 좋은 얘기하지 왜 그러냐고 얘기를 하고 옆방에 갔다가 다시 방에 와서 얘기하고 그냥 잤거든요. 이쪽이 약간 영향을 많이 끼치는 것 같아요. 그런데 뭐 요즘에는 많이 웃고 좀 그래요. (4회기)</td>
</tr>
</table>

# V. 결론

본 연구의 결과를 통하여 발견되는 중요한 점은, 서로 다른 문화를 경험했던 부부의 갈등과 관련하여 문화적 차이, 가치관의 차이, 자녀양육방식의 차이 등에 대한 개입이 이루어지지 않더라도 부부의 원가족 및 성장 배경에 대한 이해, 의사소통방식의 변화만을 치료에서 다루었을 때에도 부부갈등이 감소되었다는 점이다. 다문화가족에 대한 개입을 하는 데 있어서 치료자의 문화적 접근이 중요한 요인이 될 수 있다. 그러나 문화적 차이에 초점을 두고 다루려고 하는 관점은 오히려 치료자로 하여금 다문화가족에 대한 편견이나 사회적 낙인을 주게 될 가능성도 존재한다. 다시 말해서, 문화적 차이와 그로 인한 갈등이라는 점에 초점을 두어 가족에게 어떻게 영향을 미치는지를 다루게 될 때, 다문화가족들은 그들이 경험하는 다문화가족에 대한 사회적 편견과 차별(김승권 외, 2010)을 치료관계에서 다시금 경험하게 될 수 있다는 점이다. 따라서 치료자들은 다문화가족들의 개별적 특성을 고려하지 않고, 다문화가족들이 경험할 수 있는 문제들에만 초점을 두게 된다면 오히려 다문화가족들로 하여금 치료자에 대한 거리감과 부담을 갖게 하는 요인으로 작용하게 될 것이다. 그러나 본 사례에서는 치료자가 언어적 문제, 가정폭력의 문제, 이중문화 스트레스와 같이 다문화가족들이 경험하게 되는 것으로 알려진 문제들에 대하여 초점을 두지 않고 문제를 다루었다. 이러한 치료적 접근은 다문화가족들이 치료장면에서 치료자가 다문화가족에 대한 낙인과 편견으로 대할지 모른다는 불안으로부터 벗어날 수 있게 하였다. 따라서 본 사례의 부부는 치료자에 대한 거부감 없이 자신의 원가족 문제와 성장 배경을 이해하고, 의사소통의 변화를 통해 갈등을 해결하는 방법을 모색하고 능동적인 태도로 치료의 효과를 가져올 수 있었다.

그럼에도 불구하고 다문화가족을 다루는 데 있어 문화적인 차이를 고려한 접근은 필요한데, 이때 고려해야 할 점은 다문화가족의 결혼기간을 고려한 접근을 해야 할 것이라는 점이다. 본 사례는 한국 문화에 대한 노출이 좀 더 많이 이루어진 다문화가족, 즉 결혼기간이 8년 정도, 그리고 사례의 특수성(결혼이민자의 한국학 전공) 등의 특성으로 인해 일반적인 다문화가족에 대한 사례와 달리 일반적인 한국의 가족들과 동일하게 접근하여도 그 효과가 있는 것으로 나타났을 가능성이 있다. 그러나, 가족상담과 교육서비스를 원하는 다문화가족들은 초기적응의 어려움을 가지고 있는 경우들이 많다. 즉, 김승권 등(2010)의 연구에서 결혼 2년 미만의 다문화가족들의 경우 응답자의 50% 이상이 가족상담 및 교육이 필요하다고 하였으나, 결혼 2~5년부터는 그 필요성이 감소한다고 하였다. 이와 같은 결과를 볼 때, 다문화가족의 언어적 문제, 이중문화 적응의 높은 스트레스, 가정폭력 등의 문제와 관련하여 문화적인 차이를 고려하고, 치료자가 문화적 유능성을 갖추고 있을 때 보다 효율적인 접근을 할 수 있을 것이라 판단된다.

따라서 이후 후속연구에서는 초기 적응과정에 있는 다문화가족들에 대한 가족치료 효과성을 입증하는 연구들이 있어야 할 것이라 생각한다. 치료자들의 문화적 유능성과 민감성이 치료의 효과에 어떠한 영향을 미치는지, 혹은 한국의 다문화가족들에게 가장 효과적이고 적절한 모델은 어떠한 것인지에 대한 연구들이 진행될 필요가 있다. 다문화가족들의 결혼기간에 따라, 문화적 배경 및 출신국에 따라, 혹은 문제유형에 따라 좀 더 효과적인 치료모델을 발견해 나가는 연구가 필요하다.

## 참고문헌

김미원(2007). 여성결혼이민자 가족의 적응력 향상을 위한 지원정책의 방향. **한영논총**, 11, 353-374.

김승권, 김유경, 조애저, 김혜련, 이혜경, 설동훈, 정기선, 심인선(2010). **2009 전국 다문화가족실태 조사 연구**. 한국보건사회연구원.

김오남(2006). 여성결혼이민자의 부부갈등 및 학대에 관한 연구: 사회문화적 요인을 중심으로. **한국가족사회복지학**, 18, 33-76.

류지성(1997). 사례연구의 방법론적 고찰: 연구설계와 방법. 단국대학교논문집, 31집, 1-16.

박재규(2007). 농촌지역 국제결혼 이민자 여성의 이혼의사에 영향을 미치는 요인분석. 농촌사회, 17(2), 1-20.

박태영(2001). 가족치료 이론의 적용과 실천. 서울: 학지사.

박태영(2009). 마리화나 피는 아들에 대한 가족치료 사례연구. 한국가족치료학회지, 17(1), 57-95.

박태영, 김혜선, 김태한(2010). 남편의 원가족과 갈등 겪는 부부들의 가족치료 사례연구. 한국가족관계학회지, 15(3), 43-66.

박태영, 박소영(2007). 성폭력을 당한 여중생의 가족치료 사례분석. 한국가족치료학회지, 15(2), 343-363.

박태영, 박진영(2010). 부모와 갈등을 겪는 청소년 자녀를 둔 가족에 대한 사례연구: 부모-자녀 간 대화장벽 허물기. 한국가족관계학회지, 15(1), 149-174.

박태영, 은선경(2008). 가출청소년의 가족치료 사례연구. 한국가족치료학회지, 16(2), 49-66.

설동훈, 김윤태, 김현미, 윤홍식, 이혜경, 임경택, 정기선, 주영수, 한건수(2005). 국제결혼 이주여성 실태조사 및 보건·복지 지원정책방안. 보건복지부.

신영화(2002). 한국인 남편과 조선족 아내의 부부문제. 한국가족치료학회지, 10(2), 1-24.

윤정숙(2004). 국제결혼을 통한 이주여성과 가정폭력. 한국여성학회 춘계학술대회 자료집.

이금연(2003). 국내 국제결혼과 그 이해: 실태와 문제점을 중심으로. 국제결혼과 여성폭력에 관한 정책제안을 위한 원탁토론회 자료집. 안양전진상복지관 이주여성쉼터.

이영분, 이유경(2009). 여성결혼이민자의 자아분화에 따른 결혼만족도 연구. 한국가족복지학, 26, 63-86.

전국다문화가족사업지원단(2008). 2008 다문화가족 방문교육사업 결과보고서.

중앙건강가정지원센터(2007). 2007 결혼이민자가족지원센터 사업운영 결과보고서.

채옥희, 홍달아기(2005). 국제결혼부부의 갈등과 대처에 관한 연구. 생활자원개발연구, 7, 1-17.

홍달아기, 채옥희(2006). 사례로 본 여성결혼이민자의 가정생활실태와 갈등. 한국생활과학회지, 15(5), 729-741.

Kerr, M. E., & Bowen, M. (2005). 보웬의 가족치료이론(남순현, 전영주, 황영훈 역). 서울: 학지사.

Miles, M. B., & Huberman A. M. (2009). 질적자료분석론(박태영, 박소영, 반정호, 성준모, 은선경, 이재령, 이화영, 조성희 역). 서울: 학지사.

Schlanger, K., & Anger-Diaz, B. (1999). The brief therapy approach of the Palo Alto group. In D. M. Lawson & F. F. Prevatt. *Casebook in family therap* (pp. 146-168). New York: Brooks/Cole

Stake, R. (1995). *The art of case study research*. Thousand Oaks, CA: Sage.

Watzlawick, P., Weakland, J., & Fisch, R. (1974). *Change: Principles of problem formation and problem resolution*. New York: Norton.

Weakland, J. H. (1993). Conversation-but what kind? In S. Gilligan & R. Price (Eds.), *Therapeutic conversations* (pp. 136-145). New York: Norton.

Yin, R. K. (1989). *Case study research: Design and method*. Newbury Park, CA: Sage.

제12장

# 가정폭력에 대한 부부치료 사례분석: 가정폭력 쉼터에 거주하는 부인을 대상으로*

박태영 · 박소영

본 연구에서는 가정폭력을 경험한 부부를 대상으로 한 가족치료 사례를 분석함으로써 가정폭력 부부상담의 실제적인 예를 제시하고자 하였다. 또한 가정폭력 쉼터에 거주하고 있는 부인과 별거 중인 남편에 대한 부부상담을 통해 가정폭력 부부의 문제 원인을 사정하고 가정폭력을 중단시키는 변화를 위한 가족치료 기법들을 살펴보고자 하였다. 본 사례는 2007년 1월부터 2007년 10월까지 개인상담과 부부상담을 포함한 총 14회기가 진행되었다. 본 연구의 분석은 한 명의 가족치료자와 가족치료 과정에 참석하지 않았던 다른 연구자가 공동으로 진행하였으며 지속적인 비교분석을 하였고, 분석결과를 네트워크를 활용하여 전시하였다.

분석결과 본 사례의 치료과정은 가족치료자와 내담자의 신뢰관계 형성과 가정폭력 현상에 대한 탐색이 이루어지는 초기 단계, 가정폭력이 발생하는 데 기여한 내담자들의 준거틀과 상호작용 과정을 사정하는 사정 단계, 새로운 해결책을 강구하여 기능적인 상호작용을 만들어가는 개입 단계, 그리고 변화된 상호작용을 유지시키고 가족치료를 마무리하는 종결 단계로 구성되었다. 연구결과로서 부부에게 가정폭력이 발생하고 유지된 상호작용 과정이

---

*제12장은 한국가정관리학회지(2010) 제28권 5호, 75-88페이지에 게재된 논문을 일부 수정한 것임.

분석되었고, 부부의 상호작용방식 중 부인의 해결책에 영향을 미친 준거틀이 확인되었다. 또한 연구결과 부부의 새로운 상호작용방식을 형성시키기 위해 치료자가 사용한 개입은 내담자에게 가정폭력을 발생시킨 상호작용 과정과 부부가 서로 사용해 왔던 해결책의 비효과성에 대해 인식시키는 것이었다. 마지막으로 새로운 해결책을 시도하는 부부의 변화과정에 대한 분석결과 부부의 행동의 변화과정은 서서히 진행되었으나 가정폭력에 대한 가족치료 개입 효과는 분명히 나타났다.

# I. 서론

가정폭력은 다른 유형의 폭력과 달리 폭력이 발생한 후에도 행위자와 피해자가 생활을 같이 해야 하는 경우가 많으며, 폭력이 반복되는 특징이 있고 오랜 기간 지속되는 경우가 많다. 이러한 특징으로 인해 가정폭력은 피해자에게 신체적으로나 정서적으로 미치는 폐해가 크다. 가정폭력범죄의 처벌 등에 관한 특례법의 제2조 1항에 의하면 가정폭력은 가정구성원 사이의 신체적, 정신적, 또는 재산상 피해를 수반하는 행위라고 정의하고 있다. 이때 가정폭력은 배우자폭력, 아동폭력, 노인폭력 등 가족 사이에서 발생할 수 있는 모든 폭력을 포함한다. 그런데 우리 사회에서는 통상적으로 가정폭력이라는 용어가 아내학대나 아내구타 등의 용어와 혼용되고 있다(박영란, 2007). 즉, 우리 사회에서 가정폭력이라고 할 때에는 주로 남편에 의한 아내에 대한 폭력을 의미하고 있으며 아동폭력과 노인폭력은 아동학대와 노인학대라는 말로 주로 표현되고 있다.

가정폭력은 밀거나 따귀 때리기부터 시작해 물건을 집어던지고 흉기를 사용하는 등의 다양한 신체적 폭력과 정서적 폭력과 성적인 폭력 등의 유형을 포함한다(Mattson & Ruiz, 2005; Campbell, 1994). 여성가족부가 3년마다 한 번씩 기혼부부를 대상으로 조사하는 가정폭력실태조사에서도 정서적, 신체적, 경제적 폭력과 방임과 성학대의 유형이 모두 포함되어 있다. 2007년 가정폭력실태조사를 통해 가정폭력 발생률을 살펴보면 조사시점을 기준으로 1년 전까지의 과거에 남편에 의한 아내폭력 발생률은 47.8%였으며, 최근 1년간 아내폭력 발생률은 33.1%였다(여성가족부, 2008). 이는 매우 높은 수치이며 이러한 상황은 폭력에 대해 허용적인 우리 사회의 분위기와도 무관하지 않다고 여겨진다.

가정폭력을 방치할 경우 부부의 별거나 부인의 가출 그리고 자녀의 가출, 이혼으로까지 연결되어 가족 해체로 이어지기도 하며, 형태적으로는 가족이 해체되지 않더라도 피해자들은 신체적 고통과 더불어 우울감과 무력감, 자기비난과 죄책감, 고립감과 분노 등의 정신적 고통을 겪게 된다(Zlotnick et al., 1998). 가정폭력은 자녀들 역시 피해자로 만드는데, 피해 여성과 마찬가지로 자녀들도 우울감과 죄책감을 느끼고, 불안해하고 위축되어 있는 내재화된 문제를 지닐 수 있다(김은영 외, 2009). 또한 Emery와 Laumann-Billings(1998)은 가정폭력이 발생하는 가정의 자녀들 중 40%에서 75% 정도가 아동학대를 당하고 있다고 보고했다. 다른 한편으로 자녀들은 폭력을 학습하게 되어 폭력이 아래 세대로 전승되는 피해를 입을 수 있다(신선인, 2008; 김재엽, 송아영, 2007; 정민자, 엄선필, 2002). 다시 말하면 가정폭력은 모든 가족구성원들을 피해자로 만들면서 그 후유증을 겪게 하고 가족 해체를 초래하기도 하는 사회적 문제다.

우리 사회가 가정폭력에 대해 사회적 개입을 하기 시작한 것은 1990년대 후반부로서 가정폭력 방지법을 제정한 것이 계기가 되었다. 그 후 가정폭력 상담소와 피해자보호시설 등이 확대되고 있으며 가정폭력 피해자들을 위한 의료적 지원, 법률구조, 직업훈련 등의 지원이 확대되고 있다(박영란, 2007). 그럼에도 불구하고 가정폭력을 중단시키거나 예방하는 근본적인 대책이 마련되지 못하고 있다는 지적이 많이 제기된다. 그 이유는 수강명령을 통한 행위자에 대한 개입과 피해 여성에 대한 일시적 보호에 중점을 둔 서비스가 주를 이루어 피해 여성이 더 이상 가정폭력의 피해자가 되지 않도록 도와주는 근본적인 서비스가 부족하기 때문이다(박영란, 2007; 현진희, 2007). 한편으로는 피해 여성이 남편으로부터 분리되어 자립할 수 있도록 지원하는 서비스와 다른 한편으로는 가정으로 돌아가서 다시 피해자가 되지 않도록 지원하는 서비스가 모두 필요하다고 볼 수 있다.

그런데 많은 가정폭력 피해 여성들이 오랫동안 폭력을 견디면서 배우자와 함께 동거하거나 설령 별거를 하고 쉼터에 거주한 이후에도 가정으로 돌아가는 경우가 절반을 넘는다(여성가족부, 2008). 가정폭력 피해 여성들의 경험을 연구한 정혜숙(2007)에 의하면 남편의 변화를 기대하거나 자녀 때문에, 혹은 홀로서기를 할 자신감이 부족한 것 때문에 등 여러 요인들로 인해 피해자들이 남편에게 머물게 되었다. 김인숙(1998) 역시 가정폭력 피해자들은 가정을 지키고자 하는 이유로 폭력을 견디고 있으며, 남편에게 상담을 권유하고 가출을 감행하고 쉼터를 이용하는 등의 여러 방법을 시도하면서 남편을 변화시켜 결혼생활을 유지하고자 한다고 보고했다. 이러한 현실을 고려하면 가정으로 돌아가고도 가정폭력의 피해를 입지 않도록 원조하는 서비스가 매우 중요하다. 이런 맥락에서 볼 때 가정폭력서비스 현장에서 가정폭력 피해 여성들이 남편과 함께 살 수 없는 점에 집중하느라 그들이 가정을 '떠날 수 없음'에 대해 이해하고 존중하지 못했던 기존의 실천 관점을 극복하려는 움직임이 있다는 점(정혜숙, 2007: 295)은 매우 고무적이다.

가정폭력을 단절시키기 위해서는 폭력의 행위자인 남편에게도 보다 전문적인 개입이 필요하며(장희숙 외, 2004), 부부 모두를 대상으로 하여 부부갈등을 줄이고 가정폭력을 해결할 수 있는 방법을 모색하는 부부개입도 필요하다(현진희, 2007). 김주현과 이연호(2008)는 가정폭력을 경험한 여성이 성공적으로 폭력 없는 결혼관계를 유지하기 위해서는 피해 여성의 대처노력과 남편의 변화가 둘 다 중요하다고 주장했다. 이를 위해 부부가 함께 참여하는 상담이나 교육, 혹은 부부집단 프로그램 등이 더욱 활성화되어야 할 것이다.

그런데 그동안 가정폭력 사례에 대해 부부개입을 하는 것에 대해서는 논란이 있었다. 이러한 논란은 부부가 함께 하는 상담 현장에서 폭력이 발생해 피해자의 안전이 위험에 처할 수 있어서이기도 하지만(Stith et al., 2003; Bogard & Mederos, 1999), 동시에 가정폭력이 발생한 원인에 대해서 합의가 이루어지지 않았기 때문에 야기되었다. 가정폭력의 발생을 체계론적인 관점에서 부부의 상호작용의 결과로 바라보는가, 아니면 여성주의적 관점에서 남성의 가부장적 권위의식과 힘의 편중의 결과로 보느냐에 따라 부부개입을 하거나 가정폭력 행위자와 피해자를 분리시켜 개입을 했다. 지금까지는 행위자와 피해자를 분리시켜 주로 가정폭력 행위자 집단상담을 진행하는 경우가 더 많았다. 그러나 Bybee와 Sullivan(2005)은 쉼터를 퇴소해 가정으로 복귀한 여성이 다시 가정폭력의 피해자가 되어 쉼터에 재입소할 가능성을 줄이기 위해서는 부부상담을 통해 개인적 문제를 함께 나누고 도움을 받을 수 있는 사회적 네트워크가 필요하다고 주장했다.

이에 본 연구에서는 가정폭력을 경험한 부부를 대상으로 한 가족치료 사례를 분석함으로써 가정폭력 부부상담의 실제적인 예를 제시하고자 했다. 재결합의 의사는 있지만 두려움과 망설임으로 재결합하지 못한 채 부인과 자녀는 가정폭력 쉼터에 거주하고 있으며 남편과 별거하고 있는 부부의 상담 과정을 통해 가정폭력 부부의 문제 원인을 어떻게 사정하고 가정폭력을 중단시키는 변화를 위해 어떤 가족치료 기법들을 적용하는가를 살펴보고자 했다. 이를 통해 가정폭력을 경험한 부부에게 부부 단위의 개입과 상담이 필요하다는 당위성에 대해서는 많은 연구가 이루어졌지만 실제적인 부부상담에 대한 연구는 별로 없는 상황에서 부부단위의 개입과 상담에 실제적인 도움을 제공할 수 있을 것이라고 기대한다.

## Ⅱ. 문헌고찰

### 1. 가정폭력

본 연구에서 가정폭력은 남편에 의한 아내폭력을 지칭하는 용어로 배우자학대와 아내구타 등의 용어와 혼용할 수 있다. 가정폭력을 어떻게 바라보는가에 따라 개입의 관점이나 기법이 달라지는데, 가정폭력에 관한 선행연구에서는 주로 정신분석 이론 관점, 사회학습 이론 관점, 여성주의 관점, 가족체계론적 관점의 측면에서 가정폭력을 조망해 왔다.

정신분석 이론 관점에서는 가정폭력의 행위자와 피해자 모두의 병리적 특성에 초점을 맞추고, 특히 폭력 행위자의 낮은 자존감, 분노 조절이 힘든 점, 기질적 특성 등을 공통적인 특성으로 제시하였다(Hamberger et al., 1997). 사회학습 이론 관점에서는 가정폭력의 행위자와 피해자의 역할이 사회적으로 학습된 것으로, 다른 사람의 행동을 관찰하고 모방한 결과라고 바라본다. 가정이나 사회에서 폭력을 경험한 빈도가 높은 아동일수록 성인이 되어서 폭력을 행사할 가능성이 커진다는 것이 이 관점의 기본 전제다(Burgess et al., 1987). 여성주의 관점에서는 가정폭력이란 가부장적 사회구조와 남녀 간 불평등한 권력의 산물로서 남성이 여성을 지배하고 통제하는 과정에서 발생하는 문제라고 본다. 즉, 남편이 아내를 통제하고 자신의 권력을 유지하기 위해 폭력을 사용한다(O'Leary, 1993). 가족체계론적 관점에서는 가정폭력을 가족의 상호작용적인 측면에서 바라본다. 가정폭력은 행위자의 성격적 결함에 의해 발생되는 것이 아니라 행위자와 피해자의 부정적인 상호작용의 결과로 발생하는 것이라고 인식된다(Cook & Franz-Cook, 1984). 이런 측면에서 가정폭력 행위자의 성격적 특성이나 역할 모델링보다는 가정폭력이 발생하는 독특한 상황이나 부부의 의사소통과 상호작용 방식이 중요하게 되고, 부부 모두가 폭력이 발생하는 데 역할을 한 것으로 인식된다.

본 연구에서는 어느 한 이론만으로는 가정폭력의 원인을 포괄적으로 설명할 수 없다는 점에는(O'Leary, 1993) 원칙적으로 동의하면서도 기본적으로는 가족체계론적 관점에서 가정폭력을 바라보고 있다. 물론 피해자에게 가정폭력 발생의 책임을 전가시키는 것은 불가능하고 도덕적 비난은 가정폭력 행위자를 향해야 하는 것이 사실이다. 그러나 가정폭력 발생의 책임이 행위자에게 있지만, 그러한 폭력이 반복적으로 발생하고 지속되는 데에는 부부의 상호작용이 역할을 한 것이라고 바라보는 관점이 부부 두 사람을 대상으로 하는 가정폭력 상담에 더 효과적인 접근법이 될 수 있다(Neidig & Friedman, 1984; 현진희, 2007에서 재인용). 특히 가정폭력에도 불구하고 결혼생활을 지속하고자 하는 부부에게 있어서는 폭력이 발생하는 상호작용의 고리를 분석해 내고 그 고리를 끊어 가정폭력 발생을 방지하는 것이 개입의 목표가 될 수 있다.

## 2. 가정폭력 상담

우리 사회에서 1998년 가정폭력법이 시행되면서 가정폭력에 대한 사회적 개입이 이루어지고 가정폭력 상담소와 피해여성을 위한 가정폭력 쉼터가 많이 늘어났다. 이때 가정폭력의 원인이 되는 행위자를 변화시키면 폭력이 줄어들 수 있다는 인식하에 행위자 교정프로그램이 실시되기 시작했다. 이는 서구도 마찬가지였는데, 피해 여성과 행위자인 남성을 분리시켜 개입하는 평행 궤도(parallel track)의 원칙이 지켜졌다. 이렇듯 가정폭력에 대해 부부상담이 회피된 이유는 크게 두 가지로 살펴볼 수 있는데, 우선 상담 현장에서 피해 여성의 안전이 위협받을 수 있고 혹은 부부상담이 오히려 감정을 고조시켜 상담 현장을 벗어난 가정에서 두 사람 사이에 추가폭력이 발생할 수도 있는 위험성 때문이었다. 다른 한편으로는 피해 여성에게 상호작용 방식의 변화를 요구하는 것은 피해자에게 폭력발생의 책임을 전가하는 것이라는 비판 때문이었다(Stith et al., 2003; O'Leary et al., 2002).

그러나 가정폭력이 부부의 상호작용 속에서 발생하며 피해자와 행위자 모두 가정을 유지하고자 하는 비율이 높다는 점에서 볼 때 가정폭력에 대해 부부를 대상으로 개입이 이루어져야 한다는 주장이 제기되어 왔다(이종선, 2001; 성주향, 2002; Sith et al., 2004). 즉, 부부의 상호작용이 이루어지는 특정한 맥락에 대한 이해와 가정폭력 행위자가 비폭력적으로 의사소통하는 상호작용을 피해자와 함께 만들어갈 수 있도록 개입이 이루어져야 한다. 체계론적 관점과 부부 상호작용의 맥락에서 가정폭력을 바라보는 연구들이 이러한 주장을 뒷받침했는데, 김지영과 최상진(2004)은 남편의 스트레스가 부부의 의사소통에 부정적인 영향을 미치고, 이 부정적인 의사소통이 다시 남편의 공격성을 통해 가정폭력에 영향을 끼치게 되는 연구결과를 제시했다. 가정폭력 부부 집단상담에 참여한 부부들은 자신의 마음을 제대로 표현하거나 제대로 의사소통하지 못했던 점이 문제라고 인식하게 되고 그로 인해 부부문제를 바라보는 관점이 변화되었다고 보고했다(서혜석, 2005).

그동안 국내에서 가정폭력을 경험한 부부를 대상으로 한 개입에 관한 연구는 그리 많지 않은 편이다. 집단 개입에 관한 연구로는 집단 프로그램의 효과성에 관한 연구가 대부분인데 사티어의 성장 모델 이론을 중심으로 한 서혜석(2005)의 연구와 체계론적 관점과 사회학습 이론을 중심으로 한 현진희(2007)의 연구가 있다. 개별 부부 개입에 관한 연구로는 대상관계 이론을 이용한 부부치료 사례연구(임종렬, 1998)와 해결중심 단기 가족치료 모델을 이용한 부부치료 사례연구(허남순, 1995) 등이 있다. 가정폭력에 대한 부부상담이 활성화되기 위해서는 여러 관점에서의 사례연구들이 더 많이 발표되어 가정폭력에 대한 구체적이고 실제적인 부부상담의 방법에 대한 소개가 이루어져야 할 것이다.

## 3. MRI 모델

본 연구에서 가족치료를 진행하고 사례를 분석하는 기본적인 틀은 MRI 모델이다. Jackson과 Weakland, Watzlawick, Beavin 등이 미국 California 주에 있는 Palo Alto 지역에 Mental Research Institute(MRI)를 설립해 가족치료를 진행하면서 발전시킨 이론이 MRI 모델이다. 이 모델은 Haley의 전략적 모델, Milan 모델 등과 함께 전략적 가족치료라고 불리기도 하는데, 이는 문제행동을 지속시키는 가족의 부정적인 상호작용을 변화시킬 전략을 사용한다는 점에서 붙여진 이름이다(Goldenberg & Goldenberg, 2003). 가족체계론과 의사소통 이론을 근거로 하고 있는 MRI 모델의 기본 가정은 모든 행동은 의사소통이며 그 의사소통은 내용과 관계의 측면이 있다는 것과, 가족의 문제는 그 문제를 해결하기 위해 반복적으로 시도한 해결책에 의해 지속되어 왔다는 것이다. 그리고 그 가족의 문제와 그것을 해결하기 위한 대처행동의 역기능적인 상호작용을 변화시키기 위해서는 새로운 해결책을 탐색해야 한다(Nicholas & Schwartz, 2002).

MRI 모델은 내담자의 문제를 해결하고 변화시키는 것에 관한 원칙들을 다음과 같이 제시했다. 첫째, 모든 행동은 체계라는 맥락에서 이해 가능하다는 것으로, 이 원리를 통해 이 모델이 가족체계론적 관점에 서 있음을 알 수 있다. 둘째, MRI 모델은 문제가 왜 발생했는가 하는 점보다는 그 문제가 유지되는 방식에 주목했다. 이는 가족치료에 있어 매우 혁신적인 일로 가족치료자는 문제의 원인을 찾기 위해 내담자의 과거를 깊이 탐색할 필요가 없고, 그 문제가 유지되는 현재의 상호작용에 초점을 두게 되었다. 셋째 원리는 내담자의 문제는 자신의 상황을 어떻게 인식하는가에 의해 발생한다는 것이다. 각자가 인식하는 방식은 준거틀의 영향을 받는다. 마지막 원리는 내담자가 그 문제를 해결하려고 효과적이지 못한 해결책이나 해결방식을 사용함으로써 문제를 악화시키는 경향이 있다는 것이다. 그러므로 상담을 통해 해야 할 일은 그동안 시도했던 비효과적인 해결책이 아닌 새로운 접근이나 해결책을 사용해 문제를 해결하는 것이다. 이때 주된 강조점은 문제를 발생시키는 가족이나 부부의 상호작용을 해결하는 것에 있고, 그 상호작용은 의사소통 측면에서 접근할 수 있다(Goldenberg & Goldenberg, 2003; Watzlawick et al., 1974).

이러한 원리들에서 나온 개념들을 가족치료 과정의 측면에서 좀 더 자세히 살펴보면 우선 가족치료자들은 내담자 가족의 준거틀을 이해하는 과정을 거쳐야 한다. 내담자는 세상이나 상황을 이해하는 틀을 가지고 있고, 내담자의 사회적 문화적 배경과 원가족 배경 등의 요소들이 이 준거틀 형성에 영향을 끼친다. 내담자의 문제는 자신의 상황을 인식하는 방식, 즉 준거틀에 따른 상황 이해에서 발생한다. 가족치료자는 이 틀을 내담자의 관점에서 이해

해야 하고, 준거틀을 이해하게 되면 특정한 문제에 관련된 내담자의 인식을 이해하고 설명할 수 있게 된다(Weakland et al., 1971).

MRI 모델을 따르는 가족치료자들은 내담자가 자신의 준거틀에 따라 상황을 인식한 것이 바로 문제이고, 그 준거틀에 따라 문제를 해결하려고 시도한 것이 오히려 문제를 악화시킨다고 주장했다. 내담자는 좀 더 효과적인 새로운 대처 전략을 만들어 내지 않고 비효과적인 예전 전략을 계속 시도하고, 이렇게 비효과적인 대처법을 계속 쓰면 그 문제 자체를 유지시키고 강화시키게 되는 역설이 생긴다.

그러므로 MRI 모델에서는 내담자가 효과적인 대처법, 해결책을 시도하게 해 새로운 상호작용을 만들어 내는 것이 개입 목표가 된다. 이를 위해서는 내담자의 인식을 바꾸는 것이 필요하다. 내담자가 사건이나 상황을 인식하는 틀을 바꾸면 그 상황에 대해 다른 의미를 부여하게 되는데, 이를 재구조화(reframing)라고 한다. 즉, 재구조화란 일련의 사실들을 가지고 와서 그 사실에 대해 다른 설명을 하는 것이다. 이 재구조화를 통해 내담자의 문제행동에서의 변화를 초래할 수 있는데, 왜냐하면 상황에 대해 부여하는 의미가 변화하면 내담자의 반응도 변화하기 때문이다(Soo-Hoo, 1999). 그래서 가족치료자는 내담자가 세상과 자신, 문제를 바라보는 새로운 방식을 채택할 수 있도록 도와주어야 하고, 이를 통해 새로운 상호작용을 만들어 내도록 해야 한다.

# Ⅲ. 연구방법

## 1. 연구자료

본 연구의 자료는 가정폭력 쉼터에 거주하는 여성이 남편과의 재결합을 모색하기 위해 시도한 가족치료 사례의 녹취록이다. 본 사례는 2007년 1월부터 2007년 10월까지 총 14회기가 진행되었다. 14회의 상담 중 10회는 부부 모두 참여했으며 2회기와 10회기는 남편의 개인상담, 3회기와 9회기는 부인의 개인상담이 진행되었다. 가족치료자는 가족치료 전문가 1인이었으며 치료적 접근은 의사소통 가족치료 모델인 MRI 단기가족치료 모델을 중심으로 진행되었다.

본 연구를 진행할 때 본 사례의 내용을 연구자료로 사용하는 문제에 대해 내담자들의 허락을 받았으며, 연구자들은 내담자들을 보호하기 위해 내담자들을 추정할 수 있는 모든 인적 사항들과 특이 사항들을 삭제하고 밝히지 않았다.

### 1) 연구자료의 맥락적 이해

전업주부였던 부인과 자영업을 하는 남편은 10년 전 중매로 만나 결혼을 했다. 1년 전 발생한 가정폭력으로 인해 부인은 이혼 소송을 제기하고 쉼터에서 생활하고 있으며, 이에 남편도 이혼소송을 제기하여 서로의 감정이 상한 상태였다. 그러나 아이를 생각해 서로 이혼소송을 취하하고 재결합을 모색하였지만 둘의 관계가 진척될 수 있는 방법을 모른 채 제자리걸음 상태에서 상담을 의뢰했다. 상담을 의뢰할 당시 부인은 남편의 음주와 그와 동반된 가정폭력이 재발될 것에 대한 걱정이 많았다.

## 2. 분석방법

본 연구의 분석은 한 명의 가족치료자와 가족치료 과정에 참석하지 않았던 다른 연구자가 공동으로 진행하였다. 가족치료에 참석하지 않았던 연구자는 가족치료 녹취록에 대해 1차적으로 자료분석을 실시하였다. 이때 분석방법은 질적 연구방법인 지속적 비교분석방법을 이용했으며, 가정폭력이 발생하고 유지되도록 한 부인과 남편의 상호작용, 가족치료자의 개입 기법, 그리고 가족치료의 결과를 중심으로 살펴보았다.

1차 자료분석 과정에서 연구자는 녹취록에서 지속적으로 나타나는 개념을 추출하여 그 결과를 가족치료자와 함께 검토하고 수정하고 재구성하는 2차 자료분석 과정을 거쳤다. 이 과정에서 다시 1차 자료분석 과정으로 돌아가 새로운 개념을 추출하는 과정을 여러 번 반복했다. 또한 분석결과를 실제 가족치료를 하고 있으며 질적 연구를 수행한 경험이 있는 연구자에게 짧게 설명하고(debriefing) 피드백을 받는 과정을 거쳤다. 이렇듯 가족치료자와 가족치료에 참석하지 않은 연구자가 함께 공동연구를 진행하고 그 결과를 다른 동료에게 점검받는 과정을 통해 연구자의 삼각화를 추구하였다.

## 3. 연구질문

본 연구의 연구질문은 '가정폭력을 경험한 부부에 대한 가족치료의 과정은 어떠한가?' 이다. 이를 위한 구체적인 질문은 다음과 같다.

첫째, 가정폭력을 야기하고 지속시킨 부부의 상호작용은 어떠한가?

둘째, 부부의 새로운 상호작용을 형성시키기 위해 어떠한 개입이 이루어졌는가?

셋째, 새로운 해결책을 시도하는 부부의 변화 과정은 어떠한가?

# Ⅳ. 연구결과

본 연구의 연구질문인 '가정폭력을 경험한 부부에 대한 가족치료의 과정은 어떠한가?'에 따른 자료분석 결과 본 사례의 가족치료 과정은 다음과 같이 분석되었다. 가족치료자와 내담자의 신뢰관계 형성과 가정폭력 현상에 대한 탐색이 이루어지는 초기 단계, 가정폭력이 발생하는 데 기여한 내담자들의 준거틀과 상호작용 과정을 사정하는 사정 단계, 새로운 해결책을 강구하여 기능적인 상호작용을 만들어가는 개입 단계, 그리고 변화된 상호작용을 유지시키고 가족치료를 마무리하는 종결 단계로 구성되었다.

초기 단계에서는 우선 가족치료자 소개와 가족치료의 전체적인 과정에 대한 소개가 이루어졌으며 가정폭력 현상과 현재 부부의 상황, 내담자들이 상담에 임하면서 가지고 온 상담목표에 대한 탐색 위주로 상담이 진행되었고 마지막으로 서로의 긍정적인 점에 대한 탐색이 이루어졌다. 초기 단계는 1회기가 해당되었다.

사정 단계는 가족치료자가 내담자들의 준거틀과 문제에 대해 시도된 해결책을 사정하는 과정이었다. 가족치료자는 부인이 남편과의 관계에서 힘들어하는 점과 남편이 부인과의 관계에서 힘들어하는 점에 대한 사정을 하고 동시에 가정폭력이 발생하게 된 부부의 상호작용 과정에 대한 사정을 진행하였다. 이 과정은 일방적으로 진행하는 과정이 아니라 가족치료자가 내담자들과 함께 자신들의 준거틀, 문제가 발생한 상호작용, 그리고 그 문제를 유지시킨 시도된 해결책을 찾아가며 내담자의 인식을 넓혀 가는 과정이기도 했다. 사정 단계는 주로 2회기에서 4회기까지라고 할 수 있지만 개입 단계에서도 사정은 지속적으로 이루어졌다.

개입 단계에서 가족치료자는 내담자들에게 새로운 해결책들을 시도하게 하기 위해 재구조화를 시도했다. 이를 통해 내담자들이 상황에 대해 새로운 인식을 하게 하고 새로운 의미를 그 상황에 부여하도록 했다. 가정폭력을 유발하는 부부의 상호작용을 끊고 새로운 상호작용을 할 수 있도록 개입하였으며 이러한 개입에 대해 부인과 남편이 반응하고 새로운 상호작용이 발생하게 되는 과정을 거쳤다. 개입 단계는 5회기에서 11회기까지가 해당되었다.

종결 단계에서는 가족치료 과정을 통해 변화된 부인과 남편의 인식과 새로운 대처방식으로 인해 새로 형성된 부부의 상호작용에 대해 확인하고 유지하기 위한 작업이 이루어졌다. 본 사례의 경우 개입 단계에서부터 부인과 남편의 상호작용이 변화하기 시작했지만 그 변화를 유지하는 종결 단계가 12회기에서 14회기까지로 보통의 사례보다 길었다. 이는 부인이 가정폭력 쉼터 생활을 정리하고 남편과 재결합을 실행하는 단계까지 많은 시간이 필요했기 때문이다.

이러한 연구결과를 바탕으로 구체적인 연구질문에 따른 연구결과를 상세히 기술하면 다음과 같다.

## 1. 가정폭력을 야기하고 지속시킨 부부의 상호작용은 어떠한가

### 1) 문제 상황으로서 남편의 음주 후 가정폭력

자료분석 결과 이 부부가 말하는 문제는 남편의 가정폭력이었으며, 그의 가정폭력은 알코올을 동반하는 것이었다. 남편은 평상시에는 너무나 예의바르고 얌전하며 법 없이도 살 사람처럼 행동하다가 술만 취하면 예전에 감정이 상했던 것을 다 폭발시키고 나아가 폭력을 행사하는 경우가 있었다. 그리고 남편은 분노조절이 잘 되지 않았다고 했다. 내담자 부부의 경우 신체적 가정폭력이 1년에 서너 차례 있었지만, 한 번 폭력이 시작되면 구급차가 와야 할 상황이 될 정도였다.

부인은 남편의 음주와 가정폭력에 대해 매우 심한 불안과 두려움을 가지고 있었다. 늘 남편의 폭력에 대한 두려움을 가지고 있었기 때문에 부인이 체감하는 가정폭력은 실제보다 훨씬 심각했으며 가정폭력이 부인의 삶에 끼치는 영향이 매우 컸다. 특히 부인은 가정폭력으로 멍들어서 출근하게 되는 상황을 염려해 직장도 갖지 못한다고 생각할 정도였다. 그렇기 때문에 부인은 기한이 되어 가정폭력 쉼터를 나와야 하는 상황이고 남편과 재결합을 고려 중인데도 불구하고 남편의 가정폭력이 반복될까 두려워서 생활을 합치지 못하고 있었다.

> 부인: 제가 직장을 잡으면 남편의 폭력으로 멍이 들어서 직장을 출근해야 하는 그런 두려움이 먼저 앞서서 그러니깐 구더기가 무서워서 장을 못 담근다는 그런 생각으로 일부러 직장을 안 잡았어요…. 한 번 화나면 술이 취했든 안 취했든 분노 조절이 안 돼요. 그러니깐 남편이 되게 절제를 잘 하는데 이제 욕이 나오면 '씨발년' 이러면 이제 그때부터 구타가 시작되는 거죠. 그 욕이 나오고 나면 이제 아무리 잘못했다고 해도 절제를 못해요. 발길질부터 하고…. (가정폭력이 부인에게 미치는 영향과 분노조절이 안 되는 남편) (3회기)

그런데 남편의 폭력적인 행동에는 항상 부인과의 대화 시도가 선행되었다. 남편은 바깥에서 술을 마시고 집으로 돌아왔을 때 부인과 얘기를 하고 싶은데 부인이 전혀 받아 주지 않아서 힘들었다. 남편은 술 취했을 때 '똑바로 걸어'라는 말만 할 뿐 아예 말을 못하게 하는 부인에게 답답함을 느꼈다. 그러나 결혼초기에 남편은 음주 후 부인과 계속 대화를 시도했으며, 이것이 가정폭력으로 이어지는 상황이 되었다. 이렇게 되자 대화를 하고 싶으면서도 부인이 싫어하기 때문에 남편도 대화 시도를 안 하게 되고 부부 사이의 대화가 원활하지 않게 되었다.

> 남편: 대화가 원활하게 된 적이 없었던 거 같은데요. 일단 제가 회식을 하고 오면 집 분위기가 안 좋으니깐. 초기에는 답답하니깐 얘기하려고 했는데 그게 서로 간의 트러블이 됐고… 예를 들어서 밖에서 회식을 해서 그리고 기분 좋게 술을 마시고 들어와서 집에 이제 애기도 있고 그러니깐 들어와서 '애기야!' 이러면 비틀대지 말고 '똑바로 걸어!'라고 하거든요. (대화가 원활하지 않았음) (4회기)

### 2) 부인의 시도된 해결책으로서 대화회피

음주 후 가정폭력을 경험한 부인이 남편이 술을 마시고 오는 날이면 두려움을 느끼고 불안한 가운데 가정폭력에서 벗어나기 위해 시도한 해결책은 대화를 하지 않는 것이었다. 그중 하나의 방식은 남편이 술을 마시고 오면 부인은 자는 척하는 것이었다. 이는 남편과 어떤 대화나 상호작용도 하지 않으면 폭력이 발생할 가능성도 없을 것이라고 보기 때문이었다.

> 부인: 남편이 술 마시고 와서 제가 바가지를 긁었어요. 근데 이 사람이 저를 쳤어요. 그럼 저는 어떤 여자라도 남편이 술을 마시면 바가지를 긁지, 그렇게 생각하고 나는 잘못한 게 없는데 맞으면 너무 억울한 거예요. 그래서 제가 '그래 이제 이 사람한테는 말하지 말아야겠다. 이 사람이 술을 마셨으면 자는 척을 해야겠다.'고 생각을 한 거예요. 그래서 이 사람이 현관에서 발자국 소리가 나기 시작하면 저는 이제 막 자는 척을 하는 거예요. (남편이 술 마시고 들어오면 자는 척하기) (4회기)

이렇게 현관에서 발자국소리가 나기 시작하면 자는 척하는 부인에게 남편이 아무렇지도 않게 반응하여 가정폭력이 발생하지 않게 되는 날도 있었다. 다른 한편 술취한 남편에게 부인은 대화를 하지 않기 위해 남편에게 '그냥 자라'고 말하거나 '똑바로 걸어라'라는 말을 자주 했다. 남편이 집에 와서 부인에게 말을 걸게 되고 그렇게 얘기를 주고받다가 부인의 말에 기분 나빠진 남편이 폭력을 행사하는 일이 종종 있었다. 이러한 상황이 두려운 부인은 폭력 발생을 막기 위해서 남편에게 그냥 자라고 말해 남편이 아예 대화를 시작하지 못하도록 했다. 아니면 부인은 남편에게 비틀거리지 말고 똑바로 걸으라고 했다. 이렇게 똑바로 걸으라고 한 이유는 비틀거리고 걷는 것은 술이 취했다는 것이고 그것은 가정폭력으로 이어져 위험이 닥쳐올 것이라는 인식이 부인에게 있었기 때문이다.

### 3) 부부의 준거틀

부인이 남편의 음주와 가정폭력에 대해 불안과 두려움이 커서 가정폭력 상황에 대해 자는 척하는 등의 대화를 회피하는 대처방법을 사용한 데에는 부인의 준거틀이 있었다. 부인의 경우 음주 상황에 대해 불안을 유발하게 하는 원가족 경험과 평상시 남편과의 의사소통 맥락이 준거틀로 작용했다. 남편의 경우 평상시 부인과의 의사소통 맥락이 부인의 대처법을 자신을 무시하는 것으로 인식하게 하는 준거틀이 되었다.

#### (1) 부인의 원가족 경험: 음주와 폭력에 대한 두려움

부인이 남편의 음주에 대한 불안과 두려움을 갖고 있는 것은 남편과의 결혼생활과 가정폭력 경험에 기인한 것이기도 하지만 부인의 원가족 경험과도 관련이 있었다. 남편의 가정폭력이 사실이긴 했지만 그 횟수가 일 년에 서너 번이었다는 점에 비해 부인의 음주에 대한 불안과 두려움은 매우 압도적으로 모든 생활에 영향을 미쳤다. 부인은 어렸을 때 친정아버지가 음주 후 자신을 때렸다고 했다. 그런데 사실 아버지한테 맞은 것은 단 한 차례뿐이었지만 부인에게는 그 상황이 각인되었다. 그래서 술 마시고 때린 아버지에 대한 두려움 때문에 부인은 남편의 음주에 대해서 더 큰 두려움을 갖게 되었다.

부인: 제가 기억하는 거는 밤늦게였는데 제가 뺨을 한 대 맞았어요. 아버지가 술 드시고 오셔서. 그래서 제가 어디 숨어 있던 기억이 있어요. 너무 무서워서. 제가 뭐를 잘못했는지는 모르지만 맞은 장면이 전혀 기억이 안 나고요. 제가 벌벌 떨고 있는 느낌이 들고요. (술 드신 아버지에게 맞은 후 벌벌 떨었음) (3회기)

부인: 저희 아이 아빠가 술 마시고 오면 처음에는 몰랐는데 구타를 몇 번 당하다 보니깐 술 마시는 게 두려워요. 제가 막 두근두근 그래요. 남편이 늦게 온다거나 그러면 숙제 안 한 기분이랄까? 아무튼 그래요. 두려워요… 남편이 늦잖아요. 그렇게 전화를 안 받고 술을 마신다는 느낌이 오면 전 그때부터 불안한 거예요. 신혼 초에는 그렇게 많이 마시지는 않았지만 저는 술을 마신 그 자체가 싫은 거예요. (술 마신다는 느낌이 오면 불안함) (4회기)

앞의 인용문에서 볼 수 있듯이 부인이 친정아버지에게 맞은 경우는 한 차례이고 그 이후 아버지는 술을 끊었음에도 불구하고 남편이 술 마신 후 가정폭력을 행사하는 것을 경험한 이후 원가족의 경험이 중첩되면서 부인의 음주와 폭력에 대한 두려움이 커졌다. 그래서 부인은 남편이 술 마신다는 느낌만 와도 불안하고 두려워 아예 술 취한 남편과는 대화를 회피하는 것으로 가정폭력 상황에 대처하려고 했다.

(2) 부부의 평상시 의사소통 맥락

평상시 부인과 남편의 의사소통방식이 가정폭력이 발생하는 상호작용에 영향을 끼치는 준거틀이 되었다고 분석되었다. 부부는 평상시 서로의 의사소통방식으로 인해 서로 무시당하는 느낌을 받았고 그래서 대화가 제대로 진행되지 않았다. 평상이 부부의 의사소통방식은 [그림 12-11]과 같이 정리될 수 있다.

① 부인이 인식하는 남편의 의사소통방식과 부인의 대처법

부인의 경우 남편의 자신을 무시하는 말투, 친정을 무시하는 말투, 표정을 통한 의사소통방식, 참았다가 음주 후 지적하는 의사소통방식, 용어 하나하나 지적하는 의사소통방식으로 인해 평상시 남편으로부터 무시당하는 느낌을 받고 위축되어 남편과의 대화를 회피했다.

첫째, 부인은 남편이 자신을 무시하기 때문에 솔직한 의사소통을 꺼리게 되었는데, 항상 비하를 당해 왔기 때문에 어떤 책잡힐 만한 일을 발설하면 남편이 자신을 더 비하하겠지 싶어서 말을 못하게 되는 과정을 거치게 되었다. 또한 충돌이 있을 때마다 남편이 부인을 무시하면서 잘못했다고 하기 때문에 부인은 남편과의 대화가 힘들었다. 또한 부인은 남편이 자신뿐만 아니라 친정까지 무시한다고 생각하고 있었다. 부인에게 '넌 안 돼'라든가 친정에 대해 얘기하면서 상놈의 집안이라는 식의 용어를 쓰기 때문에 부인은 항상 남편보다 밑에 있고 남편이 위에 있다는 느낌을 받게 되었다. 또한 부인은 남편이 그렇게 막말을 하는 사람이 아닌데 이런 식으로 얘기하는 것은 자신의 집안을 '발가락의 때로밖에 생각을 안 하고' 있기 때문이라고 판단하게 되었다.

부인: 크게 충돌이 생겼을 때 남편은 저를 잘못했다고 그래요. 그렇게 저를 밑으로 보고 딱 무시를 해 버리거든요? 근데 저도 남편을 그렇게 존경하는 건 아닌데 그래도 무시하는 건 아니거든요? 그냥 답답하다 이렇게 생각하거든요? (부인을 무시하는 남편) (8회기)

부인: 서로 회피하고 있다가 충돌을 하면 '그래서 넌 안 돼. 넌 그럴 수밖에 없어.' 그러면서 '쌍놈의 집안'이라는 식으로 얘기를 해요. 그럼 저는 우리 친정이 무시당하고 있다

는 생각이 들고요. (친정 무시하는 남편) (7회기)

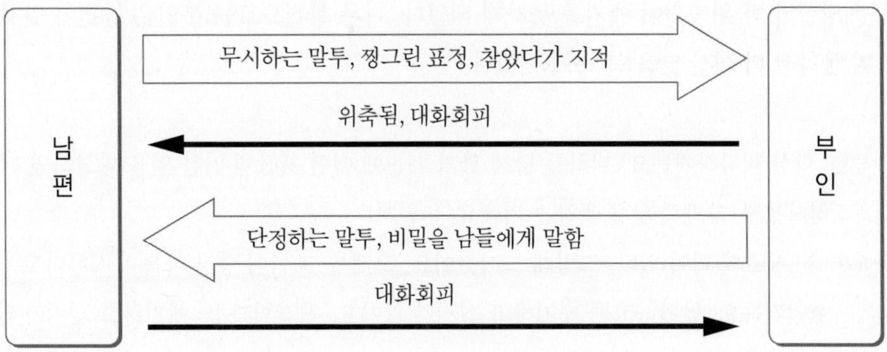


[그림 12-1] 평상시 부부의 의사소통방식

둘째, 부인은 남편의 말이 아니라 표정 때문에 위축되고 두려워질 때가 많았다. 남편은 말과 같은 표현은 매우 절제하는 편인데도 불구하고 굳어진 얼굴 표정을 지을 때가 많았고 그러면 부인도 같이 표정이 굳어지게 되었다. 부인은 자신의 실수에 대해 남편의 표정이 굳어질 때 당장은 말하지 않지만 못마땅한 것을 마음에 두고 있다가 음주 후에 폭발할 거라는 두려움이 생겼다.

부인: 찡그리면서 자기 심사가 맞지 않으면 그런 표정이 있거든요? 그 표정을 보면 제가 딱 위축이 돼서 '지금 자기가 못마땅한 거를 마음에 담아두고 있다가 언젠가는 그게 폭발하겠지?' 이렇게 두려움이 생겨요. (남편의 찡그린 표정에 대한 두려움) (4회기)

셋째, 남편의 표정을 통한 의사소통방식과 관련된 특성으로 참았다가 '예전에 이랬잖아' 하고 나중에 문제를 들추어내는 남편의 의사소통방식도 부인을 힘들게 했다. 부인은 남편이 마음에 거슬리는 말을 듣는 즉시 표현하지 않고 꾹 참고 있다가 술 마시고 와서 그동안 마음에 걸렸지만 누르고 있었던 것을 하나하나 다 얘기하는 방식을 힘들어했다.

부인: 듣는 즉시 안 해요. 술 마시고 와서 그래요…. 이 사람도 그냥 참아요. 꾹 누르고 있다가 나중에 "예전에 이랬잖아." 이러거든요. 하나하나 다 나오는 거예요. 그럼 저는 돌아 버리는 거죠. (참았다가 예전에 이랬잖아 하는 남편) (4회기)

넷째, 이러한 남편의 의사소통방식에 대해 부인은 남편에게서 벽을 느꼈고 무시당한다고 느꼈다. 그래서 더 무시당하고 책잡힐까 싶어서 솔직한 의사소통을 회피했다. 즉, 부인은 더 무시당할까 봐 위축되어 얘기를 못하게 되었다. 다른 한편으로는 부인은 남편이 언제 폭발할지 몰라서 더 이상 말을 안 하게 되었다.

> 부인: 항상 비하하거든요. 비하를 당해 왔기 때문에 어떤 책잡힐 만한 일을 발설하면 더 비하하겠지. 그래서 말을 못하는 거예요. (3회기)
>
> 부인: … 서로의 벽이 있다. 그렇게 느껴졌어요. 그래서 그 벽이 항상 나를 무시한다고 생각했었거든요. 남편하고는 얘기하고 싶지가 않아요. 책잡힐까 봐 얘기하고 싶지가 않아요. (책잡히지 않으려고 말을 안 함) (4회기)
>
> 부인: 이제 남편이랑 얘기를 할 때는 이 정도 얘기를 하면 남편이 폭발할 것이라고 혼자 지레짐작하고 얘기를 더 이상 안 했어요. (남편이 폭발할 것이라고 짐작하고 말을 안 함) (5회기)

**② 남편이 인식하는 부인의 의사소통방식과 남편의 대처법**

자료분석 결과 남편은 평상시 부인의 직선적이고 단정적인 의사소통방식과, 집안의 비밀을 남들에게 말하는 점 등 생활습관의 차이 등으로 인해 힘들어했고 결과적으로 부인과 의사소통이 힘들어졌다.

첫째, 남편은 단정적인 부인의 의사소통방식으로 인해 대화가 되지 않는 점을 힘들어했다. 남편은 부인과 갈등이 발생했을 때 같이 얘기를 하면서 서로의 문제가 무엇이며 어떻게 했으면 좋겠다는 식의 대화방식을 통해 해결해 나가기를 원했으나 부인이 혼자 단정을 해 버리고 양자 간의 선택을 바라는 표현 방식을 쓰기 때문에 더 이상 대화가 안 되었다.

> 남편: 저는 그게 방식 문제인 거 같은데 어떤 거를 말할 때 방식이 있다는 거죠. 같이 얘기를 하면서 당신은 뭐가 문제고 어떻게 했으면 좋겠다고 그렇게 대화를 하고 풀어 나갔으면 좋겠는데 이 사람이 딱 단정을 지으니깐 더 이상 대화가 안 되고 그런 거 같아요. 처 같은 경우 말을 못하게 만드는 그런 게 있어요. 혼자 단정을 해 버리고 양자 간의 선택을 바라고. (혼자 단정하는 부인으로 인해 대화 안 됨) (8회기)

둘째, 남편은 부인이 집안의 비밀을 남들에게 얘기한다고 생각해서 말을 잘 안 하게 되었다. 즉, 부부 사이에 얘기된 것 중 남들이 알아서는 안 될 내용조차 부인이 다른 사람들에게 발설한다고 인식하고 이것으로 인해 마음에 있는 말을 못하게 되었다.

> 남편: 그러니깐 부부끼리 비밀, 제 단점, 부족한 점을 얘기했는데 그게 다른 사람들한테서 들리니깐 저는 당황스럽고 그랬죠. 저는 그런데 이제 부인을 믿고 사니깐 편하게 얘기했는데… 그 이후로는 마음에 있는 말을 잘 못하겠어요. (비밀을 발설하는 부인으로 인해 마음의 말을 안 함) (4회기)

### 4) 가정폭력이 발생하는 상호작용 과정

위에서 도출한 연구결과를 토대로 본 사례에서 가정폭력이 발생하는 상호작용 과정을 분석해 보면 아래의 [그림 12-2]와 같이 정리할 수 있다.

이제 문제 상황을 인식한 부인은 해결책을 시도하는데, 자는 척하거나 남편에게 가서 자라고 하는 식으로 대화를 회피했다. 이 시도된 해결책은 부인이 인식하기에 가정폭력 상황으로 연결되지 않을 가장 효과적인 해결책이었지만, 남편은 부인의 이러한 대처를 자신을 무시하고 거부한 것으로 인식했다. 이렇게 상황을 인식한 남편은 거부당한 느낌에 부인에게 좋지 않은 표현을 하게 되고, 분노가 차오르면서 이 분노가 조절되지 못할 때 가정폭력이 발생했다. 이렇게 가정폭력이 발생하게 되면 부인은 왜 내가 맞아야 하는가에 대해 억울함이 생기고 한편으로는 폭력에 대한 두려움이 증가된다. 두려움은 불안으로 연결되면서 다시 부인은 대화를 회피하게 되었다.

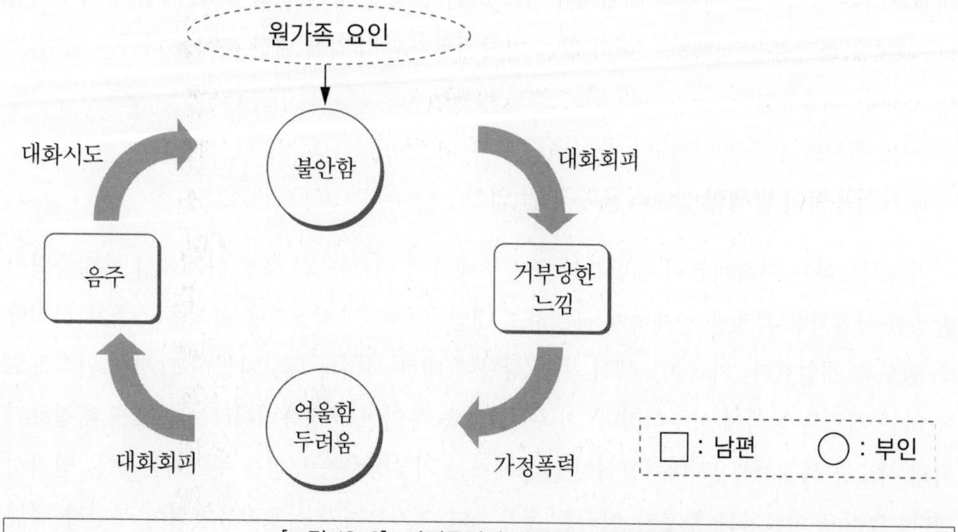


[그림 12-2] 가정폭력이 발생하는 상호작용

평상시 부부간의 대화가 잘 진행되지 않았던 부부의 의사소통 맥락에서 음주를 한 남편이 부인과의 대화를 시도했다. 이러한 시도는 기분 좋을 때 대화를 해 보려는 의도, 그리고 그동안 참았던 일들을 알코올의 힘을 빌려 말해 보겠다는 의도에서 이루어졌다. 그런데 마찬가지로 평상시 남편과의 의사소통 맥락에서 무시당한 느낌으로 위축되고 대화를 회피했던 부인은 남편의 대화시도에 불안함을 느꼈다. 부인의 불안은 한편으론 자신을 무시하고 찡그린 표정으로 있으면서 참았다가 나중에 기분 나쁜 점을 지적하는 등의 남편의 평상시 의사소통방식과 가정폭력으로 인해 생성된 것이다. 다른 한편 부인이 원가족 맥락에서 가지고 있던 음주와 연결된 아버지의 가정폭력 경험과, 그로 인한 두려움으로 인해 부인의 불안은 더욱 증폭되었다. 즉, 원가족 맥락과 평상시 남편과의 의사소통방식에 의해 영향을 받은 준거틀을 지닌 부인은 남편의 음주와 대화시도를 가정폭력이 벌어질 수 있는 문제 상황으로 인식해 불안해진 것이다.

## 2. 부부의 새로운 상호작용을 형성시키기 위해 어떠한 개입이 이루어졌는가

본 연구사례에서 새로운 부부의 상호작용을 형성시키기 위한 개입으로는 내담자들에게 앞서 살펴본 가정폭력을 발생시킨 상호작용 과정을 인식하게 하는 것이 가장 중요한 것이었다. 이런 의미에서 가족치료에서 문제 상황에 대한 사정과 문제를 해결하기 위한 개입은 거의 동시에 이루어진다고 할 수 있다. 내담자들이 가정폭력이 발생하는 상호작용에 대한 인식을 하게 되었을 때 가족치료는 절반 이상 성공한 것이었으며, 그 이후에 시도한 해결책의 비효과성을 인식하고 새로운 해결책을 모색하여 실행할 수 있도록 하는 개입이 이루어졌다. 새로운 해결책을 실행하는 이와 같은 가족치료자의 개입에 대한 분석을 다음과 같이 보다 자세히 제시하였다.

### 1) 가정폭력이 발생한 상호작용에 대한 인식

가족치료자는 가족치료의 전반부와 중반부에까지 이르는 긴 사정 단계에서 가정폭력이 발생한 상호작용 과정을 상세하게 사정하고 내담자들이 그 상호작용 과정을 스스로 인식할 수 있도록 개입했다. 가족치료에서 문제 상황에 대한 사정과 내담자들이 그것을 인식하도록 하는 개입은 동시에 이루어졌다. 가족치료자는 부인이 가정폭력이라는 문제를 해결하기 위해 시도한 해결책과 그 대처방식이 남편에게는 거부당하는 느낌을 주었다는 점을 인식시켰다. 그리고 치료자는 부부가 이러한 부부간의 역기능적인 상호작용방식이 부인과 남편

모두를 힘들게 했다는 점을 인식하게 하였다.

가족치료자: 나름대로 문제를 해결하는 방식이 남편이 술 마시고 들어오면 들어가서 자는 척하는 거죠. 그렇죠? 남편 입장에서는 남편이 이랬을 때 부인이 자신을 받아 주지 않는다는 거죠. 술 마시고 오면 불 끄고 자는 척하고. (부인이 시도한 해결방식에 대한 인식) (3회기)

가족치료자: 이러는 게 맞물려 돌아가지 않느냐는 거죠. 그러니깐 어느 쪽이 잘했고, 잘못했다가 아니라 그 표현 양식 그 자체가 서로를 힘들게 했다는 거죠. (서로를 힘들게 한 의사소통방식에 대한 인식) (5회기)

### 2) 준거틀에 대한 인식

가족치료자는 내담자 부부가 자신들의 상호작용에 영향을 미친 준거틀에 대해 인식할 수 있도록 개입했다. 부인과 남편의 의사소통방식과 그로 인해 서로 무시당하고 거부당하는 느낌을 받고 대화를 회피하게 되는 평상시 상호작용도 이들 부부의 가정폭력 상황에 영향을 미친 맥락이 되었다. 이와 더불어 가족치료자는 특히 부인의 경우 남편의 음주에 대해 더 부정적인 감정을 갖게 되었고 음주 후 가정폭력에 대한 불안과 두려움이 큰 것은 원가족의 경험이 있었다는 점을 인식시켰다.

가족치료자: 부인께서는 아버지가 음주했던, 30년 동안 금주했음에도 불구하고, 어렸을 때의 그 기억 때문에 싫어하는 거죠, 술 하면 싫어하고. 그리고 남편이 술 먹었을 때 어렸을 때 기억이 나오는, 그래서 경직되는 게 있는 거예요. (원가족 경험에 대한 인식) (3회기)

### 3) 시도된 해결책의 비효과성 인식

가족치료자는 부인이 가정폭력을 중단시키기 위해 시도한 해결책을 분명히 인식하는 과정과 그 해결책이 가정폭력 상황을 해결하는 데 효과가 없었다는 점을 분명히 인식시켰다. 이 개입 과정은 자신이 지금까지 사용한 대처방식이 효과적이지 않았다는 것을 깨닫고 새로운 해결책을 모색하는 데 전제가 되었다. 그래서 내담자가 분명히 인식할 수 있도록 가족치료자는 지속적으로 개입했다.

가족치료자: 그래요. 부인의 생각이 뭔지는 알겠는데, 근데 지금까지 그 방식들이 효과가 있

었어요?

부인: 아니요. (시도된 해결책의 비효과성 인식) (8회기)

### 4) 재구조화

가족치료자는 내담자들이 사건이나 상황을 인식하는 틀을 바꾸어 그 상황에 대해 다른 의미를 부여하게 되는 재구조화 기법을 활용하였다. 상황에 대해 부여하는 의미가 변화하면 내담자의 해결책도 변화하기 때문에 재구조화 기법은 MRI 모델의 핵심적인 개입 기법이라고 할 수 있다. 가족치료자는 부부의 평상시 의사소통방식과 가정폭력을 발생시킨 상호작용방식 모두를 새로운 관점에서 인식할 수 있도록 재구조화를 시도했다. 그 예를 들어 보면 부인이 인식하고 있는 남편이 처가를 무시하는 말투에 대해 가족치료자는 무시하는 뜻이 없고 흔하게 쓰던 표현이었을 뿐이라는 점을 확인시켰다. 이 과정에서 가족치료자는 남편이 처가를 무시한다는 부인의 인식을 변화시키도록 개입했다. 마찬가지로 남편에게는 부인이 자신의 비밀을 남들에게 말했다는 상황에 대해 부인은 그 말이 비밀이라고 들은 적이 없기 때문에 남편의 비밀을 남들에게 말한 것은 아니라고 재구조화를 실시했다.

가족치료자: 그럼 선생님이 처가에 표현했던 그 표현, 쌍놈의 집안, 종자가 막말이었어요?

남편: 아니요. 솔직히 많이 써요. 요즘 표현은 아니고 옛날 분이 많이 쓰시는.

부인: 그럼 그게 문화의 차이인가요? (처가를 무시하는 말투에 대한 재구조화) (5회기)

가족치료자: 선생님이 비밀이라고 생각하고 얘기를 했을 때 부인은 발설하지 말라는 메시지를 받은 게 없어서 그게 비밀이라고까지 의식을 하지 않은 것, 서로 비밀이라는 개념자체가 다르고 차이가 있는 거 같고. (부인이 남편의 비밀을 발설한 것에 대한 재구조화) (7회기)

### 5) 새로운 해결책에 대한 개입

시도된 해결책의 비효과성을 인식시킨 가족치료자는 재구조화를 통해 새로운 해결책을 시도할 수 있도록 개입했다. 전반적으로 가족치료자는 내담자 부부에게 대화회피와 가정폭력이라는 시도된 해결책이 아니라 보다 분명한 의사소통을 하라고 코칭하였다. 예를 들어 가족치료자는 부인에게 대화를 회피하던 기존의 해결책 대신 음주에 대한 불안과 그 불안에 영향을 끼친 원가족 경험에 대해 남편에게 설명하라고 권유했다. 그리고 가족치료자는 부인에게 남편의 찡그린 표정을 보고 나중에 무슨 날벼락이 떨어질까 두려워하지만 말고 남편에게 그 상황을 직접 말로 표현하라고 권유했다. 마찬가지로 치료자는 남편에게 역시 참았다가 한꺼번에 말하면 부인이 항상 판단받는 느낌 때문에 불안할 수 있으므로 즉시 할 말을 하라고 권유하였다.

가족치료자: 지금 저한테 얘기한 걸 남편한테도 말했었나요? 잠을 안 자고 있어도 잠을 자는 척했다고 그런 거 다 얘기를 했어요?

부인: 저는 남편이 어렴풋이 알고 있을 거라고 생각해요.

가족치료자: 어렴풋이 알고 있을 거라는 건 추측이고요. 정확하게 의사가 전달 안 된 상태에서는 남편이 그걸 그렇게 심각하게 받아들일 수는 없죠. (원가족 경험에 대해 남편에게 분명한 의사소통을 시도하라는 개입) (3회기)

## 3. 새로운 해결책을 시도하는 부부의 변화 과정은 어떠한가

내담자 부부가 새로운 해결책을 통해 새로운 상호작용을 형성해가는 변화과정은 가족치료의 효과성을 검증하는 과정이기도 하다. 본 사례는 10개월 정도 상담이 진행되었기 때문에 상담실에서 볼 수 있는 인식의 변화뿐만 아니라 실제 생활에서의 행동 변화까지도 충분히 관찰할 수 있었다. 그래서 본 연구는 가족치료를 통한 부부의 변화과정을 새로운 대처 방식을 실행하는 행동의 변화에 초점을 맞추어 분석하였다.

### 1) 새로운 해결책을 시도하기 시작: 새로운 상호작용의 시작

본 연구에서 가장 먼저 내담자의 상호작용이 변화하기 시작한 것은 3회기와 4회기 사이였다. 3회기에서 가족치료자는 부인에게 음주 불안에 영향을 미친 원가족 경험을 남편에게 분명하게 말하라고 코칭을 했고, 부인은 자신의 의견을 명확하게 전달하는 새로운 대처방식을 시도했다. 이에 4회기 부부상담에 참석한 남편은 자신이 좀 더 너그러웠으면 부인이 원가족에게서 받은 상처를 표현했었을 것이라고 성찰했으며, 이로써 내담자 부부의 새로운 상호작용이 시작되었다.

남편: 저한테 문제가 있었던 거 같아요. 제가 이전에 표현력이 있고, 너그러운 모습을 보였다면 아내가 그 어린 시절의 상처를 다 드러내고 그랬을 텐데. (부인의 원가족 경험을 전해 들은 남편의 성찰) (4회기)

### 2) 새로운 해결책을 지속적으로 시도: 새로운 상호작용의 유지

본 사례는 후반부로 가면서 2주나 4주 간격을 두고 상담이 진행되었다. 특히 상담기간 중 별거하고 있던 부부는 아이와 함께 만나 식사도 하고 등산이나 여행을 하는 시간을 가끔씩 가졌는데, 이러한 상황은 내담자 부부가 실제 생활에서의 상호작용을 변화시킬 수 있는 기회가 되었다. 4회기부터 시작된 새로운 상호작용의 양상은 8회기를 넘어서부터는 점점 빈번해지기 시작했다. 평상시나 가정폭력이 발생하는 문제 상황에서나 대부분 남편과의 대화 회피라는 대처방식을 사용해 왔던 부인은 구체적이고 분명하게 남편과 의사소통하는 대처방식을 사용하기 시작했다. 또한 함께 등산을 간 부부는 갈등 상황이 벌어졌을 때 남편이 예전과 달리 화가 잠시 났지만 밥 안 먹고 말도 안 하고 자기 집으로 가 버리지 않고 부인과 아이와 함께 등산을 계속하는 대처방식을 선택했다. 이러한 남편의 변화에 부인도 자신이 실수한 것에 대해 사과하는 모습을 보여 두 사람의 상호작용이 예전과 다른 의사소통방식을 시도하고 있었다. 이를 통해 부부의 변화한 상호작용을 확인할 수 있었다.

가족치료자: 예전과 다른 양식이네요?

부인: 그렇죠. 저는 이제 대화를 하고 싶더라고요. 아침에 내가 이래서 기분이 상해서 안가고 싶었다고 그렇게 구체적으로 얘기를 하고 싶더라고요. (구체적이고 분명한 의사소통을 하게 된 부인) (9회기)

가족치료자: 근데 예전 같았으면 스파크가 있었을 거 아니에요. 근데 그렇지가 않고 오히려 부인께서 사과를 하셨잖아요. 그전에도 그러셨나요?

남편: 아니요. 그전에는 안 그랬었죠. 아마 제가 볼 때는 그때 제가 올라왔을 때 예전같이 밥도 안 먹고 그냥 말도 안 하고 집에 갔으면 부인이 미안하단 말을 안 했겠죠. 근데 이번에는 제가 그렇게 가 버리고 나면 후회할 거 같았고. 또 잠재의식 중에 요즘에 상담을 하니깐 변하려고 더 신경 썼던 거 같아요. (서로 변화하려고 노력함으로써 달라진 상호작용) (10회기)

### 3) 여전히 남아 있는 시도된 해결책: 새로운 상호작용이 시작되었음에 집중하게 함

가족치료 과정을 통해 점진적으로 대처방식과 상호작용이 변화하고 있던 내담자 부부는 예전의 대처방식과 생활습관이 남아 있음을 호소했다. 가령 남편이 술을 조금이라도 마시고 부인과 아이 생각이 나서 전화를 걸면 부인은 목소리를 듣자마자 바로 전화를 끊어 버리고, 남편은 마음이 상하게 되었다. 또는 어디를 함께 갔다가도 화가 나면 혼자 가 버리고 직선적으로 비난하는 등의 일들이 있었다. 이는 당연한 일로 변화는 매우 어렵고 느리게 진행되는 과정이다. 가족치료자는 여전히 지속되고 있는 역기능적으로 시도된 의사소통방식을 부부에게 상기시키면서 그럼에도 불구하고 가족치료자는 내담자 부부가 새로운 상호작용방식으로 변화하고 있는 사실에 더 가중치를 두어 설명하였다. 가족치료자가 내담자의 변화 과정 중 과거의 해결책으로 회귀하는 상태에 대해 긍정적으로 새로운 변화에 집중하도록 하는 것은 매우 중요하다.

남편: 근데도 아직 욱하는 건 있죠. 저는 그게 행동으로 나와요. 폭력이 아니라도 말을 안 하고 혼자 가 버리거나 감추지를 못하고, 그렇게 표현을 해요. 그리고 부인도 생각 없이 직선적으로 말이 나오고 그러거든요. 상대를 공격하고 그런 게 아직도 있어요. (여전히 남아 있는 역기능적인 언어습관) (10회기)

가족치료자: 근데 대처방식이 옛날 방식이 아니라 새로운 방식으로 변화하고 있잖아요.

남편: 서로한테 상담하고 있는 게 잠재의식 중에 있는 거 같아요. '옛날 거는 안 된다'는 그런 생각이 있는 거 같아요. (새로운 대처방식으로 변화하고 있음에 집중하게 함) (10회기)

#### 4) 새로운 해결책의 정착: 새로운 상호작용의 완성

종결 단계에 이르면서 내담자 부부는 새로운 대처방식이 안정적으로 정착되는 과정을 거쳤다. 부인은 여행을 함께 갔을 때 남편이 예전과 달리 남편의 의사대로만 행동하지 않고 자신의 의사를 반영해서 행동하면서 양보했다고 평가했다. 또한 가장 큰 변화는 남편의 가정폭력이 음주를 동반했는데, 남편이 음주 충동을 자제하는 데 성공하고 있다는 점이었다. 이로써 이들 부부의 새로운 상호작용방식은 지속되어 가는 중이었는데, 이는 1회기와 종결 회기인 12회기의 부부의 의사소통방식에서의 확연한 차이를 통해 확인할 수 있었다. 첫 회기에서 부부는 부모의 나이를 말하는 일에 대해서도 서로가 맞다고 생각하는 내용을 상대가 말하는 중간에 끼어들어 말하면서 대화 순서를 지키지 않았다. 이에 반해 종결 회기에서 부부는 끼어들지 않고 대화의 순서를 지키면서, 변화한 부부의 의사소통방식을 보여 주었다.

가족치료자: 남편의 변화나 차이 느끼세요?

부인: 일단 남편이 가자고 했을 때 좀 이따가 가자고 하면, 예전 같았으면 자기가 가자고 하면 바로 갔었어야 할 거예요. 근데 이번 여행에서는 좀 있다가 나왔거든요? 그거를 보니깐 남편이 양보를 많이 하는 거 같더라고요. (남편이 양보를 많이 함) (11회기)

남편: 그래서 그때 왜 애하고 나한테 피곤한 상황을 만드느냐고 그랬어요. 그러고 나서 나갔어요. 또 물이 없어서 물도 살 겸 나갔던 거예요. 근데 거기 분위기가 그 주위에 사람들 보니깐 다 술 마셔요… 술 안 사고 물만 사서 들어갔어요. (음주하고 싶은 마음을 참음) (11회기)

가족치료자: 아버님이 연세가 어떻게 되십니까?

부인: 저희 부모님은 한 살 차이세요. 일흔둘, 일흔하나.

남편: 일흔셋, 둘 아니야?

부인: 뭐야. 아니야. 가만히 있어 봐.

남편: 제가 가만히 있어도 되는데, 그냥 차라리 기억 안 난다고 하면 되는데.

부인: 제가 막 이렇게 해 놓고도 덤벙거려서….

남편: 그냥 차라리 기억이 안 난다 그러면 되는데 이게 얼마나 상대방을 오해하게 하는데요. 이런 일 때문에 언쟁이 높아지는 경우가 많아요. (서로 끼어들어 대화순서를 지키지 않는 평상시 부부의 의사소통방식) (1회기)

부인: 아까 이제 추석 때 일을 얘기하는데 이 사람이 중간중간 빼먹고 자기한테 유리한 쪽으로만 얘기하는 거예요. 끼어들어서 아니라고 하고 싶었는데 치료자께서 예전에 했던 말이 생각나서 일단 들어 보자고 그렇게 생각했던 거 같아요. (끼어들지 않고 대화의 순서를 지키는, 변화한 부부의 의사소통방식) (12회기)

## V. 결론 및 논의

가정폭력을 경험하고도 결혼생활을 유지하고자 하는 부부가 많은 현실에서 가정폭력을 중단하고 새로운 상호작용을 형성하기 위해서는 가정폭력 행위자인 남성만을 대상으로 한 상담보다는 부부상담이 실제적인 도움을 줄 수 있다는 전제에서 본 연구는 시작되었다. 본 연구의 목적은 재결합의 의사는 있지만 남편의 음주와 폭력이 재발될 것에 대한 두려움 때문에 재결합을 망설이면서 가정폭력 쉼터에 거주하고 있는 부인과 그 남편의 가족치료 과정을 분석하는 것이었다. 분석과정을 통해 MRI 모델을 활용한 가족치료에서는 가정폭력 부부의 문제 상황을 어떻게 사정하고, 가정폭력을 중단시키고 새로운 상호작용을 형성하기 위해 어떠한 개입을 하고, 새로운 상호작용을 시도하는 부부의 변화 과정은 어떠한가를 살펴보고자 했다. 연구결과를 요약하면 다음과 같다.

첫째, 부부에게 가정폭력이 발생하고 유지된 상호작용 과정을 분석할 수 있었다. 우선 음주를 한 남편이 부인에게 대화를 시도하는 상황에서 부인은 대화회피라는 대처방식을 사용했다. 그런데 부인이 시도한 대화회피라는 해결책에 대해 남편은 거부당한 느낌을 받게 되고 가정폭력을 행사하게 되었다. 가정폭력을 당한 부인은 더욱 두려워하며 대화를 회피하게 되고 이에 역시 대화를 회피하던 남편은 음주 후 알코올의 힘을 빌려 대화를 시도하게 되는 상호작용방식이 반복되었다. 가정폭력이라는 문제행동이 발생하는 역기능적인 상호작용을 확인하는 과정을 통해 모든 문제 상황과 행동은 가족체계라는 맥락에서 이해해야 하며, 문제를 해결하려고 효과적이지 못한 해결책을 사용함으로써 문제 상황이 유지된다고 하는 MRI 모델의 원리(Goldenberg & Goldenberg, 2003; Watzlawick et al., 1974)를 확인할 수 있었다.

둘째, 부인과 남편의 상호작용방식 중 부인의 해결책에 영향을 준 준거틀을 확인할 수 있었는데, 그것은 부인이 어린 시절 친정아버지가 음주 후 가정폭력을 행사했던 경험이었다. 이 준거틀로 인해 부인은 남편의 음주 상황을 불안과 두려움의 상황으로 인식하였고, 그래서 자는 척하는 등의 대화회피방식을 폭력상황을 방지할 수 있는 해결책으로 사용했다. 이러한 연구결과를 통해 내담자의 문제는 자신의 상황을 어떻게 인식하는가에 의해 발생하며, 그 인식은 자신의 준거틀의 영향을 받는다는 MRI 모델의 원리(Goldenberg & Goldenberg, 2003; Watzlawick et al., 1974; Weakland, et al., 1971)를 확인할 수 있었다.

셋째, 연구결과 부부의 새로운 상호작용방식을 형성시키기 위한 개입으로는 우선 가정폭력을 발생시킨 상호작용 과정과 서로 사용했던 해결책의 비효과성에 대해 내담자가 인식하도록 하는 것이었다. 그다음으로는 재구조화 과정을 통해 문제 상황과 해결책에 대해 새로운 관점에서 바라보게 하고 새로운 해결책을 시도하도록 권유하는 개입이 이루어졌다. 가족치료자가 내담자와 함께 문제 상황에 대한 사정을 진행하므로 사정과정과 동시에 내담자의 인식이 변화하는 과정이 진행된다는 것을 알 수 있었다. 내담자들이 가정폭력이 발생하는 상호작용에 대한 인식을 하게 되었을 때 가족치료의 효과성이 나타나기 시작하였으며, 그 이후에 자신들이 시도한 해결책이 효과가 없었음을 인식하고 재구조화 작업을 통해 새로운 해결책을 시도하는 단계까지 개입해 새로운 상호작용을 할 수 있게 되었다. 이러한 연구결과에서는 내담자가 효과적인 해결책을 시도하게 해 새로운 상호작용을 만들어 내고자 하는 개입 목표를 위해서는 내담자의 인식의 틀을 변화시켜 상황에 대해 다른 의미를 부여하게 하는 재구조화가 필요하다고 주장한 MRI의 원리(Soo-Hoo, 1999)를 확인할 수 있었다.

넷째, 새로운 해결책을 시도하는 부부의 변화 과정에 대한 분석결과 행동의 변화과정은 점진적으로 느리게 진행되었다. 가족치료 과정을 통해 부인과 남편의 인식이 변화하는 것은 단시간 내에 가능할 수도 있지만 그에 따라 새로운 대처방식을 사용하고 새로운 상호작용이 형성되어 가는 과정은 단시간 내에 일직선적으로 이루어지지는 않았다. 3회기와 4회기 정도에 이미 새로운 해결책을 시도하기 시작하여 새로운 상호작용을 시작한 부부는 가족치료의 중반부를 지나면서 새로운 해결책을 지속적으로 시도하여 새로운 상호작용을 유지했다. 그러나 부부는 예전의 언어습관이 여전히 남아 있어 시도된 옛 해결책을 사용할 때가 있음을 호소하고, 이에 대해 가족치료자는 그럼에도 불구하고 새로운 상호작용방식에 집중하는 하도록 하는 개입 단계가 이어졌다. 그리고 종결 단계에 이르면 새로운 해결책이 정착되면서 부부의 새로운 상호작용방식이 유지되고 있음을 확인할 수 있었다. 가족치료 전체 과정을 통해 부부는 대화를 회피하는 예전의 대처방식에서 벗어나 자신들이 행동하게 된 원인이나 느낌을 구체적이고 직접적으로 서로에게 의사소통하는 상호작용방식으로 변화하게 되었다.

이상의 연구결과를 통해 볼 때 본 연구의 함의는 다음과 같이 정리될 수 있다. 첫째, 본 연구결과를 통해 가정폭력에 대해 부부를 대상으로 개입이 이루어져야 한다는 주장(성주향, 2002; 이종선, 2001; Stith et al., 2004)이 지닌 설득력을 확인할 수 있었다. 가정폭력은 별거나 이혼 등의 가족해체의 원인이 되기도 하고 지속적인 가정폭력에 노출된 가족구성원들이 심리적, 신체적으로 입는 피해도 매우 크다. 그러나 많은 가정폭력 피해 여성들이 가정으로 돌아가 머무르는 것이 현실이다. 이러한 실정에서 각 부부의 상호작용이 이루어지는 특정한 맥락에 대한 이해와 가정폭력이 발생하는 상호작용에 대한 이해를 통해 새로운 기능적인 상호작용으로 변화시키도록 원조하는 개입이 필요하다. 본 연구결과는 가정폭력을 부부 집단상담 참여자들이 의사소통방식이 문제였다는 것을 인식하게 되었다는 서혜석(2005)의 연구결과와도 일치하였다.

또한 본 연구결과를 통해 MRI 모델이 가정폭력 개별 부부상담에서도 효과적임을 알 수 있었다. 가정폭력이 발생한 상호작용에 대한 인식과 자신들이 그러한 해결책을 선택하는 데 영향을 끼친 준거틀을 서로 인식하는 과정은 새로운 상호작용방식을 형성하는 데 전제가 되었다. 그리고 무엇보다도 시도된 해결책이 전혀 효과가 없었고 오히려 역기능적인 상호작용을 초래했다는 것을 인식하고 나서야 내담자들은 새로운 대처 방식으로 행동할 수 있었다. MRI 모델의 원리와 개념들은 향후 가정폭력 부부상담에 널리 활용될 수 있으리라고 기대한다.

다른 한편 본 연구결과를 통해 가정폭력 부부상담에 있어서 내담자들의 인식의 변화가 이루어진 후 새로운 상호작용을 형성해 나가는 행동의 변화 과정은 느리고, 뒤로 회귀하는 과정까지 거친다는 것을 확인할 수 있었다. 이러한 연구결과는 향후 가정폭력 부부상담을 진행할 실천가들에게 몇 가지의 실천적인 시사점을 준다. 우선 가정폭력 부부상담가들은 내담자들의 변화의 과정은 힘들다는 인식을 가지고 있어야 한다. 동시에 그럼에도 불구하고 내담자들은 변화하고 있기 때문에, 상담가가 내담자들의 변화과정에 집중하면서 그 변화를 유지할 수 있는 개입을 해야 한다. 상담자가 내담자의 변화에 대해 긍정적인 관점을 가지고 예전의 해결책이 반복되거나 과거 상호작용으로 돌아가는 때가 있더라도 내담자가 계속 변화할 수 있도록 격려해야 한다. 다른 한편으로는 내담자의 변화가 느리게 진행되기 때문에 실제 생활에서 새로운 해결책을 모색할 수 있는 기회를 가질 수 있도록 가정폭력 부부상담의 상담기간이 충분히 확보되어야 할 필요가 있다.

가정폭력 부부상담과 개입이 필요하다는 당위에 대해서는 많은 연구가 이루어졌지만 실제적인 부부상담에 대한 연구가 많지 않은 상황에서 실제적인 부부상담의 과정을 분석한 것이 본 연구의 의의라고 할 수 있다. 이러한 의의에도 불구하고 본 연구는 부인이 가정폭력 쉼터에 생활한 지 1년이 다 되어 가고 재결합을 염두에 둔 부부를 대상으로 하였기 때문에 모든 가정폭력 부부에 대하여 연구결과를 적용시키는 데에는 한계가 있다. 향후 다양한 가정폭력 사례에 대한 가족치료 사례연구가 이루어져 가족치료와 가정폭력과 관련된 실천 현장에 도움이 될 수 있기를 기대한다.

## : 참고문헌


김은영, 임승희, 박소영(2009). 가족복지론. 서울: 학현사.

김인숙(1998). 구타남편에 대한 사례연구: 여성주의 사회사업 개입을 중심으로. 한국가족복지학, 2, 59-86.

김재엽, 송아영(2007). 가정폭력 노출경험과 청소년의 부모폭력에 대한 연구. 한국아동복지학, 23, 99-125.

김주현, 이연호(2008). 가정폭력피해여성의 비폭력적 결혼관계 유지 경험에 관한 연구: 공식적 보호체계 이용 경험이 있는 피해여성을 중심으로. 한국가족복지학, 23, 5-42.

김지영, 최상진(2004). 아내폭행 원인에 대한 통합적 모델 검증. 한국심리학회지: 사회 및 성격, 18(3), 77-95.

박영란(2007). 여성주의 관점에서 본 가정폭력 피해자의 욕구와 피해자 보호정책 패러다임의 변화. 한국여성학, 23(3), 189-214.

박태영(2002). 구타당한 아내에 대한 가족치료의 적용. 사회과학논총, 4, 47-85.

서혜석(2005). 자아존중감 및 부부적응 향상을 위한 가정폭력행위자의 부부집단 프로그램 효과성 연구. 한국가족복지학, 10(1), 25-41.

신선인(2008). 가정폭력 노출경험이 아동 청소년 비행에 미치는 영향에 대한 메타 분석. 한국가족복지학, 23, 163-182.

여성가족부(2008). 2007년 전국 가정폭력 실태조사.

임종렬(1998). 매맞는 아내의 부부체계 개선을 위한 대상중심 가족치료. 한국사회복지학, 34, 121-160.

장희숙, 김예성(2004). 가정폭력행위자의 유형: 이론에 따른 세 하위 유형의 검증. 한국사회복지학, 56(3), 303-325.

장희숙, 김예성, 변현주, 정정호(2003). 가정폭력행위자교정 치료프로그램: 행위자 특성 및 유형 연구. 서울: 여성가족부.

정민자, 엄선필(2002). 가정폭력피해자들의 결혼과 결혼지속과정에 대한 생애과정적 사례연구. 한국가정관리학회지, 20(3), 67-85.

정혜숙(2007). 매맞는 여성의 떠날 수 없는, 머물 수 없는 이유. 사회복지연구, 32, 269-298.

허남순(1995). 아내구타: 해결중심 단기가족치료 모델의 적용. 한국가족치료학회지, 3, 41-64.

현진희(2007). 가정폭력 부부 집단프로그램의 효과성에 관한 연구. 한국가족복지학, 21, 5-34.

Bogard, M., & Mederos, F. (1999). Battering and couples therapy: universal screening and selection of treatment modality. *Journal of Marital and Family Therapy, 25*(3), 291-312.

Bowlby, J. (1988). *A secure base: Parent-child attachment and healthy human development.* New York: Basic Books.

Burgess, A. W., Hartman, C. R., & McCormack, A. (1987). Abused to abuser: Antecedents of socially deviant behaviors. *American Journal of Psychiatry, 144*(11), 1431-1436.

Bybee, D., & Sullivan, M. (2005). Prediction of re-victimization of battered women 3 years after exiting a shelter program. *American Journal of Community Psychology, 36*(1), 85-96.

Campbell, J., Miller, P., Cardwell, M., & Belknap, R. (1994). Relationship status of battered women over time. *Journal of Family Violence, 9,* 99-111.

Cook, D., & Frantz-Cook, A. (1984). A systemic treatment approach to wife battering. *Journal of Marital and Family Therapy, 1,* 83-93.

Dunford, F. W. (2000). The San Diego Navy experiment: An assessment of intervention for men who assault their wives. *Journal of Consulting and Clinical Psychology, 68*(3), 468-476.

Emery, R., & Laumann-Billings, L. (1998). An overview of the nature, causes and consequences of abusive family relationships. *American Psychologist, 53,* 121-135.

Gingerich, W. J., & Eisengart, S. (2000). Solution-focused brief therapy: A review of the outcome research. *Family Process, 39,* 477-498.

Goldenberg, I., & Goldenberg, H. (2003). *Family therapy: An overview.* Pacific Grove, CA: Brooks/Cole.

Hamberger, K., Lohr, M., Bonge, D., & Tolin, F. (1997). An empirical classification of motivation for domestic violence. *Violence against Woman, 3*(4), 401-423.

Holtzworth-Munroe, A., & Gregory, L. S. (1994). Typologies of male batterers: Three subtypes and the differences among them. *Psychological Bulletin, 116*(3), 476-497.

Nicholas, M. P., & Schwartz, R. C. (2002). *The essentials of family therapy.* Boston, MA: Allyn & Bacon.

O'Leary, K. D. (1993). Through a psychological lens: Personality traits, personality disorders, and levels of violence. In R. J. Gelles & D. R. Loseke (Eds.), *Current controversies on family violence.* Newbury Park, CA: Sage.

O'Leary, K. D., Heyman, R. E., & Neidig, P. H. (2002). Treatment of wife abuse: A comparison of gender-specific and conjoint approaches. *Behavior Therapy, 30*, 475-505.

Soo-Hoo, T. (1999). Brief strategic family therapy with Chinese Americans. *The American Journal of Family Therapy, 27*(2), 163-179.

Stith, S. M., Rosen, H. K., McCollum, E. E., & Thomsen, J. C. (2004). Treating intimate partner violence within intact couple relationship: Outcomes of multi-couple versus individual couple therapy. *Journal of Marital and Family Therapy, 30*(3), 305-318.

Stith, S. M., Rosen, H. K., & McCollum, E. E. (2003). Effectiveness of couples treatment for spouse abuse. *Journal of Marital and Family Therapy, 29*(3), 407-426.

Watzlawick, P., Weakland, J., & Fisch, R. (1974). *Change: Principles of problem formation and problem resolution.* N.Y.: Norton.

Weakland, J. H., Fisch, R., & Bodin, A. M. (1971). Brief therapy: Focused problem resolution. *Family Process, 13,* 141-168.

Zlotnick, C., Kohn, R., Peterson, J., & Pearlstein, T. (1998). Partner physical victimization in a national sample of American families. *Journal of Interpersonal Violence, 13*(1), 156-166.

# 재혼가족의 가족갈등 사례분석*

박태영 · 김태한

본 연구는 재혼한 가족의 반복되는 갈등을 가족체계론적 관점을 통하여 이해하고자 하였다. 본 연구의 사례는 이혼위기 상황에서 가족치료에 참여한 가족구성원들의 상담내용을 중심으로 분석되었고, 연구대상은 남편, 부인, 남편의 딸, 아들로 구성되었으며, 상담은 1999년 8월부터 2000년 9월까지 총 19회기가 진행되었다. 본 연구는 연구질문과 관련된 주제들을 반복적으로 찾고 지속적으로 비교하였으며, 유사한 개념들끼리 분류하여 범주화하였고 이렇게 형성된 범주들을 Miles와 Huberman(1994)이 제시한 매트릭스와 네트워크를 활용하여 대상, 갈등요인의 관계성을 제시하였다.

본 연구결과 재혼부부의 갈등특성으로서 남편과 전부인의 자녀들은 기존의 가족체계를 유지하기 위하여 역기능적인 의사소통방식을 사용하였고, 부인 또한 기존의 가족체계를 변화시키고 새로운 가족체계를 형성하기 위하여 역기능적인 의사소통방식을 사용하고 있었다. 가족구성원들에 의하여 사용된 이와 같은 역기능적인 의사소통방식이 가족갈등을 해결하기보다는 악순환적인 결과를 낳았다. 가족갈등에 영향을 미친 재혼가족의 특수성은 초혼과 재혼의 입장차이, 혈연과 비혈연의 관계차이로 구분되었다.

* 제13장은 한국가정관리학회지(2010) 제28권 4호, 15-28페이지에 게재된 논문을 일부 수정한 것임.

# I. 서론

가족의 형태는 산업화와 도시화의 과정 속에서 다양하게 바뀌었다. 전통사회에서는 대가족이 보편적이었지만 현대사회에서는 핵가족, 동성가족, 한부모가족, 재혼가족, 다문화가족, 단독가족, 동거가족, 분산가족 등 여러 형태로 늘어났다. 또한 사회와 문화가 급속도로 변화함에 따라 가족문제도 다양하게 나타나고 있다. 급증한 이혼과 재혼을 통하여 가족의 해체와 재구성은 새로운 사회문제로 대두되기도 하였다. 한국 사회의 이혼율은 OECD국가 중에서 최상위권이고, 최근 10여 년 동안 꾸준히 증가하였다. 비록 2008년도에는 이혼율이 약간 감소하였으나 이는 이혼숙려제도로 인한 신고공백 효과로 보이며 재판이혼은 전년대비 6.9%나 증가하였고, 20년 이상 동거한 부부의 이혼율도 전년대비 3%나 증가하였다(통계청, 2009). 재혼은 갑작스런 현상은 아니지만 급증하는 이혼으로 인하여 점점 증가하는 추세에 있다. 이러한 결과는 통계청자료에서도 알 수 있는데, 1972년의 재혼구성비는 남자 5.4%, 여자 2.9%인데 반하여 2004년에는 남자 18.2%, 여자 20.4%로 증가하였고, 최근 20년 동안 우리나라의 재혼율이 크게 늘어났음을 보여 준다(통계청, 2005).

재혼가족은 초혼가족과 다른 구조와 형성과정으로 인하여 구성원들의 적응이 어렵다. 이러한 재혼가족의 적응문제는 또다시 이혼으로 이어지는 요인이지만 국내에는 재혼가족에 대한 구체적인 연구가 미흡하다. 한국가정법률상담소(2008)에 의하면 재혼가족의 이혼상담은 2002년 13.3%, 2004년 14.7%, 2006년 15%로 매년 증가하고 있다. 미국에서도 재혼부부의 이혼율은 초혼부부보다 높고, 두 번 재혼한 부부의 이혼율은 80~90%까지 증가하는 것으로 나타났다(Furstenberg & Spanier, 1984; 김효순, 엄명용, 2007에서 재인용). 그런데 재혼가족의 해체는 복잡한 가족구조, 애매한 가족경계, 애매한 사회규범과 같은 특수성과 더불어 가족성원에 대한 호칭에서부터 상실감과 충성심, 가족에 대한 환상과 같은 발달과정상의 문제가 복합적으로 나타나는 결과다(유영주, 2007).

최근의 한 연구에 의하면 2007년부터 2009년까지 한국 부부의 이혼사유 1순위는 배우자 폭력(18.3%)이었고(연합뉴스, 2009), 한국가정법률상담소(2008)의 통계에서도 여성의 이혼상담사유에서 배우자 폭력은 두 번째로 높게 나타났다. 일반화할 수는 없지만 재혼가족에서도 배우자 폭력이 부부갈등과 재이혼의 주요 요인임을 알 수 있다(김연옥, 2007). 기존의 배우자 폭력에 관한 연구들은 배우자 폭력의 발생원인과 반복적으로 발생하는 이유에 관심을 가지고 접근하였고, 주로 개인적 특성과 가족 내적 특성을 중심으로 다루거나 부부갈등, 부부권력구조와 규범, 부부의사소통과 관련지어서 살펴보았다(김지영, 최상진, 2004; 김재엽,

최수찬, 2005; 김재엽, 2007). 이러한 연구들은 대체로 초혼가족을 대상으로 연구된 것들이며, 재혼가족에서의 배우자폭력이나 부부갈등에 대한 연구는 거의 없는 듯하다. 재혼가족의 갈등에 대한 기존 연구들은 구성원 중 한 명을 인터뷰하거나 설문조사해서 얻은 내용이 대다수이며 가족성원들의 관점에서 서로의 입장을 비교하면서 적용한 것은 거의 없는 듯하다. 가족의 갈등을 한 개인의 문제로 보는 것이 아니라 가족체계가 가지는 역기능적 결과로 보는 가족체계론적 관점은 복잡한 상호작용의 맥락을 통해 가족을 이해할 수 있도록 도와준다(유영주, 2007). 현실적으로 재혼가족에 대한 사례접근이 쉽지 않고 가족갈등과 같은 민감한 주제를 다루는 것이 어려운 상황에서 상담사례를 통한 가족 내부자의 관점에서 바라보는 가족갈등의 경험은 재혼가족에만 있는 특수성을 잘 이해하도록 도와준다. 따라서 본 연구의 목적은 재혼가족의 독특한 상호작용의 특성을 통해서 재혼가족성원들이 경험하는 갈등을 이해하고자 하는 데 있다.

# Ⅱ. 이론적 배경

## 1. 체계론적 관점의 가족갈등이해

체계론적 관점은 가족을 서로 상호작용하는 부분들의 전체로 이해하며 사이버네틱스 이론과 일반체계 이론의 영향을 받았다(Goldenberg & Goldenberg, 2007). 이 관점은 가족의 문제를 한 부분의 문제로 보는 직선론적 인과관계가 아니라 부분들의 순환적 상호작용을 통해서 발생하는 전체의 문제로 이해하고자 한다(정문자, 정혜정, 이선혜, 전영주, 2007).

### 1) 가족 항상성과 갈등지속

항상성은 유기체가 자동적으로 체계의 안정성을 유지하려고 외부세계와 정보를 교환하고 체계 내부와 외부의 균형을 조절하는 가운데 형성된다(Goldenberg & Goldenberg, 2007). 이러한 항상성의 관점에서 볼 때에 갈등이 있거나 혼란스러운 가족은 위기상황에서도 항상성 기제를 사용하며, 가족갈등과 같은 병리적 증상도 가족의 균형을 안정시키려는 항상성의 시도로 이해할 수 있다(Haley, 1963). 가족체계는 안정된 상태를 추구하면서도 외부체계들의 압력에 반응하여 변화하는데 이때 체계를 통제하기 위해서 사용하는 수단을 피드백(feedback)이라 한다. 피드백 정보는 정적(positive)이거나 부적(negative)일 수 있다. 정적 피드백은 현재 상태의 변화(일탈)를 요구하는 신호이며, 부적 피드백은 현재 상태의 안정(현상유지)을 요구하는 신호다. 부적 피드백이 지배적인 가족은 융통성이 없고 질식할 것 같고, 변화 상황을 다루는 데 있어서 체계에 해로운 행동을 한다. 반면에 정적 피드백이 지배적인 가족은 체계가 붕괴하거나 자기파괴의 지점까지 이르도록 하고 지속적인 불균형 상태를 만든다. 이러한 피드백들은 서로 피드백 고리(feedback loop)를 이루어 순환적으로 체계의 기능을 교정하고 통제하는 역할을 한다(Goldenberg & Goldenberg, 2007).

그런데 가족갈등은 구성원들이 반복되는 어려움을 어떻게 다루는가에 따라 문제가 될 수도 있고, 그렇지 않을 수도 있다. 즉, 갈등을 해결하기 위하여 잘못된 시도를 하면 갈등을 더 악화시키고 결과적으로 악순환에 빠져들어서 헤어나오지 못할 수 있다(Watzlawick, Weakland, & Fisch, 1974). 특히 가족체계가 갈등을 감소시키기 위하여 사용하는 부적 피드백은 오히려 그 갈등을 확장시키는 정적 피드백의 효과를 나타내기 때문에 문제는 더 심각해진다(Nichols & Schwartz, 2007). 따라서 가족의 안정을 찾기 위하여 가족들이 사용하는 폭력이나 비난과 같은 비효과적인 방식들은 오히려 가족의 적대감을 심화시키고 갈등의 악순환에 빠뜨리는 역할을 할 수 있다(Cordova, Jacobson, Gottman, Rushe, & Cox, 1993). 이처럼 가족체계를 안정화시키는 항상성의 기제는 갈등의 상황에서 갈등을 해결하기보다는 오히려 악순환에서 벗어나지 못하게 만들고 지속하게 만듦으로써 가족체계의 역기능을 조장할 수 있다.

### 2) 역기능적/기능적 의사소통

인간이 의사소통을 하지 않는 것은 불가능하며 모든 의사소통에는 내용과 지시의 두 가지 수준이 따른다. 특히 지시 수준의 의사소통은 양자 간의 관계를 규정짓는 진술이며 암시적인 특성이 강하여 쉽게 이해하기 어렵다(Watzlawick, Beavin, & Jackson, 1967). 만약에 의사소통에 있는 두 사람의 관계에서 나타나는 위계가 평등하다면 의사소통은 대칭적이 되고, 평등하지 않다면 보완적인 특성을 나타낸다(Bateson & Jackson, 1964). 특정 의사소통의 형태가 문제를 일으키는 것이 아니라 의사소통하는 사람들이 어느 하나에 고착될 때에 양자 간에 갈등이나 위기가 발생할 수 있다(정문자, 정혜정, 이선혜, 전영주, 2007). Satir와 Baldwin(1983)은 의사소통이란 스트레스 상황에서 생존하기 위한 노력으로 보았다. 따라서 대인관계에서 의사소통은 본인이 자신과 타인과 상황을 어떻게 보고 느끼는가에 따라서 많이 달라진다. 두 사람 간에 의사소통이 기능적이면 문제를 해결하거나 갈등해소에 유익하며 상호 자존감을 높여 주지만 그렇지 않고 역기능적이라면 의사소통의 언어적 메시지와 비언어적 메시지가 불일치하고 이로 인해서 진실한 상호작용이 이루어지지 않는다. 이러한 역기능적 의사소통에는 회유하고 비난하고 계산하고 혼란시키는 방식들이 있다(Satir, 1988).

또한 Madanes(1981)는 의사소통의 과정에서 맥락적 부분을 강조하였다. 이런 관점에서 의사소통방식은 두 가지 형태로 존재하는데 하나는 전달되는 메시지의 내용측면을 설명하는 디지털 의사소통방식이고, 다른 하나는 양자의 관계측면을 설명하는 아날로그 의사소통방식이다(Greene, 1996). 디지털 방식은 가리키는 내용에 대하여 하나의 의미를 가지기 때문에 의미를 명확히 알 수 있는 반면에, 아날로그 방식은 맥락을 고려하고 문화적 의미를 유추하지 않고서는 이해하기 어려운 측면이 있다. 예를 들어 자녀의 잘못에 화를 내는 것은 자녀의 잘못을 고치려는 행위(디지털 방식)이지만 남편에게 강력한 메시지를 보내는 은유적 행위(아날로그 방식)이기도 하다. 만약에 가족 안에서 권력이 잘 배분되고 조화로운 위계(hierarchy)가 형성되면 구성원 간의 서로 만족스럽고 기능적인 의사소통이 우세하지만 권력배분이 적절하지 않거나 부조화로운 위계가 형성된다면 불평등을 느낀 사람은 증상행위라는 아날로그 의사소통방식을 통하여 자신의 요구를 전달할 수도 있다. 이러한 증상적 행위에는 개인의 정서 및 신체적 질환에서부터 타인에 대한 폭력, 비난, 철회, 침묵도 모두 포함된다(Madanes, 1981). 만약에 의사소통 과정에서 메시지의 디지털 측면만 중시하고 아날로그적 측면을 무시한다면 부조화스러운 위계의 자기조정은 불가능하고 따라서 역기능적 의사소통의 패턴은 반복될 것이다.

## 2. 재혼가족에서 갈등

### 1) 가족경계의 모호성

재혼가족은 기능과 관계에서 다른 유형의 가족들과 매우 다르다(Dunn, 1995). 그러한 차이점 중의 하나가 가족경계의 모호성인데 이것은 가족에 속한 사람과 그렇지 않은 사람이 누구인지 불분명함을 가리키는 말이다(Boss & Green-berg, 1984). 가족경계의 모호성은 가족구성원의 상실이나 추가가 갑작스럽거나 모호한 상황에서 발생하는데(Burns, 1987; Boss, Caron, Horbal, & Mortimer, 1990), 재혼 자녀들과 같이 사는 재혼한 부부들 사이에서 높게 나타날 수 있다(Boss, 1980). 또한 가족스트레스, 역기능적 관계들, 우울의 유발 등과도 관련성이 높다(Boss, 1980; Burns, 1987). 재혼가족의 모호한 경계는 남성배우자가 이전 관계에서 자녀가 있을 때에 빈번하고(특히 여성배우자와 적대적일 때), 그리고 배우자들이 각각 이전 결혼관계로부터 생긴 자녀를 두고 함께 양육할 때에 가장 빈번하다(Pasley, 1987). 공동자녀들이 가족의 통합성을 높인다는 연구들도 있지만(Hofferth & Anderson, 2003; Beer,

1992), 다른 연구들은 공동자녀의 출생이 오히려 역할혼란을 만들고 경계의 모호성을 증가시킨다고 본다(Ambert, 1986; Fine, 1995). 가족구성원에 대한 명확함은 가족의 일상적 기능에서 아주 중요하다(Ganong & Coleman, 2004). 가족에 대한 불분명한 정의는 가족갈등에 대처하는 능력을 감소시키고 안정성을 깨뜨림으로써 쉽게 해체되도록 만든다(Stewart, 2005).

### 2) 부부갈등

재혼하는 남녀는 이미 자녀가 있을 때에 기존에 형성된 가족체계 속으로 편입해야 하고, 인위적으로 형성된 부모-자녀관계에 적응해야 하므로 안정적인 부부관계를 만들기가 힘들다(김효순, 엄명용, 2007). 게다가 대체로 재혼할 때에 구혼기간이 짧거나 준비 없이 재혼하는 경향이 크기 때문에 부부의 적응은 초혼부부보다 더 어렵다(Hanna & Knaub, 1984; Ganong & Coleman, 1989). 그렇기 때문에 재혼가족의 안정에 가장 중요한 요소는 부부관계의 강화다(Visher, Visher, & Pasley, 1997). 재혼가족에서 부부간의 강한 유대감은 재혼부모-자녀관계를 좋게 만들고, 다른 가족관계에서 어려움을 겪을 때에 완화작용을 한다(Mills, 1984; Visher & Visher, 1988). 재혼부부가 친자녀와 재혼자녀를 대하는 방식에서 부부체계를 견고히 만들지 못하고 소원한 관계를 가지게 되면서 서로의 눈치를 보게 되고 결국 부부 유대감의 손상으로 이어진다(박태영, 김태한, 김혜선, 2009). 특히 재혼부부의 결혼생활에서 재혼자녀는 갈등요인이 되는 동시에 가족 해체의 원인이 되기도 한다(Ganong & Coleman, 2004). 재혼모들은 재혼자녀를 견딜 수 없이 싫은 존재로 느끼고(Ganong & Coleman, 2004; 김연옥, 2007), 재혼자녀가 없었다면 결혼생활이 더 행복했을 것이라고 언급한다(Ambert, 1986). 이처럼 재혼부부의 갈등에서 재혼자녀들은 이혼의 가능성을 증가시키고, 재혼한 부부의 관계 질에 부정적인 영향을 미친다(White & Booth, 1985; Booth & Edwards, 1992).

### 3) 부모-자녀의 갈등

재혼가족의 부모-자녀관계는 초혼가족과 달리 비혈연적 관계와 비혈연적 관계로 구성되어 있다. 재혼은 부모의 필요성에 따라 부모-자녀관계가 다시 만들어지기 때문에 혈연관계는 아주 중요한 영향력을 가진다(Sturgess, Dunn, & Davies, 2001; Ganong & Coleman, 2004; 김효순, 엄명용, 2006; 김연옥, 2007). 재혼모들은 재혼자녀들과 더 많이 접촉하고, 재혼부보다 자녀양육에서 더 큰 책임감을 요구받기 때문에(Ambert, 1986) 재혼부보다 더 큰 어려움을 경험한다(Aguilino, 1994; Coleman & Ganong, 1997). 양육적 책임을 떠맡은 재혼모는 재혼자녀와의 관계에서 이들을 사랑하도록 요구받는다(Smith, 1990). 재혼자녀의 아빠를 사랑하고 재혼자녀의 좋은 엄마가 되고 친엄마와 같은 느낌을 갖도록 요구받는다(Dainton, 1993; Visher & Visher, 1988). 그러나 이것은 실현하기 어려운 비현실적인 기대다(Dainton, 1993). 생물학적 가족과 달리, 재혼부모는 관계성이 지속되고 있다는 것을 확인하기 위하여 항상 신호와 징조를 추구하지만 재혼자녀들이 재혼부모의 사랑과 애정에 반응하지 않을 때에, 재혼부모는 아주 강력한 부정적 감정을 경험한다(Visher & Visher, 1990). Currier(1982)는 재혼모가 자녀를 사랑해야 한다는 비현실적 기대를 가지는 단계로부터 부모와 자녀가 서로 적대적 관계가 되는 과정을 9단계로 설명하였다. 여기에서 강조점은 재혼모들이 자녀들에 대해서 초기에 과도한 기대와 즉흥적 사랑을 가지고 좋은 재혼모, 즉 친모처럼 되려다가 결국 나쁜 재혼모가 되고 마는 과정이다. 대체로 재혼모들은 재혼자녀들에게 어떤 책임감을 느끼기 때문에(Ganong & Coleman, 1999), 재혼자녀들에 대해 지나친 관여를 하고 이것은 결국 양자 간의 갈등을 불러일으킨다(Guisinger, Cowan, & Schuldberg, 1989). 부모가 권위 있는 양육을 하는 것은 대부분의 가족에서 아동의 좋은 결과와 관련성이 있지만, 재혼가족에서는 반드시 그렇다고 말할 수 없다. 권위 있는 부모의 양육방식이 오히려 어린 재혼자녀들에게 분노와 저항감을 유도할 수 있기 때문이다(Kurdek & Fine, 1995). Hetherington과 Jodl(1994)의 연구에서도 어린 자녀가 있는 재혼부모의 성공적인 전략은 자녀들과 따뜻한 관계를 형성하고, 통제하는 엄격한 사람의 역할을 피하는 것이라고 하였다. 이들은 재혼자녀에 대한 양육이 성공적이려면 재혼부모는 자녀에게 매이지 않는 상태로 남고 자신의 친자녀들이나 이혼하지 않은 일반가정의 부모보다 덜 권위적인 것이 좋다고 본다. 또한 초기 청소년인 재혼자녀들은 더 어린 자녀들의 경우보다 재혼부모와 갈등이 많다. 따라서 재혼 초기 단계에서 자녀의 행동을 바꾸기보다는 부모의 행동을 바꾸는 것이 갈등 상황을 피할 수 있는 효과적인 방법이다. 그리고 재혼가족은 전환기적 특성으로 인해 소속감형성, 친밀감의 증진, 협력 등의 과업을 성취해야 하고, 청소년기의 자녀가 있다면 자녀들의 독립뿐만 아니라 거리를 적절히 유지하는 것이 필요하다(Minuchin, 1984).

# Ⅲ. 연구방법

## 1. 대상 및 문제력

본 사례연구는 이혼의 위기상황에서 가족치료에 참여한 가족성원들의 상담내용을 중심으로 분석되었고, 연구대상은 남편(43), 부인(41), 남편의 딸(19, 이하 딸)과 아들(15, 이하 아들)로 구성되었으며 상담은 1999년 8월부터 2000년 9월 3일까지 총 19회기에 걸쳐서 이루어졌다.

남편은 재혼이고 부인은 초혼이며 현재 부부의 결혼기간은 약 2년이었다. 남편은 초혼 5년 차에 가족들과 미국에 건너가서 생활하다가 전부인의 정신질환으로 인해서 결혼한 지 9년 만에 이혼하였다. 남편은 직장일로 먼저 귀국하였고 부인과 자녀들은 미국에서 같이 생활하였지만 갈등으로 인해 자녀들이 먼저 귀국하고 뒤이어 부인이 귀국하였다.

부인이 호소한 문제는 남편이 폭력을 쓰기 때문에 결혼생활을 유지할 수 없다고 것이고, 남편은 부인의 잔소리와 지적 때문에 폭력을 쓰게 된다는 것이었다. 남편은 결혼 전에도 부인에게 폭력을 행사하였으나 부인과 폭력을 쓰지 않겠다는 약속을 하고 결혼하였다. 결혼 이후에도 남편은 화가 나면 부인을 때렸고 거친 욕설을 퍼붓기도 하고 신체에 상처를 입히기도 하였으며 심지어 남편은 자녀들 앞에서 부인을 때리기도 하였다. 남편은 자신의 폭력을 부인의 잔소리와 지적에 대한 '항거'로 표현하였다. 즉, 남편은 자신과 자녀들의 행동에 대해서 완벽주의 경향을 가지고 간섭하고 지적하며 비꼬는 말투로 감정을 상하게 하는 부인을 제지하기 위하여 폭력을 사용하였다. 결혼할 당시에 부부는 서로 사랑의 감정을 가지고 마음이 잘 통하는 관계였지만 재혼이후 부부갈등과 모자녀 갈등이 심각해지면서 가족관계는 악화되어 해체될 위기에 놓였다.

## 2. 연구질문

첫째, 재혼부부의 갈등반복은 어떤 특성을 가지는가?
둘째, 재혼 모-자녀의 갈등반복은 어떤 특성을 가지는가?
셋째, 가족갈등에 영향을 미치는 재혼의 특수성은 무엇인가?

## 3. 분석방법 및 신뢰도 검증

본 연구는 질적 분석방법 중 사례분석을 사용하였다. 연구자는 연구질문과 관련 있는 주제들을 자료 속에서 반복적으로 찾고 지속적으로 비교하여 가족의 역동을 이해하고자 시도하였다. 방대한 자료를 요약하기도 하였고, 유사한 개념들끼리 분류하여 범주화하는 과정도 거쳤다.

연구의 신실성과 엄격성을 높이기 위해서 축어록, 상담기록지를 활용하였으며, 진술내용들을 인용문으로 제시하였다. 상담자와 연구자의 토론, 질적 연구 경험이 있는 전문가 집단과 토론을 통하여 연구자의 편견을 줄이고, 제공되는 다른 관점들을 반영하였다.

## Ⅳ. 사례분석

### 1. 재혼부부의 갈등반복은 어떤 특성을 가지는가

본 사례의 재혼부부가 경험하는 갈등은 위기, 냉전 그리고 회복 또다시 위기로 이어지는 반복적 특성을 가지고 있었는데, 이러한 갈등의 주기적인 측면을 피드백고리와 의사소통의 관점에서 분석하면 다음과 같다.

#### 1) **남편: 기존 가족체계를 옹호하고자 역기능적 의사소통방식 사용**

남편은 재혼하였지만, 여전히 자신과 자녀들이 살아온 기존 가족생활의 틀을 변화시키지 않고 고정상태를 유지하려고 하였다. 남편은 부인이 이혼한 전처의 역할을 계승해 주기를 원하였고, 자녀에게는 좋은 엄마의 역할을 해 주기를 바랐다. 남편은 이전 결혼생활에도 그러했듯이 부인을 기쁘게 하기 위해서 집안일을 하였다. 남편은 집안일을 하는 자신에게 부인이 감사하고 행복감을 느끼기를 원하였으나 오히려 부인은 불만을 토로하였다. 이에 대해서 남편은 부인을 나쁜 사람이라고 비난하고 못마땅해하였다.

> 부인: (남편이 평소에 바라는 것은) 제가 정말로 행복하면 된다는 거예요. 그런데 저는 사람이 365일 24시간 즐겁기만 하냐는 것이지요. 그 사람은 저한테 '내가 밥을 하랬냐? 애들한테 잘하라고 했냐? 시부모한테 잘하라고 했냐? 그런 것 다 원하지 않는다' 이거예요. 저는 차라리 '애들한테 잘 해 달라' 대신에 '당신한테 잘 해 줄게' 이렇게 말해 줬으면 좋겠다고 말했어요. 그게 저 솔직한 심정이에요. (남편이) 밥도 해 주고 빨래도 해 줬는데 내가 행복하지 않기 때문에 제가 나쁜 사람이라는 거예요. (1회기)

또한 남편은 기존 가족생활의 변화를 요구하는 부인을 통제하려고만 하고, 부인의 생활방식을 존중하거나 수용하려는 노력을 하지 않았다. 예를 들어, 부인이 동서에 대해서 '그 여자'라고 표현한 것에 대해서 남편은 매우 화를 내고 표현을 하지 못하게 하였다. 그러나 부인에게 '그 여자'라는 낱말은 편안하고 좋은 의미였지만 남편으로부터 거절당하였다. 남편은 기존의 가족생활방식이나 자신의 가치관에 부인이 편입되기를 요구하였다. 이러한 것이 용납되지 않을 때에 부인의 행동이나 태도를 통제하기 위해서 부인에게 폭력과 욕설을 사용하였다.

부인: (남편이) 아주 심한 욕이 나와요. 처음에는 왜 욕을 하냐고 욕하지 말라고 이렇게 두 마디가 오가면서 욕이 폭력이 되지요. 제가 차마 입에 담지 못할 말을 써요. X같은 X, 조금 더 심하면 XXX 그런 말이요. 구타는 말도 못해요. 얼굴도 멍들 때 있고요, 시계를 던져서 꿰맨 적이 있어요. (1회기)

남편: 뭔가 억울하고 한스럽고 뭐라도 건드리면 저는 폭발을 해 버리고 저(부인) 입을 막아야 된다는 생각이 드는 것이지요. (1회기)

특히 부인이 남편의 행동을 지적하고 간섭할 때에 남편은 폭력과 욕설을 행사하면서 부인보다 높은 위계를 차지하였다. 반면에 부인이 남편의 폭력으로 감정이 상하여 침묵과 정서적 단절을 보이면 남편은 후퇴하면서 부인보다 낮은 위계의 상태에서 부인을 회유하였다. 위계의 높낮이와 상관없이 남편의 의사소통행위는 새롭게 형성된 재혼가족의 상황에 자신을 맞추기보다는 기존의 초혼가족체계를 유지하면서 부인을 여기에 포함시키려는 시

〈표 13-1〉 남편의 의사소통방식 매트릭스

| 구분 | 상위 위계(강자)에 놓일 때 | 하위 위계(약자)에 놓일 때 |
|---|---|---|
| 언어 | -부인에 대한 욕설, 처가식구에 대한 모욕<br>-죽여 버리겠다는 위협<br>-친자식과 함께 나가서 따로 살겠다는 표현<br>-화나면 무섭게 고함 지름<br>-(부인이) 자녀에 대한 애정이 없다는 비난 | -내가 이렇게 해 줘도 당신은 왜 행복하지 못하느냐는 식의 달램<br>-세상에서 가장 사랑한다는 표현<br>-가장 완벽한 최고의 여자라는 표현<br>-폭력중단에 대한 약속 |
| 행동 | 〈폭력과 복수〉<br>-부인을 주먹과 손으로 때리고 신체에 상해를 입힘<br>-물건을 부수고, 자녀들 앞에서 부인을 때림<br>-부인이 밥하는데 혼자 라면을 끓여 먹음<br>-정관수술을 풀려고 하지 않음<br>-처가보다 친가식구들을 더 챙김 | -설거지, 빨래, 청소 등의 집안일<br>-부인에 대한 감정으로 울음 |
| 생각 | -무조건 부인의 입을 막아야 한다.<br>-나는 피해자이고 폭력은 정당방위다. | -나는 병들었다고 함<br>-부인에게 인정과 사랑받기를 원함 |
| 감정 | -폭발하는 분노 | -미안함과 수치심 |

〈표 13-2〉 ■ 부인의 의사소통방식 매트릭스

| 구분 | 상위 위계(강자)에 놓일 때 | 하위 위계(약자)에 놓일 때 |
|---|---|---|
| 언어 | -○○○를 하지 말라. ○○○를 해라 등의 지시와 강요표현<br>-사기치고 있다는 식의 비아냥거림<br>-이래도 혼나고 저래도 혼나는 이중구속 사용<br>-자녀에게는 비난과 욕설, 남매간 비교<br>-남편을 사람들 앞에서 조롱거리로 만듦<br>-시집식구와 친정식구들의 비교 | -침묵 혹은 짧은 대답<br>-이혼을 요구함 |
| 행동 | -자녀들을 때림<br>-부인의 스타일대로 정리정돈을 강요함 | -집을 나가서 따로 생활함<br>-울음<br>-생활에 대한 무관심과 불쾌한 표정 |
| 생각 | -내가 아이들을 바르게 잡아 주어야 함<br>-남편의 행동은 사회적 기준에 부적절함 | -포기하고 신경 쓰지 않음<br>-자신을 위해서 살기로 함 |
| 감정 | -가족성원에 대한 답답함과 한심함<br>-자신에 대한 우월감 | -우울감과 무기력<br>-수치심과 억울함<br>-자기패배감정 |

도였다.

### 2) 부인: 기존 가족생활을 변화시키고자 역기능적 의사소통방식 사용

부인은 재혼 이전의 가족체계를 옹호하고자 하는 남편에 대항하여 가족체계의 변화를 추구하였다. 이 과정에서 부인은 상대방의 대화를 차단하고, 잘못을 지적하고, 비아냥거리는 의사소통방식을 사용하였다. 이와 같은 부인의 의사소통방식은 남편과 자녀들의 반발감을 부추기고 갈등을 심화시킴으로써 기존의 부-자녀가족체계가 변화를 거부하도록 만드는 결과를 초래했다.

남편: (와이프가) 옛날에는 상당히 많이 지적을 했다는 것을 느꼈어요. 뭐 턱을 떨어뜨려라, 목소리가 너무 크다, 어깨를 펴라… 제가 감성적인 사람이니깐 표정이나 행동이나 말소리 표현력이 클 수밖에 없었는데 (와이프는) 그런 것을 꼭 제지를 했고. (4회기)

남편: 와이프가 언제나 지적하고 있는 거예요. 이번에도 제가 아기를 너무너무 이뻐해요. 조카가 왔는데 '아이고 이뻐라' 하는데 그때 와이프가 '언제부터 이뻐했다고?' 그러는 거예요. 거기서 마음이 꼬부라졌지요. 그래서 저는 항상 긴장하고 있는 거예요. (와이프가) 같이 있을 때는 언제나 그런 식이에요. (9회기)

부인이 남편보다 높은 위계에 놓여 있을 때에 남편과 자녀의 기존 생활방식을 고치기 위해서 비난, 지적, 잔소리, 간섭과 같은 의사소통방식을 사용하였다. 그렇게 되면 남편은 폭력과 욕설을 사용하면서 다시 높은 위계를 차지하고 부인은 낮은 위계에 놓였다. 그러나 부인이 폭력과 욕설에 희생되어 침묵, 철회, 불쾌한 표정 등의 비언어적 의사소통을 시도하면 다시 남편의 위계는 낮아지고 부인은 높은 위계를 차지하게 되었다. 위계의 높낮이와 상관없이 부인의 의사소통행위는 남편과 자녀의 기존 가족생활을 변화시키고자 하는 시도였다.

### 3) 기능적 의사소통의 위축

시간이 경과하면서 부부는 서로의 반응을 의식하고 눈치를 살피게 되었다. 따라서 두 사람 간의 솔직한 감정표현이나 생각을 전달하는 것이 위축될 수밖에 없었다. 부인은 자신의 반응에 대한 남편의 폭력과 욕설을 예상하였기 때문에 남편을 대할 때에 불안한 느낌을 가지고 조심스러워질 수밖에 없었다.

> 부인: 제가 저 사람(남편)에 대해서 전혀 불만이 없을 때에도 '(남편은 내가) 불만이 있다'고 생각하니깐, 극단적인 예로 차를 타고 가다가 차가 부딪칠 것 같을 때 제가 '어' 하고 놀래잖아요. 그러면 '어' 소리 했다고 기분 나뻐해요. 자기가 운전을 못했기 때문에 그래서… 그다음부터는 '어' 소리도 못하지요. (1회기)
>
> 부인: 남편과 저녁을 먹고 있는데 무슨 얘기를 할지 몰라서 불안한 거예요. (19회기)

남편도 자신의 반응에 대한 부인의 지적과 비난을 예상하였기 때문에 부인을 대할 때에 긴장하고 불안한 느낌을 가지고 조심스러워질 수밖에 없었다.

> 부인: 아침에 빵이 있을 때도 있고 밥이 있을 때도 있고 제가 아침을 차려서 드리질 못해요. 그래서 제가 빵 드실래요? 밥 드실래요? 그러면 '안 먹을래, 안 먹을래' 하면서 '추궁하지 말라!'고 '추궁당하는 기분'이라고 그래요. (1회기)

부부간의 적극적이고, 직접적이고, 언어적인 의사소통이 감소하면서 소극적, 간접적, 비언어적 의사소통의 사용이 증가하였다.

> 부인: (부인이 들어오자 전화하던 딸이) 그때 분위기를 어떻게 느꼈는지, 야단맞을까 봐 전

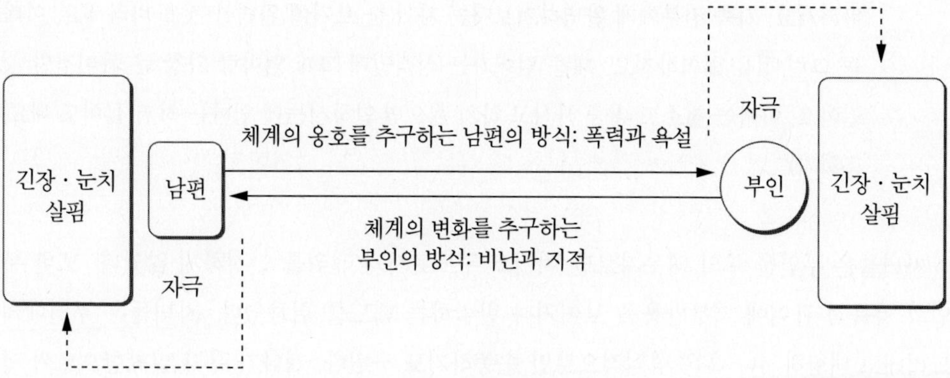


[그림 13-1] 역기능적 의사소통의 네트워크

화하던 상대방에게 뭐라 뭐라 하면서 딱 끊었는데. (8회기)

아들: 엄마는 우리 가족을 만나면 기분이 안 좋아지시는지 표정이 시무룩해지시면 아빠는 그것이 싫은 거예요. 또 '왜 그러냐?'고 하면서 싸우세요. (중략) 엄마 표정이 그러시니깐 아빠가 왜 그러냐고 하시고 대부분 싸워요. (6회기)

부부의 반복되는 갈등을 도식화하면 다음과 같다. 남편은 폭력과 욕설로 부인을 통제하고 기존 가족생활방식을 옹호하려고 하였고, 부인은 비난과 지적으로 남편을 변화시키려고 하였다. 이러한 역기능적 방식이 갈등을 초래하자 부부는 서로의 반응을 예상하면서 긴장하고 눈치를 살피었다. 그러나 일정시간이 지나면 부부는 다시 상대방을 통제하고 변화시키려는 의사소통의 방식을 사용함으로써 갈등을 재현하였다.

## 2. 재혼모-자녀의 갈등지속은 어떤 특성을 가지는가

### 1) 자녀: 기존 가족체계를 옹호하고자 역기능적 의사소통방식 사용

자녀들은 어린 시절에 친부모의 이혼으로 인하여 한국과 외국을 오가면서 생활하였고, 부모보다는 조부모와 더 가깝게 지냈다. 따라서 자녀들은 타인의 간섭이나 통제 없는 자유롭게 생활방식을 선호하였다. 자녀들은 부의 재혼으로 새엄마가 생기면서 기존의 생활방식에 위협을 받기 시작하였다.

아들: 엄마는 제가 보기에 완벽주의자예요. 우리가 자라 온 사고방식과 매우 달라서 완벽을

바라세요. 가족 전부에게 완벽하기보다는 자기 눈 보기에 완벽한 것을 바라세요. 아빠는 그런 것을 싫어하지요. 대충 넘어가는 성격인데 그게 엄마랑 가장 큰 차이점인 것 같아요. 아빠는 청소도 대충 하시고 하기 싫으면 안하시는데 엄마는 하기 싫어도 해요. (6회기)

자녀들은 부인을 부의 배우자로만 여기고 부모로서의 권위를 인정하지 않았다. 또한 부인의 양육적 관여에 거부반응을 보이거나 반발하는 태도를 취하였다. 자녀들은 부인에게 드러내고 대항하거나 혹은 형식적으로만 순종하기도 하였다. 게다가 부와 밀착함으로써 서로 갈등 상황에 있던 부인을 소외시켜 부인의 양육적 역할을 배제시켰다.

부인: 그런데 아들이 나한테 욕하고 덤빌 때 '나한테는 아무 의미가 없다고 내 인생에 참견하지 말라'고 했어요. (8회기)

부인: ○○야 '비듬이 떨어지니까 머리 좀 감아라!'라고 하면 '한국에 있을 때에는 며칠에 한 번씩 감아도 깨끗했는데 외국에 오니깐 매일 감아도 더러워요' 이런 식으로 말을 하는 거예요. 저는 안 감은 줄 뻔히 아는데 그런 식으로 말하는 거예요. (8회기)

부인: '아빠가 (나를) 때릴 때 내가 너한테 경찰에 전화해 달라고 얼마나 사정해도 한 번도 아는 척 안 하고 그럴 수 있냐. 니가 (나를) 엄마라고 생각을 하냐?' 그랬더니 '진짜로 결혼한 게 아니잖아요.' 그러는 거예요. '너 그게 무슨 말이냐?'고 했더니 '애도 없고 진짜로 결혼한 것이 아니잖냐?' 이거예요. '엄마하고는 금방 헤어질 거고 자기는 아빠하고 살아야 하는데 아빠가 감옥 가면 자기는 어떻게 사냐?' 이거예요. 그래서 자기는 '엄마하고 아빠하고 싸워도 상관이 없다'는 거예요. (7회기)

### 2) 부인: 기존 가족생활의 변화시키고자 역기능적 의사소통방식 사용

부인은 결혼하자 자녀들을 반듯하게 키우고, '좋은 엄마' '친엄마'가 되기 위해서 노력하였고, 부인은 자녀들의 무질서한 기존의 생활습관을 바로잡고자 시도하였다. 그러나 부-자녀의 관계가 재혼모-자녀의 관계보다 더 견고하였기 때문에 부인은 자신의 영역을 만들지 못하였다.

부인: 아침에 일어나면 '이 닦아라'부터 시작하지요. 남편은 제가 한 것이 하나도 없다고 하지만… (중략) 제가 외국에 있을 때 아들을 학교 보내고 도시락 두 개씩 매일 싸서 갖다

주고 나서 저는 학교에 가고 그렇게 살았어요. (19회기)

부인: 내가 외국에 있는 동안 줄곧 얘를 빨리 훈련시켜서 남들 보기에 번듯한 애로 만들겠다는 거의 강박적인 생각에 있었어요. 사람들이 보면 애가 너무 달라졌다고 좋은 피드백을 받으니깐 저는 좋은 줄만 알았지요. (8회기)

부인: 저는 애를 들볶았어요. 결과가 좋으니깐 좋은 일이라고 생각했어요. 저는 저 아이 인생에 7, 8년 동안 받지 못한 것을 3, 4년 동안 해야 한다는 강박관념이 있었고 무리는 했지만 나름대로 생각한다고 생각했어요. (8회기)

부인은 양육방식에 저항하는 자녀들의 행동을 변화시키기 위해 시간이 지날수록 이전에 잘해 주던 태도를 철회하고 강하게 밀어붙이고 부인을 무서워하게 만드는 방식을 사용하였다. 부인이 자녀를 변화시키기 위해 사용한 의사소통방식은 유도질문, 비난과 위협, 욕설과 폭력 등이었다.

부인: 한번은 그날 갑자기 너무나 못 참겠는 거예요. 전에는 제가 그것을 애가 멍청하다고 생각했어요. 그래서 때리고 자극을 하면 되리라고 생각했는데. (7회기)

아들: 엄마는 많이 때려요. 외국에 있을 때… 그때 사이가 완전히 벌어졌는데요. 그때 365일 매일 맞았을 거예요. 무작정 때려요. 무기도 쓰고 손발도 쓰고 발로 까고 그냥 패는 거예요. 뺨때리고 발로 차고요. (6회기)

딸: 제 동생한테 들은 이야긴데 엄마는 책 보고 제 동생은 서서 3시간 정도 있었대요. (5회기)

특히 부인은 자녀들을 추궁하면서 이중구속적 의사소통을 하여 자녀들이 이래도 저래도 혼나도록 만들었으며, 유도질문을 통해서 자신이 원하는 답을 말하도록 하였다.

아들: 저의 성씨가 싫다고 말하세요. (엄마는) 아빠, 누나, 저를 싫다고 말해요. 왜 사냐? 차라리 그렇게 살려면 죽으라고 저에게 말해요. (6회기)

딸: 전화가 와서 통화하고 있었는데 전에도 (제가) 전화하는 것 별로 좋아하시지 않았어요. 엄마가 들어올 때 전화를 끊었거든요. 그때 엄마가 오니깐 신경질적으로 끊었다고 그렇게 해석을 하시는 거예요. 저는 그런 의도가 없었는데 저를 그런 식으로 내모는 거예요. 니가 그러는 것은 하기 싫어서이거나 XX이라고 하니깐 할 말이 없잖아요. 항상 저를 거짓말쟁이로 내모는 거예요. (5회기)

아들: 그날은 쓰레기 안 버리는 날인 줄 알고 안했는데 왜 안 버렸냐고 하시면서 바보냐고

그러셔서 XX 아니라고 하면 그럼 왜 안 하냐고 하면 말을 못하지요. 네가 안 한 이유는 XX 아니면 XX이 아니면 내가 싫어서 일부러 안 했거나 귀찮아서 안 했다고 그러세요. 그러면 내가 그중에 하나를 안 고르면 XX냐? 귀찮아서 안 했냐? 내가 싫어서 안 했냐? 셋 중에 하나 고르지 않으면 그것 가지고 뭐라고 그래요. 그러면서 싸우는 게 한 시간 걸려요. 만약에 셋 중에 하나 말하잖아요. 그러면 또 왜 그랬냐고 그래서 아예 말 안하고 있는 것이 나요. 말하면 더 복잡해지니깐 말 안 하고 듣고 있다가 엄마가 지치고 포기하시는 게 나아요. (6회기)

### 3) 기능적 의사소통의 위축

시간이 지날수록 부인은 강자의 위치에서 자녀들을 변화시키려고 하였고, 자녀들은 약자의 위치에서 변화를 거부하였다. 따라서 모-자녀 관계의 친밀감은 형성되지 못하였고 표면적인 내용만 다루는 의사소통방식이 형성되었다. 부인은 자녀들에 대해서 '내 자식이 아니다'라는 생각을 가졌고, 자녀들도 부인에 대해서 '엄마가 아니다'라는 생각을 가졌다. 점점 양측은 무관심과 소원해졌다.

아들: 지금 이 상태로 있으면서 싸우지 않고 밥만 주고 그냥 놔두면 좋겠어요. 지금 이것이 만족스러워요. 무관심이 좋아요. 아빠가 뭐라고 하면 아빠한테 미안한 생각이 있고 엄마는 저를 혼내면 증오심이 더 생기니깐 피하는 거고요. (6회기)

〈표 13-3〉 ■ 재혼 모-자녀 간의 관계 변화 과정 매트릭스

| 과정 | 부인 | 상위범주 | 자녀 |
|---|---|---|---|
| 초기<br>(재혼 직후) | -연민과 동정심으로 접근<br>-친자녀처럼 대하려 함<br>-규칙적이고 반듯한 생활을 시도<br>-엄마로서 사회적 이미지를 고려 | 초기의 친밀 | -좋은 첫인상으로 반김<br>-애교와 많은 대화를 시도<br>-친절함과 관심을 느낌<br>-쉽게 부인에게 동화됨 |
| ↑ | -강제적으로 생활을 변화시키려 함<br>-자녀를 위해 헌신적인 희생<br>-자녀들의 감정을 고려하지 않음 | 통제와 거부 | -부인의 의도에 반하는 행동<br>-부인의 행동을 간섭으로 느낌<br>-기존의 생활방식을 고수 |
| ↓ | -강력한 제재와 처벌<br>-역기능적인 의사소통 방법을 사용<br>-자녀들에 대한 미움 증가 | 갈등 심화 | -자녀들의 저항(욕설, 거짓말)<br>-의사소통을 거부함<br>-집을 떠나 조부모집에서 생활 |
| 후기<br>(상담 직전) | -내 자녀가 아니라는 생각<br>-형식적 관계의 유지<br>-자녀들에 대한 오해를 갖고 있음 | 체념과 포기 | -갈등 없는 상태로만 있기 바람<br>-부인의 생활에 무관심<br>-과거의 안 좋은 기억으로 대함 |

딸: 저는 (부모가) 이혼하든 안 하든 상관없거든요. 이제는 관심 없어요. 한번은 (부모가) 저런 사람(새엄마) 하고 사랑을 해서 결혼을 했나 생각한 적도 있었는데 아빠가 선택을 한 거니깐 저랑 상관없는 거잖아요. (5회기)

부인: 할머니 말은 잘 듣는데 내 말은 안 듣는 거예요. '왜 안 듣냐'고 하면 '할머니는 그런 것 안 시켰는데 엄마는 왜 시키냐?'고 해서 '아 이제는 안 되겠구나'라고 생각하게 되었어요. (8회기)

부부의 갈등은 상황에 따라서 두 사람이 차지하는 위계의 위치가 자주 바뀌었지만 재혼모-자녀의 갈등은 특별한 위계의 변화가 없었다. 그럼에도 시간이 지나면서 재혼모-자녀의 의사소통은 위축되고 역기능적인 모습을 드러내었다. 이를 시간 순에 따라 구분하면 서로 초기의 친밀 단계, 통제와 거부, 갈등심화, 체념과 포기의 단계로 이어졌다. 부부와 마찬가지로 재혼모-자녀의 관계도 초기에는 아주 좋았지만 모의 기대감과 책임감에 기여한 과도한 양육적 관여와 통제가 모-자녀관계를 악화시키고 마침내는 소원하게 만들었다.

## 3. 가족갈등에 영향을 미치는 재혼의 특수성은 무엇인가

### 1) 부부의 재혼과 초혼의 입장차이

초혼인 부인은 남편과 사이에서 자신의 자녀를 가지고 싶어 하였으나 남편은 10여 년 전에 정관수술을 하였기 때문에 임신이 불가능하였고 이것은 부부갈등에 주요한 요소가 되었다.

남편: 저는 항상 집사람에게 빚지고 있거든요. 그러니깐 애기를 못 낳는다는 것, 제가 정관수술을 했거든요. (1회기)

부인: 문제는 그거예요. 애를 못 낳게 하고…. 도대체 애를 안 낳으려고 하는 것이 무엇인가 물어봐야겠다고 생각했어요. (1회기)

부인은 남편이 정관복원 수술을 해 주기 원하였지만 남편은 비용이 너무 비싸며, 정관수술을 한 지가 너무 오래되어서 복원수술을 해도 임신 가능성이 적다는 이유로 부인의 요청을 거절하였다.

부인: 알아봤는데 오래됐기 때문에 성공률이 30%로 낮대요. 성공률이 1%만 되도 해 보고

싶은 것이 사람의 심리잖아요. 애를 낳아서 엄마가 되는 게 너무 부럽다 그런 생각이 들어요. (2회기)

남편은 결혼하기 전에는 재수술을 해서 임신을 하고 자녀를 가지겠다는 약속을 하였지만, 결혼하고 나서는 이런 저런 핑계를 들어서 미온적인 태도를 보이는 것이 부인에게는 커다란 배신감과 분노를 느끼게 하였다. 남편도 부인의 임신을 도울 수 없다는 사실에 미안함과 죄책감을 가지고 있었고, 늘 마음에 빚진 상태를 경험하였다. 그럼에도 불구하고 남편이 임신을 주저하는 이유는 현재의 가족관계도 어려운데 새로 아기가 태어나면 더 복잡해질 것을 염려하였기 때문이다.

남편: 그동안에 결혼생활을 하면서 굉장히 복잡했어요. 아이들을 키우고 그런데 다시 애기가 태어나고… 제가 두려운 것이 뭐냐면 아이에 관한 것이에요. (3회기)

임신이 현실적으로 어려운 문제라는 것을 부인도 알고 있었지만, 이러한 상황에서 남편이 부인의 의견을 존중해 주고 배려해 주지 않는 것이 부부 사이를 더 멀어지게 만들었다. 남편은 수술할 비용이 없다고 하면서도 자동차를 살 때에는 빚을 내는 모습을 보였고, 부인의 친구가 돈을 빌려 주겠다고 할 때에 남편은 거절하였다. 이에 대해서 부인은 남편이 핑계를 댄다고 느끼고 있었다. 부인은 남편의 이러한 행동들로 인해서 부부로서의 유대감을 느끼지 못하였고, 아이가 없기 때문에 남편과 언제라도 쉽게 헤어질 수 있다는 생각을 가지고 있었다.

남편: 저는 아내의 아기를 못 낳는 것에 대한 한이 얼마나 큰지 잘 알아요. 제가 집사람에게 다른 사람의 정자를 받아서 아기를 낳으면 어떻겠냐고 했을 때 왜 내가 다른 사람의 아기를 낳고 왜 너하고 살겠냐고 하더라고요. (4회기)

부인: 자식이 있으면 자식 때문에 같이 살지만 자식도 없고 같이 살 이유가 뭐냐 이거예요. 그리고 다 같이 살아서 당신 자식이나, 나나, 당신이 죽을 지경인데 그렇다고 변한 것도 하나도 없고요. (18회기)

### 2) 부모-자녀의 혈연과 비혈연의 관계 차이

자녀들은 새엄마인 부인보다 친아빠인 남편과 더 정서적으로 가까웠다. 남편은 자녀들보다 부인을 더 사랑한다고 말하였지만 정서적인 면에서는 자녀를 더 아끼고 사랑하는 모습을 보였다. 특히 이러한 혈연과 비혈연의 분리현상은 부부갈등이 발생할 때에 두드러졌다.

> 부인: 저하고 싸우고 나면 '너 없이도 혼자서 애들 잘 키울 거야, 걱정 마라'라고 애들한테 계속 얘기하고 제가 보기에는 해서는 안 될 말을 이 사람이 계속 해 왔어요. (10회기)
>
> 남편: 저는 지금 다 집어치우고 아이들을 데리고 어디로 가서 다시 시작하고 싶어요. (3회기)

부인은 남편이 혈연관계인 자녀들을 지나치게 감싸고 무책임하게 만드는 것에 불만을 가지고 있었다. 부인은 자녀들의 생활습관을 바꾸기 위하여 엄격한 양육방식을 사용하였다.

> 남편: 집사람이 아이들한테 잔소리가 너무 과도해요. 예를 들면 컵 문제로 제가 설거지를 하기 때문에 아이들이 컵을 무제한으로 써도 돼요. 그런데 (부인은) 이 컵을 써라 지정을 해 줘요. (3회기)
>
> 부인: 제가 집에 없을 때 아빠가 밥을 하면 애들이 안 도와줘요. 제가 집에 들어오면 설거지가 쌓이고 지저분해서 제가 할까 봐 아빠가 얼른 하면서도 스트레스가 쌓이는 거예요. 좀 아빠를 도와주면 좋겠어요. (8회기)

그러나 부인이 자녀들의 생활에 관여할수록 남편은 자녀들에 대한 연민을 가지고 우회적으로 혹은 은밀히 자녀들과 결탁하였다. 이런 행동은 부-자녀의 관계를 강화시키는 동시에 엄마로서 부인의 권위를 추락시키고 양육의 역할을 수행할 수 없게 만들었다. 결국 부인은 무기력감과 소외감을 경험하였다.

> 남편: 집에 있을 때 아이들이 있으니깐 이번에 방학이라서 딸이 집에 와서 네 사람이 모두 있었는데 그 긴장감이 돌아 버려요. 다 같이 좋은 것이 아니니깐. 제가 할 수 있는 방책이라는 것은 격리예요. 가족을 흩어 놓고 싶은 거예요. (애들이) 빨리 커서 (집에서) 나가라는 것밖에 없어요. 집사람이 과도한 것이 많아요. (3회기)
>
> 부인: 저는 그 한 조각인 것 같은 이질감이요. 저는 그것이 당연하다고 생각이 되요. 다른 가족들은 벌써 십수년간 함께 살아왔고 저는 외국에서 끼어들어서 이질감 같은 것을 느꼈는데. (2회기)
>
> 부인: 그때 '아! 얘가 내 아들이 아니었구나! 내가 간섭하고 만들 수 있는 상태가 아니었구나!'라고 생각했어요. (8회기)

## 4. 재혼가족의 가족갈등 도식

본 사례를 통해서 이해할 수 있는 재혼가족의 갈등을 도식화하면 [그림 13-2]와 같이 나타낼 수 있다.

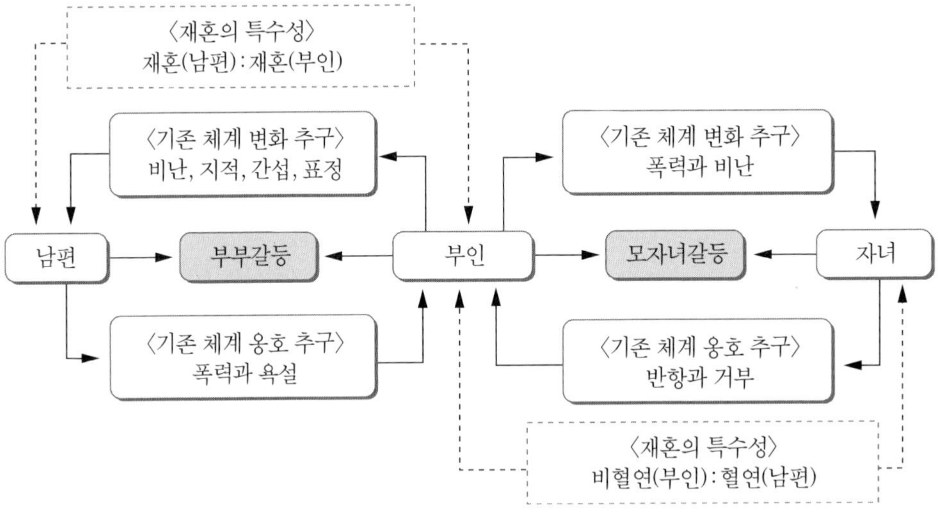


[그림 13-2] 가족갈등의 네트워크

# V. 결론

## 1. 요약

본 연구에서는 가족치료 과정에서 나타나는 재혼가족의 독특한 상호작용의 특성을 통해서 재혼가족성원들이 경험하는 갈등을 이해하고자 하였다. 연구결과는 다음과 같다.

첫째, 재혼부부의 갈등특성을 살펴보면 남편은 이전 결혼에서 형성된 기존의 가족체계를 옹호하고자 시도하였고 이를 위하여 역기능적 의사소통인 폭력과 욕설의 방법을 사용하였다. 역시 부인은 기존의 가족체계를 변화시키고 새로운 가족체계를 형성하고자 시도하였고 이를 위하여 역기능적 의사소통인 비난, 지적, 간섭, 불쾌한 표정을 사용하였다. 양측이 사용하는 의사소통의 방식은 상대방의 역기능적 의사소통방식을 더욱 강화하는 효과를 나타내면서 갈등해결에는 아무런 도움이 되지 않았다. 시간이 지나면서 부부는 상대방의 반응에 대하여 긴장하고 눈치 보기 때문에 기능적 의사소통이 위축되었다. 또한 부부간의 의사소통의 상황에 따라서 부부의 위계는 주기적으로 변화하였고 관계의 질도 달라졌다.

둘째, 재혼모-자녀의 갈등특성을 살펴보면 부부갈등과 마찬가지로 자녀들은 기존 가족체계를 옹호하려는 시도하면서 저항과 거부의 의사소통방식을 사용하였다. 부인도 기존의 가족체계를 변화시키기 위해서 자녀들에게 폭력과 비난의 의사소통을 사용하였다. 양측이 사용하는 의사소통방식은 부부갈등과 마찬가지로 악순환되었고 시간이 지나면서 형식적인 모-자녀관계가 되었다.

셋째, 가족갈등에 영향을 미친 재혼가족의 특수성은 초혼과 재혼의 입장차이, 혈연과 비혈연의 관계 차이로 구분되었다. 초혼과 재혼의 입장 차이는 부부갈등에 영향을 미쳤는데 초혼인 부인은 새로운 자녀를 가지기 원하였으나 재혼인 남편은 이를 거부하고 부인이 기존의 자녀들에 대해서 좋은 엄마의 역할을 해 주기 원하였다. 또한 혈연과 비혈연의 관계 차이는 모-자녀갈등에 영향을 미쳤다. 자녀들에게 있어서 부인은 결혼을 통해 편입된 비혈연관계였고 부-자녀관계는 생물학적으로 형성된 혈연관계였기 때문에 부인의 양육 역할은 경직되고 자녀들에게 영향력을 가지지 못하였다.

## 2. 함의

우리나라에서는 아직까지 재혼가족에 대한 경험적이고 심층적인 연구가 제대로 이루어지지 않고 있는데 그 이유 중 하나는 재혼가족에 대한 사회적인 편견과 부정적인 시각으로 인하여 가족생활을 노출하지 않으려는 경향 때문이라고 볼 수 있겠다. 재혼가족의 갈등사례를 발견하기 어렵다는 점에서 본 연구는 가족치료에 참여한 재혼가족의 대화를 자료로 활용하여 재혼가족 안에서 발생하는 갈등의 역동을 심층적으로 이해하는 데 목적을 두었으므로 가족치료적 개입방법이나 효과성을 다루지는 않았다.

본 연구의 분석결과에서 나타난 함의는 다음과 같다.

첫째, 재혼가족은 초혼핵가족과 다른 발달과정을 가진다. 즉, 기존의 형성된 가족체계들이 새로운 결합을 통해서 하나의 가족체계로 통합되는 과정이기 때문에 갈등의 소지가 많다. 특히 가족 안에 기존체계를 옹호하는 관점과 변화를 추구하는 관점들이 서로 적절한 적응과 통합의 방법을 찾는 것은 매우 어렵다. 이러한 어려움을 해결하기 위해서 가족이 사용하는 의사소통의 방식이 역기능적이면 오히려 갈등을 더 조장하고 가족의 위기를 가져올 수 있다(Watzlawick, Weakland, & Fisch, 1974). 따라서 재혼가족의 갈등에서 내용적인 문제보다 과정과 맥락의 문제를 더 심도 있게 이해하는 것이 필요하며, 가족체계의 항상성이 가족의 역기능을 어떻게 지속시키는지를 파악하는 것은 재혼가족의 통합과 적응을 도울 수 있는데 유익하리라 본다.

둘째, 재혼가족에서 부모-자녀의 관계는 초혼핵가족의 부모-자녀와 사뭇 다른 특성을 가진다. 그러나 대체로 재혼부모들은 초혼핵가족의 규범을 그대로 적용하려 하기 때문에 자녀들과 갈등을 심각하게 겪을 수 있다. 재혼부모-자녀의 관계에서 연령은 중요하다. 특히 자녀들이 어린 아동일 때와 청소년기일 때에 접근하는 법은 달라야 한다(Hetherington & Jodl, 1994). 재혼자녀의 연령이 어릴수록 양육자의 적극적인 참여가 필요하겠지만 연령이 높을수록 재혼부모는 적절한 독립성을 인정하고 적절한 거리를 유지하는 것이 필요하다(Minuchin, 1984).

셋째, 재혼가족의 문제를 해결하기 위해서 개입하는 전문가들은 단선론적 인과관계가 아닌 상호작용의 순환적 인과관계에서 접근하는 것이 필요하다. 이것은 재혼가족의 문제가 복합적이고 총체적이며 다양한 수준의 체계들과 연결되어 있고 일반적인 초혼핵가족의 생활주기와 다르기 때문이다. 따라서 재혼가족의 문제를 이해하기 위해서는 체계론적 관점을 개발하는 것이 유익하리라 본다. 그리고 재혼가족의 특수성을 고려한 가족 및 부부 교육프로그램과 지원서비스를 개발하는 것이 필요하다.

넷째, 본 연구는 한 가족인 4명의 관점과 경험에 근거하여 분석하였으며 다양한 재혼가족의 형태가 존재하는 것을 고려하면 일반화하기에는 한계가 많을 것이다. 병리적인 문제가 있는 가족뿐만 아니라 잘 적응하고 위기를 극복한 사례들의 연구도 필요하다. 후속연구에서는 좀 더 다양한 재혼가족형태에 대한 연구를 통해서 본 연구의 내용들을 검증할 필요가 있다.

## 참고문헌

김연옥(1999). 재혼모의 역할기능에 관한 연구. 한국가족복지학, 3, 41-62.

김연옥(2002). 재혼가정 내의 모의 심리적 디스트레스의 예측요인에 관한 연구. 한국사회복지학, 49, 319-342.

김연옥(2007). 해체된 재혼의 특성에 관한 연구: 재혼모를 대상으로. 한국사회복지학, 59(2), 171-195.

김재엽(2007). 한국의 가정폭력. 서울: 학지사.

김재엽, 최수찬(2005). 스트레스 및 성역할태도가 아내구타에 미치는 영향에 관한 연구: 한국과 인도네시아의 아내구타실태 비교를 중심으로. 동남아시아연구, 15(2), 187-222.

김지영, 최상진(2004). 아내폭행 원인에 대한 통합적 모델 검증. 한국심리학회지 사회 및 성격, 18(3), 77-95.

김효순, 엄명용(2006). 재혼가족의 가족결속에 영향을 미치는 요인에 관한 연구: 역할긴장 변수를 중심으로. 가족과 문화, 18(4), 127-155.

김효순, 엄명용(2007). 청소년자녀가 있는 재혼부부의 결혼만족도에 영향을 미치는 요인에 관한 연구. 한국가족복지학, 21, 75-102.

박태영, 김태한, 김혜선(2009). 알코올 중독문제를 가진 재혼한 부인에 대한 가족치료사례 연구. 한국사회복지학, 61(1), 293-322.

연합뉴스(2009. 8. 15). 이혼 상담 1순위 '배우자 폭력'.

유영주(2007). 새로운 가족학. 서울: 신정.

정문자, 정혜정, 이선혜, 전영주(2007). 가족치료의 이해. 서울: 학지사.

차연실(2004). 재혼모의 역할긴장이 결혼만족에 미치는 영향에 관한 연구. 연세대학교 사회복지대학원 석사학위논문.

통계청(2005). 1970년 이후 혼인이혼 주요특성 변동추이. www. nso.go.kr

통계청(2009). 2008년도 이혼통계결과. www.nso.go.kr

한국가정법률상담소(2008). 한국가정법률상담소 2007년 상담통계. www.lawhome.or.kr

Aguilino, W. (1994). Impact of childhood family disruption on young adults' relationships with parents. *Journal of Marriage and the Family, 56,* 295-313.

Amato, P. R., & Keith, B. (1991). Divorce and the well-being of children: A meta-analysis. *Psychological Bulletin, 110*(1), 26-46.

Ambert, A. M. (1986). Being a stepparent: Live-in and visiting stepchildren. *Journal of Marriage and the Family, 48,* 795-804.

Bateson, G., & Jackson, D. D. (1964). Some varieties of pathogenic organization. *Disorders of Communication, 12,* 270-290.

Beer, W. R. (1992). *American stepfamilies.* New Brunswick, NJ: Transaction.

Booth, A., & Edwards, J. N. (1992). Starting over: Why remarriages are more unstable. *Journal of Family Issues, 13,* 179-194.

Boss, P. (1980). Normative family stress: Family boundary changes across the lifespan. *Family Relations, 29,* 445-450.

Boss, P., & Greenberg, J. (1984). Family boundary ambiguity: A new variable in family stress theory. *Family Process, 23,* 535-546.

Boss, P., Caron, W., Horbal, J., & Mortimer, J. (1990). Predictors of depression in caregivers of dementia patients: Boundary ambiguity and mastery. *Family Process, 29,* 245-254.

Bowen, M. (1976). Theory in the practice of psychotherapy. In P. J. Guerin, Jr. (Ed.), *Family therapy: Theory and practice* (pp. 65-89). New York: Gardner Press.

Bowen, M. (1978). *Family therapy in clinical practice.* New York: Aronson.

Burns, L. H. (1987). Infertility as boundary ambiguity: One theoretical perspective. *Family Process, 26,* 359-372.

Carter, B., & McGoldrick, M. (1988). *The Changing Family Life Cycle: A Frame Work for Family Therapy* (2nd ed.). Boston: Allyn and Bacon.

Cherlin, A. J., Furstenberg, F. F. Jr., Chase-Lansdale, P. L., Kiernan, K. E., Robins, P. K., Morrison, D. R., & Teitler, J. O. (1991). Longitudinal studies of the effects of divorce on children in Great Britain and the United States. *Science, 252,* 1386-1389.

Clingempeel, W. G., & Segal, S. (1986). Stepparent-stepchild relationships and the psychological adjustment of children in stepmother and stepfather families. *Child Development, 57,* 474-484.

Coleman, M., & Ganong, L. (1997). Stepfamilies from the stepfamily's perspective. In I. Levin & M. Sussman (Eds.), *Stepfamilies: History, research, and policy* (pp. 107-122). New York: Haworth Press.

Cordova, J. V., Jacobson, N. S., Gottman, J. M., Rushe, R., & Cox, G. (1993). Negative reciprocity and communication in couples with a violent husband. *Journal of Abnormal Psychology, 102*(4), 559-564.

Currier, C. (1982). *Learning to step together: A course for stepfamily adults.* Palo Alto, CA: Stepfamily Association of America.

Dainton, M. (1993). The myths and misconceptions of the stepmother identity. *Family Relations, 42,* 93-98.

Demo, D. H., & Acock, A. C. (1996). Singlehood, marriage, and remarriage: The effects of family structure and family relationships on mothers wellbeing. *Journal of Family Issues, 17*(3), 388-407.

Dunn, J. (1995). Stepfamilies and children's adjustment. *Archives of Disease in Childhood, 73,* 487-489.

Ferm, E. (1984). *Stepchildren: A national study.* London: NFER-Nelson.

Fine, M. A. (1995). The clarity and content of the stepparent role: A review of the literature. *Journal of Divorce and Remarriage, 24,* 19-34.

Furstenberg, F. F. (1987). The new extended family: The experience of parents and children after remarriage. In K. Pasley & M. Ihinger-Tallman (Eds.), *Remarriage and stepparenting today: Current research and theory* (pp. 42-61). New York: Guilford.

Furstenberg, F. F. Jr., & Spanier, G. B. (1984). The risk of dissolution in remarriage: An examination of Cherlin's hypothesis of incomplete instituionalization. *Family Relations,*

*33*, 433-441.

Ganong, H. L., & Coleman, M. (1989). Effects of remarriage on children: A review of the empirical literature. *Family Relations*, *33*, 389-406.

Ganong, L., & Coleman, M. (1999). New families, new responsibilities to help elderly divorced parents and stepparents. *Journal of Aging Studies*, *12*, 271-290

Ganong, L., & Coleman. M., (2004). *Stepfamiy Relationship: Development, Dynamics, and Interventions*. New York: Kluwer Academic/Plenum.

Goldenberg, I., & Goldenberg, H. (2007). *Family therapy: An overview*. Belmont, CA: Brooks/Cole.

Greene, G. J. (1996). *An integrative dialectical-pragmatic approach ti time-limited treatment: Working with unemployed clients as a case in point*. In A. R. Roberts (Ed.), Managing crisis and brief treatment (pp. 160-194). Chicago: Nelson-Hall.

Guerin, P. J., Forgaty, T. F., Fay, L. F., & Kautto, J. C. (1996). *Working with relationship triangles: The one-two-three of psychotherapy*. New York: Guilford Press.

Guisinger, S., Cowan, P., & Schuldberg, D. J. (1989). Changing parent and spouse relations in the first years of remarriage of divorced father. *Journal of Marriage and the family*, *51*, 445-456.

Haley, J. (1963). *Strategies of psychotherapy*. New York: Grune & Stratton.

Hanna, S. L., & Knaub, P. K. (1984). Cohabitation before remarriage: Its relationship to family strengths. *Alternative Lifestyles*, *4*, 507-522.

Hetherington, E. M., & Jodl, K. M. (1994). Stepfamilies as settings for children development. In A. Booth & J. Dunn (Eds.), *Stepfamilies: Who benefits? Who does not?* (pp. 55-79). Hillsdale, NJ: Erlbaum.

Hofferth, S. C., & Anderson, K. G. (2003). Are all dads equal? Biology versus marriage as a basis for paternal investment. *Journal of Marriage and Family*, *65*, 213-232.

Kerr, M. E. (1981). Family system theory and therapy. In A. S. Gurman & D. P. Kniskern (Eds.), *Handbook of family therapy* (pp. 226-264). New York: Brunner/Mazel.

Kiernan, K. (1992). The impact of family disruption in childhood on transitions made in young adult life. *Population Studies*, *46*, 218-34.

Kurdek, L. A., & Fine, M. A. (1995). Mothers, fathers, stepfathers, and siblings as providers of supervision, acceptance, and autonomy to young adolescents. *Journal of Family Psychology*, *9*, 95-9.

Madanes, C. (1981). *Strategic family therapy*. San Francisco: Jossey-Bass.

McGoldrick, M., Gerson, R., & Shellenberger, S. (1999) *Genograms: assessment and inter-*

*vention*. New York: W. W. Norton & Company.

Miles, M. B., & Huberman, A. M. (1994). *Qualitative data analysis*. Thousand Oaks, CA: Sage Publication.

Mills, D. (1984). A model for stepfamily development. *Family Relations, 33*, 365-372.

Minuchin. S. (1984). *Family kaleidoscope*. Cambridge: Harvard University Press.

Nichols, M. P., & Schwartz, R. C. (2007). *Family therapy: Concepts and methods*. Needham Heights, MA: Allyn & Bacon.

Pasley, K. (1987). Family boundary ambiguity: Percep-tions of adult stepfamily members. In K. Pasley & M. Ihinger-Tallman (Eds.), *Remarriage and stepparenting: Current research and theory* (pp. 206-224). New York: Guilford.

Satir, V. (1988). *The new peoplemaking*. Palo Alto, CA: Science and Behavior Books.

Satir, V., & Baldwin, M. (1983). *Satir Step by Step: A Guide to Creating Change in Families*. Palo Alto, CA: Science and Behavior Books.

Smith, D. (1990). *Stepmothering*. New York: St. Martin's Press.

Stewart S. D. (2005). Boundary ambiguity in stepfamilies. *Journal of Family Issues, 26*(7), 1002-1029.

Sturgess, W., Dunn, J., & Davies, L. (2001). Young children' perceptions of their relationships with family members: Links with family setting, friendships, and adjustment. *International Journal of Behavioral Development, 25*(6), 521-529.

Visher, E. B., & Visher J. S. (1988). *Old loyalties, new ties: Therapeutic strategies with stepfamilies*. New York: Brunner/Mazel.

Visher, E. B., Visher, J. S., & Pasley, K. (1997). Stepfamily therapy from the client's perspective. *Marriage and Family Review, 26*, 191-213.

Visher, E., & Visher, J. (1988). *Old loyalties, new ties: A guide to working with stepfamilies*. New York: Brunner- Mazel.

Visher, E., & Visher, J. (1990). Dynamics of successful stepfamilies. *Journal of Divorce & Remarriage, 14*, 3-12.

Watzlawick, P., Beavin, J. H., & Jackson, D. D. (1967). *Pragmatics of human communication*. New York: W. W. Norton & Company.

Watzlawick, P., Weakland, J., & Fisch, R. (1974). *Change: Principles of problem formation and problem resolution*. New York: W. W. Norton.

White, A., & Booth, A. (1985). The quality and stability of remarriages: The role of stepchildren. *American Sociological Review, 50*, 689-698.

White, L. (1994). Stepfamilies over the life course: social support. In A. Booth & J. Dunn (Eds.), *Stepfamilies: Who benefits? Who does not?* (pp. 109-137). Hillsdale, NJ: Eribaum.

제2부

# 다중사례연구

제14장

# 틱 장애 아동의 가족치료 다중사례 내용분석 연구*

박태영 · 박진영

본 연구는 틱 장애 아동의 가족을 치료하기 위하여 MRI 모델과 Murray Bowen의 가족체계 이론 및 Minuchin의 구조적 가족치료 이론을 적용한 사례로서 내용 분석을 통하여 가족치료의 과정과 효과성을 밝히고자 하였다. 본 연구는 다중사례연구로서 근거 이론을 활용하여 분석하였으며 분석 결과, 아동의 틱 장애에 영향을 미친 요인으로 '가족 간 잦은 다툼으로 인한 불안감 조성' '가족들의 역기능적 의사소통방식' '부부의 원가족 경험'이 나타났다. 틱 장애 증상 완화에 기여한 치료자의 개입방법으로는, '치료적 동맹 관계 형성' '내담자의 통찰 돕기' '가족의 재구조화 시도'의 요인들이 나타났다. 가족치료 후 가족의 변화된 모습으로서 '의사소통방식의 변화' '원가족과의 분화' '자녀양육방식의 변화' '자녀의 문제행동 소거'의 요인들이 나타났다. 내용분석 결과 위에서 언급한 3개의 가족치료 이론의 적용을 통해 부부관계가 개선되었으며 자녀의 틱 행동이 소거되었는데 이러한 결과는 아동의 틱 장애에 대한 가족치료 개입의 효과성을 보여 줄 수 있는 유용한 자료가 될 수 있다.

* 제14장은 한국가족치료학회지(2010) 제18권 2호, 27-56페이지에 게재된 논문을 일부 수정한 것임.

# I. 서론

다원화된 가치 속에서 살고 있는 현대 가족은 여러 가지 문제를 안고 있으며(김유숙, 2002) 이에 따른 스트레스와 긴장을 경험하고 있다. 따라서 가족 간의 안정감 있는 상호작용을 통하여 가족구성원들을 사회의 스트레스로부터 보호하는 것은 매우 중요한 가족기능 중 하나이며 이러한 기능을 통해 형성된 안정감 있는 상호작용과 정서적 분위기는 아동의 성장과정에 많은 영향을 미친다.

가정환경에서 전반적인 정서적 분위기를 주로 제공하는 사람이 부모이기 때문에 아동의 정서와 사회적 행동을 형성하는 데 있어서 부모의 역할은 매우 중요하다(조희정, 공마리아, 2005). 따라서 부부 사이의 갈등이 있을 경우나 부모-자녀 간 관계 형성에 어려움이 있을 경우 아동은 문제행동을 보일 가능성이 높다(이민식, 오경자, 2000).

아동들에게 나타나는 여러 가지 문제행동 중 특히 틱 장애는 부모의 양육태도와 높은 상관관계가 있는 것으로 보고되고 있다(이주리, 1995). 김자성과 홍강의(1993)는 틱을 유발하는 원인으로서 아동과 어머니와의 관계가 중요변인이라고 밝혔고 이근후와 김임(1973)은 아동이 어머니에 대해 분노와 적개심을 가지고 있으나 죄책감으로 인해 감정이 억압되어 내적 갈등이 심화되면서 틱을 유발한다고 하였다. 이주리(1995)는 틱 장애를 가진 아동의 어머니의 양육태도가 대체로 과잉보호적이며 매우 통제적이어서 아동에게 긴장을 유발시키고 축적된 내적 갈등의 심리적 문제가 신체적으로 틱이라는 증상을 유발시킨다고 하였다.

틱 장애가 가족 분위기 혹은 가족 내 상호작용의 영향으로 인해 유발된 것이라고 보는 연구들도 많은데 김영희(2004)는 동적 가족화 분석을 통해 틱 장애 아동이 가지고 있는 가족지각의 특성을 연구한 결과 틱 장애 아동들은 가족의 분위기를 긴장되고 불안한 것으로 지각하고 있었으며 부모에 대한 이미지 역시 따뜻하고 친밀한 이미지 대신 과잉 통제하는 이미지로 느끼고 있다고 하였다. 또는 부부간 갈등으로 인해 아동의 정서적, 행동적 긴장감이 높아지고 이에 대한 생각이나 감정을 표현하는 데 어려움을 느끼게 되어 틱 장애가 유발될 수도 있으며(공마리아, 1995) 부부가 갈등관계를 유지하면서 불안정해지고 이러한 부모의 불안이 자녀에게 전수되어 틱 장애가 유발될 수 있음을 밝힌 연구도 있다(박태영, 2002a).

틱 장애의 치료를 위해서는 약물치료, 행동치료, 정신치료, 가족치료 등 다각적 접근이 사용되고 있는데(오은영, 이명수, 이정은, 2000) 위의 선행연구들이 밝힌 바와 같이 틱 장애가 부모의 양육태도 혹은 가족 간 상호작용의 결과와 밀접한 연관성을 보이는 장애라고 볼 때 가족치료, 즉 가정 내 전반적인 정서적 분위기의 주 제공자인 부부의 관계 개선과 아동에 대한 양육 태도의 개선을 우선시하는 치료적 접근이 효과적일 수 있겠다. 그런데 지금까지의 연구의 관심은 틱 장애 완화를 위해 억압된 아동의 감정을 표출하도록 돕는 심리치료적 접근에 대한 사례연구이거나 혹은 틱 장애 아동이 지각하고 있는 가족에 대한 인식의 규명 내지는 틱 장애 아동의 어머니가 가지고 있는 양육태도의 규명에 집중되어 있었다. 그럼으로 본 연구에서는 틱 장애 아동의 내적 갈등을 심화시킨 가족의 역기능적 의사소통방식과 역기능적인 가족구조, 그리고 이에 영향을 미친 원가족에 대한 배경을 살펴보고자 하였다.

따라서 이 연구는 아동의 틱 장애를 치료하기 위하여 가족에게 MRI 모델과 Murray Bowen의 가족체계 이론, Minuchin의 구조적 가족치료 이론을 적용하여 치료한 과정과 효과성을 밝히고자 시도되었다.

# Ⅱ. 문헌고찰

## 1. 틱 장애

DSM-Ⅳ에 의하면 틱(Tic) 장애는 뚜렛 장애, 만성운동 또는 음성 틱 장애, 일과성 틱 장애, 달리 분류되지 않는 틱 장애가 있으며 이는 발병시기와 증상의 지속기간, 음성적인 틱 증상의 유무에 따라 다르게 분류된다. 틱은 갑자기 빠르고 반복적이며 리듬이 없고 상동적으로 나타나는 근육의 움직임 또는 소리 냄을 말하는데 이는 저항할 수 없는 것이기도 하지만 다양한 시간 동안 억제될 수도 있다. 또한 틱은 스트레스에 의해 악화되기도 하고 차분하게 활동하는 동안이나 수면 중에는 현저히 감소되기도 한다.

틱 장애는 경계가 모호하여 잘 구분되지 않지만 단순형 또는 복합형으로 구분된다. 흔한 단순 운동 틱은 눈 깜빡거리기, 목을 경련하듯이 갑자기 움직이기, 어깨 움츠리기, 얼굴 찡그리기, 기침하기를 포함한다. 흔한 단순 음성 틱은 헛기침하기, 꿀꿀거리기, 킁킁거리기, 콧바람 불기, 짖기를 포함한다. 흔한 복합 운동 틱은 얼굴 표정 짓기, 손짓하는 행동, 뛰어오르기, 만지기, 발 구르기, 대상의 냄새 맡기를 포함한다. 흔한 복합 음성 틱은 관계없는 단어나 구절을 반복하기, 외설증(사회적으로 용납되지 않는, 흔히 외설적인 단어 사용하기), 동어반복증(자기 자신만의 소리나 단어를 반복하기), 반향언어증(마지막 들은 소리, 단어 또는 구절을 반복하기)을 포함한다. 다른 복합 틱은 반향운동증(어떤 사람의 움직임을 모방하기)을 포함한다(American Psychiatric Association, 1994).

틱 장애의 원인은 일반적으로 유전적 요인, 기질적 요인, 심리 환경적 요인으로 분류된다. 연구들을 살펴보면 유전적 요인, 기질적 요인을 지지해 주는 연구는 드물고 심리적, 환경적 요인에 의해 발생되는 경우가 많은 것으로 나타났다(이근매, 2002; 이주리, 1995). 틱 장애의 유병률은 인구 만 명당 420명으로 전체 아동의 10~20%가 일시적으로나마 틱 장애를 경험한 것으로 보고될 만큼 흔한 병이다(조수철, 2005). 연령으로 볼 때는 주로 5세 내지 10세 사이의 아동에게 가장 많이 발생하고 4세 미만과 15세 이후 아동에게 나타나는 예는 극히 드문 것으로 알려졌다. 성비로 보면 남아가 여아보다 3배 정도 더 빈번하게 나타난다(Kaplan & Sadock, 1999). 출생순위별로는 맏이가 많은 경향을 보이는데 이는 부모의 기대나 부부간의 갈등 등 환경적인 스트레스가 맏이에게 보다 더 많이 향하게 되는 것과 연관이 있으며(김자성, 홍강의, 1993), 또한 심리 · 환경적 요인이 틱 장애 발생에 결정적인 영향을 주는 것과도 연관이 있다.

## 2. 틱 장애의 치료

1980년대 이전 우리나라 틱 장애에 대한 연구들은 정신과 의사를 중심으로 진행되어 왔으며(장순아, 2000; 정유숙, 2001) 약물치료에 관한 연구가 주류를 이루어 왔다(이근매, 2002). 1980년이 지나면서 약물치료에 의존적이었던 틱 장애의 치료영역이 확대되기 시작했는데(이근매, 2002), 이혜련과 민성길(1989)은 가족력과 관련된 연구를 하였고, 이주리(1995)는 틱 장애 아동의 부모 양육태도에 관한 연구를 통해서 부모의 부정적 양육태도가 틱 장애 발생에 영향을 주었다는 사실을 보고함으로써 부모 상담을 통해 아동에 대한 바람직한 양육태도를 형성하게 하는 것이 중요함과 동시에 아동의 심리적 갈등을 해소시켜 주고 자신의 감정을 자유롭게 표현할 수 있도록 도와주는 심리치료가 필요함을 강조하였다. 심리치료의 일환 중 하나로서 음악치료의 효과성을 연구한 이병권(2000)은 틱 장애 아동에게 음악적인 접근을 통해 심리적 안정감을 제공함으로써 틱 행동을 감소시켰다고 보고하였다. 또한 이근매(2002)는 틱 장애 아동에게 미술치료를 실시한 결과 틱 행동의 감소와 다양한 문제행동의 소거가 있었다고 보고하였다.

국외문헌에서도 아동은 부모나 주 양육자의 부정적 감정이나 가정 내 긴장되고 불안한 분위기에 매우 민감하게 반응하기 쉽기 때문에 가족 안에서 이루어지는 상호작용이 불안정하게 다가올 경우 자신의 의도와는 상관없이 틱 증상을 보이는 경우가 종종 발생한다고 보고하였다(Cummings, Zahn-Waxler, & Radlke-Yarrow, 1981).

이상과 같은 연구들은 틱 장애와 가족력과의 관계 혹은 부모의 양육태도와의 관계가 밀접한 영향력을 가지고 있음을 주장하고 있기는 하나 이로 인해 발생된 아동의 내적 스트레스를 해소시키기 위해 억압된 감정을 다루는 심리치료의 중요성에 관해서만 언급하고 있다. 틱 장애를 부부갈등에 따른 불안으로 인해 나타나는 증상으로 보고 아동의 틱 장애를 치료하기 위하여 부부를 중심으로 상담하는 가족치료의 효과성에 관한 연구는 많지 않은 실정이다. 가족치료는 아동의 문제를 아동의 심리내적인 문제로 국한하여 보지 않고 부부갈등에 따른 불안이 자녀에게 전수되어 나타난다고 보는 시각을 가지고 있기 때문에(김유숙, 1998) 아동의 문제를 감소시키거나 인지적 또는 사회적 능력을 개선시키기 위해 부부하위체계 강화를 상담의 우선 목표로 두고 있다. 즉, Goldenberg와 Goldenberg(2001)가 언급한 바와 같이 특정 가족구성원의 증상이나 문제는 가족체계의 문제를 반영하며 특히 어린 자녀의 증상이나 문제는 부모하위체계의 문제가 큰 영향을 주고 있다고 보기 때문에(이현경, 2010) 가족치료자들은 초점을 어린 자녀에게 두지 않고 부부치료에 두는 경우가 많다(박태영, 2002b). 따라서 틱 장애의 원인과 가족치료의 접근적 특성을 고려해 볼 때 틱 장애 아동의 가족치료 사례연구는 시사하는 바가 크다고 생각된다.

## 3. 치료에 대한 이론적 준거틀

본 연구에서 분석된 사례에 적용된 가족치료 모델은 MRI의 의사소통 이론과 Bowen의 가족체계 이론 그리고 Minuchin의 구조적 가족치료 이론이다.

### 1) MRI의 의사소통 이론

MRI에서는 가족의 문제는 문제를 해결하려는 가족의 시도에 의해서 오히려 유지되고 있다고 본다. 즉, 두 가지 방법에 의해서 문제가 발달되는데 하나는 어려움을 잘못 다루는 것이며 또 하나는 문제를 해결하려는 시도의 실패와 똑같은 문제해결방식의 적용이다(Watzlawick, Weakland, & Fisch, 1974). 사람들이 자신들의 문제를 감소시키려고 시도해 온 해결방법이 오히려 문제를 유지시키거나 혹은 그 문제를 더욱 악화시키기까지 한다는 것이다(Goldenberg & Goldenberg, 2001). 따라서 치료자는 내담자에게 기존의 해결책을 대체할 수 있는 새로운 해결책을 소개하는 일차적인 임무를 갖는다(Weakland, 1993).

또한 MRI 모델은 의사소통과 체계 개념에 기반을 두고 있으며 내담자에게 나타나는 증상에 초점을 맞춘 단기치료 접근법이다(박태영, 2009). 가족성원들 개인의 역사적인 분석에 초점을 두는 것이 아니라 가족체계 내에서 관찰할 수 있는 현재의 상호작용(관계)에 초점을 두고(박태영, 2001) 명료하게 의사소통을 하도록 돕는 것이 치료의 목적이기 때문에 내담자의 저항을 최소화할 수 있는 치료 이론 중 하나다.

### 2) Bowen의 가족체계 이론

Bowen 이론의 기초는 자아분화인데 이 개념은 두 가지로 설명될 수 있다. 하나는 타인으로부터의 자기의 분리이고, 다른 하나는 감정과 정서를 지적 체계인 사고에 의해서 적절하게 잘 통제하고 분별하는 능력의 정도다. Bowen은 가족 내에서 감정적으로 상호의존 혹은 감정의 상호관계로부터 얼마나 자유로울 수 있는가의 감정적인 과정을 분화라고 설명한다면, 개인의 융합된 상태는 가족 내에서 감정적으로 상호 고착되어 있는 경우라고 설명한다. 즉, 융합된 가족은 다른 가족원을 자기 자신의 연장으로 보는 환상을 가지고 있으며, 개인 간의 분리와 성장을 거부하는 병리적인 면이 있다(김혜숙, 2008). 한국문화에서는 가족에 대한 응집력이 강조되기 때문에 가족은 동고동락하는 개념으로 많이 이해되어 이러한 이해관계로부터 빗어지는 많은 갈등과 문제점들이 있다. 이러한 의미에서 본다면 Bowen의 가족체계 이론은 한국적 상황에 맞는 가족치료 이론 중 하나라고 말할 수 있다.

### 3) Minuchin의 구조적 가족치료 이론

일반적으로 구조주의적 치료자들은 가족의 문제나 병리증상이 가족의 역기능적인 구조에 의한 것이라고 가정한다. 예를 들면, 가족하위체계 간에 너무 밀착된 가정은 개인의 경계가 무너지고, 자기와 타인의 구별이 어려우며, 또한 너무 경직된 가족의 경계는 가족 상호 간의 교류가 너무 부족해 결속력이 없다. 그렇기 때문에 치료자는 무엇보다도 첫째, 부모와 자녀 간의 명확한 위계질서 확립을 해야 하며 둘째, 부부의 연합과 일관성 있는 양육방식을 갖도록 개입하고 셋째, 가족체계의 상호교류 규칙을 재구조화시켜야 한다(김혜숙, 2008).

위와 같은 이론적 맥락에서 치료자는 다음과 같은 세 가지 이론을 적용하였다. 첫째, 치료자는 아동의 틱 장애가 가족 내 역기능적인 상호작용의 영향으로 인해 유발된 것이라고 보았으며 이 역기능적인 상호작용은 가족이 오랫동안 문제를 해결하려고 시도했던 비효과적인 방법이라고 간주하여 MRI 모델의 원리를 사례에 적용하였다. 둘째, 치료자는 시도된 해결책의 근원은 원가족에서 습득한 대처전략이며 이는 낮은 분화 수준으로 인해 전수된 가족력이라고 보았기 때문에 Bowen의 가족체계 이론을 적용하였다. 셋째, 치료자는 아동의 틱 장애가 가족의 역기능적인 구조에 의한 것이라고 가정하고 가족하위체계 간의 재구조화를 위하여 Minuchin의 구조적 가족치료 이론을 적용하였다.

# Ⅲ. 연구방법

## 1. 상담과정 및 연구대상자의 특성

본 연구의 대상은 자녀의 틱 증상으로 인해 가족치료를 의뢰해 온 3가족을 포함한다. 한 사례(사례 A로 칭함)는 2001년 7월부터 10월까지 총 9회의 상담이 진행되었고 또 한 사례(사례 B로 칭함)는 2006년 9월부터 2007년 4월까지 총 7회의 상담이 진행되었으며 나머지 한 사례(사례 C로 칭함)는 2009년 2월부터 9월까지 총 8회의 상담이 진행되었다. 가족치료의 과정은 3사례 모두 유사한 형태로 진행되었는데 이를 정리해 보면, 가족치료자와 가족치료에 대한 소개, 내담자와의 신뢰관계 형성, 아동의 틱 장애와 관련된 가족 상황에 대한 탐색, 내담자의 상담 목표에 대한 탐색이 이루어지는 초기 단계 → 문제에 대해 시도된 해결책 사정 → 시도된 해결책의 근원이 된 원가족 배경 탐색이 이루어지는 사정 단계 → 새로운 해결책을 제시하고 시도하며 가족의 구조를 재정비하는 개입 단계 → 가족치료 과정을 통해 나타난 가족의 변화를 확인하고 새로운 상호작용을 유지하기 위한 작업을 하는 종결 단계로 진행되었다. 각 사례에 대한 일반적 특성은 다음과 같다.

〈표 14-1〉 ■ 연구대상자의 인구사회학적 특성

<table>
<tr><th colspan="2">사례 구분</th><th>연령</th><th>학력</th><th>직업</th><th>형제서열</th><th>결혼기간</th><th>자녀수</th></tr>
<tr><td rowspan="3">A</td><td>남편</td><td>37</td><td>대졸</td><td>회사원</td><td>–</td><td rowspan="2">5년</td><td rowspan="2">1명(6세)</td></tr>
<tr><td>아내</td><td>35</td><td>대졸</td><td>무직</td><td>–</td></tr>
<tr><td>틱 장애 아동</td><td>6(남)</td><td>유치원재</td><td>–</td><td>무녀독남</td><td colspan="2">–</td></tr>
<tr><td rowspan="3">B</td><td>남편</td><td>42</td><td>대졸</td><td>회사원</td><td>1남 2녀 중 장남</td><td rowspan="2">11년</td><td rowspan="2">2명<br>(10세, 7세)</td></tr>
<tr><td>아내</td><td>38</td><td>대졸</td><td>교사</td><td>1남 2녀 중 차녀</td></tr>
<tr><td>틱 장애 아동</td><td>10(남)</td><td>초재</td><td>–</td><td>장남(여동생 1)</td><td colspan="2">–</td></tr>
<tr><td rowspan="3">C</td><td>남편</td><td>41</td><td>대학원졸</td><td>성직자</td><td>1남 4녀 중 장남</td><td rowspan="2">10년</td><td rowspan="2">2명<br>(9세, 3세)</td></tr>
<tr><td>아내</td><td>36</td><td>대졸</td><td>무직</td><td>2녀 중 장녀</td></tr>
<tr><td>틱 장애 아동</td><td>9(여)</td><td>초재</td><td>–</td><td>장녀(여동생 1)</td><td colspan="2">–</td></tr>
</table>

## 2. 연구질문

첫째, 틱 장애 아동은 가족에 대해 어떠한 인식을 가지고 있는가?

둘째, 아동의 틱 장애에 영향을 미친 요인은 무엇인가?

셋째, 틱 장애 증상 완화에 기여한 치료자의 개입기법은 무엇인가?
넷째, 가족치료 후 가족의 변화된 모습은 어떻게 나타나는가?

### 3. 분석방법 및 신뢰도 검증

본 연구의 분석은 한 명의 가족치료자와 가족치료 과정에 참석하지 않았던 다른 연구자가 공동으로 진행하였으며 분석된 3사례 모두 한 명의 가족치료자가 진행하였다. 가족치료는 사회복지와 가족치료에 대한 공인된 자격을 가진 전문가가 실시하였다.

본 연구는 다중사례연구로서 Strauss와 Cobin(2001)이 제시한 근거 이론을 활용한 내용분석을 하였으며 이는 지속적인 비교 분석 방법으로 이루어졌다. 근거 이론에서는 연구자들이 자료를 지속적으로 비교 분석하는 방법을 통해 개념과 가설을 발견하는 귀납적인 전략을 제안한다(Glesne, 1999). 이 방법은 사례 간 그리고 사례 내 유사점과 차이점의 패턴을 밝히는 데 유용하다(Creswell, 2005). 본 연구의 자료분석의 기본적인 과정을 설명하면 먼저 연구자가 원자료인 축어록을 3번 읽은 뒤 코딩 체계가 만들어졌고 이는 2번 수정되었다. 1차적으로 만들어진 코딩 체계를 이용하여 코딩을 시험적으로 해 보고, 첨가되어야 할 범주나 제외되어야 할 범주, 합해져야 할 범주들이 재정리됨으로써 개방코딩 과정을 거쳤다. 개방코딩(Open Coding)은 자료를 한 줄 한 줄 검토하여 개념화하고 자료 내에 숨어 있는 과정을 파악하는 것이다. 이러한 분석방법을 통해 틱 장애 아동의 증상에 영향을 미쳤던 요인들과 틱 장애 증상 완화에 기여한 가족치료자의 개입방법, 가족치료 후 가족의 변화된 모습에 관한 경험이 분류되었으며 사례 간 혹은 사례 내 유사점과 차이점의 비교가 가능해졌다. 또한 Miles와 Huberman의 회기/대상별에 따른 매트릭스를 활용하여 세 가지 사례에 대한 분석을 하였다(Miles & Huberman, 1994).

연구의 신뢰성을 높이기 위해 1차 자료분석 과정에 대한 결과를 가족치료자 및 다른 전문가 집단과 함께 검토하고 수정하고 재구성하는 2차 자료분석 과정을 거치면서 연구자의 삼각화를 추구하였다. 또한 연구의 윤리적 측면을 고려하여 상담 내용의 사용에 대한 내담자의 동의를 받았으며 내담자의 보호를 위해 사적인 정보를 삭제하고 밝히지 않았다.

## Ⅳ. 사례에 대한 개요

〈사례 A〉 부부는 결혼생활 5년째이며 아들이 6세 때 틱 증상을 보이기 시작하여 곧바로

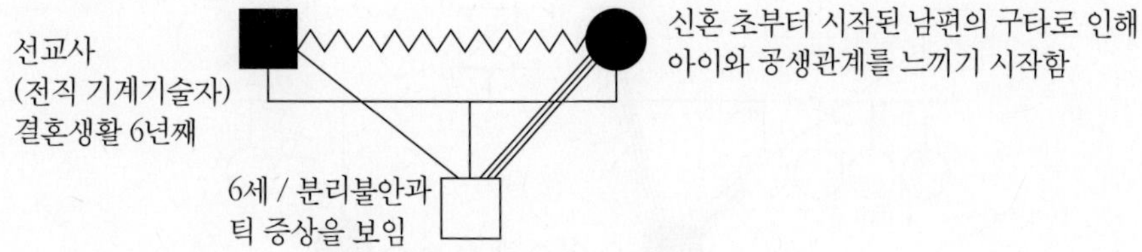


[그림 14-1] 사례 A 가계도

가족치료를 받게 되었다. 처음에는 몸의 근육을 실룩거리는 증상을 보이다가 어깨와 구강 근육 → 입 → 눈으로 이어지며 실룩거리는 상태였다. 부부는 신혼 초부터 갈등관계를 유지하고 있었는데 신혼 초부터 남편이 임신한 아내를 구타하였고 이 구타는 그 후로도 계속 한 달에 한두 번씩 지속되어 왔다. 남편은 자녀와 함께 할 시간이 거의 없을 정도로 바빴고 아이 앞에서 부부는 잦은 다툼 혹은 욕설이 오고 가는 등의 갈등 상황이 많이 노출되었다.

〈사례 B〉 남편(42세)과 아내(38세)는 슬하에 10세, 7세 된 남아와 여아를 두고 있다. 틱 증상은 첫째 아이에게 나타났는데 4세 되던 해 동생의 출생과 어린이집을 다니기 시작하면서 처음 나타났는데 증상은 눈을 깜빡이는 것에서부터 코를 '킁킁'거리는 것으로 이어져 나타났으며 나중에는 목으로 '킁킁' 소리를 내는 행동까지 이어졌다(4세 때 발생하여 10세까지 지속). 회사원인 아빠와 유치원 교사인 엄마가 맞벌이 부부이기 때문에 아동의 주 양육자는 친할머니였다(친조부모 및 부모와 함께 동거 중). 친조부모와 부모 간의 양육관이 달라 나타나는 갈등이 빈번하게 발생하였고 특히 컴퓨터를 사용하는 문제에 대해 할머니의 심한 잔소리가 있어 왔고 아버지와 할머니 사이의 이중 메시지가 아이를 혼란스럽게 만들고 있었다(컴퓨터 사용을 금하는 할머니와 이를 허용하는 아빠). 이 밖에 고부갈등, 부부의 역기능적 의사소통 등등으로 인해 가족관계에서 약간의 긴장감이 유발되기도 하였다. 또한 아동의 엄마와 할

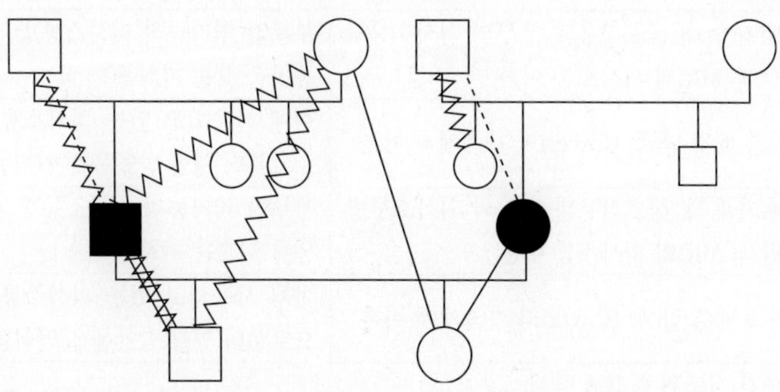

[그림 14-2] 사례 B 가계도

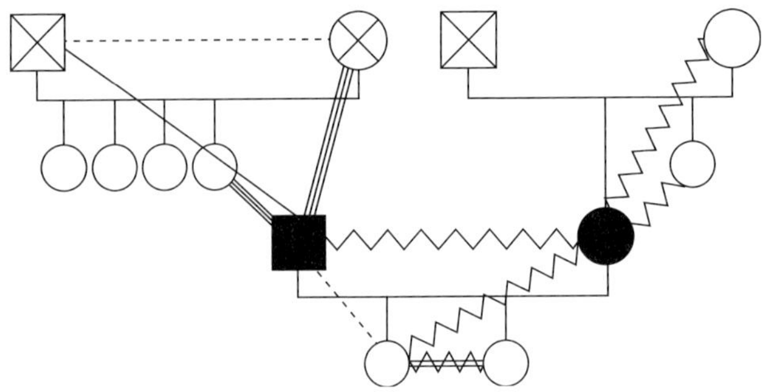

[그림 14-3] 사례 C 가계도

머니는 둘째 아이를 더 편애하는 차별적인 양육태도를 가지고 있었다.

〈사례 C〉 남편(41세)과 아내(36세)는 슬하에 9세, 3세 된 여아를 두고 있다. 남편은 1남 4녀 중 막내인데 부모를 모두 여의고 4명의 누나들과 함께 살면서 물질적, 정서적 의존을 서로 많이 해 온 상태였다. 결혼 후 누나들로부터 분리되지 못하고 집안의 모든 대소사를 도맡아 처리하면서 경제적, 심리적 어려움을 겪고 있었으며 이는 부부갈등의 주원인이 되고 있었다. 남편은 가정에서 자녀들과 함께 하는 시간을 갖는 것에 무심한 편이며 잘 놀아 주거나 대화하지 않는 편이다. 또한 부인은 엄격하고 통제적이며 지시적인 양육태도를 가지고 있었고 틱 증상(윙크 하듯이 눈을 깜빡거리고 목을 돌림. 2007년 시작하여 2년째 지속)을 보이고 있는 첫째 자녀와 공감적 대화나 반응적 경청을 하지 않는 역기능적 의사소통방식을 가지고 있었다.

〈표 14-2〉 ■ 사례별 치료과정 요약

| 사례 구분 | 회기 | 참여 구성원 | 주요 목표 및 적용 모델 | 주요 변화 내용 |
|---|---|---|---|---|
| A | 1 | 부부 | 현재 문제상황 파악<br>치료에 대한 기대 탐색 | 자녀의 틱 행동의 원인을 부부갈등이라고 보고 이에 대한 상담의 목표 합의가 이루어짐 |
| | 2 | 아내 | 현재 가족 내 상호작용과 부부의 의사소통방식 탐색: MRI의 의사소통 이론 | 부부간 역기능적 의사소통방식에 대한 인식과 통찰을 갖는 기회를 가짐 |
| | 3 | 아내 | 원가족 배경 탐색: Bowen의 가족체계 이론 | 현재 사용되고 있는 의사소통 패턴이 원가족으로부터 영향 받았음을 인식함 |
| | 4 | 남편 | 현재 가족 내 상호작용과 부부의 의사소통방식 탐색: MRI의 의사소통 이론 | 부부간 역기능적 의사소통방식에 대한 인식과 통찰을 갖는 기회를 가짐 |
| | 5 | 남편 | 원가족 배경 탐색: Bowen의 가족체계 이론 | 현재 사용되고 있는 의사소통 패턴이 원가족으로부터 영향 받았음을 인식함 |
| | 6 | 부부 | 가족 간 시도된 해결책 탐색 | 새로운 시도에 대한 변화를 모색하게 되고 이로 인한 자녀의 틱 행동 소거가 나타나기 시작함 |
| | 7 | 부부 | 역기능적 의사소통방식으로부터 탈피와 새로운 방식의 시도: MRI의 의사소통 이론 | |

| | | | | |
|---|---|---|---|---|
| A | 8 | 가족 | 새로운 시도로 인한 변화 탐색 | 자녀와 함께 관계에서의 변화를 탐색하고 점검하면서 변화의 유지를 도모함 |
| | 9 | 남편 | 치료의 종결과 마무리 | 계속해서 유지되어야 할 새로운 의사소통방식에 대해 인식하게 됨 |
| B | 1 | 부부 | 현재 문제상황 파악<br>치료에 대한 기대 탐색 | 가족구조 등 현재 가족의 상황과 이와 관련된 자녀의 틱 증상에 대한 탐색이 이루어짐 |
| | 2 | 아내 | 원가족 배경 탐색: Bowen의 가족체계 이론 | 현재 사용되고 있는 의사소통 패턴이 원가족으로부터 영향 받았음을 인식함 |
| | 3 | 자녀 | 자녀가 가지고 있는 가족에 대한 인식과 감정 파악: MRI의 의사소통 이론 | 자녀가 느끼고 있는 가족 내 역기능적 상호작용방식이 무엇인가 탐색하고 아동으로 하여금 자신의 속 이야기를 꺼내어 보게 함으로써 감정의 교류가 이루어짐 |
| | 4 | 남편 | 원가족 배경 탐색: Bowen의 가족체계 이론<br>가족의 구조 재정비: Minuchin의 구조적 가족치료 이론 | 현재 사용되고 있는 의사소통 패턴이 원가족으로부터 영향 받았음을 인식함<br>현재 가족의 구조가 역기능적임을 인식하고 부부하위체계 강화를 위한 구조 재정비가 필요함을 인식함(조부모와 아동의 분리) |
| | 5 | 조부모 | 가족의 구조 재정비: Minuchin의 구조적 가족치료 이론 | 아동의 틱 증상 완화를 위해서는 부부하위체계가 강화되어야 하며 이를 위하여 조부모의 관여가 최소화될 필요가 있음을 인식함 |
| | 6 | 부부 | 부부의 기능적 의사소통방식 모색과 부부하위체계 강화를 위한 모색: MRI의 의사소통 이론, Minuchin의 구조적 가족치료 이론 | 새로운 의사소통방식에 대한 소개를 받고 이를 시도할 수 있도록 함, 조부모와의 분리문제에 대한 필요성을 구체적으로 인식함 |
| | 7 | 가족 | 치료의 종결과 마무리 | 부모의 양육태도와 상호작용의 변화로 인한 자녀의 틱 증상 완화를 확인함 |
| C | 1 | 아내 | 현재 문제상황 파악<br>치료에 대한 기대 탐색<br>현재 가족 내 상호작용과 부부의 의사소통방식 탐색: MRI의 의사소통 이론 | 자녀의 틱 행동에 영향을 미친 가족 내 상호작용에 대해 파악함<br>부부간 역기능적 의사소통방식에 대한 인식과 통찰을 갖는 기회를 가짐 |
| | 2 | 아내 | 원가족 배경 탐색: Bowen의 가족체계 이론 | 현재 사용되고 있는 의사소통 패턴이 원가족으로부터 영향 받았음을 인식함 |
| | 3 | 자녀 | 자녀가 가지고 있는 가족에 대한 인식과 감정 파악: MRI의 의사소통 이론 | 자녀가 느끼고 있는 가족 내 역기능적 상호작용 방식이 무엇인가 탐색하고 아동으로 하여금 자신의 속 이야기를 꺼내어 보게 함으로써 감정의 교류가 이루어짐 |
| | 4 | 남편 | 현재 가족 내 상호작용과 부부의 의사소통방식 탐색: MRI의 의사소통 이론 | 부부간 역기능적 의사소통방식에 대한 인식과 통찰을 갖는 기회를 가짐 |
| | 5 | 남편 | 원가족 배경 탐색: Bowen의 가족체계 이론 | 현재 사용되고 있는 의사소통 패턴이 원가족으로부터 영향을 받았음을 인식함 |

| | | | | |
|---|---|---|---|---|
| C | 6 | 부부 | 가족 간 시도된 해결책 탐색: MRI의 의사소통 이론<br>친가 문제에 지나치게 관여되어 있는 남편의 분리: Minuchin의 구조적 가족치료 이론 | 그동안 유지되어 온 시도된 해결책에 대한 탐색을 통해 역기능적 의사소통방식에 대해 인식하게 되었고 친가 문제로 인한 부부갈등을 최소화할 수 있도록 가족구조를 재정비함 |
| | 7 | 가족 | 모녀간 시도된 해결책 탐색과 새로운 방식 소개: MRI의 의사소통 이론 | 모녀의 역기능적 의사소통방식에 대한 수정이 이루어지고 새로운 방식을 시도하게 됨 |
| | 8 | 부부<br>자녀 | 부모-자녀 간 시도된 해결책 탐색과 새로운 방식 소개: MRI의 의사소통 이론 | 부모-자녀 간의 역기능적 의사소통방식에 대한 수정이 계속해서 이루어지고 새로운 방식을 시도한 결과에 대한 변화 탐색도 함께 이루어짐으로써 새로운 변화가 계속 유지되도록 함 |

# V. 연구결과

## 1. 틱 장애 아동이 가지고 있는 가족에 대한 인식

틱 장애 아동이 가지고 있는 가족에 대한 인식에 대해서 〈표 14-3〉과 같은 하위범주와 상위범주가 도출되었다.

도출된 하위범주 간의 공통 요소를 정리해 보면 자녀양육에 동참하지 않는 아빠, 바람직하지 못한 부모의 양육태도(이는 다시 4개의 유형으로 분류됨: 일관성이 없음, 통제적임, 공격적임, 차별적임), 가족 간 잦은 갈등과 다툼, 감정의 교류가 힘든 가족 등 4가지로 나타났으며 구체적인 내용은 다음과 같다.

### 1) 자녀양육에 동참하지 않는 아빠

#### (1) 바쁜 일상으로 인해 가족과 함께 하는 시간이 거의 없음

아빠: 시간이 많지 않죠. 제가 출장으로 정말 바빴거든요. 거의 가족과 함께 하는 시간이 없었다고 볼 수 있어요. (사례 A, 4회기)

#### (2) 놀이나 대화에 잘 동참해 주지 않음

자녀: 아빠는요, 그 좀… 영어로 된 TV를 많이 보시는데요, 거의 싸우는 TV라서 그래 가지고요, 제가요 그때는 그냥 딴 거 가지고 놀아요. (아빠가) 집에 있을 땐 계속 (TV를) 보

〈표 14-3〉 ■ 개념추출과 범주화

<table>
<tr><th>개념</th><th colspan="2">하위범주</th><th>상위범주</th></tr>
<tr><td>가족과 함께 하는 시간이 거의 없음</td><td colspan="2">바쁜 아빠(사례 A)</td><td rowspan="2">자녀양육에 동참하지 않는 아빠</td></tr>
<tr><td>놀이나 대화에 아빠가 잘 동참해 주지 않음</td><td colspan="2">놀아 주지 않는 아빠(사례 C)</td></tr>
<tr><td>잘 놀아 주다가 갑작스럽게 야단을 침으로써 일관성 없는 태도를 보임</td><td>갑자기 돌변하는 아빠(사례 B)</td><td>일관성이 없는 양육태도</td><td rowspan="6">바람직하지 못한 부모의 양육태도</td></tr>
<tr><td>엄마가 모든 행동의 기준이 되어 있음, 엄마에게 확인받고 행동으로 옮김</td><td>사사건건 통제하는 엄마(사례 A)</td><td rowspan="2">통제적인 양육태도</td></tr>
<tr><td>컴퓨터를 못하게 하는 할머니의 잔소리가 듣기 싫음<br>주 양육자인 할머니에게 많은 스트레스를 받음, 할머니에게 다소 위축되어 있음</td><td>잔소리하는 할머니(사례 B)</td></tr>
<tr><td>소리 지르는 엄마를 호랑이처럼, 혹은 괴물처럼 인식함</td><td>소리 지르며 화내는 엄마(사례 C)</td><td rowspan="2">공격적인 양육태도</td></tr>
<tr><td>아이에게 자주 소리 지름</td><td>소리 지르는 부모(사례 A)</td></tr>
<tr><td>동생 출생 후 엄마에게 자주 야단을 맞음, 엄마의 관심과 사랑이 동생에게 이동함, 할머니나 엄마는 자신보다 동생을 더 이뻐함</td><td>동생을 더 이뻐하는 엄마와 할머니(사례 B)</td><td>차별적인 양육태도</td></tr>
<tr><td>갈등의 이유는 모르지만 다투는 모습을 보고 불안해함</td><td colspan="2">아빠와 다투는 할머니(사례 B)</td><td rowspan="2">가족 간 잦은 갈등과 다툼</td></tr>
<tr><td>아이 앞에서 자주 다툼</td><td colspan="2">자주 다투는 부모(사례 A)</td></tr>
<tr><td>감정을 혼자서 삭임, 피아노를 치면서 감정을 분산시키거나 가족 대신 토끼와 이야기를 나눔</td><td colspan="2">감정을 나눌 가족이 없음(사례 모두)</td><td rowspan="2">감정의 교류가 힘든 가족구성원들</td></tr>
<tr><td>자녀의 이야기에 공감해 주지 않고 무반응하거나 혼자 해결하라고 함, 대인관계에서 힘든 일을 말하면 잘못이 자녀에게 있다며 오히려 더 나무람</td><td colspan="2">자녀와 감정교류가 이루어지지 않는 엄마(사례 C)</td></tr>
</table>

세요. (사례 C, 3회기)

치료자: 아빠한테 받는 스트레스는 없어?

자녀: 아빠가 놀아 달라고 하면 잘 안 놀아 주셔서….

치료자: 집에 계셔도 안 놀아 주셔?

자녀: 네.

치료자: 근데 아빠한테 그걸 요청해? 아빠 나랑 이거 하면서 놀아 이런 거….

자녀: 그런 걸 해도 아빠가 힘들다고 하면서 안 놀아 주시긴 해요. (사례 C, 3회기)

자녀: 저희는 이야기도 하면 좋겠어요.

치료자: 아빠가 너랑 이야기 안 해?

자녀: 이야기는 하는데 안 할 때가 더 많아서…. (사례 C, 3회기)

### 2) 바람직하지 못한 부모의 양육태도

#### (1) 일관성이 없는 양육태도

아빠: 제가 아들에게 가장 충격을 줬던 것은 잘 놀아 주고 친절하게 하는데 갑작스럽게 충격스럽게 야단을 친 적이 있어요.

치료자: 예를 든다면요?

아빠: 식당에서 막 떠든다든가 장난을 치면 소리를 꽥 질러요.

치료자: 어떤 식으로요?

아빠: 야! 가만 안 있어? 그러고 노려보면 그러면 애가 기겁을 하고 움찔하고…. (사례 B, 1회기)

#### (2) 통제적인 양육태도

치료자: 네가 컴퓨터 할 때 할머니 잔소리가 무섭니?

자녀: 네.

치료자: 두려워?

자녀: 두려운 것까지는 아니구요, 별로 좀 듣기가 싫어요. (사례 B, 3회기)

자녀: (할머니가) 저한테 컴퓨터를요 하지 말라고 짜증내면서 잔소리할 때요, 듣기 싫잖아요. 그럴 때는 할머니랑 따로 살았으면 좋겠다는 생각을 해요. (사례 B, 3회기)

아빠: 제가 무슨 이야기를 해도 엄마가 기준이 되어 엄마한테 확인을 받아야 해요. 저희 가정에서 아내의 말이 법이에요. 저는 거기에 이길 수가 없어요. 아이도 그걸 알고 있다구요. (사례 A, 4회기)

엄마: 어머님이 주 양육자인데 아이가 할머니한테 스트레스를 많이 받는 것 같았어요. 꿈을 꿨는데 할머니가 도끼를 들고 나타났다는 얘기를 한 적이 있어요. (사례 B, 1회기)

#### (3) 공격적인 양육태도

자녀: 가끔씩은 엄마가 호랑이 같아요.

치료자: 엄마가 호랑이 같아? 왜? 어떤 때?

자녀: 혼낼 때요. (사례 C, 3회기)

치료자: 요즘도 (엄마가) 거칠어 보여? 근데 엄마가 거칠어 보인다고 한 것은 뭘 보고 거칠어 보인다고 그러는 거야?

자녀: 아무 일도 없는데 갑자기 저한테 화낼 때요. 엄마가 거칠 때는요 목소리가요 거칠고 목소리가 괴물 같았어요. (사례 C, 8회기)

치료자: ○○아, 엄마하고 아빠하고 똑같아?

자녀: 엄마가 나한테 소리 지르고 아빠도 나한테 소리 지르면 다 똑같아.

치료자: 그때 기분이 어때?

자녀: 호랑이 기분이야.

치료자: 무섭다는 이야기야?

자녀: 응. (사례 A, 8회기)

#### (4) 차별적인 양육태도

치료자: 둘째하고 엄마하고 관계는요?

엄마: 제가 둘째를 굉장히 더 좋아하고 예뻐하고…. (사례 B, 1회기)

엄마: 그때(둘째 출산 때)는 정말 첫째가 저한테 그렇게 예쁘지 않았어요. 그게 아이한테 큰 변화라고 볼 수 있었겠죠. 둘째가 몸이 약해서 상대적으로 손이 더 많이 가는 상황이기도 했구요. (사례 B, 2회기)

치료자: 동생이 태어났을 때 너 스트레스 안 받았니?

자녀: 받았죠. 엄마가 동생만 보살펴 주구요. 동생이 자꾸 물건을 빨아서 그때 제거를 해 주면 동생이 울어 가지구요 엄마가 저한테만 막 뭐라 그럴 때요. (사례 B, 3회기)

치료자: 동생이 태어나서 조금씩 커갈수록 너에 대한 관심보다 동생에 대한 관심을 더 쏟았을 거 아니야, 그치?

자녀: 네.

치료자: 그럼 네가 거기서 뭔가 뺏기는 듯한 감정이 있었을 거 아니야….

자녀: 네. 샘이 좀 났죠. (사례 B, 3회기)

엄마: 할머님이 둘째를 너무 예뻐하세요. 우리 강아지, 우리 강아지 하시면서…. (사례 B, 2회기)

엄마: 어머님이 절대적으로 첫째를 많이 야단을 치셨어요.

치료자: 그건 지금 할머니가 둘째하고 관계가 좋다고 하는 것은 큰애가 둘째로부터 스트레스를 받고 있을 거라구요.

엄마: 있어요. (스트레스가) 많아요. (사례 B, 2회기)

### 3) 가족 간 잦은 갈등과 다툼

아빠: 제가 '씨발' 이라고 혼잣말을 했는데 아이가 그런 것을 '엄마, 아빠하고 싸웠어?' 라고 말해요. ○○이는 우리가 대화하는 정도를 가지고 싸우는 것으로 인식을 해서 '듣기 싫어, 듣기 싫어' 하면서 귀를 막아요. (사례 A, 4회기)

치료자: ○○아, 너 엄마 아빠 다투신 것 봤니? 못 봤니?

자녀: 싸우는 것 봤어.

치료자: 그때 너 기분이 어땠어?

자녀: 몰라.

치료자: 그때 울고 싶었어?

자녀: 응, 근데 참았어. (사례 A, 8회기)

아빠: 아이가 아빠하고 엄마하고 싸우면 자기 마음이 이상하다고 이야기해요. (사례 A, 9회기)

치료자: 할머니하고 아빠하고 뭣 때문에 다투시는 것 같니?

자녀: 글쎄요. 저도 이유는 잘 몰라요. 그냥 옆에서 쳐다보고 있어요.

치료자: 그때 불안하니?

자녀: 네, 조금 불안해요.

치료자: 그때 틱은?

자녀: 그때도 이렇게 틱 조금하죠. (사례 A, 3회기)

### 4) 감정의 교류가 힘든 가족구성원들

치료자: 무서울 때 너는 누구한테 이야기해?

자녀: 아무 말 안 해, 울기만 해. (사례 A, 8회기)

엄마: 그날 (부부가 다툰 날) 너무 어수선하니깐 울면서 현관으로 가서 애가 토끼한테 '토끼야 너 엄마하고 아빠하고 싸울 때 무서웠지? 나도 무서웠어.' 하면서 대화를 하는 거예요. 제가 그것에 쇼크를 먹었어요.

치료자: 자신의 감정을 표현을 하기는 해야 하는데 표현할 대상이 없잖아요. 엄마 아빠가 힘드니까요. 그마나 토끼라는 제3자한테 털어놓는데 그 불안한 것이 틱으로도 표현되고 있지 않냐 하는 것이죠. (사례 A, 8회기)

치료자: (화가 나면) 그 감정을 어떻게 푸니?

자녀: 뭐 어쩔 때는 책상을 때린다거나요, 침대를 때린다거나요, 그러거나 엎드려 있거나요 그렇게 있어요.

치료자: 그럼 거기에 대해 속상한 감정을 가족한테 얘기하니?

자녀: 아니요. (사례 B, 3회기)

치료자: 네가 속에 있는 거 가리지 않고 다 말할 수 있어? 엄마한테?

자녀: 어떤 거는 못 말할 때가 있어요

치료자: 어떤 거니?

자녀: 선생님한테 혼난 얘기, 친구들이 잘 안 놀아 준 얘기… 그거에 대해서 말하면 싫어하셔서….

치료자: 엄마가 어떻게 싫어하셔?

자녀: 그런 거 얘기하지 마, 엄마도 스트레스 받아, 이렇게 이야기하세요. (중략) 제가 왕따 받은 적이 있어서 엄마한테 말했었어요.

치료자: 그때 엄마 반응은?

자녀: 엄마는 네가 해결해 이렇게 하세요.

치료자: 네가 해결해! 이러고 끝이야?

자녀: 네. (사례 C, 3회기)

치료자: 네가 엄마한테 집에 와서 엄마 짜증 나, ○○언니가 안 놀아 줘서 그러면 엄마가 뭐라고 그러시니?

자녀: 그럼 아무 말도 안 하세요. (사례 C, 3회기)

엄마: 그런 경우는 있는 거 같아요. 애가 누구 때문에 힘들다고 하면 혹시 네가 그렇게 할 만한 빌미를 주지 않았냐 하면서 너를 돌아봐라….

치료자: 무슨 이야기냐면 애가 지금 엄마한테 내놓는 이야기는 나 짜증나는 감정을 풀기 위해서 하는 거죠. 근데 어머니 대응하는 방식은 니가 무슨 빌미를 주지 않았냐… 이쪽 탓을… 도끼로 이마 깐 데를 또 까는 거죠. 대응하는 방식이… 애가 스트레스 받은 거를 엄마한테 전혀 해소를 못 받고 더 위축이 되는 거죠. (사례 C, 6회기)

치료자: 화가 날 때 어떻게 푸니?

자녀: 피아노 치면서 풀어요.

치료자: 그거에 대해서 엄마 아빠한테 뭐라고 이야기 하지는 않아?

자녀: 네. (사례 C, 3회기)

치료자: 화날 때 어떻게 표현해?

자녀: 그거는 그냥 쌓아 두었다가 나중에 TV 보면서 잊어버리고 그래요. (사례 C, 3회기)

치료자: 네가 기분이 썩 좋지 않을 때 누구한테 말해 본 적이 있니?

자녀: 그런 적은 없고요, 제가 직접 달래요. 책 보면서나 아니면 그림 그리거나 그러면서….

치료자: 엄마, 아빠한테 이야기해 봤자 안 통한다고 느끼니?

자녀: 살짝 그래요. (사례 C, 3회기)

## 2. 아동의 틱 장애에 영향을 미친 요인

아동의 틱 장애에 영향을 미친 요인에 대해서 〈표 14-4〉와 같이 하위범주와 상위범주가 도출되었으며 구체적인 내용은 다음과 같다.

〈표 14-4〉 개념 추출과 범주화

<table>
<tr><th>개념</th><th colspan="3">하위범주</th><th>상위범주</th></tr>
<tr><td>자녀 앞에서 자주 다툼, 부부간 폭력과 욕을 사용하는 경우를 자주 보임</td><td colspan="2">부부간 다툼</td><td>사례 A</td><td rowspan="5">가족 간 잦은 다툼 (혹은 갈등) 으로 인한 불안감 조성</td></tr>
<tr><td>자녀양육 문제로 인한 부부간 다툼과 갈등이 있음</td><td colspan="2">부부간 다툼</td><td rowspan="3">사례 B</td></tr>
<tr><td>자기중심적 성향이 강한 시어머니와 며느리 간의 갈등이 있음</td><td colspan="2">고부간 갈등</td></tr>
<tr><td>자녀양육 문제로 인한 어머니와 아들 간의 갈등이 있음</td><td colspan="2">모자간 다툼</td></tr>
<tr><td>시댁으로부터 분화하지 못한 남편의 태도로 인해 부부간 다툼과 갈등이 있음</td><td colspan="2">부부간 다툼</td><td>사례 C</td></tr>
<tr><td>부부갈등이 있을 때 일방적으로 대화를 중단해 버림, 문을 잠그고 방으로 들어가 버림</td><td>화가 나면 침묵하며 회피하는 아내</td><td rowspan="2">아내의 의사소통 방식</td><td rowspan="6">사례 A</td><td rowspan="10">부부의 역기능적 의사소통 방식</td></tr>
<tr><td>소리를 자주 지름, 짜증 섞인 대화를 함</td><td>짜증이 많은 아내</td></tr>
<tr><td>화가 나면 대화 대신 신체적 폭력을 사용하거나 욕을 함</td><td>화가 나면 구타 (혹은 욕)하는 남편</td><td rowspan="4">남편의 의사소통 방식</td></tr>
<tr><td>아내에 대한 불만을 아내의 집안 식구 모두에게까지 확장시키며 모욕함, 아내에게 성적인 모욕감을 줌</td><td>아내를 무시 (혹은 모욕)하는 남편</td></tr>
<tr><td>아내의 대화가 길어지는 것을 싫어함, 앞뒤 설명 없이 본인의 용건만 말하여 불쾌감을 주거나 오해를 삼</td><td>일방적으로 본인의 용건만 말하는 남편</td></tr>
<tr><td>아내가 흥분하여 언성이 높아지면 침묵해 버림, 출장을 가서도 전화하지 않음</td><td>화가 나면 침묵하며 회피하는 남편</td></tr>
<tr><td>자신의 기준과 원칙만을 내세움, 논의하여 타협점을 찾기 전 언성부터 올라감</td><td colspan="2">타협하지 못하는 가족들</td><td rowspan="4">사례 B</td></tr>
<tr><td>불만을 쌓아 둔 채 지내다가 한꺼번에 폭발하듯 갑작스럽게 이야기를 쏟아부음</td><td>불만을 쌓아 두었다가 폭발하듯 말하는 아내</td><td>아내의 의사소통 방식</td></tr>
<tr><td>자녀에게 악을 쓰듯 소리를 지름</td><td>소리 지르는 남편</td><td rowspan="2">남편의 의사소통 방식</td></tr>
<tr><td>힘든 이야기를 털어놓지 못함, 불만을 혼자서 삭힘</td><td>솔직한 감정 교류가 힘든 남편</td></tr>
</table>

| | | | | |
|---|---|---|---|---|
| 화가 나면 언성이 높아지고 표정이 험악해져서 상대방을 위축시킴 | 감정적으로 폭발하듯 말하는 아내 | 아내의 의사소통 방식 | 사례 C | 부부의 역기능적 의사소통 방식 |
| 자신이 원하는 방향대로 행동을 결정함, 자신의 기준과 원칙만을 내세움 | 자신의 기준과 원칙대로 상대방을 따르게 하는 아내 (혹은 엄마) | | | |
| 상대의 감정에 맞장구치지 않고 내용을 분석하여 해결책을 말해 주려고 함 | 감정공유 없이 분석하고 해결책을 제시하려는 남편 | 남편의 의사소통 방식 | | |
| 상대의 말에 반응하지 않음, 상대가 화를 내면 침묵해 버림 | 대화 도중 갈등이 발생하면 침묵해 버리는 남편 | | | |
| 어릴 적 가족 누구와도 주거니 받거니 하는 상호 교환적 대화를 하지 못함, 혼자서 감정이나 고민을 삭힘, 타협하는 방법을 습득하지 못함 | 대화 대상자의 부재 | | | 부부의 원가족 경험 |
| 참다가 한꺼번에 폭발하거나 일방적으로 쏟아붓는 방식의 대화패턴을 전수받음 | 비이성적이며 감정적인 의사소통방식 전수 | | | |
| 자녀에게 스트레스를 풀거나 화를 자주 내는 양육태도를 전수받음 | 공격적인 양육태도 | 부모의 바람직하지 못한 양육태도의 전수 | | |
| 통제적이고 간섭이 심한 부모의 양육태도를 자녀에게 전수함 | 과도한 관여 (혹은 통제)를 하는 양육태도 | | | |
| 연민으로 인해 원가족과 분화하지 못하여 부부갈등을 더욱 심화시킴 | 원가족과의 미분화 | | | |

### 1) 가족 간 잦은 다툼(혹은 갈등)으로 인한 불안감 조성

세 사례 모두 가족구성원들 간 잦은 다툼과 갈등이 있었고 자녀 앞에서 다투거나 갈등하는 모습을 많이 보인 것으로 나타났다. 사례 A와 C는 부부간 다툼과 갈등이 많았고 조부모와 함께 산 사례 B의 경우는 아동의 주 양육자인 할머니와 아빠 사이의 다툼, 할머니와 엄마 사이의 갈등이 있었다.

> 아빠: 저희가 다투거나 하면 (아들이) 그런 증상(틱)이 좀 심하게 나타나고 하는 상태였습니다. 그리고 평상시에는 (아들이) 엄마랑 같이 나가야지 혼자서는 못 나가요. 떨어지려고를 안 해요. (사례 A, 1회기)

아빠: ○○가 엄마, 아빠 싸웠어 그러면서 계속 이야기를 하고 다닌다거나 TV에서 싸우는 소리가 나오면 그것에 대해서 계속 이야기를 해요. (사례 A, 4회기)

엄마: 어머님하고 같이 살면서 애 아빠와 많이 부딪혔어요. 그때 가족관계가 좀 팽팽했어요. (사례 B, 1회기)

치료자: ○○어머님하고 시어머니 관계는 어떠세요?

엄마: 스트레스가 있죠.

치료자: 지금 스트레스 받는 관계라고 보면 될까요?

엄마: 그렇죠, 늘 있죠. 처음에 합쳤을 때는 많이 울었어요. 매일 밤 저녁 때 울고….

치료자: 세 분 간 그러니까 할머니, 아빠, 엄마의 다툼이 많으셨네요. 애는 또 할머니나 아빠나 엄마가 어떤 갈등이 있을까 불안이 있을 수 있다는 거죠. (사례 B, 1회기)

치료자: 아버님하고 어머님하고 자주 부딪히게 되면 애한테는 그게 스트레스가 됐을 거라고 봐요. (사례 C, 1회기)

### 2) 부부의 역기능적 의사소통방식

각각의 가족들은 저마다 문제를 해결하려고 시도했던 역기능적 의사소통방식을 가지고 있었는데 각 사례에서 나타난 역기능적 의사소통의 종류를 크게 4가지 유형으로 분류해 보면 갈등에 직면하지 않고 침묵하거나 회피해 버림, 표현하지 않고 참다가 한꺼번에 폭발해 버림, 타협하지 못함, 솔직한 감정의 교류가 어려움으로 나타났으며 구체적인 내용은 다음과 같다.

#### (1) 갈등에 직면하지 않고 침묵하거나 회피해 버림

아빠: 집사람이 입고 갈 양복을 안 다려 놨어요. 그래서 감정이 조금 상했어요. 그래서 다른 옷으로 갈아입고 가려고 방문을 여는데 방문을 잠가 버리더라구요. 그것 때문에 심하게 싸웠고 출장 가서도 전화를 안 했죠. (사례 A, 1회기)

#### (2) 표현하지 않고 참다가 한꺼번에 폭발해 버림: 소리 지르기, 욕설, 신체적 폭력

엄마: 지난주 남편과 교회에서 좀 다퉜는데 남편이 아무 말도 안 하고 있다가 갑자기 욕을 한 마디 하더라구요. (사례 A, 2회기)

엄마: 제가 방에 있다 보니 갑자기 화가 나더라구요. 그래서 자는 사람을 깨워서 도대체 생각이 있는 거냐구… 막 이야기를 했죠. 자다가 남편이 갑자기 놀래 가지고… 그때는 알았다고 자기가 잘못했다고 그냥 자자고 그러더라구요. 자다가 너무 황당하다고 그리고

이렇게 갑자기 얘기를 하면은 정이 떨어질 것 같다고 말을 하더라구요. (사례 B, 1회기)

아빠: 제가 교회에서 성도들에게 계속 쌓인 게 있어서 그러다 보니까 화를 확 내다 보니까 다들 놀래서 갑자기 왜 그러냐 이런 거죠

치료자: 목사님 이면에는 차곡차곡 쌓인 거예요. 하지만 표현하지 않다가 폭발해 버리면 상대방은 당황을 한다는 거예요. (사례 C, 7회기)

(3) 타협하지 못함: 상대방의 의견을 묻지 않고 자기 용건만 일방적으로 전달함, 자신의 기준과 원칙만 고집함

엄마: 남편이 갑자기 교회에서 다른 사람들 다 있는데 '가!!' 하는 거예요. '여보, 나 여기 조금 더 있어야 되니깐 ○○이 데리고 먼저 갈래?' 이렇게 제 의견을 묻는 게 아니라 갑자기 '가!!' 이랬어요. (사례 A, 6회기)

아빠: 우리 두 사람의 대화는 항상 찝찝하게 끝나죠. 찝찝하게 끝나고 그게 며칠 가기도 하구요. 항상 상대방의 뜻을 안 받아들이고 자기 맘대로만 했다 뭐 이런 게 서로 쌓이는 거 같아요. (사례 B, 4회기)

엄마: 아이 아빠가 이런 말을 해요. 제가 항상 마트에 가서 애한테 물어보거든요. 오늘 이거 먹을까? 이러면 애가 대답을 하면 저는 근데 있잖아 이건 이렇고 이래서 이건 어떨까? 하면서 결국엔 제가 원하는 방향으로 간다는 거예요. (사례 C, 7회기)

(4) 솔직한 감정의 교류가 어려움

아빠: 저는 교회에서 누가 아프다든지 누가 힘들어한다든지 하면 사실은 표현을 거의 안 하거든요. 근데 속에서는 막 아프지요. 혼자 기도하면서 울고… 집사람한테도 속마음은 얘기하지 않죠. (사례 C, 7회기)

치료자: 밖에서 누구 땜에 열 받았어… 이런 얘기….

엄마: 남편은 다 이야기하는 편이 아니에요. 바깥에서 혼자 풀고 들어오는 거 같아요.

아빠: 네… 제 감정이나 속마음을 혼자 삭히고 스스로 해결해요. 그냥… 저도 모르게 그런 거 같아요. (사례 B, 6회기)

### 3) 부부의 원가족 경험

(1) 대화 대상자의 부재

치료자: 선생님의 어머니께서 워낙 스트레스를 받으셨기 때문에 본인은 더 이상 우리 엄마

에게 어려움, 힘듦을 전해 줄 수 없다고 스스로 컷트했을 거예요

아빠: 네… 저도 모르게 그랬어요….

치료자: 그러기 때문에 혼자 삭이고 해결했을 거예요. 아무하고도 대화를 할 수 없었겠죠. (사례 B, 6회기)

아빠: 초등학교 들어가기 전부터 집에 늘 혼자였으니까… 특별한 문제는 없었지만 항상 혼자 노는 스타일… 대인관계에서도 사실은 제가 잘 접촉을 못 합니다. 어려서부터 갇혀 살았어요. 대화를 할 사람이 없었어요. (사례 C, 8회기)

(2) 비이성적이며 감정적인 의사소통방식 전수

엄마: 친정 엄마는 다혈질이고 욱 하면… 소리부터 지르는 거예요.

치료자: 친정어머니의 욱 하시면서 나오는 그 방식이 지금 따님에게 갔으리라고 저는 보고요….

엄마: 네… 비슷하죠… 그 모습이…. (사례 C, 2회기)

아빠: 제가 무슨 말을 하면 일단은 화부터 먼저 내면서 막 퍼부으니까… 제가 말을 하면 안 되겠다 하고 닫아 버리는 거예요.

치료자: 사모님의 친정어머니가 열 받았을 때 표현이 거치셨다는 거예요. 그 방식이 지금 사모님한테도 나오고 있고 그런 모습을 보는 목사님은 이야기를 못하게끔 질려 버리게 하는 방식이라는 거죠. (사례 C, 7회기)

(3) 부모의 바람직하지 못한 양육태도 전수: 공격적인 양육태도, 과도한 관여(혹은 통제)를 하는 양육태도

아빠: 아버지가 어머니랑 결혼 전에 전처에게서 나은 아들이 있었어요. 그 아들 때문에 어머님이 자살까지 생각할 만큼 스트레스가 이만저만이 아니었어요. 저희 어머님이 그래서 저희가 어릴 때부터 저희에게 스트레스를 풀면서… 막 때리고 그러셨어요. 제가 ○○한테 갑자기 소리 지르는 게 아마도 어머니 소리 지르시던 모습이 나오는 게 아닌가…. (사례 B, 2회기)

아빠: 저희 어머님 성격이 특이한 것도 있지만 전처 아들 땜에 받은 스트레스를 저희 형제들한테 많이 풀었던 거 같아요. 어렸을 때부터 유난히 통제도 많이 하고 그러셨어요. (사례 B, 4회기)

엄마: 제가 목사 딸로 자랐기 때문에 교회에서 주목되는 게 참 싫었어요. 친정 엄마도 그래서 더 엄하고 통제를 많이 하셨는지도 몰라요. 근데 제가 아이한테 이렇게 하고 저렇게

하라는 거에 대해 참 강해요. (사례 C, 1회기)

#### (4) 원가족과의 미분화

엄마: 시댁에 시누들이 문제 있는 분이 많으셔서… 우선 막내 시누가 이혼을 했는데 남편이 그때 그 누나랑 같이 살았기 때문에 싸우는 과정도 다 봤었고… 남편이 그 시누 애를 다 봐줬죠. 그래서 그런지 저랑 남편이 결혼할 때 시누이 애들이 삼촌을 빼앗겼다… 이렇게까지 생각을 하기도 하고…. (남편이) 막내아들인데 누나들 생각에는 막내 동생이라는 개념보다는 내가 의지할 친정이다… 라고 생각을 하시는 거 같아요. 남편도 맨날 돈 해 준다… 뭐다… 끌려다니구요. (사례 C, 1회기)

치료자: (친)어머니가 지금 너무 일일이 간섭을 하시고… 언제까지 그러실 거냐는 거죠. 근데 참… 어려운 게 경제적인 부분이 걸려 있어서 분리가 더 어려운 상황이라는 거예요. (사례 B, 4회기)

아동의 틱 장애에 영향을 미친 3가지 요인은 시점에 대한 연관성을 가지고 있다. 즉, 부부간 역기능적 의사소통방식은 과거에 경험한 부부의 원가족 배경으로부터 비롯되었고 또한 이는 현재의 가족 간 잦은 다툼과 갈등의 원인으로 연결되고 있다. 이에 대한 연관성을 그림으로 요약하면 [그림 14-4]와 같다.

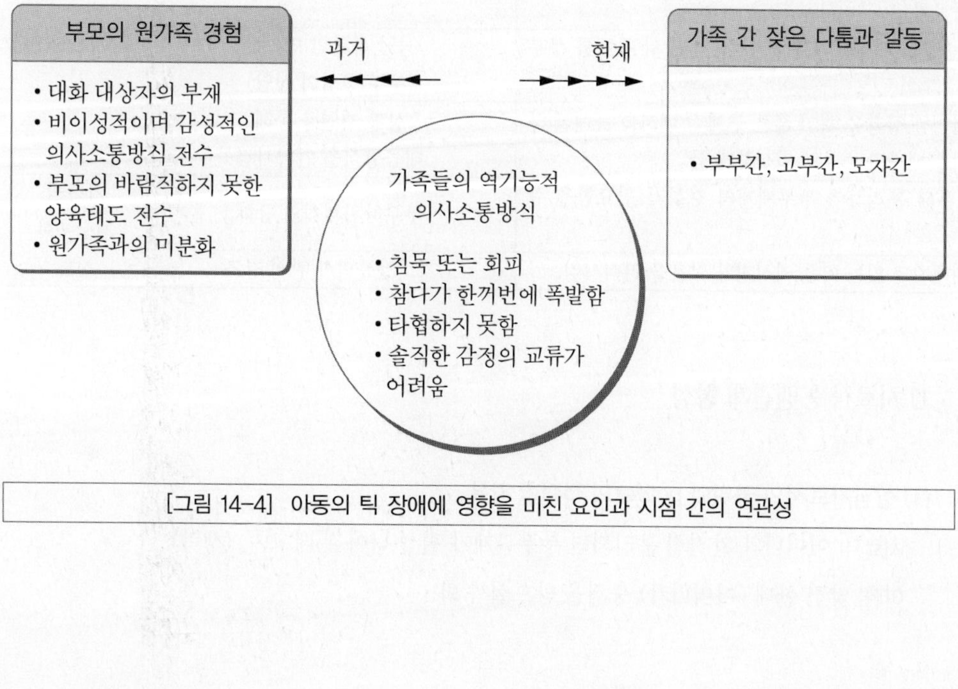


[그림 14-4] 아동의 틱 장애에 영향을 미친 요인과 시점 간의 연관성

## 3. 틱 장애 증상 완화에 기여한 치료자의 개입방법

아동의 틱 장애 증상 완화에 기여한 치료자의 개입방법에 대해서 〈표 14-5〉와 같이 11개의 하위범주와 3개의 상위범주가 도출되었고 구체적인 내용은 다음과 같다.

〈표 14-5〉 개념추출과 범주화

<table>
<tr><th>개념</th><th colspan="2">하위범주</th><th>상위범주</th></tr>
<tr><td>아동의 틱 증상 완화를 위해 변화를 시도할 수 있도록 상담가의 권위와 power를 활용하여 직면시킴</td><td colspan="2">상담가로서의 권위와 power의 적절한 활용</td><td rowspan="4">치료적 동맹관계 형성</td></tr>
<tr><td>자신의 경험을 노출하여 내담자에게 변화에 대한 결단력을 갖게 함</td><td colspan="2">상담가의 자기노출</td></tr>
<tr><td>억압된 감정을 표현하도록 유도함, 구체적으로 느낀 감정을 말할 수 있도록 질문함</td><td colspan="2">틱 장애 아동의 억압된 감정표출 유도</td></tr>
<tr><td>아동의 틱 증상 원인을 부모의 잘못으로 인식시키는 대신 그동안 시도해 왔던 방식이 효과 없었음을 알게 함</td><td colspan="2">내담자의 죄책감 다루기</td></tr>
<tr><td>아동의 틱 증상으로 인해 가족치료에 의뢰되었던 유사사례를 제시하여 내담자의 통찰을 도움</td><td colspan="2">유사 사례 제시</td><td rowspan="7">내담자의 통찰 돕기</td></tr>
<tr><td>부부간 반복되는 대응방식의 패턴을 묘사하여 인식시킴</td><td>부부간</td><td rowspan="3">반복되는 패턴의 인식</td></tr>
<tr><td>세대 간에 전수되어 반복되는 의사소통방식을 인식시킴</td><td>세대 간</td></tr>
<tr><td>자녀를 다루어 왔던 반복된 방식이 효과적이지 않았음을 인식시킴</td><td>부모-자녀 간</td></tr>
<tr><td>이론과 접목하여 교육시키기, 설명과 요약을 통하여 변화의 핵심을 전달하기</td><td colspan="2">설명과 요약</td></tr>
<tr><td>자녀의 틱 증상의 원인을 부부에게 둠, 상담의 목표를 부부에게 둠</td><td colspan="2">상담 목표의 명확화<br>(부부 중심의 상담)</td></tr>
<tr><td>내담자가 설명한 상황을 재연 혹은 구체적 예시를 들게끔 하여 대응방식을 내담자 스스로 인식하게 함</td><td colspan="2">상황 재연을 통해 대응방식을 인식시킴</td></tr>
<tr><td>원가족으로부터 분리하여 부부체계의 강화가 필요함을 강조함</td><td colspan="2">부부하위체계의 강화</td><td rowspan="2">가족의 재구조화 시도</td></tr>
<tr><td>자녀에게 전해지고 있는 이중 메시지가 있음을 인식시킴</td><td colspan="2">자녀양육의 일관성 강조</td></tr>
</table>

### 1) 치료적 동맹관계 형성

#### (1) 상담가로서의 권위와 power의 적절한 활용

치료자: 어머니와 완전히 분리되면 부부관계가 훨씬 나아질 테고…. (생략)

아빠: 맞긴 한데 (어머니가) 충격을 받으실까 봐….

치료자: 당연히 충격 받으시죠. 저항이 들어와요. 상담자하고 내담자하고 파워게임인데 저는 그런 편에서 나름대로 강하게 밀어붙입니다. (사례 B, 4회기)

치료자: 할머니의 잔소리가 듣기 싫어서가 원인이라고 하면 할머니는 충격을 받으셨겠죠.

엄마: 거기에서 충격을 사실 받으셨던 거 같아요.

치료자: 네. 제가 어떤 면에서는 강하고 과격합니다. 분리시킬 때는 여지없이… 그게 아마 어떤 분들은 견디기가 힘들어요. 제가 시간을 줄이는 차원에서 필요하거든요. 그것은 저는 확고해요. (사례 B, 6회기)

### (2) 상담가의 자기노출

치료자: 제가 사례를 들거든요. 제 얘기… 제 사례… 제가 지금 걸려 있는 문제는 우리 엄마하고 걸려 있거든요. 제가 염려스러운 게 뭐냐면 저도 이런 공부(가족치료)를 하는 사람이기 때문에 우리 엄마가 돌아가시고 나서 그때 되면 엄마한테 참고 잘해 드렸어야 했는데… 그런 죄책감이 들 거라는 거예요. 그 문제가 걸려 있다는 거예요. ○○아빠께서도 아버지하고 관계에서 풀 건 풀라는 거죠. (사례 B, 6회기)

### (3) 틱 장애 아동의 억압된 감정 표출 유도

치료자: 엄마, 아빠 다투신 것 봤니? 못 봤니?

자녀: 싸우는 것 봤어.

치료자: 그때 너 기분이 어땠어?

자녀: 몰라.

치료자: 그때 울고 싶었어?

자녀: 웅, 근데 참았어. (사례 A, 8회기)

치료자: 엄마가 일 나가시면 (출근하시면) 엄마가 많이 보고 싶었어?

자녀: 네, 가끔 좀 그랬어요.

치료자: 그런 감정을 엄마한테 이야기했었어?

자녀: 아니요.

치료자: 안했어? 뭐 때문에?

자녀: …. (침묵)

치료자: 음… 지금 이렇게 엄마가 보고 싶었던 이야기 처음 하는 거야?

자녀: 네, 거의 처음 하는 거죠.

치료자: 그전에 왜 집에서 그런 이야기 못했었어? 직접적으로?

자녀: …. (침묵)

치료자: 근데 지금 눈에 눈물이 좀 맺혔네… 오늘은 눈물이 주루룩 날 정도로… 쭉 날 정도로… 그랬던 마음을 이야기할 수 있어?

자녀: 네. (사례 B, 7회기)

아빠: 애가 이야기를 쭉 한 거에 대한 후련함이 있어요. 엄마한테 그랬대요. 시원하다고 가슴이 뻥 뚫린 것 같다고… 교수님 만나고 나와서… 집사람한테 들었는데 본인이 가슴이 뚫리고 시원하다고 그리고 조금 여유를 찾은 것 같아요. (사례 C, 4회기)

#### (4) 내담자의 죄책감 다루기

엄마: 제가 가해자가 된 거 같은 기분으로 죄책감을 가지게 되었어요.

치료자: 저는 가해자라는 표현을 쓰지는 않아요. 엄마하고 아이가 상호작용하는 방식이 효과적이지 않는 방식이라고 보는 거예요. 상호작용에서의 방식이죠. 피해자, 가해자가 아니라….

엄마: 그런 느낌 때문에 죄책감을 많이 느꼈어요.

치료자: 저는 누구 개인에게 이 사람이 잘못했다 이렇게 보는 사람이 아니고 지금까지 시도해 왔던 방식 자체가 역기능적이라는 거죠. 그 방식만 바꾸면 관계가 바뀐다는 거예요. 누가 누구를 가해했구나 그게 아니라 의사소통했던 표현방식이 원가족으로부터 답습해서 전수되는 거죠. (사례 C, 7회기)

### 2) 내담자의 통찰 돕기

#### (1) 유사 사례 제시

치료자: 제가 비슷한 집 얘기를 해 드릴게요. 아이가 여섯 살인데 틱이 3개월 전에 발생을 했어요. (중략) 그 집도 부부관계가 변하니까 애가 엄마랑 떨어지기 시작하고 친구들이랑 놀기 시작하고 틱이 없어졌어요. (사례 B, 2회기)

치료자: 우리 집 이야기를 해 드릴게요. 우리 집은 아침에 밥 먹을 때 별별 얘기를 다 하거든요.

아빠: 자유로우시네요.

치료자: 자유롭죠. 아주… 왜 그러냐면 우리 엄마를 보면 가치 판단을 많이 해요. 자기 기준이 너무 강해요. 그러니까 주거니 받거니 할 수도 없다는 거죠.

아빠: 네….

치료자: 선생님 같은 경우는 나는 별로 말이 없으셨다고 하는데 그게 그냥 말이 없는 게 아니라 전부터 주거니 받거니 부모가 내 얘기를 받아 주고… 이런 게 형성되지 않았기 때문에 더 말씀을 길게 안 하셨을 거라는 거죠. (사례 B, 4회기)

(2) 반복되는 패턴의 인식: 부부간, 세대 간, 부모-자녀 간

치료자: 남편은 과거 여러 번 경험으로 인해 ○○이 엄마가 왔다 갔다 하는 것이 불안했고 또 하나 거기에 맞춰서 ○○이 아빠가 표현을 좀 길게 상황 설명을 했더라면 오해가 풀릴 수 있었는데 그게 두 분의 스타일이 관계에서 어긋나지 않았나 싶어요. 그런 것이 매번 반복될 수 있다는 것이죠. (사례 A, 6회기)

할머니: ○○아빠가 다 좋은데 한 가지 흠이 있다면 애가 계속 말을 안 들으면 악을 써 버리거든요.

할아버지: 아주 기를 팍 꺾는 소리 있죠?

치료자: 아들이 악을 쓰는 모습이 혹시 아버님이나 어머님이나 옛날에….

할머니: 네… 제가 화풀이로….

치료자: 옛날에 자녀들한테요?

할머니: 저도 그 생각 들거든요. 맞아요…. 애가 계속 말을 안 들으면 악써 버리고…. (사례 B, 5회기)

치료자: 친정어머니께서 과도한 역할을 하시고 다혈질적인 스타일이시고… 제가 추측하건대 친정어머니의 욱하시면서 나오는 그 방식이 따님에게 갔으리라고 저는 봅니다. (사례 C, 2회기)

(3) 설명과 요약

치료자: 제가 항상 중요하게 보는 것은 의사소통방식이에요. 그걸 잡아요. 문제를 해결하지 못하고 오히려 문제를 유지하는 의사소통방식 그걸 잡는다는 거죠. 여기 제 책들이랑, 사례집이 있으니까 원하신다면 제가… 그리고 틱 장애에 대한 자료도 제가 이메일로 보내 드릴게요. (사례 B, 1회기)

(4) 상담 목표의 명확화 (부부 중심의 상담)

치료자: 제가 볼 때는 틱의 변화라는 것이 엄마 아빠의 변화를 애가 느끼게 되면 호전될 수 있다는 것이죠. (사례 A, 8회기)

치료자: (자녀가) 엄마 아빠가 내 문제 때문에 다투시는구나 하고 생각하여 스트레스 받

고… 그게 다시 (자녀의) 틱으로 연결되는 거죠. 저는 그래서 아이보다 부부관계를 더 다룹니다. (사례 B, 4회기)

#### (5) 상황 재연을 통해 대응방식을 인식시킴

치료자: 사건… 그러니까 부닥쳤을 때 사건을 예를 들어 주세요. 그때 어머니는 어떻게 표현하고 아버지는 어떻게 표현하고 아드님은 어떻게 했는지를 제 앞에서 한번 그대로 해 보세요. 그러면 관계가 실제적으로 어땠는지를 더 잘 알 수 있을 거예요. (사례 B, 2회기)

### 3) 가족의 재구조화 시도

#### (1) 부부하위체계의 강화

치료자: 지금 딱 걸리는 게 아이한테 주는 메시지가 할머니와 아빠하고 다르게 들어오는데 어떤 것을 들어야 하는지 애는 헷갈려할 거고 필요에 따라서는 아빠를 내 편으로 불러들이고 하는 플레이를 하지 않을까 싶어요. 어머니하고 며느리가 합세할 게 아니라 어머니와 분리하고 부부가 합쳐져야 하는 거죠. (사례 B, 2회기)

치료자: 누나들이 섭섭해하더라도 부부가 서로 시댁 문제 땜에 불편하시면서 그건 아니라는 거죠. 목사님께서 어찌되었던 총대를 매주시고 사모님은 뒤로 빠지시고… 그렇게 부부가 함께 상의해서 시댁문제를 해결하셔야지… 부부가 서로 합의를 보고 합쳐지면 스트레스를 덜 받아요. (사례 C, 6회기)

#### (2) 자녀양육의 일관성 강조

치료자: 지금 중요한 것은 아이를 양육하는 방식에 있어서 지금 절충이 안 되고 있다는 겁니다. 그 가운데 애는 또 스트레스를 받지요. (사례 B, 6회기)

## 4. 가족치료 후 가족의 변화

가족치료 후 가족의 변화에 대해서 〈표 14-6〉과 같이 9개의 하위범주와 4개의 상위범주가 도출되었다.

〈표 14-6〉 ■ 개념추출과 범주화

| 개념 | 하위범주 | | 상위범주 |
|---|---|---|---|
| 무반응을 하는 방식에서 상대의 감정을 공감해 주고 수용해 줌 | 반영적 경청 | '무반응'에서 '공감하기'로 | 의사소통 방식의 변화 |
| 속마음을 터놓고 교류함, 감정을 솔직하게 표현함 | 감정의 교류 | | |
| 일방적으로 자신의 생각을 전달하는 방식에서 탈피하여 서로 주거니 받거니 하는 대화가 가능해짐 | '일방적' 대화에서 '상호교환적' 대화로 | | |
| 시댁 문제로 인해 아내가 받는 스트레스를 소거하고 남편이 총대를 메고 해결하고자 함 | 시댁과의 문제에서 아내를 분리시킴 | | 원가족과의 분화 |
| 부모와 물리적, 경제적 분리가 필요함을 인식하고 이를 시도하려고 함 | 부모와의 분리를 시도함 | | |
| 양육자들 간 의견조율이 되지 않아 혼란스러운 메시지를 주었던 방식에서 일관성 있는 양육태도로 변화함 | '이중 메시지'에서 '일관적인 메시지'로 | | 자녀양육 방식의 변화 |
| 아빠가 자녀양육에 시간을 투자함 | '바쁜 아빠'에서 '놀아 주는' 아빠로 | | |
| 자녀에게 따스하고 수용적인 양육태도를 보임 | '공격적인 부모'에서 '따스하고 수용적인 부모'로 | | |
| 통제와 간섭하는 양육태도가 소거됨 | '통제'와 '간섭'으로부터의 탈피 | | |
| 혼자 자기를 두려워하고 엄마와 떨어지지 않으려 하는 행동이 소거됨 | 분리불안이 소거됨 | | 자녀의 문제행동 소거 |
| 자녀의 틱 증상이 완화됨 | 틱 증상이 완화됨 | | |

## 1) 의사소통방식의 변화

### (1) '무반응'에서 '공감하기'로: 반영적 경청, 감정의 교류

치료자: 이 이야기를 하면 엄마가 화를 내지 않을까 짜증내지 않을까 그런 거 없어?

자녀: 네. 요즘 많이 없어요.

엄마: 아이가 무슨 말을 하면 제가 구체적으로 묻고 속상했겠다고 이야기하고 그냥 들어만 줬어요. 예전 같았으면 이래라 저래라 했을 텐데 그냥 들어 주었죠. (사례 C, 8회기)

아빠: 전엔 사람들을 대할 땐 메말랐다는 느낌을 받았는데 감정이 좀 들어가고 동화한다는 느낌이 들었어요. (사례 C, 8회기)

### (2) '일방적' 대화에서 '상호교환적' 대화로

아빠: 제가 볼 때는 ○○이 엄마가 확실히 달라졌더라구요. 이야기 좀 해야 되겠다고 하길래… 예전 같으면 서로 부딪히고 하는 것이 항상 진행되는 패턴이었는데 이번에는 안 그랬죠. 아내는 '당신의 이런 점이 싫다.' 이런 이야기를 하고 저는 답변을 했어요. 그

리고 한 단계 더 나아가서 저도 제 의견을 이야기했는데 그때 ○○이 엄마가 제 이야기를 가만히 듣더라구요. (사례 A, 8회기)

### 2) 원가족과의 분화

#### (1) 시댁과의 문제에서 아내를 분리시킴

엄마: 요즘은 (남편이) 시댁에 대한 부담을 주지 않는다는 느낌을 받았어요. 원래 일일이 무슨 일이 생기면 제가 다 가야 하는데 그날은 두말 하지 않고 자기가(남편) 가겠다고 하더라구요. (사례 C, 8회기)

#### (2) 부모와의 분리를 시도함

아빠: 교수님께서 분가를 말씀하셨잖아요. 그게 충분히 맞다고 생각해요. 일단 그게 선행이 되어야 할 것 같아요. 어떻게든 분가를 하는 것에 지금 고민하고 있어요. (사례 B, 8회기)

### 3) 자녀양육방식의 변화

#### (1) '이중 메시지'에서 '일관적인 메시지'로

엄마: 일단 어머님이 애들에 관한 부분은 저에게 완전히 일임을 하셨어요.

치료자: 일임을 하셨어요?

엄마: 네.

치료자: 이제 간섭을 안 하시나요?

엄마: 거의 간섭을 안 하세요. (사례 B, 7회기)

#### (2) '바쁜 아빠'에서 '놀아 주는 아빠'로

아빠: ○○이 엄마가 제가 오면 애가 바뀐다는 거예요. 애가 밝아진다는 거예요. 그래서 제가 출장 갔다 와서 2주 정도 재택 근무하면서 많이 놀아 줬어요. 제가 봤을 때는 심리적으로 안정되는 것 같고 짜증내는 것도 훨씬 줄었어요. (사례 A, 7회기)

#### (3) '공격적인 부모'에서 '따스하고 수용적인 부모'로

엄마: 제가 남편과 사이가 좋은 관계가 아니었기 때문에 애한테도 부드럽게 말이 안 나오고 짜증을 부렸거든요. 그런데 지금은 저의 행동과 언어가 아이에게 많은 영향을 미친다

는 사실을 알게 되었고 그 때문에 부드럽게 하려고 노력해요. (사례 A, 3회기)

아빠: (아이가) 어제는 자다가 울더라구요. 무슨 안 좋은 생각이 났다구요. 그래서 제가 토닥토닥해 줬더니 놀라면서 집사람이 '당신 달라졌네' 하더라구요. (사례 A, 8회기)

#### (4) '통제'와 '간섭'으로부터의 탈피

치료자: 요즘은 (할머니가) 잔소리 안 하시니?

자녀: 네. 요즘에는 별로 잔소리 많이 안 하셔요.

치료자: 그럼 이젠 편안함을 느끼니?

자녀: 네. (사례 B, 7회기)

### 4) 자녀의 문제행동 소거

#### (1) 분리 불안이 소거됨

엄마: 평상시에는 (애가) 저랑 같이 나가야지 혼자는 못 나가거든요. 근데 요즘은 혼자 친구들 집 골목으로 가서 친구들 이름을 불러보고 들어오더라구요. (사례 A, 6회기)

#### (2) 틱 증상이 완화됨

치료자: 너 틱은 좀 어떠냐?

자녀: 좀 나아진 거 같아요.

치료자: 어떻게 나아진 거 같니?

자녀: 이게 뭐… 입에서도 있구요… 목에서 이렇게 음음 하는 것도 많이 나아졌구요.

치료자: 아저씨가 보니까 지난번에 와서 너 계속 이거 뜯었거든? 이건 없어진 거 같구… 그거 느끼니?

자녀: 네. (사례 B, 7회기)

아빠: 틱 현상이 없다가 10일 전부터 다시 생긴 것 같더라구요. 근데 그것도 그저께까지는 있었는데 어제는 또 없어졌어요. 정서적으로나 모든 것이 좋아요. (사례 A, 9회기)

치료자: ○○아, 너 눈 깜빡하는 거 요즘 어떠니?

자녀: 모르겠는데요.

치료자: 모르겠어?

아빠: 거의 없어졌다고 봐야 할 거 같아요.

엄마: 약간 긴장했을 때 나오기는 하는데 남들이 알아채거나 지가 그걸로 불편해하는 것은

없는 거 같아요. (사례 C, 8회기)

# Ⅵ. 결론 및 제언

## 1. 연구결과의 요약

본 연구에서는 자녀의 틱 증상 완화를 위해 가족치료에 의뢰된 세 가족의 사례를 중심으로 틱 장애 아동이 가지고 있는 가족에 대한 인식, 아동의 틱 장애에 영향을 미친 요인, 틱 장애 증상 완화에 기여한 치료자의 개입방법 그리고 가족치료 후 가족의 변화 모습에 초점을 두고 분석하였다.

연구결과 틱 장애 아동이 가지고 있는 가족에 대한 인식으로는 '자녀양육에 동참하지 않는 아빠' '바람직한 못한 부모의 양육태도' '가족 간 잦은 갈등과 다툼' '감정의 교류가 힘든 가족구성원들'로 나타났다. 특히 세 사례 모두에게서 도출된 것은 '가족과의 감정교류가 어려움'이었는데 사례에서 본 틱 장애 아동들은 대체로 감정을 혼자서 삭이는 과정 속에서 감정이 억압되어 내적 갈등이 심화되는 모습을 볼 수 있었다. 이는 틱이라는 증상을 유발시키는 원인이 심리, 환경적 요인에 의해 많이 발생되며 특히 가족구성원들과의 관계에서 오는 어려움으로 인해 발생되는 경우가 많음을 밝히는 기존의 선행연구결과들과 일치한다(이근매, 2002; 이민식, 오경자, 2000; 이주리, 1995).

아동의 틱 장애에 영향을 미친 요인으로는 '가족 간 잦은 다툼(혹은 갈등)으로 인한 불안감 조성' '가족들의 역기능적 의사소통방식' '부부의 원가족 경험'이 나타났다. 이 세 가지 요인은 시간적 연계성을 가지고 있는데 가족들의 역기능적 의사소통방식은 과거의 부모가 경험한 원가족 배경으로 인한 것이며 동시에 현재의 잦은 다툼과 갈등의 원인으로 이어지고 있음을 알 수 있다. 또한 현재 나타나고 있는 가족 간의 역기능적 의사소통방식은 과거 경험한 부모의 의사소통방식을 상당 부분 전수받은 결과임을 알 수 있었다(예시: 과거 '대화 대상자 부재'의 경험이 현재 '솔직한 감정의 교류가 어려움'으로 이어지고 있음 / 과거 '부모의 비이성적이며 감정적인 의사소통방식'의 경험이 현재 자기 자녀에게 '참다가 한꺼번에 폭발하기 식의 의사소통방식'으로 전수되고 있음).

틱 장애 증상 완화에 기여한 치료자의 개입방법으로는 '치료적 동맹관계 형성' '내담자의 통찰 돕기' '가족의 재구조화 시도'가 나타났다. 도출된 3개의 상위범주와 본 연구 사례에 적용된 치료 모델 간의 관계를 설명함으로써 각각의 치료기법이 사용된 부분과 이에 따른 치료적 효과성을 명시해 보기로 하겠다. 먼저 '내담자의 통찰 돕기'는 크게 2가지로 나누어지는데 하나는 현재 가족 간에 반복되고 있는 역기능적 상호작용 패턴에 대한 조명이고 또 하나는 세대 간에 전수되고 있는 역기능적 상호작용 패턴에 대한 조명이다. 즉, 현재 가족 간의 상호작용에 대한 인식은 MRI의 의사소통 이론을 적용한 것에 대한 효과성을 보여 주는 범주이고 세대 간에 전수된 상호작용에 대한 인식은 Bowen의 가족체계 이론을 적용한 것에 대한 효과성을 보여 주는 범주다. '가족의 재구조화 시도'는 Minuchin의 구조적 가족치료 이론을 적용한 것으로서 가족치료자는 자녀의 틱 증상을 다루기 위한 제1의 목표로 부부 중심의 상담을 통해 부부관계 개선에 많은 비중을 두었기 때문에 부모의 원가족과 분리하는 재구조화 작업을 통해 부부하위체계가 강화되는 효과를 가져올 수 있었다.

마지막으로 가족치료 후 가족의 변화 모습으로서 '의사소통방식의 변화' '원가족과의 분화' '자녀양육방식의 변화' '자녀의 문제행동 소거'의 요인들이 도출되었다. 이 요인들은 서로 간에 밀접한 연관성이 있는데 의사소통방식의 변화와 경계선의 명확화를 통해 관계가 개선된 부부는 안정감을 찾게 됨으로써 자녀양육방식에 긍정적인 변화를 가져오게 되었고 이를 통해 부모-자녀관계 역시 안정감을 찾게 되었다. 부부관계와 부모-자녀관계가 개선됨으로 인해 가족 간에 발생되어 왔던 잦은 다툼과 갈등이 소거되면서 가정의 분위기 역시 안정감 있게 변화하였고 이러한 변화들은 궁극적으로 자녀의 문제행동인 틱 증상을 감소 또는 소거시킬 수 있게 되었다. 이는 가정의 전반적인 정서적 분위기를 제공하는 사람이 부모이기 때문에 부모의 역할은 매우 중요하고 부부 사이의 갈등이 있을 경우 자녀의 문제행동에 대한 가능성 역시 높을 것이라는 연구결과들과 일치한다(이근매, 2002; 이민식, 오경자, 2000; 조희정, 공마리아, 2005).

## 2. 연구의 함의 및 제한점

본 연구가 갖는 의의는 다음과 같다. 첫째, 가족들이 반복적으로 사용하고 있는 역기능적 의사소통방식이나 바람직하지 못한 자녀양육방식은 부모의 원가족 경험으로부터 전수되어 왔으며 이러한 방식은 자녀에게 내적 긴장감을 높여 틱 장애를 유발시킨 원인이라는 것을 확인함으로써 MRI 모델과 Murray Bowen의 가족체계 이론, Minuchin의 구조적 가족치료 이론이 틱 장애 아동의 가족에게도 효과적임을 입증하였다는 데 있다. 둘째, 가족치료자가 효과적인 상담을 위해 사용하였던 개입방법에 대한 분석 결과는 향후 유사 사례를 진행할 가족치료자들에게 실천적인 시사점을 줄 수 있다. 우선 '가족치료자의 권위와 power의 활용 및 자기노출'은 내담자로 하여금 변화를 시도하기 위한 결단력을 갖게 하는 원동력으로 작용함으로써 상담의 빠른 진전과 효과로 이어질 수 있었고 '틱 장애 아동의 억압된 감정 표출 유도'는 틱 장애 아동들 대부분이 억압된 내적 스트레스를 분출하지 못하고 있다는 특성이 있음을 감안할 때 매우 유용한 개입방법 중 하나임을 알 수 있었다. '내담자의 죄책감을 다루는 것'은 내담자를 '가해자'로 보고 죄의식을 갖게 하는 대신 지금까지 시도해 온 방식이 잘못되었음을 객관적으로 인식시키고 새로운 방식의 적용을 돕는 개입방법이며 동시에 내담자의 저항을 최소화할 수 있는 방법이었음을 확인하였다. 이러한 개입방법들을 통해 가족치료자는 많은 저항을 가져올 수 있는 밀착된 가족 간의 경계를 명확히 하는 분리작업을 효과적으로 그리고 빠르게 진전시킬 수 있었다. 셋째, 가족치료자는 자녀의 틱 증상 원인이 부부갈등에 있다고 보고 상담의 주요 대상자와 치료 목표는 '부부'라는 것을 내담자가 통찰할 수 있도록 도왔으며 부부관계의 변화가 자녀의 틱 증상을 소거시킬 수 있음을 일관성 있게 전달하였다는 것에 주목할 필요가 있다. 현실적으로 자녀의 틱이 주 호소문제인 경우 부모들은 가족치료자가 자녀를 먼저 만나 집중적으로 치료해 주기를 원할 수 있다. 혹은 부모들은 부부관계의 변화가 자녀의 틱 증상 완화에 필요한 가장 우선시되는 목표라는 것에 연관성을 갖지 못하여 동의하지 않을 수도 있다. 이때 가족치료자가 가족치료적 시각과 접근에 대한 확고한 신념 아래 분명한 상담의 목표를 일관성 있게 진행해 나간다는 것은 말처럼 쉽지 않다. 그러나 본 사례에서 가족치료자는 매우 확고하고 일관성 있게 자녀의 틱 증상을 다룸에 있어 부부 중심의 상담을 통해 부부관계 개선에 가장 큰 비중을 두고 상담을 진행해 나가는 것을 볼 수 있다. 이는 어떤 상담에서나 목표를 명확히 할 때 상담의 진전이 빠르며 모든 가족들이 효과적이고 바람직한 변화가 무엇인지에 대한 명확한 이해를 도울 수 있다(김유숙, 2002)는 사실을 뒷받침해 주고 있다.

본 연구는 틱 장애 아동의 가족을 MRI의 의사소통 이론과 Bowen의 가족체계 이론을 중점적으로 사용하여 접근한 사례로서 아동의 틱 증상에 대한 효과적인 개입방법을 소개할 수 있는 유용한 자료가 될 수 있을 것이다. 다만, 본 연구의 결과를 모든 틱 장애 아동의 가족에게 다 적용할 수 있다고 일반화시키기에는 제한점이 있을 수 있으며 또한 본 연구에서 분석된 3개의 사례는 상담의 시기가 2001년 사례부터 2009년 사례까지 약 8년이라는 시간적 차이가 있음에도 불구하고 자료 통합을 시도한 것에 대한 한계점이 존재한다. 그러므로 앞으로 유사 사례에 관련한 가족치료적 임상개입의 연구들이 꾸준히 이루어져 본 연구결과를 일반화시키거나 수정하는 과정이 뒤따라야 할 것이다.

## : 참고문헌

공마리아(1995). 난화상호이야기법을 통한 미술치료가 아동의 부적응 행동에 미치는 효과. 미술치료연구, 2(1), 111-142.

김영희(2004). 일반아동과 틱 장애 아동의 가족지각 비교: 가족 동적화를 통한 비교. 놀이치료연구, 11(7), 1-12.

김유숙(1998). 가족치료: 이론과 고찰. 서울: 학지사.

김유숙(2002). 가족상담. 서울: 학지사.

김자성, 홍강의(1993). 뚜렛 및 만성 틱아동의 출생 순위에 따른 특성 비교. 소아청소년 정신의학, 4(1), 124-131.

김혜숙(2008). 가족치료 이론과 기법(제2판). 서울: 학지사.

박태영(2001). 가족치료 이론의 적용과 실천. 서울: 학지사.

박태영(2002a). 가족생활주기와 가족치료. 서울: 학지사.

박태영(2002b). 틱 장애 아동을 둔 부모에 대한 MRI의 상호작용적 가족치료 모델과 구조적 가족치료 모델의 적용. 한국사회복지학회 춘계학술대회 발표자료, 471-496.

박태영(2009). 마리화나 피는 아들에 대한 가족치료 사례연구. 한국가족치료학회지, 17(1), 57-96.

오은영, 이명수, 이정은(2000). 만성 틱 장애와 뚜렛 증후군 아동과 청소년에 있어서의 리스 페리돈 치료 효과 및 안정성에 관한 연구. 임상개방연구: 생물치료 정신의학, 6(2), 172-177.

이근매(2002). 모-자 가족 미술치료가 Tic 장애 아동의 문제행동 및 정서에 미치는 효과. 예술치료연구, 9(2), 111-138.

이근후, 김임(1973). Gilles de la Touletter 씨증후군의 정신역동적 고찰. 신경정신의학, 12, 214-220.

이민식, 오경자(2000). 부부갈등이 아동의 내면화 및 외현화 문제에 미치는 영향: 아동의 지각된 부부갈등과 양육태도의 매개효과. 한국심리학회지: 임상, 19(4), 727-745.

이병권(2001). 음악치료를 통한 틱 장애 아동의 반응연구. 한세대학교 대학원 석사학위논문.

이주리(1995). Tic 장애 아동과 정상 아동의 어머니 양육태도의 비교 연구. 대한가정학회지, 33(5), 177-186.

이현경(2010). 임상장면에서의 가족상담과 치료. 서울: 양서원.

이혜련, 민성길(1989). 뚜렛 장애 환자의 가족력에 관한 연구. 신경정신의학, 28(5), 849- 857.

장순아(2000). 뚜렛 장애 환자에서 틱증상 및 강박증상과 혈장 homovanillic acid 농도 5-hydroxyindoleacetic acid 농도와의 상관관계. 연세대학교 대학원 박사학위논문.

정유숙(2001). 연구균 감염에 의한 면역 반응 정도가 틱 증상에 미치는 영향 및 치료효과 비교. 아주대학교 대학원 박사학위논문.

조수철(2005). 틱 장애. 서울: 서울대학교출판부.

조희정, 공마리아(2005). 난화상호이야기법을 활용한 부모 갈등으로 인한 틱 장애 아동의 치료 사례. 놀이치료연구, 9(2), 31-45.

American Psychiatric Association (1994). DSM-IV (Diagnostic and statistical manual of mental disorders).

Creswell, J. W. (2005). 질적 연구방법론: 다섯 가지 전통(2판)(조홍식, 정선욱, 김진숙, 권진성 역). 서울: 학지사.

Cummings, E. M., Zahn-Waxler, C., & Radlke-Yarrow, M. (1981). Young children's responses to expressions of anger and affection by others in the family. *Child Development, 52,* 1274- 1282.

Glesne, C. (1998). *Becoming qualitative researchers: An introduction.* NY: Longman.

Goldenberg, I., & Goldenberg, H. (2001). *Family therapy: An overview.* Pacific Group, CA: Brooks/Cole.

Kaplan, H. I., & Sadock, B. J. (1999). *Synopsis of psychiatry: Behavioral Science Clinical Psychiatry.* Baltimore: Williams & Wilkins.

Miles, M. B., & Huberman, A. M. (1994). *Qualitative Data Analysis.* Thousand Oaks, CA: Sage Publication.

Strauss, A., & Corbin, J. (2001). *Basics of qualitative research: Techniques and procedures for development grounded theory.* Thousand Oaks, CA: Sage.

Watzlawick, P., Weakland, J., & Fisch, R. (1974). *Change: Principles of problem formation and problem resolution.* New York: Norton.

Weakland, J. H. (1993). Conversation-but what kind?. In S. Gilligan & R. Price (Eds.), *Therapeutic conversation.* New York: Norton.

# 고부갈등을 겪고 있는 부부들을 위한 가족치료 사례연구: 남편들의 자아분화를 중심으로*

박태영 · 박진영 · 하태선

본 연구는 고부갈등을 겪고 있는 부부들을 위한 가족치료 사례연구로서 남편의 자아분화를 중점적으로 개입하여 치료가 진행되었다. 본 연구에 활용된 사례는 총 2가족으로 고부갈등으로 인하여 상담이 의뢰되었으며 MRI 모델과 Murray Bowen의 가족체계 이론을 적용하여 가족치료가 진행되었다. 본 연구는 근거 이론을 활용하여 분석하였으며 고부갈등에 대처하는 남편들의 태도 유형과 남편들이 경험하는 자아분화 단계, 자아분화 과정 속에서 겪는 남편들의 어려움과 그에 따른 가족치료자의 개입방법을 밝히고자 하였다. 또한 Miles와 Huberman(1994)이 제시한 네트워크와 매트릭스를 활용하여 분석에서 발견된 개념들을 도식화하였다. 분석 결과, 고부갈등에 대처하는 남편들의 태도 유형으로 '내 가족 편들기' '전통적인 효 사상 고집하기' '아내 공격하기'가 나타났다. 가족치료를 통하여 남편들은 자아분화를 시도하였는데 변화 단계는 '분화에 대한 전인식' '분화에 대한 인식' '분화에 대한 저항' '분화 시도'의 과정으로 나타났고 그 과정 속에서 발생되는 남편들의 어려움에 대해 가족치료자는 '분화에 대한 내담자 통찰 돕기' '새로운 의사소통방식 지도' '치료적 동맹 관계 형성'의 형태로 개입하였다.

* 제15장은 한국가족치료학회지(2011) 제19권 1호, 23-51페이지에 게재된 논문을 일부 수정한 것임.

# I. 서론

전통적으로 한국 가정은 가부장을 중심으로 모든 권위가 집중되는 가부장제 형태를 취해 왔으나(이동원, 김현주, 최선희, 함인희, 김선영, 2002), 점차적으로 산업화와 도시화로 인한 일련의 변화들로 인해 가족에 대한 가치관도 변화하면서 가부장적 가족구조가 부부 중심의 가족구조로 바뀌기 시작했다(최샛별, 이명진, 김재온, 2003). 그런데 우리 사회는 가부장적인 가족구조가 부부 중심의 핵가족 구조로 변하고 있고 효 사상도 교환가치로 전환되어 가는 현상이 있는 것과 동시에 전통적인 유교적 효 사상과 가부장적인 사고방식이 여전히 남아 있는 과도기적인 단계에 있다(정희순, 2006). 이러한 괴리 현상은 고부관계를 바라보는 남편들의 입장에서도 괴리 현상을 불러일으킬 수 있는데 한편으로는 가부장적 사고방식과 효 사상, 다른 한편으로는 부부 중심의 핵가족 이데올로기가 혼재하는 가운데 생활하게 되었고(박소영, 2008), 이러한 상황은 남편들이 고부관계에서 자신의 역할이 무엇인지 올바르게 정립하고 수행하는 데 있어 많은 혼란과 어려움을 겪게 하는 원인이라고 여겨진다.

고부관계는 단순히 시어머니와 며느리 두 사람의 관계가 아니라 남편까지 포함한 세 사람의 관계이기 때문에 남편이 고부관계에서 차지하는 비중은 크다. 박소영(2005)은 며느리들이 남편의 역할을 고부관계에서 가장 중요한 요인으로 인식하고 있다고 하였으며, 성명옥과 이혜자(2002)도 고부관계에서 아들의 역할이 중요하다고 하였다. Chung(1992) 또한 며느리의 결혼만족도에 가장 큰 영향을 끼치는 요인은 고부갈등 상황에서 남편이 하는 역할이라고 밝혔다. 그러나 실제적으로 이렇게 중요한 역할을 수행해야 하는 남편들이 과연 기능적으로 역할을 잘 수행하고 있는가에 관해서는 많은 논란이 있다. 배선희와 김순옥(2001)이 장남 역할을 하는 남성들을 중심으로 기혼남성의 고부관계 인식과 역할 수행을 조사한 연구결과 기혼 남성들은 고부갈등에서 자신들이 방관자의 역할을 수행한다고 밝혔는데 이는 '아내를 지지하거나 중재하여 문제를 해결하려고 최선을 다했지만 관계개선은 되지 않고 오히려 관계가 나빠졌기 때문'이라고 하였다. 또한 시어머니를 대상으로 한 연구 중 Limary(2002)는 시어머니들은 아들의 중재자 역할이 오히려 고부관계에 부정적인 기능을 했다고 인식했으며 성명옥과 이혜자(2002)의 연구에서도 70%가 넘는 시어머니들이 아들의 역할이 고부갈등을 해소시키지 못한다고 인식하고 있었으며 오히려 아들의 역할이 고부갈등을 악화시킨다고 인식하고 있는 시어머니도 6.7% 정도나 되었다. 이렇듯 가부장적 사고방식과 효 사상 대 핵가족 이데올로기 사이에서 자신들의 역할을 제대로 정립하지 못한 남편들은 고부관계를 개선시키는 것에 있어서 기능적인 역할을 수행하지 못하는 경우가 많음을 알 수 있다.

또한 남성 중심의 가부장적 사고방식은 결혼한 남성으로 하여금 자신의 어머니와 심리적으로 분리하는 것에 어려움을 겪는 미분화 현상에 많은 영향을 미칠 수 있는데 그 이유는 가부장적 가치관이 강한 가족 문화일수록 수직적인 부부관계가 형성되기 쉽고 평등하지 못한 부부관계로부터 오는 긴장감을 밀착된 모자관계를 통해 해소하려고 하기 때문이다(김영애, 2000; 남세진, 1991; 이광규, 1981). 즉, 오랫동안 유지해 온 밀착된 모자관계는 남성이 결혼한 후에도 지속되어 아내와의 관계 형성에 어려움을 발생시키고 이러한 부부간의 갈등은 고부갈등으로 이어질 수 있기 때문에 남편의 미분화는 고부갈등의 중요한 요인이 될 수 있다.

따라서 본 연구는 갈등적인 고부관계를 바라보는 남편들이 자신의 어머니와 아내 사이에서 혼란과 어려움을 겪는 두 사례를 중심으로 고부갈등에 대처하는 남편들의 태도는 어떠한가에 대한 내용을 분석하고 가족치료를 통하여 남편들이 분화의 필요성을 어떻게 인식하고 받아들이며 분화를 어떻게 시도하는가에 대한 변화과정 내용을 살펴보고자 한다. 또한 분화를 시도하는 과정에서 겪는 남편들의 어려움에 대해 가족치료자가 어떻게 효과적으로 개입하고 있는가를 분석하고자 한다. 이러한 사례연구가 갖는 의의는 첫째, 고부관계 개선을 위해서는 고부갈등을 바라보는 남편들의 관점과 자아분화 정도가 중요한 요소가 될 수 있는데 고부갈등에 대한 남편들의 태도유형과 분화를 시도하는 남편들의 경험과 어려움에 대한 분석은 유사한 상황에 놓인 내담자들을 돕는 유용한 자료가 될 수 있다. 특히 남성의 관점에서 고부관계를 연구할 필요성에 대한 제안은 많이 되어 왔지만(김밀양, 2004; 고정자, 김갑숙, 1993) 정작 고부관계에서 남성의 관점과 경험에 대해 살펴본 선행연구가 부족하다는 실정을 감안해 볼 때 본 연구의 결과는 유사한 가족 문제를 가진 남편들에 대한 이해의 폭을 넓혀 주어 남편들을 위한 상담과 교육 프로그램의 기초 자료를 제공해 줄 수 있을 것이다. 둘째, 남편들의 자아분화는 결코 쉽지 않은 과정을 필요로 하는데 이러한 과정에서 가족치료자 자신이 중요한 치료적 도구가 되어야 내담자의 저항을 효과적으로 처리할 수 있기 때문에 가족치료자의 개입방법을 구체적으로 분석하여 범주화한 결과는 유사한 사례를 다루는 많은 실천가들에게 구체적이고 실제적인 치료방법과 접근방법을 제시해줄 수 있을 것으로 기대된다.

## Ⅱ. 선행연구 고찰

1960년대부터 현재까지 사회사업실천의 관심은 개인의 정신내적 현상에서 여러 체계들 간의 상호작용으로, 의료적 모델에서 상황 속의 개인(Person-In-Environment: PIE)이라는 개념틀로 바뀌어가면서 가족에 대한 연구도 체계론적 관점에 기반하여 진행되기 시작했다(남세진, 1991). 체계론적 관점에서 가족이란 가족원 개개인이 뭉쳐진 사회의 가장 기본적인 체계이며 일반적으로 가족체계를 구성하는 하위체계에는 부부관계, 부모-자녀관계, 형제자매관계로 형성되어 있고 이러한 모든 관계들은 다른 가족관계에 영향을 미친다고 주장한다. 그런데 한국의 경우 조금 더 특별한 상황적 특성이 가미되는데 한국 문화는 위에서 언급한 세 가지의 하위체계 외에도 친척 및 인척관계 역시 중시하는 문화이며 특히 고부관계가 가족관계에 미치는 영향력은 매우 크다고 할 수 있다(배선희, 1997; 송현애, 이정덕, 1995).

지금까지 고부관계에서의 갈등은 체계적이고 구조적인 관점에서 다루어지기보다 성숙하지 못한 여성들 간의 힘겨루기 정도로 이해되어 온 경향이 있다(김영애, 2000; 이규태, 1992). 그러나 고부갈등은 가족을 중요시하는 한국인의 가치관에 따라 가족을 하나의 체계로 또는 구성원 간의 관계성의 집합체로 이해하는 가족체계론적 관점에서 살펴보아야 하며(김영애, 2000). 동시에 한국가족이 가지고 있는 전통적 특성에 준하여 고부갈등의 양상을 바라보는 것도 필요하다.

먼저 한국가족은 부계가족 제도라는 구조적 특성을 가지고 있다(이동원 외, 2002). 사실 친족 간의 갈등은 결혼제도가 있는 사회라면 어디에서나 존재할 가능성이 있기 때문에 굳이 고부갈등이 한국에서만 존재한다고 주장하기는 어렵다(김영애, 2000). 그럼에도 불구하고 한국 여성들은 한(恨)을 품고 있고[1] 그 한의 주요 원인 중 하나가 고부갈등이라는 통계자료의 결과(이규태, 1992; 한국여성정책연구원, 2005)는 이제 더 이상 우리에게 낯설지 않은 사실이다. 한국에서 가족 갈등 중 하나로 고부갈등이 주요한 부분을 차지하는 이유는 가족에게 영향을 끼치는 가치관이나 가족구조 및 사회구조가 부계가족 제도에 뿌리를 내린 남성 중심의 사회이기 때문이다. 즉, 남녀 차별적인 가치관이 뿌리 깊게 박혀 있어 한국 가족문화에서 여성이 차지하는 위치는 '아래 계급'으로 취급되어 삶의 존재적 가치를 상실하게 됨으로써(Kim, 1991) 장자를 통한 가계 계승과 효 사상은 더욱 강조되고 남성 중심의 부계가족 제도는 더 이상 여성들의 힘만으로는 변할 수 없는 제도가 되어 버렸으며 그 안에서 장자를 둘러싼 여성들의 힘겨루기가 빈번하게 일어나 오히려 여성들에 의해 부계가족 제도는 더욱 견고하게 유지되어 온 측면이 있다(김영애, 2000).

한국의 부계가족 제도는 남성들의 가치관에도 많은 영향을 주었는데 고부갈등에 대한 남성들의 태도는 주로 아내의 입장을 배려하지 않고 무조건 시댁 편을 들거나 혹은 아내에게 무조건 참으라는 입장을 취하며 아내가 이에 순응하지 않을 때는 잘못의 원인을 아내에게

1) DSM-IV(1994년도 개정판)에서는 한국 여성들의 화병을 하나의 문화적 정신장애 증상으로 범주화하고 있다.

돌리고 급기야는 아내와 극심한 갈등을 겪는 경우가 흔히 발생한다(박소영, 2008; 배선희, 김순옥, 2001; 성명옥, 이혜자, 2002). 이와 같은 남성들의 태도는 남자는 원가족과 분리될 필요가 없을 뿐만 아니라 오히려 효도라는 덕목으로 자신의 부모에게 무조건적인 충성을 바쳐야 한다는 효 사상을 잘못 해석한 결과라고 할 수 있는데 이러한 인식은 한국의 남성 중심적인 부계가족 제도에 의하여 오랜 기간 동안 합리화된 결과라고 할 수 있다(이기백, 1989; 이광규, 1975). 고부관계에서 남성의 경험에 관한 질적 연구를 한 박소영(2008)은 남성의 역할 수행 유형을 6가지로 분류하였는데 이 중 '어머니 편들기: 마마보이 유형'과 '방관하기: 모르쇠 유형'은 부부 중심 체계로 생활이 유지되는 현 시대를 고려할 때 지양되거나 수정되어야 하는 태도 유형이라고 주장하였으며 그 역시 이러한 태도를 정착시키는 것에 영향을 미친 이데올로기는 가부장제와 잘못 인식된 효 사상일 수 있다고 하였다.

또한 가족체계론적 관점에서는 가족도 하나의 체계이기 때문에 발달단계를 갖는다고 주장하면서 고부갈등은 시어머니-아들 간의 심리적 분리가 이루어지지 않아 가족이 이루어야 할 발달단계에서의 과업을 달성하지 못했기 때문에 발생한다고 본다(김영애, 2000). 그런데 특히 한국 가족문화에서 이러한 미분화 현상은 앞서 언급한 부계가족 제도와 밀접한 관련성을 가진다. 즉, 남성 중심의 가부장제 가족의 특색으로 수직적인 인간관계 지향과 밀착된 모자관계를 들 수 있는데(남세진, 1991) 수직적인 인간관계의 영향으로 아내는 대개 남편과 심리적으로 위축되어 긴장상태에 놓인 채 기능적이지 못한 부부관계를 형성하게 되며 긴장된 부부관계에 대한 스트레스로 인해 아내가 취하는 방식은 자식, 특히 아들과 삼각관계를 이루어 긴장을 해결하고자 하기 때문이다(김영애, 2000; 이광규, 1981). 이와 같이 가부장적 가치관이 강한 가족일수록 분화정도가 낮게 되고 분화정도가 낮은 가족에서 성장한 자녀는 결혼을 하여도 부모 특히 어머니에게 의존적인 태도를 취할 가능성이 높아지기 때문에 한국의 부계가족 제도는 모자간의 특별한 관계를 형성케 한다(이광규, 1981; 최재율, 1983). 따라서 고부갈등을 가족체계 안에서 이해하고 다루기 위해서는 우선적으로 시어머니와 아들의 밀착관계, 특히 남편의 자아분화에 초점을 맞추어야 한다.

마지막으로 한국 가족이 추구하는 독특한 가치관에 관해 언급하자면 한국 가족은 서구의 가치인 자아독립이나 개체성과는 다르게 관계성을 추구하는 경향이 있다(김영애, 2000). 그러나 이러한 관계성 추구는 자칫 잘못하면 감정적 밀착으로 인한 삼각화를 형성할 수 있으며(Bowen, 1966) 지나치게 밀착된 경계선으로 인한 감정적 용해 상태(Minuchin, 1975)와 혼돈되어 받아들여질 수 있다. 건강한 관계성의 추구는 상호의존과 독립이 유연하게 이루어지는 관계임에도 불구하고(김혜숙, 2008) 한국 가족이 추구하는 관계성에 대한 가치관으로 인해 효 사상은 부모에 대한 무조건적인 복종으로, 자아분화는 가족응집력에 대한 무조건적인 저항으로 잘못 이해될 수 있다. 특히 이러한 관계성 추구는 장남의 경우 더욱 강하게 나타날 수 있는데 김현주(2001)에 따르면 부모의 특별한 관심과 배려를 받고 자란 장남은 그에 대한 보답으로 부모로부터의 독립보다 장남으로서의 책임과 의무를 성실히 수행해야 한다는 의식이 더 높게 나타날 수 있고 부모 역시 이를 당연하게 여기고 기대하기 때문에 간섭과 요구가 많아져 갈등을 겪게 된다고 하였다. 고부관계에 관한 선행연구들이 고부관계에 영향을 미치는 요인으로서 미분화와 남편의 출생순위를 많이 언급한 이유도 이와 유사하다고 할 수 있으며(김밀양, 2004; 김현주, 2001; 박경란, 이영숙, 2006) 동시에 관계성을 중요하게 추구하는 한국의 독특한 가족문화는 남성들로 하여금 부부 중심 체계로의 사고 전환을 하는 것에 어려움을 갖게 하는 요소가 된다고 하였다(정희순, 2006).

이상의 선행연구들을 종합해 보면 관계성을 중요하게 생각하는 한국의 가족문화 속에서 고부관계는 큰 비중을 차지하는 관계라 할 수 있으며 고부관계는 한국의 가족문화가 지닌 특성을 감안하여 체계적이고 구조적인 관점에서 재조명되어 개입되어야 할 가족문제 중 하나라고 말할 수 있다. 이러한 관점에서 볼 때 고부갈등에 대한 남편들의 역할 수행은 매우 중요하다는 것을 알 수 있으며 남편의 자아분화는 고부갈등 해결에 있어 중요한 영향력을 미치는 요소라는 것도 알 수 있다.

## Ⅲ. 치료에 대한 이론적 준거틀

가족체계론적 관점에 기반하여 고부갈등에 대한 치료적 개입방안을 제안한 학자들의 의견을 종합해 보면, Framo는 “두 사람이 새로운 가족을 형성하면 원가족으로부터 분리되어 새로운 가족의 독립을 지지해야 한다.”고 하였고(Thomas, 1992), 김영애(2000)는 “고부갈등 해결에서 가장 우선시하여야 할 것은 부부가 원가족으로부터 분화를 충분히 이루어 독립된 가족을 형성하는 것이다.”라고 주장하였으며 Minuchin(1975) 역시 “가족의 중심은 언제까지나 부부”임을 강조함으로써 시어머니와 남편의 밀착된 관계에서 벗어나 부부하위체계의 강화와 명확하고 융통성 있는 고부간의 경계의 조성이 필요함을 주장하였다.

본 연구의 사례도 고부갈등 해결을 위한 치료적 전략으로서 남편의 자아분화와 부부하위체계 강화에 초점을 두고 그동안 문제를 해결하고자 시도했던 역기능적인 해결책으로부터 탈피하여 새로운 해결책을 시도하는 접근방법이 적절할 것으로 판단하여 MRI의 의사소통 이론과 Bowen의 가족체계 이론을 통합적으로 적용하였다. 본 사례에 적용된 두 가지 모델에 대한 구체적인 내용은 다음과 같다.

## 1. Bowen의 가족체계 이론

Bowen 이론의 기초는 자아분화인데 이 개념은 두 가지로 설명될 수 있다. 하나는 타인으로부터의 자기의 분리와 다른 하나는 감정과 정서를 지적 체계인 사고에 의해서 적절하게 잘 통제하고 분별하는 능력의 정도다. Bowen은 가족 내에서 감정적으로 상호의존 혹은 감정의 상호관계로부터 얼마나 자유로울 수 있는가의 감정적인 과정을 분화라고 설명한다면, 개인의 융합된 상태는 가족 내에서 감정적으로 상호 고착되어 있는 경우라고 설명한다. 즉, 융합된 가족은 다른 가족원을 자기 자신의 연장으로 보는 환상을 가지고 있으며, 개인 간의 분리와 성장을 거부하는 병리적인 면이 있다(김혜숙, 2008). 한국문화에서는 가족에 대한 응집력이 강조되기 때문에 가족은 동고동락하는 개념으로 많이 이해되어 이러한 이해관계로부터 빚어지는 많은 갈등과 문제점들이 있다. 이러한 의미에서 본다면 Bowen의 가족체계 이론은 한국적 상황에 맞는 가족치료 이론 중 하나라고 말할 수 있다.

본 사례에서 가족치료자는 Bowen의 가족체계 이론을 적용하여 자아분화의 문제로 인해 야기된 가족갈등을 사정하고 조정함으로써 가족성원들의 관계 개선을 위한 개입을 하였다. Bowen의 자아분화 개념은 남성 중심의 부계가족 제도 내의 가족에게 많은 의미를 시사하며 특히 삼각관계의 개념을 설정하여 탈삼각화 과정을 주요한 치료전략으로 활용하기 때문에 남편의 자아분화에 초점을 두고 진행된 본 사례에 적용하는 것은 바람직한 방법일 수 있다.

## 2. MRI의 상호작용적 가족치료 모델

MRI에서는 가족의 문제는 문제를 해결하려는 가족의 시도에 의해서 오히려 유지되고 있다고 본다. 즉, 두 가지 방법에 의해서 문제가 발달되는데 하나는 어려움을 잘못 다루는 것이며 또 하나는 문제를 해결하려는 시도의 실패와 똑같은 문제해결방식의 적용이다(Watzlawick, Weakland, & Fisch, 1974). 사람들이 자신들의 문제를 감소시키려고 시도해 온 해결방법이 오히려 문제를 유지시키거나 혹은 그 문제를 더욱 악화시키기까지 한다는 것이다(Goldenberg & Goldenberg, 2001). 따라서 치료자는 내담자에게 기존의 해결책을 대체할 수 있는 새로운 해결책을 소개하는 일차적인 임무를 갖는다(Weakland, 1993).

또한 MRI 모델은 의사소통과 체계 개념에 기반을 두고 있으며 내담자에게 나타나는 증상에 초점을 맞춘 단기치료 접근법이다(박태영, 김혜선, 2008). 가족성원들 개인의 역사적인 분석에 초점을 두는 것이 아니라 가족체계 내에서 관찰할 수 있는 현재의 상호작용(관계)에 초점을 두고(박태영, 2001) 명료하게 의사소통을 하도록 돕는 것이 치료의 목적이기 때문에 내담자의 저항을 최소화할 수 있는 치료 이론 중 하나다.

'고부갈등은 가족체계라는 집합체 안에서 이해되어야 한다'는 가족체계론적 관점과 '가족구성원들에게 기능적인 대화법을 교육시켜 이해의 폭을 넓히는 것이 필요하다'는 가족치료자들의 고부갈등의 대처전략에 기반하여 볼 때 고부갈등으로 인해 가족이 오랫동안 유지해 온 역기능적 의사소통방식과 상호작용의 방식이 무엇인가를 가족체계 내에서 밝혀내고 가족구성원들에게 기능적인 대화법을 교육시켜 긍정적인 상호작용의 횟수를 증가시키면서 기존의 방식을 탈피하고 새로운 관계 변화를 유도한다는 MRI 모델의 치료전략은 본 사례에 유용한 치료적 준거틀이 될 수 있다.

# Ⅳ. 연구방법

## 1. 연구대상

본 사례는 고부갈등으로 인해 가족치료를 의뢰해 온 2쌍의 부부 사례다. 두 사례 모두 남편의 출생순위는 장남이었으며 시부모와 동거하지는 않으나 근거리에 위치하여 살고 있고 결혼 전부터 고부갈등이 시작되어 결혼 후 상담 의뢰 당시까지 갈등이 지속 혹은 증가되어 오고 있는 상태였다.

가족치료의 상담 내용은 내담자들의 동의하에 녹음되었고 상담 내용의 사용에 대한 사안 역시 내담자의 동의를 받았으며 본 연구의 내용에는 내담자의 보호를 위해 사적인 정보를 밝히지 않았다.

## 2. 연구질문

첫째, 고부갈등에 대처하는 남편들의 태도는 어떠한가?

〈표 15-1〉 ■ 연구대상자의 인구사회학적 특성

<table>
<tr><th colspan="2">사례</th><th>연령</th><th>학력</th><th>직업</th><th>형제서열</th><th>결혼기간</th><th>자녀수</th></tr>
<tr><td rowspan="2">A</td><td>남편</td><td>33</td><td>대졸</td><td>회사원</td><td>2남 1녀 중 장남</td><td rowspan="2">5년</td><td rowspan="2">1명<br>(5세)</td></tr>
<tr><td>아내</td><td>29</td><td>고졸</td><td>무직</td><td>5녀 중 장녀</td></tr>
<tr><td rowspan="2">B</td><td>남편</td><td>35</td><td>대학원졸 (박사)</td><td>회사원</td><td>2남 2녀 중 장남</td><td rowspan="2">1년<br>6개월</td><td rowspan="2">1명<br>(7개월)</td></tr>
<tr><td>아내</td><td>33</td><td>대학원졸 (석사)</td><td>무직</td><td>2남 1녀 중 장녀</td></tr>
</table>

둘째, 분화를 시도하는 남편들의 변화과정은 어떠한가?

셋째, 분화를 시도하는 과정에서 겪는 남편들의 어려움에 대한 치료자의 개입방법은 무엇인가?

## 3. 신뢰도 검증

연구의 엄격성과 진실성을 보장하기 위한 전략으로 Patton(2002)은 연구의 신뢰성을 높이기 위하여 연구자, 자료, 이론, 방법론의 삼각화(triangulation)를 주장하였는데 본 연구에서는 동료 연구자 집단에 의한 연구자의 삼각화를 실시하였다. 연구자의 삼각화란 자료를 분석하는 과정에서 자료에 대한 코딩작업을 여러 사람으로 하여금 하게 함으로써 자료를 분석하는 과정에서 어떤 범주나 중심주제가 코딩작업에 참여했던 사람들에 의해 공통적으로 발견되는지를 알아보는 시도다. 연구자의 삼각화는 본 연구의 중립성(neutrality)과 일관성(consistency)을 확보하기 위해 실시되었는데 중립성은 양적 연구의 객관성에 해당되는 것으로 연구과정과 결과에서 연구자의 편견이 배제되는 것을 의미하고 일관성은 양적 연구의 신뢰도에 해당되는 것으로 연구결과가 반복되는 정도로서 연구자가 도출한 결과가 다른 연구자들의 연구결과와 상충되지 않는 것을 의미한다. 중립성과 일관성 확보를 위해 본 연구에서는 동료 연구자들의 피드백을 받는 과정을 수차례 거쳤다. 먼저 1차 자료분석 과정에서 두 명의 연구자가 각자 녹취록에서 지속적으로 나타나는 개념을 추출한 후 그 결과를 함께 검토하고 수정하고 재구성하는 작업을 진행하였는데 이때 두 명의 연구자는 질적 연구를 수행한 경험이 있는 남성과 여성이었다. 본 연구의 사례는 고부갈등을 겪는 가족 내 문제를 남편의 자아분화 중심으로 해결해 가는 과정을 밝히는 것이기에 이성으로 구성된 두 명의 연구자를 통해 며느리와 여자로서의 관점 및 아들과 남자로서의 관점, 두 가지 입장이 편견과 왜곡 없이 드러날 수 있도록 하였다. 두 명의 연구자가 재구성한 2차 자료분석 결과를 가족치료와 질적 연구를 수행한 경험이 있는 다른 연구자 3명과 함께 검토하고 수정하고 재구성하는 과정을 거쳤다. 이 과정에서 다시 1차 자료분석 과정으로 돌아가 새로운 개념을 추출, 기존의 개념을 통합 혹은 수정하는 과정을 여러 번 반복했다. 이런 과정을 통해 얻어진 3차 자료분석 결과를 가족치료자와 함께 최종적으로 검토하고 피드백을 받는 과정을 거쳤다. 이렇듯 가족치료자와 가족치료에 참석하지 않은 연구자가 함께 공동연구를 진행하고 그 결과를 다른 동료들에게 점검받는 과정을 통해 연구자의 삼각화를 추구하였다.

## 4. 분석방법

본 연구는 다중사례연구로서 Strauss와 Corbin(2001)이 제시한 근거 이론을 활용한 내용분석을 하였으며 이는 지속적인 비교 분석 방법으로 이루어졌다. 근거 이론은 귀납적으로 파생된 이론을 발달시키는 방법론으로서 데이터로부터 발전된다(Strauss & Corbin, 2001). 근거 이론은 개념을 발견하고 직관하며 이들을 논리적, 체계적으로 설명 가능한 틀을 공식화하는 과정 또는 활동이다(박태영, 2006). 근거 이론 방법은 엄격한 질적 연구를 수행하기 위한 전략들을 제공한다(Charmaz, 2006). 근거 이론은 연구과정을 통해 체계적으로 수집되고 분석된 자료에서 나온 이론으로 연구과정 동안 자료수집, 분석 그리고 최종적인 이론이 서로 밀접한 관계를 갖도록 연구자가 이론적 민감성을 가지고 자료를 지속적으로 비교분석하는 방법을 통해 개념과 가설을 발견하는 귀납적인 전략을 제안한다(Glesne, 1999; Strauss & Corbin, 2001).

본 연구의 자료분석의 과정과 절차는 다음과 같이 이루어졌다. 코딩은 자료를 분해하고 개념화하며 이론을 형성하도록 통합시키는 분석과정으로서 개방코딩, 축코딩, 그리고 선택코딩으로 구성된다. 먼저, 개방코딩(open coding)은 자료를 한 줄 한 줄 검토하여 개념화하고 자료 내에 숨어 있는 과정을 파악하는 것이다. 연구자는 원자료인 축어록을 여러 차례 읽으면서 가족치료 과정에 대한 윤곽을 파악하고 기본적인 개념들을 명명하였다. 두 번째 단계로, 축코딩(axial coding)은 개방코딩을 통하여 도출된 범주들 간의 관계를 일련의 절차, 즉 상황, 현상, 상황적 맥락, 행동상호작용 전략, 결과를 포함하는 패러다임 모형을 이용하여 범주들 간의 연결을 시도하는 것으로서 가설 또는 이론적 관계 진술문을 찾는 데 그 목적이 있다. 연구자는 개방코딩을 통해 나타난 개념들 사이에서 유사한 성격을 가진 개념들을 통합하여 범주화하는 작업을 통해 범주들 간의 연결을 시도함으로써 고부관계에 대처하는 남편들의 태도유형과 자아분화를 시도하는 남편들의 변화 과정 그리고 가족치료자의 개입방법에 관련된 3가지 범주로 개념들을 분류화시켰다. 세 번째, 선택코딩(selective coding) 단계에서는 범주들을 최종적으로 통합하고 정교화시켜 이야기 윤곽을 만드는 과정을 통해 남편들이 고부관계에 대해 취하는 태도를 유형화시키고, 자아분화의 과정을 단계별로 도식화한 후 각 단계마다의 치료자의 개입방법을 연관시켰다. 또한 Miles와 Huberman(1994)이 제안한 매트릭스의 방법을 활용하여 분석에서 발견된 개념들을 도식화함으로써 사례의 모형을 제시하였다. Miles와 Huberman은 정보를 체계적으로 보여 주는 시각적 형태가 필요하다고 주장하였는데 텍스트 자체는 몇 페이지에 걸쳐 분산되어 있고 전체를 보기가 쉽지 않은 단점이 있기 때문이다. 따라서 한눈에 모든 자료를 볼 수 있도록 체계적으로 정리된 전개방식이 필요하고 좋은 전개방식은 독자들로 하여금 많은 양의 정보를 빨리 받아들이도록 해 주는 이점이 있다. Miles와 Huberman은 질적 자료를 전개하기 위한 구체적인 형태로 매트릭스와 네트워크를 제안하였는데 매트릭스는 배열된 행과 열로 이루어진 형태로서 두 목록의 교차된 정보를 보여줄 때 유용하고 네트워크는 선으로 연결된 점으로 이루어진 형태로서 동시에 여러 변인에 초점을 맞출 때 유용하다. 본 연구에서는 매트릭스의 방법을 활용하여 분화 단계에 따른 남편들의 변화과정과 변화과정에 대한 치료자의 개입방법을 도식화하였다(〈표 14〉 참조).

## V. 연구결과

### 1. 사례에 대한 개요

두 사례 모두 한 명의 가족치료자가 진행하였으며 가족치료는 사회복지와 가족치료에 대한 공인된 자격을 가진 전문가가 실시하였다. 각 사례에 대한 자세한 설명은 다음과 같다.

> 〈사례 A〉 남편(33세)과 아내(29세)는 결혼 5년차로서 5세 남아를 두고 있다. 결혼초기부터 아내와 시부모와 갈등이 있었는데 최근 추석 명절 때 시부모와 고성이 오가는 말다툼을 하면서 남편은 아내에게 폭언과 손찌검을 하게 되었다. 부부간에 이혼 얘기가 오갔으나 이혼보다는 상담을 통해 문제를 해결하고자 상담을 의뢰하였다. 결혼초기부터 시부모는 며느리가 여상을 나왔다는 이유로 아내와 아내 친정을 무시하는 말을 하였으며 시아버지는 전기, 가스, 수도 사용과 같은 사소한 것까지 며느리를 통제하려고 하였다. 하지만 남편은 아내보다는 부모 입장을 대변하고 아내를 무시하는 말을 하면서 아내가 변화하기를 강요하였다. 이에 대해 아내는 분노를 참지 못하고 우울증이 생겨 정신과 상담을 받게 되었으며 그 후로 시부모와 연락을 끊고 시댁 관련 일에 전혀 신경을 쓰지 않게 되었고 부부갈등은 더 심해졌다.

본 사례는 2001년 10월부터 2002년 2월까지 총 9회의 상담을 하였고 개별상담 및 부부상담으로 진행되었으며 치료에 참석한 가족구성원은 남편과 아내였다. 치료의 초기 단계(1회기, 3회기)에서는 현재 상황에 대한 내담자의 인식과 상담의뢰 동기, 상담의 목표에 대한 이야기가 진행되었고 남편과 부인 각각의 원가족 배경에 대한 탐색이 이루어졌다. 중간단계(4회기, 7회기)에서는 부부상담의 형태로 상담이 진행되었는데 주로 고부갈등에 대해 대응했던 시도된 해결책에 대한 탐색과 탈피, 새로운 해결책의 시도가 이루어졌다. 특히 이 사례의 경우 고부갈등뿐 아니라 아내가 가지고 있는 원가족 문제가 있어서 이를 해결하고자 하는 부부상담이 2회기에 걸쳐 중점적으로 진행되었다. 치료의 종결 단계(8회기, 9회기)에서는 그동안의 변화와 새로운 변화를 유지하기 위한 동기 부여 등이 이루어지면서 상담이 종결되었는데 고부간의 관계 자체는 여전히 소원하고 갈등적인 요소가 존재하지만 이를 바라보는 남편의 반응과 태도는 상당 부분 변화하였기 때문에 부부하위체계의 강화라는 목표가 달성됨으로써 치료가 마무리될 수 있었다.

〈사례 B〉 남편(35세)과 아내(33세)는 결혼한 지 1년 6개월 되었으며 7개월 된 남아를 두고 있다. 남편은 현재 회사원으로 근무하고 있고 아내는 가정주부이며 결혼초기부터 고부간 갈등이 발생했으며 이로 인해 부부싸움이 잦아지게 되어 부부상담을 받게 되었다. 결혼 전 결혼식 날짜를 시부모가 일방적으로 정하게 되어 아내는 임신 8개월 상태로 결혼식장에 들어가야만 했다. 시어머니는 지나친 혼수를 며느리에게 요구하였으며 일방적으로 아들 내외를 허름한 신혼집에 살라고 강요하자 아내는 시부모가 마련해 준 집에서는 도저히 살 수 없어서 남편 명의로 대출을 받아 21평짜리 아파트를 구입하였다. 그 후 시부모는 신혼여행에서 돌아온 며느리를 시댁에 머물러 있게 하면서 신혼집에 못 들어가게 했고, 사사건건 며느리를 통제하기 시작했다. 스트레스를 받은 아내는 방광염이 발생하게 되어 친정으로 치료를 받으러 갔으나 시아버지는 사돈댁에 폭언과 욕설을 하고 시동생 또한 아내에게 막말을 하였다. 이에 아내는 충격을 받아 하혈을 하고 심리적인 불안 증상이 심해져 정신과 상담을 받게 되었다. 하지만 남편은 부모 입장만 대변하면서 아내의 변화만을 강요하였다. 남편은 자신을 위해 고생한 부모로부터 독립을 한다는 것이 큰 불효이며 고부간 갈등으로 인해 부모와의 관계가 단절되는 것에 많은 두려움을 느끼고 있었다. 아내는 남편의 이러한 태도에 분노와 불신을 느끼며 도피성 유학을 생각하게 되었다.

본 사례는 2001년 10월부터 2002년 1월까지 총 7회의 상담이 진행되었고 상담의 형태와 치료에 참석한 가족구성원은 A 사례와 동일하다. 상담의 진행과정 역시 초기 단계(현재 문제상황 파악, 배우자 원가족 탐색)를 거쳐 중간 단계(시도된 해결책 탐색과 이에 대한 비효과성 인식, 새로운 해결책의 시도)가 이루어졌으며 종결 단계(새로운 변화에 대한 유지와 확장)가 이루어지면서 치료가 마무리되었다. A 사례와 달리 총 7회기로 다소 짧게 마무리될 수 있었던 요인은 부부 모두 의사소통 능력이 좋은 상태에 있었으며 상담에 대한 동기와 이해력이 높은 편이었고 아내의 경우 원가족과의 건강한 분화가 이루어진 상태였기 때문이었다. B 사

〈표 15-2〉 ■ 고부갈등에 대처하는 남편들의 태도 유형에 관한 개념추출과 범주화

| 개념 | 하위범주 | 상위범주 |
|---|---|---|
| -우리 부모는 편애할 사람이 아니라고 장담함 | 부모 대변하기 | 내 가족 편들기 |
| -부모의 입장만 고집하여 전달함 | | |
| -아내가 부모에 대해 안 좋은 소리를 하면 화부터 냄 | | |
| -말로는 아내를 이해한다고 하고 내용은 부모 편을 듦 | | |
| -부모의 반응을 좋은 쪽으로 재해석하여 아내를 설득시키려 함 | | |
| -부모에 대한 연민으로 인해 부모 편을 듦 | | |
| -부모가 이유가 있어서 화를 내는 것이라고 아내를 이해시키려고 함 | | |
| -동생 입장을 좋은 쪽으로 재해석하여 아내에게 전달하고 이를 이해시키려 함 | 형제 대변하기 | |
| -동생은 부모도 못 건드리는 성격이니 아내에게 참으라고 말함 | | |
| -동생의 피치 못할 사정을 아내가 이해해 줘야 한다고 생각함 | | |
| -장남이기 때문에 부모를 부양하는 것을 당연한 의무라고 생각함 | 과도한 장남 역할 | 전통적인 효 사상 고집하기 |
| -부모가 좋아하는 행동을 아내에게까지 강요하여 하라고 함 | | |
| -어릴 때부터 장남이기 때문에 부모의 눈치를 살피며 싫어하는 행동은 미리 하지 않으려는 태도가 형성되어 있음 | | |
| -부모님이 수족을 못 쓰시게 되면 모시고 살아야 한다는 생각을 가지고 있음 | | |
| -결혼을 했으면 일주일에 한 번은 부모님을 방문하는 것이 당연하다고 생각함 | | |
| -부모의 말이 부당하더라도 부모님이 원한다는 이유로 순종함 | 부모에게 무조건적인 순종 | |
| -부모가 오라고 하면 모든 일을 제치고 감 | | |
| -부모가 심하다는 것을 느끼지만 침묵해 버림 | | |
| -부모를 바꾸려고 해서는 안 된다는 사고를 가짐 | | |
| -죄책감으로 부모에게 하고 싶은 말을 참음 | 부모에게 대항하는 것에 대한 죄책감 | |
| -자기주장을 했어도 곧 후회하고 미안해함 | | |
| -자신의 모(母)에게 구두주걱으로 맞으면서도 대항하지 않고 말리려는 동생도 저지함 | | |
| -부모에게 대항하는 아내에게 손찌검을 함 | 아내에게 폭력 가하기(신체적 공격) | 아내 공격하기 |
| -아내와 말다툼 중 화가 나서 손찌검을 하려고 함 | | |
| -아내가 하려고 하는 것을 못하게 하는 것으로 화풀이함 | 아내 비난하기 (언어적 공격) | |
| -자신의 부모에 대해 불만을 갖는 아내를 '과민반응' 하는 사람으로 몰아감 | | |
| -자신은 고가의 옷을 구입하지만 아내는 그런 옷이 필요 없다며 무시하는 발언을 함 | | |

례 역시 아내는 여전히 시댁식구들에 대한 두려움과 반감이 남아 있는 상태에 있었지만 이에 대한 남편의 태도가 부부 중심적인 사고로 변화되었음을 부부 모두 느끼게 되었고 이를 유지하기 위한 합의도 되어 있었기에 치료가 종결될 수 있었다.

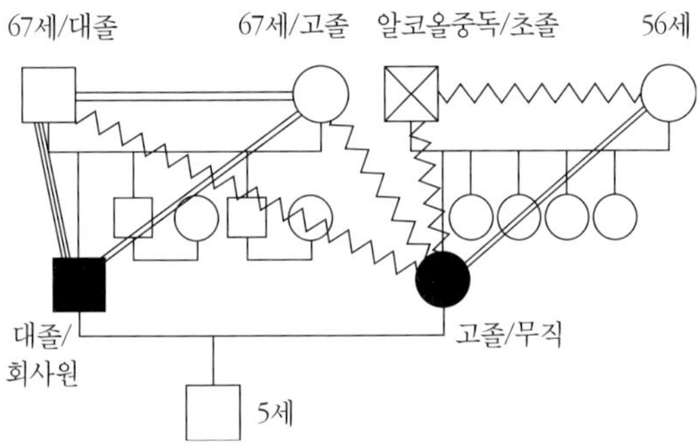


[그림 15-1] A 사례 가계도

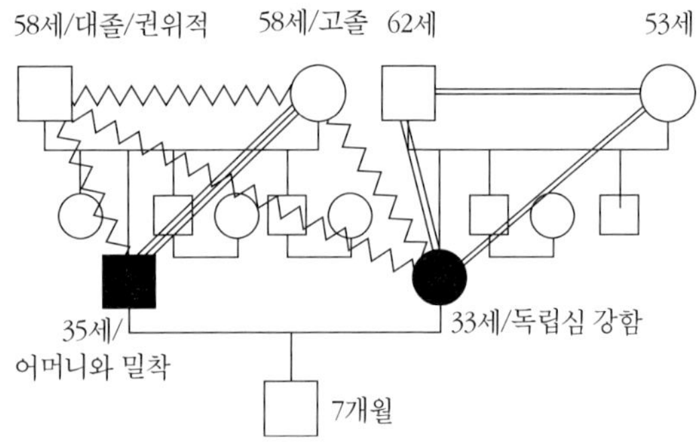


[그림 15-2] B 사례 가계도

## 2. 치료 과정에 대한 분석

### 1) 고부갈등에 대처하는 남편들의 태도 유형 분석

고부갈등에 대처하는 남편들의 태도에 대해서 〈표 15-2〉와 같이 7개의 하위범주와 3개의 상위범주가 도출되었다.

#### (1) 내 가족 편들기

**① 부모 대변하기**

아내: 제가 그렇게 울면서 호소를 했을 때, 애 아빠는 말은 다 안다고 하면서도 받아들이지를 못하고, 항상 부모님은 그런 마음이 아니라고 하면서 대변을 하더라구요. (사례 B, 1회기)

남편: 제 생각은 아무리 말하는 사람이 좋은 얘길 해도 받아들이는 입장에서 그걸 자꾸 아니라고 받아들이기 시작하면 한도 끝도 없다. 저는 자꾸 그렇게 얘기를 하고 이제 이 사람(아내)은 서운한 거죠.

치료자: 그렇죠. 서운한 거죠, 한마디로 내 편 안 들어 주고, 내 입장은 배려하지 않고 남편이 항상 시댁식구 입장만 대변하는 대변자의 역할을 하는 거예요. 자, 와이프께선 어떠세요?

아내: 예, 애기 아빠 말한 대로… 교수님 말한 대로 진짜 남편은 한 번도 그런 적(편들어 준 적)이 없었어요. (사례 A, 1회기)

② 형제 대변하기

아내: 고모(시누이)는 뭔데 당신(남편)한테 얘기했음에도 불구하고 같은 이야기를 왜 또 나한테 하느냐고 했더니 애 아빠는 '나한테 얘기를 했어도 여동생(시누이) 입장에서는 자기(아내)한테 또 얘기하고 싶을 수도 있는 거지 왜 과민하게 받아들이느냐…. (사례 B, 3회기)

(2) 전통적인 효 사상 고집하기

① 과도한 장남 역할

남편: 저의 성장과정이 장남이고 또 종손이어서 부모님의 눈치를 살피고 기분이 나빠하실 것 같은 것은 아예 하지 않으려는 마음을 가지고 있고 또 그렇게 자라 왔어요. 저도 사실 부모님께 대들어 보기도 하고 했는데 그게 더 마이너스가 되더라구요. (사례 B, 1회기)

② 부모에게 무조건적인 순종

남편: 부모님 두 분 다 굉장히 바쁘세요. 바쁘셔서 오는 게 귀찮다고 얘기하시면서도 며느리가 순종을 안 하니까 와라….

치료자: 그런데 왜 순종을 하라는 거예요? 나이가 몇 살인데?

남편: 제 생각에는 어른이 부당하게 얘기를 해도 그래도 어른이 원하시는 것을 일단 맞춰 드려야 한다고 생각해요. (사례 A, 1회기)

아내: 내가 시집이라고 와서 남편이 집하나 제대로 해 주지 못하고, 꼭 이렇게 해야 되나 하는 생각을 했는데, 이 사람은 제 입장에서는 절대 이야기 안 해 주고, 나중에 한다는 소리가 사실 어머님 아버님 말이 다 맞다는 거예요. 그러니 저는 뒤집어지죠.

치료자: 뭐가 맞아요?

아내: 우리가 싸가지 없는 행동을 한 거래요. 자기는 그것을 수긍을 한다고 하는데, 저는 수긍할 수 없죠. 저는 정당하거든요. (사례 B, 1회기)

③ 부모에게 대항하는 것에 대한 죄책감

남편: 아버지는 어제도 술이 취하셔서 저한테 전화가 왔더라구요. 밤에… 저한테 이제 내가 너를 어떻게 키웠는데 그렇게 여자한테 미쳐 가지고….

치료자: 괴롭죠?

남편: 괴롭죠…. 아버지가 굉장히 서운해하시는 거예요. 저에 대해서… 어머니도 마찬가지

시고요. (사례 A, 1회기)

남편: 어제도 사실 부모님한테 갔는데, 부모님도 스트레스 받고 계시고… 제가 며칠 전부터 전화를 해도 '너는 내 아들 아니다'라고 하시면서 전화를 안 받으세요. 너무 죄송하고 괴롭죠…. (사례 B, 1회기)

(3) 아내 공격하기

① 아내에게 폭력 가하기(신체적 공격)

아내: ○○ 아빠가 명절 때 저를 때리고 벽에다 치고….

치료자: 벽에다 쳤어요?

아내: 근데 그걸 기억 못하더라고요.

치료자: 술도 안 먹었는데?

아내: 예, 시어른들 있는 데서 때린 거거든요. (사례 B, 3회기)

② 아내 비난하기(언어적 공격)

남편: 제 생각은 그렇죠. 물론 무시하는 건 아니지만 나는 밖에 나가서 사업을 하니까 이런 옷들이 어느 정도 필요하지만 집에서 살림하는 사람이 뭐가 필요가 있느냐… 집에 코트가 없는 것도 아니고…. (중략)

아내: 저도 그러면 화가 나서 29만 원이었던가 하는 거 나도 사 입겠다고 했더니 당신이 그걸 가지고 도대체 뭘 뽑아 낼 거냐고, 그걸 왜 사냐고 그러더라구요. 그러니까 전 그걸 들었을 때 무시당하는 거 같죠. (사례 A, 7회기)

두 사례를 통해 분석한 결과 남편들의 고부갈등에 대처하는 태도는 크게 내 가족 편들기, 전통적인 효 사상 고집하기, 아내 공격하기의 3가지 범주로 분류되었다.

자신의 가족을 아내에게 이해시키기 위해 대변하거나 편드는 행동을 취하면서 이에 대해 아내가 대항하거나 인정하지 않으면 신체적 혹은 언어적 공격을 가하는 역기능적 의사소통 방식을 취하고 있었다. 아내가 스트레스로 인해 신체적 증상을 보이거나 혹은 고부갈등으로 인해 부부관계가 더욱 악화되면 부모님께 아내 입장을 대변하거나 아내 편들기를 시도하기도 하지만 곧 이러한 행동을 '불효한다'라고 생각하여 후회하고 철회하는 모습을 보이고 있었다. 이는 남편들이 고부관계에서 자신의 역할이 무엇인지 올바르게 정립하고 수행하는 데 있어서 많은 혼란과 어려움을 겪고 있다는 연구결과들(박소영, 2008; 배선희, 김순옥,

2001; 이동원 외, 2002)과 일치하는 내용이면서 동시에 한국 남성들은 고부관계를 상하관계로 인식하여 아내가 자신처럼 부모에게 순종하기를 원하는 가부장적 사고방식을 가지고 있는 경우가 많다는 연구결과들(박부진, 1981; 정희순, 2006)과 일치하는 현상이다.

사례 A와 사례 B 간의 고부갈등에 영향을 미친 공통적인 요인들과 그 공통된 요인으로 인한 남편들의 태도와의 연관성을 정리해 보면 [그림 15-3]과 같다.

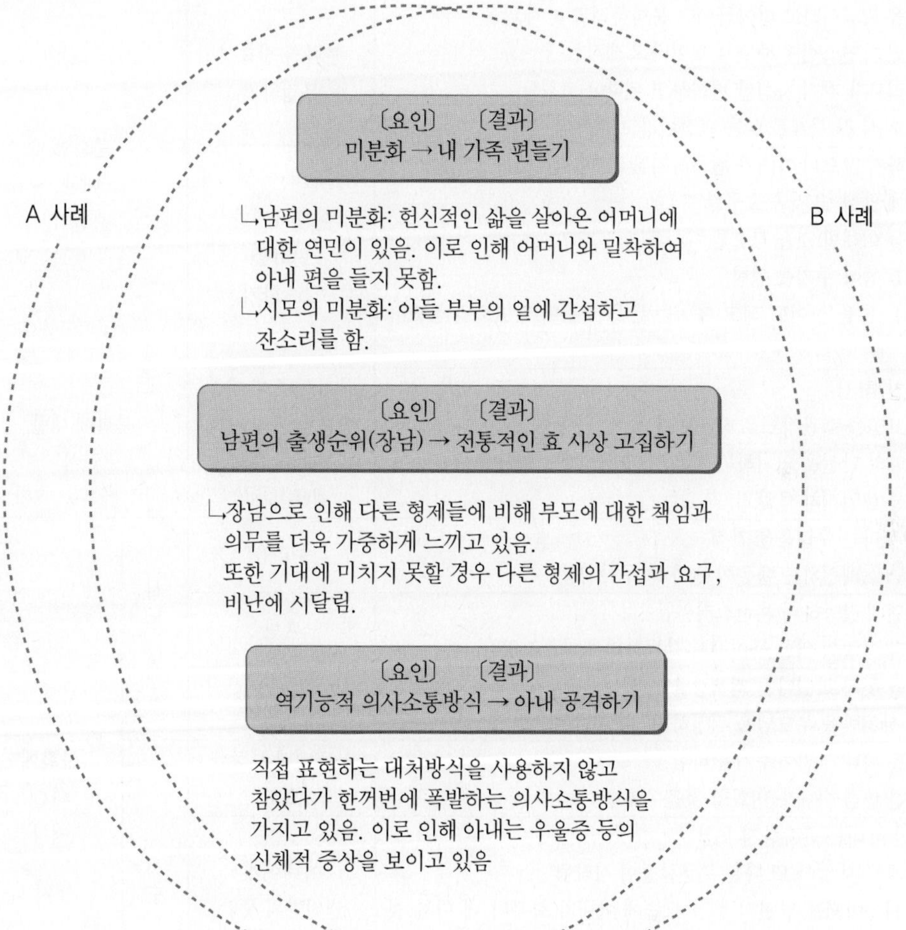


[그림 15-3] 고부갈등에 영향을 미친 사례 간 공통적인 요인과 남편들의 태도와의 연관성

### 2) 분화를 시도하는 남편들의 변화 과정 분석

분화를 시도하는 남편들의 변화 과정은 〈표 15-3〉과 같이 14개의 하위범주와 4개의 상위범주가 도출되었다.

〈표 15-3〉 분화를 시도하는 남편들의 변화 과정에 관한 개념추출과 범주화

<table>
<tr><th>개념</th><th>하위범주</th><th colspan="2">상위범주</th></tr>
<tr><td>-부모의 간섭을 관심이라고 받아들이고 분화하려고 하지 않음<br>-시간이 지나면 자연스럽게 해결될 것이라고 생각함<br>-부모와의 분리보다 자기 자신만 변화하면 된다고 고집함<br>-분화를 부모 자식 간 관계를 끊는 단절이라고 오해함</td><td>분화의 필요성 부정하기</td><td colspan="2" rowspan="2">분화에 대한 전인식</td></tr>
<tr><td>-부모님은 변하지 않으니 아내가 변화하기를 각인시킴<br>-부모님 기대에 맞춰 줄 것을 요구함<br>-부모의 입장을 이해할 것을 강요함<br>-아내가 무조건 참아 주기를 원함<br>-남편인 자신은 톤을 높여도 되고 아내는 톤을 낮추어 말했으면 좋겠다고 말함</td><td>아내에게만 변화를 강요하기</td></tr>
<tr><td>-자기반성(성찰)하기<br>-아내로서의 고충을 객관적으로 바라보기</td><td>자기 가족에 대한 객관적 이해 시작</td><td colspan="2" rowspan="2">분화에 대한 인식</td></tr>
<tr><td>-분화가 부모와의 단절을 의미하는 것은 아니라는 것을 깨달음<br>-분화와 불효를 동일시하지 않기</td><td>분화에 대해 재해석하기</td></tr>
<tr><td>-불효를 하고 있다는 두려움을 가짐<br>-분화가 부모님을 배신하는 행동이 될까 봐 두려워함</td><td>두려움</td><td rowspan="3">시도 전</td><td rowspan="6">분화에 대한 저항</td></tr>
<tr><td>-부모의 하소연에 갈등하며 혼란스러워함<br>-남편의 역할과 아들의 역할 사이에서 갈등하며 혼란스러워함</td><td>혼란</td></tr>
<tr><td>-아들의 역할을 못하고 있다는 죄책감을 가짐<br>-자신 때문에 상처받을 부모님을 걱정하며 죄스러워함</td><td>죄책감</td></tr>
<tr><td>-자신의 노력을 아내가 알아주기를 바람<br>-자신이 변화한 만큼 아내도 변화할 것을 강요함</td><td>아내에게 보상을 요구</td><td rowspan="3">시도 후</td></tr>
<tr><td>-변화하였지만 아내는 만족하지 못함<br>-아내가 인정해 주지 않아 또 다른 부부갈등이 시작됨<br>-무의식중에 되풀이되는 남편의 예전 모습에 아내가 화부터 내 미칠 것 같은 느낌을 가짐</td><td>아내에게 인정받지 못함</td></tr>
<tr><td>-아내를 위해 최선을 다하지만 변화 유지에 대한 부담감이 쌓임<br>-자아분화를 시도하면서 오랫동안 가지고 있던 효 사상 등의 가치관을 상실한 기분을 느낌</td><td>새로운 시도에 대한 낯설음</td></tr>
</table>

| | | |
|---|---|---|
| -자기 가족 앞에서 아내 입장 대변하기<br>-부모 설득하기<br>-자기 형제에게 아내 옹호하기 | 아내 편들기 | 분화 시도 |
| -불만 경청해 주기<br>-아내의 자기개발 지지해 주기<br>-시댁식구에 대한 아내의 두려움 이해하기<br>-아내가 스트레스 받을까 봐 고민하고 먼저 배려해 주려고 함 | 아내 이해하기 | |
| -시댁과 거리를 두려는 아내의 행동을 수용해 주기(시댁에 전화 걸지 않기, 전화 받지 않기 등)<br>-아내에게 지나친 간섭을 하지 않도록 부모님을 견제하기 | 아내와 시댁의 거리 두기 | |
| -자신의 행동을 반성하고 남편의 역할에 충실하기<br>-원가족보다 자신의 가족에게 더 집중하기<br>-원가족에서 분리되기 | 아들 역할보다 남편 역할에 비중 두기 | |

### (1) 분화에 대한 전인식

#### ① 분화의 필요성 부정하기

남편: 아내가 긍정적으로 생각을 하고 시댁에서 싫은 얘기를 들어도 저한테만 화풀이를 했으면 좋겠고 제가 도와주지 못하는 것까지는 강요를 안 했으면 좋겠어요.

치료자: 예를 들면은요?

남편: 가령 부모님과의 완벽한 독립을 요구하는데, 그것이 우리 사회에서는 어려운 얘기거든요. 저에게 부모님으로부터 완전한 독립을 요구하는 것은 저로서는 부모님과 관계를 끊으라는 소리로 들리거든요. (사례 B, 1회기)

남편: 사실 아버지 입장에서는 아무 생각 없이 하신 말씀인데 물론 그 말이 집사람한테는 큰 상처라는 걸 저도 압니다. 그거는 뭐 저도 알고 있는 사실인데 제가 항상 주장했던 건 그거죠. 아버지 어머니를 우리가 바꾸려고 해서는 안 된다… 순종하는 것이 자식된 도리다…. (사례 A, 1회기)

#### ② 아내에게만 변화를 강요하기

아내: 그래도 부모님은 살아온 게 있기 때문에 못 고친다고 저보고만 변화를 하래요. (사례 B, 1회기)

남편: 제 생각에는 어른이 부당하게 얘기를 하면 반항도 할 수 있겠지만 기본적으로 어른이 원하시는 게 있으면 맞춰 드려야 한다고 생각해요. 아내가 맞춰 드려야 되죠. 며느리니까…. (사례 A, 2회기)

### (2) 분화에 대한 인식

#### ① 자기 가족에 대한 객관적 이해 시작

남편: 지난번에 상담을 하고 나서는 아 이게 꼭 와이프의 문제가 아니라 내가 좀 변화를 해야 되겠구나, 내가 생각을 좀 뭔가 바꾸고 정서적으로 부모님하고 조금 떨어지는 연습들을 차근차근 해 나가서 우리 가정이 화목하게 살면서 시간을 두고 나중에 부모님하고 관계복원을 해야겠구나…. (사례 A, 2회기)

#### ② 분화에 대한 재해석하기

남편: 아버지, 어머니가 저한테 서운하셔서 술 드신다는 이야기… 지금도 술 드시면 저한테 전화하셔서 막 뭐라 하시기도 하고… 뭐… 이런 얘기를 들으면 저도 사실 마음이 아픕니다. 그렇지만 이렇게 살아가야 된다면(분화하여 살아가야 된다면) 아버지 어머니는 조금 서운하시겠지만 그렇다고 해서 아들 노릇을 완전히 포기하는 건 아니잖아요. 그쵸? (사례 A, 4회기)

남편: 물론 자식으로서 약간 죄송스러운 마음도 없지 않아 있긴 한데 이제는 어쩔 수 없이 거쳐야 하는 과정이라고 생각하고 있고…. (사례 A, 8회기)

### (3) 분화에 대한 저항

#### ① (시도 전) 두려움, 혼란, 죄책감

남편: 지금까지의 생각과는 다르게 저한테 잘못이 있다는 평가가 나오니까 저도 당황스럽고 지금까지의 가치관을 바꿔야 한다는 압박감이 오는데…. (사례 B, 2회기)

#### ② (시도 후) 아내에게 보상을 요구

남편: 저도 예전처럼 와이프를 무시하거나 (아내 말을) 안 들으려는 것이 아니니까 그런 쪽으로는 저도 이제 백번 이해를 하고 노력을 하고 있으니까 저희 집사람도 너무 완고하게 하지 말고 서로 양보해야 하는 거 아닌가요? (사례 A, 6회기)

#### ③ (시도 후) 아내에게 인정받지 못함

남편: 와이프 쪽에 서라는 것이… 사실 제가 지금까지 살아온 것이 있기 때문에 쉽지 않지만 그래도 노력해서 하다가도 무의식중에 제 (예전) 가치 기준에 따라서 나오게 되는

말에 대해서 와이프가 충격을 받고 화를 내고 그러니까 저도 미치는 거예요. (사례 A, 5회기)

남편: 억울한 게 노력은 노력대로 하지만 그게 와이프에게는 완전한 게 아니니까 노력한 게 아니라고 평가를 해 버리고 남편을 무시하고 하니깐, 저 나름대로는 변화하려고 노력을 했음에도 불구하고 인정을 못 받으니깐 저로써는 기분이 안 좋죠. (사례 B, 4회기)

④ (시도 후) 새로운 시도에 대한 낯설음

남편: 저는 제대로 자아분화가 안 된 틀에 있었지만 나름대로는 최선을 다했거든요. 그러다 보니까 저한테 스트레스가 더 많이 쌓이죠. (사례 B, 5회기)

남편: 자아분화를 하면서 제가 가지고 있던 가치관을 많이 깬 건데…. 저의 가치관이 상실되는 것 같은 느낌을 받아요. (사례 B, 7회기)

### (4) 분화 시도

① 아내 편들기

남편: 조금씩 분리작업을 해서 이제 시간을 두고 전적으로 정말 교수님 하시는 것처럼 저도 와이프 편을 들어 주려고 합니다. 가능하면 아내를 존중해 주고… 제가 그동안 가만히 생각해 보니까 제가 아내를 너무 많이 무시하지 않았나 그런 생각이 참 많아 반성이 됐습니다. (사례 A, 4회기)

남편: 요즘 가능하면 집사람 편을 들고 집사람의 입장을 고려하게 되더라구요…. (사례 B, 8회기)

② 아내 이해하기

남편: 아내를 이해하기보다는 무시하는 경향이 많지 않았나 하는 반성을 개인적으로 많이 했습니다. 아내에 대한 배려라든지 이해의 폭이 많이 넓어졌어요. (사례 A, 9회기)

아내: (남편이) 저를 좀 이해하는 폭이 예전에는 겉으로는 다 알지만 상황이 이렇다는 식으로 자기(남편)와 시댁의 마인드로만 이야기를 했는데 지금은 저의 마인드를 많이 이해해 주려고 노력하고 있어요. (사례 B, 3회기)

③ 아내와 시댁의 거리 두기

남편: 아내가 아직까지 집(시댁)에 내려오는 것은 시간이 필요할 것 같다. 어차피 궁극적으

로 서로가 마음이 다 풀어지고 잘 되는 게 좋은 거니까 지금 당장보다는 시간을 갖고 그렇게 하는 게 좋을 것 같습니다… 아버지한테 이렇게… (말했어요). (사례 A, 9회기)

남편: 아버지한테 아버지 말씀 충분히 이해를 하지만 저는 결혼을 해서 지금 자식 낳아서 살아가고 있기 때문에 이쪽(아내) 입장도 고려 안 할 수가 없다. 아버지도 ○○ 엄마(아내)한테 마음에 상처될 말 하신 거 알고 계시니까 좀 시간이 필요할 것 같다. (아내가 시댁 안 가는 거) 너무 서운하게 생각하지 말고 좀 시간을 가지면서 생각을 해 보자…. (사례 A, 2회기)

**④ 아들 역할보다 남편 역할에 비중 두기**

아내: 요즘은 남편이 시부모님보다는 저를 배려해 준다는 마음이 많이 느껴지는 거예요. 이제는 남편에게 믿음이 가요. (사례 B, 6회기)

분화를 시도하는 남편들의 변화과정은 전인식 단계에서 출발하여 분화에 대한 새로운 인식을 함으로써 분화를 시도하게 되었는데 시도 전 저항으로 두려움, 혼란, 죄책감 등의 부정적인 감정을 경험하기도 하였다. 남편들은 상담의 초기 단계에서 지금까지 자신들이 취해 왔던 방식이 잘못되었다는 것에 대해 깊은 충격을 받았는데 이는 자신만 변화하면 해결될 수 있는 차원이 아니라 가치관에 대한 근본적인 변화가 필요한 부분인 '자아분화'가 상담의 목표로 제시되었기 때문에 저항이 더욱 크게 다가왔다고 볼 수 있다. 연구자는 이러한 남편들의 반응을 Prochaska와 Norcross(2002)의 초이론적 모델에 적용시켜 일종의 전인식 단계라고 해석하였는데 이 단계에서는 자신의 행동에 문제가 있음을 인정하려는 것에 대한 저항이 나타날 수 있다는 점을 알려주는 부분이라고 할 수 있다. 또한 변화를 요구받은 내담자는 새로운 시도에 대해 불편하고 낯선 감정을 느낄 수 있음을 알 수 있었는데 이 부분은 항상성이라는 개념으로 설명될 수 있는 부분이다.

문제에 대한 전인식, 항상성이라는 이유로 저항이 발생했지만 저항에 대한 성공적인 처리가 이루어지면서 남편들은 자아분화에 대해 인식 단계를 맞이할 수 있게 되어 분화를 시도하였으나 또 다시 어려움을 겪게 되었다. 분화를 시도하는 남편에 대한 부모의 반응(분노, 섭섭함), 이에 대한 죄책감, 분화의 필요성에 대해 여전히 남아 있는 혼란과 의구심, 조금 더 빨리 변화하지 못하는 것에 대한 아내의 재촉에 대한 반발심 등이 분화 시도 후 저항을 발생시켰다고 분석되었다. 분화를 시도하는 과정에서 겪는 남편들의 어려움을 통해 오랜 시간 동안 고착되어 온 가치관과 태도를 바꾸는 것은 결코 쉽지 않은 과정이며 뒤로 회귀하는 과정까지 거친다는 것을 확인할 수 있었다. 이러한 과정을 잘 이겨 낼 수 있도록 효과적인 개입을 한 가족치료자의 방법을 분석해 보면 다음과 같다.

### 3) 분화를 시도하는 과정에서 겪는 남편들의 어려움에 대한 치료자의 개입방법

분화를 시도하는 과정에서 겪는 남편들의 어려움에 대한 치료자의 개입방법에 대해서 〈표 15-4〉와 같이 7개의 하위범주와 3개의 상위범주가 도출되었다.

#### (1) 분화에 대한 내담자 통찰 돕기

① 유사 사례 제시

치료자: 남편도 합치해서 당신(아내)만 변하면 돼… 당신이 잘못된 거야… 이혼하고 싶은 그 스트레스가 애한테 간다는 거야… 그 사례에선 증상이 애는 정신질환으로 왔던 거구요… 신체적으로 안절부절못하는 정서불안…. (사례 A, 2회기)

치료자: 목사님 케이스가 있는데 어머니하고 너무너무 가까워서 시댁에 일주일에 한 번씩 갔는데 어머니가 시시콜콜 다 알아야 해요. 그 사모님은 시댁식구가 너무 똘똘 엉켜 있

〈표 15-4〉 ■ 치료자의 개입방법에 관한 개념추출과 범주화

| 개념 | 하위범주 | 상위범주 |
|---|---|---|
| -부부갈등으로 인해 자녀에게 좋지 않은 영향을 미친 사례 제시<br>-고부갈등으로 이혼위기에 있는 부부 사례 제시 | 유사 사례 제시 | 분화에 대한 내담자 통찰 돕기 |
| -아내가 우울증으로 진전할 위험이 있음을 전달<br>-스트레스로 인한 아내의 신체적 증상을 예견<br>-부부갈등은 자녀 문제(심리적, 신체적 증상)로 이어짐을 예견 | 더 큰 문제 예견 | |
| -이론에 접목시킨 직접적 설명<br>-현실을 즉시할 수 있도록 돕는 명확한 설명<br>-상담의 목표를 달성하기 위한 교육적 접근 | 직면하기 | |
| -상보교류와 이면교류에 대한 의사소통방식을 이해시킴<br>-I-message의 올바른 방법을 재교육시킴 | 대화가 단절되는 의사소통방식을 수정 | 새로운 의사소통 방식의 지도 |
| -치료자가 겪은 분화의 경험을 소개 | 치료자의 자기노출 | 치료적 동맹관계 형성 |
| -아내의 입장을 대변하기<br>-남편의 입장을 대변하기<br>-(부부갈등이나 고부갈등을) 어느 한쪽의 일방적인 문제로 보지 않고 쌍방의 문제로 인식시킴 | 아내와 남편 사이의 중재자 역할 (입장 대변하기) | |
| -매 회기마다 변화에 대한 적극적 지지<br>-남편의 변화에 대해 아내가 지지할 것을 권유함<br>-변화는 힘든 과정임을 이해하고 공감해 줌 | 남편의 변화에 대한 지지와 격려 | |

으니까 돌아 버리는 거예요. 그 가운데 애가 정신분열증이 된 거예요. (사례 B, 1회기)

**② 더 큰 문제 예견**

치료자: ○○어머니도 조금 지나치시면, 거기서 조금 더 과정 지나면 우울증이 와요. 우울증이….

아내: 저도 예전에 아니 요번에 상담 전에 집에서 우두커니 앉아 가지고 운 적도 있거든요. 근데 정신과로 간다는 게 좀 두려웠었는데 요번에 일 터지고 처음 갔었죠. (사례 A, 7회기)

치료자: 부부문제가 생기면 ○○이(자녀)에게 문제가 생겨요. 정신분열이거나 틱 장애인 아이들의 부모들이 저한테 오면, 그 저변을 보면 남편들이 부모 품에서 못 떠나요. 그 스트레스가 부부에게 영향을 미치고 또 자식한테 증상이 나타나게 된다는 거예요. (사례 B, 1회기)

**③ 직면하기**

치료자: 제가 볼 때는 남편께서는 boundary(경계)가 문제가 있거든요. 남편 같은 경우는 부모님 사이가 안 좋은데 그러면 어머니와 밀착관계에 있기 쉽고 근데 그 저변에 보면 아마 스트레스를 받을 거예요. 이 집 같은 경우는 부부관계가 안 좋을 때 보통 자녀가 걸려 들어가서 삼각관계가 이루어지지 않았나 싶어요. 여기서 중요한 것은 결혼을 했으면 남편께서 부모님과 boundary를 명확히 쳐 줘야 해요. (사례 B, 1회기)

치료자: 기존의 틀로 보면 부부관계가 파괴되고 아이들이 망가져요. 아들(남편)하고 시어머니가 못 떨어지면요… 와이프가 몸이 상해 나가는 거예요. 부부를 살리고 자녀를 살리는 길은 아들이 어머니 품을 떠나는 거예요. 떠난다는 것이 부모관계를 깨면서 떠나는 것은 아니에요. 과정적으로 봤을 때는 아픔이 있어요. 하지만 장기적으로 볼 때는 부부, 자녀 모두 건강하게 만드는 길이에요. (사례 B, 3회기)

### (2) 새로운 의사소통방식의 지도

**① 대화가 단절되는 의사소통방식을 수정**

치료자: 그냥 표면 중심의 언어가 있고, 그 뒤에 이면적인 언어가 있어요. 심리적인 메시지가 있기 때문에 이 표현 두 개를 같이 해 버려… 예를 들면 내가 시험을 잘 못 봤는데 엄마 아빠가 잘 했다 해 놓고 유리창을 깼어요. 말은 잘한다 해놓고 그러니까 표면은 긍정적인 얘기죠… 하지만 심리적인 메시지는 부정적인 거예요…. (사례 A, 5회기)

치료자: 부부간의 대화방법에 있어서 사회적인 메시지 밑에 심리적인 메시지가 또 들어갈 수 있어요.

남편: (시댁 이야기를) 별 뜻 없이 했던 거 같은데 의도하고는 다르게 민감하게 받아들일 때가 많더라구요.

치료자: 그것은 솔직한 대화가 안 되고 있다는 거예요. 그게 소위 이면교류예요. (사례 B, 1회기)

(3) 치료적 동맹 관계 형성

① 치료자의 자기노출

치료자: 저 같은 경우 아들만 넷인데 제가 막내거든요. 정말 딸 같은 아들이었어요. (중략) 유학을 갔다가 왔는데 결혼하면 분리하라고 했어. 그게 성경에도 창세기, 민수기 보면 결혼하면 부모 품에서 떠나라는 거야. 그게 성경적이고 가족치료적인 거야. (중략) 예전에 우리 어머니 안아 드리고 뽀뽀하고 껴안고… 우리 와이프는 뚜껑이 열린 거야. 그리고 우리 어머니가 사사건건 간섭해… 잔소리 해… (중략) 우리 와이프가 위암 걸려 버렸어…. (사례 A, 1회기)

치료자: 정서적으로 분리작업 들어가는 문제가 시급한데 이거 보통 일이 아니에요. 이 작업할 때 저도 눈물… 엄청 눈물 흘렸어요. (사례 B, 1회기)

② 아내와 남편 사이의 중재자 역할(입장 대변하기)

치료자: 와이프가 하혈을 '철철' 하고 있는데 어머니가 아는 병원으로 가라고 하면… 와이프 입장에서는 어머니가 정신병자죠, 제정신입니까? (사례 B, 1회기)

치료자: 남편은 아들로서 남편으로서 본인의 역할을 충실히 하는 것이지 그것을 와이프에게까지 강요해서는 안 된다는 거죠. (사례 B, 1회기)

치료자: ○○이 엄마가 '근본은 안 변했어'라고 말하면… 남편은 서운하죠. (사례 A, 5회기)

③ 남편의 변화에 대한 지지와 격려

치료자: 남편이 변화가 너무 빨리 오면 너무 괴로워요. 그러다 보면, 또 충돌이 올 거예요. 나도 이만큼 맞추려고 애쓰는데… 하면서요. 그러니까 칭찬부터 들어가셔야 되요. 부인이 긍정적인 스트로크를 주면 남편이 지지를 받아서 더욱 와이프 쪽으로 돌아오게 되어 있어요. (사례 B, 2회기)

치료자: 지금 ○○이 아빠가 이렇게 변화하는 거 자체가 대단한 겁니다.

아내: 맞아요. 남편이 정말 많이 변했어요. 할 수 있는 최선을 다 했다고 생각해요. (사례 B, 7회기)

분석결과에서 도출된 치료자의 개입방법을 치료의 준거틀과 관련하여 논의해 보면 다음과 같다. 우선 MRI의 상호작용적 가족치료 모델의 상담 원칙은 문제가 유지되는 잘못된 방식을 찾는 것이며 주요 치료전략은 ① '무엇이 그 문제를 지속시키는가?'에 관심 갖기, ② 문제를 지속시키는 구체적인 행동패턴을 발견하기, ③ 자신이 시도한 해결이 효과가 없음을 인식하기, ④ 그동안 시도했던 것과는 다른 시도를 생각해내고 그것을 실행에 옮기기 등 4가지로 정리할 수 있다. 이에 따른 구체적인 상담기법은 ① 재정의(어떤 행동과 현상을 지금과는 다른 측면에서 보고 새로운 의미를 부여), ② 역설적 개입(치료의 목표와는 반대되는 것을 실행하도록 하여 보다 효과적인 결과를 초래하려는 시도), ③ 은유(직접적인 의사소통이 유효하지 않을 때 그 메시지를 비유로 전달), ④ 의식(가족에게 구체적인 행동을 지시하여 변화를 시도)이다. MRI 모델의 은유 기법이 본 연구에서 도출된 치료자의 개입방법 중 '유사 사례 제시'와 '더 큰 문제 예견' '치료자의 자기노출'로 활용되었음을 알 수 있었으며, 의식 기법은 '직면하기'와 '새로운 의사소통방식의 지도'로 활용되었음을 알 수 있었다. 두 번째로 Bowen의 가족체계 이론 모델의 상담 원칙은 자아분화이며 주요 치료전략은 ① 탈삼각화하기, ② 가계도 활용하기다. 즉, 치료자와 내담자는 가계도를 통해 원가족에서 경험한 패턴이나 영향력이 현재 가족에게 어떤 영향을 미치는가를 규정함으로써 자신과 관련된 삼각관계를 인식하여 탈삼각화 과정을 거치게 된다. 본 사례에서 도출된 '분화에 대한 내담자의 통찰 돕기'라는 치료자의 개입은 Bowen 모델의 상담 원칙인 자아분화를 위해 활용되었음을 알 수 있다.

분화 단계에 따른 남편들의 변화과정을 살펴본 결과 그 과정은 결코 쉽지 않은 과정임을 알 수 있었는데 특히 아내들의 반응에 따라 남편들은 변화 수준에서 차이를 경험하였다. 남편들이 변화를 하는 과정에서 겪는 어려움에 대해 가족치료자는 적절한 개입을 통하여 치료의 목표를 달성해 가고 있었는데 남편들의 변화 단계에 따른 아내들의 반응 그리고 치료자의 개입방법을 도식화하면 〈표 15-5〉와 같다.

상담 초기 단계에서 남편들은 분화의 필요성에 대해 인식하지 못하거나 부정하는 모습을 보였다. 이에 치료자는 '유사 사례 제시' '더 큰 문제 예견' '직면하기'라는 개입방법을 활용하여 남편들의 전인식 단계를 인식 단계로 나아가게 하였다. 이때 특히 유용하게 활용된 방법은 유사 사례 제시로서 누적된 고부갈등으로 인해 이혼이나 자녀의 신체화 증상이 나타난 다른 상담 사례를 듣게 함으로써 남편들로 하여금 현실적인 상황 파악이 이루어지도록

〈표 15-5〉 분화 단계에 따른 남편들의 변화과정과 아내들의 반응 과정 및 치료자의 개입방법

| 분화 단계 / 대상 및 개입방법 | 분화 전인식 | 분화 인식 | 분화 시도 | 저항 | 분화 유지 |
|---|---|---|---|---|---|
| 남편 | -원가족 대변<br>-배우자와 의논 없는 일방적 결정<br>-아내에게 우회적으로 불만 표시<br>-아내에게 신체적 폭력을 가함<br>-원가족과의 관계 단절에 대한 두려움<br>-부모에 대한 연민과 죄책감 | -자기반성을 시작<br>-원가족(시댁) 관련한 대화 자제<br>-아내 무시하는 표현방식 인식 | -부모에게 아내 입장 대변<br>-여전히 원가족을 대변하려는 예전 습관이 나오기도 함 | -자신의 변화에 대해 인정해 주지 않는 아내에게 서운한 감정을 가짐<br>-자신이 변화한 만큼 아내도 변화해 주고 기다려 주기를 희망함<br>-새로운 시도를 하게 된 것에 대해 낯설고 불편한 감정을 경험함 | -아내를 무시해 왔던 표현방식을 반성함<br>-아내가 원가족(시댁)과 거리를 두는 것을 수용하고 도와줌<br>-아들 역할보다 남편의 역할에 더 충실하고자 노력함 |
| 아내 | -신체적 증상 보임(우울증 등)<br>-배우자와 상의 없이 시댁과 거리 둠<br>-남편에게 우회적으로 불만 표시<br>-남편과 대화 단절 | -여전히 시모의 이중적 태도에 대한 불만이 있음<br>-남편이 처음 시도해 보는 분화에 대한 노력을 인정함 | -시모의 고마운 부분도 있었음을 인정함<br>-시동생의 용돈을 미리 챙기면서 잘해 주려고 노력함<br>-자신의 역기능적 의사소통방식에 대해 반성함<br>-시부모에 대한 이야기에 대해 여전히 민감한 반응을 하기도 함 | -남편의 변화에 대해 만족하지 못하여 또 다시 갈등을 유발시킴<br>-남편이 조금 더 빠른 속도로 변화하기를 재촉함 | -남편의 변화를 지지하고 어려움을 공감하게 됨<br>-남편의 변화를 인정하고 고마움을 표시함<br>-여전히 남아 있는 두려움과 불만이 존재하기도 함 |
| 치료자의 개입방법 | 분화에 대한 내담자의 통찰을 도움<br>-유사 사례 제시<br>-더 큰 문제를 예견함으로써 변화에 대한 동기를 부여함<br>-직면을 통해 현실을 직시하게 함<br>치료적 동맹관계를 형성함<br>-자기노출을 함으로써 치료자 자신을 사용함<br>-아내 입장을 대변해 줌으로써 남편으로 하여금 분화를 시도할 수 있는 동기를 부여함 | | -새로운 의사소통방식의 지도에 중점을 두어 부부체계를 강화하기 위한 직접적 개입<br>-분화를 시도하는 남편의 변화를 지지, 격려하는 치료적 동맹관계를 형성함 | 치료적 동맹관계 형성<br>-남편 입장을 대변해 줌으로써 아내가 남편이 보이는 저항을 이해하고 부부가 함께 극복할 수 있도록 개입함 | 치료적 동맹관계 형성<br>-남편의 변화에 대한 지지와 격려를 지속함<br>-변화가 힘든 과정임을 이해하고 공감해 줌 |

도왔다. 또한 내담자가 전인식 단계에 머무르고 있다는 것은 일종의 치료에 대한 저항이나 두려움을 내포하는 것이기에 치료자는 '자기노출'이라는 방법을 활용하여 치료적 동맹관계를 맺음으로써 정서적 공감과 라포 형성을 시도하였는데 이는 남편들이 치료자를 신뢰하고 치료자와 공감대를 형성하는 데 유용하게 기능하였다. 이러한 단계를 거친 후 분화의 필요성을 인식한 남편들은 분화를 시도하게 되었는데 이때 치료자는 남편들이 보여 주는 작은 변화에도 많은 지지와 격려를 해 줌으로써 새로운 변화의 지속과 유지, 확대가 이루어질 수 있도록 개입하였다.

새로운 변화를 시도한 남편들에게 부모에 대한 죄책감 등 여러 가지 혼란이 생기면서 다시 뒤로 회귀하는 과정인 저항 단계가 찾아왔다. 그리고 이 단계에 큰 영향을 준 요인은 아내들의 반응이었는데 〈표 15-5〉에 제시된 바와 같이 남편에게 더 큰 변화를 요구하거나 작은 변화에 만족하지 못하고 조금 더 빠른 속도의 변화를 요구하는 상호작용이 일어났기 때문이었다. 이때 치료자는 남편 입장을 대변해 줌으로써 아내에게 변화의 속도를 늦추는 것이 필요함을 전달하고 뒤로 회귀하는 과정에 있는 남편과 치료적 동맹관계를 더욱 강하게 형성하면서 저항 단계를 극복하고 분화를 계속적으로 유지할 수 있도록 도왔다. 끝으로 치료자는 전 단계에 걸쳐 '새로운 의사소통방식의 지도'를 시도하였는데 이는 남편들이 원가족, 특히 자신의 어머니와의 밀착된 관계에서 벗어나 아내와의 친밀한 관계를 경험하는 것에 주된 초점을 두었기 때문에 그에 대한 구체적인 개입방법으로 새롭고 기능적인 의사소통방식을 우선적으로 시도해 봄으로써 궁극적으로는 부부관계에 긍정적 영향을 주었음을 알 수 있었다.

## Ⅵ. 결론

본 연구에서는 고부갈등을 겪고 있는 남편들의 사례를 통하여 고부갈등에 대처하는 남편들의 태도 유형, 분화 단계에 따른 남편들의 변화과정과 아내들의 반응과정 그리고 분화를 시도하는 과정에서 겪는 남편들의 어려움에 대한 치료자의 개입방법을 살펴보았고 그에 대한 내용은 다음과 같다.

첫째, 고부갈등에 대처하는 남편들의 태도로 내 가족 편들기, 전통적인 효 사상 고집하기, 아내 공격하기의 3가지 상위범주가 도출되었는데 미분화로 인한 원가족 입장 대변, 장남이라는 출생순위가 주는 특성으로 인한 전통적인 효 사상 고집, 역기능적 의사소통방식으로 인한 아내 공격이 고부갈등에 대처하는 남편들의 태도였다. 이와 같은 결과는 고부관계에 영향을 미치는 요인들을 연구한 선행연구들과도 일치하였다(김현주, 2001, 박경란, 이영숙, 2006, 김밀양, 2004, Benson, Wilson, & Demo, 1993).

둘째, 분화를 시도하는 남편들의 변화 과정은 분화에 대한 전인식, 분화에 대한 인식, 분화를 시도하기 전 저항, 저항 극복과 분화 시도, 분화 시도 후 저항, 저항 극복과 분화 재시도 및 분화 유지라는 단계를 거치고 있음을 알 수 있었다. 이는 변화를 경험하는 과정이 결코 쉽지 않음을 보여 주는 결과이며 또한 유교적 효 사상과 가부장적인 사고방식이 여전히 남아 있는 과도기적 단계에서 분화를 새롭게 시도해야 하는 남편들은 혼란과 어려움을 겪을 수 있으며 가치관의 전환에 따른 상실감 및 낯설음과 같은 부정적 감정을 겪을 수 있다는 것을 의미한다. 따라서 박소영(2008)이 그의 연구에서 강조한 바와 같이 고부갈등에 대한 힘든 상황을 효과적으로 이겨낼 수 있는 남성들의 교육과 상담 프로그램이 필요함을 시사하는 결과였다.

셋째, 분화를 시도하는 과정에서 겪는 남편들의 어려움에 대한 가족치료자의 개입방법으로 분화에 대한 내담자 통찰 돕기, 새로운 의사소통방식의 지도, 치료적 동맹관계 형성의 3가지 상위범주가 도출되었다. 본 사례의 주 내담자가 남성이었고 가족치료자 역시 동성이었던 점과 고부갈등으로 인한 어려움을 겪었던 공통된 경험이 있었던 점을 고려한 자기노출과 치료적 동맹관계 형성은 높은 치료효과가 있었던 것으로 보인다. 이러한 점에서 가족치료를 할 때 '치료자 자신'의 사용은 의미 깊고 효과적인 치료적 도구가 될 수 있을 것으로 보이며 또한 남편들이 분화과정에서 어려움을 경험하거나 저항을 보일 때마다 가족치료자는 확고한 태도를 보이고 있었는데 이러한 가족치료자의 태도는 남편들로 하여금 확신을 가지고 가족치료의 모든 과정을 마칠 수 있는 계기가 될 수 있었다.

본 연구에서 설정한 연구질문 3개를 통하여 고부갈등을 경험하는 남편들에 대한 효과적인 가족치료적 개입의 틀을 도식화할 수 있었는데 이는 아직까지 이와 관련된 교육이나 상담 프로그램이 미비한 실정에서 매우 큰 의의가 있는 결과라고 할 수 있겠다. 그렇지만 연구는 두 쌍의 부부만을 대상으로 했기 때문에 고부갈등을 겪는 모든 부부에게 일반화시켜 적용하기는 어려운 면이 있다. 따라서 본 연구자는 고부갈등에 대한 다양한 연구를 통하여 본 연구결과와의 유사성 또는 차별성이 있는 연구결과가 나오기를 기대한다.

끝으로 두 사례가 가지는 차이성에 따라 가족치료자가 시도했던 다양한 접근법에 관해 설명함으로써 각 사례마다의 다양성에 가족치료자가 민감하게 반응하는 것이 치료의 효과를 더욱 극대화시킬 수 있음을 시사하고자 한다. 고부갈등으로 인해 이혼의 위기까지 겪고 있는 두 사례는 상담 의뢰 동기, 남편과 남편 가족 간의 밀착된 경계선 유지 등에 있어 유사성을 가지고 있지만 의사소통방식 수준, 고부갈등 외 부부갈등을 유발시키는 다른 요인의 존재에 있어서는 중요한 차이를 보이고 있었다. B 사례의 경우, 고부갈등 문제에 있어서는 감정적 대처와 대응 그리고 혼란이 있어 왔지만 기타 다른 문제에 대해 부부는 모두 대체적으로 높은 수준의 의사소통방식을 가지고 있었는데 자신의 입장을 명확하게 전달하고 감정표현이 솔직하며 타인의 의견과 입장에 대해 수용적인 태도를 가지고 있어 기능적인 의사소통이 원활하게 이루어 왔다는 강점이 있었다. 이는 치료 목표 달성에 있어 긍정적인 영향을 주는 강점으로서 내담자의 높은 이해력과 수용력은 치료 시간을 단축시키는 요인이 되었음을 알 수 있었다. 반면 A 사례에서 특히 아내의 경우, 표현력 미비, 대화 초점의 분산으로 인해 각 회기마다 긴 시간이 할애되고 있었다. 가족치료자는 아내의 설명과 표현이 정확하지 않게 전달될 때마다 "그 부분을 다시 한 번 말씀해 주시겠어요?"라는 질문을 반복함으로써 의사소통이 정확하게 이루어질 수 있도록 도왔고, 대화의 초점이 분산될 때마다 원래 하고자 했던 질문을 다시 한 번 해 줌으로써 초점을 환기시켜 주는 역할을 반복하였다. 그리고 이 사례의 부부는 평상시 아내가 남편에 대해 지나친 간섭을 하고 있었는데 이는 아내의 원가족 경험과 밀접한 관련이 있는 상호작용 패턴이었다. 알코올중독자이며 경제적으로 무능했던 친정아버지에 대해 친정어머니가 심한 통제와 간섭을 해 왔던 경험으로 인해 아내 역시 이를 남편에게 재연하고 있었다. 가족치료자는 이에 대해 아내가 인식하고 남편에 대한 지나친 간섭과 통제를 견제할 수 있도록 돕는 부부상담을 2회기 더 추가하여 진행하였으며 아내의 이해를 돕기 위해 관련된 서적을 추천해 줌으로써 상담이 조금 더 빠른 속도로 진행될 수 있도록 하였다. 그리고 학력에 대한 열등의식이 높았던 아내를 위해 유머의 활용, 지지와 격려하기 등의 정서적이고 편안한 관계 형성을 돕기 위한 비지시적 접근을 자주 사용하고 있음을 알 수 있었다. 유사한 문제를 가진 사례에게 동일한 치료적 준거틀을 적용하여 가족치료를 진행하지만 각 사례가 가지고 있는 고유한 특성을 감안한 가족치료자의 다양한 접근법은 내담자의 고유성과 독특성을 반영해 줌으로써 치료의 효과를 더욱 높일 수 있는 방법이 되고 있음을 알 수 있었다.

## : 참고문헌


고정자, 김갑숙(1993). 고부관계 연구에 대한 고찰. 한국가정관리학회지, 11(1), 235-247.

김밀양(2004). 고부관계연구에 대한 이론적 고찰. 한국가족관계학회지, 9(2), 173-187.

김영애(2000). 가족체계 이론으로 본 고부갈등과 대처전략. 연합신학대학원, 2, 41-56.

김현주(2001). 장남과 그의 아내. 서울: 새물결.

김혜숙(2008). 가족치료 이론과 기법. 서울: 학지사.

남세진(1991). 체계 이론에서 본 고부갈등. 서울대사회복지연구소, 3(1), 1-17.

박경란, 이영숙(2006). 여자 대학생의 시어머니에 대한 고정관념. 한국가정관리학회지, 24(1), 1-9.

박부진(1981). 한국농촌가족의 고부관계. 한국문화인류학, 7, 13-26.

박소영(2005). 며느리들의 시어머니와의 관계 경험에 관한 연구. 숭실대학교 대학원 석사학위논문.

박소영(2008). 고부관계에서 남성의 경험에 관한 연구. 숭실대학교 대학원 박사학위논문.

박태영(2001). 가족치료 이론의 적용과 실천. 서울: 학지사.

박태영(2006). 성폭행으로 인하여 우울증과 폭식장애를 경험하고 있는 여대생에 대한 가족치료 사례연구. 임상사회사업연구, 3(3), 69-108.

박태영, 김혜선(2008). 가족치료 과정에서 발생한 내담자 부모의 저항에 대처하는 치료자의 개입방법에 관한 연구. 한국가족복지학, 13(4), 5-25.

배선희(1997). 맏며느리의 고부관계 인식: 도시지역의 계급별 사례를 중심으로. 경희대학교 대학원 박사학위논문.

배선희, 김순옥(2001). 기혼남성의 고부관계 인식: 장남역할 남성을 중심으로. 한국가정관리학회지, 19(6), 51-66.

성명옥, 이혜자(2002). 시어머니가 지각하는 고부갈등이 제 가족관계에 미치는 영향. 노인복지연구, 20(4), 185-206.

송현애, 이정덕(1995). 시부모 부양 스트레스에 관한 연구. 한국가정관리학회지, 13(3), 115-123.

이광규(1975). 한국가족의 구조분석. 서울: 일지사.

이광규(1981). 한국가족의 심리문제. 서울: 일지사.

이규태(1992). 한국 여성의 의식구조. 서울: 신원.

이기백(1989). 새 한국 역사. 서울: 일조각.

이동원, 김현주, 최선희, 함인희, 김선영(2002). 한국가족의 현주소. 서울: 학지사.

정희순(2006). 한일 양국 가족주의 가치관의 변화 연구. 일어교육, 38, 403-425.

최샛별, 이명진, 김재온(2003). 한국의 가족 관련 사회정체성 연구. 한국사회학, 37(5), 1-30.

최재율(1983). 현대가족의 가족문제와 가족윤리에 관한 연구. 전남대학교 논문집, 28, 51-68.

한국여성정책연구원(2005). 2005년 국내여성동향. www.kwdi.re.kr.

Benson, M. J., Wilson, S. M., & Demo, D. H. (1993). Family of origin influence on late adolescent romantic relationships. *Journal of Marriage and the Family*, *5*, 663-672.

Bowen, M. (1966). The use of family therapy in clinical practice. *Comprehensive Psychiatry*, *7*(5), 345-374.

Charmaz, K. (2006). *Constructing grounded theory: Practical guide through qualitative analysis*. Thousand Oaks, CA: Sage.

Chung, H. (1992). *Effects of conflict with mothers-in-law on psychological well-being and marital adjustment among Korean daughters-in-law*. Unpublished Manuscript. University of Texas Women's.

Glesne, C. (1999). *Becoming qualitative researchers: An introduction*. New York.: Longman.

Goldenberg, I., & Goldenberg, H. (2001). *Family therapy: An overview* (5th ed.). Pacific Grove, CA: Brooks/Cole.

Kim, Y. A. (1991). *Han: From Brokenness to Wholeness-A Theoretical Analysis of Korean Women's Han and a Contextualized Healing Methodology*. Unpublished Manuscript. University of Claremont.

Limary, H. B. (2002). *The Mother-in-Law/Daughter-in-Law dyad: Narratives of relational development among in-laws*. Unpublished Manuscript. University of New Mexico.

Miles, B. M., & Huberman, A. M. (1994). *Qualitative data analysis*. Thousand Oaks, CA: Sage Publication.

Minuchin, S. (1975). *Family and Family Therapy*. Cambridge: Harvard University Press.

Patton, M. Q. (2002). *Qualitative research & evaluation methods*. Thousand Oaks, CA: Sage Publication.

Prochaska, J. D., & Norcross, J. C. (2002). *Systems of psychotherapy: A transtheoretical analysis* (5th ed.). New York: Brooks/Cole.

Strauss, A., & Corbin, J. (2001). *Basics of qualitative research: Techniques and procedures for development grounded theory*. Thousand Oaks, CA: Sage.

Thomas, M. B. (1992). *An Introduction to Marital and Family Therapy*. New York: Merrill.

Watzlawick, P., Weakland, J., & Fisch, R. (1974). *Change: Principles of problem formation and problem resolution*. New York: Norton.

Weakland, J. H. (1993). Conversation-but what kind? In S. Gilligan & R. Price (Eds.), *Therapeutic conversations*. New York: Norton.

# 남편의 원가족과 갈등을 겪는 부부들의 가족치료 사례연구*

박태영 · 김혜선 · 김태한

본 연구에서는 부부갈등에 영향을 미치는 특성들, 치료자의 개입방법, 그리고 가족치료 후 가족관계의 변화를 살펴보고자 한다. 본 연구는 연구자에게 가족치료를 의뢰한 부부 중 시댁과 관련하여 부부갈등을 경험하고 있는 3쌍의 부부상담사례에 대한 축어록을 중심으로 분석하였다. 상담 시 부부들의 연령분포는 29세부터 38세였고, 아내들은 모두 전업주부였으며, 세 사례는 개인상담과 부부상담을 포함하여 7회에서 10회의 상담이 진행되었다.

본 연구는 사례 내 그리고 사례 간 분석을 하는 과정에서 개방코딩방법을 사용하여 지속적인 비교분석을 실시하였고 결과를 보여 주기 위하여 Miles와 Huberman이 제시한 매트릭스와 네트워크 디스플레이를 사용하였다. 본 연구결과 부부갈등의 특성으로는 개인의 가치관의 상충과 부부간의 서로 다른 원가족의 특성이 나타났다. 개인의 가치관의 상충에는 가부장적 유교문화, 전통적인 가치관으로서의 집단 중심적 문화, 평등적 문화, 현대가치관으로서의 개인적인 문화 그리고 역할의 혼란이 나타났다. 원가족의 특성으로는 엄격한 가족규칙, 자녀에 대한 강한 애착, 남편의 원가족에서의 비난형 의사소통, 자녀에 대한 존중, 어머니의 역할의 강화, 부인의 원가족에서의 폭발형 의사소통방식이 나타났다.

* 제16장은 한국가족관계학회지(2010) 제15권 3호, 43-66페이지에 게재된 논문을 일부 수정한 것임.

치료자의 개입방법은 개입관점과 개입기법으로 나뉘었고, 개입관점에는 원가족과의 관계성 파악, 의사소통방식의 특성에 대한 분석이 포함되었고, 개입기법으로는 교육적 접근, 경험적 근거 활용, 지지적 태도, 중재자 역할, 역할 모델, 홍수기법이 사용되었다. 본 연구의 분석 결과 부부들이 일련의 가족치료 과정을 거치면서 부부간의 가치관의 절충점을 찾고, 원가족의 특성을 넘어선 부부체계를 형성하는 변화가 나타났다.

# I. 서론

고부 혹은 시댁과 며느리 간의 갈등관계는 고문(古文)에서도 등장(김정숙, 김태현, 1997; 김용찬, 2005)할 정도로 결혼제도가 생겨난 이후 현재까지 지속되고 있는 오래된 가족의 특징이다. 현재 한국 사회는 조선시대를 풍미했던 부부유별, 삼종지도, 칠거지악 등 여성을 예속적이고 비인격적 존재로 여겼던 가부장적 가치관과 개인주의, 남녀평등으로 대변되는 현대화된 가치관이 혼재되어 있다(신수진, 최준식, 2002; 한국여성개발원, 2001). 이러한 가치관의 혼재는 가족관계에도 영향을 미쳐 가부장적인 유교적 가치관에 익숙한 부모 세대와 현대적 가치관을 가진 자녀 세대 간 갈등의 원인이 되고 있다(이기동, 2008).

그런데 세대 간 가치관의 차이는 결혼을 통해 맺어진 시/처부모-며느리/사위 관계에서도 나타나게 되는데, 부모-자녀의 관계에서 드러나는 것과는 또 다른 형태로 나타나고 있다. 즉, 세대 간 가치관의 차이는 결혼을 통해 나타나는 부부의 개성 차이, 원가족의 문화 차이, 의사소통 방법의 차이 등과 상호작용을 일으키면서 부모-자녀 간의 세대차에서 나타나는 것보다 더 다양한 역동을 발생시키게 되는 것이다(신수진, 최준식, 2002). 결혼이란 두 남녀가 그들의 원가족 문화를 넘어선 새로운 가족체계를 형성하는 것이지만, 남편과 아내는 원가족과 별개의 존재가 아니라 원가족 문화의 일부(남순현 외, 2005)이며 이들은 각 원가족의 문화에 젖어 행동하게 된다. 특히 결혼의 초기 단계는 이제 막 결혼을 통해 가정을 이룬 두 남녀뿐 아니라 기존 가족체계 내의 성원 간 역할과 과업의 재조정 및 서로 다른 원가족 문화의 교류가 이루어지는 시기다(Cater & McGoldrick, 1989).

결혼으로 발생하는 다양한 역동과 가족체계의 재조정은 언어적 · 비언어적인 의사소통 방법을 통해 이루어지게 되는데, 이 과정에서 순환적이고 기능적인 의사소통으로 상호 조정하면 가족 간 이해가 깊어지면서 관계가 더욱 돈독해지고 발전적인 가족관계를 형성해 갈 수 있으나, 그렇지 못할 경우 부부 혹은 가족성원 전체에 긴장과 갈등이 발생하기도 한다(김혜정, 2008; 박태영, 김태한, 2008; 이두원, 2009). 친밀한 관계로 형성되어야 할 가족이 오히려 말로 더욱 빈번히 상처를 받을 수 있는데(김재원, 2001), 가족 간의 의사소통 중 불만스런 표현이나 역기능적인 대화방법이 지속되면 가족체계의 재조정이 어려울 뿐 아니라, 새로운 가족관계가 형성되는 결혼초기의 시기에 오히려 가족관계가 악화되거나 단절되어 부정적인 결과를 초래하게 될 수도 있다(김혜정, 2008; 박태영, 김태한, 김혜선, 2009; 박태영, 김혜선, 2008; 최혜연, 민경환, 2005; Canary, Cupach & Serpe, 2001).

가족체계 내 성원 간 역할 재조정 과정에서 가장 많은 스트레스를 받는 관계는 아들/남편을 사이에 둔 고부 혹은 남편의 원가족과 며느리의 관계로 이들 간의 의사소통에는 단순한 언어적 표현 이면에 매우 다양한 의미를 함축하고 있는 경우가 많아 상호간에 경험하는 스트레스가 큰 것으로 나타나고 있다(박경란, 이영숙, 2003; 성명옥, 이혜자, 2002; 이혜자, 2003). 시어머니 혹은 남편의 원가족과 며느리의 관계는 비단 가족 일부의 문제로 그치는 것이 아니라 가족성원 전체에게 영향을 끼치는 중요한 문제(성명옥, 이혜자, 2002)라고 보고되고 있으므로 남편 원가족과 부부들이 경험하는 갈등의 원인을 파악하고 이에 대한 효과적인 개입방법을 연구하는 것이 필요할 것으로 생각된다.

본 연구에서는 고부관계 혹은 시댁가족과 며느리의 관계뿐만 아니라 '남편의 원가족과 부부'의 관계를 살펴보고자 하는데, 왜냐하면 가족관계는 특정 인물에 의해 형성되는 것이 아니라 가족체계내의 역동에서 발생하는 것으로 그 과정에서 의사소통의 방식에 따라 가족관계의 방향의 결정되기 때문에(박태영, 2003), 보다 다양한 관점에서 가족성원 전체의 관계를 살펴보기 위함이다. 시어머니 혹은 남편의 원가족의 갈등은 며느리뿐 아니라 부부가 함께 갈등을 경험하거나 부부관계에까지 영향을 미치는 경우가 많다(박태영, 김태한, 2008; 성명옥, 이혜자, 2002). 따라서 본 연구에서는 고부관계를 넘어서 결혼을 통해 맺어진 부부와 남편의 원가족과의 가족관계에 대해서 살펴보고자 한다.

지금까지의 선행연구들을 살펴보면, 남편(배선희, 김순옥, 2001)이나 아내(박경란, 이영숙, 2003; 박소영, 박태영, 2008; 배선희, 1997), 시어머니(이혜자, 2003) 등 가족성원을 개별적 대상으로 연구한 논문이나, 드라마상의 고부관계를 분석한 연구(김혜정, 2008), 고부관계 향상을 위한 프로그램개발연구(이정연, 2002; 이정연, 정혜정, 장진경, 1996) 등이 있다. 선행연구들의 결과물이 매우 의미는 있으나, 가족성원 중 일부만 다루었거나 근거자료가 허구적이라는 데 한계를 가지고 있다고 밝히고 있다. 따라서 본 연구에서는 기존 연구에서 여러 제약상 다루지 못했던 전체의 가족성원을 연구대상으로, 가족문제에 대한 가족성원의 다각적 입장을 수렴한 시각에서 원가족과 부부 간의 가치관의 차이점과 가족체계 재조정 및 가치관 차이를 조정할 수 있는 표현방식인 의사소통방식에 어떤 특성을 보이고 있는지를 파악하고, 치료자가 이들 가족의 문제에 개입하고 있는 치료적 관점 및 개입방법과, 치료자의 개입으로 남편의 원가족과 갈등을 겪고 있는 부부들에게 어떠한 변화가 나타나고 있는지 살펴보고자 한다.

## Ⅱ. 선행연구

### 1. 부부와 원가족의 의사소통

Bowen은 가족을 체계적 존재로 개념화하고 모든 가족성원이 상호영향을 미치는 하나의 정서적 단위로 보고 있다. 이에 각 개인은 원가족으로부터 많은 영향을 받고 있으며, 특히 부모와 자녀 사이의 미분화된 정서적 관계는 가족갈등을 일으키게 된다고 설명하였다(남순현 외, 2005; Friedman, 1991; Papero, 1995; Goldenberg & Goldenberg, 2007). 이러한 개념을 바탕으로 진행된 다수의 선행연구들은 원가족이 부부의 결혼생활에 긍정적 · 부정적 영향을 미치고 있다고 하였다(김태헌, 김경자, 2004; 전영주, 2007; 조성경, 최연실, 2007; 하상희, 2008).

원가족으로부터 각 개인이 받게 되는 영향은 정서적 · 심리적 영역에서 자아미분화와 삼각관계로 나타나기도 하지만(남순현 외, 2005; 하상희, 2008), 겉으로 드러나는 의사소통 영역에도 나타나게 된다(박태영, 2003). 가족 간 의사소통은 가족기능을 건강하게 유지하고 가족성원들이 행복한 생활을 영위하는 데 매우 중요한 요소이지만(Baek & Kwon, 2004), 때로 가족들은 미분화로 발생하는 불안을 다스리기 위해 생겨난 삼각관계를 유지하기 위해 혹은 가족 내 문제를 해결하기 위해 기존에 시도했다가 실패했던 역기능적인 의사소통방법을 계속 적용하는 경우가 있다(김계하, 양경미, 2008; 김영희, 안상미, 2008; 이영분 외, 2008). 이것은 원가족에서의 경험 차이로 갈등을 경험하고 있는 부부의 갈등을 더욱 심화시키는 요인이 될 수도 있다(Olson & Hawley, 1992; 박경, 2002). 원가족에서 의사소통이 어려웠던 사람들은 결혼 후에도 부부관계 혹은 부모-자녀관계에서 의사소통에 어려움을 겪게 되고(Johnson & Jacob, 2000), 이때 사용하는 의사소통의 패턴은 대부분 그들의 원가족에게서 영향을 받는 경우가 많다(박태영, 김태한, 2008; 장미희, 전원희, 2008). 최근의 연구에서는 의사소통은 가족기능에 큰 영향을 미치는 요소이므로 가족기능에 문제가 발생할 경우 의사소통 변화가 우선되어야 함이 강조되고 있다(장미희, 전원희, 2008).

## 2. 한국 가족구조의 특성

한국의 사회는 물론 가족체계에는 유교문화를 근간으로 한 가부장제, 우리주의, 가족주의가 강하게 남아 있다. 남성이 권력을 가지는 지배구조인 가부장제, 개개인인 것 같지만 그 본질은 하나라는 우리주의와 자녀와 부모는 구별된 개체가 아니며 하나라는 가족주의(이기동, 2008)는 한국의 가족체계에 많은 영향을 주고 있다.

아버지와 아들이 가정의 중심이 되고 가족 내 다른 관계는 이들을 중심으로 형성되는 가부장제 속에서 며느리는 남성 가족의 일원으로 편입되어 가족의 위계서열상 가장 낮은 위치를 점하게 된다. 가족 내에서 권위와 권력을 얻는 방법은 아들을 출산하는 것이고 시어머니는 아들을 출산한 공적이 있는 존재로, 그 권력을 며느리에게 행사하는 것이다(고정자, 김갑숙, 1993; 송성자, 2001; 이혜자, 2003; Kim & Ryu, 2005). 따라서 결혼한 여성은 남편의 원가족 내에서는 자신의 요구나 개성을 존중받기 어려운 경우가 많고, 가족 내에서 존재감을 갖기 위해서는 아들을 출산하는 것이 가장 중요한 일인 것이다. 며느리들의 스트레스에 대한 연구결과에서 이를 뒷받침하고 있는데(박경란, 이영숙, 2003), 자신들의 생활습관을 존중받지 못하는 것에 가장 큰 스트레스를 받는 것으로 나타나고 있다. 배선희와 김순옥(2001)은 아들로 인해 권력을 얻게 된 시어머니와 아들과 사랑해서 결혼하게 된 며느리는 아들을 사이에 둔 불편한 관계가 되는 것이고 실제 기혼남성들도 둘 사이를 경쟁관계로 보고 있다고 하였다.

가족은 하나라는 우리주의와 가족주의의 영향은 한국의 부모와 자녀의 친밀성이 높고 경계선이 밀착된 특성을 나타나게 하였다(엄예선, 1988). 아들에 대한 간섭은 결혼 후까지 이어지며 이것은 어머니의 권리이자 의무이고, 사랑과 관심의 표현이라고 생각하기도 한다(배선희, 김순옥, 2001; 송성자, 2001; 이혜자, 2003; Kim & Ryu, 2005). 이러한 시어머니의 과도한 관심은 며느리와의 갈등을 일으키게 되는데 이 과정에서 아들 혹은 남편은 자신이 어떤 역할을 하는 것이 좋을지 명쾌한 답을 찾지 못하는 경우가 많다. 특히 한국 남성들의 특성상 자신의 집안 문제를 밖으로 표현하는 것을 꺼려하여 TV 드라마를 통해, 혹은 오랜 결혼생활을 통해 두 사람 사이에서 자신의 태도를 조정해 가고는 있으나 그것이 실제로 며느리와 시어머니의 관계 개선에 도움이 되는 것 같지 않다고 보고하고 있다(배선희, 김순옥, 2001). 며느리와 시부모 사이에 교집합과 같은 존재인 남편/아들의 고민은 계속 존재하고 있으나 실제로 어떠한 역할을 하는 것이 효과적인지를 나타내고 있는 연구는 아직 미흡한 상태다.

# Ⅲ. 치료자의 이론적 배경

## 1. Murray Bowen의 가족체계 이론

Bowen의 가족체계 이론에서는 부모와 자녀 사이의 미분화된 정서적 관계를 중시하였으며, 이러한 관계는 가족투사 과정을 통해서 전수된다고 보았고, 치료목표는 자녀를 미분화된 가족자아집합체로부터 분화하는 것에 두었다(Friedman, 1991; Goldenberg & Goldenberg, 2007; Papero, 1995). 특히 자아분화가 낮을수록 삼각관계 형태는 심하고 관계가 중요할수록 그 형태가 강하다. 두 사람의 정서체계는 긴장이 없을 때는 안정되지만 불안이 증가하면 삼각관계를 형성하게 된다. 이때 인간관계의 갈등과 불안을 객관적으로 평가하지 못하고 제3자와의 의존적 관계(융합)를 통해 불안을 극복하려 하고 이 불안한 부부정서관계에 자녀를 끌어들여 속죄양을 만들기도 한다. Bowen은 삼각관계를 가장 불완전한 관계체계로 보았고 삼각관계가 일시적으로 불안이나 스트레스 감소에 도움은 줄 수 있으나 가족의 정서체계는 더욱 혼란스런 증상을 나타나게 된다고 주장하였다(Goldenberg & Goldenberg, 2007). 또한 자아분화가 안 된 경우에 나타나는 인간관계의 추구형은 너무 지나치게 친밀한 관계 또는 거리감을 두는 유형을 추구하는 형태를 띠게 된다(박태영, 김현경, 2004).

Bowen의 가족체계 이론의 치료 핵심은 여러 세대를 통해 반복되고 있는 가족과정과 구조를 파악하여 원가족에게서 자기분화를 높여 가족체계를 변화시키는 것으로 다세대 정서체계에 퍼져 있는 만성불안 유형에서 벗어나기 위해서는 가족원의 불안을 경감시키고 자기분화를 촉진하여 삼각관계에서 벗어나도록 하는 것이 목표다. 이에 본 연구에서 치료자는 이 이론을 근거로 남편의 원가족과 아내의 원가족의 정서적 관계를 살펴보는 것에 초점을 두었다.

## 2. MRI(Mental Research Institute)의 의사소통 이론

MRI 모델은 의사소통과 체계개념에 기반을 두고 있으며 내담자에게 나타나는 증상에 초점을 맞춘 단기치료 접근법이다. 의사소통 이론가들은 가족성원들 개인의 역사적인 분석에 초점을 두는 것이 아니라 가족체계 내에서 관찰할 수 있는 현재의 상호작용(관계)에 초점을 둔다(박태영, 2003). 치료의 목적은 내담자가 제시하고 있는 불평을 해결하는 데 그 목적이 있다(Shoham et al., 1995).

MRI 모델에 따르면, 가족의 문제는 문제를 해결하려는 가족의 시도에 의해서 오히려 유지되고 있다고 본다. MRI 모델은 문제를 둘러싸고 있는 상호작용의 과정을 강조하고 모든 행동은 다음과 같은 의사소통의 교류 가운데에서 설명할 수 있는 것으로 간주한다. 첫째, 어려움을 잘못 다루는 것이다. 둘째, 문제를 해결하려는 시도의 실패와 똑같은 문제해결방식의 계속적인 적용이다(Weakland et al., 1974). MRI 모델은 '문제'란 오랫동안 그 문제를 변화시키려고 계속해 온 바람직하지 못한 행동들로 이루어진 것으로 본다. 그러한 문제행동들이 지속되는 것은 일차적으로 사람들이 그 문제행동들을 변화시키려고 행하여 왔던 방법, 즉 사람들의 '시도된 해결책'에 있다고 본다. 또한 사람들이 자신들의 문제를 감소시키려고 시도해 온 해결책이 종종 문제를 유지시키거나 혹은 그 문제를 더욱 악화시키기까지 한다(Goldenberg & Goldenberg, 2007). 따라서 치료자의 일차적인 임무는 새로운 또는 다른 행동을 기존의 행동과 대체하거나, 본래의 문제행동을 '하찮은 문제'로 재평가하는 것에 의하여 내담자에게 지금까지 시도해 온 해결책을 소개하는 것이다(Weakland, 1993).

MRI의 단기치료센터 연구자들에 의해서 정립된 의사소통 이론은 1950년대 후반 Palo Alto에서 Bateson이 정신분열증 환자의 가족이 갖는 특성을 밝혀내는 과정에서 주창한 이중구속 이론(double bind theory)에 기원을 두고 있다. 이중구속 이론을 간단하게 설명하면 가족들이 내담자로 하여금 이러지도 저러지도 못하게 하는 역기능적인 대화를 빈번하게 함으로써 정신분열증을 유발한다는 이론이다. MRI 모델의 치료적 개입은 증상을 해결하기 위해서 이중 메시지를 차단시키고 보다 명료하게 의사소통을 하도록 돕는 것이다. 지금까지 시도해 온 성공하지 못한 방법을 명료하게 하고, 새로운 전략을 세워 이전에 행했던 방법과는 다른 방법을 수행할 때 해결이 가능하게 된다. 즉, 반복되는 행동의 연쇄과정과 행동패턴에 초점을 두며 문제행동에 대한 분석은 체계 이론에 근거하나 개입은 전략을 사용하여 상당히 실용적이고 계획된 방법을 지향한다(이영분 외, 2008). 이 이론에 근거하여 본 연구의 치료자는 남편과 아내가 각각의 원가족과 유지해 온 의사소통방식과 현재 남편의 원가족과의 문제를 해결하기 위해 시도했던 의사소통방식을 탐색하였다.

# Ⅳ. 연구방법

## 1. 연구대상

본 연구에서는 가족치료를 의뢰해 온 부부 중 남편의 원가족과 부부갈등을 경험하고 있는 3쌍의 부부상담사례를 대상으로 분석하였다. 상담 당시 부부들의 연령분포는 29세에서 38세였다. 남편들은 모두 직장생활을 하고 있었으며, 아내들은 모두 전업주부였다. 각 사례 모두 1명씩의 자녀를 두고 있었다. 부부들은 모두 초혼이었으며 7~10회에 걸친 상담이 진행되었다. 이 사례들을 상담한 치료자는 10년 이상 가족치료를 하고 있는 남성이며, 세 사례 모두 동일한 치료자가 개입한 사례다.

## 2. 연구질문

첫째, 부부갈등의 배경은 무엇인가?
둘째, 치료자는 갈등을 겪는 부부에게 어떻게 개입하고 있는가?
셋째, 부부들은 치료자의 개입 이후 어떠한 변화를 경험하고 있는가?

## 3. 연구의 엄격성

Patton(2002)은 질적 연구의 엄격성을 확보하기 위해 자료수집 방법의 삼각화, 자료원의 삼각화, 연구자의 삼각화, 이론의 삼각화 등 다양한 삼각화 방법을 제안하고 있다. 본 연구에서는 첫째, 상담 당시 치료자가 기록한 상담 메모와 이후 녹음된 자료를 바탕으로 작성된 상담 축어록을 활용하여 자료의 삼각화를 시도하였다. 둘째, 이 연구가 논리적으로 타당하며, 분석내용이 충분한 개연성을 갖는지 확인하기 위해 다양한 가족치료 이론에 근거한 이론의 삼각화를 추구하였다. 연구자와 치료자를 달리하여 연구에 대한 객관성을 확보하고자 하였다.

## 4. 윤리적 고려

본 연구에서는 연구의 윤리적 측면을 고려하여 본 상담자료를 분석하기 이전에 대상자 가족 전원에게 동의를 구하였다. 내담자 가족의 사생활보호를 위해 실명이나 신분이 노출될 수 있는 정보는 삭제하거나 가명으로 변경하였다.

## 5. 분석방법

본 연구에 사용된 자료들은 '가족치료'라는 시간적 · 공간적 경계를 가진 것으로 다양한 질적 분석방법 중 '사례연구'가 가장 적합하다고 판단하였다. 자료분석 방법은 수집된 녹음 자료에 대한 축어록과 상담 도중 기록한 상담일지와 메모를 함께 사용하여 코딩을 하였다. 코딩 단계에서 연구자는 필사된 면접자료를 줄단위로 비교하고 자료 전체를 비교하면서 분석을 하였다. 이러한 과정에서 개념을 도출하였고, 도출된 개념은 그 유사점과 차이점에 따라 범주화하는 작업을 하였다. 한편 연구자는 네트워크를 활용하여 사례의 모형을 제시하였고, 매트릭스를 활용하여 복잡한 자료들을 일목요연하게 정리하고 분류하였다(Miles & Huberman, 1994).

# V. 연구결과

## 1. 부부갈등의 배경

본 연구에 분석된 사례들의 부부갈등의 배경이 되는 원인은 크게 두 가지의 범주로 나뉘었다. 하나는 전통적 가치관과 현대적 가치관의 상충이었고, 다른 하나는 남편과 아내의 서로 다른 원가족의 특성이었다.

### 1) 가치관의 상충

본 연구의 사례들에서 모든 가족성원들은 가치관의 혼란을 경험하고 있었다. 결혼을 통해 서로 다른 두 문화(남편의 원가족 문화, 아내의 원가족 문화)가 만나면서 남편과 아내뿐만 아니라 전체 원가족 성원들이 생소한 가족문화로 인해 가치관의 혼란을 겪게 되었고, 그리고 남편들과 아내들의 개인내적으로도 가치관의 혼란을 겪고 있었으며, 대체적으로 부모 세대들이 가부장적이고 집단 중심적인 전통적 가치관을 가지고 있었다. 그래서 부모들은 부모-자녀와의 관계에서, 부부관계에서 수직적 관계를 맺고 있었고, 그것을 자녀 세대에서도 지켜 나가도록 강요하고 있었다. 부모들은 며느리를 대를 잇기 위한 수단으로 여길 뿐 아니라, 며느리들이 지금까지 형성해 온 개인적인 삶의 방식은 무시하고, 며느리는 시댁의 문화를 전적으로 수용해야만 하는 예속적인 관계임을 너무나 자연스럽게 강요하고 있었다. 따라서 부모들은 아들들이 집안의 문화를 대표하여 며느리를 '길들이도록' 요구하고 있었으며, 그것이 효의 표현이며 집안을 안정시키는 가장 중요한 요소라고 여기고 있었다. 부모들은 자신의 모든 삶이 확대가족을 중심으로 이루어져야 한다고 믿고 있었으며, 결혼한 성

〈표 16-1〉 ■ 연구대상자의 특성

| 사례구분 | | 연령 | 직업 | 결혼 연수 | 초/재혼 | 자녀수 | 상담 참여자 | 상담 횟수 |
|---|---|---|---|---|---|---|---|---|
| 1 | 남편 | 33 | 회사원 | 1년 6개월 | 초혼 | 1 | 부부 | 8회 |
| | 아내 | 29 | 주부 | | | | | |
| 2 | 남편 | 35 | 회사원<br>(박사과정 재학 중) | 5년 | 초혼 | 1 | 부부 | 7회 |
| | 아내 | 32 | 주부 | | | | | |
| 3 | 남편 | 38 | 전문직 | 1년 | 초혼 | 1 | 부부<br>남편 부모 | 10회 |
| | 아내 | 36 | 주부 | | | | | |

〈표 16-2〉 ■ 가치관의 상충

| 구분 | 범주 | 하위요소 |
|---|---|---|
| 전통적 가치관 | 가부장적 유교문화 | 며느리의 수단적 존재감, 부모와 자녀의 지배-복종관계, 여성의 인내 강요, 부모의 권위적 태도, 종속적인 부부관계, 효의 중시, 명분/체면 중시 |
| | 집단 중심적 문화 | 확대가족 중심의 생활패턴, 개인의 독립성 불인정 |
| 현대적 가치관 | 평등적 문화 | 독립적 개체로서의 여성(아내), 부모-자녀의 수평적 관계, 부부의 수평적 관계 |
| | 개인주의 문화 | 부부 중심의 생활 중시 |
| 상충하는 가치관 사이에서 발생한 역할혼란 | 역할의 혼란 | 남편-아들 역할 사이에서 균형을 찾지 못함 |

인자녀들의 삶 역시 그러해야 한다고 생각하고 있었다.

(1) 가부장적 유교문화

남편: 처음에 결혼할 때는 (며느리에 대해) 약간의 반대가 있었지만 (며느리가) 나름대로 시집에 와서 일도 잘 하고 명절 때 오면 일도 깔끔하게, 또 아들도 낳아 주었고 손자를, 그래서 아버지 어머니 입장에서는 처음에 (며느리를) 반대했던 것이 많이 완화됐어요. (사례 1, 1회기)

아내: 그날 집에 가려고 하는데 시아버님이 오셔 가지고, '니네가 자식이냐, 사람의 새끼냐? 개, 돼지 아니냐? 엄마가 저러고 있는데 어딜 가냐' 고 하면서 난리치시면서 '있으라면 있어!' 라고 하셔서 그냥 있었어요. (사례 2, 3회기)

남편: 와이프 하나 못 잡아 가지고. 나는 30년 동안 살아오면서 그런 일 없었다. '너는 임마 남자도 아니고' 그런 식으로 저한테 얘기를 참 하시는데…. (사례 1, 1회기)

(2) 집단 중심적 문화

아내: 저는 성당을 다니고 있고 저희 시어머니는 침례관가? 장로교 그쪽을 다니고 계시거든요. 종교를 바꿔야 된다, 조카도 종교를 바꿔야 된다, 시댁 어른을 따라야지, 그리고 도련님도 그렇고 시댁어른들도 다 장로교니까 종교를 바꿔야 된다, 그런 식으로 얘기를 하더라구요. (사례 1, 1회기)

아내: 결혼식하고 신혼여행이라고 이틀밖에 못 다녀왔는데 (울음) 그날 와서 하시는 말씀이 시댁에 무조건 있으래요. (중략) 무기한으로 시댁에 있으라고 하면서, 우리 집 가풍이고 풍속이라는 거예요. (사례 2, 1회기)

현대적 교육을 받은 자녀들은 부모들과는 달리 가족 내 위치와 관계없이 인간 개개인은 독립적인 개체라고 여기며 부모-자녀관계 및 부부관계를 수평적 관계로 보고 있었다. 또한 확대가족 중심 체계보다 부부 중심의 체계를 중시하는 경향을 보이고 있었다.

(3) 평등적 문화

아내: 예를 들어 제가 편입을 할 때도 아빠랑 다툼이 좀 있었는데 '너한테 재수를 하라고 했는데도 불구하고 전문대를 갔으면서 이제 와서 무슨 공부냐? 여자는 시집을 가야지' 하고 얘기를 하셨었고, 저는 안 된다, 싫다고 그냥 밀어붙였죠. (사례 2, 3회기)

아내: 제가 월급을 엄마에게 차곡차곡 줬어요. 근데 어느 순간 엄마를 안 주고 제가 통장 관리를 했어요. (중략) 엄마한테 통장 달라 했어요. (중략) 동생들도 다 자기가 통장 관리하고, 엄만 내버려두세요. 첨엔 좀 섭섭해하시다가 니네가 알아서 시집 갈 밑천 만들어야 된다 그러시죠. (사례 1, 3회기)

(4) 개인주의 문화

치료자: 어떻게 보면, 현재까지 남편이 (원가족을 떠나서) 부인한테 끌려오는 입장이 있었을 거예요.

아내: 끌려와야 되지 않을까요? 그래야 우리 가족이 살죠. (사례 2, 4회기)

아내: 아버지는 아버지고 나는 나고, 아버지 인생은 아버지 인생이고 내 인생은 내 인생이다 이런 생각이 들지요. (사례 3, 2회기)

이렇게 다른 두 가치관들 사이에서 가장 큰 혼란을 경험하고 있는 사람들은 주로 남편들이었다. 남편들은 결혼 이전에는 가족 내에서 부모의 기대에 부응하는 아들 역할만 수행하는 것으로 그쳤으나, 결혼 후 남편의 역할이 추가되었는데, 그 역할은 어떠한 가치관을 따르느냐에 따라 역할의 방향성이 매우 달라지는 특성이 내포되어 있었다. 남편의 원가족이 요구하는 아들로서의 남편은 '며느리를 길들여야 하는' 전통적 가치관에 근거하는 것으로 남편과 아내는 종속적인 관계이며, 남편은 아내를 부모에게 예속시키는 역할을 해야 하는 존재였다. 반면, 아내가 기대하는 남편의 역할은 현대적 가치관에 근거하여 부부 중심의 생활을 중시하며, 부부가 남편의 원가족에게서 보다 독립적인 존재로 자리 잡기를 원했으며, 이러한 과정에서 남편의 원가족과 갈등이 발생할 때, 남편이 부부의 입장을 남편의 원가족에게 분명히 전달하기를 원했다. 그러나 매우 상반된 두 가치관 사이에서 남편들은 이전에 경험해 보지 못한 역할을 수행하는 데 매우 혼란스러워하며 자신의 적절한 역할의 방향성을 찾지 못한 채 어려움을 겪고 있었다.

#### (5) 상충하는 가치관 사이에서 발생한 역할의 혼란

남편: 부모님께 대들어 보기도 했는데 그게 더 마이너스가 되더라구요. 그리고 결국 결혼하고 나서 부모님께 대들고 하니까 결국에는 와이프만 나쁜 여자가 되고 저도 나쁜 사람이 되고 해서 그게 좋은 방법이 아닌 것을 알았습니다.(중략) 와이프가 (본가에) 안 가는 이상 저도 안 가려고 했었는데, 제가 안 가면은 둘 다 나쁜 사람이 되지만, 저만 가면 와이프만 나쁜 사람이 되니깐 저도 연락도 안 하고 가지도 않으려고 했는데, 상황이 심각해져서 (부모님께) 말씀을 드리려고 갔는데, 제 느낌상으로는 와이프만 나쁜 사람이 된 것 같더라구요. 그런 것이 좀 안타깝고 한데, 제 입장에서는 와이프가 시댁에 연락도 안 하는 것이 이해가 안 가는 부분들이 있지만 와이프 입장에서는 극에 달하니깐 그럴 수도 있는데, 할아버지 할머니가 손자를 보고 싶어는 하고, 와이프는 힘들어하고 하니까 걱정도 되고. 남편 입장에서는 와이프만 걱정을 해야 하지 않나 싶기도 한데 제 입장에서는 부모님도 하나의 가족이고…. (사례 2, 1회기)

남편: 저희 부모님하고 집사람 사이에 갈등이 좀 많이 있습니다. 저는 아무래도 부모님의 입장을 대변하려고 하고, 집사람은 남편이 본인 편을 좀 들어 주기를 바라는데 오히려 제가 부모님 편을 더 든다고 하죠. (사례 1, 1회기)

### 2) 원가족의 특성

본 연구에서 분석한 부부들의 원가족 특성을 살펴보면 다음과 같다. 우선 남편들의 원가족은 매우 엄격한 가족규칙을 유지해 오고 있었고, 그 규칙들은 세대와 환경의 변화와 관계

〈표 16-3〉 ■ 원가족의 특성

| 구분 | 범주 | 하위요소 |
|---|---|---|
| 남편 원가족의 특성 | 엄격한 가족규칙 | 융통성 없는 가족규칙, 가족규칙 변화 불인정 |
| | 자녀에 대한 강한 애착 | 부모의 강한 애착, 자녀에 대한 소유적 개념, 자녀의 결혼생활에 개입, 부모의 희생적 역할에 대한 보상 요구, 자녀의 독립에 불안을 느낌 |
| | 비난형 의사소통 | 비난, 비하, 일방적 의사전달 |
| 아내 원가족의 특성 | 자녀에 대한 존중 | 자녀의 독립성 인정, 부모 역할에 대한 보상을 원치 않음 |
| | 어머니 역할의 강화 | 친정아버지의 경제적 무능력, 아버지 역할 수행 미흡(외도, 알코올 의존 등) |
| | 폭발형 의사소통 | 참고 지내다 한 번에 폭발적으로 표현함 |

없이 늘 동일하게 적용되어 오고 있었다. 규칙의 변화는 생각할 수도 없는 일이었으며, 가족성원들은 그 규칙을 늘 따라야 했다. 부모들은 결혼한 아들에게 매우 강한 집착을 보이고 있었고, 부모들은 아들들을 자신들의 분신이라 여겼으며, 특히 시어머니들은 아들을 양육하며 큰 희생을 치렀으므로 며느리들에게 이에 대해 큰 보상을 받기를 원하고 있었다. 아들들이 성인으로 자라 일가를 이루었음에도 불구하고 늘 그들의 결혼생활에까지 간섭하여 자녀들의 가정 모두 불화를 겪는 일도 있었다. 이 같은 내용은 선행연구에서 아들을 통해 자신의 존재감을 인정받고 싶어 하여 며느리와 갈등을 빚고 있다는 연구결과(고정자, 김갑숙, 1993; 이혜자, 2003)와 일치하는 것이라 할 수 있겠다.

한편, 남편들의 원가족 성원들은 서로를 비난하거나 상대편의 의견을 듣지 않고 일방적으로 의사를 전달하는 방식으로 의사소통을 하고 있었다. 그 과정에서 남편들은 이후 사회생활에서도 다른 사람 앞에서 의사전달을 분명히 하지 못하거나, 부모에 대한 반항으로 강하게 의사표현을 하는 부작용을 경험하고 있었다. 이러한 남편들의 비난하는 의사소통방식은 아내에게도 이어져서 아내뿐 아니라 처가를 비난하고 비하하는 내용의 의사소통방식을 사용하므로 갈등의 골이 깊어지게 하는 원인이 되기도 했다.

#### (1) 엄격한 가족규칙

아내: 남편에게 (시부모님이 사 주신 집의 설비에) 불편한 것이 있고 그러니 고쳐야 하지 않을까 했더니 대뜸 한다는 소리가 작은 며느리도 아무 소리 안 하고 살았는데 당신이 그런 소리를 하면 부모님이 용납을 못한다, 그리고 작은 며느리도 지금껏 그런 소리 하지 않고 살았다고 (남편이 저를) 일축해 버리더라구요. (사례 2, 1회기)

치료자: 지난번에 지금 이 며느리 만나기 전에 결혼 보름 앞두고 그만뒀지 않습니까? 그거

는 왜 그만둔 거예요?

아버지: 그게 4년 동안 끌어 왔어요. 그런데 우린 첫째가 뭐냐면은 예수 잘 믿는 거다, 근데 신앙이 없다 이거죠.

어머니: 불교집이에요. (중략) 그래서 제가 이건 하나님이 허락하는 며느릿감이 아니구나 싶어서 반대를 했지요. 우리 인연이 아닌 거 같다고…. (사례 3, 5회기)

### (2) 자녀에 대한 강한 애착

남편: 부모님이 집착할 정도로 저에 대한 애정이 심해요. 왜곡된 애정이라고 생각하고 싶거든요. 나의 모든 거에 간섭, 관여하고 싶어 하고 (중략) 제가 부담스러운 정도였죠. (중략) 우리 와이프도 되게 힘들었던 게 뭐냐면 저희 부모님은 일일이 하나하나 간섭을 해야지 그게 사랑인 줄 알아요. (사례 3, 2회기)

아내: 혼수문제도 마찬가지로, 예를 들면 다이아몬드 반지를 3부 5리를 했는데, 시부모님이 박사아들을 두었기 때문에 5부 이상을 받아야 되겠고, 시계도 박사아들을 두었기 때문에 오메가 이상을 받아야 된다고 해서 금시계로 바꾸었어요. (사례 2, 1회기)

### (3) 비난형 의사소통

남편: 제가 이 얘기를 왜 하냐면은 아버지 어머님이 제 심정이 어땠나를 생각해 보시라구요. (중략) 어머니 아버지가 지난번에 보니깐은 뭐 그냥 몇십 가지 서운한 거 써 놓으신 거 제가 봤는데 그런 식으로 따지면은 제가 쓸려면 쓸 게 없을 것 같아요?

아버지: 써라. 쓰면 되잖아!

남편: 아버지는 항상 태도가 이러세요. (중략) 지금도 보면은 제가 그거 서운한 거 쓰면 몇 가지 안 되겠습니까? 이 얘기를 한 거는 그거를 써서 아버님한테 이러고저러고 따지려고 말을 꺼낸 게 아니라고요, 그게.

아버지: 여기는 왜 왔나? 여기는 왜 왔어? 상담 왜 하는 거야? 이유가 뭐야? 응? 너는 지금 그때나 똑같애! (사례 3, 8회기)

아내: 제가 산후 1달 후에 시어머니가 감기몸살로 편찮으시다고 해서 갔을 때, 애 아빠가 1주일 후에 (집으로 돌아)가겠다고 했더니, 시아버님이 못 가게 하셨어요. 그런데 그때 욕을 막 하시더라구요. 그래서 애 아빠가 너무하시는 거 아니냐고, 저도 할 일이 있는데 무조건 여기에 매어 두시면 어떻게 하시냐고 그랬더니, (시아버님이) 있으라면 있지 어디서 잔말이 많냐고 남편한테도 욕을 하고 저한테도 욕을 하더라구요. 그랬을 때, 애 아빠가 꿈쩍도 못하더라구요.

남편: (중략) 제 단점이 윗사람을 대할 때 부모와 동일시되어서 위축이 되어 말을 자연스럽게 못하고, 말을 가리게 되는 그런 대인관계에 좀 문제가 있고…. (사례 2, 3회기)

아내들은 어릴 적부터 매우 존중받는 분위기의 원가족 속에서 성장해 왔음을 보이고 있었다. 부모가 자녀들의 연령 단계에 따라 적절하게 자녀들을 독립된 개체로 인정하고 부모와 자녀가 각자 자신의 주어진 역할만 하므로 부모는 자신들의 지난 역할에 대해 보상을 요구하는 것도 별로 없었고, 부모가 자신을 양육해 준 것에 대해 자녀가 과도한 부담감도 느끼지 않았다. 독특한 것은 아내들의 친정어머니들이 모두 실질적인 가장의 역할을 수행해 왔다는 점이다. 아버지들이 대체적으로 경제적으로 무능력했거나, 외도나 알코올 의존 등으로 인해 아버지 역할 면에서 미흡했기 때문에 친정어머니들의 역할 비중이 큰 편이었다. 이러한 원가족의 특성은 자녀의 부부관계에도 영향을 미쳐서 아내들이 남편에게 집착하거나 남편의 여자관계에 민감하였다. 아내의 원가족들은 대체적으로 화가 나거나 속상한 일이 있을 때 일단 참고 지내다가 이후에 한꺼번에 폭발적으로 쏟아내는 형태의 의사소통방식을 보이고 있었다. 아내들 역시 이러한 의사소통방식을 답습하여서 부부갈등 상황에서 참았다가 일시에 폭발하는 의사소통방식을 사용하고 있었다. 아내들의 참는 의사소통방식은 여성에게 인내와 순종을 강요하는 전통적 가치관의 영향을 받았음을 배제할 수 없을 것으로 보인다.

#### (4) 자녀에 대한 존중

아내: 비전이 있는 것이라면, 부모님은 언제든지 지원을 해 주는 입장이니까, (부모님이) 의견 제시는 하셨지만, 제가 하고 싶은 것을 했어요. (사례 2, 4회기)

아내: 동생들도 엄마가 처음엔 (동생들의 월급 관리) 하다가, 엄마한테 통장을 달랬어요. 동생도 (통장을) 자기가 관리하고 엄만 그냥 내버려두세요.

치료자: (엄마가) 섭섭해하시는 건 없고?

아내: 처음엔 좀 그러시다가… (중략) 내가 여지까지 했는데 이제는 니네가 알아서 해야 된다. (사례 1, 3회기)

#### (5) 어머니 역할의 강화

아내: 엄마가 아버지하고 왜 헤어지셨나면 아버지가 바람을 많이 피우셨어요. 그리고 가정을 소중하게 돌본 사람이 아니었거든요. (중략) 그러고 나서 엄마가 되게 고생하셔 가지고 기반을 잡으셨어요. (중략) 새벽 한두 시까지 일하다가 집에 와서 눈만 붙이고 또

저희 먹을 밥까지 다 차려 놓고 또 네 시, 다섯 시에 나가서 일을 하고 그렇게 굉장히 열심히 일을 하고 사셨거든요. (사례 3, 2회기)

아내: 아버지는 그냥 경비도 하시고 청소원 그런 것도 하셨긴 한데 특별히 직업이라곤…. (중략) 어머니는 지금 간병인 하세요. 그전에는 우유배달도 해 보시고요, 파출부도 나가 보신 것 같고 공장에도 나가 보셨고 (중략) 아버지가 가장으로서의 역할을 별로 안 하고 저희 엄마가 많이 하신 거거든요. (사례 1, 3회기)

(6) 폭발형 의사소통

아내: 그 감정을 저도 화가 나면 막 누르려 그래도 어느 순간 벌써 폭발한 거예요. 그게 또 아버지 성격이고, 저의 엄마도 그랬거든요. 엄마가 되게 얌전하고 말도 없고 저기 뭐야 말없이 무섭게 하시는 분이신데 한 번 그렇게 눌렸다가 폭발하면은 우리가 감당을 못하고 되게 무서웠거든요. (사례 1, 5회기)

아내: 싸울 때 저도 즉각 받아치는 스타일이 아니기 때문에 아주 한참 전에 있었던 일이지만 저는 속에 있는 말을 하고 싶은 분노가 막 있고, (중략) 제가 참는 게 내가 이 사람을 이해해 주고 싹 잊어버리고 용서해 주는 게 아니라 마음에 차곡차곡 쌓여요. 그다음에 저는 아, 도저히 이 사람은 상종 못할 사람이다 싶으면 (마음이) 탁 떠나 버리거든요." (사례 3, 2회기)

## 2. 치료자의 개입방법

치료자의 개입에 관하여는 치료자의 개입관점과 치료과정에서 사용한 치료자의 개입기법으로 나누어 살펴보고자 한다. 우선 치료자는 가족치료에 참여한 부부 각각의 원가족 및 원가족과 부부들과의 관계를 파악하고, 의사소통방식의 특성을 분석하였다. 그동안 부부들이 너무나 익숙해서 자연스럽게 생각하고 있던 원가족과의 관계, 의사소통방식을 치료자와 함께 탐색하는 과정은 부부에게 자신의 원가족과 의사소통방식에 대해 다시 생각해 보는 자극제가 되었다. 이러한 과정은 부부에게 현재 나타나고 있는 문제가 부부 개인의 문제가 아니라 가족체계 속에서 가족관계의 역동에서 나타난 결과물로 이해하게 하였다. 이를 통해 부부들은 문제와 개인을 분리하면서 죄책감이나 비난에서 벗어나 보다 자유로움을 느낄 수 있게 되었다.

〈표 16-4〉 ■ 치료자의 개입방법

| 구분 | 범주 | 하위요소 |
|---|---|---|
| 개입관점 | 원가족과의 관계성 파악 | 부모님의 부부관계 파악, 원가족에서 부모-자녀관계 파악, 부부의 형제관계 파악, 현재 가족의 부부-자녀 관계 파악 |
| | 의사소통방식의 특성 분석 | 원가족의 의사소통 특성 분석, 부부의 의사소통 특성 분석 |
| 개입기법 | 교육적 접근 | 이론(Bowen의 가족체계 이론, MRI의 의사소통 이론)에 접목시킨 설명, 관련 도서 추천, 원인과 대처방식에 대한 제시, 시도했던 방식의 변화 제안 |
| | 경험적 근거 활용 | 유사사례 제시, 자기노출 |
| | 지지적 태도 | 변화노력에 대한 격려, 강점 찾기 |
| | 중재자 역할 | 부부 상호간의 입장에 대한 대변, 생략되었던 감정 표현하게 하기 |
| | 역할 모델 | 공감하기, I-message 사용하기, 경청하기 |
| | 홍수기법 | 원가족에서 과감하게 분리하기 |

(1) 원가족과의 관계성 파악

치료자: 지금 ○○어머니가 규칙이 있잖아요. 예를 들어서 남편이 8시에서 8시 반 사이에 전화를 항상 걸게 했잖아요. 그럼 그거는 보이지 않는 룰이에요. (중략) 그런데 그건 꼭 지켜야 된다고 해서 지키게끔 강요했던 방법이 남편에게 반발심으로 강하게 나오게 한다는 거죠. 그럼 아내가 또….

아내: 저도 더 강하게….

치료자: 그게 상승작용을 불러일으킨다는 거죠. (중략) 근데 그 쓰는 방법이 혹시 어렸을 때 친정부모님이 썼던 방법이 아니냐 이거예요.

아내: 엄마….

치료자: 엄마가 그러셨어요?

아내: 예. 엄마가 시간도 그렇고, 연애하는 거에 있어서도… 그런 걸 어려서부터 압박을 줬어요, 엄마가. (사례 1, 5회기)

아내: 엄마가 아버지하고 왜 헤어지셨냐면 아버지가 바람을 많이 피우셨어요. (중략) 아버지가 저를 어디든지 데리고 가는 것까진 좋았는데 바람피우는 여자를 만날 때까지도 저를 데려갔어요. 근데 제가 되게 어렸지만 이상하고 묘한 느낌을 제가 다 인지를 했거든요. (중략)

치료자: 제가 와이프 쪽이 뭔가 좀 문제가 걸려 있구나 하고 느낀 게 있는데, (친정) 아빠의 외도 문제는 나중에 남편과의 관계에서 좀 민감해질 수 있는 부분이에요.

남편: 그 말을 듣고 보니까, 제가 조금 느끼는 건요, 제가 회식을 하고 오잖아요, 와이프 스스로도 그런 얘기(외도에 민감하다는)를 했는데 되게 그런 부분에 민감해요.

치료자: 요와 같은 경우는 아빠의 외도 모습을 보고 자란 이 따님 같은 경우는요, 남편의 외도에 대해서 굉장히 민감해져요. (사례 3, 2회기)

(2) 의사소통방식의 특성 분석

아내: 얼마 전에도 드라이브를 하는데, 남편이 갑자기 '이제 곧 김장철이지?'라고 하는 거예요. 근데 받아들이는 저는 어떻겠어요? '김장철이니까 시댁에 또 가야지'라고 밖에 더 받아들이겠어요?

치료자: 남편 분은 어떤 뜻으로 말씀하신 거예요?

남편: 그런 말을 했던 것이 기억은 나지만 그냥 별 뜻 없이 했던 것 같은데요?

치료자: 그것은 부부간의 대화방법에 있어서 사회적인, 표면적인 수준의 메시지 밑에 심리적인 메시지가 또 들어갔다는 거예요.

남편: 의도하고 다르게 그렇게 받아들일 때가 많더라구요.

치료자: 그것은 솔직한 대화가 안 되고 있다는 거예요. 그게 소위 이면교류예요. (사례 2, 1회기)

치료자: 두 분 간의 대화에 있어서 와이프는 꾹꾹 누르시잖아요. 낌새로도 알 테고….

아내: 예. 저는 눈치가 빠르고요 신랑은 되게 어리숙해요. 잘 못 숨겨요. 예를 들어서요, 지금 말씀하시니까 생각났는데 두 번 저한테 거짓말을 하고 술을 먹은 적이 있거든요? 제가 술 먹는 걸 싫어해요.

치료자: 술 먹는 게 뭐 때문에 싫었어요?

아내: 신학대 나온 사람이 왜 술을 마시는지…. (중략) 제가 술 먹는 거 싫어하고 늦게 오면 또 제가 화낼 거니까 아예 당직이라고 거짓말을 하고 온 거예요. (중략) 그래서 제가 오빠 나 기분이 이상해. 나한테 숨기는 거 없어? 이랬거든요. 그러니까 되게 당황하더라구요. 그래서 그러면 하나님한테 물어봐야 되겠네. 왜 이렇게 이상한 기분이 들지? (중략)

치료자: 와이프께서는 거의 완벽한 스타일이시잖아요. 기준이 엄격하실 테고…. 그런 자기 나름대로의 기준이 남편이 술 먹고 오는 거를 하나님의 이름을 빌려서 기도했더니 아 느낌이 이상하다 거짓말하지 않았냐 그런 심리적 메시지가 들어가고 있거든요. 신랑의 상황이 그럴 수밖에 없는데 당신 또 술 먹었냐 뭐 이렇게 민감하게 반응하면 부닥치지 않으려고 와이프를 위해 거짓말을 한다는 거죠. 그럼 또 왜 거짓말 하냐 이렇게 메시지가 들어오면 남편이 거짓말 안 하고 사실대로 말하면 또 뭐라 그러고… 거짓말 할 수밖에 없게 만들지 않냐 이거예요. (사례 3, 3회기)

이러한 관점을 기반으로 치료자는 이들 부부의 갈등을 완화하기 위해 다음과 같은 개입 방법을 적용하였다. 첫째, 교육적 접근방식이다. 치료자는 치료자의 관점과 관련한 이론을 설명하거나 관련 도서를 추천하여 읽어 보게 함으로써 부부들이 자신의 문제를 객관적으로 볼 수 있게 하였다. 또한 문제의 원인에 대해 설명하고 향후 대처방식을 제시하거나 지금까지 시도했던 문제해결방식을 변화시켜 보도록 제안하여 지금까지 감정적인 문제로 얽혀 있던 자신들의 문제를 이성적으로 바라볼 수 있도록 하였다. 둘째, 치료자의 경험적 근거를 활용하였다. 수년간의 상담사례와 치료자 자신의 가족배경 중 내담자 부부의 문제와 유사한 내용을 실례로 들면서 또 다른 시각에서 문제를 바라볼 수 있도록 도왔다. 셋째, 지지적 태도를 나타냈다. 각 성원들이 느끼는 다양한 감정에 대해 매우 공감하고, 아주 작은 변화에도 그 노력에 대해 칭찬을 아끼지 않았다. 서로에 대해 불평을 멈추지 않는 부부들에게는 배우자의 장점을 찾아 칭찬함으로써 배우자에 대한 시각을 변화시킬 수 있게 하였다. 뿐만 아니라 그러한 문제는 다른 사람들도 겪는 문제라고 설명함으로써 부부들이 문제로 인해 느끼는 심리적 압박감에서 다소 벗어날 수 있게 하였다. 넷째, 치료자는 상담과정에서 중재자 역할을 하였다. 자신의 입장을 중심으로 생각해 오던 내담자 부부에게 치료자가 대변자의 역할을 맡아 불필요한 부정적 감정은 정제된 사실만 전달함으로써 배우자의 입장에 대해 고려할 수 있는 기회를 제공하였다. 치료자가 중재하는 가운데서 부부의 대화를 유지시키므로 그간 생략되었던 대화들이 이어질 수 있게 되어 단절되었던 부부관계가 회복되는 시발점이 되었다. 다섯째, 상담 중 치료자가 부부들과 대화하는 과정 자체가 역할 모델의 효과를 나타내었다. 지금껏 경험해 보지 않았던 의사소통방식이나 공감하는 법, 경청하기, 가족 내에서의 역할 등에 대해 실제적으로 활용할 수 있는 직간접적인 역할 모델이 되고 있었다. 여섯째, 새로운 역할의 습득을 위해 홍수기법을 사용하였다. 특히 치료자는 원가족에서 분화하여 남편들이 새로 구성된 부부 중심의 체계를 만들어 가는 데 이 기법을 사용하였다. 분석된 사례들에서는 남편들이 아내보다는 자신의 부모에게 더 비중을 두고 부모의 기분을 맞추는 데 중점을 두고 있었다. 이에 대해 치료자는 남편들이 부모에게 해 왔던 아들로서의 과도한 역할을 줄이도록 한 후 남편의 역할을 습득하면서 다시 차츰 아들의 역할을 해 나갈 수 있도록 개입하였다. 이를 통해 남편들이 가장 크게 혼란을 겪어 왔던 남편-아들 역할 사이에서의 균형성을 찾아 가는 모습을 보였다.

#### (3) 교육적 접근

치료자: 요즘에 뜬 책이 뭐냐면 『누가 내 치즈를 옮겼을까』라는 책이 있어요. 보셨어요? 거기 보면 그 얘기가 그거거든요. 생쥐 두 마리하고 꼬맹이 인간 둘이 나오거든요. (중략)

주변 환경이 변해. 그런데 한 인간은 변화에 적응을 못해. 이게 지금 어머니의 상황과 맞는 거예요. (사례 1, 1회기)

치료자: 지금 ○○ 아빠는 자아분화가 안 되신 거예요. 그리고 또 (○○ 아빠의) 어머니도 자아분화가 안 되셨거든요. 자아분화라는 것이 뭐냐하면, 항상 긴장과 불안이 도사리고 있어요. 그 긴장과 불안이 결혼한 후에는 부부관계를 안 좋아지게 하고, 부부간에 대화가 안 되면 그 긴장과 불안이 다시 자녀한테 가요. 그게 공생관계라는 거예요. 어머니들의 긴장과 불안을 자녀한테 전달하는 거예요. 모든 에너지와 신경을 자녀한테 쓰면서 자기는 살아나요. ○○ 아빠도 긴장과 불안이 계속되는 것은 자아분화가 되지 않았기 때문이에요. (사례 2, 1회기)

### (4) 경험적 근거 활용

치료자: 저는 지금 이와 같은 케이스와 유사한 케이스가 너무 많아요. (중략) 여기서 인제 서운한 게 뭐냐면 많은 부모님들이 굉장히 힘들어해요. 내 자식을 내놔야 된다는 거예요. (중략) 그러지 않으면 여기서 나타나는 증상이 (우울증)이 올 수도 있고, 정신분열증이 올 수도 있고… 이거는 다년간, 제가 십여 년 동안 연구한 결과예요. (사례 3, 6회기)

치료자: 와이프가 그걸(시댁에 대해 불평하는 말) 내 부모님 내 동생 욕한다고 생각할 게 아니고 자기 속에 있는 걸 내놓는 거라고 생각해야 해요. 그런데 많은 남편들은 그걸 못 받아 줘요. 내 치부를 드러낸다고 생각해. (중략) 우리 와이프 같은 경우는 결혼해서 10년 동안 우리 어머님에 대해 부정적인 얘기를 한 번도 못했어요. 왜냐하면 내가 이 세상에서 제일 의지하는 사람은 우리 엄마예요. 그러니 와이프가 그런 얘길 하겠어요? (중략) 10년 동안 말을 못했는데, 제 처가 우리 어머니에 대해서 뭐라고 중얼대면 맞아 하면서 같이 응수해 주고 와이프 스트레스 풀게 해 주고 하니까 그제야 입을 열기 시작하더라고. '당신이 이제야 내 속마음을 이해했다' 면서…. (사례 1, 1회기)

### (5) 지지적 태도

치료자: ○○ 아빠가 괴로울 거예요. 지금 심정이. 이러지도 못하고 저러지도 못하고. 분리작업이라는 것이 힘들어요. (중략) ○○ 아빠가 이렇게 버티고 있는 것 자체가 굉장한 거거든요. 그리고 얘기하시면서 울먹이고 계시구요. 저도 이런 과정을 겪으면서 많이 울었는데…. (사례 1, 4회기)

치료자: 와이프한테 말씀하실 때, 저한테 얘기하시는 것처럼 이렇게 표현하세요?

남편: 예. 조용조용히 하죠.

치료자: 표현력이 아주 좋으신데요?

남편: 와이프도 처음 저를 만났을 때 마음에 들었다는 점이 조근조근 얘기하는 것을 좋아했고, 사회생활 할 때 부하직원하고 얘기를 할 때도 그 친구 입장에서 먼저 생각을 하고 얘기를 조근조근 하거든요.

치료자: 대인관계가 아주 좋으시겠어요. (중략) 최 선생님이 유하시고 말씀도 상대방에게 설명력 있게 잘 하시니까 (상담이) 그렇게 오래갈 것 같지 않아요. (사례 2, 2회기)

(6) 중재자 역할

치료자: (시댁에 내려갔을 때) 집에서 전화 안 하고 어머니 아버지 안 계시는 밖에서 남편이 전화하는 게 좀 못마땅하셨다는 거죠?

아내: 그랬었어요.

치료자: 그게 아직까지 남편이 내 편에 확실히 못 섰다고 생각해서 그런 거예요? (중략) 그래서 섭섭한 게 많으셨겠구나. 근데 ○○ 아빠 입장은 이해하세요?

아내: 예. 이해는 하죠.

치료자: 제가 ○○ 아빠라면, 지금 엄마 아버지가 심기가 불편하실 거 아니에요? 근데 그 안에서 와이프한테 전화하는 건 어머니, 아버지를 자극시킬 거란 거예요. 그래서 아마 불편해서도 못하셨을 거야. 제 얘기 맞아요?

남편: 예. 맞습니다. 아무래도 이게 거기서….

치료자: 그리고 혼자 명절날, 그래도 새핸데 혼자 온 거에 대해서 본인은 얼마나 부담스럽겠어요. (중략) 신경 많이 쓰신 거지. (시댁에 남편) 혼자 가신 것만 해도. (사례 1, 9회기)

치료자: 어머니가 (상담하고) 가시고 나서 아드님과 좀 회복되는 기미가 약간 느껴졌단 말이에요. 엄마하고 아드님하고 관계가 회복되면 그 여파가 와이프한테 오게 되거든요. 그러면 긍정적인 효과도 있을 가능성이 있는데, 아주 단기적으로 봤을 때는 부부관계가 또 악화될 염려가 있단 말이에요. 이 단계에서는 다 그런 과정이 있거든요. 그런데 지금 부인께 그런 어려운 점이 오고 있는 거예요. 남편이 어떻게 해 주셨으면 좋겠어요?

아내: 부모님하고 잘 지내고 그런 거는 오빠(남편)가 얘기한 게 다 맞거든요. 경제적인 거 지원하는 거나 그런 건 제가 진짜 마음이 안 좋고 그럴 때도 변함이 없었어요. 근데 신랑이 지금 이렇게 하다가 어느 정도 지내고 나면 저한테 그런 거(부모님과 관계 회복)를 요구할 거 같다는 생각이 들고요. (중략) 관계가 회복되고 나면 또 언제 그랬냐는 듯이 금방 (부모님에게) 뒤통수 맞는 일이 생긴다는 거, 그런 거를 좀 잊지 않았으면 좋겠어요. 그런 걱정이 솔직히 좀 있어요.

치료자: 그렇죠. 일단은 경제적인 거는 도와 드리는 거는 분명하다고 그러셨고, 그러나 나(아내)하고 (부모님과의) 관계에서 회복은 바라지 마라는 거죠? 남편도 일단은 동의하시나요?

남편: 저야 뭐… 부모님도 그렇고 와이프도 그렇고 같이 다 잘 지내면 더 이상 바랄 건 없죠. 그거는 뭐 말이 물을 안 먹는다는데 억지로 먹일 수는 없는데… 그거는 존중할 수밖에 없겠죠. (사례 3, 10회기)

(7) 역할 모델

치료자: 오늘 아버님하고 저하고 얘기가 일단은 계속 이어졌죠?

아버지: 예.

치료자: 아드님하고 아버님하고 대화하는 거하고, 저하고 아버님하고 대화하는 차이점이 뭐가 있다고 보세요?

아버지: 우리 아들하고 대화하면요, 답답해요 내가. 답답하고요, 내가 또 말도 하도 못하니까 아주 그냥 가슴이 더 무거워.

어머니: 이만한 거 있어요.

아버지: 걔하고 있으면 내가 항상 마음이 바빠요. 언제 내 말 좀 할까 싶어서 하는데, 걔는 지 말만 하고 됐어 하면 끝나고 말거든요.

어머니: 아버지가 말 안 하셔도 다 안대.

아버지: 다 안대요. 내 말 다 안대요. 알긴 지가 뭘 압니까? 근데 우리 교수님하고 얘기할 때는 좀 그래도 내가 좀 시원합니다. (사례 3, 6회기)

치료자: 김 선생님 처음 오셨을 때, 제가 의도적으로 뭐라고 했냐면, 어머님 아버님 얘기를 들으면서 '부모님이 악질이네요' 그랬어요. 근데 그게 그 당시의 김 선생님 감정을 좀 더 받쳐줄려고 의도적으로 한 거예요. 근데 그 순간에 만약에 김 선생님한테, '그러시면 안 됩니다, 부모님은 아주 정이 많으신 분이고 아들이 그렇게 생각하시면 안 돼요' 그렇게 했으면 그다음에 저한테 (계속 상담하러) 오셨을 것 같으세요? (중략) 저는 지금 일단 김 선생님이 열 받았을 때, 김 선생님 편을 들어버려요. 무조건. 일단은 가치판단을 안 하는 거죠. 일단 장단을 맞추자는 거지요. 근데 만약에 그건 틀렸어 맞았어 그렇게 개입을 하면 상대편은 얘기를 하다가 그 내용보다도 그(판단하는) 방식으로 더 화가 나는 거죠. (사례 3, 4회기)

(8) 홍수기법 사용

치료자: 저는 ○○아빠 가정 살리는 데 초점을 두는 거예요. 제가 지나치게 말씀드리면, 부모님하고 같이 사실 생각을 애초에 하지도 마세요. 많은 남자들이 뭐라고 하는지 아세요? '우리 부모님이 사시면 얼마나 사시겠어? 부모님 사고방식이 변하냐? 당신이 참고 살아' 그런데 안된 얘기지만, 시어머니 시아버지보다 며느리가 먼저 죽어요. 정신질환자가 되거나 암으로도 와요. (중략) 저는 어디 노선을 취하냐면 와이프 쪽으로 붙으라는 거예요. (사례 2, 1회기)

치료자: 첫 번째 결혼 보름 앞두고 파혼한 경우 있잖아요. 엄밀히 말하자면 어머니가 나서서 너하고 우리는 안 맞다, 아무리 부모로서의 권한도 있지만 저는 이렇게 봐요. 성인들은 자기들이 스스로 결정을 해야지 인제 부모들은 뒤로 벗어나야 된다고 봅니다. (중략) 어머니 아버님이 아들을 사랑한 것까지는 좋은데 나이가 들면 들수록 어머니가 좀 사랑을 접으셔야 돼요. 정을 끊으셔야 된다는 거죠. (사례 3, 5회기)

## 3. 치료자의 개입 후 남편의 원가족과 부부 간의 관계에서 나타난 변화

본 사례에서 분석한 부부들은 일련의 가족치료 과정을 거치며 남편의 원가족과 부부 간의 관계에 변화가 나타났으며, 그 변화는 부부를 포함한 원가족 성원 전체에게서 나타난 것과, 부부를 중심으로 나타난 것으로 나누어 볼 수 있겠다.

첫 번째의 변화는 그간 가족성원 간 갈등을 일으켜 왔던 내재적 배경인 상충된 가치관들이 절충점을 찾기 시작했다. 부부갈등의 가장 큰 원인이었던 효에 대해 남편들이 재개념화하게 되었다. 남편들은 결혼 이후 남편의 역할을 전통적 가치관에 근거하여 수행하지 못하는 것이 불효라고 생각하며 죄책감을 가졌으나 치료과정을 통해 이러한 죄책감이 감소하였다. 진정한 효도란 아내의 희생을 강요하며, 아내의 입장은 무시한 채, 남편의 원가족 문화에 아내를 종속시키며 남편 혼자 수행하는 것이 아니라 아내와 함께 부모에게 행하는 것이라는 것을 깨닫고 아내의 입장을 지지하기에 이르렀다. 남편들은 더 나아가 부모에게 무조건 순종하며 자신의 의견을 개진하지도 못하는 것이 효라고 생각하였으나 이제는 성인답게 그리고 적절하게 자신의 의견을 개진하는 모습을 보이고 있다. 또 다른 가치관의 절충점은 남편의 원가족들이 가족관계에 대해 다시 생각하게 된 것이다. 가족치료 과정을 통하여 며느리는 시댁가족체계의 일부 성원으로 편입되어야 한다는 관점을 매우 완고하게 주장하던 부모님의 가치관이 변화되기 시작하였다. 즉, 가족의 발달주기상 적절한 가족체계의 변화와, 지금껏 부모의 소유물로 생각했던 아들을 독립된 개체로 인정하려는 노력이 부모에게

〈표 16-5〉 ■ 가족관계에서 나타난 변화

| 구분 | 범주 | 하위요소 |
|---|---|---|
| 가치관의 절충점 찾아가기 | 효에 대한 재개념화 | 남편 역할 수행에 대한 죄의식 감소, 아내 입장 지지, 부모에게 자기주장 개진 |
| | 가족관계에 대한 재개념화 | 가족구조 변화에 수용적, 아들을 성인으로서 인정하기 시작, 아들 부부의 독립적 체계 인정 |
| 원가족의 특성을 넘어선 부부체계 형성하기 | 기능적 의사소통으로 변화 | 언행일치, 비밀이 없는 대화 |
| | 남편에 대한 아내의 신뢰 | 남편에 대한 집착 완화, 아내 자신을 위한 시간 투자, 변화의 노력 인정 |
| | 배우자에 대한 배려감 향상 | 고부갈등의 원인에 대한 재고, 배우자에 대한 존중, 고부갈등 시 아내의 입장 배려 |

서 나타났다. 더불어 부모가 반드시 관여해야 한다고 생각했던 아들 부부의 생활에 대한 간섭을 줄이고 독립적 체계를 인정하려는 노력을 기울이게 되었다.

(1) 효에 대한 재개념화

남편: 뭐 제 마음이 불편한 건 있긴 한데 그런 과정과 시간이 필요하다고 생각하기 때문에 (중략) 앞으로 집에 명절이나 이런 거 있더라도 당분간은 ○○ 엄마(부인)가 집에 가지 않고 좀 시간을 두고 그렇게 해 보겠다는 생각을 했습니다.

치료자: 근데 ○○ 아빠(남편)가 그 방어막이 되시겠어요?

남편: 제가 하지 않으면 뭐 어떻게 합니까?

치료자: 다 감당하실 수 있겠냐고요.

남편: 아! 예! 지금 그 생각이 있습니다. (사례 1, 8회기)

남편: 자아분화의 문제 파악은 했고, 나름대로 노력도 해서 어느 정도 부모님과 분리가 되었다고 생각을 합니다. (중략) 제가 궁금한 것은 저희 부모님한테 전화만 가끔 하고 갈 일 있으면 가고 하면서 그렇게 유지만 하고 있으면 되는 건가요?

치료자: 아들로서의 도리를 하시는 거죠.

남편: 아니면, 뭔가 강하게 더 얘기를 해야 하는 건가요?

치료자: 일단 와이프를 옹호하는 쪽으로 가셔야지요.

남편: 그건 갈 때마다 얘기를 하죠. 문제는 어머니는 얘기를 하면 '들어 주시는구나!' 하는 느낌을 받는데, 아버님은 얘기를 할 수가 없어요. 지금까지 아버지하고 대화를 나눈 적이 거의 없어요.

치료자: 아버지가 대화를 안 하셨던 분이어서 그런 거죠. 언제 아버지하고 술이라도 하면서

대화 한 번 하자고 요청 한 번 해 보시죠?

남편: 요청을 해 보겠는데, 그런 적이 없어서요. 부모님하고의 자아분화 차원이 부모님에 대해서 어떻게 해야 하는 좋은 방법이 있는지…. (사례 2, 7회기)

(2) 가족관계에 대한 재개념화

남편: 교수님께서 몇 차례 상담하신 게 전혀 효과가 없는 게 아니더라구요. (중략) 그전에는 어머니가 저한테 막 전화해 가지고 너 이럴 수가 있냐(찾아오지 않고, 며느리 편들고) 이런 식으로 얘기가 부딪힌 거였는데 그게 보면 정말 달라졌어요. 어머님 톤 자체가 달라졌어요. 톤 자체가 달라지고 (중략) 부모님들이 예전에는 너희가 잘못을 빌어라 이렇게 얘기를 했는데 그런 것도 안 하시고 (중략) 아내에 대해서도 상당히 프리한 자세를 가지신 것 같더라고요. 어머니가 '부모님 생각하지 말고 나는 일단 걔는 아예 너한테 맡기고 기도할 뿐이다' 그러니까 어머니 마음이 예전이랑 많이 틀려졌어요. (중략) (사례 3, 10회기)

남편: 그동안은 저는 와이프한테 문제가 있다고 생각했습니다. 와이프가 조금 더 부모님들을 이해하면 충분히 해결될 수 있는 문제인데 와이프 성격에 문제가 있는 게 아닌가, 저 사람 콤플렉스 같은 것들이 있어서 너무 과도하게 반응을 보이고 그런 것들 때문에 그런 문제(고부갈등)가 있다 그런 생각도 가졌는데 지난번 상담하고 나서는 꼭 와이프의 문제가 아니라 내가 좀 변화를 해야 되겠구나, 내가 생각을 좀 바꾸고 부모님하고 정서적으로 조금 떨어지는 연습들을 차근차근 해 나가서 (중략) 그러면서 시간을 두고 부모님들하고 관계 복원을 좀 할 수 있는 그런 것을 생각해야 하지 않을까…. (사례 2, 2회기)

두 번째의 변화는 부부관계에서 나타났다. 부부들은 자신들의 토대인 원가족의 문화를 바탕으로 부부만의 가족체계를 형성하기 위한 노력을 시작하게 되었다. 우선 의사소통의 방식이 기능적으로 변화하였고, 언행이 일치하지 않아 아내에게 불신을 받았던 남편의 언행이 일치하였다. 그리고 시댁과 관련한 내용은 아내가 민감하게 반응하여 부부간에 의도적으로 시댁과 관련한 내용은 대화주제에서 빼고 이야기하곤 했었다. 그러다 보니 부부간에 의도하지 않은 비밀도 생기게 되었으나 가족치료에 참여한 이후 부부대화의 소재에 제한도 없어지고 비밀도 없는 대화를 하게 되었다. 또한 남편에 대한 신뢰가 적었던 아내들이 남편에 대한 신뢰가 점차 향상되면서 남편에 대한 집착도 완화되고, 오히려 자신에게 시간을 투자하면서 더 건강한 부부관계를 만들어가기 시작했다. 가족치료의 전 과정에서 남편들이 남편으로서의 역할을 찾고, 부모로부터 분화하는 데 대체적으로 힘들어하는 모습을 보였는데, 아내들은 남편이 원가족으로부터 매우 힘들게 분화하는 노력을 인정하는 모습을 보이고 있다. 이러한 상호작용을 통해 남편과 아내 모두 배우자에 대한 배려감이 향상하게 되었고, 이전에는 고부갈등의 원인이 모두 아내에게 있다고 비난하던 남편들도 그렇지만은 않다는 것을 깨닫게 되었다. 또한 남편이 아내를 비하하거나 무시하는 태도가 사라지고 고부갈등이 또 나타나게 되면 아내 입장을 더 배려하는 행동을 취하기도 하였다.

#### (3) 기능적 의사소통으로 변화

치료자: 두 분 간의 대화는 좀 변화가 있으세요?

아내: 저희 대화는 나름대로 예전보다 많이 원활해졌어요. 처음에는 많이 싸움으로 끝나고 싸움으로 시작이 되고 그랬는데 지금은 대화로 시작을 해서 나름대로 대화로 끝날 수 있는 상황이 되었어요. (사례 2, 3회기)

아내: (남편이 저에게) 그냥 고맙다고 그러더라구요. 그거하고 시아버님이 좀 수다스러워 그런 얘기도 받아 줬어요. 예전에는 저한테 말이 안 된다, 너하고는 말이 안 된다, 꽉 막혔다(고 했는데) 지금은 그런 얘긴 안 해요.

치료자: (남편이) 표현하는 데 있어서 변화가 있으신 거예요. (사례 1, 3회기)

- 남편에 대한 아내의 신뢰

치료자: ○○ 아빠(남편)가 그때 ○○ 엄마(부인)가 너무 집착하는 경향이 있다고 그랬잖아요. 그건 어떠세요?

남편: 지난번에 상담하고 나서부터는 그런 거에 대해서 조금 완화된 것 같습니다. (사례 1, 8회기)

아내: 이제는 남편의 마음이 느껴져요. 예전에는 아예 느끼는 것이 없었는데, 지금은 상담을 받으면서 남편이 내 마음을 알려고 하는 것이 느껴져요. (중략) 저희 남편이 엄청 변했고 자기 능력 이상으로 했어요.

치료자: 남편의 그러한 변화에 대해서는 인정해 드리고 칭찬하시고 그러세요?

아내: 예. 칭찬도 하구요, 고맙다고 하구요. 남편이 출장가고 안 들어오거나, 늦게 들어와도 이제는 불안하지도 않아요. 예전에는 시댁문제를 말하고 싶으니깐, 언제 들어오냐고 계속 전화를 했었는데, 이제는 그런 게 없어요. (사례 2, 5회기)

- 배우자에 대한 배려감 향상

남편: 저도 ○○ 엄마(부인)를 이해하기보다는 무시하는 경향이 많지 않았나 하는 반성을 개인적으로 많이 했었습니다. ○○ 엄마(부인)에 대한 배려라든지 이해의 폭이 많이 넓

어졌고…. (사례 1, 4회기)

아내: 그전에 남편이 '제발 그냥 넘어갈 것은 그냥 넘어가 줘!' 라고 했어요. 그런데 저는 남편이 뭔가 한 꺼풀 씌워서 말하는 것이 느껴지면, 꼬치꼬치 캐묻고 잘못을 추궁하려고 했거든요. 그런데 그것을 남편이 어려워하는 것을 절실히 느꼈을 때는 저도 남편을 위해서 해야 할 것이 있다고 생각을 했어요. 그래서 남편이 (시어머니가 입원한) 병원에 간 것을 알고 있으면서도 남편이 회사에 있다고 (거짓말)했을 때, 모르는 척하고 얘기를 안 했거든요. 그런데 남편이 저를 배려해 준다는 마음이 느껴지는 거예요. 왜냐하면 예전 같으면 '나 (어머니 입원하신) 병원에 있어. 당신도 와야 하지 않아?' 라고 했거든요. (사례 2, 5회기)

이상의 결과를 네트워크로 나타내면 다음과 같다.

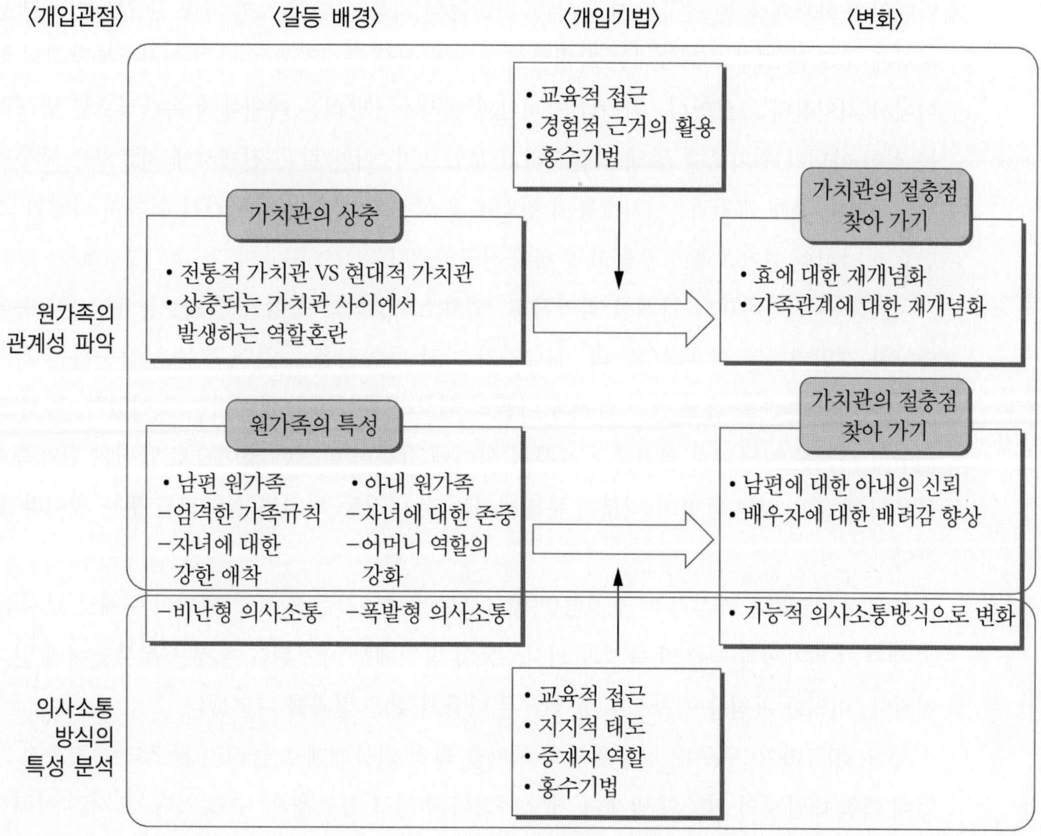


[그림 16-1] 남편의 원가족과 부부의 갈등 배경과 치료자의 개입방법 및 변화과정

# Ⅵ. 결론 및 제언

본 연구의 사례들을 분석한 결과, 부부갈등은 부부에게 개인적인 결함이 있어서 발생하는 것이 아니라 그들을 둘러싼 개인과 사회 전반의 다양한 가치관과 각 개인의 원가족이 가진 독특한 특성이 어우러져 발생하는 역동에 의한 것으로 나타나고 있었다. 우리의 사회는 21세기를 살아가고 있지만 몇 백년 전의 유교적 가부장문화가 여전히 강하게 남아 있고, 이것은 특정 세대에만 해당하는 것이 아니라 현대교육을 받은 젊은 세대에도 영향을 미치고 있었다. 결혼을 통해 두 가정의 문화가 남편과 아내를 통해 나타나는데, 정도의 차이는 있겠으나 결혼을 통해 서로 다른 두 가정의 문화를 경험하게 됨은 자명한 사실이다. 이러한 다른 두 가정의 낯선 문화 간의 접촉이 성공적으로 조율되면 기존 가족체계의 재구성과 새로운 부부체계 형성에 긍정적인 기여를 하게 될 것이다. 어떤 가정이든 경험할 수 있는 이러한 일련의 문화차이를 본 연구의 대상이 된 가족들이 더욱 심하게 느껴 가족 간 갈등이 촉발된 배경에 대해 본 연구의 치료자는 가치관의 차이와 이를 표현하는 수단인 의사소통방식의 차이에서 기인한다고 보았다. 이러한 가치관과 의사소통방식은 개인에게 독단적으로 발생하는 것이 아니라 원가족을 통해 학습된다고 보았으며, 이와 같은 전제하에 치료자는 부부와 원가족과의 관계 파악과, 의사소통의 방식을 분석하고 이를 변화시키기 위하여 다양한 기법으로 남편의 원가족과 부부들의 문제에 접근하였다.

치료자는 원가족과의 관계를 파악하고, 의사소통방식의 특성을 살펴보는 큰 시각 속에 다양한 개입기법을 활용하였는데, 치료자가 가장 주안점을 두었던 부분은 상충하는 가치관 사이에서 혼란을 겪고 있는 남편과 아들의 역할의 방향성을 찾아가는 것이었다. 특히 본 연구의 사례들은 남편의 원가족과 부부들 사이에 갈등이 발생한 것이므로 남편의 원가족과 부부의 매개가 되는 남편의 역할이 분명해지는 것이 갈등 해결의 실마리를 푸는 것이라 보았다.

아울러 치료자는 부부들이 요청했던 치료목표인 고부갈등을 특정 개인의 문제로 보지 않고 부부의 원가족과 부부의 특성과 의사소통의 방식에서 야기된다는 것을 부부들에게 인식시켰다. 이러한 관점을 기반으로 한 접근은 다음과 같은 결과를 나타냈다.

첫째, 치료자가 가족 내 갈등원인의 책임을 특정 인물에게로 돌리지 않으므로 치료적 개입에 대한 내담자의 저항의 발생이 거의 나타나지 않고 있음을 알 수 있었다. 오히려 이러한 치료자의 개입관점은 부부들이 치료에 적극적으로 참여하게 되는 계기가 되었고, 치료의 효과성을 향상시키는 데 긍정적인 역할을 했다고 볼 수 있다.

둘째, 내담자들은 치료과정을 통해 가족체계의 변화라는 부부 공동의 목표를 가지게 되었다. 내담자들이 상담 초기에 원했던 치료목표는 '고부갈등의 해결'로, 가족관계 중 부정적인 것을 제거하는 것이 목적이었다. 그러나 치료자가 치료과정을 통해 부정적인 것을 없애는 데 집중되었던 에너지를 부부관계를 향상시키는 긍정적인 것에 초점을 전환함으로써 내담자들은 갈등이 내재된 부부관계에서 협력적 부부관계로 변화되었다.

셋째, 치료자는 의사소통방식의 수정을 제안하여 내담자들이 변화에 자신감을 갖게 하였다. 치료자는 의사소통방식의 분석을 통해 부부간 혹은 남편의 원가족과 부부 사이에 발생했던 오해, 갈등의 원인을 파악하였다. 그리고 치료자는 내담자들에게 자신들의 역기능적인 의사소통방식을 직간접적으로 깨닫게 하고, 새로운 의사소통방식을 일상생활에서 적용하도록 제안하였다. 의사소통방식의 변화를 통해 작은 변화를 경험한 내담자들은 향후 가족문제의 변화에 대해서도 자신감을 갖게 되었고, 이러한 자신감은 치료자와의 신뢰감 형성과 변화가능성에 대한 확신으로도 이어졌다고도 볼 수 있다.

그러나 이 연구는 결혼 5년 이하의 세 쌍의 부부와 그들의 원가족만을 대상으로 했기 때문에 원가족으로 갈등을 겪는 모든 부부에게 일반화시켜 적용하기는 어려운 면이 있다. 또한 본 연구에서 나타난 남편과 아내의 원가족 특성은 이 연구에서 분석에 사용한 세 쌍에게만 해당되는 것으로 모든 남편과 아내의 원가족 특성으로 확대해석하기에는 무리가 있을 것으로 보인다. 따라서 원가족으로 갈등을 겪는 부부들의 다른 특성과 치료자의 개입에 대한 다양한 연구가 진행되기를 바란다. 아울러 본 연구에서는 남편의 원가족으로 인해 갈등을 겪는 부부에 대해 다루었으나, 최근 한국 사회에서 새롭게 등장하고 있는 '아내의 원가족과의 관계에서 어려움을 겪는 부부'를 다루는 연구도 진행되기를 바란다.

## : 참고문헌


고정자, 김갑숙(1993). 고부관계 연구에 대한 고찰. 한국가정관리학회지, 11(1), 235-247.

김계하, 양경미(2008). 농촌지역 중학생의 섭식장애와 부모-자녀 의사소통과의 관계. 대한간호학회지, 38(1), 55-63.

김영희, 안상미(2008). 가족의 응집성과 적응성, 부모-자녀간 의사소통, 가족갈등과 청소년의 우울 및 비행. 청소년학연구, 15(2), 1-30.

김용찬(2005). 사설시조속의 가족과 그 주변인들: 고부, 처첩관계를 중심으로. 한국고전여성문학연구, 11, 109-137.

김재원(2001). 말의 상처에 대하여. 사회언어학, 9(1), 41-65.

김정숙, 김태현(1997). 한국민요에 나타난 고부관계 연구. 한국가정관리학회지, 15(4), 55-64.

김태헌, 김경자(2004). 기혼남녀의 원가족 경험과 자아분화가 가족체계 기능에 미치는 영향. 가족과 문화, 16(1), 3-35.

김혜정(2008). 가족간 갈등대화의 구조와 책략 연구: 고부 · 부부간 갈등대화를 중심으로. 인제대학교 대학원 박사학위논문.

남순현, 전영주, 황순현(2005). 보웬의 가족치료 이론. 서울: 학지사.

박경(2002). 우울한 중년여성의 부부관계 및 의사소통. 여성건강, 3(2), 19-32.

박경란, 이영숙(2003). 고부관계에서 며느리가 지각하는 스트레스 및 대처. 한국노인복지학회, 22, 79-104.

박소영, 박태영(2008). 며느리들의 시어머니와의 관계 경험에 관한 연구. 한국가정관리학회지, 26(4), 55-71.

박태영(2003). 가족생활주기와 가족치료. 서울: 학지사.

박태영, 김태한(2008). 홀어머니와 큰아들의 갈등에 대한 가족치료 사례연구. 한국가족복지학, 23(3), 263-302.

박태영, 김태한, 김혜선(2009). 이혼위기에 있는 결혼 초기 부부에 대한 부부치료 사례연구. 한국가정관리학회지, 27(3), 93-114.

박태영, 김현경(2004). 친밀한 가족관계의 회복: Murray Bowen의 가족체계 이론의 적용. 서울: 학지사.

박태영, 김혜선(2008). 가족치료과정에서 발생한 내담자 부모의 저항에 대처하는 치료자의 개입방법에 관한 연구. 한국가족복지학, 13(4), 5-25.

배선희(1997). 하류계급의 고부관계에 대한 사례연구: 맏며느리의 지각을 중심으로. 한국가정관리학회지, 15(4), 327-339.

배선희, 김순옥(2001). 기혼남성의 고부관계 인식: 장남역할 남성을 중심으로. 한국가정관리학회지, 19(4), 51-66.

성명옥, 이혜자(2002). 시어머니가 지각하는 고부갈등이 제 가족관계에 미치는 영향. 한국노인복지학회, 18, 185-206.

송성자(2001). 가족과 가족치료. 서울: 법문사.

신수진, 최준식(2002). 현대 한국사회의 이중가치체계. 서울: 집문당.

엄예선(1988). 한국가족과 가족치료: 한국 도시중산층을 위한 정신치료모형의 구상. 한국사회복지학회, 12, 93-115.

이기동(2008). 한국에서의 가정의 의미와 역할. 유교사상연구, 31, 210-228.

이두원(2009). 부부간 의사소통 행태의 세대별 특성과 변천과정 연구. 한국커뮤니케이션학회, 17(1), 129-151.

이영분, 신영화, 권진숙, 박태영, 최선령, 최현미(2008). 가족치료: 모델과 사례. 서울: 학지사.

이정연(2002). 고부관계 개선을 위한 긍정적 사고훈련 프로그램의 적용. 한국가족관계학회지, 7(1),

117-136.

이정연, 정혜정, 장진경(1996). 젊은 며느리를 위한 고부관계 향상 교육프로그램의 개발 및 평가. 한국가정관리학회지, 14(4), 13-26.

이혜자(2003). 시모의 고부갈등 유형화와 관련변인 연구. 한국노인복지학회, 19, 31-59.

장미희, 전원희(2008). 성인여성의 가족기능에 영향을 미치는 요인. 정신간호학회지, 17(2), 236-244.

전영주(2007). 협의이혼 청구자의 원가족 경험 분석. 한국가정관리학회지, 24(5), 191-203.

조성경, 최연실(2007). 결혼초기 기혼남녀의 원가족 특성과 갈등 및 상담요구의 관계. 한국가정관리학회지, 24(5), 17-35.

최혜연, 민경환(2005). 정서표현에 대한 부정적 신념의 구조와 기능. 한국심리학회지: 일반, 24(1), 239-257.

하상희(2008). 기혼남녀가 지각한 원가족 경험이 결혼만족도 및 심리적 적응에 미치는 영향. 한국가정관리학회지, 26(2), 129-141.

한국여성개발원(2001). 한국 가족의 변화와 여성의 역할 및 지위에 관한 연구. 서울: 한국여성개발원.

Baek, K. S., & Kwon, Y. S. (2004). The effect of parent-adolescent communication types on the adaptation of adolescent school life. *Journal of Adolescent Welfare, 6*(2), 87-99.

Canary, D. J., Cupach, W. R., & Serpe, R. (2001). A competence-based approach examine interpersonal conflict: Test of a longitudinal model. *Communication Research, 28*, 79-104.

Cater, B., & McGoldrick, M. (1989). *The changing family life cycle: A frame work for family therapy* (2nd ed.). Boston, MA: Allyn and Bacon.

Friedman, E. H. (1991). Bowen theory and therapy. In A. S. Gurman & D. P. Kniskern (Eds.), *Handbook of family therapy* (pp. 134-170). New York: Brunner/Mazel.

Goldenberg, I., & Goldenberg, H. (2007). *Family therapy: An overview.* Pacific Grove, CA: Brooks/Cole.

Johnson, S. L., & Jacob, T. (2000). Sequential interactions in the marital communication of depressed men and women. *Journal of Consulting and Clinical Psychology, 68*(1), 4-12.

Kim, B. L., & Ryu, E. (2005). Korean family. In M. McGoldrick, J. Giordano & N. Garcia-Preto (Eds.), *Ethnicity and family therapy* (pp. 349-362). New York: The Guilford Press.

Miles, M. B., & Huberman A. M. (1994). *Qualitative Data Analysis.* Thousand Oaks, CA: Sage Publication.

Olson, D. H., & Hawley, D. R. (1992). *Self-Training Counseler's Manual.* PREPARE/INRICH Inc.

Papero, D. V. (1995). Bowen family systems and marriage. In N. S. Jacobson & A. S. Gurman

(Eds.), *Clinical handbook of couple therapy* (pp. 11-30). New York: The Guilford Press.

Patton, M. Q. (2002). *Qualitative Research & Evaluation Methods.* Thousand Oaks, CA: Sage Publication.

Shoham, V., Rohrbaugh, M., & Patterson, J. (1995). Problem-and solutions-focused couple therapies: The MRI and Milwaukee models. In N. S. Jacobson & A. S. Gurman (Eds.), *Clinical handbook of couple therapy* (pp. 142-163). New York: The Guilford Press.

Weakland, J. H. (1993). Conversation-but what kind? In S. Gilligan & R. Price (Eds.), *Therapeutic conversations* (pp. 136-145). New York: Norton.

Weakland, J., Fisch, R., Watzlawick, P., & Bodin, A. M. (1974). Brief therapy: Focused problem resolution. *Family Process, 13*, 141-168.

# 찾아보기

## 인명

## 내용

## 저자 소개

▶ 박태영

Florida State University 사회복지학 박사

현 숭실대학교 사회복지학부 교수

〈저서 및 역서〉

가족치료 사례집(공저, 센게이지러닝코리아, 2011)

가족치료사례와 질적 분석(공저, 학지사, 2009)

질적자료분석론(공역, 학지사, 2009)

가족치료: 모델과 사례(공저, 학지사, 2008)

친밀한 가족관계의 회복(공역, 학지사, 2004)

가족생활주기와 가족치료(학지사, 2002)

가족치료이론의 적용과 실천(학지사, 2001)

▶ 김태한

숭실대학교 대학원 사회복지학 박사

현 계명문화대학 사회복지상담학과 교수

〈저서 및 역서〉

가족치료사례와 질적 분석(공저, 학지사, 2009)

▶ 김혜선

숭실대학교 대학원 사회복지학 박사

현 서울제일대학원대학교 사회복지학과 교수

〈저서〉

가족치료사례와 질적분석(공저, 학지사, 2009)

▶ 문정화

숭실대학교 대학원 사회복지학 박사

현 숭실대학교, 총신대학교 강사

▶ 박소영

숭실대학교 대학원 사회복지학 박사

현 세명대학교 사회복지학과 교수

〈저서 및 역서〉

가족치료사례와 질적 분석(공저, 학지사, 2009)

가족복지론(공저, 학현사, 2009)

질적자료분석론(공역, 학지사, 2009)

도덕철학의 기초(공역, 나눔의 집, 2006)

▶ 박진영

숭실대학교 대학원 사회복지학 박사

현 서울대학교 질병체험 내러티브 연구팀 전임연구원

백석예술대학, 숭실대학교, 서울신학대학교, 총신대학교 강사

▶ 신원정

숭실대학교 대학원 사회복지학 박사과정 수료

현 수원과학대학, 숭실대학교 강사

▶ 은선경

숭실대학교 대학원 사회복지학 박사

현 백석예술대학 사회복지학부 교수

〈저서 및 역서〉

가족치료사례와 질적 분석(공저, 학지사, 2009)

여성복지론(공저, 창지사, 2009)

질적자료분석론(공역, 학지사, 2009)

▶ 조지용

숭실대학교 대학원 사회복지학 박사과정 수료

현 동양대학교 사회복지학과 강의전담교수

▶ 하태선

숭실대학교 대학원 사회복지학 박사과정 수료

현 김포대학 사회복지과 겸임교수

# 질적 분석을 활용한 가족치료 사례연구:
## 매트릭스와 네트워크를 중심으로

2012년 4월 27일 1판 1쇄 발행
2013년 4월 25일 1판 2쇄 발행

지은이 • 박태영 김태한 김혜선 문정화 박소영
박진영 신원정 은선경 조지용 하태선

펴낸이 • 김 진 환
펴낸곳 • (주) 학지사
121-837 서울시 마포구 서교동 352-29 마인드월드빌딩 5층
대표전화 • 02) 330-5114 팩스 • 02) 324-2345
등록번호 • 제313-2006-000265호
홈페이지 • http://www.hakjisa.co.kr
커뮤니티 • http://cafe.naver.com/hakjisa

ISBN 978-89-6330-876-0 93180

정가 **20,000**원